广东改革开放40年研究丛书

广东教育改革发展40年
Guangdong Jiaoyu Gaige Fazhan 40 Nian

卢晓中 主编 喻春兰 副主编

·广州·

版权所有　翻印必究

图书在版编目（CIP）数据

广东教育改革发展 40 年/卢晓中主编. —广州：中山大学出版社，2018.12
（广东改革开放 40 年研究丛书）
ISBN 978 - 7 - 306 - 06507 - 0

Ⅰ. ①广… Ⅱ. ①卢… Ⅲ. ①地方教育—教育改革—研究—广东　Ⅳ. ①G527.65

中国版本图书馆 CIP 数据核字（2018）第 278025 号

出 版 人：	王天琪
责任编辑：	廖丽玲
封面设计：	林绵华
版式设计：	林绵华
责任校对：	周明恩
责任技编：	何雅涛
出版发行：	中山大学出版社
电　　话：	编辑部 020 - 84110283，84111997，84110779，84113349
	发行部 020 - 84111998，84111981，84111160
地　　址：	广州市新港西路 135 号
邮　　编：	510275　　　传　真：020 - 84036565
网　　址：	http://www.zsup.com.cn　　E-mail:zdcbs@mail.sysu.edu.cn
印 刷 者：	广州家联印刷有限公司
规　　格：	787mm×1092mm　1/16　32 印张　669 千字
版次印次：	2018 年 12 月第 1 版　2018 年 12 月第 1 次印刷
定　　价：	118.00 元

如发现本书因印装质量影响阅读，请与出版社发行部联系调换

广东改革开放 40 年研究丛书

主　任　傅　华

副主任　蒋　斌　宋珊萍

委　员　（按姓氏笔画排序）

　　　　丁晋清　王天琪　王　珺　石佑启

　　　　卢晓中　刘小敏　李宗桂　张小欣

　　　　陈天祥　陈金龙　周林生　陶一桃

　　　　隋广军　彭壁玉　曾云敏　曾祥效

创造让世界刮目相看的新的更大奇迹

——"广东改革开放40年研究丛书"总序

中国的改革开放走过了40年的伟大历程。在改革开放40周年的关键时刻,习近平总书记亲临广东视察并发表重要讲话,这是广东改革发展史上具有里程碑意义的大事、喜事。总书记充分肯定广东改革开放40年来所取得的巨大成就,并提出了深化改革开放、推动高质量发展、提高发展平衡性和协调性、加强党的领导和党的建设等方面的工作要求,为广东新时代改革开放再出发进一步指明了前进方向,提供了根本遵循。深入学习宣传贯彻习近平总书记视察广东重要讲话精神,系统总结、科学概括广东改革开放40年的成就、经验和启示,对于激励全省人民高举新时代改革开放旗帜,弘扬敢闯敢试、敢为人先的改革精神,以更坚定的信心、更有力的举措把改革开放不断推向深入,创造让世界刮目相看的新的更大奇迹,具有重要意义。

第一,研究广东改革开放,要系统总结广东改革开放40年的伟大成就,增强改革不停顿、开放不止步的信心和决心。

广东是中国改革开放的排头兵、先行地、实验区,在改革开放和现代化建设中始终走在全国前列,取得了举世瞩目的辉煌成就,展现了改革开放的磅礴伟力。

实现了从一个经济比较落后的农业省份向全国第一经济大省的历史性跨越。改革开放40年,是广东经济发展最具活力的40年,是广东经济总量连上新台阶、实现历史性跨越的40年。40年来,广东坚持以经济建设为中心,锐意推进改革,全力扩大开放,适应、把握、引领经济发展新常态,坚定不移地推进经济结构战略性调整、经济持续快速健康发展。1978—2017年,广东GDP从185.85亿元增加到89 879.23亿元,增长约482.6倍,占全国的10.9%。1989年以来,广东GDP总量连续29年稳居全国首位,成为中国第一经济大省。经济总量先后超越新加坡、中国香港和台湾地区,

2017年超过全球第13大经济体澳大利亚，进一步逼近"亚洲四小龙"中经济总量最大的韩国，处于世界中上等收入国家水平。

实现了从计划经济体制向社会主义市场经济体制的历史性变革。改革开放40年，是广东始终坚持社会主义市场经济改革方向、深入推进经济体制改革的40年，是广东社会主义市场经济体制逐步建立和完善的40年。40年来，广东从率先创办经济特区，率先引进"三来一补"、创办"三资"企业，率先进行价格改革，率先进行金融体制改革，率先实行产权制度改革，到率先探索行政审批制度改革，率先实施政府部门权责清单、市场准入负面清单和企业投资项目清单管理，率先推进供给侧结构性改革，等等，在建立和完善社会主义市场经济体制方面走在全国前列，极大地解放和发展了社会生产力，同时在经济、政治、文化、社会和生态文明建设领域的改革也取得了重大进展。

实现了从封闭半封闭到全方位开放的历史性转折。改革开放40年，是广东积极把握全球化机遇、纵深推进对外开放的40年，是广东充分利用国际国内两个市场、两种资源加快发展的40年。开放已经成为广东的鲜明标识。40年来，广东始终坚持对内、对外开放，以开放促改革、促发展。从创办经济特区、开放沿海港口城市、实施外引内联策略、推进与港澳地区和内地省市区的区域经济合作，到大力实施"走出去"战略、深度参与"一带一路"建设、以欧美发达国家为重点提升利用外资水平、举全省之力建设粤港澳大湾区，广东开放的大门越开越大，逐步形成了全方位、多层次、宽领域、高水平的对外开放新格局。

实现了由要素驱动向创新驱动的历史性变化。改革开放40年，是广东发展动力由依靠资源和低成本劳动力等要素投入转向创新驱动的40年，是广东经济发展向更高级阶段迈进的40年。改革开放以来，广东人民以坚强的志气与骨气不断增强自主创新能力和实力，把创新发展主动权牢牢掌握在自己手中。从改革开放初期，广东以科技成果交流会、技术交易会等方式培育技术市场，成立中国第一个国家级高科技产业集聚的工业园区——深圳科技工业园，到实施科教兴粤战略、建设科技强省、构建创新型广东和珠江三角洲国家自主创新示范区，广东不断聚集创新驱动"软实力"，区域创新综合能力排名跃居全国第一。2017年，全省研发经费支出超过2 300亿元，居全国第一，占地区生产总值比重达2.65%；国家级高新技术企业3万家，跃居全国第一；高新技术产品产值达6.7万亿元。有效发明专利量及专利综合实力连续多年居全国首位。

实现了从温饱向全面小康迈进的历史性飞跃。改革开放40年，是全省居民共享改革发展成果、生活水平显著提高的40年，是全省人民生活从温饱不足向全面小康迈进的40年。1978—2017年，全省城镇居民、农村居民人均可支配收入分别增长了98倍和81倍，从根本上改变了改革开放前物资短缺的经济状况，民众的衣食住行得到极大改善，居民收入水平和消费能力快速提升。此外，推进基本公共服务均等化，惠及全民的公共服务体系进一步建立；加大底线民生保障资金投入力度，社会保障事业持续推进；加快脱贫攻坚步伐，努力把贫困地区短板变成"潜力板"，不断提高人民生活水平，满足人民对美好生活的新期盼。

实现了生态环境由问题不少向逐步改善的历史性转变。改革开放40年，是广东对生态环境认识发生深刻变化的40年，是广东生态环境治理力度不断加大的40年，是广东环境质量由问题不少转向逐步改善的40年。广东牢固树立"绿水青山就是金山银山"的理念，坚决守住生态环境保护底线，全力打好污染防治攻坚战，生态环境持续改善。全省空气质量近3年连续稳定达标，大江大河水质明显改善，土壤污染防治扎实推进。新一轮绿化广东大行动不断深入，绿道、古驿道、美丽海湾建设等重点生态工程顺利推进，森林公园达1 373个、湿地公园达203个、国家森林城市达7个，全省森林覆盖率提高到59.08%。

40年来，广东充分利用毗邻港澳的地理优势，大力推进粤港澳合作，率先基本实现粤港澳服务贸易自由化，全面启动粤港澳大湾区建设，对香港、澳门顺利回归祖国并保持长期繁荣稳定、更好地融入国家发展大局发挥了重要作用，为彰显"一国两制"伟大构想的成功实践做出了积极贡献。作为中国先发展起来的区域之一，广东十分注重推动国家区域协调发展战略的实施，加大力度支持革命老区、民族地区、边疆地区、贫困地区加快发展，对口支援新疆、西藏、四川等地取得显著成效，为促进全国各地区共同发展、共享改革成果做出了积极贡献。

第二，研究广东改革开放，要深入总结广东改革开放40年的经验和启示，厚植改革再出发的底气和锐气。

改革开放40年来，广东在坚持和发展中国特色社会主义事业中积极探索、大胆实践，不仅取得了辉煌成就，而且积累了宝贵经验。总结好改革开放的经验和启示，不仅是对40年艰辛探索和实践的最好庆祝，而且能为新时代推进中国特色社会主义伟大事业提供强大动力。40年来，广东经济社会发展之所以能取得历史性成就、发生历史性变革，最根本的原因就在于党中央的正确领导和对广东工作的高度重视、亲切关怀。改革开放以来，党中央始终鼓励广东大胆探索、大胆实践。特别是进入新时代以来，每到重要节点和关键时期，习近平总书记都及时为广东把舵定向，为广东发展注入强大动力。2012年12月，总书记在党的十八大后首次离京视察就到了广东，做出"三个定位、两个率先"的重要指示。2014年3月，总书记参加第十二届全国人大第二次会议广东代表团审议，要求广东在全面深化改革中走在前列，努力交出物质文明和精神文明两份好答卷。2017年4月，总书记对广东工作做出重要批示，对广东提出了"四个坚持、三个支撑、两个走在前列"要求。2018年3月7日，总书记参加第十三届全国人大第一次会议广东代表团审议并发表重要讲话，嘱咐广东要做到"四个走在全国前列"、当好"两个重要窗口"。2018年10月，在改革开放40周年之际，习近平总书记再次亲临广东视察指导并发表重要讲话，要求广东高举新时代改革开放旗帜，以更坚定的信心、更有力的措施把改革开放不断推向深入，提出了深化改革开放、推动高质量发展、提高发展平衡性和协调性、加强党的领导和党的建设四项重要要求，为新时代广东改革发展指明了前进方向，提供了根本遵循。广东时刻牢记习近平总书记和党中央的嘱托，结合广东实际创造性地贯彻落实党的路线、方针、政策，自觉做习近平新时代中国特色社会主义思想的坚定信仰者、忠实践行者，努力为全国的改革开放探索道路、积累经验、做出贡献。

坚持中国特色社会主义方向，使改革开放始终沿着正确方向前进。我们的改革开放是有方向、有立场、有原则的，不论怎么改革、怎么开放，都始终要坚持中国特色社会主义方向不动摇。在改革开放实践中，广东始终保持"不畏浮云遮望眼"的清醒和"任凭风浪起，稳坐钓鱼船"的定力，牢牢把握改革正确方向，在涉及道路、理论、制度等根本性问题上，在大是大非面前，立场坚定、旗帜鲜明，确保广东改革开放既不走封闭僵化的老路，也不走改旗易帜的邪路，在根本性问题上不犯颠覆性错误，使改革开放始终沿着正确方向前进。

坚持解放思想、实事求是，以思想大解放引领改革大突破。解放思想是正确行动的先导。改革开放的过程就是思想解放的过程，没有思想大解放，就不会有改革大突破。广东坚持一切从实际出发，求真务实，求新思变，不断破除思想观念上的障碍，积极将解放思想形成的共识转化为政策、措施、制度和法规。坚持解放思想和实事求是的有机统一，一切从国情省情出发、从实际出发，既总结国内成功做法又借鉴国外有益经验，既大胆探索又脚踏实地,敢闯敢干,大胆实践,多出可复制、可推广的新鲜经验,为全国改革提供有益借鉴。

坚持聚焦以推动高质量发展为重点的体制机制创新,不断解放和发展社会生产力。改革开放就是要破除制约生产力发展的制度藩篱,建立充满生机和活力的体制机制。改革每到一个新的历史关头,必须在破除体制机制弊端、调整深层次利益格局上不断啃下"硬骨头"。近年来,广东坚决贯彻新发展理念,着眼于推动经济高质量发展,不断推进体制机制创新。例如,坚持以深化科技创新改革为重点,加快构建推动经济高质量发展的体制机制;坚持以深化营商环境综合改革为重点,加快转变政府职能;坚持以粤港澳大湾区建设合作体制机制创新为重点,加快形成全面开放新格局;坚持以构建"一核一带一区"区域发展格局为重点,完善城乡区域协调发展体制机制;坚持以城乡社区治理体系为重点,加快营造共建共治共享社会治理格局,奋力开创广东深化改革发展新局面。

坚持"两手抓、两手都要硬",更好地满足人民精神文化生活新期待。只有物质文明建设和精神文明建设都搞好、国家物质力量和精神力量都增强、人民物质生活和精神生活都改善、综合国力和国民素质都提高,中国特色社会主义事业才能顺利推向前进。广东高度重视精神文明建设,坚持"两手抓、两手都要硬",坚定文化自信、增强文化自觉,守护好精神家园、丰富人民精神生活;深入宣传贯彻习近平新时代中国特色社会主义思想,大力培育和践行社会主义核心价值观,深化中国特色社会主义和中国梦宣传教育,教育引导广大干部群众特别是青少年坚定理想信念,培养担当民族复兴大任的时代新人;积极选树模范典型,大力弘扬以爱国主义为核心的民族精神和以改革创新为核心的时代精神;深入开展全域精神文明创建活动,不断提升人民文明素养和社会文明程度;大力补齐文化事业短板,高质量发展文化产业,不断增强文化软实力,更好地满足人民精神文化生活新期待。

坚持以人民为中心的根本立场,把为人民谋幸福作为检验改革成效的根本标准。改革开放是亿万人民自己的事业,人民是推动改革开放的主体力量。没有人民的支持和参与,任何改革都不可能取得成功。广东始终坚持以人民为中心的发展思想,坚持把人民对美好生活的向往作为奋斗目标,坚持人民主体地位,发挥群众首创精神,紧紧依靠人民推动改革开放,依靠人民创造历史伟业;始终坚持发展为了人民、发展依靠人民、发展成果由人民共享,让改革发展成果更好地惠及广大人民群众,让群众切身感受到改革开放的红利;始终坚持从人民群众普遍关注、反映强烈、反复出现的民生问题入手，紧紧盯住群众反映的难点、痛点、堵点，集中发力，着力解决人民群众关心的现实利益问题，不断增强人民群众获得感、幸福感、安全感。

坚持科学的改革方法论，注重改革的系统性、整体性、协同性。只有坚持科学方法论，才能确保改革开放蹄疾步稳、平稳有序地推进。广东坚持以改革开放的眼光看待改革开放，充分认识改革开放的时代性、体系性、全局性问题，注重改革开放的系统性、整体性、协同性。注重整体推进和重点突破相促进相结合，既全面推进经济、政治、文化、社会、生态文明、党的建设等诸多领域改革，确保各项改革举措相互促进、良性互动、协同配合，又突出抓改革的重点领域和关键环节，发挥重点领域"牵一发而动全身"、关键环节"一子落而满盘活"的作用；注重加强顶层设计，和"摸着石头过河"的改革方法相结合，既发挥"摸着石头过河"的基础性和探索性作用，又发挥加强顶层设计的全面性和决定性作用；注重改革与开放的融合推进，使各项举措协同配套、同向前进，推动改革与开放相互融合、相互促进、相得益彰；注重处理好改革发展与稳定之间的关系，自觉把握好改革的力度、发展的速度和社会可承受的程度，把不断改善人民生活作为处理改革发展与稳定关系的重要结合点，在保持社会稳定中推进改革发展，在推进改革发展中促进社会稳定，进而实现推动经济社会持续健康发展。

坚持和加强党的领导，不断提高党把方向、谋大局、定政策、促改革的能力。中国特色社会主义最本质的特征是中国共产党的领导，中国特色社会主义制度的最大优势是中国共产党的领导。坚持党的领导，是改革开放的"定盘星"和"压舱石"。40年来，广东改革开放之所以能够战胜各种风险和挑战，取得举世瞩目的成就，最根本的原因就在于坚持党的领导。什么时候重视党的领导、加强党的建设，什么时候就能战胜困难、夺取胜利；什么时候轻视党的领导、漠视党的领导，什么时候就会经历曲折、遭受挫折。广东坚持用习近平新时代中国特色社会主义思想武装头脑，增强"四个意识"，坚定"四个自信"，做到"两个坚决维护"，始终在思想上、政治上、行动上同以习近平同志为核心的党中央保持高度一致；注重加强党的政治建设，坚持党对一切工作的领导，不断增强党的政治领导力、思想引领力、群众组织力、社会号召力，提高党把方向、谋大局、定政策、促改革的能力和定力，确保党总揽全局、协调各方。

第三，研究广东改革开放，要积极开展战略性、前瞻性研究，为改革开放再出发提供理论支撑和学术支持。

改革开放是广东的根和魂。在改革开放40周年的重要历史节点，习近平总书记再次来到广东,向世界宣示中国改革不停顿、开放不止步的坚定决心。习近平总书记视察广东重要讲话,是习近平新时代中国特色社会主义思想的理论逻辑和实践逻辑在广东的展开和具体化,是我们高举新时代改革开放旗帜、以新担当新作为把广东改革开放不断推向深入的行动纲领,是我们走好新时代改革开放之路的强大思想武器。学习贯彻落实习近平总书记视察广东重要讲话精神,是当前和今后一个时期全省社会科学理论界的头等大事和首要政治任务。社会科学工作者应发挥优势,充分认识总书记重要讲话精神的重大政治意义、现实意义和深远历史意义,以高度的政治责任感和历史使命感,深入开展研究阐释,引领和推动全省学习宣传贯彻工作往深里走、往实里走、往心里走。

加强对重大理论和现实问题的研究,为改革开放再出发提供理论支撑。要弘扬广东社会科学工作者"务实、前沿、创新"的优良传统,增强脚力、眼力、脑力、笔力,围绕如何坚决贯彻总书记关于深化改革开放的重要指示要求,坚定不移地用好改革开放"关键一招",书写好粤港澳大湾区建设这篇大文章,引领带动改革开放不断实现新突破;如何坚决贯彻总书记关于推动高质量发展的重要指示要求,坚定不移地推动经济发展质量变革、效率变革、动力变革;如何坚决贯彻总书记关于提高发展平衡性和协调性的重要指示要求,坚定不移地推进城乡、区域、物质文明和精神文明协调发展与法治建设;如何坚决贯彻总书记关于加强党的领导和党的建设的重要指示要求,坚定不移地把全省各级党组织锻造得更加坚强有力、推动各级党组织全面进步全面过硬;等等,开展前瞻性、战略性、储备性研究,推出一批高质量研究成果,为省委、省政府推进全面深化改革开放出谋划策,当好思想库、智囊团。

加强改革精神研究,为改革开放再出发提供精神动力。广东改革开放40年波澜壮阔的伟大实践,不仅打下了坚实的物质基础,也留下了弥足珍贵的精神财富,这就是敢闯敢试、敢为人先的改革精神。这种精神是在广东改革开放创造性实践中激发出来的,它是一种解放思想、大胆探索、勇于创造的思想观念,是一种不甘落后、奋勇争先、追求进步的责任感和使命感,是一种坚韧不拔、自强不息、锐意进取的精神状态。当前,改革已经进入攻坚期和深水区,剩下的都是难啃的硬骨头,更需要弘扬改革精神才能攻坚克难,必须把这种精神发扬光大。社会科学工作者要继续研究、宣传、阐释好改革精神,激励全省广大党员干部把改革开放的旗帜举得更高更稳,续写广东改革开放再出发的新篇章。

加强对广东优秀传统文化和革命精神的研究，为改革开放再出发提振精气神。总书记在视察广东重要讲话中引用广东的历史典故激励我们担当作为，讲到虎门销烟等重大历史事件，讲到洪秀全、文天祥等历史名人，讲到广东的光荣革命传统，讲到毛泽东、周恩来等一大批曾在广东工作生活的我们党老一辈领导人，以此鞭策我们学习革命先辈、古圣先贤。广大社会科学工作者要加强对广东优秀传统文化和革命精神的研究，激励全省人民将其传承好弘扬好，并化作新时代敢于担当的勇气、奋发图强的志气、再创新局的锐气，创造无愧于时代、无愧于人民的新业绩。

  广东有辉煌的过去、美好的现在，一定有灿烂的未来。这次出版的"广东改革开放40年研究丛书"（14本），对广东改革开放40年巨大成就、实践经验和未来前进方向等问题进行了系统总结和深入研究，内容涵盖总论、经济、政治、文化、社会、生态文明、教育、科技、依法治省、区域协调、对外开放、经济特区、海外华侨华人、从严治党14个方面，为全面深入研究广东改革开放做了大量有益工作，迈出了重要一步。在隆重庆祝改革开放40周年之际，希望全社会高度重视广东改革开放问题的研究，希望有更多的专家学者和实际工作者积极投身到广东改革开放问题的研究中去，自觉承担起"举旗帜、聚民心、育新人、兴文化、展形象"的使命任务，推出更多有思想见筋骨的精品力作，为推动广东实现"四个走在全国前列"、当好"两个重要窗口"，推动习近平新时代中国特色社会主义思想在广东大地落地生根、结出丰硕成果提供理论支撑和学术支持。

"广东改革开放40年研究丛书"编委会
2018年11月22日

总 论 编

第一章 教育改革发展概述 /3
第一节 教育改革发展的本质 /3
第二节 教育改革发展的路径 /6
第三节 教育改革发展的导向 /13

第二章 广东教育改革发展40年概述 /17
第一节 广东教育改革发展的基本历程 /17
第二节 广东教育改革发展的成就与经验 /55
第三节 广东教育改革发展的启示与展望 /63

各级各类教育改革发展编

第三章 学前教育 /71
第一节 广东学前教育改革发展的基本历程 /71
第二节 广东学前教育改革发展的重大事件 /83
第三节 广东学前教育改革发展的启示与展望 /96

第四章 义务教育 /106
第一节 广东义务教育改革发展的基本历程 /106
第二节 广东义务教育改革发展的重大事件 /119
第三节 广东义务教育改革发展的启示与展望 /126

第五章 高中教育 /131
第一节 广东高中教育改革发展的基本历程 /131
第二节 广东高中教育改革发展的重大事件 /135
第三节 广东高中教育改革发展的趋势与展望 /137

第六章　职业教育 /140
第一节　广东职业教育改革发展的基本历程 /140
第二节　广东职业教育改革发展的重大事件 /149
第三节　广东职业教育改革发展的未来展望 /156

第七章　高等教育 /161
第一节　广东高等教育改革发展的基本历程 /161
第二节　广东高等教育改革发展的重大事件 /186
第三节　广东高等教育改革发展的启示与展望 /192

第八章　特殊教育 /197
第一节　广东特殊教育改革发展的基本历程 /197
第二节　广东特殊教育改革发展的重大事件 /202
第三节　广东特殊教育改革发展的启示与展望 /204

第九章　终身教育 /211
第一节　广东终身教育改革发展的基本历程 /211
第二节　广东终身教育改革发展的重大事件 /216
第三节　广东终身教育改革发展的未来展望 /222

第十章　民办教育 /227
第一节　广东民办教育改革发展的基本历程 /227
第二节　广东民办教育改革发展的重大事件 /230
第三节　广东民办教育改革发展的启示与展望 /233

教育改革发展专题编

第十一章　德　育 /239
第一节　广东德育改革发展的基本历程 /239
第二节　广东德育改革发展的重大事件与典型案例 /255
第三节　广东德育改革发展的启示与展望 /268

第十二章　课程与教学 /274
第一节　广东课程与教学改革发展的基本历程 /274
第二节　广东课程与教学改革发展的重大事件 /294

第三节 广东课程与教学改革发展的启示与展望 /307

第十三章 教育信息化 /315
第一节 广东教育信息化改革发展的基本历程 /315
第二节 广东教育信息化进程中的典型案例 /324
第三节 广东教育信息化的启示与展望 /333

第十四章 教育国际化 /341
第一节 广东教育国际化改革发展的基本历程 /341
第二节 广东教育国际化进程中的重大事件与典型案例 /367
第三节 广东教育国际化的未来展望 /373

区域教育改革发展编

第十五章 广州教育 /379
第一节 广州教育改革发展的基本历程与主要特征 /379
第二节 广州教育改革发展的特色与成绩 /390
第三节 广州教育改革发展面临的挑战与应对 /406

第十六章 深圳教育 /409
第一节 深圳教育改革发展的基本历程与主要特征 /409
第二节 深圳教育改革发展的举措与成效 /418
第三节 深圳教育改革发展的机遇与展望 /427

第十七章 梅州教育 /430
第一节 梅州教育改革发展的基本历程与主要特征 /431
第二节 梅州教育改革发展的重大事件 /439
第三节 梅州教育改革发展的启示与展望 /452

第十八章 南海教育 /458
第一节 南海教育改革发展的基本历程与主要特征 /459
第二节 南海教育改革发展的重大事件与典型案例 /462
第三节 南海教育改革发展的启示与展望 /488

后 记 /493

总论编

第一章 教育改革发展概述

教育改革是社会改革的重要部分,尤其是伴随着教育在现代社会发展中的地位与作用日益凸显,同为除旧布新的教育改革与社会改革逐步发生共振。这是由现代教育发展与现代社会发展的内在关系所决定的,也使得教育改革变得更加综合和复杂。在社会改革和发展的大背景下,通过教育改革推动教育发展来促进社会发展,是新时代认识教育改革发展的本质、寻求教育改革发展的路径、确立教育改革发展的导向的逻辑向度。

第一节 教育改革发展的本质

一、教育改革与教育发展的关系

所谓改革,是指"把事物中旧的不合理的部分改成新的、能适应客观情况的"①。而教育改革可以理解为按照某种预期目标,以改进教育实践的有意识的努力。从这一意义上说,教育改革的实质是对未来的反应。②

发展是一切事物、现象、过程的共有属性。近代以来,社会的发展变迁无论是在广度上还是在深度上都达到了前所未有的水平,发展问题越来越受到关注。"发展"的范畴逐渐转变为专指以经济增长为基础的社会经济、政治、文化等方面结构、体制的演进和变革,特别是指从传统社会向现代社会的转化和变迁。③"发展的最终目标必须是为了个人的福利持续地得到改进,并使所有人都得到好处"④,"发展意味着'良性'的成长与'可欲'的现代化"⑤。"发展有别于进化

---

① 中国社会科学院语言研究所词典编辑室:《现代汉语词典》,商务印书馆2002年版,第402页。
② 参见袁振国《教育改革论》,江苏教育出版社2002年版,第24页。
③ 参见庞正红等《当代社会发展理论新词典》,吉林人民出版社2001年版,第80页。
④ 肖枫:《西方发展学和拉美的发展理论》,世界知识出版社1990年版,第14页。
⑤ 庞正红等:《当代社会发展理论新词典》,吉林人民出版社2001年版,第80页。

之处在于它是有意识的行动。发展是社会或至少是那些有权代表社会的人们自觉努力的结果;而进化并非在任何时候、任何场合都需要自觉意识。"① 发展的动力来源于事物的内部矛盾,发展的表征是事物由小到大、由简到繁、由低级到高级、从旧质到新质的运动和变化。总之,作为一个学术范畴,即从发展学的意义上来说,发展指的是那些包含着现代的价值选择,需要人类为之付出自觉努力,并且期望获得正面效果的实践类型。②

由此可见,教育改革与教育发展关系密切,同时又有些许区别,主要体现在以下几方面:

(1) 教育改革以教育发展为旨归,而教育发展又以教育改革为动力。但实际上,教育改革未必都能带来教育发展,甚至有时还会阻碍教育发展,历史上这种教育改革的失误甚至失败并不鲜见。

(2) 教育改革着力于除旧布新,而教育发展既包括创新性发展,又包括继承性发展。也就是说,教育发展除了除旧布新的创新性发展外,还需要继承性发展,更多的时候是在继承的基础上进行创新性发展,即促使教育的优秀文化传统的创造性转化与创新性发展。

(3) 教育改革着力于体制创新,或者说教育改革的本质是体制创新。没有体制创新的所谓"教育改革",很难称得上是"真改革"。教育发展则更具有全面性,而不局限于体制方面,衡量和评价教育发展的指标也更具有全面性。

(4) 教育改革主要是指过程,也就是说,通过采取教育改革措施,促使教育发生积极的变化,即目标意义上的发展。而教育发展不仅具有过程意义,也具有目标意义(即状态意义)。过程意义上的教育改革和教育发展的结果,便是目标意义上的教育发展,这正反映了教育改革与教育发展的一种"发展性关联"。

教育改革与教育发展还呈现出以下时序关系:教育发展(过程意义)—教育改革(过程意义)—教育发展(目标意义)。任何教育都要先经历一个发展过程,然后才需要对这个过程出现的问题进行改革,最终达成新的发展状态。这个时序是一个循环往复的过程,推动教育发展水平不断提升。值得提及的是,以上时序各阶段是从相对意义而言的,比如第一阶段的教育发展也包含改革的成分,特别是对于一个区域而言,即使一种教育是新的开始,它在确立发展目标、发展路径、发展政策时也必有对国家相关发展政策的本土化改造和对其他区域的改良性借鉴,这些改造与改良无疑都包含改革的成分。

从当前全国和广东教育改革与发展来考察,《国家中长期教育改革和发展规

---

① 伊斯梅尔·萨布里·阿卜杜拉:《在联合国组织的关于"现代性和个性"的巴黎会议上的发言》,载《国际社会科学(中文版)》1990年第1期,第139页。

② 参见刘森林《发展哲学引论》,广东人民出版社2000年版,第5页。

划纲要（2010—2020年）》提出，到2020年全国基本实现教育现代化；《广东省中长期教育改革和发展规划纲要（2010—2020年）》（以下简称《规划纲要》）则提出，广东要率先基本实现教育现代化；2013年2月，广东教育"创强争先建高地"① 动员部署会暨2013年度工作会议更明确提出，广东将于2018年率先基本实现教育现代化。2015年2月发布的《广东省人民政府关于深化教育领域综合改革的实施意见》提出了教育领域综合改革的目标，即"到2018年，我省教育事业在重要领域和关键环节改革上取得决定性成果，全面完成中央和省委提出的深化教育领域综合改革各项任务，形成充满活力、富有效率、更加开放、有利于科学发展的教育体制机制，全省教育进一步适应经济社会发展需要，人才培养更符合人的认知成长规律、教育教学规律和经济社会发展规律；教育公平、教育质量和办学水平明显提升。初步形成以珠三角地区为核心，粤港澳紧密合作，教育现代化、国际化发展水平高，在国内有较大影响力的南方教育高地，走出一条具有广东特色的教育发展路子"。2017年9月，中共中央办公厅和国务院办公厅联合发布了《关于深化教育体制机制改革的意见》，指出"到2020年，教育基础性制度体系基本建立，形成充满活力、富有成效、更加开放、有利于科学发展的教育体制机制，人民群众关心的教育热点难点问题进一步缓解，政府依法宏观管理、学校依法自主办学、社会有序参与、各方合力推进的格局更加完善，为发展具有中国特色、世界水平的现代教育提供制度支撑"。在这里，教育现代化的发展目标与教育领域综合改革和体制机制改革的目标是相辅相成、高度契合的。从以上国家层面和省层面的纲领性文件中可以看出，目标意义上的教育发展与过程意义上的教育发展和教育改革是内在关联和高度一致的。由此可见，确保"改革"与"发展"的高度一致，应当是当今教育改革发展的一个重要时代特征，这也是在关于教育的一些重要文献中"改革"与"发展"常常被关联起来表述的重要缘由。

二、探寻教育改革的本质

自改革开放以来，中国的教育改革一直在路上，人们一直在不断探索教育改革的本质。

那么，究竟应当如何来认识教育改革的本质和成效呢？笔者认为可从以下两方面加以研判。

一方面，从改革的本质而言，改革就是创新制度、变革制度。基于对"改革"这一本质的认识，应当说过去某些"教育改革"，并不涉及体制创新或制度变革，因此也就很难谈得上是真正的改革。

---

① "创强争先建高地"：创建教育强省、争当教育现代化先进区、打造南方教育高地。

另一方面，从改革的进程及其效果来考察，看其是否体现了改革精神、取得了改革成效。因为有一些教育改革虽然也着力于创新体制和变革制度，但在改革的实际推进过程中并没有真正体现改革的创新精神，个别教育改革虎头蛇尾，以致其常常"高开低走"，收效甚微。

还有一种值得注意的倾向，一些地方常常将"改革""发展"视作同一个概念，把一些正常的教育发展问题甚至做法当成是教育改革问题，模糊了改革与发展和一些具体做法的区别，从而模糊了改革的"创新度"，降低了改革的"难度预期"。

三、教育改革的综合性

教育改革的综合性是一个认识论问题，即教育与社会经济的关系及教育系统内部诸多关系的复杂性决定了教育改革的复杂性，复杂的教育改革决定了教育改革的综合性，而教育作为百年树人的崇高事业及其育人本质，在相当程度上决定了教育改革不能只治标，也需治本，而治本则需要综合施策；同时，它又是一个方法论问题，也就是说，教育改革的综合施策，包括改革目标的系统配套、改革措施的系统配套，比如大中小学德育目标及课程的有效衔接，义务教育的师资均衡与"县管校聘"人事制度改革的配套，高校的分类发展和高中教育多样化、有特色的发展与发展性分类评价体系的建立等。

第二节 教育改革发展的路径

一、改革的"自上而下"与"自下而上"

所谓改革的"自上而下"（以下简称"上"）与"自下而上"（以下简称"下"），主要指改革发动者是源自改革主体的系统上端抑或是系统下端。应当说，改革的"上"和"下"既是一个认识论问题，也是一个方法论问题，两者之间的关系比较复杂，同时也具有相对性，难以做出简单的归类或进行非此即彼的"二分法"。

从改革"上""下"的历史与现实来看，不同历史时期的改革"上""下"可能不一样，不同区域的改革"上""下"也会有所差异，不同系统的改革"上""下"也常常不一致，不同层面的改革"上""下"也是相对的，比如国家层面的"下"，可能在省域层面就转化为"上"。尤其是对于不同主题的改革，"上""下"更可能是选择的方法论问题，如涉及管理体制的改革往往选择"上"为多，而关乎课程和教学方面的改革则以"下"居多。

值得指出的是，改革的"上"与"下"作为一种主动行为，更多地表现为基于改革认识上的一种策略选择。比如，有的改革可能是形"下"实"上"，而有的改革却是形"上"实"下"；一些改革是先"上"后"下"，另一些改革则可能是先"下"后"上"。无论是何种情形，都涉及对改革的认识及推进改革的策略选择。

如果将改革看作一个系统，它可以划分为五个层次：第一层次为改革的愿景与纲领；第二层次为改革的目标与定位；第三层次为改革的思路与路径；第四层次为改革的实施与推进；第五层次为改革的监督与评价（见图1-1）。

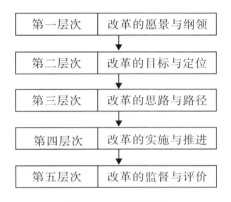

图1-1 改革系统

确定一项改革的"上"或"下"，与改革的层次密切关联，即改革的"上"与"下"很大程度上取决于改革发动者的上端或下端所涵盖的改革层次。一般而言，当处于上端或下端的改革发动者至少主导改革系统的前三个层次时，即提出改革的愿景与纲领、确定改革的目标与定位、明确改革的思路与路径，方可确定改革的"上"或"下"，或被认定为改革的"上"或"下"。如果仅仅主导其中某一个层次，则尚不能确定改革的"上"或"下"。比如，如果上端的改革发动者主导的仅是改革的第一层次"改革的愿景与纲领"，就很难说此改革为"上"改革。以一项省域层面的课程改革为例，尽管这类改革的愿景或纲领大都是由省级教育主管部门提出，但改革的目标与定位、思路与路径、实施与推进等，皆来自基层（基层教育主管部门或学校和教师）的主动而为，并最终引领和带动了全省的课程改革，那么，此改革应归属于"下"改革而非"上"改革。

同时，改革的"上"可以转化为"下"，即先"上"后"下"；同样地，改革的"下"也可以转化为"上"，也就是先"下"后"上"。如20世纪八九十年代丁有宽的"小学语文读写结合"教育改革，便是一项典型的先"下"后"上"的改革，他当年所创立的"读写同步，一年起步，系列训练，整体结合"

综合训练型新教学体系，先在其所在的小学和地区获得成功，然后在广东全省甚至全国一定范围内形成了广泛的影响，产生了较大的示范作用和辐射效应，从而掀起了在全省范围内由省级教育行政部门主导的探讨课程与教学模式改革的热潮。这也表明，改革"上"与"下"的相互转化与协同，有助于改革的深化和改革效应的放大。

由此可见，改革的"上""下"是一个相对的概念，同一改革过程之中往往两者兼具。而如何使这种改革的"上""下"兼具从自发到自觉，并依据其内在联系，建立起两者良性互动、有序运行的改革机制，是当前教育领域改革的关键。

二、基于"上""下"协同的深化教育领域综合改革

（一）深化教育领域综合改革的"自上而下"

党的十八大报告明确提出要深化教育领域的综合改革，党的十九大报告进一步指出要深化教育改革，加快教育现代化。比如，从当前高等教育领域综合改革来说，其着力点主要聚集在大学治理现代化和中国特色现代大学制度建设方面，具体包括推行高等教育领域的"管办评分离""放管服"改革，落实与扩大高校办学自主权，设立政府管理高校的"负面清单"；建立高校自主办学、自我约束的自我发展机制；强化高等教育评估的科学性、客观性、公正性，引进第三方专业评估，以及加强国际性专业评估；等等。显然，从这些改革的发动、主题及其推进策略等因素来看，具有较为明显的"上"改革特征。

比如，高校如何在获得自主权的同时，不断完善其内部治理结构，从而达成善治，是当前深化高校内部管理体制改革的关键所在。国家层面对高校这一重大改革问题的顶层设计所涉及的思路和内容，主要包括制定高校章程、健全高校教学和学术委员会制度、探索高校建立理事会制度、坚持和完善高校党委领导下的校长负责制等方面，而且近年来针对这些方面都出台了相应的政策规定[①]，明确了改革的方向和要求。

再如，在人才培养体制改革方面，党的十八届三中全会在《中共中央关于全面深化改革若干重大问题的决定》中所强调的"创新人才培养机制，促使高校办出特色争创一流"，则为高校人才培养改革确立了路线图和着力点，即高校办出特色争创一流的着力点要放在人才培养机制的改革上。这对于纠偏长期以来存

---

① 例如：教育部正式发布了《高等学校学术委员会规程》（教育部令第35号）；《国家中长期教育改革和发展规划纲要（2010—2020年）》提出"探索建立高等学校理事会或董事会"；中共中央办公厅印发了《关于坚持和完善普通高等学校党委领导下的校长负责制的实施意见》；等等。

在的高校特色建设游离于人才培养这一中心和一流大学创建仅发力于提升学术指标而疏于人才培养导致的"失去灵魂的卓越"① 现象，无疑具有十分重要的现实指导意义。

当前深化教育领域综合改革，除了深受改革的文化传统与路径依赖的影响外，更因为深化教育领域综合改革的主题及其确立方式决定了这一改革的"自上而下"样态，甚至某些改革项目的任务书、路线图和时间表都为上端所确立。比如，作为依法治校和现代大学治理的标志性改革的高校章程建设，从制定的要求到完成的时间，教育部皆分别做出了明确、具体的规定和要求。

而且，许多深化教育领域综合改革诸如推进"管办评分离""放管服"改革，往往需要上端先"自我革命"（比如落实与扩大学校办学自主权等）方能顺利推进，而着力促使上端进行"自我革命"则应是改革的最佳选择。毫无疑问，这种"自我革命"也在相当程度上决定了改革"自上而下"的必要性。

此外，不少深化教育领域综合改革的举措有赖于上端创设良好的政策制度环境，为改革领航和护航。尤其是当改革进入"深水区"、亟须攻坚克难时，这种"领航"和"护航"就显得尤为重要。

（二）深化教育领域综合改革的"上""下"协同

虽然"自上而下"的改革对于当前深化教育领域综合改革必不可少，甚至在相当程度上是主导性改革，但历史和现实已表明，仅强调"自上而下"的改革并不能解决长期以来教育领域综合改革碰到的种种难题和痼疾。笔者认为，当下高度关注并推动"自下而上"的改革，并与"自上而下"的改革相呼应，主动促进两者的相互转化与协同，从而形成"上""下"协同的改革机制，对于深化教育领域综合改革具有更为重要的现实意义。这里之所以特别主张教育领域"自下而上"的改革，除了当下此类改革的实际缺失导致改革难以深化以外，更因为其特有的优势和功效。

首先，推动"自下而上"的改革有利于找准"真问题"。习近平总书记指出："改革是问题倒逼而生，又在不断解决问题中深化。"② 找准教育的"真问题"通常有两种情形：一是教育的"真问题"大多来源于基层的教育实践，而且基层对教育实践中的"真问题"有特别的敏感和深刻的认识；二是虽然教育的一些"真问题"在上层，但往往表现在基层。因此，在基层教育实践过程中可以发现"真问题"，从而提出"真问题"，并寻求解决"真问题"的改革途径。

---

① 哈瑞·刘易斯：《失去灵魂的卓越：哈佛是如何忘记教育宗旨的》，华东师范大学出版社2007年版，第1页。

② 习近平：《习近平在布鲁日欧洲学院的演讲》，载新华网2014年4月1日。

其次,推动"自下而上"的改革有利于激发基层改革的积极性、主动性,增强基层改革的责任感。基层不仅能发现和找准"真问题",而且对"真问题"带来的危害更具深刻的认识,甚至有切肤之痛,对教育改革有着更为真切的期待。因而,"自下而上"的改革对于调动基层的积极性、主动性和增强基层的责任意识有着显而易见的作用。

再次,推动"自下而上"的改革有利于激发基层改革的创造性。改革的本质在于创新,而基层蕴藏着巨大的创造力。从我国近几十年来的教育改革来看,在微观领域那些影响大、成效好、共识高且具有持久生命力的真改革,许多都出自教育基层或教育一线。

最后,推动"自下而上"的改革有利于因地制宜、因校制宜。各地各校情况千差万别,碰到的教育难题也五花八门,着眼于破解难题的改革不可能"一刀切",而必须根据具体情况和实际问题进行富有针对性的改革施策。如基于国家层面深化高等教育领域综合改革的精神和路线,广东于2013年出台了《关于进一步扩大和落实高校办学自主权 促进高校加快发展的若干意见》,除明确下放12个领域36个方面的权力给高校外,还特别提出要加强"一校一策"的推进改革方式,以保证改革的针对性和有效性。

值得注意的是,注重教育领域"自下而上"的改革,并非意味着"自上而下"的改革不重要,更不是对其简单否定,而是着眼于加强推进教育领域"自下而上"的改革,并与"自上而下"的改革配合,形成良性互动、"上""下"协同的综合改革机制。应当说,这种"上""下"协同的综合改革机制无疑是教育改革综合性的重要体现,也是教育改革的深化之路和治本之策,反映了当前教育改革的"综合""深化""治本"三者之间本质联系和高度一致的时代特征,即教育改革的"治本",有赖于"深化",而"深化"教育改革,又必须"综合"施策,正如《中共中央关于全面深化改革若干重大问题的决定》所指出的,要"深化改革的系统性、整体性、协同性"。

要真正形成"上""下"协同的教育领域综合改革机制,当前亟须解决权力下放问题,包括使学校拥有改革的自主权。比如在高等教育领域,就包括强化省级政府对高等教育的统筹权和落实高校的办学自主权,而后者显得更为迫切。如果说当前高教改革的一个重要旨趣在于落实与扩大高校办学自主权,那么落实与扩大高校改革的自主权应是题中应有之义。1985年颁布的《中共中央关于教育体制改革的决定》就指出,"对不同的高等学校,国家还可以根据情况,赋予其他的权力",特别强调使高校拥有改革的自主权。这在今天仍然具有现实意义。

具体而言,学校改革的自主权涉及两个相互关联的问题:一是如何为学校改革自主权的行使留下足够空间,即"留白"改革。当前各级政府推进的"负面清单"的改革模式便是一种典型的"留白"改革,旨在释放和下放学校改革的自主权,扩大学校自主改革空间,增强学校自主发展活力。二是如何确保获得改革自主权的学校用好权、善用权和责权相称。如 1993 年颁布的《中国教育改革和发展纲要》提出,高校要建立自我约束的运行机制,强调高校要用好权、善用权:"学校要善于行使自己的权力,承担应负的责任,建立起主动适应经济建设和社会发展需要的自我发展、自我约束的运行机制。"2010 年颁布的《国家中长期教育改革和发展规划纲要(2010—2020 年)》则提出进一步完善高校内部治理结构,包括完善党委领导下的校长负责制,制定大学章程,切实落实校务公开、民主管理等制度,来建立健全自我约束的运行机制。

(三)深化"上""下"协同的教育领域综合改革路径选择

第一,试点改革。这是以"自下而上"改革为切入点,最终达成"上""下"协同的综合改革机制的重要方式,也是一种既往常用的典型方式。正如习近平总书记指出的:"试点是改革的重要任务,更是改革的重要方法。试点能否迈开步子、趟出路子,直接关系改革成效。要牢固树立改革全局观,顶层设计要立足全局,基层探索要观照全局,大胆探索,积极作为,发挥好试点对全局性改革的示范、突破、带动作用。"① 改革历史证明,试点关乎改革成效,不试点,再宏伟的蓝图也难以下笔,再伟大的设计也难以施工,再正确的理论也难以实践。② 在试点改革中,改革的愿景与纲领(改革的第一层次)源于改革系统的上端,同时通过充分调动基层改革的积极性、主动性和创造性,"自下而上"地推动改革不断深入。在"试点—总结—改进"的循环过程中不断累积改革的经验,形成改革的模式。然后,通过从点到面的推广,"自上而下"地推动全面改革。比如,上海在 2014 年选择 7 所高校首批试点建设现代大学制度,并确立了现代大学制度建设的通则(愿景与纲领),通则主要涉及以下方面:全面推进高校章程建设,包括通过章程明确学校与政府之间的权利与义务,明确内部治理结构和组织运行制度,稳步推进学校"去行政化"改革;探索高校治理新机制,包括探索建立由举办者代表、学校党政负责人、教职工代表、企业行业代表和社会知名人士等多元参与的校务委员会(董事会、理事会)制度,健全社会支持和监督学校发展的长效机制;建立以学术委员会为核心的学术管理体系,包括完善二级院系学术管理,发挥专家教授在学科建设、教学科研等学术事务中的主导作用;探索以创新人才培养体系为核心、以二级学院为基础单位的综合改革,包括健全院系领导决策管理和教职工代表大会的民办管理等制度,给予院系在学生招录与选拔、人才培养、师资聘任及考核、经费使用等方面的主导权,激发院系办

---

① 习近平:《在中央全面深化改革领导小组第十三次会议上的讲话》,载《人民日报》2015 年 7 月 3 日。
② 参见李永忠《试点关乎改革成效》,载《人民日报》2015 年 7 月 3 日。

学活力。① 在以上通则基础上，试点高校可根据各自校情和实际自主进行大胆探索，积累改革经验和成功做法，使试点真正成为改革克难关、解难题的利器。

试点改革的另一种情形是，通过发现基层自主改革的典型，并将其纳入试点改革的制度安排，以点带面，进一步寻求其放大效应。这就需要密切关注和联系基层，特别是加强对基层自主改革的调研，善于发现基层自主改革的典型。

第二，契约改革，即以契约精神引领体制创新②。"契约"一词源于拉丁文，在拉丁文中的原意为交易。契约是人类在相互交往中产生的，是商品经济的必然产物，而契约精神是商品经济发展到一定程度所形成的一系列原则和规范所凝聚而成的精神，其中契约自由原则、平等原则、权利原则是其核心内涵。③ 虽然现代意义上的契约精神源于西方，但契约改革在欧美也曾面临种种困境。④ 如何复兴和推进以现代契约精神为引领的契约改革成为当下西方高度关注的问题。如2014年，欧洲央行行长德拉吉指出，需要建立欧洲层面的改革规则来推进结构性改革，从而重新激活欧洲的"改革契约"⑤，这是继2013年德国提出"改革契约"后试图将之上升至全欧洲的集体行动。

伴随着新公共管理理论向教育领域的渗入且影响不断扩大，契约改革也在教育领域兴起。20世纪80年代以来，美国的学校教育改革经历了传统意义上的改革、校本管理、磁石学校、学券制、特许学校和特许学院等多种形式的改革，契约学校是当前的制度以及前面所施行策略的"混合物"。⑥ 2002年1月，小布什总统正式批准通过"不让一个小孩落后"的《初等及中等教育修正法案》（*The Elementary and Secondary Education Act*，ESEA）。该法案要求大力发展契约学校，如"补助2亿元帮助新成立的700所新契约学校，并提供额外的协助给现有超过1000所的契约学校"。契约学校如今在美国发展迅速，合同制被认为是为公立学校提供了一种全新的治理模式。⑦

对于深化教育领域综合改革而言，"契约改革"的推进包括：改革的愿景与纲领（改革的第一层次）由上层提出，改革的具体目标与思路、路径及推进路线、时间表由基层设计，并以契约的方式予以实施。"契约改革"强化了改革的

---

① 参见杨育才《上海7所高校首批试建现代大学制度》，载《新闻晨报》2014年9月24日。
② 参见冯蕾《投融资改革：以契约精神引领体制创新》，载《光明日报》2015年8月4日。
③ 参见杨先保《政治视野中的契约精神——社会契约论的挑战与复兴》，载《华中科技大学学报（社会科学版）》2006年第3期。
④ 20世纪以来，新的经济与社会环境促成了新的契约理论的衍生，于是契约的"衰落""危机"等成为经常性的话题，1974年，美国学者吉尔莫就抛出了"契约死亡"的言论。参见陈融《允诺禁反言与约因的关系：兼析吉尔莫的"契约死亡论"》，载《社会科学》2010年第5期。
⑤ 莫西干：《德拉吉的弦外之音——重新激活欧洲"改革契约"》，载《华尔街见闻》2014年7月11日。
⑥ Diane Ravitch, Joseph P. Vitentti. New schools for a new century. Yale University Press, 1997, pp. 61–62.
⑦ 参见盛冰《契约学校：美国学校教育改革的新动向》，载《教育科学》2003年第6期。

目标、任务、路线、时间、需获得的支持（政策、资源等）、成效评估与问责，重在调动基层改革的积极性、主动性，增强基层改革的责任感。

同时，"契约改革"也保证了上层的引领与支持，从而使"上""下"改革真正做到协同与谐动，最终推动改革目标的达成。缺乏引领与支持的"自下而上"的改革往往难以成功，或改革成效难以放大。

第三节　教育改革发展的导向

教育改革除旧布新的特征，决定了它必定是"问题导向"的，特别是要着力于破解教育发展中的难题。教育改革所需面对和破解的问题，包括现状性问题和发展性问题。所谓现状性问题，指的是当前教育业已存在的问题；而所谓发展性问题，则指的是教育未来发展可能出现或遇到的问题，虽然这些发展性问题在当前并不一定出现或很突出。也就是说，发展性问题是着眼于未来的，即未来发展的新需求、新目标给现行教育带来的新挑战、新压力，比如人工智能对教育发展带来的新需求、新挑战，这是一种典型的发展性问题。从某种意义上来说，这种"问题导向"实际上也是一种"需求导向"或"目标导向"。需要指出的是，教育改革所寻求破解的难题不求全面，但求关键与重点，即所关注的问题属于教育事业发展的重要领域和关键环节，对于教育未来发展关系重大，或是教育改革发展亟须破解的难点问题。这也使教育改革的历史过程会体现出一些阶段性特征。值得提及的是，在教育实际中也时常会出现教育现状性问题与发展性问题并存的状况，许多时候教育现状性问题与发展性问题不是截然分开的，比如发展性问题往往是现状性问题的延续，以致发展性问题中包含现状性问题。

从广东的实际来看，与全国其他区域相比，教育改革着力于破解的教育现状性问题与发展性问题既有共性的一面，也各自具有特殊性的一面。我们不妨对近五年的若干情况做一简要的梳理和考察。习近平总书记在 2012 年视察广东时提出"三个定位，两个率先"的殷切期望："广东省要努力成为发展中国特色社会主义的排头兵、深化改革开放的先行地、探索科学发展的实验区，为率先全面建成小康社会、率先基本实现社会主义现代化而奋斗。"[①] 2018 年 3 月 7 日，习近平总书记在参加十三届全国人大一次会议广东代表团审议时发表重要讲话，对广

[①] 《勇做发展中国特色社会主义排头兵——写在习近平总书记考察广东三周年之际》，载《南方日报》2015 年 12 月 7 日。

东提出"四个走在全国前列"①的明确要求。这是他继提出"三个定位,两个率先"的殷切期望和做出"四个坚持,三个支撑,两个走在前列"②的重要批示后又一次专门对广东提出明确要求,充分体现了总书记对广东的高度重视和深切关怀,对于开创新时代广东工作新局面具有极其深远的意义。他指出,广东是改革开放的排头兵、先行地、实验区,在我国改革开放和社会主义现代化建设大局中具有十分重要的地位和作用。这既是党中央对广东的高期望、高要求,也应是广东必然的历史担当。2018年10月,习近平总书记再次视察广东,提出了"四个方面重要要求"③,为广东新一轮改革发展指明了方向。得改革开放风气之先,广东经济社会发展一直走在全国的前面,特别是在经济领域取得了巨大的成功,令世人瞩目。同时,广东在改革发展过程中碰到的问题往往也是其他省份即将面对的问题,这便使得广东长期担负着中国改革开放的探路者角色,一方面自身积极破解改革发展过程中的难题,另一方面也为全国提供了许多宝贵的经验。在新的历史发展时期,广东又一次责无旁贷地担当起"排头兵""先行地""实验区"的重任,既十分光荣又异常艰巨。当前,国内外经济社会发展形势复杂多变,特别是面对可能陷入的"中等收入陷阱"④,广东应如何顺利跨越这一"陷阱",成功摆脱经济社会发展可能出现的徘徊局面,继续保持持续发展的势头,实现"三个定位,两个率先"和"四个走在全国前列"的总目标,是当前及未来一个时期摆在广东面前的一个重大现实课题。

在知识经济时代和正在到来的智能时代,现代教育发展与经济社会发展的关系愈加密切甚至深度融合,同时,教育也日益成为党委和政府高度重视、全社会高度关注的民生之首,是"国之大计、党之大计"⑤。如何在"创强争先建高地"的基础上,以"争先进、当标兵、建高地"[即"推进教育现代化先进市、先进县(市、区)""争当教育现代化标兵""建设南方教育高地"]为新时代广东教

---

① "四个走在全国前列":在构建推动经济高质量发展的体制机制上走在全国前列,在建设现代化经济体系上走在全国前列,在形成全面开放新格局上走在全国前列,在营造共建共治共享社会治理格局上走在全国前列。

② "四个坚持,三个支撑,两个走在前列":坚持党的领导、坚持中国特色社会主义、坚持新发展理念、坚持改革开放,为全国推进供给侧结构性改革、实施创新驱动发展战略、构建开放型经济新体制提供支撑,在全面建成小康社会、加快建设社会主义现代化新征程上走在前列。

③ "四个方面重要要求":深化改革开放、推动高质量发展、提高发展平衡性和协调性、加强党的领导和党的建设。

④ 中等收入陷阱指的是当一个国家的人均收入达到中等水平后,由于不能顺利实现经济发展方式的转变,导致经济增长动力不足,最终出现经济停滞的一种状态。部分研究者认为广东通过改革引领、开放引领、创新引领、民生引领和平衡引领,2014年人均地区生产总值突破1万美元,按照国际通行标准,广东已成功跨越"中等收入陷阱"。

⑤ 《人民日报评论员:教育是国之大计、党之大计——论学习贯彻习近平总书记全国教育大会重要讲话》,载《人民日报》2018年9月13日第3版。

育发展的总目标、总抓手，努力满足经济社会发展和人民群众对公平、多样化、高质量教育的需求，为广东实现"三个定位，两个率先"和"四个走在全国前列"的总目标奠定人才和智力基础，是广东教育改革和发展必须重点思考的问题。比如，通过教育结构调整，更好地适应和满足广东产业转型升级发展的需要；根据党的十八大报告提出的"让每个孩子都成为社会的有用之才"和党的十九大报告提出的"发展素质教育"，全面深化素质教育改革，努力促进高中教育多样化和有特色发展、高等教育内涵式发展、职业技术教育适应性发展，办好人民满意的教育；通过改革资源配置方式，切实践行教育公平理念，关心支持特殊教育发展，大力促进义务教育均衡发展，积极推进学前教育普惠性发展，着力构建利用信息化手段扩大优质教育资源覆盖面的有效机制等。

2012年，中共广东省委、广东省人民政府印发了《关于进一步促进粤东西北地区振兴发展的决定》，发出了"振兴东西北"的动员令，这是广东振兴粤东西北地区、促进区域协调发展的纲领性文件，是关系到广东形成改革开放新格局、确保广东顺利实现"两个率先"的全局性战略。因此，粤东西北地区振兴发展在广东全局发展中具有举足轻重的地位，没有粤东西北地区的振兴发展，就不会有广东经济社会整体发展和全面进步。而教育对于粤东西北地区振兴发展具有特殊的意义，没有教育的振兴，也不可能有真正意义上的特别是持续意义上的粤东西北地区的振兴发展。实际上，教育本身就应当是粤东西北地区振兴发展的重要方面，是其题中应有之义，这也是由教育与经济社会发展的关系所决定的。对于基础教育而言，义务教育均衡发展关系到教育的公平。目前，广东义务教育均衡发展所存在的问题已严重制约广东率先基本实现教育现代化目标的达成。而义务教育均衡发展的重点和难点就在粤东西北地区，所以说，能否促进粤东西北地区义务教育均衡发展，关系到广东率先基本实现教育现代化的全局。对于高等教育来说，由于粤东西北地区振兴发展的关键在于调整经济结构和产业转型升级，因此，值得思考的问题是，广东高等教育应如何合理布局，高校应如何通过学科专业结构调整和功能定位转型等方面的改革创新，充分发挥高等教育在人才培养和科技服务对促进经济结构调整和产业转型方面的重要作用。同时，通过调整教育结构，促进普职教育协调发展，特别是通过引导地方本科高校的转型来促进职业技术教育的升级发展，建立和完善现代职业教育体系，对于助推粤东西北地区的经济结构调整和产业转型升级具有极其重要的现实意义。

党的十九大报告提出加快建设创新型国家，并指出创新是引领发展的第一动力，是建设现代化经济体系的战略支撑。近年来，广东大力实施以提升科技创新能力为核心的创新驱动发展战略。以实施创新驱动发展战略为总抓手，推动经济结构调整和产业转型升级，是今后一个时期广东的重大战略任务。创新驱动发展战略的实施无疑对广东教育提出了新需求和高要求。比如，对高等教育领域而言，主要体现在人才培养和科技创新方面，通过大力实施创新强校工程，加强"四重"建设，推进高水平大学和高水平理工科大学建设以及国家"双一流"建设，不断创新人才培养模式，更好地培养创新型人才，为经济社会发展提供人才支撑，推动和引领经济社会的转型升级，全面实现经济社会发展从资源驱动和要素驱动向创新驱动的根本性转变。同时，通过积极推动协同创新，深化体制机制的改革创新，促进高校的科技创新，以此大力推动创新驱动发展战略的实施。对基础教育而言，则要树立人才培养的系统化观念，全面发展素质教育，注重培养学生的创新素质和综合素养，加强人才培养的相互衔接，为创新人才的成长打下良好的基础。

2017年3月5日，粤港澳大湾区被写入政府工作报告，标志着粤港澳合作进入世界级湾区经济共建时代。党的十九大更把粤港澳大湾区建设作为国家重大战略。这一国家重大战略的实施对广东经济社会发展来说是一个十分难得的机遇。对教育而言，湾区内的教育已不仅仅停留和满足于服务功能上，而且成为经济发展的基本要素部门，涉及教育在与大湾区其他社会诸要素如何进行互动和协调发展的机制，需要用发展战略来统筹教育甚至整个大湾区的全面建设。随着粤港澳大湾区的建设，三地经济将越来越密切和深度地融合，这必然为三地教育协同发展提出更高要求。教育改革和发展如何带动本地社会文化、科技、经济的改革和发展，促使教育为本地经济提供更多合适的人才和科技储备，促进三地共同发展与繁荣，这些都给新时代新经济背景下的粤港澳大湾区中的教育发展和改革提出了全新要求。

综上所述，广东教育改革的现状性问题与发展性问题往往也是交织在一起的。由于广东被赋予"三个定位，两个率先"和"四个走在全国前列"的历史使命，广东教育改革的发展性问题更为凸显，解决现状性问题更为迫切。

第二章 广东教育改革发展40年概述

1978年12月18—22日，中共中央召开了十一届三中全会，做出了把党和国家的工作重点转移到社会主义现代化建设上来、实行改革开放的伟大决策。从此，我国进入了改革开放的历史新时期。经过40年的改革开放，广东各项教育事业发生了翻天覆地的变化，取得了巨大成就。

当前，在我国进入决胜全面建成小康社会、开启社会主义现代化强国建设的新时代，习近平总书记先后对广东提出了"三个定位，两个率先"的殷切期望、"四个坚持，三个支撑，两个走在前列"的重要批示和"四个走在全国前列"的明确要求。2018年10月，习近平总书记再次视察广东，提出了"四个方面重要要求"，为广东在新时代新征程上继续发挥好"排头兵、先行地、实验区"的作用指明了方向。因此，回顾40年来广东教育改革发展历程，总结经验，对于广东全面贯彻党的教育方针，落实立德树人根本任务，全面深化教育改革，发展素质教育，推进教育公平，办好人民满意的教育，使教育改革发展深刻融入加快教育现代化的进程中具有重要意义。

第一节 广东教育改革发展的基本历程

改革开放以来，广东省委、省政府高度重视教育事业的改革和发展，在深入贯彻落实党中央和国务院教育发展战略的同时，积极探索，大力推进教育改革，实施教育强省战略，加快推进教育现代化进程。广东教育改革在不同历史阶段有不同的重点，呈现出不同的特征。

一、教育改革开启，教育事业恢复整顿提高时期（1978—1984年）

（一）改革背景

1978年3月，邓小平同志在全国科学大会上指出实现"四个现代化"的关键是科学技术的现代化，提出了"科学技术是生产力"的著名论断。该思想成为改革开放后我们党一以贯之的基本思想，对国家长远发展具有十分重要的意义。在同年4月22日—5月16日举行的全国教育工作会议上，邓小平同志提出要求：提高教育质量，提高科学文化的教学水平；造就具有社会主义觉悟的一代新人；整个教育事业必须同国民经济发展的要求相适应；尊重教师的劳动，提高教师的质量。他还指出，培养亿万有社会主义觉悟的能够掌握现代化生产技能的劳动者，培养千千万万的各种专门人才和懂得管理现代化经济和现代科学技术的专家和干部，是历史赋予教育战线的光荣任务。要完成这一任务，需要关键的八年（即1978—1985年），前三年要着重整顿提高，为后五年的加快发展打好基础。会议也明确提出了20世纪80年代在全国基本实现普及小学教育的历史任务，要求各级党政领导机关把普及小学教育当成一件大事来抓。这次全国教育工作会议是历史性转变时期教育发展的里程碑。[①] 伴随着国家改革开放的正式实行，全国教育改革发展拉开了序幕。

1978年10月，教育部发布《关于检查普及农村小学五年教育的通知》，强调在提高农村教育质量的同时，不能把普及与提高对立起来。这份通知的发布加快了我国普及农村小学五年教育的步伐，开启了中国义务教育事业制度化的道路。1979年1月，教育部又发出《关于继续切实抓好普及农村小学五年教育的通知》，全面部署普及农村小学教育工作。1980年12月，中共中央、国务院颁布《关于普及小学教育若干问题的决定》（中发〔1980〕84号），重申了教育事业在"四个现代化"建设中的重要作用，要求全国在20世纪80年代基本实现普及小学教育的历史任务，有条件的地区还可以普及初中教育；以国家办学为主体，调动社队集体和厂矿企业等各方面办学的积极性；提高教师地位，建设一支稳定、合格的教师队伍；切实改革普通教育和领导管理体制，大力加强对这一事业的领导。

1982年9月，党的十二大召开，在《全面开创社会主义现代化建设的新局面》的报告中，首次确立了教育在经济发展中的战略重点地位，并提出了之后的任务，即教育是之后20年经济发展的三个战略重点之一；必须大力普及初等教育，加强中等职业教育和高等教育，发展包括干部教育、职工教育、农民教育、扫除文盲在内的城乡各级各类教育事业，培养各种专业人才，提高全民族的科学文化水平；全国要在1990年以前以多种形式基本实现初等教育的普及，经济比较发达、教育基础较好的地区，要争取提早实现；要通过一切可能的途径，采取一切有效的方法，努力实现理想教育、道德教育、纪律教育在全国人民中首先是全国青少年中的普及。

---

① 参见卓晴君、李仲汉《中小学教育史》，海南出版社2000年版，第280页。

1983年国庆节前夕，邓小平同志为景山学校题词："教育要面向现代化、面向世界、面向未来。"这为我国教育改革发展指明了方向。

1984年10月，《中共中央关于经济体制改革的决定》颁布；1985年3月，《中共中央关于科学技术体制改革的决定》颁布。随着经济体制和科技体制改革的开启，教育体制改革也被摆上了重要议程。

"文化大革命"使广东教育事业遭到了严重破坏：教学秩序混乱，教育投入减少，教育质量低下。在学校数量方面，小学、初中、高中学校数量多且分散，高等院校数量匮乏，绝大部分人没有上大学的机会。在教育结构方面，中等教育结构单一，高等教育结构失衡。① 全省教育质量和教育结构严重不适应社会经济的发展要求。改革开放后，在国家教育体制改革的背景下，广东教育事业开始进入恢复整顿时期。

（二）改革内容

"文化大革命"结束后，广东的教育改革经历了思想上、路线上对极"左"路线的拨乱反正，经历了恢复、整顿，以及在徘徊中改革、在探索中前行的过程。这些改革和探索为其后续发展奠定了基础，积累了经验。这一时期，广东教育改革的实际推进集中在以下七方面。

1. 重建教育制度和秩序

广东的教育改革，是从更新教育观念、恢复高考制度开始的。1977年9月29日—10月15日，广东省委召开全省科学、教育工作会议，重点批判"四人帮"炮制的对教育工作的"两个估计"。同年10月，广东成立了省高等学校招生委员会，在全省实行新的招生制度，恢复了高考制度。1978年6月，广东省委召开全省教育工作会议，贯彻全国教育工作会议精神和邓小平讲话精神，总结经验教训，拨乱反正，对广东原来执行的极"左"教育路线开展批判。时任中共广东省委第二书记习仲勋到会并强调新时期教育的重要性，要求各级党委重视教育。

与此同时，学校重新发挥以教学为主的功能，逐渐恢复教育秩序，如停止中学生"上山下乡"的政策，从学校撤出工人宣传队，收回被占校舍，重新调整关、停、迁、并的学校；重建学校教育工会组织和少年先锋队组织，取消"红卫兵""红小兵"组织等；恢复"向雷锋同志学习"活动，加强学生的思想政治教育。

在课程与教学方面，广东执行教育部新颁布的中小学教学计划和暂行工作条例。1978年2月，教育部颁发了"文革"后第一个全国统一的中小学教学计

---

① 参见何辛《广东教育50年：1949—1999》，广东高等教育出版社1999年版，第191～193页。

划——《全日制十年制中小学教学计划试行草案》，规定全日制中小学学制十年，统一秋季开始新学期，并对课程内容做了统一规定。同年9月22日，教育部颁布《全日制中学暂行工作条例》（试行草案）和《全日制小学暂行工作条例》（试行草案），之后发布《关于试行〈全日制中学暂行工作条例〉（试行草案）、〈全日制小学暂行工作条例〉（试行草案）的通知》。1981年，教育部颁发《全日制五年制小学教学计划试行草案》，调整了教学时间和课程设置，政治课改为思想品德课，恢复了历史和地理课程，增设了劳动课。有条件的学校可以在四、五年级开设外语课。从此，广东中小学的一切工作都有章可循。

2. 开始普及义务教育，重点普及小学教育

1979年2月，广东省教育局在新会县召开农村普及小学教育工作汇报会，并于4月发出《关于普及农村小学五年教育的几个问题的通知》，要求加强领导，合理布局，实行多种形式办学，充实和提高师资队伍等。1980年召开的全省教育工作会议要求，到1983年大部分县（市）实现普及义务教育，力争1985年全省基本实现普及的规划；普及小学教育主要由县（市）全面负责，广辟经费来源渠道，认真抓好巩固工作，减少留级生，控制流失率。1980年年底到1981年年初，广东省教育厅组织了普及小学教育检查验收活动。1981年5月召开普及小学教育汇报会，并隆重举行普及小学教育先进市、县颁奖大会。

截至1985年，全省有112个县（市、区）基本普及了小学教育，达到了教育部的要求，并跨进了全国普及小学教育先进省的行列。

3. 调整中小学教育布局，改革中等教育结构

1980年7月25日—8月5日，广东省委、省政府召开全省教育工作会议，会上讨论了普及小学教育、改革中等教育结构等问题。会后，广东省委做出了《关于中小学教育工作几个问题的决定》，对全省中小学教育进行全面调整。一是"摘帽"小学，调整初中布局，把全省大部分附设了初中班的小学实行"摘帽"，把初中办成独立初级中学。二是压缩初中和高中规模。三是改革中等教育结构，发展职业教育。1980年，全省教育工作会议根据此前国务院批转《关于中等教育结构改革的报告》，提出积极改革中等教育结构，要求城乡把一部分普通高中逐步改为职业中学和农业中学，或在普通中学附设职业班。1982年，广东省政府批转省文教办公室《关于加速我省中等教育结构改革工作的意见》，促进农村中学和职业中学的发展，以适应社会主义新农村建设的需要。

4. 调整中专教育结构，办好中专教育

1979年6月下旬，广东召开全省中等专业教育工作座谈会，提出中专办学应适应广东改革开放的新形势，调整中专教育的布局、规模，提高办学水平和质量。1981年1月，全省中等专业教育工作会议召开，贯彻全国中专教育会议精神，明确新时期中等专业教育的任务，即多办、办好中专，培养更多"又红又专"的中等技术人才和管理人才。通过努力，广东中专教育规模逐渐扩大，水平和质量不断提高，其中，广东石油学校等10所中专成为全国重点中专。

5. 改革高等教育，新办区域性高校

1979年8月，全省高等教育工作会议召开，贯彻中央精神，深入拨乱反正，落实知识分子政策，恢复各项教育制度，广东高等教育重新获得了生机。

1981年3月底至4月初，省政府再次召开全省高等教育工作会议。会议认为，要经过3~5年的调整，使广东高教事业发展的速度、规模、结构与经济建设的需要和可能提供的条件相适应；使学校布局、专业设置更加合理；彻底肃清"左"的思想倾向，切实贯彻全面发展的方针，保证教育质量的提高；调整健全学校领导班子，充实提高教师队伍，增加教育投资，逐步改善办学条件，把学校办好。1983年，《关于努力开创我省教育事业新局面的决定》颁布后，广东加快了高等教育建设发展步伐，在区域中心城市创办了一批区域性高等学校，包括深圳大学、深圳师范专科学校、广州大学、广州师范专科学校、韶关大学、嘉应大学、佛山大学、西江大学、五邑大学等。

通过这一系列恢复、调整、改革和发展措施，广东高等教育不仅逐步改变了落后的面貌，增强了适应社会经济发展的主动性，而且成为全国高等教育改革开放的探索者，高校数量和在校生人数有了较大增幅。

6. 着力提高教育质量，追赶全国平均水平

除了推进各级各类教育改革发展外，广东还在提高教育质量上下功夫：贯彻落实教育部精神，出台相关意见，建设重点中学和高校，大力提高教育质量，以总结经验，带动整个教育事业发展。

在建设重点中小学方面，根据教育部1978年1月颁发的《关于进一步办好重点中小学的试行方案》的精神，广东省教育局制定颁发了《关于提高中小学教育质量的意见》，要求按照教育部颁发的教学计划、教学大纲和新编的教材进行教学，集中力量办好重点学校和重点班。之后，广东省委发布了《关于当前中小学教育工作几个问题的决定》，再次强调为提高教育质量而集中力量办好重点学校。为了办成有特色、高质量、实验性、示范性的学校，以带动其他学校的发展，广东省教育厅召开重点中学会议，重新确定了华南师范学院附属中学（1983年改名为华南师范大学附属中学）等16所重点中学。[①] 在建设重点高校方面，根据1980年国务院批转教育部、国家劳动总局《关于恢复和办好全国重点高等学校的报告》，中山大学等6所高校成为全国重点高校。在提高教育质量方面，1982年1月，广东省委、省政府召开全省教育工作会议，会议重点聚焦提高教育质量问题，为广东教育质量追赶上全国平均水平奠定基础。1983年10月，广东

---

① 参见何辛《广东教育50年：1949—1999》，广东高等教育出版社1999年版，第217页。

省教育厅发出《贯彻教育部〈关于进一步提高普通中学教育质量的几点意见〉的几项措施》，提出高中阶段实施不同的教学要求，适当降低部分初中的教学要求，开展重点中学与一般中学的挂钩活动，试行推荐和考试相结合的招生办法等，进一步提高普通中学教育质量。

7. 明确目标，努力开创全省教育事业新局面

党的十二大后，广东省委、省政府紧跟中央战略部署，于1983年3月17日制定并颁布了《关于努力开创我省教育事业新局面的决定》，对各级各类教育提出了具体的目标要求：争取全省在1985年基本实现普及初等教育，大中城市和经济比较发达的市、县要基本实现普及初中教育；改革中等教育结构，发展职业技术教育；发展高等教育，力争普通高等学校大学生人数到1985年达到5.56万人，比1983年增长25.8%，1990年达到8.8万人，增长99%。在校研究生1985年要达到1600人，增长40%，1990年达到2500人，增长1.2倍；加强和发展职工农民教育，到1985年，争取全省基本扫除青壮年中的文盲，基本完成职工初中文化补课任务，并发展城乡业余、中级文化技术学校和各种业余大学及职工中专，努力提高教育质量，使年轻人成为一代有理想、有道德、有文化、有纪律的建设者和各种专业人才。该决定还提出了五项主要措施：一是积极进行改革、广开学路，加强教育事业发展；二是进一步落实知识分子政策，在全民中树立尊师爱校的社会风气；三是加强师资队伍和学校管理队伍建设；四是重视智力开发，增加教育投资；五是加强党和政府对教育工作的指导，要求各级党委和政府把教育工作摆上重要议事日程。

这个决定，是改革开放后第一次以广东省委、省政府名义颁发的重要教育文件，反映了省委、省政府改变教育落后面貌的迫切愿望和坚定决心，为开创广东教育新局面、促进广东教育的改革和发展、迅速改变教育落后面貌发挥了重要作用。因此，它在广东教育改革开放历史上具有里程碑意义。

（三）改革特征

在这一时期，广东教育事业经过恢复和调整、改革和探索，取得了较大的成就，为后来的发展奠定了基础。这一时期的教育改革发展主要表现为以下三个特征：

1. 以恢复教育制度为主，重建教学秩序

党的十一届三中全会后，广东教育全面停止执行错误的"左"倾路线，开始着手进行以恢复和整顿为主基调的改革和发展，恢复了统一的考试制度和正常的教学秩序，执行教育部的中小学教学计划和中小学暂行工作条例，恢复、健全学校管理体制，恢复"学雷锋"活动以加强学生的思想政治教育。这些"恢复"工作，都是恢复"文革"前的基本教育制度，使教育教学秩序迅速得到重建。

2. 以普及小学教育为主，追赶全国平均水平

"文化大革命"后，各项教育事业百废待兴，广东教育落后于全国大部分地区，改革和发展的起点低、任务重。这一阶段，全省的教育发展以普及小学教育为重点，重视提高中小学教育质量，致力于追赶全国平均水平；中等教育结构得到调整，重视高等教育改革，但学前教育、终身教育、教育信息化、教育国际化等还没有引起关注。

3. 与全国教育改革步调一致，但已经在某些方面表现出先行一步

广东省委、省政府具有改变教育落后面貌的强烈意愿，认真贯彻党中央、国务院的精神，结合广东实际，要求各级党委、政府贯彻执行，在改革步伐上体现了与全国的一致性，但也表现出敢为人先、先行一步的一面。

广东是最先普及小学教育的省份之一。1985年，广东全省基本普及小学教育，成为全国的先进省份之一。广东是最早尝试教育体制、机制改革的省份之一。如早在1983年，南海县（现为佛山市南海区）就把小学放在村办，初中放在区办，高中放在市办，实行三级办学、三级管理，下放管理权、办学权，大大激发了各级政府和社会各界特别是华侨华人的办学热情，从而突破了传统的教育投入瓶颈，形成了财政拨款、集资办学和捐资办学的多样化教育投入机制。广东也是最早启动高等教育改革的省份之一。1977年高校座谈会、1979年全省高等教育会议的召开，特别是1983年后中心城市办高校对我国高等教育的改革发展起到了"先行一步"的示范作用，是我国高等教育办学体制的重大突破。[①]

二、体制改革全面推进，开创教育事业新局面时期（1985—1991年）

（一）改革背景

进入20世纪80年代中期，随着改革开放的深入，伴随着经济体制改革、科技体制改革，我国教育改革相对滞后，教育体制不相适应的情况日益突出，对教育改革的呼声越来越高。正是在这一背景下，1985年5月27日，中共中央召开第一次全国教育工作会议并通过了《中共中央关于教育体制改革的决定》，第一次明确了教育体制改革的方向和重点。该文件指出"教育体制改革的根本目的是提高民族素质，多出人才，出好人才"，确立了"教育必须为社会主义建设服务，社会主义建设必须依靠教育"的根本指导思想，把教育确定为经济发展的战略重点，要求各级党委、政府把教育工作作为重中之重。"经过改革，要开创教育工作的新局面，使基础教育得到切实的加强，职业教育得到广泛的发展，高等学校的潜力和活力得到充分的发挥，学校教育和学校外、学校后的教育并举，各

---

① 参见《广东改革开放史》课题组《广东改革开放史》，社会科学文献出版社2018年版，第184页。

级各类教育同时主动适应经济和社会发展的多方面需要。"此后，全国各地对教育重要性的认识开始落实到实际工作中，如召开省级教育工作会议，出台有关教育体制改革的重要文件。以教育体制改革为标志，我国进入了全面开创教育事业新局面的历史时期。

1986年4月12日，《中华人民共和国义务教育法》（以下简称《义务教育法》）经第六届全国人大第四次全体会议审议通过，同年7月1日起实施。《义务教育法》从各个方面为实施九年制义务教育提供了法律依据和保障，我国义务教育从此翻开了新的历史篇章。1986年9月，国务院办公厅转发了《关于实施〈义务教育法〉若干问题的意见》。全国各地也随之制定了当地实施义务教育的地方性法规或规章。1992年，国家教委制定并经国务院批准的《中华人民共和国义务教育法实施细则》发布，规范了政府、社会、家庭、学校为保障儿童、少年接受义务教育的有关行为和法律责任。这为普及九年义务教育（以下简称"普九"）提供了法律保障，极大地促进了我国基础教育的改革和发展。

为提高劳动者的政治文化素质，造就农村需要的各种人才，确保农村教育管理体制顺利推进，1987年6月，国家教委颁布《关于农村基础教育管理体制改革若干问题的意见》，强调科学地划分地方各级政府的职责权限是搞好农村基础教育的关键。与此同时，城市教育综合改革如何推进问题也摆上了议事日程。1987年11月，国家教委在湖北省沙市（现为荆州市沙市区）召开的关于中等城市教育改革的研讨会上，强调要在切实保证九年义务教育质量、提高青少年素质的基础上，培养为本市经济和社会发展服务的中、初级人才，发挥中等城市对县、乡的辐射作用。教育改革重点要从体制改革入手，适应本市经济体制改革需要，调整中等教育结构。

高等教育方面，1986年，国务院颁布了《高等教育管理职责暂行规定》，划分了中央各部之间、中央和地方之间在管理高等教育方面的权限、职责。在试点的基础上，1990年，国家教委颁布了《普通高等学校评估暂行规定》。

1987年10月，党的十三大强调必须"把发展科学技术和教育事业放在首要、核心位置，使经济建设转到依靠科技进步和劳动者素质提高的轨道上来"，"百年大计，教育为本。必须坚持把教育事业的发展放在突出的战略位置，加强智力开发"，从而突出了教育在整个经济和社会发展中的基础性和全局性的关键作用。

作为改革开放前沿的广东，在经济社会发展先人一步的同时，社会财富迅速增长，为确保教育改革和发展的顺利推进奠定了物质基础。

（二）改革内容

1. 落实教育战略地位，部署教育体制改革

全国教育工作会议召开后不久，1985年8月21—25日，广东省委、省政府召开全省教育工作会议，认为全党全社会必须进行观念更新：树立教育是全局性工作的思想，落实教育的战略地位，把教育摆上党委和政府的主要工作议程；树立教育为社会主义现代化建设服务的观念，做到"三个面向"，高效率、高质量地多培养"四化"建设人才；树立尊重知识、尊重人才、尊重教师的思想，关心、重视和支持教育的发展，为教育的发展和振兴提供良好的思想基础和可靠的思想保证。同时，会议也研究制定了在改革开放新形势下广东加快教育事业发展的规划和措施，并讨论通过了省委、省政府《贯彻〈中共中央关于教育体制改革的决定〉的意见》。该意见提出的任务和措施主要有：一是有步骤地实行九年义务教育。按照基础教育由地方负责、分级管理的原则，搞好管理体制改革，实行分级办学、分级管理，积极解决师资、校舍、经费等问题，全省在1992年基本完成任务。二是大力发展职业技术教育。制订发展规划，实行改办和新办，鼓励企事业单位、社会团体办职业技术学校，在招工上贯彻"先培训、后就业"的原则，力争到1990年全省中专、中师、技校和职业高中招生数与普通高中招生数的比例达到6∶4。三是改革和发展高等教育。在高等教育规模上，力争到1990年普通高等学校在校学生达到13.8万～15.0万人，各类高等教育在校生人数达到31万～33万人的总规模，比1985年翻一番。在人才培养上，初步形成科类齐全、比例协调、具有广东特色的高等教育体系。适当提高工科的比重，加快发展短缺专业，以便适应经济结构变化和发展的需要。实行中央、省、市（地）分级办学、分级管理，改革计划经济时形成的统一招生、统一分配的制度，扩大高校办学自主权，调整高校的结构和层次比例，加快专科教育的发展。四是发展各级各类成人教育。大力发展农民业余文化技术学校、业余中小学、成人高等和中专教育。到1990年，基本完成干部、职工文化、技术补课任务。努力搞好自学考试，鼓励自学成才。五是改革教育思想、教学内容和方法。按照教育"三个面向"和培养创造性人才的要求，树立新的教育思想，编写新的教材，探索新的教学方法。六是建设合格而稳定的教师队伍。通过发展师范教育、加强在职培训、向外引进、选送出国留学等途径，力争五年内，教师队伍在数量上和质量上同各级各类教育事业基本相适应，并提高教师的政治地位和生活待遇。七是千方百计增加教育投入。要按照中央和地方政府教育拨款的增长要高于财政经常性收入的增长，并使按在校学生人数平均的教育费用逐步增长的要求，增加教育经费，着手征收教育费附加，继续发动捐资集资，广泛开展勤工俭学和有偿服务，逐步建立教育基金等。八是党政要切实加强对教育的领导。要把教育工作搞得好

与不好作为考核各级党政领导干部工作的重要内容。省、市（地）、县都要有一位副书记、副市长（专员）、副县长主管教育工作。要深入学校，每年为学校办几件实事，帮助解决困难。这次会议和贯彻意见为广东全面推进教育体制改革指明了方向。

1988年5月11日，广东省委根据中央精神，结合广东实际，颁布实施《关于普通教育体制改革的决定》和《关于高等教育体制改革的决定》。其中，《关于普通教育体制改革的决定》明确了中小学实行"地方负责、分级办学、分级管理"的教育管理体制；改革学校领导体制，积极推行校长负责制；改革教师管理体制，调动广大教师的积极性；改革师范招生制度，提高师资素质；改革教育经费的筹集和管理；等等。外改体制，内改机制，让乡镇和学校具有更大的办学自主权，把单纯面向升学的教育，转向服务于当地经济建设，从师资、经费和领导方面为普通教育的改革和发展提供保障。

《关于高等教育体制改革的决定》将高等教育改革列为广东综合改革的一个重要组成部分。在深化高等教育领域改革上，该文件对扩大高等教育自主权、推行校长负责制、调动教职工积极性等方面做了原则性规定，高校采取人员招聘、任期考核、后勤企业化，逐步把学校建成面向社会自主办学的法人实体，以发挥学校办学的积极性，学校的管理和决策机制逐渐科学化、现代化。这一切改变了之前单纯依靠各高等院校贯彻落实中央决定和省的意见的局面，进一步适应广东改革开放大环境和社会主义市场经济体制的需要，也是加快广东社会主义现代化建设的需要。从此，高等教育体制改革逐步开展起来，为进一步扩大和深化高等教育的结构改革和制度改革奠定了基础。

2. 推进教育体制改革，建立地方负责、分级管理的体制

为贯彻落实中央和省的改革精神，广东省委、省政府召开各种教育工作会议，研究部署教育工作，推动落实各项改革工作，特别是推进教育体制改革工作。

（1）普通教育改革方面。1986年3月，市（地）和部分县教育局长会议在湛江举行。会议总结推广湛江市农村教育管理体制改革的经验，明确要求着重做好普及九年义务教育，改革教育管理体制。1987年3月，市（地）、县教育局（处）长会议在南海县召开，提出"打基础，理关系，上水平，创特色"的基本工作思路，强调要抓紧管理体制改革这个中心环节，调动各方面办学积极性，促进办学条件的改善，推动普及九年义务及其他教育事业的发展。同年5月，全省基础教育管理体制改革工作座谈会召开，推广罗定的教育管理体制改革经验。到1988年年底，全省约有80%的乡镇和70%的村较好地落实了分级办学、分级管理的体制，为深化管理体制改革奠定了基础。

1988年3月，市（地）、县教育局（处）长会议在汕头市举行。会议提出要使广东普教基础扎实、条件良好、结构合理、水平较高,从而形成特色,逐步赶上全国先进水平,更好地为社会主义现代化建设服务。强调在落实教育战略地位、坚持为社会主义现代化服务的基础上,加强学校思想政治工作,积极求实地做好普及九年义务教育工作,继续改革中等教育结构,发展多形式、多层次的职业技术教育;积极发展成人教育,抓好农村教育改革试验区工作;继续端正办学方向,大面积提高教育质量;进一步落实分级办学、分级管理的体制,逐步推行校长负责制等,搞好教育管理体制改革。

1989年3月,全省教育工作会议在东莞虎门召开。会议强调要进一步落实教育首要发展战略;继续深化、完善教育外部体制改革,突出抓好学校管理体制改革,逐步建立学校新的运行机制;以普及九年义务教育为重点,积极、求实、协调地发展各级各类教育事业。1990年,全省教育工作会议提出了20世纪90年代广东普教发展和改革的十大目标。1991年,全省教育工作会议要求抓住普及九年义务教育和职业技术教育两个重点,深化教育教学改革,继续抓好各项办学条件建设。

(2)职业技术教育改革方面。继续调整中等教育结构,中等职业教育主要由地方负责;扩大学校办学自主权,逐步实行校长负责制;鼓励经济部门同教育部门联合举办职业学校,调动企事业单位的办学积极性;多渠道筹集办学资金,鼓励学校发挥自身优势与企业横向协作,鼓励社会力量办学;充分重视农村职业教育。经过改革与发展,广东职业教育出现了各部门、各企业、各党派和社会团体以及华侨、港澳同胞多种形式积极办学的局面,职业教育规模得以扩大,教育结构得到优化。到1992年,全省职业高中达到556所,普通中专182所,中等师范学校45所,技工学校145所,逐步形成了一个与行业配套的职业教育体系。中等专业教育体制改革方面则主要体现在中等师范教育的体制改革上。1987年3月,广东省政府转发省教育厅《关于中等师范学校实行分级管理的意见》,明确了广东中等师范学校的分级类型和职责范围。

(3)高等教育改革方面。1988年3月,广东省委、省政府召开高等教育工作会议,提出要扩大高校办学自主权,改革招生权、调整专业服务方向权等,加快高校内部结构改革,发展多层次、多学科、多形式办学,引进竞争激励机制,使学校适应从计划经济的传统模式向有计划的商品经济需要的新模式转变,为社会主义现代化建设培养输送更多更好的全面发展的合格人才。

3. 实施"燎原计划"和城市教育改革试点,开启城乡教育综合改革

为提高劳动者的政治文化素质,造就农村需要的各种人才,确保农村教育管理体制顺利推进,1989年4月,广东省教育厅按照国家教委发布的《关于农村基础教育管理体制改革若干问题的意见》(1987年6月)精神,召开了实施"燎原计划"暨职业中学工作会议,研究实施"燎原计划"和办好骨干职中问题,

从而开启了广东农村教育综合改革之路。同年5月,《广东省"燎原计划"实施方案》出台,确定了在2个市、116个乡镇率先实施。到1991年年底,实施"燎原计划"的示范乡镇由116个发展到228个,遍布全省各县区,促进了农村经济的发展。

与此同时,城市教育综合改革如何推进问题也摆上了议事日程。1988年8月,国家教委同意江门市为中等城市教育综合改革的试点城市,为全国深化教育改革探路,并批准该市的教育改革方案。方案指出,在五年内,以改革教育管理体制总揽全局,调整和改善教育结构,实现办学方向和教育模式两个转变,即在为当地社会发展培养初、中级技术人才的同时,发展适应经济建设和社会发展需要的服务型教育,尽快形成多形式、多层次、多规格、有侨乡特点的教育格局。除此之外,广东部分城镇地区,如湛江市霞山区、雷州市附城镇和韶关市各区在不同程度上开展了城镇办学体制改革。

4. 贯彻《义务教育法》,确保普及九年制义务教育

为贯彻《义务教育法》,1986年9月,广东省六届人大常委会通过了《广东省普及九年制义务教育实施办法》,要求全省在1992年分地区、分步骤地基本完成"普九"任务。这标志着广东开始重视依法治教,用法律手段保障和促进教育事业改革和发展。此后,全省各地制订了相应的规划,工作重心从普及小学教育转到了普及九年义务教育,主要是普及初中教育上。

1987年9月,广东省教育厅发布《普及九年制义务教育基本要求和检查验收的暂行规定》,进一步明确了党政责任和任务,实行分级管理的体制,明确县、乡镇、村各级管理义务教育的职责和权限,规定了各项应达到的指标和检查验收的办法。1989年3月,全省教育工作会议再次强调以普及九年义务教育为重点,积极、求实、协调地发展各级各类教育事业等。这既表明广东省对普及九年义务教育的重视程度,也为普及九年义务教育提供了政策上的保障。

5. 幼儿教育得到重视,开始要求普及学前一年教育

1979年11月8日,教育部颁布了《城市幼儿园工作条例(试行草案)》,广东省加以贯彻执行,并加强对幼儿园的指导。与此同时,广东再次走在全国前列,较早地开始关注农村学前教育的问题,并于1980年印发《农村幼儿学前教育班教育计划(试行草案)》[1],以促进农村学前教育事业发展。广东对城乡学前教育问题的关注,标志着其学前教育得到重视。

随着人们对学前教育重视程度的加深,广东开始要求普及学前一年教育。1983年9月,广东省政府要求1985年前力争在大部分市、县普及学前一年教育,

---

[1] 参见钟明华、冯增俊《教育现代化的伟大实践——广东教育发展30年》,广东人民出版社2008年版,第146页。

逐步接收年龄更小的幼儿进园。1986年，全省教育工作会议再次提出到1990年争取实现普及学前一年教育的目标。自此，广东省幼儿入园率呈大幅增长趋势，从1978年的10%左右提高到1987年的48.03%。

6. 推动课程教学改革，着力提高教育质量

为提高教育质量，广东大力开展教学内容、教学过程、教学方法以及考试制度和方法改革。在教学内容和教材方面，从1989年起，组织编写的九年义务教育（沿海版）教材陆续在沿海地区部分学校进行试验。全国劳动模范、特级教师丁有宽编写的《小学语文读写结合实验教材》，到1990年，全省有9个市、47所小学、528个班采用这套实验教材。在教学方法上，推广"掌握学习"的实验。如1990年推广的顺德西山小学培养"四有"新人教育教学改革。在考试方法上，国家教委1988年在斗门县（现为珠海市斗门区）召开高校招生考试标准化改革试验评估会议，决定从1989年起在全国广泛推广广东的标准化高考试验。除此之外，为了提高教育质量，广东省政府于1989年8月颁布了《广东省普通教育督导工作暂行规定》，开始建立督导室和督导制度。1991年12月6—11日，广东省教育厅在中山市召开全省中小学教学工作会议，再次强调要广泛深入开展教学改革，全面提高教育质量。

全面推进教育体制改革，一系列政策文件的制定、颁布和贯彻执行，极大地推动了广东教育的发展，从而使之初步摆脱了落后的面貌，各级各类教育事业获得了较好的发展。幼儿教育方面，1991年全省共有幼儿园6335所，在园（班）幼儿人数增加至165.7万多人。特殊教育也开始得到重视，到1991年全省共建了19所特殊学校，学生数达2352人。初等教育方面，全省小学改为六年制，1990年在校小学生达747万多人。学龄儿童入学率和在校学生年巩固率分别达到99.29%和98.31%，均高于全国平均水平。到1991年，全省大部分地区都实现了地方负责、分级管理的管理体制，调动了各级政府办学的积极性、主动性，从而有效地保证了义务教育的普及。到1991年，全省普及九年义务教育的县（市、区）有43个，占总数的35.5%。中等教育方面，高中教育结构得到调整，社会力量办学兴起，多形式、多层次的职业技术教育得到较大发展，职业教育与普通高中教育比例比较协调。1991年，普通高中与职业高中在校学生的比例为63.6∶36.4，若加上中专、中师、技校的在校生，则该比例为49.6∶50.4，职校生开始超过普通高中在校生数量。高等教育方面，改革高等教育招生权、调整专业服务方向权等，加快高校内部结构改革，发展多层次、多学科、多形式办学，引进竞争激励机制，适当提高工科的比重，加快发展短缺专业，改变了之前单纯依靠各高等院校贯彻落实中央决定和省的意见的局面，调动了高校办学的积极性，初步形成科类齐全、比例相对协调、较为适应广东经济结构变化和发展需要的高等教育体系。

(三) 改革特征

这一阶段，广东教育改革紧跟中央形势，认真贯彻落实党中央、国务院一系列教育改革的方针政策，着力落实教育战略地位，全面推进教育体制改革，开始重视以法治教，推进城乡综合改革，在整体上呈现出争先创优的发展态势。

1. 高度重视，认真落实教育战略地位

这一时期，面对教育落后的局面，广东省委、省政府高度重视教育战略地位的落实，坚定不移地贯彻落实党中央、国务院关于教育改革与发展的精神，切实加强对教育的领导，把教育工作搞得好与不好作为考核各级党政领导干部工作的重要内容。在落实教育战略地位加强领导方面，省、市（地）、县均有一位副书记、副市长（专员）、副县长主管教育工作。每年的教育工作大会均由省委、省政府组织，省委、省政府主要领导参加并做重要讲话，各地市党政主要领导参加。改革的重大文件出台，均由省委、省政府颁发或转发，并结合广东实际，提出贯彻实施或者落实意见，如《贯彻〈中共中央关于教育体制改革的决定〉的意见》。而《广东省普及九年制义务教育实施办法》则是由省人大常委会审议通过。

由于省委、省政府认真贯彻落实党和国家的教育重要战略地位，广东教育实践领域取得了积极的变化，呈现了良好的发展势头。

2. 制定政策，全面推进教育体制改革

这一时期，广东省委、省政府立足于广东经济社会发展实际，抓住教育体制这个主要矛盾，加以大力改革，全面推进，先后连续制定、颁布《贯彻〈中共中央关于教育体制改革的决定〉的意见》《关于普通教育体制改革的决定》和《关于高等教育体制改革的决定》等数个重要的教育改革政策文件。全面推进教育体制改革的"全面"，在范围上包括义务教育、高中教育、职业教育和高等教育等各级各类教育；在空间上表现为城市和农村综合教育改革全面推进，培养适合当地经济发展的人才；在改革内容上表现为教育管理体制改革、办学体制改革、教育结构改革、依法推进改革、扩大办学自主权、实行校长负责制、引进竞争机制、推进课程与教学改革等方方面面。

通过制定政策，广东全面推进教育体制改革，为下一阶段广东教育大发展，为广东教育内赶国内先进地区、外超"亚洲四小龙"奠定了体制机制基础。

3. 依法治教，大力普及九年制义务教育

改革开放以后，党中央、国务院非常重视义务教育。为确保九年制义务教育的实施，于1985年5月27日颁布了《中共中央关于教育体制改革的决定》，首次提出了实施九年制义务教育的任务，要求分步骤制定、实施《义务教育法》，并于1986年7月1日起开始实施《义务教育法》。同年9月，广东省六届人大常

总论编

委会也通过了《广东省普及九年制义务教育实施办法》，从而为广东普及九年制义务教育提供了法律上的依据和保障。

4. 试点先行，积极推动城乡教育综合改革

广东的教育改革，显示出实行试点先行的特点。20世纪80年代中后期，为解决中等教育与社会经济建设需要严重脱节的问题，广东分别对农村和中等城市教育进行了综合改革。一是为培养适应社会主义新农村建设需要人才而实施"燎原计划"；二是为培养适应城市社会经济建设需要人才而进行城市教育综合改革试点，如江门市经国家教委批准为城市教育综合改革试点城市，充当了中国城市教育改革先行者、探路者的角色。广东城乡教育综合改革采用试点先行的办法，积极稳妥，对于在全国调整中学教育结构、发展中等职业教育具有重要探索、示范作用。

5. 广开渠道，全力保障教育经费投入

广东在经济领域取得较大发展的同时，各级政府开始加大教育投入。广东省委、省政府要求全省各地教育拨款的增长高于财政经常性收入的增长，要求在校学生人数平均的教育费用逐步增长，不断增加教育经费和办学经费。全省各地特别是县、乡两级制定了许多有效的筹资政策，拓宽了办学经费筹措渠道；各部门、各企事业单位、各民主党派和社会团体热心办学，港澳同胞捐资助学，等等，都为教育事业开辟了经费来源，极大地改善了广东的办学条件，为广东普及以初中教育为重点的九年义务教育创造了条件，也为广东教育逐步赶上全国先进水平奠定了物质基础。

三、落实教育优先发展战略，教育事业快速发展时期（1992—1998年）

（一）改革背景

党的十一届三中全会以后，我国经济社会发展取得了巨大成就，同时也面临着各种思潮涌动等问题。为确保我国社会主义建设沿着改革开放的道路继续前进，邓小平在1992年视察南方各地时发表了重要讲话，再次明确指出："基本路线要管一百年，动摇不得。"[①] 并对广东提出了要求："广东要在改革开放中起'龙头'作用，今后还要继续发挥龙头作用。广东要上几个台阶，争取用20年时间赶上'亚洲四小龙'！"[②] 邓小平南方谈话极大地鼓舞了广东改革开放的热情，

---

① 邓小平：《邓小平文选（第三卷）》，人民出版社1993年版，第370～371页。
② 《广东改革开放纪事》编纂委员会：《广东改革开放纪事（1978—2008）》，南方日报出版社2008年版，第226页。

为广东经济的飞速发展、综合实力的不断增强以及超越奠定了坚实基础。

1992年10月12—18日，党的十四大在北京召开，提出要加快社会主义现代化建设步伐，建立社会主义市场经济体制，进一步明确了教育优先发展的战略地位。同时，还要求广东等有条件的地方要力争用20年时间基本实现现代化。然而，此时的广东随着改革开放全面展开和市场经济体制建设的推进，社会经济面临着巨大的挑战，教育也呈现出不相适应的现象。正如省委主要领导在中共广东省第七次代表大会上所做的《为广东二十年基本实现现代化而奋斗》的报告中所指出的，广东的教育发展不适应经济发展的需要，广东教育在全国的地位与广东经济在全国的地位不相称。为此，要加快广东教育改革和发展的步伐，把优先发展教育、全面提高劳动者素质作为广东实现现代化的重要措施之一。

1993年2月12日，中共中央、国务院印发《中国教育改革和发展纲要》，不仅明确了教育优先发展的战略地位，提出了一系列教育发展目标，也明确了"教育必须为社会主义现代化建设服务，必须与生产劳动相结合，培养德智体全面发展的建设者和接班人"的教育方针，还提出国家财政性教育经费支出占GDP（国内生产总值）的比例要达到4%。这是20世纪90年代我国教育改革的一份纲领性文件。

1994年6月14—17日，第二次全国教育工作会议召开。会议要求进一步落实教育优先发展的战略，并将基本普及九年义务教育和基本扫除青壮年文盲列为教育工作的"重中之重"；动员全党全社会认真实施《中国教育改革和发展纲要》，强调教育必须为社会主义现代化建设服务，培养德智体全面发展的建设者和接班人。同年6月19—21日，江泽民同志在考察广东时，提出要"增创新优势，更上一层楼"，并在1998年再次提出这一要求。随着科学技术在现代化建设中发挥着越来越重要的作用，中共中央、国务院于1995年5月6日公布《关于加速科学技术进步的决定》，提出了实施科教兴国的战略。1996年，为建立适应社会主义市场经济体制和科技体制改革需要的教育体制，增强教育主动适应经济建设和社会发展的能力，更好地为社会主义现代化建设服务，广东省委做出了科教兴粤的战略决策。

1997年9月12—18日，党的十五大召开，在对我国跨世纪现代化建设事业做出战略部署的同时，把发展教育作为社会主义文化建设的基础工程，强调要"培养同现代化要求相适应的数以亿计高素质的劳动者和数以千万计的专门人才，发挥我国巨大的人力资源优势，关系21世纪社会主义的全局"①。为了实现党的十五大所确定的目标与任务，落实科教兴国战略，全面推进教育的改革和发展，提高全民族的素质和创新能力，1999年1月，国务院批转教育部制订的《面向

---

① 《中国共产党第十五次全国代表大会文件汇编》，人民出版社1997年版，第37页。

21世纪教育振兴行动计划》。这是在贯彻落实《义务教育法》《中国教育改革和发展纲要》的基础上提出的跨世纪教育改革和发展的蓝图。

党中央、国务院立足于对当今世界知识经济兴起、高新科学技术革命和综合国力激烈竞争的判断，高瞻远瞩，深谋远虑，把教育的地位和作用提高到了前所未有的高度，并先后确定了20世纪90年代教育改革和发展的目标、任务，制定了面向21世纪教育改革蓝图，从而极大地促进了包括广东在内的我国教育的深化改革和蓬勃发展。1998年，时任中共广东省委书记李长春在中共广东省第八次代表大会上做《增创新优势，迈向新世纪，全面推进广东现代化建设》的报告，把科教兴粤作为三大发展战略之一。1999年3月7日，中央再次提出广东要率先基本实现现代化，为全国提供更多有益经验的新要求。广东省委、省政府决定以率先基本实现现代化作为总任务、总目标统揽工作全局，经济特区和珠江三角洲要在全省率先基本实现社会主义现代化中先行一步。1997—1998年，广东全省经济平稳快速发展，国内生产总值年均增长保持在10%左右，连续在全国排名第一。所有这一切，为21世纪广东教育改革和发展提供了动力和保障。

（二）改革内容

这一时期，广东省委、省政府认真落实党中央、国务院关于教育改革和发展的精神，加强了对教育工作的领导，提出了建设教育强省的战略决策，重新调整和制订教育改革发展新规划，加快教育改革步伐，力争使广东教育居全国领先地位。省委、省政府制定的一系列改革发展政策，不仅有力地促进了广东经济发展，也使广东教育获得了快速发展，基本达到了教育改革和发展目标。广东开始从全面开创教育事业新局面时期，逐渐过渡到开启率先实现教育现代化的伟大征程中。

1. 规范学前教育管理，普及农村学前一年教育

这一时期，广东学前教育开始从普及非正规学前班教育，逐渐转变为推进正规的学前三年幼儿教育，幼儿教育结构进一步优化。1993年，广东省教育厅颁布《广东省幼儿园等级评定基本标准》，以等级评定来促进幼儿教育事业发展。同年，又颁布《广东省学前班管理暂行办法》，规范学前班的管理，并在全省选取不同类型的10个县（市、区）进行学前班管理及改革试点，重点普及农村学前一年教育。1994年，全省幼儿教育工作会议召开，颁布了《关于加快我省幼儿教育事业改革和发展的意见》，明确了学前教育作为基础教育组成部分的重要地位和发展目标，明确了社会化办园的发展方向。随着广东对学前教育的日益重视以及对学前教育投入的增加，广州、中山、东莞等地取消小学附设学前班，全省三年正规幼儿园入园率不断提高，入园人数不断增加。同时，广东学前班改革的经验也开始向全国推介。①

2. 改革办学体制，促进民办教育健康发展

随着社会主义市场经济体制的建立，办学体制必须放开搞活，逐步形成政府办学为主与社会多种力量办学相结合的新体制。到 1994 年，社会力量办学的学校数量在增加，仅 1994 年就新建了 28 所民办普通中学和职业中学、30 所民办小学、431 所民办幼儿园、16 所中外合作办学（包含与港澳台地区合作办学，下同）的学校，其中有 40 所高收费的学校。社会力量参与办学进一步推动了办学体制改革。为了保证民办私立教育健康发展，广东省教育厅根据"积极鼓励、大力支持、正确引导、加强管理"的原则，于 1993 年 7 月颁发了《关于加强我省普通教育私立学校审批和管理工作若干问题的通知》，对高收费的民办学校"允许试验，重视研究，正确引导，加强管理，兴利除弊，规范行为，依法办学，依法治教"，强化育人意识，淡化牟利观念。鉴于高收费学校需要引导和整顿，不宜过多过猛发展，广东省政府于 1994 年 4 月做出当年各地不得审批新办高收费民办学校的规定，并对已办学校进行清理整顿。

3. 改革教育运行机制，推进中小学校等级评估

在管理方式即学校运行机制上，一是摒弃以往主要依靠行政手段，对学校统得过死的弊端，大胆引入竞争、激励机制。如实行多劳多得，设立南粤杰出教师奖、南粤教书育人优秀奖、南粤教坛新秀奖等。二是通过评估调动办学积极性。如 1993 年开始在已经普及九年义务教育的地区实行中小学等级评估。在全省各地学校举办评省一级、市一级学校等活动。将竞争机制引入学校，调动了各方面办学的积极性，促进了教育质量的提高。三是加强民办学校管理，引导其规范行为，依法办学，依法治教。

4. 深化和加快城乡综合改革，促进职业教育发展

1993 年，广东省教育厅制订《广东省实施燎原计划工作示范乡镇评估验收方案》，在各市县开展评估验收工作。同时，省政府拨出 300 万元农村教育综合改革补助专款进行农村教育综合改革。到 1994 年，全省农村教育综合改革市、县（区）有 43 个，实施"燎原计划"的达 464 个，分别比 1992 年增加了 16 个和 146 个。至此，全省农村教育综合改革的大格局已经形成。

1992 年，国家教委决定扩大城市教育综合改革试点城市范围，广东新增了广州、深圳、中山、东莞四个试点城市。1993 年 11 月，全省城市教育综合改革座谈会在深圳召开。会议决定从进一步改革教育管理体制、加快发展职业教育、深化教育教学领域改革、探索在市场经济条件下加强和改革学校德育等方面，全

---

① 参见王季云《改革开放 30 年广东省学前教育发展回顾》，载《广州大学学报（社会科学版）》2009 年第 8 卷第 11 期，第 47～52 页。

方位、多层次地推进城市综合改革，使之能建立起与城市社会经济发展相适应的新的教育体系。在这一精神指导下，广东加强了重点中等职业学校建设，到1995年，全省共有国家级重点职业学校25所（职中和中专各11所、技校3所）、省级重点职业学校86所（职中35所、中专34所、技校17所）、市（县）骨干职业中学106所。同时，迅速扩大职业教育规模，到2000年，全省中等职业学校增加到844所，在校生达41.15万人。① 广东中等职业教育的多元办学体制得到进一步优化，职业教育获得了快速发展。随着《中华人民共和国职业教育法》（以下简称《职业教育法》）颁布，广东职业教育改革和发展进入依法治教、以法促教的新阶段。

5. 改革高等教育办学体制，确立高校法人主体地位

受招生规模限制，广东高校招生数量远远无法满足社会需求量，两者之间存在着严重的失衡现象。为了缓解高等教育数量与社会需求量之间的矛盾，广东省委、省政府于1994年颁布了《关于教育体制改革和发展的决定》，明确提出普通高校实行以政府办学为主，积极发展多种形式的联合办学。之后，在全国着手高教体制改革与实行"211工程"背景下，广东作为高教体制改革试点省，省委、省政府再次做出《关于加快高等教育改革和发展步伐的决定》，提出逐步形成以政府投资为主，学生缴费和社会集资为辅，企业单位集资办学和国际合作办学等多种形式办学的模式。与此同时，在全省高教改革工作会议精神指示下，广东决定开展综合改革试点工作，确定中山大学、华南理工大学、华南师范大学、暨南大学、广东工学院（现为广东工业大学）、深圳大学、佛山大学（现为佛山科学技术学院）等为综合改革试点高校，重点是进行"并轨"试点，对部分高校调整、合并，并推动石牌地区六所高校联合办学、资源共享，着手"六大工程建设"。

《中华人民共和国高等教育法》（以下简称《高等教育法》）于1998年颁布后，广东高等教育改革有了可遵循的法律依据，不仅依法明确了高等学校的权利和义务，使高等学校成为面向社会自主办学的法人实体，而且进一步扩大了高校办学自主权，并确立了中央与省（自治区、直辖市）分级管理、分级负责的教育管理体制，实现了"以省为主、三级办学、两级管理"的体制。

这些政策文件的颁布，不仅有利于改革高等教育办学体制，确立高校法人主体地位，也在一定程度上有利于扩大高校规模，在短短数年之内招生人数大大增长，高等教育毛入学率有了较大提高。

---

① 参见杜锡强、冯成志《把握机遇开创广东职业教育的新明天——访广东省教育厅厅长江海燕》，载《职教通讯》1997年第1期。

6. 特殊教育、终身教育开始得到重视

在各级各类教育事业改革和发展顺利推进的进程中，广东的特殊教育事业和终身教育事业开始得到重视。其中，特殊教育事业是在普及九年制义务教育的过程中发展起来的。在投入方面，广东根据国家要求，投入大量的人力、物力，确保残疾儿童能进入特殊教育学校或普通学校接受义务教育。在办学形式上，1978年前，广东特殊教育的办学形式比较单一，主要是政府举办盲聋哑学校；1978年后，特殊教育的办学形式呈现多样化的特点，开始出现各种特教学校和特教班。特殊教育逐渐发展并在20世纪90年代开始受到重视。

在特殊教育开始受到重视的同时，我国政府也开始逐步发展终身教育。《中国教育改革和发展纲要》（1993年）首次在我国提出"终身教育"这一概念；《中华人民共和国教育法》（1995年）则明确规定"建立和完善终身教育体系"，"为公民接受终身教育创造条件"；《面向21世纪教育振兴行动计划》（1999年）再次提出"终身教育将是教育发展与社会进步的共同要求"，"开展社区教育的实验工作，逐步建立和完善终身教育体系"。这一系列政策法规的出台，开启了我国终身教育的发展进程，也为各省市开展终身教育提供了合法性依据。广东在这一时期也开始着手建立和完善终身教育体系，其中，作为终身教育重要组成部分的广播电视大学等开始发展。

经过这一时期的改革和发展，广东教育落后的面貌得到彻底改变。到1996年，广东在全国率先基本普及九年义务教育，各市、县均建立现代化学校样板校，特殊教育和幼儿教育得到了发展，高标准地扫除青壮年文盲，高中阶段教育在大中城市和珠三角地区基本普及。职业技术教育得到大力发展，成人教育向终身教育发展，高等教育无论是在办学规模上还是在办学效益上都得到快速发展。

（三）改革特征

以邓小平南方谈话为标志，广东教育改革发展目标更加明确，以改革促发展，大力调动社会力量办学的积极性，民办教育规模迅速扩大，各级各类教育进入了大发展时期。在这一时期，广东教育改革发展呈现以下特征：

1. 加快改革，追赶发展，建设教育强省

随着改革开放战略决策的确认和社会主义市场经济体制的建立，特别是中央对广东率先实现现代化要求的提出，广东加快了经济社会发展步伐，实施科教兴粤，广东教育领域进入加快改革、追赶发展、建设教育强省的时期，也开始进入了追赶型教育现代化时期，即力争使广东教育的发展居全国领先地位，力争使广东教育赶上"亚洲四小龙"水平的教育改革发展目标。明确的目标，有利于触发广东教育系统推进教育改革发展的动机，使广东教育在规模和质量上尽快赶上全国先进省市。因此，加快教育发展成了20世纪90年代广东教育的主基调和特色。

2. 以评估促建设，促进教育质量和办学效益的提高

广东重视发挥教育督导的作用。广东省教育督导室成立后，根据国家和省的有关教育方针、政策、法规和制度对教育行政部门和各级各类学校进行监督、检查、评估、指导和帮助，以加强教育事业发展的全面管理，保障教育方针和政策的贯彻执行，提高教育质量，促进教育事业的健康发展。

在这一时期，为推进教育加快发展，广东继评选重点学校后，再次选择了效率优先的教育梯度发展方式，通过教育评估来推动教育发展，着手在已经普及九年义务教育的地区实行中小学等级评估，开始评省一级、市一级学校，并推广中小学等级评估试点工作经验，以此端正办学思想，促进教育改革，加强科学管理，实现整体优化，提高教育质量和办学效益，调动广大教育工作者的积极性。

3. 重视办学体制改革，激发广东民办教育的活力

这一时期，广东民办教育的活力被极大地激发出来，主要归功于积极推进各级各类教育办学体制改革的各项举措。1994年，《关于教育体制改革和发展的决定》提出加快办学体制改革，进一步改变政府包揽办学的状况，"主要依靠行业、企业单位、社会团体和公民个人举办，鼓励社会各方面联合举办"，逐步形成以政府投资为主与社会多种力量相结合的办学新体制。后来，广东制定的一系列措施也激发了广东民办教育的活力。依靠改革开放后经济实力迅速增长、毗邻港澳、海外华侨华人资源多的优势，广东基础教育、职业教育和高等教育各领域都出现了大量社会团体筹资办学、港澳同胞和华侨华人捐资办学，形成了多种形式办学的局面。由于高等学校成为面向社会自主办学的法人实体，并进一步扩大了办学自主权，形成了以政府投入为主、学生缴费和社会集资为辅、企业单位集资办学和国际合作办学等多种办学模式，逐步形成政府办学为主与社会多种力量办学相结合的新体制，从而使高等教育获得大发展的历史机遇。重视办学体制改革，使广东成为全国民办教育最发达的省份。

四、教育改革持续深化，素质教育全面实施时期（1999—2011年）

（一）改革背景

党的十一届三中全会以来，广东的教育事业取得了显著成就：普及九年义务教育和扫除青壮年文盲的工作取得历史性进展；职业教育和成人教育迅速发展；高等教育规模稳步扩大；教育体制和教学改革逐步深化，办学条件和教育质量有了提高；教育法规体系基本框架已初步形成。所有这些为21世纪教育事业的振兴奠定了坚实的基础，但同时，广东教育事业改革和发展中依然存在各种问题和矛盾：教育发展水平与社会经济发展之间不适应；教育结构、教育体制、教育观念、教育方法以及人才培养模式与现代化建设需要之间不适应；实施素质教育、

推动教育体制改革、激发教育活力、提升教育质量和水平等过程中存在诸多问题；城乡之间、区域之间教育发展严重不均衡；城乡二元结构导致教育保障机制和办学条件校际差距巨大；教育公平改革没有取得实质性突破；等等。这些教育改革和发展过程中的教育不公平、不均衡等问题与矛盾，为广东教育改革和发展提供了巨大的空间。

为了提高民族素质和创新能力，深化教育体制和结构改革，全面推进素质教育，振兴教育事业，国家于1999年6月发布了《中共中央 国务院关于深化教育改革，全面推进素质教育的决定》。

在基础教育方面，2001年5月，国务院发布了《关于基础教育改革与发展的决定》，提出按照"积极进取、实事求是、分区规划、分类指导"的原则，梯度推进基础教育改革与发展。基础教育管理体制继续推进"以政府办学为主，积极鼓励社会力量办学"的办学体制改革。此次改革的核心是酝酿和实施新一轮基础教育课程改革。2001年6月颁布的《基础教育课程改革纲要（试行）》成为21世纪新一轮教育变革的行动指南。

在民办教育方面，为实施科教兴国战略，促进民办教育事业的健康发展，维护民办学校和受教育者的合法权益，2002年，《中华人民共和国民办教育促进法》（以下简称《民办教育促进法》）颁布，确立了民办教育的地位。国家对民办教育实行积极鼓励、大力支持、正确引导、依法管理的方针，极大地激发了社会力量办学的积极性。

在职业教育方面，2002年8月24日，国务院发布《关于大力推进职业教育改革与发展的决定》，要求全面提高教育质量和效益，建设有自主发展能力的现代职业教育体系。这一时期，职业技术教育改革的重点是积极发展高等职业技术教育，高等教育扩招的增量主要用于地方发展高等职业教育。

在高等教育方面，广东高等教育管理体制改革也取得了较大进展，条块分割、重复设置等问题得到了较大改善。但此时的高等教育，无论是规模还是质量，都与迅速发展的社会经济不相协调，高等教育的发展水平在全国仍然相对落后，还需要进一步完善体制机制改革，扩大招生规模，调整专业结构。这种状况严重制约着广东社会经济的发展，迫切需要加大改革力度。

进入21世纪，广东国民经济和社会发展取得了显著成就，主要经济指标继续居全国前列。经济的发展为教育经费投入的增加奠定了基础，也为教育改革和发展奠定了物质基础。全省预算内的财政性教育经费支出由2001年的228.85亿元增加到2005年的449.17亿元。正是在这样的背景下，广东教育改革开始进入持续深化与素质教育全面实施时期。

（二）改革内容

1. 实施科教兴粤战略，全面推进素质教育

2000年10月，广东省委、省政府颁布《关于贯彻〈中共中央 国务院关于深化教育改革，全面推进素质教育的决定〉的意见》，提出要深入实施科教兴粤战略，全面推进素质教育，把广东建成教育强省，率先基本实现社会主义现代化。基础教育方面，进一步完善"分级办学、分级管理"体制，调整中小学布局，推进课程教材改革，建立面向21世纪的新的基础教育课程体系；加大力度改造农村薄弱学校，加强规范化学校建设；调整中等职业教育结构，实现资源整合优化；完善高等教育以省级政府统筹管理的体制，扩大高校办学自主权，加大高等教育结构调整和学科专业结构调整，发展工科，提高理科，推动高等教育课程文理渗透和学科交叉；加大办学体制改革力度，鼓励和支持社会力量办学。

2. 大力推进教育现代化，确立教育现代化建设目标

为实现广东全面建设小康社会、率先基本实现社会主义现代化的战略目标，指导全省2004—2020年教育事业的改革和发展，加快教育现代化建设，广东省委、省政府发布《关于印发〈广东省教育现代化建设纲要（2004—2020年）〉的通知》（粤发〔2004〕13号）、《广东省人民政府印发〈广东省教育现代化建设纲要实施意见（2004—2010年）〉的通知》（粤府〔2005〕67号），明确了广东教育现代化的目标：2010年，全省基本普及从小学到高中阶段的十二年教育，25岁以上人口平均受教育年限达到10年；2015年，全省巩固提高普及从小学到高中阶段的十二年教育，25岁以上人口平均受教育年限达到11年；2020年，全省基本实现高等教育普及化，25岁以上人口平均受教育年限达到12年，全省实现教育现代化，教育整体水平和综合实力居全国前列，达到中等发达国家水平。

3. 深化教育体制改革，积极推进高中办学体制改革

这一时期，基础教育体制改革的重点发生了变化。从2004年起，广东在深化基础教育改革方面，开始强调高中阶段改革，提出要在坚持和完善以县为主的农村义务教育管理体制的同时，积极推进高中阶段教育办学体制改革。鼓励和支持社会力量举办高中阶段学校；积极探索多种形式办学，形成公办高中和民办高中共同发展的新格局。深化职业教育体制改革，强调建立健全政府统筹、分级管理、地方为主、社会参与的现代职业教育管理体制。在高等教育方面，强调完善"两级管理、三级办学"体制，继续与国家有关部门共同建设高水平大学和"211工程"大学；着力建设综合实力和竞争力强的省属重点大学，扶持建设一批省属本科院校；支持中心城市发展高等教育，包括鼓励经济发达地区大力发展高等职业教育。

4. 深化农村教育改革，振兴农村教育事业

世纪之交，在各级党委、政府的高度重视下，广东农村基础教育稳步发展。特别是2002年以来，广东省加大了对农村教育的扶持力度，实施了"教育扶贫工程"，开展了老区小学改造和中小学布局调整工作，全省农村教育整体水平明显提高。但广东基础教育发展很不均衡，区域之间、城乡之间差距明显，东西两翼和北部山区农村教育与大中城市和珠江三角洲地区相比还相当落后；部分中小学生活设施和教学仪器设备紧缺、简陋；部分城镇学位不足，学校"大班额"现象突出；农村教师队伍数量不足、素质不高，骨干教师流失严重；高中阶段教育发展滞后。城乡教育发展不协调、不平衡问题严重制约着广东省农村基础教育整体发展水平的提高。为此，广东采取了一系列举措，以促进农村教育的发展。

为使每个孩子都能享受义务教育，针对广东仍存在着部分地区义务教育阶段的儿童少年失学辍学率偏高等问题，尤其是农村特困家庭子女的失学辍学问题更加突出，广东省政府颁布了《关于我省农村困难家庭子女免收义务教育阶段书杂费的通知》（粤府〔2001〕53号），决定建立农村困难家庭子女义务教育阶段书杂费免收制度。

为贯彻落实《国务院关于进一步加强农村教育工作的决定》（国发〔2003〕19号）和全国农村教育工作会议精神，加快农村教育发展，深化农村教育改革，促进农村经济社会发展和城乡协调发展，2004年1月3日，广东省政府发布了《关于贯彻落实国务院进一步加强农村教育工作决定的意见》（粤府〔2004〕7号），提出要认识农村教育在广东省现代化建设中的重要作用，增强责任感和紧迫感，将农村教育作为教育工作的重中之重，一手抓发展，一手抓改革，促进农村各级各类教育事业协调发展，更好地适应广东省全面建设小康社会和率先基本实现社会主义现代化的需要。

2005年11月，广东省委、省政府制定了《关于推进农村免费义务教育的决定》（粤发〔2005〕18号），提出了推进农村免费义务教育的总体目标：从2005年秋季起，在全省16个扶贫开发重点县实行免除农村中小学义务教育阶段学生杂费试点；从2006年秋季起，鼓励支持珠江三角洲有条件的市开展免费义务教育试点，全省在总结经验的基础上，逐步扩大试点范围；从2008年秋季起，在全省农村全面实施免费义务教育。

为进一步深化农村免费义务教育改革，广东省发布《广东省人民政府办公厅印发〈广东省免收农村义务教育阶段学生课本费实施方案〉的通知》（粤府办〔2007〕2号），决定从2007年秋季起，在广东省农村义务教育阶段免收杂费的基础上免收课本费；享受广东省农村义务教育阶段免收杂费的在校学生，均免收课本费，所需课本由政府免费提供。

为加快广东中小学校规范化建设，促进广东农村基础教育的快速发展和均衡

发展，加快教育现代化建设步伐，经省政府同意，广东省教育厅发布了《关于实施"五项工程"切实解决我省农村基础教育重点难点问题的意见》。实施"五项工程"，加快农村基础教育发展，即实施农村义务教育学校学生生活设施改造工程、实施义务教育"五〇班额"工程、实施农村中小学"新装备"工程、实施普通高中"扩容促优"工程、实施"强师兴教"工程，全面加强农村中小学教师队伍建设。

2006年，广东省政府召开了深化农村义务教育经费保障机制改革工作会议，制定了《关于深化农村义务教育经费保障机制改革的意见》和《广东省农村免费义务教育实施办法》，明确了各级政府对义务教育投入的职责。《广东省教育厅转发教育部关于学习宣传和贯彻实施〈中华人民共和国义务教育法〉的通知》（粤教策〔2006〕33号），要求广泛宣传义务教育经费保障的相关政策，特别要以深化农村义务教育经费保障机制改革为契机和重点，推动《义务教育法》相关规定的贯彻落实，促进义务教育区域、城乡和校际均衡发展；针对《义务教育法》关于义务教育阶段严禁设置重点校、重点班的规定，各地要严格按照要求，查找存在的问题并限期整改，清理、修订与《义务教育法》相抵触的文件和制度；按照《广东省义务教育规范化学校标准（试行）》（粤教基〔2006〕92号）和国家有关办学的基本要求，大力推进义务教育规范化学校建设，努力办好每一所义务教育学校。接着，广东省教育厅发布《关于印发〈广东省教育厅义务教育阶段学生编班管理办法（试行）〉的通知》（粤教基〔2006〕96号）并转发了《教育部关于贯彻〈义务教育法〉进一步规范义务教育办学行为的若干意见》的通知（粤教基〔2006〕121号）。

5. 深化职业教育改革，做大做强广东职业教育

《职业教育法》实施后，广东职业教育得到了空前重视。通过大力推进职业教育改革，加快职业教育发展步伐，广东建成了全国最大规模的职业教育体系。

广东省制定了一系列的政策，通过深化改革来促进职业教育发展。根据教育部《关于调整中等职业学校布局结构的意见》，2001年，广东省政府颁发了《关于我省中等职业教育布局结构调整的实施意见》（粤府〔2001〕98号），决定通过调整中等职业教育布局结构，整合和优化资源，改变分散办学、重复办学、资源配置不合理、办学效率不高的状况，改变中等职业教育主要靠外延发展的状况。

高等职业教育发展的步伐最快。2001—2005年，广东省每年新批准10所左右职业技术学院，独立设置的职业技术学院由2001年的27所增加到2005年的61所。随着《民办教育促进法》及其实施条例的颁布，广东的民办高等职业教育也获得了大发展。1999年当年就设立了白云职业技术学院、潮汕职业技术学院、新安职业技术学院。到2008年，广东民办高校增加到28所。

为贯彻《国务院关于大力推进职业教育改革与发展的决定》（国发〔2002〕16号）和全国职业教育工作会议精神，深入实施科教兴粤战略，做大做强广东职业教育，广东省委、省政府发布了《关于大力推进职业教育改革与发展的意见》（粤府〔2003〕91号），指出要推进与深化职业教育管理、办学体制改革，建立政府统筹、分级管理、地方为主、社会参与的职业教育管理体制；完善政府主导，部门、行业、企业和社会力量共同参与的办学体制，积极探索多元化、多渠道的办学路子，加大办学体制改革力度。

2004年，广东省教育厅下发了《关于以就业为导向深化我省高职高专教育改革的意见》，探索毕业生的"双证书"制度、专业设置的市场化倾向、与企业合作的订单式培养等改革，推进高等职业教育办学与经济市场接轨。同年9月，广东开始实施高职高专教育改革工程，包括省级示范性学院建设、专业建设、精品课程建设、实训基地建设、技能型紧缺人才培养培训。

2005年，为促进职业教育发展，广东接连出台一系列政策文件。如广东省政府印发的《广东省教育现代化建设纲要实施意见（2004—2010年）》，以及广东省教育厅《关于贯彻教育部关于加快发展中等职业教育的意见的通知》（粤教职〔2005〕37号）、《关于中等职业学校部分专业实行学制改革的通知》（粤教职〔2005〕41号）、《关于贯彻教育部在职业学校逐步推行学分制的若干意见的通知》（粤教职〔2005〕60号）等。其中，《广东省教育现代化建设纲要实施意见（2004—2010年）》就2010年前高水平、高质量发展高等职业教育做了明确的规划。

2006年8月，广东省委、省政府召开全省职业技术教育工作会议，印发了《关于大力发展职业技术教育的决定》。2007年，广东省政府发出了《印发广东省大力发展职业技术教育实施纲要（2006—2020年）的通知》（粤府〔2007〕11号），明确提出了职业教育的内涵式发展，实现职业资格证书与学历证书并重的突破，实现中高等职业技术教育衔接制度的突破，实现政府购买职业技术教育成果的突破。

通过大力推进职业教育改革，加快职业教育发展步伐，广东建立了全国规模最大、发展领先、结构优化、布局合理、办学质量和办学效益好、适应社会主义市场经济体制和现代化建设需要的中等职业教育体系。

6. 扩大高等教育规模，加强高等教育内涵建设

在高等教育方面，1999年1月，国务院批转教育部颁布的《面向21世纪教育振兴行动计划》，提出"高等教育规模要有较大扩展。……到2010年使入学率达到15%"。此后，全国普通高校招生规模迅速扩大，1998年的招生规模为108万人，1999年的招生规模为159万人，2000年继续扩招，接下来连续多年以每年增加40万人以上的规模扩招。其间，广东在广州、深圳、珠海、东莞和佛山设立了大学城和大学园区，扩大了高校规模，缓解了扩招压力，促进了广东高等教育的整体发展水平。

在内涵建设上，一是优化高等教育结构。积极挖掘潜力，努力扩大现有普通高等学校和成人高等学校容量，扩大全省各地广播电视大学和高等教育自学考试规模。合理调整本专科层次结构，充分挖掘现有本科院校办学能力，同时根据经济社会发展要求组建新的本科院校，扩大本科办学规模。支持有条件的成人高等学校转制为普通高等学校，有条件的普通高等学校设立继续教育学院，承担成人高等学历教育任务。鼓励广州大学等本科高校和硕士授权高校申请硕士、博士学位授予单位，支持华南理工大学、华南师范大学等重点建设大学申请设立研究生院，加强硕士、博士学位授权点的建设，有效扩大研究生培养规模。

二是加强高水平大学和教学科研型大学建设。继续加大对中山大学、华南理工大学两所"985工程"大学的建设，加大对暨南大学、华南师范大学等"211工程"大学的建设，并加强国家重点学科评估与建设。紧紧围绕广东经济社会发展需要，重视基础学科建设，大力发展应用学科，积极培育和发展新兴、交叉学科。加大扶持与电子信息、生物医药、电器机械、汽车制造、石油化工、能源与环保、海洋资源开发利用、造纸、纺织服装、食品饮料、建筑等广东省支柱产业和新兴产业相关的学科专业领域建设。优先发展高新技术类本科专业，积极发展地方经济建设急需专业，大力提高工科类专业及其学生比例，使高等教育的专业门类、层次结构更趋合理。

7. 科学规划改革发展，突出教育改革创新

2010年7月，《国家中长期教育改革和发展规划纲要（2010—2020年）》颁布。为了传达贯彻全国教育工作会议和《国家中长期教育改革和发展规划纲要（2010—2020年）》精神，广东省于2010年9月1—2日召开教育工作会议，总结交流广东省教育工作取得的成绩和经验，研究部署落实《国家中长期教育改革和发展规划纲要（2010—2020年）》。2010年10月，广东省委、省政府印发了《广东省中长期教育改革和发展规划纲要（2010—2020年）》。《规划纲要》在全面总结广东改革开放以来教育工作历史经验和科学分析未来教育发展面临的机遇挑战的基础上，把改革创新作为教育发展的根本动力，列为工作方针的重要内容，并贯穿于《规划纲要》的自始至终，渗透于各级各类教育的方方面面。因此，《规划纲要》不仅是广东教育发展的规划纲要，也是广东教育改革的规划纲要，还是指导广东教育改革和发展的纲领性文件。

（三）改革特征

1. 注重改革的公平性，着力解决孩子有学上的问题

在社会现代化过程中，公平与效率往往就像鱼和熊掌，难以兼得。在教育现代化的进程中，教育改革和发展也面临着类似的困境。在不同的改革发展阶段，教育公平问题的特征和重心不同。在改革发展初期，最重要的是普及教育，保障广大儿童平等地接受教育的权利。在教育初步普及之后，追求的是教育过程中的公正待遇和更高的教育质量，即对教育品质的追求。通过制度设计，在资源配置和教学过程中，平等地对待每一个学生，让他们享受平等的教育是政府的责任。

追求效率是社会主义经济发展的基本要求，没有效率只能产生平均主义的"大锅饭"式的公平。改革开放后，效率优先，兼顾公平，逐步走向共同富裕，构成了社会主义社会整体分配体系的原则。党的十四届三中全会首次提出"效率优先、兼顾公平"的分配原则，党的十六届五中全会明确"更加注重社会公平"。在教育公平问题上，由于教育各阶段改革发展的重点不同，党和国家对教育公平与效率关系的认识和政策设计也是在探索中逐渐深化的。

在这一时期，广东教育改革和发展围绕着教育现代化的目标，加快教育现代化建设步伐，抓住教育发展的关键环节，有针对性地解决教育公平中的重点问题、难点问题、短板问题。虽然改革开放十多年后，广东社会经济飞速发展，早在 1996 年就率先普及了九年制义务教育，但仍存在着部分地区义务教育阶段的儿童少年失学辍学率偏高等问题，尤其是农村特困家庭子女的失学辍学问题更加突出。为此，广东省委、省政府提出，要认识农村教育在广东省现代化建设中的重要作用，增强责任感和紧迫感，连续多年出台了一系列政策文件，下大力气解决农村教育发展落后问题，实施农村教育扶贫工程，加强区域协调发展。如决定建立农村困难家庭子女义务教育阶段书杂费免收制度，并从 2008 年秋季起在全省农村全面实施免费义务教育；实施"五项工程"，加快广东中小学校规范化建设，促进广东农村基础教育的快速发展和均衡发展，加快教育现代化建设步伐；深化农村义务教育经费保障机制改革，明确了各级政府对义务教育投入的职责。又如中等职业学校学生的升学难问题之前也没有得到很好的解决，大量职业技术院校的举办和中高等职业技术教育衔接制度的制定，使得中等职业学校学生有大学可读。

2. 以深化改革为手段，体现了渐进式推进、螺旋式上升的改革特点

从全国来看，我国改革从农村向城市、从沿海向内地、从增量向存量、从经济领域向其他领域次第展开，邓小平形象地将其概括为"摸着石头过河"。这是我国改革的基本方法。广东的教育改革发展，也体现了"先易后难、渐进式推动"的规律，经历了从重点普及小学教育到"普九"再到普及高中教育这样一个重点逐渐递进的过程，高等教育从精英教育到大众教育的过程。在这一时期，就以改革高中办学体制为抓手，动员社会力量举办高中，大力促进高中教育的普及。

在教育规模和教育质量上，广东也经历了从数量扩张到质量提升的改革过程，促进教育内涵发展、协调发展，强调结构优化、布局合理、办学质量和办学效益。在这一时期，职业教育、高等教育的规模都得到了迅速扩张，同时也在加强内涵建设，高水平大学和教学科研型大学都得到了发展，服务社会经济发展的功能得到了强化。如高等教育学科建设方面，及时回应广东经济发展需要，加大学科调整力度，积极培育新兴学科，提高工科类专业和招生比例。

在教育体制改革方面，针对不同的教育层次和类别，采取了不同的改革措施。改变了政府大包大揽的做法，逐步建立和完善政府办学为主体、社会各界共同办学的多元化办学体制。

五、教育改革全面深化，"创强争先建高地"时期（2012—2018 年）

（一）改革背景

2012 年 11 月 8 日，党的十八大召开。党的十八报告提出要坚持教育优先发展，全面贯彻党的教育方针，坚持教育为社会主义现代化建设服务、为人民服务，把立德树人作为教育的根本任务，培养德智体美劳全面发展的社会主义建设者和接班人。同年 12 月，习近平总书记在广东考察工作。他指出，现在我国改革已经进入攻坚期和深水区，我们必须以更大的政治勇气和智慧，不失时机地深化重要领域改革。深化改革开放，要坚定信心、凝聚共识、统筹谋划、协同推进。改革开放是决定当代中国命运的关键一招，也是决定实现"两个一百年"奋斗目标、实现中华民族伟大复兴的关键一招。习近平总书记对广东提出了殷切希望："广东要努力成为发展中国特色社会主义的排头兵、深化改革开放的先行地、探索科学发展的实验区，为率先全面建成小康社会、率先基本实现社会主义现代化而奋斗。"[①]

党的十八大以来，党中央从坚持和发展中国特色社会主义出发，紧紧围绕"培养什么样的人、如何培养人以及为谁培养人"这个根本问题，对教育的战略地位、根本任务、培养目标等提出了一系列新理念、新思想、新战略，丰富和发展了中国特色社会主义教育理论，为我国新时代教育改革发展指明了方向。

2017 年 10 月 18 日，党的十九大胜利召开。这是在全面建成小康社会决胜阶段、中国特色社会主义进入新时代的关键时期召开的一次十分重要的大会。习近平总书记在党的十九大报告中指出，优先发展教育事业。建设教育强国是中华民族伟大复兴的基础工程，必须把教育事业放在优先位置，加快教育现代化，办好人民满意的教育。要全面贯彻党的教育方针，落实立德树人根本任务，发展素质

---

① 《勇做发展中国特色社会主义排头兵——写在习近平总书记考察广东三周年之际》，载《南方日报》2015 年 12 月 7 日。

教育，推进教育公平，培养德智体美劳全面发展的社会主义建设者和接班人。推动城乡义务教育一体化发展，高度重视农村义务教育，办好学前教育、特殊教育和网络教育，普及高中阶段教育，努力让每个孩子都能享有公平而有质量的教育。完善职业教育和培训体系，深化产教融合、校企合作。加快一流大学和一流学科建设，实现高等教育内涵式发展。健全学生资助制度，使绝大多数城乡新增劳动力接受高中阶段教育，更多接受高等教育。支持和规范社会力量兴办教育。加强师德师风建设，培养高素质教师队伍，倡导全社会尊师重教。办好继续教育，加快建设学习型社会，大力提高国民素质。

以党的十八大召开为标志，广东教育改革发展进入了一个新阶段。广东省委、省政府以"创强争先建高地"为总抓手，落实教育优先发展战略地位，加强顶层设计和总体规划。2018年7月27日，广东省召开省政府常务会议，研究部署深化教育体制机制改革等工作，推动广东教育高质量发展。会议要求深入贯彻习近平总书记重要讲话精神，落实中央《关于深化教育体制机制改革的意见》，深化广东省教育体制机制改革，全面推进教育现代化、建设教育强省。要强化问题导向，系统推进育人方式、办学模式、管理体制、保障机制改革，着力提高广东省高等教育毛入学率，着力解决人民日益增长的优质教育需求和教育发展不平衡不充分之间的矛盾，推动教育高质量发展。会议审议并通过《关于深化我省教育体制机制改革的实施意见》，决定经修改后提交省委全面深化改革领导小组会议审议。①

（二）改革内容

1. 优先发展，"创强争先建高地"

为贯彻落实党的十八大精神，全面实施国家和省中长期教育规划纲要，加快推进广东省教育现代化进程，努力走出一条具有广东特色的教育发展新路子，办好人民满意的教育，广东围绕"三个定位，两个率先"和"加快转型升级，建设幸福广东"的核心任务，积极实施科教兴粤战略和人才强省战略，坚持教育优先发展，努力办好人民满意的教育，以加快创建教育强省、争当教育现代化先进区、打造南方教育高地（即"创强争先建高地"）为目标和抓手，深化改革、先行先试、整体规划、分步实施，以质图强、内涵发展、分类指导、统筹推进，有效推动广东教育事业在新的起点上实现科学发展，颁布了《广东省人民政府关于推进我省教育"创强争先建高地"的意见》（粤府〔2013〕17号），提出的目标是：到2016年，实现"广东省教育强县（市、区）"和"广东省教育强市"覆

---

① 参见《马兴瑞主持召开省政府常务会议 研究部署深化教育体制机制改革等工作 推动我省教育高质量发展》，见南方网（http://news.southcn.com/gd/content/2018-07/27/content_182733610.htm）。

盖率均达85%以上，珠三角地区实现"广东省推进教育现代化先进县（市、区）"和"广东省推进教育现代化先进市"覆盖率均达85%以上；户籍人口高等教育毛入学率达到36%以上，人才培养数量和质量、自主创新能力和社会服务能力明显提升。到2020年，实现"广东省教育强县（市、区）"和"广东省教育强市"全省全覆盖，"广东省推进教育现代化先进县（市、区）"覆盖率达85%以上；户籍人口高等教育毛入学率达到50%以上，高等教育质量水平显著提高，自主创新能力和社会服务能力显著增强；形成以珠三角地区为核心，粤港澳紧密融合，教育现代化、国际化发展水平高，在国内有较大影响力的南方教育高地。为此，要加快推进东西北地区教育"创强"，夯实教育强省基础；扎实推进珠三角地区教育现代化，带动全省争当教育现代化先进区；推动高等学校实施内涵式发展，切实提升高等教育发展水平；进一步扩大教育开放，切实提升教育国际化水平。《广东省人民政府关于推进我省教育"创强争先建高地"的意见》提出：一是要加快推进粤东西北地区教育"创强"，夯实教育强省基础；二是要扎实推进珠三角地区教育现代化，带动全省争当教育现代化先进区；三是推动高等学校实施内涵式发展，切实提升高等教育发展水平；四是要进一步扩大教育开放，切实提升教育国际化水平。这对于指导全省全面实施国家和省中长期教育规划纲要，加快推进全省教育现代化进程，努力走出一条具有广东特色的教育发展新路子，办好人民满意的教育具有重要意义。

到2016年12月底，广东已有教育强县（市、区）132个，覆盖率达99%，教育强镇（乡、街道）1572个，覆盖率为99%。珠江三角洲地区有推进教育现代化先进县（市、区）42个，覆盖率为86%，推进教育现代化先进市7个，覆盖率为78%。121个县（市、区）全部通过国家义务教育发展基本均衡督导评估认定，广东省成为全国第六个义务教育发展基本均衡县全覆盖的省份。①

2. 提高质量，全面推进义务教育均衡优质标准化发展

2011年，广东省政府签署了《义务教育均衡发展备忘录》，着力推进义务教育学校标准化建设，均衡配置教师、设备、图书、校舍等资源，逐步缩小义务教育差距。2012年，为贯彻《国务院关于深入推进义务教育均衡发展的意见》（国发〔2012〕48号），广东省教育厅先后制定了《广东省义务教育规范化学校标准（试行）》、《广东省义务教育学校标准化标准》。按照均衡、优质、标准化的原则，为不同区域义务教育学校制定了办学条件标准、生均公用经费标准、教师配备标准，并扎实推进义务教育学校进行标准化建设，确保义务教育阶段学校和教学点达到标准化要求。

针对义务教育阶段招生、办学过程中存在的问题，广东省教育厅先后制定出

---

① 参见罗伟其《广东教育"创强争先建高地"纪实》，广东高等教育出版社2017年版，第9页。

台了《关于进一步规范义务教育办学行为推进素质教育的若干意见》《广东省人民政府办公厅转发省教育厅关于深入推进义务教育均衡优质标准化发展意见的通知》《广东省教育厅关于印发规范义务教育办学行为六项规定的通知》（严禁入学考试、严禁办重点校、严禁编重点班、严禁违规补课、严禁违规收费、严禁下达升学指标）等一系列文件，有力地规范了义务教育阶段的办学行为。

为贯彻落实中央和省委精神，全面实施素质教育，进一步提高义务教育教学质量和综合育人水平，更好地促进义务教育阶段学生全面发展和健康成长，2015年3月27日，《广东省人民政府办公厅转发省教育厅关于全面实施素质教育进一步提高义务教育办学质量意见的通知》正式发布，明确了工作重点：以立德树人为根本要求，以提升质量为核心任务，以规范办学行为为突破口，以推进课程改革为载体，重点开展与课程改革相适应的招生考试和评价制度改革。通过改革招生考试制度，引导教育教学改革创新走向深入；通过转变评价方式，加强体育和美育工作，强化实践能力培养，补足学生全面发展的短板，促进学生德智体美劳全面发展。这些政策文件的颁布，为提高义务教育办学质量、全面推进义务教育均衡优质标准化发展提供了可遵循的政策依据。

3. 深化改革，努力办好人民满意的教育

在2011年与教育部签署《关于共同推进教育体制综合改革的协议》的基础上，广东有效推进省级政府教育统筹综合改革试点工作，形成教育部、广东省政府共同推进教育体制综合改革联席会议机制，进一步强化教育的工作统筹、资金统筹和考核统筹，增强了教育管理的协同性、整体性和科学性，统筹安排6个重点领域的28类改革措施和95项重点改革任务，促进协调发展、均衡发展，加快教育现代化，着力办好人民满意的教育，促进全省教育"创强争先建高地"战略的顺利实施。同时，也为全国教育改革发展探索新路子、积累新经验。①

党的十八届三中全会后，为贯彻落实此次会议通过的《中共中央关于全面深化改革若干重大问题的决定》，坚定不移全面深化改革，不断增创广东发展新优势，在全面深化改革中继续走在全国前列，广东省出台了《中共广东省委贯彻落实〈中共中央关于全面深化改革若干重大问题的决定〉的意见》（粤发〔2014〕1号）。

为贯彻落实中央和省委精神，切实做好广东省深化教育领域综合改革各项工作，广东颁发了《广东省人民政府关于深化教育领域综合改革的实施意见》（粤府〔2015〕20号）。其改革目标是："到2018年，我省教育事业在重要领域和关键环节改革上取得决定性成果，全面完成中央和省委提出的深化教育领域综合改

---

① 参见《教育部 广东省合力推进教育综合改革》，见南方网（http：//student. southcn. com/s/2017－03/21/. content_165254329. htm）。

革各项任务，形成充满活力、富有效率、更加开放、有利于科学发展的教育体制机制，全省教育进一步适应经济社会发展需要，人才培养更符合人的认知成长规律、教育教学规律和经济社会发展规律；教育公平、教育质量和办学水平明显提升。初步形成以珠三角地区为核心，粤港澳紧密合作，教育现代化、国际化发展水平高，在国内有较大影响的南方教育高地，走出一条具有广东特色的教育发展路子。"

为全面实施素质教育，进一步提高义务教育教学质量和综合育人水平，更好地促进义务教育阶段学生全面发展和健康成长，2015年3月27日，《广东省人民政府办公厅转发省教育厅关于全面实施素质教育进一步提高义务教育办学质量意见的通知》正式发布，要求以邓小平理论、"三个代表"重要思想、科学发展观为指导，全面落实立德树人的根本任务，切实提高义务教育办学质量。要求坚持全面发展，切实加强和改进德育、智育、体育、美育，把促进人的全面发展作为衡量教育质量的根本标准，推动义务教育学校走内涵式发展道路。

2017年4月19日，广东省政府印发了《关于统筹推进县域内城乡义务教育一体化改革发展的实施意见》，对统筹推进广东县域内义务教育一体化改革发展提出了目标任务、具体措施和组织保障："以提升义务教育均衡优质标准化发展水平、加快推进义务教育现代化学校建设、建立健全义务教育治理体系为重点，按照'优先发展，统筹规划；深化改革，创新机制；提高质量，公平共享；分类指导，有序推进'的基本原则，主动适应新型城镇化发展、户籍制度改革、计划生育政策调整、人口及学生流动等新要求，统筹推进县域内城乡义务教育一体化改革发展，合理规划城乡义务教育学校布局建设，增加城镇学校学位供给，保障适龄少年儿童就近入学，完善城乡义务教育经费保障机制，统筹城乡资源，加快缩小城乡教育差距。整体提升义务教育办学水平和办学质量，促进义务教育事业持续健康发展。"同年，印发了《广东省人民政府办公厅关于增加幼儿园中小学学位和优质教育资源供给的意见》，着力破解学位和优质教育资源不足等问题。

2018年7月30日，《广东省人民政府办公厅关于印发广东省促进学前教育普惠健康发展行动方案和广东省推动义务教育优质均衡发展行动方案的通知》（粤府办〔2018〕28号）印发。在义务教育方面，包括学位扩容、乡村教育提升、公平保障、管理创新、质量提升、强师兴教六项行动。它的制定出台，既是全面贯彻落实党的十九大精神，以习近平新时代中国特色社会主义思想为指导，深入贯彻习近平总书记重要讲话精神，全面落实党和国家的教育方针的必然要求，是落实省委、省政府优先发展教育事业，促进教育公平的重点工作部署，是推动落实乡村振兴发展战略和区域协调发展战略要求的重要内容，又是破解全省义务教育发展不平衡、不充分问题的重要举措，对全省全面建成小康社会，率先基本实现教育现代化，书写好广东基础教育"奋进之笔"，为学生提供公平而有质量的教育，办好人民满意的教育，使人民群众有更多的教育获得感具有重要意义。

4. 提升水平，构建高质量普及化现代化高等教育体系

《规划纲要》明确提出了广东高等教育的目标，即到2020年，全省高等教育毛入学率从2009年的27.5%上升到50%。高校在校生总规模从2009年的208.31万人增加到2020年的315万人，在校研究生数量计划从2009年的6.59万人增长到18.5万人。广东要实现"两个率先"目标任务，建设南方教育高地，迫切需要以更大力度支持高等教育加快发展，迫切需要在高校管理的重点环节深化改革，为高等教育科学发展注入强大的动力与活力。因此，扩大和落实高校办学自主权、实施创新强校工程、推进高水平大学建设和"放管服"改革，成为这一时期高等教育改革的核心内容。

为深入贯彻落实国家和省教育规划纲要，进一步落实和扩大高校办学自主权，增强高校办学活力，推动广东省高校建设现代大学制度，加快发展，广东省政府于2013年7月发布了《关于进一步扩大和落实高校办学自主权，促进高校加快发展的若干意见》。该意见包括12个方面36条，分别从招生、学科专业、教育教学、协同创新、对外交流合作、岗位管理、人才队伍建设、教育投入、社会资助和民办高校、条件保障、外部环境、宏观指导和监管等方面提出落实和扩大办学自主权、支持加快高校发展的意见。因此，以省政府名义颁布该意见，针对全省高等学校发展的热点难点问题，从省的层面进行统筹谋划，有利于凝聚各方力量形成合力，共同支持高等教育加快发展。①

为贯彻落实《广东省人民政府关于推进我省教育"创强争先建高地"的意见》（粤府〔2013〕17号）、《广东省人民政府办公厅转发省教育厅关于加强高校"四重"建设实施意见的通知》（粤府办〔2013〕25号），广东省教育厅、广东省财政厅联合制定《广东省高等教育"创新强校工程"实施方案（试行）》（粤教高函〔2014〕8号），要求做好"广东高校重点平台建设跃升计划"和"广东高校重大科研项目与成果培育计划"的组织实施工作，进一步提升全省高等学校自主创新能力，促进高校积极服务于经济社会发展。2017年，广东省教育厅继续组织开展广东高校重点平台、重大科研项目与成果培育项目的认定申报工作。

2015年4月10日，广东省委、省政府颁发了《中共广东省委 广东省人民政府关于建设高水平大学的意见》，提出："力争到2020年，重点建设的高校综合实力明显提升，若干所高校跻身国内一流大学前列；建成一批国内外一流学科，

---

① 参见《广东出台"36条"向高校下放多项自主权 减少行政干预》，载和讯网（http://m.hexun.com/news/.2013 – 07 – 12/156066437.html）。

在国际上有一定知名度和影响力的高校，带动全省高等教育整体水平明显提升，成为引领创新驱动发展的战略高地。"随后又确定了高水平理工科大学建设方案，从而启动了一批高校的双一流大学、高水平大学、高水平理工科大学的建设工作。近三年来，全省总共安排高水平大学建设专项资金和高水平理工科大学建设资金超过300亿元，为广东创新驱动发展战略注入了强大动力。应当说，广东高水平大学建设早于国家"双一流"建设启动，后又有机融入国家"双一流"建设战略之中并保持广东特色，这也从一个侧面体现了广东改革创新的前沿地位。与此同时，2016年12月20日，广东启动省市共建本科高校，省教育厅与9个地市、12所本科高校签署共建协议。"十三五"期间，广东省、市两级政府将投入巨大，采用超常规的思路和方法，支持共建高校实现大发展。这也是继启动高水平大学、高水平理工科大学建设后的又一重大举措，使以提升水平为旨趣的广东高等教育生态体系构建日益完善。

2017年7月，为贯彻落实教育部等五部委联合印发的《关于深化高等教育领域简政放权放管结合优化服务改革的若干意见》，经广东省政府同意，省教育厅、省机构编制委员会、省人力资源和社会保障厅、省财政厅、省发展和改革委员会五部门印发《关于广东省深化高等教育领域简政放权放管结合优化服务改革的实施意见》（粤教人〔2017〕5号），并要求高校参照《高校需制定承接"放管服"改革事项系列配套制度（管理办法）参考目录》，于2017年11月底前完成本单位相关配套制度的制定工作，认真开展"放管服"改革有关工作，确保"放管服"改革事项落到实处。相关配套制度包括完善高校学科专业设置、机制改革、高校编制及岗位管理制度、改善高校进人用人环境、改进高校教师职称评审机制、健全符合中国特色现代大学特点的薪酬分配制度、完善和加强高校经费使用管理、完善高校内部治理八个方面[①]。这一切，都是为了减少行政干预，标志着广东教育治理能力和治理水平提高到了一个新的水平。

在职业教育领域，广东特色的现代高等职业教育体系得到进一步完善。2012年，广东再次启动省示范性高职院校建设单位的立项工作，带动全省高职院校深化改革，提升水平。作为高等教育的组成部分，高职教育也被纳入"创新强校工程"之中，广东组织全省高职院校进行体制机制改革，突出人才培养，自主制定并实施高职院校"创新强校工程"规划。2015年1月，《广东省人民政府关于创建现代职业教育综合改革试点省的意见》提出，到2018年，建成在国内外有较大影响力的现代职业教育综合改革先进省，形成具有广东特色、适应发展需要、基本达到世界水平的现代职业教育体系。2015年11月，下发《广东省教育体制

---

① 参见《印发〈关于广东省深化高等教育领域简政放权放管结合优化服务改革的实施意见〉的通知》，见广东省教育厅网站（http://www.gdhed.edu.cn/business/htmlfiles/gdjyt/tzgg/201707/511878.html）。

改革领导小组办公室关于印发〈广东省现代职业教育体系建设规划（2015—2020年）〉的通知》（粤教改办〔2015〕11号），提出了建设广东特色职业教育体系的目标和路径。《广东省现代职业教育体系建设规划（2015—2020年）》指出，到2020年，广东省要建成一批国内领先、世界知名的高水平职业院校，同时全面建成职业教育强省，并强调要不断促进职业教育体系内部开放衔接，系统构建从中职、专科、本科到专业学位研究生的培养体系，探索中职、专科、本科贯通培养。该培养体系将拓宽高等职业院校招收中等职业学校毕业生、应用技术类型高等学校招收职业院校毕业生的通道，扩展职业院校学生的成长空间。通过完善中高职衔接机制，职校学生升学渠道将进一步打通，中职生有望直升本科，读研究生。到2016年年底，全省共有49所高职院校和179所中职学校在585个专业点实施"三二分段"对接。在培养模式上，作为全国较早开展高职教育现代学徒试点的省份之一，2016年，广东省印发《广东省教育厅、广东省经济和信息化委员会、广东省财政厅、广东省人力资源社会保障厅关于大力开展职业教育现代学徒制试点工作的实施意见》（粤教高〔2016〕1号），在23所高职院校48个专业点开展了试点。同时，加强了职教国际化进程，与职业教育先进国家进行合作，与我国港澳台地区合作，探索建立粤港澳台职业教育联盟。

（三）改革特征

这一时期，广东瞄准办人民满意的教育和建设世界一流教育的新目标，以立德树人为根本任务，实施"创强争先建高地"战略，促进教育公平，提高教育质量，着力推进教育治理体系和治理能力现代化，努力满足经济社会发展和人民群众对多样化高质量教育的需求，为广东省实现"三个定位，两个率先"和"四个走在全国前列"的总目标奠定人才和智力基础。

1. 注重全面提高教育质量，突出改革的目标导向

在这一时期，广东在建设教育强省的同时，强调建设南方教育高地，办人民满意的教育。人民要满意，质量必先行。因此，在改革和发展的过程中，广东非常注重全面提高教育质量，教育质量意识被提到了前所未有的高度。无论是建设普惠优质均衡的学前教育、均衡优质标准化的义务教育、多样化有特色的高中教育，还是高水平、双一流的高等教育，广东省各级党委政府都在大力推进以质量为核心的改革和发展。全面实施素质教育，是为了进一步提高义务教育办学质量；扩大和落实高校办学自主权、实施创新强校工程和推进高水平大学建设以及简政放权放管结合优化服务，也是为了提高人才质量；无论是高职院校现代学徒制的试点还是中职、高职和更高层次教育的贯通，都是为了培养服务经济社会发展的人才。所有的改革举措，都抓住德育为先、以人为本、能力为重、全面发展的教育质量标准，突出了教育改革的目标导向。

2. 追求教育公平,确保每个孩子上好学

教育公平是人们对教育的永恒追求。教育公平的责任在政府。如果说在普及义务教育方面是致力于确保人人都享有平等的受教育的权利和义务的基本公平的话,那么,提供相对平等的受教育的机会和条件是进一步的公平,而确保教育成功的机会和教育效果的相对均等就意味着结果的平等。这三个层次被概括为起点公平、过程公平和结果公平。

党的十九大报告指出,"中国特色社会主义进入新时代,我国社会主要矛盾已经转化为人民日益增长的美好生活需要和不平衡不充分的发展之间的矛盾","人民美好生活需要日益广泛,不仅对物质文化生活提出了更高要求,而且在民主、法治、公平、正义、安全、环境等方面的要求日益增长"。在广东,因长期经济发展的不均衡,实行地方负责、分级管理的弊端日渐突显,珠三角与粤东西北的教育差距越来越大,教育公平问题已经成为社会的焦点问题。这关系着经济社会和谐发展,关系着人民群众的切身利益,关系着人心向背。

在这一时期的教育改革过程中,广东全面贯彻落实中央和省委、省政府关于全面深化改革的部署和要求,从"效率优先、兼顾公平"走向"质量第一、效益优先、促进公平正义",从而使公平从"兼顾"转向了主动"促进"。在广东教育领域,表现为大力促进义务教育均衡优质发展,不仅推进城市区域之间的教育协调发展,而且大力推进农村义务教育现代化标准学校建设,还根据实际需要,设立专项资金,大力扶持农村地区、民族地区实施义务教育,全面推进义务教育均衡优质标准化发展,致力于让孩子享受公平而有质量的教育,办好人民满意的教育,确保每个孩子上好学。

从有学上,到上好学的转换,反映了人们对教育品质和教育结果公平的追求。为确保每个孩子上好学,广东把教育资源向农村地区、贫困地区和民族地区斜倾,不断促进教育公平。如从 2012 年起,统一城乡免费义务教育公用经费补助标准、分担比例和拨款方式,并在 2012—2015 年逐年提高补助标准;从 2013 年起,包括随迁子女在内的全省义务教育学生全部纳入免费义务教育公用经费补助范围;共下达农民工随迁子女接受义务教育中央财政奖励金 37.94 亿元;完善助学制度,扩大中等职业教育免费助学覆盖范围,提高补助标准。从 2013 年起,全面实施山区和农村边远地区义务教育学校教师岗位津贴制度,实行少数民族聚居区少数民族大学生资助政策。

3. 全面深化教育综合改革,突出改革的系统性、整体性、协同性

广东 40 年的教育改革历程表明,改革都经历了"先易后难、渐进式推动",再到做好"顶层设计、整体规划推进"的过程。如今的改革已进入深水区,面对的都是深层次矛盾、深层次问题,表现为发展不均衡、不充分问题,不能满足人民群众上好学的需求问题,不能与广东社会经济发展相适应的问题。正如习近

平总书记所指出的："不是推进一个领域改革，也不是推进几个领域改革，而是推进所有领域改革。"① 因此，在这一时期，广东的教育改革更加注重深化教育领域综合改革的系统性、整体性和协同性，完善上下联动、各方协同创新的改革推进机制，推进教育治理体系和治理能力现代化。如自 2011 年 3 月教育部、广东省签署《共同推进教育体制综合改革协议》以来，教育部、广东省每年都要召开年度推进教育体制综合改革联席会议，研究省共同推进广东省教育综合改革，加快教育现代化建设。广东省教育体制改革领导小组发挥统筹部署、指导协调作用，增强部门之间的工作协调和政策衔接，研究、审议和出台改革推进中需突破的重要政策措施。建立部门磋商机制，加强横向联系沟通，及时会商教育改革重大问题，提出对策。建立重大教育改革省和地方两级推进机制，确保国家、省层面的顶层设计与地方、学校层面的改革实践紧密结合，同步推进，取得实效。这样的教育改革机制，明显增强了整体意识，更加注重顶层设计，增强各项教育改革的系统性、整体性、协同性，从而有利于解决广东教育不平衡、不充分的发展问题，维护社会公平正义，有利于增添广东教育发展新动力。广东高水平大学建设与省市共建本科高校同步推进，也体现了改革的系统性、整体性、协同性。

4. 深化依法治教改革，突出改革的规范化、法治化

党的十九大报告在总结过去五年的工作和历史性变革时提到，"全面深化改革取得重大突破""重要领域和关键环节改革取得突破性进展"，进一步明确了建设社会主义法治国家的目标。全面深化改革，推进国家治理体系和治理能力现代化，必须运用法治思维和法治方式，发挥法治的推动和引领作用。实践表明，改革需要法治引领，否则就可能出现偏差；法治需要跟上改革步伐，否则就可能因阻碍发展而失去其应有功能。习近平总书记特别要求，"在法治下推进改革，在改革中完善法治""凡属重大改革要于法有据"。强调的是运用法治思维和法治方式推动改革，标志着改革进入法治化的新阶段。深化改革只能在法治下进行，以最大限度用法治凝聚改革共识、完善改革决策、规范改革行为、推动改革进程、固化改革成果，保证改革始终在法治的轨道上全面推进和不断深化。

在全面深化教育改革过程中，法治为改革提供根本保障。推进依法治校是进行教育管理的有效手段。广东推进教育治理体系和治理能力现代化，表现在教育改革实践中，抓住教育改革规范化、制度化的重要配套制度作为保障，大力推进依法治校，完善督导制度和监督问责机制，加大违纪违法行为查处力度。比如，为进一步规范全省义务教育办学行为，切实减轻学生课业负担，推进素质教育，

---

① 贾玥：《我们的组长习近平："改革只有进行时没有完成时"》，见人民网（http://politics.people.com.cn/n1/2017/1012/.c10021 - 29582139.html）。

根据《中华人民共和国义务教育法》、《中华人民共和国未成年人保护法》、《中华人民共和国教师法》、《教育部关于当前加强中小学管理规范办学行为的指导意见》（教基一〔2009〕7号）、《教育部关于印发〈中小学教师违反职业道德行为处理办法〉的通知》（教师〔2014〕1号）、《教育部关于进一步做好小学升入初中免试就近入学工作的实施意见》（教基一〔2014〕1号）等法规政策，《广东省教育厅关于印发规范义务教育办学行为六项规定的通知》（粤教基〔2014〕10号）就规范全省义务教育学校办学行为做出了明确规定，并对违反《规范义务教育办学行为六项规定》的视其情节轻重、影响程度规定了处理办法，体现了依法治教的要求和教育改革的法治化。

第二节 广东教育改革发展的成就与经验

改革开放以来，特别是党的十八大以来，广东教育同广东的经济社会发展一道，通过不断改革和发展，投入不断增长，规模不断扩张，水平和质量也不断提高。广东从一个教育落后的地区，发展为各项教育指标均处于全国前列的省份，取得了举世瞩目的历史性成就。

一、广东教育改革发展取得的主要成就

改革开放之初，由于广东教育领域是"文化大革命"的"重灾区"，教育事业遭到严重破坏，教育质量极度低下，全省平均每万人口在校大中小学生人数均低于全国平均水平，人才严重缺乏。直到1980年，广东教育还非常落后。广东每万人口在校大中小学生人数与全国平均数比较的情况如下：小学生，全国是1524人，广东是1476人，居第18位，而小学教育普及率则居第27位；中学生，全国有567人，广东只有492人，居第21位；大学生，全国有11.8人，广东只有7.8人，居第22位。在每百名职工中，技术人员占职工的比例，广东排第26位。1978年全国高考，广东的合格率仅为3.4%，居全国第21位。以后两三年，广东应届高中毕业生考取大学和中专的人数只占毕业生总数的2.0%～2.6%，合格率居全国中游偏下。教育投入方面，全国人均经费为8.90元，而广东只有7.90元；师资方面，全国每万人口平均有中等师范生5人，而广东只有3.6人。

现在，广东各级各类教育事业持续快速发展，已经全面实现了免费义务教育。广东教育步入了高速发展期，正在以高标准普及学前教育、高水平发展义务教育、高质量普及高中阶段教育、高层次推进职业教育和高水平创新大学管理为重点，主攻内涵，全面提升，加快均衡，促进公平，形成了学前教育、义务教育、普通高中教育、职业教育、高等教育和残疾人教育、成人教育协调发展，公

办教育与民办教育共同发展,基础教育、职业教育和高等教育、成人教育统筹发展的格局。当前,广东教育正从规模扩张向质量提高、内涵发展的方向改革发展,从硬件完善到软件提高、从强调优先发展向强调教育公平的方向改革发展。

经过 40 年的改革与发展,广东全省教育发展总量和教育总体发展水平均位居全国前列,确实创造了中国乃至世界教育史上的奇迹,为广东争当社会主义现代化建设排头兵、率先全面建成小康社会提供了强大的人力资源支撑和智力支撑。

具体来讲,广东 40 年教育改革和发展取得的主要成就表现在以下八个方面:

(一) 各级各类教育取得了跨越式发展

学前教育稳步向规范化、公益化和普惠化方向发展。2016 年,全省共有幼儿园 17288 所,学前教育规模达 421.66 万人,新入园(班)幼儿 195.06 万人,学龄前幼儿毛入园率达 99.33%,[①]"入园难"问题得到有效缓解,全省每万人口在园幼儿数连续多年保持全国前三位。义务教育办学质量和办学水平显著提高,基础教育综合实力明显增强,优质均衡化发展取得明显成效。义务教育在校生共 1253.07 万人,为 2020 年规划目标的 108.02%,义务教育普及水平继续保持高位。[②] 全省 108 个县(市、区)通过国家义务教育发展基本均衡县(市、区)评估,九年义务教育巩固率为 93.74%。高中阶段教育迅速发展,结构改革成功实施。全省共有高中阶段全日制在校生 303.95 万人,中等职业教育在校生 106 万人。普及高中阶段教育得到巩固提高,普职比例大体适当,中等职业技术教育办学特色更加鲜明,布局结构进一步优化,办学实力进一步增强。中等职业教育招生数和在校生数连续六年居全国第一。素质教育向纵深推进,德育工作进一步加强和改进。新一轮基础教育课程改革健康、稳步推进。学生身心素质和艺术修养进一步提高。教育资源库建设和网络教育资源共享初见成效。高等教育实现跨越式发展。2016 年,全省共有普通高校 149 所,全日制在校生 189.29 万人,高等教育毛入学率为 35.11%。全省各级各类民办学校有 1.35 万所,占全省学校总数的 42.8%,在校生共 620.9 万人,占全省在校生总数的 28.5%,[③] 规模居全国第一。广州、深圳、珠海等大学城的顺利建成,不仅是广东高教史上的历史性大事,而且拓展了广东高校的办学空间,为广东高等教育的进一步发展打下了良好

---

① 参见卢晓中、陈斌、卢勃《2016 年广东省教育事业发展统计分析》,华南理工大学出版社 2017 年版,第 12、14、16 页。

② 参见卢晓中、陈斌、卢勃《2016 年广东省教育事业发展统计分析》,华南理工大学出版社 2017 年版,第 1 页。

③ 参见卢晓中、陈斌、卢勃《2016 年广东省教育事业发展统计分析》,华南理工大学出版社 2017 年版,第 68、98 页。

基础,为广东高水平大学建设和双一流建设奠定了扎实基础。高职高专人才培养的针对性和适应性进一步增强。职业教育加快发展,初步构建起满足区域需求、适应现代产业体系发展趋势的现代职业教育体系。特殊教育事业发展进一步加快,全省残疾儿童少年接受义务教育比例为88.5%。成人教育、自学考试和现代远程教育蓬勃发展。

(二) 教育"创强争先建高地"取得显著成效

改革开放以来,广东坚持教育优先发展战略,特别是党的十八大以来,加强顶层设计和总体规划,积极推进教育"创强争先建高地"中心工作,进一步强化教育的工作统筹、资金统筹和考核统筹。深化省级政府教育统筹综合改革,改变了条块分割模式,优化了资源配置,进一步扩大和落实了学校办学自主权,增强了教育管理的协同性、整体性和科学性,有力地促进了全省教育的协调发展,较大地提升了区域教育发展质量和水平。截至2016年年底,全省共创建教育强县(市、区)110个,覆盖率为92.4%;教育强镇(乡、街道)1495个,覆盖率为94.2%。珠三角地区共有推进教育现代化先进县(市、区)35个,覆盖率为71.4%;推进教育现代化先进市6个,覆盖率为66.67%。高等教育"创新强校工程"全面推进,全省高校综合实力得到进一步增强。截至2017年,全省高校有"两院"院士、"973"首席科学家、"千人计划"、"长江学者"、国家"杰青"等高层次人才545人,11所高校共计50个学科进入ESI全球排名前1%,5个学科进入前1‰;承担国家自然科学基金项目2024项,增长10%,8所高校立项数名列全国高校前100名,创历史最好成绩。[1]

(三) 教育领域综合改革实现新突破

广东有效推进省级政府教育统筹综合改革试点工作,形成教育部、广东省政府共同推进教育体制综合改革联席会议机制,统筹安排6个重点领域的28类改革措施和95项重点改革任务。率先启动推进高水平大学建设,首批遴选确定中山大学等7所重点建设高校和广州中医药大学中医学等7所高校的18个重点学科建设项目。全面加强理工科大学和理工类学科建设,省市共建推进南方科技大学等3所高校建设高水平理工科大学。启动创建现代职业教育综合改革试点省,编制印发《广东省现代职业教育体系建设规划(2015—2020年)》,推动中高职院校一体化发展,推进现代职业教育人才培养链条不断完善。深化考试招生制度改革取得新成果,平行志愿改革效果明显,高职院校自主招生改革加快推进,7

---

[1] 参见《广东"双高"对接国家"双一流"大学建设成效显著"双高"大学3年投逾300亿》,载《南方日报》2017年10月7日。

所高校实行"631"综合评价录取模式改革成效显著。依法治校有序推进，全省公办中小学校、中等职业学校章程建设全面启动，全省 85 所地方公办高校章程已核准并公布实施。

（四）教育服务经济社会发展能力显著增强

高校服务创新驱动发展能力不断提升，截至 2015 年，全省共有国家级创新平台 55 个、省部级重点创新平台 183 个。"十二五"期间，全省高校共新增 29 个国家级创新平台、122 个省部级重点创新平台，获国家科学技术奖 27 项，获授权专利 21110 项。人力资本积累步伐加快，为地方经济社会发展培养了一大批优秀人才。应届高校毕业生和中等职业学校毕业生就业率稳居全国前列，仅"十二五"期间，就为社会输送了近 600 万名合格毕业生，创新创业教育初显成效，高校毕业生自主创业人数为 9700 人。劳动力受教育水平持续提高，2015 年主要劳动年龄人口平均受教育年限为 11.4 年，其中，接受高等教育比例为 16.18%。①

（五）教育体制机制改革进一步深化

办学体制改革取得新进展。2016 年，全省共有民办幼儿园 12341 所，在园幼儿 280 万人，占全省在园幼儿总数（422 万人）的 66.4%；民办中小学 1965 所，在校生 313.5 万人，占全省中小学在校生总数 1557 万的 20.1%；民办中等职业技术学校 118 所，在校生 6.1 万人，占全省中等职业技术学校在校生总数（106.6 万人）的 5.7%；民办普通高校 55 所，本科独立学院 16 所，在校生共 93.4 万人，占全省普通高校在校生总数的 47%；民办职业技术培训蓬勃发展。初步建立起公办教育与民办教育共同发展的格局。

管理体制改革取得新突破。以县为主的农村义务教育管理新体制进一步落实，高等教育"三级办学、两级管理"的管理体制进一步完善，实现全省 21 个地级以上市均有 1 所以上普通高校的目标。

学校内部管理体制改革取得新成效。以职位聘任和岗位管理为重点的人事制度改革积极推进，初步建立起"择优聘任、能上能下、优劳优酬"的用人和分配激励机制。高校后勤社会化改革取得较大成效，初步建立起后勤社会化服务体系。

招生就业改革取得新成果。在全国率先实现远程网上监考、网上评卷和所有批次网上实时远程录取，初步建成覆盖普通高考、成人高考和自学考试等国家教育考试的信息化管理系统。率先建立高校毕业生就业双向选择模式，形成了"以

---

① 参见《广东省教育发展"十三五"规划（2016—2020 年）正式发布》，见广东省教育厅网站（http://www.gdhed.edu.cn/business/htmlfiles/gdjyt/tzgg/201701/504268.html）。

高校为基础,三种模式相互配合"的高校毕业生就业市场模式。2016 年,省内普通高校本专科毕业生总体就业率均在 90% 以上。

（六）教育投入明显增加,投入结构显著优化

初步建立了以政府投入为主、多渠道筹集教育经费的体制,教育经费逐年增长。长期以来,广东省教育经费的增长没有跟上 GDP 的增长,经费比较紧缺,在很大程度上制约了教育的发展,尤其是制约了粤东西北地区教育的发展。如今,《中华人民共和国教育法》规定的"三个增长"基本得到落实,教育经费总量显著增加,绩效明显提高。"十二五"期间全省教育投入达 12098 亿元,其中省级财政投入 1676 亿元,分别比"十一五"时期的 5922 亿元和 729 亿元增长 104% 和 130%。改革高校拨款方式,实行高校生均综合定额预算管理办法,高校投入明显增加；实行高校基建贷款政府贴息制度；积极推进教育收费政策调整与改革,中小学全面实行"一费制",积极推进高校收费管理政策调整。

更为重要的是,大量增加的教育经费投入,在投入结构上也显著优化。在"保运转、保工资、保安全"的基础上,重点加强薄弱环节和关键领域,努力做到四个倾斜：向农村地区、贫困地区、民族地区倾斜,向农村义务教育、职业教育和学前教育倾斜,向特殊学生倾斜,向建设高水平教师队伍倾斜。

（七）教育公平和均衡化发展推进力度持续加大,群众的教育获得感明显增强

全国农村教育工作会议后,特别是在《国家中长期教育改革和发展规划纲要（2010—2020 年）》更加明确地把"促进教育公平"作为教育改革与发展的方针后,尤其是党的十八大以来,广东树立以人民为中心的教育思想,以增强人民群众获得感为根本标准,认真贯彻会议和文件精神,采取各种措施,努力办好农村教育,推进县域内城乡义务教育一体化发展,城乡学校建设、教师编制、生均公用经费基准定额、基本装备配置"四统一"。合理配置教育资源,促进教育公平,向农村地区、贫困地区和民族地区倾斜,加快缩小各种教育差距,重点促进义务教育均衡发展,扶持困难群体,加快农村教育建设,特别是粤东西北部教育建设。

在各项政策措施的大力推动下,广东促进教育公平、推动协调发展的成果已经开始显现,教育公平得到了有效保障,群众的教育获得感增强。到 2015 年,全省义务教育阶段非户籍学生达 437.87 万人,比 2010 年增加 123.99 万人,规模排全国第一。其中,义务教育阶段非户籍学生入读公办学校比例达 52%。全省经国家认定的义务教育发展基本均衡县覆盖率已达 89%。全省有特殊教育学校 116 所,比 2010 年增加 41 所,增长 54.7%,在校学生达到 3.6 万人,比 2010

年增长 38.5%，全省残疾儿童少年接受义务教育的比例达 88.5%，残疾学生全部免费接受高中阶段教育。全省已经建立起从学前教育到研究生教育阶段全覆盖的家庭经济困难学生资助体系。

现在，城乡和区域教育发展差距进一步缩小。2012 年起，统一城乡免费义务教育公用经费补助标准、分担比例和拨款方式，并在 2012—2015 年逐年提高补助标准。2013 年起，包括随迁子女在内的全省义务教育学生全部纳入免费义务教育公用经费补助范围。继续为全省义务教育提供免费教科书。助学制度更加完善，中等职业教育免费助学覆盖范围进一步扩大，补助标准逐步提高。积极稳妥推进随迁子女参加中考、高考等升学政策。实施重点高校面向扶贫开发重点县招收农村学生专项招生计划，招生计划数和录取人数逐年增长。2013 年起，全面实施山区和农村边远地区义务教育学校教师岗位津贴制度，并不断完善政策措施。2015 年，粤东西北地区教师的月平均工资比 2010 年增长 80%。2013 年起，实施少数民族聚居区少数民族大学生资助政策。2014 年，在全国率先解决内地民族班教职工特殊岗位津贴问题。

（八）教育现代化发展的基础能力不断增强

2015 年，全省中小学教育装备总值 284.22 亿元，比 2010 年增长 22.34%；高校教学科研设备总值 227.11 亿元，比 2010 年增长 68.04%。教师队伍建设成效显著。2015 年，全省各级各类学校专任教师总数达 130.71 万人，比 2010 年增加 19.84 万人，生师比、教师队伍结构进一步优化，专任教师学历达标率进一步提升，高校高层次人才增长较快。各级各类学校专任教师的数量逐年递增，学历水平明显提高，职称结构渐趋合理。高校实验室、教学科研仪器设备相关指标全国领先。教育信息化水平进一步提升，教师、学生信息入库率为 100%，中小学互联网接入率为 100%，多媒体教学平台进班级覆盖率为 83%，网络学习空间"人人通"覆盖率为 57%。新型教育智库建设水平和服务能力不断提升。

二、广东教育改革发展的经验

改革开放以来，尤其是党的十八大以来，以习近平同志为核心的党中央坚持把教育摆在优先发展战略地位，强调扎根中国、融通中外、立足时代、面向未来，对教育工作做出一系列重大决策部署。广东教育系统深入学习贯彻习近平总书记系列重要讲话精神和治国理政新理念新思想新战略，牢固树立新发展理念，加快推进教育现代化，1 亿多广东人享有更好更公平的教育正逐步成为现实。

(一) 坚持党的领导，确立教育优先发展战略地位

改革开放 40 年来，广东教育所取得的成就是全方位的、开创性的，改革也是深层次的、根本性的。取得的成就，是党中央坚强领导的结果。40 年来，中国共产党以巨大的政治勇气和强烈的责任担当，解放思想，实事求是，提出了一系列教育改革与发展的思想，出台了一系列重大方针政策，推出了一系列教育改革的重大举措，推动党和国家教育事业发生历史性变革，取得历史性成就。广东之所以能迅速改变落后面貌，使各项教育事业发展指标处于全国前列，得益于省委、省政府认真执行党中央、国务院的教育决策部署，在思想上确立教育优先发展的战略地位，在行动上坚持教育优先发展不动摇，加强顶层设计和总体规划，进一步强化教育的工作统筹、资金统筹和考核统筹，增强了教育改革的协同性、整体性和科学性，有力地促进了全省教育的协调发展，较大地提升了区域教育发展质量和水平。早在 1983 年，广东省委、省政府颁布的《关于努力开创我省教育事业新局面的决定》便明确提出，要把教育摆在优先发展位置，从而使它成为广东教育事业发展史上的一个里程碑。在后来所有改革和发展的重要文件中，都把教育作为党委、政府的主要工作甚至是一把手工程，并作为考核的重要内容，加强党对教育事业的领导，落实教育优先发展的责任，为促进广东教育事业全面发展提供了坚强的政治保证。

(二) 树立以人民为中心的思想，增强群众的教育获得感

教育是培养人的事业。改革开放以来，广东教育改革和发展的出发点和落脚点，都是为我国社会主义现代化事业培养人才，不断提高中华民族的思想道德水平和文化水平，尤其是党的十八大以来，广东的教育改革树立以人民为中心的教育思想，以增强人民群众获得感为根本标准，致力于加快教育现代化建设，建设教育强省，办人民满意的教育。在教育发展过程中，通过省级统筹和顶层设计，不断优化资源配置，促进教育公平，重点推进义务教育均衡发展，推进县域内教育一体化发展，推进集团化办学，确保每个地级市都有一所高等学校，确保教师合理交流流动，推动城乡和区域教育发展差距进一步缩小。此外，推进教育现代化建设，制定义务教育标准化学校标准，推进教育现代化强市、强县、强镇建设的评估和督导，统一并提高城乡免费义务教育公用经费补助标准等，促进教育公平，增强人民群众的教育获得感。

(三) 落实立德树人根本任务，促进学生全面发展

改革开放以来，特别是党的十八大以来，广东教育界一贯重视学生的思想道

德教育，在各个不同历史时期进行内容不同、重点不一的思想道德教育，尤其是近年来，深入开展社会主义核心价值观教育和习近平新时代中国特色社会主义思想教育，落实立德树人根本任务，引导广大青少年在思想感情上认同，在学习生活中实践。在德育内容方面，深入开展理想信念教育、爱国主义教育、中华优秀传统文化教育和革命传统教育，增强自信心。系统推进广东中小学和高校思想道德课程教材建设，把好教材的政治关、思想关和质量关。将法治教育纳入国民教育体系，实施《青少年法治教育大纲》，促进青少年"德法兼修"。强化学校体育工作，让学生掌握终身受益的运动技能。加强学生心理健康教育，引导学生培养良好的心理素质，养成良好的个性品质。全面推进艺术教育，提升学生审美素养，铸就美丽心灵。促进教育与生产劳动和社会实践紧密结合，开展生产实习、志愿服务、勤工俭学等实践教育活动，学以致用。通过以上举措，全面落实立德树人的根本任务，学生的素质得到明显提高。

（四）深化改革，以提高教育质量为核心任务

改革开放以来，特别是党的十八大以来，广东坚持把促进人的全面发展、满足社会发展需要作为衡量教育质量的根本标准，坚持目标导向和问题导向相结合，坚持顶层设计和基层探索相结合，坚持综合改革和重点突破相结合，坚持改革创新与于法有据相结合，全面深化改革，以改革激发活力注入动力，切实把教育资源配置和学校工作重点集中到强化教学环节、提高教育质量上来。统筹推进珠三角地区与粤东西北地区教育发展，推动珠三角地区率先实现教育现代化，支持粤东西北地区加快提升教育现代化水平。注重教育内涵发展，把提高教育质量作为教育改革发展的核心任务。全面推进教育领域综合改革，全面推进依法治教。完善以章程为统领的高校内部治理体系，全省普通本科高校章程制定核准工作基本完成。深化"放管服"改革，扩大高校在学科专业设置、编制及岗位管理、职称评审等方面的自主权。加强督导体系建设，全面强化督政、督学、评估监测三大功能。加快调整教育结构，加快创新体制机制，推动科教融合、产教融合，激发学校服务经济社会和创新驱动发展的巨大活力，全面提升教育服务国家战略、服务广东经济社会发展和个人全面发展的能力，为广东实施创新驱动发展战略、经济转型升级提供强大动力与支撑。

深化人才培养模式改革，努力培养学生的创新精神和实践能力。深化高校创新创业教育改革，培养了一大批创新能力和实践能力强、适应经济社会发展需要的高质量各类型人才。推进具备条件的普通本科高校向应用型高校转变，提升服务区域经济社会发展的能力。高校在创新驱动发展战略中发挥着越来越重要的作用，在多个领域产出一批具有国际影响力的标志性成果。统筹推进世界一流大学和一流学科建设，广东高校在世界多项大学排行中位次整体大幅前移，部分学科

已达到或接近世界一流水平。

（五）坚持对外开放，促进教育国际化

作为改革开放前沿的广东，一直以来都在教育领域借鉴国内外先进教育理念和经验，教育国际交流与合作明显加强，教育国际化程度不断提升，特别是党的十八大以来，广东坚持主动服务国家开放战略，在国家开放大局中，在粤港澳大湾区战略中谋划教育新定位、展现教育新作为，形成了全方位、多层次、多领域的教育对外开放格局，教育国际化迈出新步伐。如香港中文大学（深圳）① 2014年设立并招生，广东以色列理工学院、深圳北理莫斯科大学2015年获教育部批准筹设。全省高校留学生规模居全国前列，港澳台侨学生数居全国首位。

（六）加强教师队伍建设，完善师资培养培训体系

改革开放以来，特别是党的十八大以来，教师队伍建设始终是广东教育改革和发展的重要基础性工程：努力造就一支能够肩负建设教育强省历史重任的高素质、专业化教师队伍；坚持师德为先，建立健全大中小学师德体系，引导广大教师以德立身、以德立学、以德施教，争做"四有好老师"，做好学生"四个引路人"；就支持乡村教师队伍建设制定专门政策，努力造就一支素质优良、甘于奉献、扎根乡村的教师队伍；建立乡村教师荣誉制度，为乡村学校从教30年的教师颁发荣誉证书；在中小学设置正高级职称，极大地调动了教师长期从教、终身从教的积极性。

第三节　广东教育改革发展的启示与展望

一、广东教育改革发展40年的启示

通过对广东教育改革40年来发展历程的全面回顾，我们可以清楚地看到，这40年是教育不断改革的40年，是不断开放的40年，更是不断总结经验教训、砥砺前行、奋发有为的40年，是广东教育取得辉煌成就的40年。这40年，既为广东教育未来实现跨越式发展奠定了坚实的基础，也为广东在"两个一百年"宏伟目标下如何开创教育工作新局面带来了诸多启示。

---

① 根据中华人民共和国政府对香港、澳门的基本方针政策，香港特别行政区和澳门特别行政区保持原在香港、澳门实行的教育制度，自行制定有关文化、教育和科学技术方面的政策，因此，本书中涉及与港澳地区在教育领域方面的交流与合作，均置于国际化合作背景之下叙述。

（一）坚持中国共产党的领导是广东教育改革发展取得辉煌成就的根本保障

在广东教育改革40年来的每一个关键时期，都是党中央的正确决策确保了教育改革的方向正确，措施得力，改革顺利。广东教育领域始终将党的领导贯穿教育改革和发展工作的全过程，拥护党的理论和路线、方针、政策，牢牢把握社会主义办学方向，认真落实中央关于教育的决策部署，不断提升教育决策的科学化水平。因此，可以说，没有党的坚强领导，就没有广东改革开放的成功，也就没有广东教育今日的成就。

（二）始终坚持把教育摆在优先发展的战略地位

教育优先发展是党和国家提出并长期坚持的一项重大方针。改革开放40年来，广东省各级党委和政府把教育优先发展摆在重要的战略位置和议事日程，切实保证经济社会发展规划优先安排教育发展，财政资金优先保障教育投入，公共资源优先满足教育和人力资源开发需要，才使广东率先实现教育现代化有了可能。广东40年来的改革开放经验告诉我们，只有坚持让教育优先发展，才能把人口优势转化为人力资源优势，才能为广东实现"两个率先""四个走在全国前列"提供强大的人才支撑。

（三）始终坚持把立德树人作为教育工作的根本任务

人力资源是广东省经济社会发展的第一资源，教育是开发人力资源的主要途径。广东教育改革开放40年的经验告诉我们，只有坚持立德树人，以育人为本，坚持从最广大人民的根本利益出发谋发展、促发展，坚持发展为了人民、发展依靠人民、发展成果由人民共享，才能办人民满意的教育，才能把促进学生健康成长作为学校一切工作的出发点和落脚点，促进每个学生主动地、生动活泼地发展，努力培养造就数以千万计的高素质劳动者、数以百万计的专门人才和一大批拔尖创新人才。

（四）始终坚持把改革创新作为教育发展的强大动力

广东教育改革40年的历程说明，改革是教育发展的动力。广大教育工作者只有大胆探索和创新，才能从根本上加快解决广东经济社会高速发展对高质量多样化人才需要与教育培养能力不足的矛盾、广东人民群众满意的教育与广东教育资源相对短缺的矛盾，才能破除增强教育活力的体制机制约束，才能创新人才培养体制、办学体制机制、教育管理体制，才能创造性地推进质量评价和考试招生制度改革，推进课程与教学内容、方法和手段的改革，推进教育信息化、教育国际化的改革与发展，推进各级各类广东特色教育体系建设，为教育事业持续健康发展提供强大动力。

（五）始终坚持把促进公平作为基本教育政策

教育公平是社会公平的重要基石。教育公平的关键是机会公平，责任首先在政府。经过 40 年的改革开放，广东教育取得了历史性成就，从一个教育落后的省份，发展成了一个教育各项指标处于全国先进行列的省份。但也必须看到，广东各大中小城市之间、珠三角地区和粤东西北地区之间、城市和农村之间、重点学校与普通学校之间发展不平衡这一事实，广东教育发展的公平性和均衡性还有很大的提升空间。因此，广东各级党委和政府要始终把促进教育公平作为基本教育政策，重点促进义务教育均衡发展，扶持困难群体，把教育资源向农村地区、贫困地区和民族地区斜倾，不断促进教育公平，加快缩小教育差距，保障全体广东人民依法享有受教育的权利。

（六）始终坚持把提高质量作为教育改革发展的核心任务

改革开放 40 年来，党中央、国务院和广东省委、省政府始终把提高教育质量作为改革发展的核心任务和改革发展的出发点，为了提高人的素质，促进人的全面发展，满足广东社会发展的需要；在改革发展的过程中，在扩张教育规模的同时，始终没有忘记提高教育质量，坚持以提高质量为核心的教育改革和发展观，注重教育内涵发展，鼓励学校办出特色、办出水平；坚持以提高教育质量为导向的管理制度和工作机制，把教育资源配置和学校工作重点集中到强化教学环节、提高教育质量上来，着力推进教育治理体系和治理能力现代化，努力满足经济社会发展和人民群众对多样化高质量教育的需求，加快提升劳动者素质和受教育水平。

二、广东教育改革发展的展望

改革开放以来，广东教育事业通过改革发展取得了举世瞩目的成就，迈上了崭新的历史台阶。教育是最大的民生工程，努力让每个孩子都能享有公平而有质量的教育，更是落实习近平治国理政新思想新理念新战略的伟大事业。

站在新的历史起点上，在教育改革和发展的伟大事业中，广东教育系统要坚持以习近平新时代中国特色社会主义思想为指导，落实党中央、国务院和广东省委、省政府的战略部署，深化教育改革，推进教育现代化和教育强省建设，为率先全面建成小康社会、率先基本实现社会主义现代化奠定坚实基础。在教育改革和发展中，要坚持创新发展，增强服务经济社会发展能力；坚持优质发展，提高教育质量；坚持均衡发展，促进教育公平。统筹推进珠三角地区与粤东西北地区教育发展，推动珠三角地区率先实现教育现代化，支持粤东西北地区加快提升教育现代化水平，着力解决广东教育发展不均衡、不充分问题。注重教育内涵发展，把提高教育质量作为教育改革发展的核心任务。促进职业教育与普通教育相互渗透，推进公办教育与民办教育共同发展，推进各级各类教育协调发展，构建相互开放、衔接融通的国民教育体系和终身教育体系。

"望远更知任重，凌空始觉道远。"党的十八大以来，面对世界经济复苏乏力、局部冲突和动荡频发、全球性问题加剧的外部环境，面对我国经济发展进入新常态，实施创新驱动发展战略，迫切要求加快提升劳动者素质和受教育水平。人民群众对教育的期望越来越高，对教育的要求也越来越多样化。这些都需要广东教育系统超前谋划、统筹考虑，要迎难而上、开拓进取。办好人民满意的教育，是时代赋予我们的崇高使命，是党和人民赋予我们的重大责任。

改革开放是党在新的时代条件下带领全国各族人民进行的新的伟大革命。习近平总书记强调："改革开放是决定当代中国命运的关键一招，也是决定实现'两个一百年'奋斗目标、实现中华民族伟大复兴的关键一招。"广东40年来的快速发展靠的是改革开放，在决胜全面建成小康社会、全面建设社会主义现代代国家进程中也必须坚定不移地依靠改革开放。

改革开放同样是教育发展的根本动力。当前和今后一个时期，广东教育领域将认真贯彻以习近平同志为核心的党中央的决策部署，解放思想、大胆创新、攻艰克难、砥砺奋进，围绕提高质量、促进公平、优化结构三大核心任务，坚持教育优先发展，深入实施教育强省战略和创新驱动战略，加快推进率先实现教育现代化；坚持改革创新，继续深化教育领域综合改革，不断释放教育发展活力；坚持方向引领，坚持立德树人，遵循教育规律，构建大、中、小、幼一体化德育体系，促进人的全面发展；紧扣公平和质量，深化管理体制、办学机制、教育教学方法改革，促进学前教育普惠优质均衡发展、义务教育均衡优质发展、高中教育多样化有特色发展；提升民族教育、特殊教育、继续教育水平，提升教育信息化、教育国际化水平，为每个学生的成长成才创造条件；促进高等教育内涵发展，为推动广东经济结构调整和产业升级打牢人才根基；加强教师队伍建设，健全投入机制，鼓励社会参与，办好人民满意的教育。

广东教育领域全面深化改革，要大胆改革创新，坚持在改革开放和教育现代化伟大实践中总结的教育经验和正确的改革方法论；要全面把握好全面深化教育改革的正确方向，坚定不移把党的领导贯穿教育工作全过程，坚定不移地推进教育治理体系和治理能力现代化，形成集中统一的改革领导体制、务实高效的统筹决策机制、上下联动的协调推进机制、有力有序的督办落实机制；要进一步坚持顶层设计与基层探索良性互动，确保教育改革的系统性、整体性和协同性，促进各项改革举措在政策取向上相互配合、在实施过程中相互促进、在改革结果上相得益彰;要坚持以问题和目标为导向深化教育改革,制订方案,部署推动,督促落实;要坚持以法治思维和法治方式推进教育改革,发挥法治的引领和推动作用,确保改革在法制轨道上推进,① 深入贯彻教育优先发展战略,加快推进教育现代化建设,打造南方教育高地,努力开创广东教育改革发展新局面,谱写广东教育改革发展新篇章。

---

① 参见中共中央宣传部《习近平新时代中国特色社会主义思想三十讲》,学习出版社2018年版,第94~101页。

各级各类教育改革发展编

第三章　学前教育

随着改革开放春风的吹拂,在党和政府的领导下,我们进入了社会主义现代化建设的新阶段,广东省学前教育的发展也迎来了一个又一个春天。这40年以来,广东学前教育改革取得了显著成效:先后制定和颁布了一系列政策规划文件,出台和落实了广东省学前教育三年行动计划,加大了学前教育财政投入和扶持了农村学前教育,改革了学前教育管理体制和评估机制,规范了办园行为和扩大了办园规模,加强了教师队伍建设和提高了教师福利待遇。学前教育逐渐向规范化、公益性、普惠性发展,普及程度逐步提高。到2017年,全省幼儿园教职工数达46.94万人,其中专任教师达25.65万人;共举办幼儿园17288所,规范化幼儿园比例达70.86%;幼儿园在园人数达421.67万人,学前教育毛入园率为105%,基本解决了"入园难"问题。

党的十九大把教育事业放在优先发展的位置,提出建设教育强国、办人民满意的教育的目标。在中国实行改革开放40年之际,基于已有的研究和探索,回顾广东省学前教育事业的改革历程,总结广东省学前教育40年来取得的主要经验,思考新形势下广东省学前教育事业进一步改革发展的路向和目标,对于办出具有广东特色世界水平的现代化学前教育有着十分重要的意义。

第一节　广东学前教育改革发展的基本历程

习近平总书记在党的十九大报告中指出:"增进民生福祉是发展的根本目的。必须多谋民生之利、多解民生之忧,在发展中补齐民生短板、促进社会公平正义,在幼有所育、学有所教、劳有所得、病有所医、老有所养、住有所居、弱有所扶上不断取得新进展,深入开展脱贫攻坚,保证全体人民在共建共享发展中有更多获得感,不断促进人的全面发展、全体人民共同富裕。""幼有所育、学有所教"的发展目标是党和政府基于改革开放和社会主义现代化建设取得的历史性成就提出的,表明了党和政府对儿童教育事业发展的关注和期盼,要求全社会共同关心幼儿的身心健康和终身发展。40年以来，广东省学前教育都取得了哪些改革成就呢？

一、在儿童发展的历史使命下走上正常化与规范化的道路（1978—1991年）

"文化大革命"时期，学前教育事业遭到了严重的破坏。1978年以后，中国实行改革开放政策，学前教育事业的发展才逐步得到恢复。

（一）托幼工作领导小组成立，政府统一管理学前教育事业

1979年，国务院成立托幼工作领导小组指导幼教工作开展，领导小组由教育部、卫生部、计委、中国人民保卫儿童全国委员会等13个部门组成。1982年，全国进行机构改革，托幼工作领导小组被撤销，一度影响幼儿事业的进展。广东省在1980年成立了托幼工作领导小组，各市也纷纷成立托幼工作小组，妇联在其中发挥了重要的作用，推动了广东省学前教育的发展。1981年11月，广东省教育厅要求再次明确幼教职责。1988年9月，广东省政府决定从10月1日起，全省学前教育名义上归口教育部门管理。1989年，广州市发出《关于我市托幼工作归口市教育局管理的通知》，其中涉及了多方面幼教管理体制。这一时期，广东省教育部门对学前教育事业的管理"从原来的单纯的业务管理转向全方位管理"。

这一阶段，广东省对学前教育的管理部门进行规范，使政府的领导得以加强，形成了以教育部门为主，相关部门分工辅助，省、市、县、镇四级管理的网络。此外，省教育部门还从课程、保教人员资格、幼儿园管理规范等方面做出努力，虽然在真正实施的过程中各部门职责尚未明确，但广东省学前教育事业也由此走上了正常化与规范化的道路。

（二）关注农村学前教育，探索学前教育公平化

美国学者戴维·伊斯顿认为："公共政策是政府为整个社会做的权威性价值分配。"学前教育政策的制定体现了政策制定主体的价值取向。公平观是一种基本价值观念。改革开放初期，对公平的要求处于初期探索阶段，学前教育事业的目标在于孩子有幼儿园可上。1983年9月，广东省政府要求1985年前力争大部分市、县普及学前一年教育，并且逐步接收年龄更小的幼儿进园；1986年，全省召开教育工作会议，再次提出在1990年争取实现普及学前一年教育的目标。这些努力使得这一时期广东在园幼儿、教职工、专任教师数量呈现不断增加的趋势（见表3-1）。学前教育结构进一步优化，学前教育入园率不断提高，从1978年的不足10%发展到1987年的48.03%，翻了几番。

表 3-1 1978—1990 年广东省幼儿园、在园幼儿、教职工及专任教师数量变动情况

年份	全省幼儿园数（所）	在园幼儿数（万人）	教职工数（人）	专任教师数（人）
1978 年	9225	48.76	33928	19166
1980 年	8183	54.25	32829	17508
1985 年	6887	100.23	41010	30667
1987 年	8788	136.92	60852	38638
1990 年	7469	150.05	65195	42905

资料来源：何辛：《广东教育50年——1949—1999年》，广东高等教育出版社2000年版，第326页。

除了追求学前教育普及化外，广东省还较早关注农村学前教育的问题。1979年11月8日，教育部颁布了《城市幼儿园工作条例（试行草案）》，但并没有颁布关于农村学前教育的独立政策文本。政策的这种价值选择表明在国家层面，农村学前教育在改革开放初期尚未得到政府的重视，农村学前教育事业发展缓慢。直到1983年9月21日《关于发展农村幼儿教育的几点意见》发布，教育部针对农村学前教育存在的问题提出建议，农村学前教育开始在国家政策层面上得到关注。特别要强调的是，广东省不仅在这一时期组织开展《城市幼儿园工作条例（试行草案）》的学习研究会议，检查7所示范性幼儿园的贯彻执行情况，进一步加强幼儿园小、中、大班的一日生活常规、教育教学活动等工作，而且还在农村学前教育的政策上走在全国前列。1980年，广东省教育厅印发《农村幼儿学前教育班教育计划（试行草案）》①，这是广东省对农村学前教育事业的发展、对学前教育的公平化发展的最初探索。

（三）学前教育福利属性的转变，开始重视儿童发展需要

教育部1979年发布的《城市幼儿园工作条例（试行草案）》和1981年发布的《幼儿园教育纲要（试行草案）》中都指出幼儿教育是"社会主义教育事业的组成部分"，但其尚未纳入基础教育体系。

《城市幼儿园工作条例（试行草案）》中指出，幼儿园工作的任务是对幼儿进行初步的全面发展的教育，目的除为了使幼儿健康、活泼地成长，进而为入小学打好基础之外，还为了减轻家长在教育孩子方面的负担，有利于他们更好地投

---

① 参见钟明华、冯增俊《教育现代化的伟大实践——广东教育发展30年》，广东人民出版社2008年版，第146页。

入生产、工作和学习。可以看出，改革开放初期的教育理念未完全提升到儿童的层面，学前教育还是延续着中华人民共和国成立以来的解放妇女劳动力的责任，带有计划经济的残余色彩。而在 1981 年的《幼儿园教育纲要（试行草案）》中就没有这些文字描述了。随着 1978—1990 年关于规范幼儿园课程、保教人员素质和学前教育办学体制的政策的出台，儿童发展成为学前教育的基本职能。① 广东省的学前教育单位福利属性也逐渐减弱，幼儿园由主要为妇女提供方便的职能转变为主要促进儿童发展，儿童的发展需要得到日益重视。

（四）地方负责、分级管理，有关部门分工负责

1987 年 10 月 15 日，国务院办公厅转发的《关于明确幼儿教育事业领导管理职责分工的请示》中明确规定在政府的统一领导下，幼儿教育事业实行"地方负责、分级管理"和教育、卫生、计划、财政、劳动人事、城乡建设环境保护、轻工、纺织、商业这些有关部门分工负责的原则②，初步明确了学前教育事业的职责分工。但是，行动主体职责分工规定宽泛，导致权力与职责不匹配。《关于明确幼儿教育事业领导管理职责分工的请示》中也提出，"动员全社会及各有关部门、有关方面互相配合，密切合作"做好幼儿教育工作。但是，行动方式主要是"动员"，是基于法律要求的被动行为，尚未变成政府的自觉行为，在行动实践中不具有力量。

二、在经济改革的浪潮中迎难而上（1992—2000 年）

在计划经济体制下，学前教育的功能定位在于解放妇女生产力，帮助妇女照顾孩子，使其全身心投入工作，因此具有单位福利属性。这一体制下，幼儿园的运营成本是纳入国有企业运行成本中的，即幼儿园作为妇女就业服务的单位福利，依附于国有企业，其财政不具有自主性。1994 年，在党的十四大提出社会主义市场经济的背景下，现代企业制度的改革和尝试使得国有企业剥离社会职能③，幼儿园与企业内部的其他福利机构一样分成独立利益主体，幼儿教育呈现社会化办园的局面。广东省作为一个对外开放的经济大省，经济体制的巨大变动使得学前教育事业发生了天翻地覆的变化，尤其是深圳地区。

---

① 参见庞丽娟《中国教育改革 30 年·学前教育卷》，北京师范大学出版社 2010 年版，第 58 页。
② 1989 年 9 月 11 日颁布的《幼儿园管理条例》提出相关观点，进一步明确了"幼儿园的管理实行地方负责、分级管理和各有关部门分工负责的原则"。
③ 国家不再像计划经济时期那样给企业拨资金，支持企业发展，而是让企业恢复企业行为，加入到市场竞争中，企业要减少开支获得盈利，企业幼儿园被迫停办、变卖。

（一）管理和评估双管齐下，进一步规范幼儿园的发展

幼儿园管理方面，从普及非正规学前班教育逐渐转变为推进正规的学前三年幼儿教育，幼儿教育结构进一步优化。1993年，广东省教育厅颁布了《广东省学前班管理暂行办法》，并在全省选取不同类型的10个县（市、区）进行学前班管理及改革试点，重点普及农村学前一年教育。随着资金增加和校舍建设，广州、中山、东莞等地取消小学附设学前班，三年正规幼儿园入园率不断提高，并将学前班改革经验介绍向全国。① 此外，1997施行的《广州市幼儿教育管理规定》是全国第一个学前教育地方性法规，规定了本行政区域内幼儿园的办园资格、场地、设施要求、工作人员资质等。

1999年，广东省教育厅修订了1993年颁布的《广东省幼儿园等级评定基本标准》，2000年1月重新印发新标准，为以后该标准的执行奠定了基础。幼儿园的等级评估的推行，进一步规范了幼儿园的发展。

（二）重视学前教育的经费投入，全省幼儿入园人数增加

不断增加的经费投入体现了政府对学前教育事业的重视。省一级方面，据国家统计局统计，广东省全省幼儿园教育经费支出1993年为1.38亿元，1999年为1.74元，2001年为4.28亿元；地方一级方面，广州市坚持"两个增长"，即重点安排学前教育经费和公立幼儿园经费逐年增长，1995年的市级教育经费为3447万元，2000年达到5130.4万元，其中包含174万元的民办公助经费。②

由于十多年教育的重建工作和政府经费投入的加大，广东省学前教育得以迅速恢复。1996—2000年"九五"期间，正处于学前教育适应社会主义市场经济体制的重要时期，全国学前教育事业曲折发展，表现为虽然我国的义务教育普及程度超过中等发达国家水平，但幼儿入园率低于亚洲主要国家的平均水平。在经济相对发达地区的东部和中部地区的人口大省（如江苏、湖南等），企业数量比较多，在社会主义市场经济体制改革的背景下，国有企业剥离社会职能，这一因素带动了教育部门办园和民办园数目的增加，而其他部门办园和集体办园数量下降幅度较大，因此幼入园人数大幅下降。而广东省作为经济发达地区，学前教育事业仍得到发展，③ 全国幼儿入园人数从1995年的2711万人减少到2000年的2244万人，减少了17.22%，而广东省的幼儿入园人数从1995年的200万人增

---

① 参见王季云《改革开放30年广东省学前教育发展回顾》，载《广州大学学报（社会科学版）》2009年第8卷第11期，第47~52页。

② 参见钟明华、冯增俊《教育现代化的伟大实践——广东教育发展30年》，广东人民出版社2008年版，第160页。

③ 参见庞丽娟《中国教育改革30年·学前教育卷》，北京师范大学出版社2010年版，第11~14页。

加到 2000 年的 212 万人，增加了 6%。

（三）福利式幼儿园体制解体，进入社会化办园阶段[①]

1996 年的《幼儿园工作规程》中明确了幼儿园教育的地位——"基础教育的有机组成部分，是学校教育制度的基础阶段"。学前教育由作为社会主义教育事业的组成部分，发展为基础教育的组成部分。

1994 年实行分税制，福利式的学前教育体制才正式开始解体。早在 1983 年人民公社解体、家庭联产承包制在农村兴起的时候，中国的学前教育就开始走向社会化的转型阶段，但是由于"分灶吃饭"的财政体制未发生变化，因此公办幼儿园的性质实质上依然没有改变。1997 年后，中国幼儿教育政策已经明确了以社会化办园为发展方向，分税制下地方财政大大减少，许多地方政府在探索学前教育发展的过程中将责任推向社会，幼儿教育发展出现停滞。1994 年，广东省教育厅召开全省幼儿教育工作会议。1995 年 1 月 3 日，广东省人民政府办公厅转发了省教育厅《关于加快我省幼儿教育事业改革和发展的意见》，明确了全省学前教育的发展目标和改革任务，制订了具有广东特色的幼儿教育事业发展规划。《关于加快我省幼儿教育事业改革和发展的意见》中提出幼儿教育要在政府统一领导下，依靠和发动各部门各单位办各种形式的幼儿园，包括正规的和非正规的幼儿园，广东省进入社会化办园阶段。

（四）省市统筹，市、县（区）、镇（乡）组织实施

《关于加快我省幼儿教育事业改革和发展的意见》中要求："各级政府每年召开一两次由有关部门领导参加的协调会议，研究解决本地区幼教事业发展中的重大问题，检查幼教事业发展规划实施和各有关部门职责的落实情况。"同时提出"幼儿教育在省、市统筹规划下，由市、县（区）、镇（乡）组织实施"，更加关注更小一级地方的学前教育的建设。这体现了社会化办园时期广东省的改革不像之前那样空泛地倡议加强政府对幼儿工作的领导，而是提出了加强领导的具体方法和内容——召开会议，解决问题，检查落实，对各部门所承担的职责和义务进行了明确要求。德鲁克的管理学中认为管理的有效在于管理自己而不是管理他人，这些举措体现了将各级政府和各类部门视为"管理者"，发挥贡献意识，将知识转化为成果。

三、重回政府怀抱，学前教育得以迅速发展（2001—2010 年）

受市场经济体制变化的影响，20 世纪末，国企随之改制，国企办幼儿园受

[①] 参见张秀兰《中国教育发展与政策 30 年》，社会科学文献出版社 2008 年版，第 56～60 页。

到冲击不断"关停并转"。在这样的经济背景下,幼儿园股份化、卖园风此起彼伏,其中深圳幼儿园市场化现象最为突出,成为幼儿园转企改制的先行者。中国幼儿园经历了由政府推向市场的巨大改变,2001年,全国幼儿园数量下滑到历史最低点,广东省也陷入了"入园难""入园贵"的窘境。可见,市场力量的壮大和强势入侵与政府责任的缺失和公共服务的失守是相关的,市场的无序与政府责任的退却使得家长成为学前教育的"消费者"。但是随着市场经济的大发展,社会主义市场经济体制基本确立,教育领域开始全面实施素质教育,基础教育改革逐步深化,开始纠正学前教育过度社会化的问题,政府在学前教育事业中的职责逐步回归,进一步推动了整个事业的发展。①

(一) 内部规范学前教育发展,注重保障幼儿基本权益

在2010年之前,教育部门主要通过规范学前教育的内部来规范学前教育的发展。在教学方面,2001年颁布的《幼儿园教育指导纲要(试行)》主要是规范幼儿园的保教工作;在安全方面,2007年,幼儿园接送幼儿过程中出现的问题浮现,幼儿教育的安全问题受到社会关注,教育部等部门先后发出多个文件,要求充分保障幼儿人身安全,进一步强调幼儿园保教的规范性;在管理方面,广东省实行督导评估制度,不断推进督导评估工作;在幼儿权益方面,2001年5月,《中国儿童发展规划纲要(2001—2010年)》提出,各级政府要做到加强领导和强化责任,在"儿童优先"原则下制定政策,采取措施,使我国儿童的生存权、发展权、受保护权、参与权和受教育权获得新发展。《广东省儿童发展规划(2001—2010年)》也提出"儿童健康、教育的主要指标达到全国的先进水平;逐步完善儿童权益保障法律法规体系,政府通过保障儿童均等的公平的受教育权利规范学前教育的公平发展"的目标。可见,这一时期对学前教育的规范仍主要停留在对幼儿园进行规范的单一层面上。

(二) 提高学前教育普及程度,基本普及一年学前教育

"十五"之后,幼儿教育稳步发展。2006年4月,省教育部门颁布的《关于大力推进学前教育改革和发展的若干意见(征求意见稿)》提出:2006年起,城市教育费附加安排用于学前教育的比例,一般地区不得低于20%;特别强调农村学前教育要以政府投入为主,给予办园经费等各方面保障;2006—2010年,省学前教育专项经费每年拨款5000万元扶持农村地区学前教育的发展。因此,全省学龄前三年幼儿毛入园率从49.4%提高到65.45%,全省每万人在园幼儿数

---

① 参见袁秋红《改革开放以来我国学前教育事业发展的政策工具分析》,载《现代教育管理》2017年第5期,第76页。

连续多年保持全国前3位。① "十一五"规划提出要"大力发展农村学前教育,以乡镇中心幼儿园建设为龙头,力争到2010年,每个乡镇举办1所以上规范化中心幼儿园,每县建设好1所(县办)公办示范幼儿园"。为落实《广东省教育现代化建设纲要(2004—2020年)》等文件精神,实现《广东省儿童发展规划(2001—2010年)》提出的到2010年全省学前三年入园率达到80%以上的目标,广东省在全省范围内开展农村学前教育发展模式试点工作,各市根据实际情况选择县和乡镇作为试点,以此加快全省农村学前教育发展。在"十一五"期间,广东省学前教育的普及程度呈现上升态势,全省幼儿园数量由10359所增加到11161所,在园幼儿数量由213.92万人增加到270.9万人,学前教育入园率由66.69%提高到82.57%,其中城市和珠三角农村入园率达到90%以上,完成基本普及一年学前教育的目标。

(三)从规范管理制度入手,规范学前教育的发展

经历了市场经济的冲击,这一时期政府开始全面规范学前教育的发展。从规范管理制度入手,对幼儿园的办园行为进行规范。2003年,国务院办公厅转发的《关于幼儿教育改革与发展的指导意见》提出:"不得借转制之名停止或减少对公办幼儿园的投入,不得出售或变相出售公办幼儿园和乡(镇)中心幼儿园,已出售的要限期收回。"② 广东省教育部门在《关于大力推进学前教育改革和发展的若干意见(征求意见稿)》中提出,要建立和完善教育法规,将学前教育纳入法治轨道,从规范托幼机构办园及其规章制度、保教和保健、学前教育的经费收费管理和招生管理等制度入手,规范学前教育的发展。

(四)强调各级政府的职责,行动主体发生变化

广东省学前教育的行动主体走在国家前面,进入了从地方政府到各级政府的过渡时期。广东省在《关于大力推进学前教育改革和发展的若干意见(征求意见稿)》中强调,发展学前教育是各级政府的重要责任,乡镇政府作为地方政府,要承担发展农村学前教育的责任。各级政府在财政预算中要安排一定的比例用于学前教育,并逐年增加。这一阶段,我国其他地区学前教育发展的行动主体仍然是地方政府,强调幼儿教育事业必须由地方政府统一领导,坚持国家、集体和公民个人一起办的方针,按照"地方负责,分级管理和有关部门分工负责"

---

① 参见《广东省人民政府办公厅印发广东省教育发展"十一五"规划的通知》,见广东省人民政府门户网站(http://zwgk.gd.gov.cn/006939748/200909/t20090915_9488.html)。

② 《国务院办公厅转发教育部等部门(单位)关于幼儿教育改革与发展指导意见的通知》,见中国政府网(http://www.gov.cn/gongbao/content/2003/content_62048.htm)。

的原则,在地方政府举办幼儿园的同时,仍应积极鼓励和大力支持企事业单位、社会团体、街道居委会、农村乡镇和村委会、公民个人举办幼儿园或捐资助园。①

四、在政府主导下迎来历史性发展(2010年至今)

经历了市场经济时代学前教育的曲折发展,2001年之后学前教育在政府的重新规范管理之下虽有所发展,但是"入园难""入园贵"的问题仍然非常突出。《国家中长期教育改革和发展规划纲要(2010—2020年)》征求意见期间,学前教育收获了最高点击率与关注度,解决学前教育"入园难""入园贵"的问题成为民生大事。在这样的背景下,学前教育的改革与发展得到了党和国家的高度重视。2010年11月,《关于当前发展学前教育的若干意见》(以下简称"国十条")的出台成为学前教育事业发展的一个历史性标志,是贯彻落实《国家中长期教育改革和发展规划纲要(2010—2020年)》中有关学前教育发展要求的一项重要举措和具体发展目标。"国十条"的出台就是为了立足当下着力解决学前教育"入园难"问题,同时兼顾长远促进学前教育事业科学发展。②

从学前教育自身的发展来看,广东省学前教育的发展与经济发展是不匹配的,学前教育的发展远跟不上经济的发展。就拿2011年的数据来看,广东省在当年人均GDP为50807.56元,是全国人均GDP(35181.24元)的1.44倍。但是这样一个经济大省中学前教育的投入只占到了财政性教育经费的1.3%,只比全国平均水平高0.05%。③ 学前教育经费投入的不足给全省学前教育的发展带来了一系列影响,如学前教育质量参差不齐、地区发展差异大等问题。

(一)全局视角,规范整体促进全方位发展

相对于2010年前出台的学前教育政策法规主要局限于对学前教育内部的规范,2010年后出台的学前教育政策法规更多的是以全局的视角,不仅对政府、幼儿园和家庭有所规范,还推广到对社会公众的规范之中。④ 这是因为学前教育事业是比义务教育涉及面更广、更宽的教育事业,学前教育所面临的许多难题实质上与社会领域紧密相关。如2001年的《幼儿园教育指导纲要》、1996年的《幼儿园工作规程》主要是对幼儿园保教等各项工作的规范,而"国十条"则是从如何扩大学前教育资源、如何加强幼儿园教师队伍建设、如何加大财政收入等

---

① 参见国家教育委员会《关于印发〈全国幼儿教育事业"九五"发展目标实施意见〉的通知》,见教育部网站(http://www.moe.gov.cn/srcsite/A06/s3327/199707/t19970717_81983.html)。
② 参见袁秋红《改革开放以来我国学前教育事业发展的政策工具分析》,载《现代教育管理》2017年第5期,第76页。
③ 参见广东省统计局《广东统计年鉴(2009—2011)》,中国统计出版社2011年版。
④ 参见王海英《中国学前教育政策的转型及未来走向》,载《幼儿教育》2015年第6期,第3~11页。

全面系统的角度规范学前教育的发展。

基于国家政策背景，《广东省教育综合改革试点总体方案》强调在全省范围内开展教育综合改革试点工作，重点对办学体制、管理体制、培养体制、保障机制等进行全方位的改革，强调在学前教育中实行综合的、全方位的改革。广东省始终将规范幼儿园建设摆在重要位置，在学前教育三期的三年行动计划中，逐渐系统而全面地提高规范化幼儿园覆盖面，且从更广泛的社会公众范畴，在学前教育师资队伍建设工程①、提高保教质量和科学育儿、经费保障与投入等方面规范学前教育的发展。

（二）扩容普及，更加注重学前教育的质量

2010年之后，学前教育改革更注重教育的均衡性，《国家中长期教育改革和发展规划纲要（2010—2020年）》提出，要基本普及学前教育和重点发展农村地区学前教育的发展。"国十条"对如何重点发展农村教育有更具体的规定，如"国家实施推进农村学前教育项目，重点支持中西部地区"。广东省基于本省特点，通过《广东省教育厅关于规范化城市幼儿园的办园标准（试行）》《广东省教育厅关于规范化乡镇中心幼儿园的办园标准（试行）》和《广东省教育厅关于规范化农村幼儿园的办园标准（试行）》三份文件，计划用三年时间，按照城市、乡镇和农村不同区域和层次提出不同的规范化要求并实施学前教育"扩容普及"工程②，尤其是要提高农村学前教育水平。2012年，广东省计划支持欠发达地区建设250所乡镇中心幼儿园和500所村级乡镇幼儿园，③并针对家庭困难幼儿建立学前教育助学体系。这一阶段对普及学前教育的发展有更具体也更具地方特色的举措。

（三）性质转变，纳入国民教育体系

学前教育的基本属性发生质变：由福利性、市场化变为公益性、普惠性。随着学前教育归属身份的转变，学前教育的基本属性也随之发生了根本性的变化，从教育性、市场化走向公益性、普惠性，强调了学前教育是一项公益性的事业，

---

① 广东省2010年之后出台的学前教育三年行动计划提出，2011—2015年，广东省每年扩招高中起点、本专科学前教育师范专业学生1000人以上，并积极推进学前教育师范专业课程改革，从源头上确保幼儿教师培养质量，还构建了以省级培训基地为龙头，市级培训基地为基础的学前教育师资培训网络，加强我省学前教育师资培训。职前培养和职后培训双管齐下，提高我省幼儿教师队伍的质量。

② 参见吴健伶、魏敏《关于规范幼儿园办园行为的调查报告——以广东省广州市为例》，载《教育导刊（下半月）》2013年第3期，第9～13页。

③ 参见《广东省计划到2013年公办幼儿园比例争取达到30%》，见中央人民政府网站（http：//www.gov.cn/jrzg/2012-03/03/content_2082043.htm）。

旨在使多数人普遍接受学前教育。学前教育归属身份和基本属性的改变也引发了一系列新制度的制定，包括幼儿园的办园制度、管理制度、经费投入制度等都发生了相应的改变，广东省在这些方面也有所改变。二期学前教育三年行动计划强调要坚持公益普惠的基本原则，完善政府投入、社会举办者投入、家庭合理分担的投入机制，特别是在农村地区，提出"逐步建立起以公共财政投入为主的农村学前教育成本分担机制"的目标。此外，还强调要理顺办园体制，鼓励各地积极推进机关、企事业单位、集体办幼儿园的办园体制改革，提高各类公办学前教育资源面向社会提供公共服务的能力。① 可见，这一时期广东学前教育是朝着公益性、惠普性方向发展的，强化了政府的底线责任，推动着政府逐渐建立学前教育公共服务体系，从而更好地落实政府在发展学前教育方面的责任。

2010年"国十条"的出台带来了学前教育身份角色的转变，"学前教育是终身学习的开端，是国民教育体系的重要组成部分，是重要的社会公益事业"②。学前教育自此归属身份发生了根本性的变化，由基础教育体系变为国民教育体系。这样的变化预示着政府与学前教育、学前教育与其他阶段的教育的关系都发生了本质的变化。所谓的国民教育体系除了强调学前教育的教育身份外，更强调了政府在学前教育发展中的责任，学前教育的发展已经成为国民关注的焦点，需要政府负担起发展与改革的重任。广东省也开展了一系列体制机制改革，在三期三年行动计划中，把深化体制机制改革作为发展的重点任务，落实地方各级政府发展学前教育的责任，理顺机关、城镇街道办、村集体、企事业单位办幼儿园办园体制等改革。③

（四）职责明确，落到实处，为学前教育纳入公共服务体系提供保障

相较于"地方负责、分级管理和各有关部门分工负责"强调规范地方政府的管理制度所带来的权力与职责不匹配的问题，2010年出台的学前教育的政策法规规范的是各级政府。《国家中长期教育改革和发展规划纲要（2010—2020年）》提出"明确政府职责"，"国十条"强调"落实各级政府责任"，明确指出

---

① 参见《广东省教育厅、广东省发展和改革委员会、广东省财政厅关于印发广东省发展学前教育第二期三年行动计划的通知》，见广东省教育厅网站（http://www.gdhed.edu.cn/publicfiles/business/htmlfiles/gdjyt/tzgg/201504/484559.html）。

② 《国务院关于当前发展学前教育的若干意见》，见中国政府网（http://www.gov.cn/zhengce/content/2010-11/24/content_5421.html）。

③ 参见《广东省教育厅、广东省发展和改革委员会、广东省财政厅关于印发广东省发展学前教育第三期三年行动计划的通知》，见广东省教育厅网站（http://www.gdhed.edu.cn/publicfiles/business/htmlfiles/gdjyt/tzgg/201709/512461.html）。

了从中央到地方五级政府所肩负的职责，这使最初上级政府制定决策、地方政府执行决策的行动体系发生了根本性的变化，上下级政府权利与义务不对等的局面从此一去不复返。自此，中央、省区市、市（州、盟）、县（区市）、乡（镇）五级政府都是行动主体，共同承担在学前教育发展中的责任与义务。

行动主体上，实现从地方政府到各级政府的转变，各类部门各负其责。基于国家层面的改革，广东省第二期学前教育三年行动计划首次提出"省市统筹，以县为主"的发展方针，强调"县（市、区）人民政府是发展学前教育、解决'入园难'问题的责任主体"，还指出"教育、机构编制、发展改革、财政、人力资源社会保障、住房和城乡建设、国土资源、公安、民政、卫生、安监、食品药品监督、质检、工商、物价、妇联、残联等部门和单位要按照国家和省的要求，各负其责，通力协作，共同推进学前教育事业发展"，[①]——规范明确了各类部门的职责。接下来继续强势推行的第三期学前教育三年行动计划则强调省级、地市级政府加强统筹，落实县级政府主体责任，充分发挥乡镇政府的作用。可见，各级政府组成的责任共同体已经联合参与到广东省学前教育发展的各个环节之中。

行动方式上，从无力的动员到落到实处的问责。"国十条"出台后，学前教育发展主体的改变也带来了行动方式上的变革，2010年之前的行动主要体现在观念、资源的动员，是无力的象征性行动。[②] 2010年之后，中央政府在动员观念与资源的同时，强势执行并进行高压问责；地方政府也一改之前的无力，积极行动，重在执行，坚持权利和义务的统一，使学前教育的政策法规真正为学前教育的改革与发展服务。

行动方向上，将学前教育纳入公共服务体系。幼儿园优质教育资源稀缺是广东省面临的一大挑战，为了端平幼儿园均衡化发展这碗水，把学前教育纳入公共服务体系已然成为政府行动的方向之一。2011年12月，广东省教育厅分别在韶关市和佛山市南海区召开东西两翼北部山区学前教育工作研讨会和珠三角地区学习"国十条"研讨会，从而确立在粤东西北经济欠发达地区大力发展公办园，坚持多元、多形式建立公益性幼儿园的发展思路，建立"广覆盖、保基本"的学前教育公共服务体系，对欠发达地区乡镇中心幼儿园和村级幼儿园给予扶助，实践效果显著，预计到2020年，各地级以上市及县（市、区）公办幼儿园占比达30%以上，公办幼儿园和普惠性民办幼儿园占比达80%以上。

---

① 参见《广东省教育厅、广东省发展和改革委员会、广东省财政厅关于印发广东省发展学前教育第二期三年行动计划的通知》，见广东省教育厅网站（http://www.gdhed.edu.cn/publicfiles/business/htmlfiles/gdjyt/tzgg/201504/484559.html）。

② 参见王海英《中国学前教育政策的转型及未来走向》，载《幼儿教育》2015年第18期，第3～11页。

各级各类教育改革发展编

"以史为鉴,可以知兴替。"在改革开放40年之际,总结广东省学前教育发展的改革历程及阶段特征,概括每一阶段的改革动因,展示改革成果和总结改革经验,有助于夯实基础,迎难而上,使广东省在未来建设学前教育强省的道路上走得更加自信、更加稳健。

第二节 广东学前教育改革发展的重大事件

改革创新是教育发展的动力,习近平总书记在视察北京市八一学校时指出:"我们的教育改革要坚持文化自信,好的经验要坚持,不足的要补齐。"[①] 教育改革要坚持正确的发展理念。他要求各级党委和政府坚持把教育放在优先发展的战略位置,强化责任意识,及时研究解决教育改革发展的重大问题和群众关心的热点问题,要深化办学体制、管理体制、经费投入体制、考试招生及就业制度等方面的改革,深化学校内部管理制度等方面的改革,深化人才培养模式、教学内容及方式方法等方面的改革,使各级各类教育更加符合教育规律,更加符合人才成长规律。在继续大力推动教育改革发展的基础上使我国教育越办越好、越办越强。

立足于当前我国和广东省学前教育发展的现状,回顾改革开放40年以来广东省学前教育发展的历程,重要会议的开展、教育政策文件的出台、地方改革试点实践等,无不是学前教育发展史上重要的节点。这些重要的改革实践散落在以时间为横轴、以发展为纵轴的学前教育发展象限中,在一定历史时期内对全省或区域内的学前教育发展起着导向作用,地方改革事件甚至对其他地方的学前教育改革和发展造成直接或间接的影响。改革实践或为学前教育的发展指引新的价值取向,或为学前教育的实践提供操作指引,或为地方的学前教育改革提供借鉴、引发思考。前一节内容从横向的角度回溯了广东省学前教育发展的时间历程,而本节则主要是立足于全省构建"广覆盖、保基本、有质量"的学前教育公共服务体系的目标,跟随全省推动学前教育朝着公益、普惠、均衡、优质的方向发展的改革思路,从纵向的角度撷取改革开放40年来全省学前教育发展历程中实践的重大改革事件进行分析,以期在思考和分析中为学前教育的体制机制改革、财政性经费投入、教育发展的分目标推进策略、教育观念的政策引领等方面提供宝贵的借鉴,并在回溯与分析中更好地展望广东省学前教育发展的未来。

---

① 《教育改革要坚持文化自信——四论学习贯彻习近平考察北京市八一学校重要讲话精神》,载《中国教育报》2016年9月14日第1版。

一、广东省学前教育三年行动计划的贯彻实施

(一) 广东省三期学前教育三年行动计划颁布背景

我国学前教育在发展过程中长期存在着"入园难"的问题,因此,国务院于2010年年底发布了《关于当前发展学前教育的若干意见》,要求全国各省(自治区、直辖市)政府统筹规划,分解年度任务,落实各项经费,并以县为单位编制和实施学前教育三年行动计划,以有效地缓解"入园难"的问题。通过学前教育新政的出台和财政上的投入与支持,努力构建"广覆盖、保基本、有质量"的学前教育公共服务体系,加快解决学前教育发展过程中"入园难""入园贵""不平衡"等问题。顺应中央关于发展学前教育的意见和方针,自2011年以来,广东省已同期对外公布并推动实施了三期三年行动计划,制定并确定了全省范围内学前教育事业的发展目标和具体实现举措。

(二) 广东省三期学前教育三年行动计划实施成效

在"优先发展教育"的国家意志的强力推动下,广东省大力推进《国家中长期教育改革和发展规划纲要(2010—2020年)》提出的学前教育发展目标的落实,学前教育事业呈现出前所未有的勃勃生机。全省各地积极贯彻《广东省发展学前教育三年行动计划》,学前教育获得较快发展,学前教育规模与普及水平有了进一步提高,学前教育投入增加,幼儿教师数量显著提高但专业素质提升缓慢,办园条件不断改善。

1. 学前教育资源迅速扩大,"入园难"问题得到缓解

自三年行动计划实施以来,广东省学前教育取得了长足的发展,办学规模不断扩大,办学空间得到了有效的拓宽,普及程度逐步提高。根据已有数据,2016年全省新入园幼儿数达到195.07万人,比2011年增长46.59万人,增长了31.38%(见表3-2)。全省毛入园率大幅提升,学前教育三年行动计划的实施推动了全省学前教育的普及,"入园难"问题得到缓解。

表3-2 2011—2016年广东省幼儿园数量、新入园幼儿数、在园幼儿数及毛入园率

年份 类别	2011	2012	2013	2014	2015	2016
幼儿园数(所)	11785	12720	13793	15416	16368	17288
全省新入园幼儿(万人)	148.48	154.50	171.00	184.64	186.87	195.07

(续表 3-2)

年份 类别	2011	2012	2013	2014	2015	2016
在园幼儿（万人）	307.81	330.72	354.58	379.34	402.28	421.67
全省毛入园率（%）	89.37	95.00	95.49	95.67	100.97	—

资料来源：教育部网站。

2. 师资队伍数量不断增加，素质不断提高

截至 2016 年，广东省园长、专任教师总数达 281828 人，其中，幼儿园专任教师达 256471 人，比 2011 年增加了 106707 人，增长了 71.25%；园长和专任教师中，专科及以上学历的人数为 199938 人，比 2011 年增加了 126856 人，园长和专任教师中，专科及以上学历的人数占比从 2011 年的 43.80% 提高到 2016 年的 70.94%，教职工队伍素质有了很大的提高（见表 3-3）。但从城乡来看，全省学前教育专任教师队伍在学历上仍然存在着城乡差距。

表 3-3　2011—2016 年广东省园长、专任教师数量及学历情况

（单位：人）

年份 类别	2011	2012	2013	2014	2015	2016
园长、专任教师人数（其中：专任教师数）	166855 (149764)	187593 (168842)	207954 (188182)	235837 (213800)	264244 (240749)	281828 (256471)
园长、专任教师专科及以上学历人数[占园长、专任教师总人数的百分比（%）]	73082 (43.80)	92108 (49.10)	120613 (58.00)	147650 (62.61)	174699 (66.11)	199938 (70.94)
城市专任教师大专及以上学历所占比例（%）	55.26	58.03	61.8	63.22	—	—

（续表 3-3）

年份 类别	2011	2012	2013	2014	2015	2016
农村专任教师大专及以上学历所占比例（%）	41.92	45.70	50.0	55.04	—	—
师生比（1：x）	—	10.88	10.53	9.78	9.22	

资料来源：教育部网站。

3. 学前教育财政投入不断增加

截至 2016 年，广东省在财政性教育经费、财政性学前教育经费中的投入不断增加，财政性学前教育经费占财政性教育经费的比例有所上升（见表 3-4）。广州市在 2013—2016 年学前教育国家财政性教育经费的投入分别是 8.22 亿元、12.02 亿元、14.93 亿元、17.99 亿元。① 这在一定程度上反映了政府对学前教育事业发展的推动与支持。但同时，广东省学前教育经费在教育经费中的占比仍然很低，广州市与其他城市相比仍有差距，例如，2016 年上海学前教育财政经费投入为 102 亿元，北京则近 80 亿元。因此，广东省仍需逐步增加财政性支持，保证学前教育事业稳步地朝着"公益、普惠、优质、均衡"的方向发展。

表 3-4　2011—2016 年广东省财政性教育经费投入

类别	2011	2012	2013	2014	2015	2016
财政性教育经费投入（亿元）	1407.72	1680.03	1908.99	2085.69	2261.14	2487.58
财政性学前教育经费投入（万元）	176567.80	303471.90	407815.30	511954.30	—	—
财政性学前教育经费投入比例（%）	1.25	1.81	2.14	2.45	—	—

资料来源：教育部财务司、国家统计局社会科技和文化产业统计司：《中国教育经费统计年鉴》（2012—2015）；广东省教育厅：《广东省教育厅　广东省财政厅　广东省统计局关于 2016 年全省教育经费统计情况的公告》，见广东省人民政府网站（http：//zwgk.gd.gov.cn/006940116/201712/t20171230_745506.html. 2017-11-15/2018-12-3）。

---

① 参见《广州市教育局：到 2020 年幼儿园学位一半将公办》，见广州日报网站（http：//bendi.news.163.com/guangdong/17/1227/14/D6LVCIOS04178D6J.html）。

二、深圳市属公办园转企改革

(一) 深圳市属公办园转企改革简述

2006年7月,深圳市出台《深圳市市属事业单位分类改革实施方案》等文件。7月7日,深圳召开事业单位改革动员大会,改制单位包括深圳市属的22家公办幼儿园,确定三年内完成分属于教育、妇联、卫生和法政四个部门的全市22家市属公办幼儿园的企业化改制,统一归深圳市市属全资投资控股有限公司幼教管理中心统一管理,市教育部门进行行业管理。这批公办幼儿园转企后享有三年财政补贴,从2007年起开始缩减财政拨款,2007年按照2006年的50%拨款,2008年按照2006年的25%拨款,2009年开始与私立幼儿园同等对待。此外,还将原财政拨款改为学前教育发展资金,由市教育部门统筹管理,即原本只投向22家市属公办幼儿园的约5000万元幼教经费转投向全市744家幼儿园(公办幼儿园占比不到5%)。2006年年底,22家市属幼儿园改制完成,深圳形成以社会力量办学为主的学前教育体制。2008年1月18日,深圳市政府会议决定将22所市属公办幼儿园改制为民办幼儿园,并注册为"民办非企业"。2月27日,深圳市投资控股有限公司幼教管理中心通报1月市政府会议纪要,导致教师们陷入焦虑与无助。3月4日,市属22所幼儿园停课抗议,深圳市投资控股有限公司幼教管理中心和深圳市教育局纷纷召开紧急会议,最后,政府明确22所市属园按二类事业单位法人登记,承诺保持公办性质不变,教师身份不变,退休待遇不变,注册方式再研究。3月6日,幼儿园复课,暂时维持了深圳幼儿园公办与民办并存的状态。次年,深圳在《深圳市2007年改革计划》中提出"政府公平资助发展学前教育的新机制"。

(二) 深圳市属公办园转企改革分析

《关于幼儿教育改革与发展的指导意见》称,幼儿教育改革的总目标是:形成以公办幼儿园为骨干和示范,以社会力量兴办幼儿园为主体,公办与民办、正规与非正规教育相结合的发展格局。地方各级人民政府要加强公办幼儿园建设,保证幼儿教育经费投入,全面提高保育、教育质量;不得借转制之名停止或减少对公办幼儿园的投入,不得出售或变相出售公办幼儿园和乡(镇)中心幼儿园,已出售的要限期收回;幼儿园教师享受与中小学教师同等的地位和待遇。而把公办幼儿园转制为企业,意味着当地政府不承担义务,不给予幼儿教育相应的经费支持,企业以营利为目的的性质背离了教育的基本原则。深圳幼教改革的过程是在"改革"名义下的"去教育性",改革行动以"市场逻辑"代替"教育逻辑"。①

当然,此次深圳市事业单位改革在一定程度上也具有其整体层面上的积极的社会意义。一方面,深圳市的事业单位改革有助于促进公共服务系统的完善,缓解事业单位存在的功能定位模糊、政事不分等问题,切实提高公共服务的质量。另一方面,幼教的此次改革也有助于推动教育事业的自主创新、简政放权,提高办学的自主性。然而,我国实行学前教育、初等教育、中等教育、高等教育的学校教育制度,学前教育作为我国学校教育制度的重要组成部分,是整个教育系统的奠基工程,是受教育的重要基础阶段,因而深圳公办幼儿园转企改革在一定程度上破坏了国家学校教育制度的完整性,使得各教育阶段之间的发展不平衡。②深圳市幼教体制改革事件可以从一定程度上反映出我国学前教育事业的发展还不能从根本上得到保障,学前教育事业的发展亟须从法律层面上做出规定。

三、广州民办幼儿园转公改革

(一)广州民办幼儿园转公改革的背景

2010年,国家颁布了《国务院关于当前发展学前教育的若干意见》,有效地推动了我国学前教育事业的快速发展。"十二五"期间,学前教育的发展得到了国家500亿元财政专项的经费支持,在此期间实施了许多学前教育的重大项目。也正是在此改革的关键阶段,全国各省市纷纷制订并实施了第一轮学前教育三年行动计划。③ 广东省在第一轮学前教育三年行动计划里提出"每年新建一批普惠性公办幼儿园,力争到2013年,各县(区、市)公办幼儿园占比达30%以上。"趁着这股改革的浪潮,广州市诸多民办幼儿园转为公办园,如天河区通过了《2013年天河区公办园建设推进方案》,于2013年将19所民办幼儿园转成公办幼儿园,并向社会开放学位,招收符合条件的幼儿入园。④ 海珠区则有33所转制和新增的公办幼儿园。新建小区配套幼儿园产权移交公办的过程比较曲折。

(二)广州民办幼儿园转公改革的历史局限性

《广州市学前教育三年行动计划(2011—2013年)》明确指出了学前教育资

---

① 参见王海英《深圳公办园转企现象透析》,载《学前教育研究》2009年第8期,第17~55页。
② 参见张国霖《从教育法治的角度看深圳幼教体制改革》,载《幼儿教育》2006年第10期,第10~12页。
③ 参见覃江梅《对民办转公办幼儿园现状的思考——以广州民办转公办幼儿园为例》,载《陕西学前师范学院学报》2015年第6期,第53~56页。
④ 参见覃江梅《对民办转公办幼儿园现状的思考——以广州民办转公办幼儿园为例》,载《陕西学前师范学院学报》2015年第6期,第53~56页。

源加速优化的具体目标。在广州幼儿园民转公改革的具体实践中存在着以下问题:

第一,广州各区幼儿园民转公改革具有政绩达标取向。根据三年行动计划方案,政府"力争到2013年,各区(县级市)公办幼儿园占比达30%以上",而每个区公办幼儿园的发展情况不尽相同且大多数地方的公办园比例不足10%。由于征地等问题,各区一时之间还很难新建公办园,所以只能通过收归、改建等方式增加公办园,而从本质上看,幼儿园学位的总量增幅不大,尚无法在短期内有效地缓解长期存在的"入园难"问题。

第二,广州幼儿园民转公改革造成部分公办园名不副实的现象。短期内一批幼儿园被转公,教育局重新制定招聘标准,以公办园的名义重新招聘教师,在平等的条件下优先考虑原来的教师,但部分幼儿园的编制名额只落实到了园长层面,新增公办园中受聘教师尚没有编制,导致教师的福利待遇等切身利益无法得到切实保障。从这个层面上讲,这些转制后的公办幼儿园短期内在贯彻落实"公办园"的相关政策与制度上还不够彻底。

第三,广州幼儿园民转公改革可能导致幼儿无法就近入学的问题。广州幼儿园民转公改革让幼儿家长喜忧参半,"喜"的是民办幼儿园转制成公办园后保教费降低了,公办园的教学质量也更有保证;"忧"的是教育局的区属公办园在学位派位上采用摇号的方式,如果摇不中号,幼儿就极有可能因无法就近入学而造成不便。

(三)广州民办幼儿园转公改革的意义

公办幼儿园在很大程度上象征着国家对幼儿教育所拥有的主权,能相对充分地贯彻国家的方针政策,倡导科学的儿童观和教育观,体现国家的意志,是我国幼儿教育体系中的骨干力量。政府在我国学前教育事业发展的过程中需要担负起普及公共幼儿教育、给予幼儿教育相应的教育经费投入支持、进行教育管理等职责。一方面,民转公幼儿园改革提高了广州市公办幼儿园占比,体现了政府在学前教育事业发展中所担负的责任。截至2013年,广州有524所公办幼儿园,占全市幼儿园总数的32.6%,而北京、上海等城市的公办园比例均为50%以上,广州较此仍有一定的差距,但已同期完成了《广州市学前教育三年行动计划(2011—2013年)》提出的"公办园占比30%"的目标。① 另一方面,民转公改革虽然在改革初期遇到诸多问题,存在着局限性,但从长期来看,在一定程度上缓解了"入园难""入园贵"的问题。大多数区属公办幼儿园也走向特色办园优

---

① 参见《广东新一期学前三年行动计划将出炉,民办园普惠性占比过半》,见广东招生信息网(http://www.gdzsxx.com/news/rd/201411/60618.html)。

质发展之路。在幼儿园民转公改革以来，政府积极担负起发展公益、普惠、优质的学前教育事业的责任，切实贯彻和落实国家关于幼教事业发展的政策，不断实现《关于幼儿教育改革与发展的指导意见》提出的"形成以公办幼儿园为骨干和示范，以社会力量兴办幼儿园为主体，公办与民办、正规与非正规教育相结合的发展格局。根据城乡的不同特点，逐步建立以社区为基础，以示范性幼儿园为中心，灵活多样的幼儿教育形式相结合的幼儿教育服务网络。为0～6岁儿童和家长提供早期保育和教育服务"的幼儿教育改革总目标。

四、广州市属机关幼儿园管理体制改革

（一）广州市属机关幼儿园改革的背景

近年来，学前教育在国民教育体系中的地位得到了巩固和提高，《国家中长期教育改革和发展规划纲要（2010—2020年）》也提出"积极发展学前教育"的任务。在"入园难""入园贵"的矛盾日益突出的情况下，学前教育需要将发展重心放在促进均衡与保障公平上。《国家中长期教育改革和发展规划纲要（2010—2020年）》要求明确政府在促进学前教育均衡发展方面应承担的职责。此外，《国务院关于当前发展学前教育的若干意见》《广东省人民政府关于加快我省学前教育发展的实施意见》等相关文件的出台也为学前教育均衡化发展指明了方向。

就广州市而言，学前教育的发展存在着不均衡的问题，不同等级、不同层次的幼儿园发展差异较大，教育教学质量、师资水平、硬件设施等方面参差不齐，也阻碍了学前教育发展中的均衡与公平。因此，对市属机关办园进行管理体制改革，使服务于机关、带有特权福利性质的机关幼儿园转为普通公办园，让优质教育资源以更加公平的方式服务于更多的家庭和幼儿，展现了政府推进公共服务均等化、培育更多学前教育优质资源的决心和态度。对13所市属公办幼儿园管理体制进行改革，有助于进一步创新学前教育机制体制，实现"区域内所有学前教育机构由所在区（县级市）教育行政管理部门统一规划、审批和管理"的改革目标，并有效贯彻落实"实行学前教育以区、县级市政府管理为主，街（镇）共管，教育行政管理部门归口管理的管理体制"的目标。① 同时，分阶段稳步推进市属公办幼儿园管理体制改革有利于各市属公办幼儿园朝着正确的方向稳步发展。

---

① 参见《关于印发广州市学前教育三年行动计划的通知》，见广州市教育局网站（http：//www.gzedu.gov.cn/gov/GZ04/201112/t20111228_17427.html）。

（二）广州市属机关幼儿园改革的进程

2012年8月14日，广州市政府常务会议审议通过了关于《广州市深化实施学前教育三年行动计划工作方案》的4个配套文件，内容包括公办幼儿园认定标准、招生工作意见、收费标准和管理改革工作方案四个方面。广州市人民政府根据《广州市深化实施学前教育三年行动计划工作方案》部署进行了此次的广州市属公办幼儿园管理体制改革。此次改革以政府为主导，幼儿园积极配合，分两个阶段对13所原"市属机关办园"的14个园区（见表3-5）进行管理体制改革。第一阶段是把13所原"市属机关办园"统一移交市教育局管理；第二阶段是各幼儿园统一移交后，在市教育局的统筹组织下解决各自的历史遗留问题，理顺关系后下放到各园区所在行政区，由各园区所在行政区的教育行政部门进行统一规划管理。① 市属机关办园改革后成为普通公办幼儿园，并逐渐面向社会公开招生，进一步促进教育公平。

表3-5 广州市属归区招生的公办幼儿园名单

序号	幼儿园名称
1	市粮食局幼儿园（越秀区）
2	市第一幼儿园（越秀区）
3	市第二幼儿园（越秀区）
4	市文化局幼儿园（越秀区）
5	市财政局幼儿园（越秀区）
6	市机电幼儿园（越秀区）
7	市轻工局幼儿园（越秀区）
8	市政府机关幼儿园（天河区）
9	市民政局幼儿园（天河区）
10	市第一商业职工幼儿园（荔湾区）
11	市二商幼儿园（荔湾区）
12	市儿童福利会幼儿园（越秀区）
13	市幼儿师范学校附属幼儿园（天河东园区和海珠海琴湾园区）

资料来源：广州市人民政府：《广州市13所市属公办幼儿园移交所在区教育局管理》，见广州市人民政府网站（http：//www.gz.gov.cn/gzgov/s5820/201602/e6ba254f8ebf4cf28cefe9dd16fac297.shtml. 2016-2-24/2018-12-3）。

---

① 参见徐海星、黄少江《公办幼儿园管理体制改革 14所公办园移交教育局》，载《广州日报》2012年12月25日。

（三）广州市属机关幼儿园改革的结果与展望

广州市属公办幼儿园进行管理体制改革后不再享有"市属机关办园"的特殊身份和特殊照顾，而是转变为普通公办幼儿园中的一分子。根据广州市政府的要求，改制后的市属公办幼儿园需要努力在教育教学质量、教职员工待遇、招生方式和经费投入方面给予更充分的支持和保障，努力引领学前教育朝着有质量的方向发展。根据《广州市公办幼儿园招生工作意见》，教育部门办园和市属机关办园于2013年和2014年面向社会电脑派位（或其他方式）招生的比例分别为70%和80%，直至2016年不低于90%。本次改革并未涵盖市公安局机关幼儿园，主要是考虑到公安工作具有一定的特殊性，因此，广州市公安局机关幼儿园依然优先满足本局直属单位民警员工子女的入托需求，剩余名额再面向社会招生。时任广州市教育局局长屈哨兵称："公办幼儿园向社会招生比例增至90%，就是想向社会传递一个信号，有限的资金、资源应该让每个符合条件的学龄前儿童至少有一次公平的机会。"

当然，我们也应该认识到，即便近年公办学位明显扩充，但还是改变不了公办幼儿园占比低的状况。截至2017年年底，广州全市现有各类公办园570所，占比31.7%，其中教育部门办园161所，仅占9%，而同期其他省市公办园和教育部门办园比例指标中，上海为62.7%、62%，北京为64%、32%，杭州为65%、50%（见图3-1），① 可见广东的公办幼儿园尤其是教育部门办园的比例仍然远远满足不了人民群众的需求，大力发展教育部门办园仍然是学前教育事业发展中的一项重要工作。

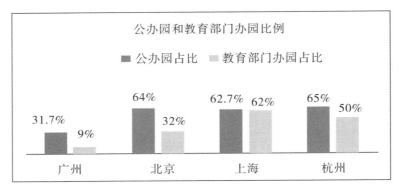

图3-1 2017年广州、北京、上海、杭州的公办园和教育部门办园比例

---

① 参见《广州市教育局：到2020年幼儿园学位一半将公办》，见广州日报网站（http://bendi.news.163.com/guangdong/17/1227/14/D6LVCIOS04178D6J.html）。

广州市属机关幼儿园管理体制改革是广州市政府在国家重视学前教育公平、鼓励创新办园体制的大背景下，结合广州市学前教育发展状况做出的一项重要决策，体现了政府推进公共服务均等化、培育更多学前教育优质资源的决心。因此，此次广州市属机关幼儿园管理体制改革对推进学前教育均衡发展和教育公平具有重要的意义。

五、《广东省普惠性民办幼儿园认定、扶持和管理办法》的出台与实施

（一）普惠性民办幼儿园政策概要

普惠性民办幼儿园是指国家机构以外的社会组织或者个人利用非国家财政性经费举办的具有办园资质、面向大众、收费合理、办学规范、质量有保障的民办幼儿园。2016年4月8日，广东省教育厅、广东省发展和改革委员会、广东省财政厅和广东省人力资源社会保障厅联合制定《广东省普惠性民办幼儿园认定、扶持和管理办法》，明确从2016年5月1日起全省实施新的普惠性民办幼儿园的认定标准、扶持办法及其管理要求。

新政策对普惠性民办幼儿园的认定与申报每年一次，获评的幼儿园可在优惠政策、财政补贴、保教帮扶方面享受连续三年的支持。一方面，在新政策的指引下，各地市级以上市县需要参照公办幼儿园生均公用经费标准来加大对普惠性民办幼儿园的经费补贴。另一方面，对普惠性民办幼儿园在管理上也提出了更加严格的要求，即普惠性民办幼儿园在认定后有效期间内若出现未履行办学承诺、违规收费、违规使用补助经费、年检不合格、违背教育规律教学、克扣幼儿伙食费、教师工资弄虚作假等行为，取消其普惠性民办园资格，终止对其的扶持政策；若出现安全责任事故、保教质量严重下滑和严重违规办园行为，则在取消普惠性民办园资格的基础上追回财政补助，这就对普惠性民办园的办学质量提出了一定的要求。

（二）普惠性民办园认定于缓解"入园贵"问题的意义

为深入贯彻《关于加快我省学前教育发展的实施意见》（粤府〔2011〕64号）精神，引导和支持民办幼儿园向公益性、普惠性发展，全省各地教育局等相关部门分期认定了一批普惠性民办幼儿园，有效期为三年。相关教育部门预算中会安排专项经费，在降低办园成本的基础上引导民办园降低收费标准，这可在一定程度上缓解"入园贵"的问题。为贯彻落实党的十八届五中全会"发展学前教育，鼓励普惠性幼儿园发展"的要求，《广东省发展学前教育第三期行动计划（2017—

2020 年)》在具体目标中明确提出要"扩大普惠性学前教育资源供给。到 2020 年,各地级以上市及县(市、区)公办幼儿园占比达 30% 以上,公办幼儿园和普惠性民办幼儿园占比达 80% 以上"。截至 2017 年年底,广州市共有 1798 所幼儿园,提供学位 52.6 万个,其中公办园 570 所,占比 31.7%,普惠性幼儿园(包括公办园和普惠性民办园)1430 所,占比 79.5%,普惠性民办幼儿园约占民办幼儿园的 70%。① 以番禺区为例,2017 学年番禺区认定的 163 所普惠性民办幼儿园中,除部分小区配套园按照省一级最高限价收费外,大部分幼儿园保教费为 600～1100 元/月,最低的甚至仅为 435 元/月。② 相较于收费较高的大多数非普惠性民办园而言,在公办园学位远远无法满足民生需求的情况下,国家政策扶持下的普惠性民办园切实缓解了广大家长面临的"入园贵"问题。

普惠性民办幼儿园的认定、扶持与管理,一方面体现了政府推动学前教育事业走向公益、普惠的意志与行动;另一方面,在当前广东的公办幼儿园学位数量远远满足不了需求的情况下,普惠性民办幼儿园有效缓解了当前存在的"入园贵"问题。

六、《广东省幼儿园一日活动指引》的颁布与实施

(一)《广东省幼儿园一日活动指引》的制定背景

学前教育事业的发展在扩容保量的同时,对教育质量又提出了更高的要求,教育部提出"加强幼儿园保育教育指导,建立科学导向,提高幼儿园教师、卫生保健人员的专业素质和实践能力,幼儿园办园水平和保教质量显著提高"的工作要求,对学前教育的发展方向由"扩资源、保基本、促规范"转向"提升质量、调整结构、公益普惠"的更高定位。《广东省发展学前教育第二期三年行动计划》(粤教基〔2015〕6 号)提出了"加强幼儿园保教指导"的专项工作计划,并将"出台幼儿园一日生活指南,指导幼儿园科学合理安排幼儿生活"列为 2015 年省政府重点工作内容。2015 年 10 月 25 日—11 月 25 日,广东省教育厅发文,《广东省幼儿园一日活动指引》(以下简称《指引》)向全省各级教育行政部门和教研部门征询意见。同时,选取深圳、江门、茂名、潮州、清远、梅州 6 个市的 54 所幼儿园对文件进行试用和反馈,其后课题组根据试用情况和反馈意见的结果对文件进行了修订。最终,广东省教育厅于 2015 年 12 月印发了《广东省

---

① 参见《广州市人民政府:2020 年广州全市幼儿园学位一半将公办》,见广州市人民政府网站(http://www.gz.gov.cn/gzgov/zxfwu/201712/27200502f6ea471d968e32b43bc937c6.shtml)。

② 参见《2017 学年番禺 163 所普惠性民办幼儿园拟认定结果出来了》,见番禺日报网站(http://www.yxtvg.com/toutiao/5287517/20170729A0649000.html)。

幼儿园一日活动指引（试行）》。①

（二）《广东省幼儿园一日活动指引》的内容概要

2015年12月30日，广东省教育厅官网公布《指引》，首次对幼儿园一日的教学做出详细指引。《指引》强调，要避免使用小学课程和教材及以奥数、珠心算、书写拼音和专门的识字等内容进行教学。

此次教育厅发布的面向广东省城乡各级各类幼儿园的《指引》，是促进全省幼儿园科学实施一日保教活动的指导性文件。《指引》提出，幼儿园一日活动以游戏为基本活动，寓教育于各项活动之中，包括生活活动、体育活动、自主游戏活动和学习活动，对幼儿、教师、保育员、保健医生等都有相应的具体要求。

（三）《广东省幼儿园一日活动指引》于发展优质学前教育的价值

《指引》充分体现了保育和教育的有机结合，从科学保教的立足点出发，规范幼儿园的保教活动，特别是为新开办及低质量运转的幼儿园提供了重要的指导。对政府而言，《指引》是学前教育质量提升的有力抓手；对幼儿园而言，《指引》是科学保教和优质发展的实践指南；对家长而言，《指引》是科学育儿的有效参考；对幼儿而言，《指引》的贯彻实施是健康成长的一道保障。②《指引》一经颁布，全省范围内各地区幼儿园的专任教师、保健医生、保育员等幼教一线工作人员便开始对文件的精神和操作进行学习，推动《指引》在幼儿园的贯彻实施，这为幼儿园保教工作更加科学、有效地开展提供了具体、可操作的行动指南。《指引》的出台是学前教育发展的时代产物，是必然趋势，为幼儿园教育质量的提升提供了政策保障。从科学保教观念的转变至科学保教活动的实施，基于广东地区实际情况而制定的《指引》，其颁布有效地推动了全省学前教育质量的提升，进一步促进了优质学前教育事业发展目标的实现。

在市场经济的社会条件下，在充满竞争、挑战和发展机遇的社会环境里，为每一个孩子的发展打好坚实的基础十分必要。重大改革事件折射出在改革开放40周年的历史长河中，广东省学前教育事业从全省至各地市级层面上都在体制机制、课程实践、观念引领、价值导向等方面敢于实践，勇于创新，进行着积极的改革探索，在探索中反思借鉴，不断前行，以提升学前教育的发展水平。而今，如何进一步在各方面深化改革、知难而进、把握规律，已成为开创全省幼教事业新局面中亟待解决的问题。

---

① 参见龙建刚《〈指引〉制定的背景与指向》，载《广东教育（综合）》2016年第3期，第15～16页。
② 参见杨慧敏《〈广东省幼儿园一日活动指引〉的价值分析》，载《教育导刊》2016年第6期，第18～20页。

第三节 广东学前教育改革发展的启示与展望

2017年10月18日，习近平总书记在党的十九大报告中明确提出："推动城乡义务教育一体化发展，高度重视农村义务教育，办好学前教育、特殊教育和网络教育，普及高中阶段教育，努力让每个孩子都能享有公平而有质量的教育。"这为广东学前教育未来的改革发展指明了奋斗目标和正确方向。

随着经济全球化深入发展、人口生育政策调整、高质量学前教育需求日益增长，广东学前教育改革将面临前所未有的机遇和挑战，如学前教育决策未能充分满足公众利益诉求；城乡、区域、园际资源配置不合理；供给机制未能满足多元化教育需求；开放合作的现代化发展格局尚未形成；质量评估体系有待完善；等等。"创强争先建高地"是广东省未来十年教育改革与发展的总目标，立足基础展望未来，广东省应以促进公平为重点，以提高质量为核心，进一步深化学前教育改革，推动学前教育科学发展，办出具有广东特色世界水平的现代化学前教育。

一、构建高质量学前教育公共服务体系，建设全国学前教育强省，率先实现广东省学前教育普惠

近年来，世界各国纷纷把学前教育列入公共服务事业，通过实行一系列改革举措如健全政策法规、加大财政投入、加强政府统筹管理等强化政府职责。我国在若干重大文件，如《国家中长期教育改革和发展规划纲要（2010—2020年）》《中华人民共和国教育法》（2016年）中也提出我国学前教育正在向构建覆盖城乡、布局合理的公共服务体系转变。充分发挥政府职能，联合各方力量构建公平、普惠、完备、高效的学前教育公共服务体系是未来广东学前教育改革发展的重点。

（一）拓宽渠道，科学民主：健全公共服务决策渠道，促进科学民主决策

现阶段，广东省在制定学前教育公共服务政策过程中能积极采用多种决策渠道，如贯彻教育部文件精神提出决策；依照人民代表大会提案调整决策；联合相关行政部门建立专项督查小组审议决策；等等。但幼教工作者、家长等社会公众参与决策的途径较少，民众意愿和需求得不到足够重视，导致学前教育基本公共服务出现"供非所需"现象。例如，粤东西北农村地区撤点并园，小学富余教师流向幼儿园，其政策初衷是提高农村学前教育质量，但实际上因幼儿园离家

远、校车配套不齐、师资培训不够导致幼儿弃园流浪、师资水平低等现象。①

"治理理论"认为,公民不仅是公共服务的接受者,也是公共服务决策的参与者、提供者、监督者。政府应倡导教育公共服务决策的民主化,鼓励政府决策部门外其他社会群众广泛参与决策。上海市借鉴"治理理论"实施模式,建立了多个教育政务信息平台,鼓励社会群众了解、讨论教育政策的制定与调整,成为我国公共服务水平较高的城市之一。

因此,随着政府职能转变和公众需求增多,广东省在学前教育公共服务政策制定过程中应以公共利益为导向,兼顾政府管理和公众诉求,开辟市民参与决策的途径,建立教育行政部门与社会公众互动渠道,鼓励广大教育工作者、专家、家长积极参与决策,以提高政策制定的开放性、民主性、科学性。②

(二)差异投入,均衡发展:提高财政投入效率,缩小珠三角与粤东西北地区差距

近年来,广东省全面实施"扩容普及"工程,大幅增加学前教育财政投入,如广州市2013—2016年学前教育国家财政性教育经费分别投入8.22亿元、12.02亿元、14.93亿元、17.99亿元。③ 但与其他中心城市相比,广州市的学前教育投入仍明显不足,如2016年上海学前教育财政经费投入为102亿元,北京则近80亿元。且城乡、区域财政投入能力差距显著,财政运行机制不够健全,成本分担结构不够合理,导致珠三角核心地区与粤东西北地区学前教育公共服务发展不均衡。

加大财政投入、单列学前教育经费、建立"申请、审核、拨付、执行、绩效评估、奖励与问责相结合的财政运行机制"、设立"上争经费"、改善成本分担机制是促进学前教育均衡发展的有力举措,④ 大多数OECD(经济合作与发展组织)国家由各级政府共同分担学前教育成本,家庭负担比例平均只占学前教育经费总投入的18.5%左右,把公、私立学前教育机构全面纳入政府管理,从而有效保证学前教育机构质量。⑤ 因此,广东省可通过以下改革提高财政投入效率,保障学前教育均衡发展。

---

① 参见原晋霞《构建有质量的学前教育基本公共服务体系》,载《教育学术月刊》2013年第1期,第84~88页。
② 参见何鹏程《教育公共服务体系构建研究——以上海实践为例》,华东师范大学2012年。
③ 参见《广州市教育局:到2020年幼儿园学位一半将公办》,见广州日报网站(http://bendi.news.163.com/guangdong/17/1227/14/D6LVCIOS04178D6J.html)。
④ 参见孙美红、张芬《美国奥巴马政府高质量普及学前教育的政策特点》,载《学前教育研究》2010年第9期,第9~15页。
⑤ 参见"学前教育成本分担研究"课题组、李宏堡、王海英《OECD国家学前教育成本分担现状及其启示》,载《学前教育研究》2015年第3期,第26~37页。

1. 加大学前教育财政投入总量，完善财政运行机制，提高财政保障水平

美国芝加哥亲子中心研究发现，对学前教育每投入 1 美元，15～18 年后获得总收益 7.14 美元，其中社会收益 3.85 美元，幼儿及其家庭收益 3.29 美元。① 数据显示，2016 年，广东省学前教育经费总投入为 316.67 亿元，其中财政性教育经费 74.78 亿元，比重为 23.61%，与小学、初中、高中、职中等相比，所占教育公共经费开支仍较少。中国教育科学研究院研究员储朝晖认为要维持学前教育的发展，应保证学前教育占整个教育经费的比例超过 9%。因此，广东省作为教育强省，应落实年度学前教育经费预算，扩大财政性学前教育经费在同级财政性教育经费中的比例，保证学前教育占整个教育经费的比例超过 10%，并完善申请拨付、审核使用、绩效评估、奖励问责相结合的财政运行机制，在发达地区推进教育现代化示范区的基础上鼓励待发展地区创建教育强市（强县、强区、强镇），调动各地区发展学前教育的积极性。

2. 改革学前教育成本分担结构，优化成本分担比例，缩小城乡、区域差距

构建以政府为主的学前教育成本分担形式，一方面，建立与事权、财权匹配的政府间成本分担结构，明确"省级统筹、以县为主、各级政府共同参与"的成本分担机制，落实各级政府发展学前教育的责任，根据各地区经济发展水平、人口结构、人均 GDP 等综合情况，确定财政投入和成本分担比例，制定生均经费投入标准。② 另一方面，优化城乡、地区、家庭分担结构，财政投入最大限度地向粤东西北、农村地区等较薄弱地域倾斜，努力扩大普惠性资源，积极发展农村学前教育；对于经济困难的家庭、孤儿，通过直接补贴、间接购买、减免税收、专项基金等多种方式给予补助和保障，进一步缩小城乡、地区、园际、家庭学前教育基本公共服务差距，促进学前教育均衡发展。③

（三）政府主导，优质多元：优化供给结构，满足多样化多层次服务需求

21 世纪初，学前教育被推向"市场化"，广东深圳公办园转企，广州市荔湾区、天河区、越秀区等城区公办园纷纷转制，导致政府职能逐渐弱化，学前教育质量整体下滑。在改革经验启示下，2014 年，广东省实施第二期学前教育三年行动计划，大力发挥政府主导作用，出台扶持普惠性民办幼儿园优惠政策，提高规范化幼儿园比例。但现阶段全省普惠性学前教育资源仍不足，学前教育供给机

---

① 参见 Reynolds A，Temple J，Age 21 cost - benefit analysis of the Title I Chicago Child - Parent Center Program：Executive summary. http：// www. waisman. wisc. edu/cls/cbaex - ecsum4. html.

② 参见易朝红、曾云《我国学前教育成本分担现状分析与政策建议——以江西省为例》，载《教育导刊》2017 年第 5 期，第 12～13 页。

③ 参见王海英《学前成本"三肩挑"：挑得起走得远》，载《中国教育报》2015 年第 4 期，第 1～3 页。

制仍未能满足公民多样化多层次需求。

从各国教育改革历程可见，发达国家强调以政府为主导的同时也以市场需求为导向，鼓励非营利组织和非政府组织主动提供社会公共服务项目，通过多元办学模式和供给主体，缓解政府供给压力，满足多层次服务需求。我国颁布的《中华人民共和国教育法》（2015年修正）和《中华人民共和国民办教育促进法》（2016年修正）也明确了学前教育供给机制以政府为主导多种供给类型并存的改革方向。因此，为优化学前教育供给机制，满足公众日益增长的服务需求，全省可实行以下改革：

1. 完善政府主导机制，大力发展非营利性幼儿园，扩大普惠性学前教育资源

政府应充分发挥主导作用，总体规划学前教育公共服务供给，履行好"领导决策、统筹规划、财政投入、引导激励、立法规制、评价监管、问责奖惩"职责，坚持"公平优先、兼顾效率"，以县级行政区为单位规划、建设和发展公办园和普惠性民办幼儿园，在粤东西北地区、"二孩政策"新增人口集中地区、城乡接合部等地域不断扩大普惠性幼儿园覆盖面，保障学前教育基本公共服务需求。①

2. 健全市场竞争机制和社会志愿机制，促进民办幼儿园规范特色发展，满足公民多样化多层次需求

政府应通过制定政策、引导激励、规范监管等手段，充分发挥市场机制和社会力量在学前教育非基本公共服务供给中的效率优势和"无缝隙"优势，挖掘多元服务主体，鼓励发展营利性幼儿园，动员有能力的社会团体、组织、个人等以多种形式举办幼儿园，促进优质民办园特色发展和薄弱民办园规范发展，鼓励企业和个体通过无偿捐赠为社会提供公共服务，通过不断丰富服务形式帮助政府减轻财政投入负担，优化教育结构和资源配置，逐步建成发展均衡、服务方便、群众满意的"优质多元"的联合供给体系，共建、共享优质学前教育成果。②

（四）高效透明，规范治理：完善公共服务监督体系，促进规范发展

社会监督是教育治理体系和治理能力现代化的重要组成部分，对加强教育工作的有效性、科学性具有积极作用。但目前，广东省学前教育公共服务主要是自上而下的政府监管，而自下而上的公众监管渠道较为缺乏。

制定公共服务标准，提高政府效率和规范公共管理，建立政府绩效评估制度

---

① 参见庞丽娟、冯江英《学前教育公共服务分类与"一主多元"供给机制设计》，载《中国教育学刊》2014年第7期，第1～6页。

② 参见王海英《我国学前教育公共服务体系的组成与构建》，载《学前教育研究》2014年第7期，第19～25页。

和独立于政府之外的多元绩效评估体系是监管公共服务质量和调整公共教育举措的有力手段。《广东省教育信息化发展"十三五"规划》明确提出,要完善教育领域信息公开制度,保障教育评价主体多元化。

因此,广东省应完善学前教育法律法规,大力推进依法治教,确保各项举措落到实处和取得实效;完善教育信息公开制度,建立以现代信息技术为支撑的高效监管服务平台,全面、准确、及时地向社会群众公开各类教育信息;建构多元化绩效评估体系,引进第三方独立专业的监管机构,完善公共服务监测指标体系和监管机制,鼓励教育工作者、家长、社会中介、媒体等对政府开展学前教育公共服务情况进行社会监督,促进学前教育公共服务规范发展。①

二、发展高质量学前教育,打造南方学前教育高地,率先实现广东省学前教育现代化

学前教育质量的优劣对于儿童发展至关重要,让所有儿童接受优质学前教育已成为国际共识。② 2015 年,联合国《2030 教育行动框架》制定了"确保全纳、公平的优质教育"的发展目标,《广东省中长期教育改革和发展规划纲要(2010—2020 年)》《广东省发展学前教育第三期行动计划(2017—2020 年)》也明确提出,要把提高质量作为教育改革发展的核心任务。因此,在保障学前教育公平基础上发展高质量学前教育是未来广东省学前教育发展的重要方向。

(一)质量均等,公平发展:完善政策保障制度,推进公平、优质学前教育

改革开放以来,广东省通过政策性文件及学前教育三年行动计划,不断扩大优质学前教育资源覆盖面,发展特殊教育和全纳教育,改善外来人员随迁儿童、家庭经济困难儿童、留守儿童、残障儿童的受教育状况,保障其公平受教育的权利。但目前广东学前教育发展还处于较不平衡状态,城乡、地区、公立与民办幼教机构之间仍存在较大质量差异。

从各国学前教育改革历程可见,发达国家通过颁布如"确保开端"、"每个孩子都重要"规划③、"儿童保育十年战略"等一系列政策,实行设立经费、强

---

① 参见何鹏程《教育公共服务体系构建研究——以上海实践为例》,华东师范大学 2012 年。
② 参见李传江、张义宾、周兢《国际视阈下的学前教育质量监控体系——基于"经合组织"和"世界银行"学前教育新政策的述评》,载《外国教育研究》2017 年第 1 期,第 3~14 页。
③ 参见 S. Blainey & G. Paull. Study of Early Education and Development(SEED):The cost and funding of early education. Department for Eductaion. 2017:94 – 96。

化计划、税收抵免等措施①来促进教育起点公平，缩小各区域间的质量差异②。

因此，要实现全省学前教育公平优质发展，需要政府制定和完善关于全面推进全纳教育，学前教育精准扶贫，保障农村地区、贫困家庭和弱势儿童受教育权利与质量等的政策，进一步加大对粤东西北地区学前教育财政投入，依托大型项目合理利用经费和资源，建立健全困难家庭儿童资助制度，切实保障学前教育质量均等化和学前教育机会公平化，保障所有适龄儿童无关地域、贫富均能接受高质量学前教育。

（二）信息共享，持续发展：健全信息共享系统，推进学前教育信息化

广东省教育信息化发展"十二五""十三五"规划以来，实施了学前教育管理业务的数字化改造，基本创建了覆盖全省幼儿、教职工、幼儿园等信息的基础数据库；实施了幼儿园教师信息技术应用能力提升工程，逐步创建了优质数字学前教育资源。但还面临不少困难，如全省学前教育机构数据的准确性和完整性不够，利用信息技术实现优质学前教育资源全覆盖的有效机制尚不完善，教育信息基础设施区域、城乡、园际差异显著，教师专业发展信息支持系统不健全等。

设立儿童早期数据收集系统、质量评级与提升系统、学前教育教师发展系统、学前教育数据和政府财政系统紧密联系的数据信息共享系统，可为政府科学制定学前教育政策提供依据，提升整体学前教育质量。因此，为推进学前教育信息化和可持续发展，广东省未来可进行以下改革：

1. 健全学前教育机构结构性基础数据和过程性变量数据系统，推进科学制定决策和学前教育精准扶贫

健全学前教育信息管理系统，完善学前教育机构的师资水平、师幼比、班级规模、生均面积、安全标准等结构性基础数据和教师流动性、幼儿人数变化、园舍改建等过程性变量数据，规范数据管理，确保数据准确、完整、可用。落实广东省级业务系统的数据对接和广泛应用，全面实现全省学前教育部门及相关部门之间数据共享，依托大数据科学制定学前教育决策，准确统筹配置学前教育资源，推进学前教育精准扶贫。

2. 建立儿童早期数据共享系统，建构0～3岁早期、幼儿园、小学课程衔接体系，促进儿童可持续发展

建立儿童早期教育数据库、儿童电子档案，收集儿童基本信息和发展数据，在保护儿童隐私基础上依托数据共享，把0～8岁教育放在一个持续、完整、统

---

① 参见 A Matter of Equity: Preschool in America. Department of Education. 2015: 2-3.
② 丘静：《英国学前教育的高质量普及对我国的启示》，载《教育探索》2016年第2期，第153～156页。

一的整体系统中考虑，建构0~3岁早期、幼儿园、小学课程衔接体系，制定0~3岁儿童和幼小衔接学习与发展指南，通过相关教育部门建立各教育阶段教师合作，共同制订完整的课程计划，促进儿童可持续发展。

3. 健全教师专业发展信息支持系统，促进珠三角和粤东西北城乡、公办民办教师共建共享学前教育优质资源

健全覆盖全省、多级分布、互联互通、开放共享的教师专业发展信息支持系统和学前教育优质资源共享系统，以大数据、云计算、移动互联网等技术为基础，突破地域和体制限制，推进优质学前教育资源的区域、公民办、城乡三个"一体化"。通过优秀活动视频资料库、学前教育专业课程学习、教学实践行为案例分享等模式，① 为全省学前教育工作者提供专业发展课程资源，满足分类、分层、分岗和个性化培训需求，以信息化推进学前教育优质均衡发展。②

（三）多元互动，创新发展：建构合作共赢体系，促进学前教育国际化

近年来，广东省通过学前教育三年行动计划、省培计划、省市名园长名教师工程等措施，使全省学前质量逐步提升，但仍存在粤东西北地区学前教育发展滞后、学前教育国际合作与交流还需加强、家庭教育和社区教育还较薄弱等问题。2012年12月，习近平总书记在视察广东时提出"三个定位，两个率先"的殷切期望，把广东省定位为深化改革开放的先行地。2013年3月，习近平总书记在进行外事访问时提出构建以合作共赢为核心的新型国际关系。《广东省中长期教育改革和发展规划纲要（2010—2020年）》明确提出，需不断改革教师培养体系，提高双边、多边和区域性、全球性教育交流合作水平。广东省作为改革开放前沿阵地，建构合作共赢体系，提升国际竞争力，是未来学前教育改革的重要方向。

1. 建构GUS教师培养合作体系，融合政府、市场、学术力量提升质量

在政府主导下融合市场、学术力量形成改革创新合力，共同提升学前教育质量。鼓励高等院校与一线教育机构紧密合作，地方政府、学前教育院校、幼儿园建立"优势互补、合作共赢"的长效合作机制，提升学前师资学历层次，促进师资培养科学化和专业化；完善教师职前、职中和职后培训标准和课程衔接，促进学前教师教育一体化；③ 扩大学前教育师资培训类别，加大0~3岁早期教育

---

① 参见韩春红《国际学前教育质量研究新动向》，载《全球教育展望》2016年第9期，第92~99页。
② 参见韦小明《论我国学前教育师资培养层次的提升》，南京师范大学2002年。
③ 参见周莹《基于教师教育一体化视野的职前教师教育课程改革研究——以E大学职前教师教育课程改革为个案》，华东师范大学2009年。

专业师资和家庭教育指导师的培养。①

2. 建构家、园、社区合作共同体，利用广东岭南特色资源发展社区教育

鼓励幼儿园积极构建家园合作机制，适时向家长宣传先进育儿理念及优质教育资源。充分利用本土自然、社会、文化资源发展富有广东特色的社区教育，如利用社区博物馆、美术馆、少年宫、歌剧院等开展弘扬广府文化活动，传承广东岭南特色文化。②

3. 深化珠三角地区与粤港澳、国际交流合作，提升国际化水平

充分利用友好省州、城市等合作平台和侨务渠道，以珠三角地区为核心，加强粤港澳地区紧密合作，深入开展中华文化国际推广活动，积极探索与国际接轨、有广东特色的课程体系；建立中外合作办园项目和国际学前教育高级别人文交流机制；加强学前教育信息化交流合作，形成全方位、多层次、宽领域的学前教育对外开放格局，提升广东学前教育的国际影响力和竞争力。

（四）关注过程，科学发展：完善质量评估体系，促进学前教育科学发展

质量评估是促进教育改革、提升教育质量的重要手段。世界银行 2012 年实施"学前教育系统评估和基准设定"项目，为追求更公平优质的公共教育服务提供改革方向；经济合作与发展组织 2015 年发布"强势开端Ⅳ：早期教育与保育质量监测"报告，通过分析 OECD 国家学前教育质量评估体系确立改革趋势。③ 但目前广东学前教育质量标准和评价体系仍有待健全，适宜本土学前教育发展的评估工具仍待开发。

《广东省发展学前教育第三期行动计划（2017—2020 年）》明确提出要完善幼儿园质量监管体系，出台幼儿园办园行为督导评估实施方案，《广东省幼儿园一日生活指引（试行）》的颁布为全省幼儿园质量评估提供了科学依据，未来全省应进一步完善质量评估体系，推进学前教育科学发展。

1. 贯彻落实《指引》，从结构性质量评价转向侧重过程性质量评价

贯彻落实《指引》，逐步制定从属于全省质量评估体系的动态地方质量标准。改革偏重结构性指标的质量评估，注重过程性质量评估，即除关注班级规模、师生比例、卫生安全等可具体被测量的数据外，更关注课程实施、师幼互动质量、软性环境创设等更能激发幼儿获得学习生活经验的因素，更重视对幼儿综

---

① 参见柳国梁《高职学前教育专业人才培养方案改革——基于〈幼儿园教师专业标准（试行）〉和〈教师教育课程标准（试行）〉的视域》，载《教育探索》2016 年第 1 期，第 53～57 页。

② 参见 The Condition of Education. Department of Education. 2017：2 - 28。

③ 参见李传江、张义宾、周兢《国际视阈下的学前教育质量监控体系——基于"经合组织"和"世界银行"学前教育新政策的述评》，载《外国教育研究》2017 年第 1 期，第 3～14 页。

合素质和学习品质能力的评估。深化学前教育课程改革，制定科学系统的课程评价体系，改革"重鉴定轻促进、重官方轻民间、重他评轻自评"的评估机制，鼓励不同学术研究机构、社会组织、学前教育机构从不同角度研究和参与课程评价，保障评估的科学性和可行性。①

2. 开发使用广东省学前教育质量评估工具，科学实施质量评估

开发适宜本土的测查儿童各领域发展标准化和非标准化评估工具、考察儿童综合素质和学习品质的评估工具、课程实施质量评价工具、师幼互动质量评价工具等衡量过程性质量的多元化评估工具，切实提升本省学前教育质量评估标准实施的信度和效度。改革等级计算形式为综合评估，改变侧重于对幼儿园分级分类的评估验收方式，注重通过实地观察与调研等方式帮助学前教育机构发现问题，提供相应信息、依据和支持，帮助其提高保教质量。②

（五）关注教师，稳步发展：完善待遇保障激励机制，稳定专业化教师队伍

稳定的高素质专业化教师队伍是办好高质量学前教育的关键。而目前广东学前教育师资队伍尚不稳定，存在私立幼儿园教师工资待遇低、优质师资流失严重，公立幼儿园编制受限、高级职称比例少、临聘教师待遇偏低等问题。

《广东省教师队伍建设"十三五"规划》明确提出要完善教师待遇保障和激励机制。《广州市发展学前教育第三期行动计划（2017—2020年）》提出，到2020年公办园临聘教师要实现同工同酬。2018年，广州市天河区和黄埔区公办园已率先推行同工同酬政策，为全省做出了良好示范。2018年，教育部部长陈宝生在两会中也强调要提高教师地位待遇，改革教师编制配备制度，保障教师合法权益。

因此，未来全省应加快建立保障学前教育教师工资福利待遇的长效机制，制定幼师最低工资标准，落实幼师与当地公务员工资福利待遇同步增长机制，增加公立幼儿园教师编制数量和高级职称比例，落实公办园临聘教师同工同酬政策，建立民办和农村教师福利待遇监督机制和生活补助机制，切实保障幼师基本权益，完善教师表彰奖励机制，提升幼师职业幸福感和认同感。同时，还应健全学前教育教师教育机制和质量专业标准，充分发挥教育行政部门对教师资格审定、职称评定、培养培训等管理职能作用，制定严格的教师资格获得和以教育实践能

---

① 参见钱雨《美国学前教育课程评价研究项目的背景、内容、实施及其启示》，载《学前教育研究》2011年第7期，第20～25页。

② 参见刘昆、郭力平、钟晨焰《美国学前教育质量评级与提升系统：实施现状及面临的挑战》，载《外国教育研究》2016年第5期，第112～114页。

力为基础的职业准入制度,完善教师评价制度,改善师资分布结构。①

　　回顾 40 年改革发展历程,广东学前教育改革进行了一系列创新举措,取得了丰硕成果,为未来学前教育发展积累了优秀经验和奠定了坚实基础。百年大计,教育为本。在党的十九大报告提出的"幼有所育"的未来民生蓝图下,广东省学前教育将进一步全面深化改革,向更公平、更普惠、更优质的现代化、国际化学前教育发展。

---

① 参见徐利智《新西兰幼儿教师质量保障体系研究》,华东师范大学 2014 年。

第四章 义务教育

基础教育是整个教育体系中的关键组成部分,是提高民族素质的奠基工程。其中,义务教育一直是广东教育改革和发展的重中之重。1978年改革开放以来,广东省义务教育事业进入了一个新的发展时期。1985年,广东省在全省范围内实现普及小学阶段义务教育,发挥在全国教育改革发展的先锋和示范作用。1996年,广东省完成了普及九年制义务教育的任务,成为全国第一批实现基本普及九年制义务教育和基本扫除青壮年文盲的省份之一。

进入21世纪,广东省基础教育实行地方政府负责、分级管理、以县为主的管理体制,使各级政府切实承担起发展基础教育尤其是义务教育的责任。2010年,全省教育工作会议提出建设教育强省和人力资源强省、率先基本实现教育现代化、建设南方教育高地。2012年,中共广东省第十一次代表大会将教育"创强争先建高地"列为今后5~10年教育改革发展重大任务,教育现代化步入快车道。其中,义务教育教学质量整体提升,优质教育资源总量显著扩大,更好地满足了人民群众接受高质量义务教育的需求,为广东实现"三个定位,两个率先"和"四个走在全国前列"总目标和率先基本实现教育现代化奠定了坚实基础。

第一节 广东义务教育改革发展的基本历程

一、正本清源,百废待兴:拨乱反正时期的广东义务教育

拨乱反正时期的广东教育改革主要是恢复发展和奠定基础,重点解决"一无两有"(即"校校无危房、班班有课室、人人有台凳"),进行校舍危房改造,逐步改善办学条件。1985年,全省普及了小学教育。在管理体制方面,进行了分级办学分级管理的改革,充分调动了各级政府办教育的积极性。

（一）建章立制，奠定根基

"文革"十年，广东基础教育受到严重破坏，办学条件极其恶劣，教育质量极度低下。1976 年"文革"结束后，特别是 1978 年党的十一届三中全会召开以后，广东教育大力开展拨乱反正工作，努力清除"文革"给教育带来的恶果和流毒，加强正面引导，恢复正常的教育秩序、制度和工作，使学校摆脱混乱，步入正轨。

1978 年 6 月 24 日—7 月 8 日，广东省委召开全省教育工作会议，贯彻全国教育工作会议精神和邓小平讲话精神，总结教育事业发展的经验教训。9 月下旬，广东省委办公厅发出《关于试行〈全日制中学暂行工作条例（试行草案）〉和〈全日制小学暂行工作条例（试行草案）〉的通知》，恢复和建立正常的教学秩序，统一学制，全省逐步恢复初高中各三年的六年中学学制。10 月 7 日，广东省教育厅发出《关于提高中小学教育质量的意见》，强调按照教育部颁发的教学计划和新编的教材进行教学，课程设置基本统一，恢复正常考试制度，集中力量办好重点学校和重点班。10 月 25 日，广东省委颁布《关于当前中小学教育工作几个问题的决定》，决定充实加强各级教育行政部门，配备好领导班子，认真落实知识分子政策，加强教师队伍建设，积极办好重点学校，促进教育质量提高。

到 1979 年 5 月，全省教育系统有 1.7 万多名"文革"期间被清除出去的教师回归学校，占教师总数的 88%；1976—1978 年，普通教育事业费平均年支出占全省财政总支出的 11.97%，1979 年与 1978 年比较，普通教育事业费和基建费分别增长了 13.3% 和 51.5%。

（二）明确重点，狠抓质量

1978 年，在全省教育工作会议中，普及小学教育作为一项战略任务被重点提出。为了解决教育事业发展"虚肿"和不协调的问题，1979 年年初，广东便开始注意充实小学、合并初中、压缩高中。1980 年 7 月，广东省委、省政府召开全省教育工作会议，着重讨论了普及小学教育、改革中等教育结构、办好重点中小学和加强师资培训问题。会后，《南方日报》发表《全党重视，大力办好我省中小学教育》的社论；广东省委根据会议精神，发出《关于中小学教育工作几个问题的决定》。到了 1981 年，根据教育部的指示，广东省明确教育事业调整的方针是"充实加强小学，整顿提高初中，控制调整高中，积极发展职业技术教育，认真办好中等专业教育和高等教育，大力发展各级成人教育"。按照教育部、广东省委的精神和要求，广东省明确了这一阶段的教育工作重点是普及小学教育，提高教育质量。

从1980年开始,广东按照中央"一无两有"的要求,分期分批加快中小学校舍的维修和改善办学条件。1978—1987年,全省用于改善办学条件的投资共计40.32亿元,为前28年教育基建投资的9.28倍。其中,用于校舍建设的投资为38.04亿元,用于兴建教工住房的投资为6.59亿元,用于图书、仪器设备、电教器材和课桌凳的投资为2.29亿元。其中,省下拨专款占投资总数的6.49%,基建投资占7.2%,地方拨款占27.25%,乡镇等筹资占17.48%。1987年,全省中小学校舍面积达4311.59万平方米,教学条件得到了基本改善。

1981年,广东省实行"划分收支,分级包干"的教育经费管理体制,同时广开财路,拓展了教育经费渠道,增加了教育经费,使全省普通教育事业费从1980年的4.4亿多元增加到1987年的11.9亿元,人均教育经费从1980年的7.71元增加到1987年的18.79元,为普及小学义务教育提供了坚实的物质基础。

至1982年年底,广东有42个市、县(区)普及了小学教育,占全省市、县(区)的38%。1983年,珠江三角洲地区全面实现小学教育的普及。1983年3月,广东省委、省政府紧跟中央战略部署,出台《关于努力开创我省教育事业新局面的决定》,1985年10月颁布《贯彻〈中共中央关于教育体制改革的决定〉的意见》。这两个重要文件的颁布,使广东省教育掀起了改革发展和建设的热潮。1985年年底,全省114个市、县(区),经各地、市验收,基本实现普及小学教育。全省有小学2.95万所,在校学生758.5万人,学龄儿童入学率为98.11%,在校学生巩固率为98.1%,小学毕业班学生毕业率为95.3%,12~15周岁少年小学普及率达95%以上,基本达到教育部和省政府的普及小学教育标准。1986年开始,基础教育实行地方负责、分级办学、分级管理的体制,适当下放办学权和管理权,实行以乡(镇)为主,由县、乡(镇)、村实施对基础教育的管理,极大地调动了各级办学的积极性。1986年9月,广东省六届人大常委会通过《广东省普及九年制义务教育实施办法》,以法律手段保障义务教育的实施。这意味着广东基础教育推进到普及九年制义务教育阶段。

在普及的同时,广东还注重提高教育教学质量。1983年,邓小平在北京景山学校题词,要求教育要"面向现代化、面向世界、面向未来"(以下简称"三个面向"),对新时期教育工作做出了根本性的重要指示。"三个面向"发表后,广东教育界便按照形势发展的需要,组织了学习讨论和贯彻执行。1984年10月,广东省教育厅召开普通教育改革座谈会,明确了普通教育改革的指导思想是教育"三个面向"和"培养创造型的新一代"。1984年年底,广东省政府转发广东省教育厅《关于普通教育改革的意见》,要求各地结合实际,制订改革方案,提出10项改革,包括:简政放权,实行分级管理教育;改革教育经费管理体制,提倡群众集资办学;改革人事管理体制,下放人事管理权;改革学校管理体制,逐步推行校长负责制;进行定编定员,实行岗位责任制;加强教育结构改革,大力发展职业教育；端正教育指导思想，坚决克服片面追求升学率的现象；加强教学改革，提高教学质量；等等。1985年，全省初中实行统一毕业会考制度。1985年4月，广东省教育厅在中山市召开全省教研工作会议，要求各级教育行政部门要制订三年或五年的教学改革规划和试行措施，要广泛开展教学方法、教材、考试改革和试验。5月，广东省教育厅发出《关于进一步开展中小学教学改革的意见》，全面部署中小学教学改革，推广先进教学经验。

（三）立足实际，特色初显

为了适应形势发展和现代化建设，广东中小学开始增加和重视计算机教学。至1984年，全省有110所中小学进行了计算机教学试验。自此，计算机教学一直是广东省的强项。与此同时，在中小学还强调搞好普通话教学。到1984年，全省大中城市小学、城镇小学和农村中心小学都开设了说话课，加强小学普通话的口语训练。

1986年，随着我国全面启动"普九"，引发了教育政策、教育结构、教育内容与方法等一系列改革。1988年，国家教委颁发《九年制义务教育教材编写规划方案》，阐明"一纲多本"的教材改革思路。方案规划了八套重点建设的九年义务教育教材，由广东省申报并批准的是沿海地区九年义务教育教材（以下简称"沿海版教材"）。从1988年开始，经过10多年时间，面向南方沿海经济文化比较发达地区，广东省组织了300多位不同学科的专家、学者，联合广大教育战线工作者进行沿海版教材编写，取得了显著成绩，时任广东省副省长、著名教育家王屏山担任教材编委会主任。沿海版教材改变传统编写模式，从社会发展出发，立足于学生全面发展，实现了以知识为重心向以学生为重心的转移，体现了义务教育全民性、普及性的特点，充分反映了中国改革开放成果的内容。沿海版教材为以后广东特色基础教育课程教材体系建设储备了人才队伍、奠定了基础。

二、普及提高，开拓创新：全面"普九"阶段的广东义务教育

进入20世纪90年代以后，广东省加快基础教育发展步伐。1996年，广东省在全国率先实现九年义务教育，并开展了学校等级评估，实施了教师安居工程、薄弱学校的改造工程、教师队伍建设的"百千万工程"和科研促教工程，并以珠江三角洲教育现代化工程和教育信息化工作为突破口，全面推进素质教育和全省的教育现代化工作。广东教育正是这样扎扎实实一个战役一个战役地打、一个台阶一个台阶地上，全省的教育面貌由此焕然一新。

（一）巩固提高，全面普及九年义务教育

进入20世纪90年代之后，广东经济持续快速增长，为教育的发展提供了坚

实的物质基础。与此同时,经济持续增长要求推进产业结构转型升级,由粗放型投资扩张转变为科技进步和技术创新。技术创新取决于教育是否蕴含着巨大的科技创新潜能,并转向为经济发展服务,为经济发展培养出大量训练有素、适应新生产过程的劳动力。

为此,广东省委、省政府一直把教育放在全省社会主义现代化建设的基础地位和战略地位,以改革为动力,推动教育事业的发展。为了普及九年义务教育,1986—1996年10年间,广东共投入443.2亿元。在1985年率先普及小学教育的基础上,继续抓好巩固工作,认真贯彻《义务教育法》及其实施细则,到1993年,已有59个县、市通过了普及九年义务教育的验收。1994年4月,广东省教育厅下发《关于普及初中阶段义务教育标准的补充意见》,将残疾儿童入学率作为"普九"验收指标之一。在改革教育体制方面,加大了办学体制改革力度,一批现代化的民办学校应运而生。从1993年起,已经实现"普九"的地区试行学校等级评估制度,对中小学进行考核、评价、定类和定级,并继续在提高外语教学水平、普及计算机教育、普及电化教育及地理园、生物园、艺术辅助教学等方面创造特色。这一竞争激励机制的建立,有力地推进了广东建设教育强省和教育现代化进程。

1996年10月,经验收,广东最后19个县(市、区)基本实现"普九",并如期完成了基本普及九年义务教育、基本扫除青壮年文盲的任务,广东省成为全国第一批实现这两个目标的省份之一。1996年年底,全省有小学24688所,在校生897万人;初中3034所,在校生328万人。全省适龄儿童入学率为99.75%,小学毕业生升学率为96.18%,13～15周岁适龄少年初中入学率为96.1%,17周岁人口初中教育完成率为95.4%,青壮年文盲率下降到0.12%。但是,由于地区之间经济、教育、文化发展不平衡,以及历史原因,学校之间在办学条件以及教育质量方面还存在着差距,还有一部分薄弱学校。根据调查统计,按照省中小学规范化标准要求,全省有相对薄弱学校6000多所,约占全省中小学总数的20%。1997年,广东省开始实施"改造薄弱学校,建设规范化学校"工程,使得全省"普九"不断巩固和提高。

(二)高屋建瓴,首次提出建设教育强省

20世纪80年代以来,广东省教育取得了长足的进展,各项规章制度建立且良好运行,小学教育得到普及,为改革开放培养了一大批合格的劳动力。但是,广东省委、省政府认为全省的教育事业发展与现在和将来的经济发展要求还不相适应。人才不足和劳动者素质不高,会直接影响科技开发能力、生产力的发展以及社会新风尚的形成。1992年,党的十四大提出,广东要力争经过20年的努力,在全国率先基本实现现代化。这一目标的提出,将广东的改革开放和社会经济推

向了一个新的阶段，也给广东教育带来了新的发展任务和机遇。

1994年11月，广东召开全省教育工作会议。广东省委、省政府颁布《关于教育改革和发展的决定》，提出了把广东建设成为教育强省和实现教育现代化的宏伟战略目标。要求以普及九年义务教育为重点，加快基础教育发展，尤其是要求贫困地区把普及九年义务教育、扫除青壮年文盲和职业教育结合起来。省、市、县设立"普九"专项资金，大力扶持贫困地区实现"普九"任务。统筹规划和发展残疾人教育事业，逐步增加残疾人教育经费，改善特殊教育学校的办学条件。

1996年，广东省基本普及九年义务教育，适龄儿童入学率达到99%以上，13～15周岁初中阶段入学率达95%以上，成为首批基本实现"普九"的两个省份之一，这是建设教育强省具有决定性意义的一役，为建设教育强省、提高全省劳动者素质、适应现代化建设打下了良好的基础。

1998年4—9月，广东省委、省政府组织了增创广东新优势的大型调研活动，落实江泽民同志关于广东"增创新优势、更上一层楼"的指示。围绕广东社会经济发展的各个领域，省委提出十大课题进行调研，其中教育问题作为"广东省人才队伍建设问题"中的子课题被纳入这次调研活动中。经过调研，调研组提交了《实施科教兴粤战略，建设教育强省》的调研报告，并提交《关于巩固提高普及九年义务教育的意见》《关于发展我省高中阶段教育的问题和对策》等附件。

1998年5月，中共广东省第八次代表大会上进一步明确"要加快建设教育强省的步伐，力争再经过五年的努力，使广东进入教育强省的行列"，并提出要加快高中阶段教育和高等教育的发展，使全省的人才培养和劳动者素质的提高与经济建设相适应。适逢改革开放以后第三次全国教育工作会议召开，基础教育面临改革与发展的新形势，广东省教育厅党组以贯彻《中共中央 国务院关于深化教育改革，全面推进素质教育的决定》和全国教育工作会议精神为契机，围绕全省基础教育实施素质教育的核心问题，开展了八个课题的专项调研。这八个课题分别是广东省高中阶段教育改革与发展的意见、广东省中等师范学校改革方案、广东省中小学教师管理改革意见、广东省基础教育办学体制对策报告、广东省基础教育考试制度改革的意见、广东省中小学课程和教材改革规划、广东省推进中小学教学法改革意见、广东省中小学收费改革意见。

这两次调研活动的成果是显而易见的：一是将推进科教兴粤战略、实施素质教育、建设教育强省、率先基本实现教育现代化纳入1998—2010年广东省基础教育改革发展的总体思路。2000年以前，大中城市和经济发达地区普及高中阶段教育，全省各类大学生占总人口的比例为1.26%；2010年，全省基本普及高中阶段教育，在校的各类大学生占总人口的比例为3.2%。力争人均受教育年限达到7.5年，教育规模、经费投入、办学条件、效益和质量及水平等教育综合实力进入全国前八名，力争达到第六名。二是进一步巩固提高普及九年义务教育，小学毕业生升入初中的比率达到99%，全省初中生毕业升学率为68%以上，大中城市和珠三角地区基本普及高中阶段教育，初中毕业生85%以上进入高中阶段。基本消灭薄弱学校，义务教育阶段学校全部建成规范化学校，在全省办好一批上等级的中小学。三是启动八大工程，即薄弱学校改造工程、建设规范化学校工程、素质教育工程、教材建设工程、人才培养的"百千万工程"和教师安居工程、教育信息化工程、科研促教工程、珠江三角洲教育现代化工程。这八项工程既有事业发展的规模速度要求，又突出教育教学内部建设的核心问题，有质量和效益的要求，反映了广东基础教育改革与发展转变到内涵发展的趋势，是全面实施素质教育的根本体现。1999年的调研活动是1998年的深化，八个调研课题覆盖了基础教育改革发展的各个方面，就基础教育的办学体制改革、课程教材改革、考试制度改革等提出了很有借鉴价值的方案和意见，为全省进入21世纪后深化基础教育改革、推进素质教育打下了良好的基础。

1999年，全省小学适龄儿童入学率达到99.7%，小学在校生数达到921万人，小学毕业生升学率达96.06%，初中在校生数达380万人。

（三）分类建设，试点先行"率先实现教育现代化"

1994年，广东省委提出珠江三角洲地区要成为广东省率先实现现代化的一个大经济区。在广东省委、省政府的主持下，按照梯度推进的方针，先后制定了《珠江三角洲经济区现代化建设规划》《珠江三角洲教育现代化规划》，确定了珠江三角洲教育现代化"三个基本"的总体目标，即：基本普及十二年国民基础教育，满足现代化建设发展对人才和劳动者素质的要求；基本建成与珠三角经济社会发展相适应的教育结构和体系，形成教育与社会互动发展的良性循环；基本实现优质的学校教育，培养全面发展的富有创新精神的人才，成为教育先进、特色鲜明、教育综合实力强的教育现代化示范区。在总体目标下，提出四个基本目标任务，即教育思想观念、教育发展水平、教育体系和教育制度的现代化目标。重点工作是：

（1）调整中小学布局，改造薄弱学校。

（2）优化教育结构，建立开放、完善的教育体系。

（3）全面推进素质教育，提高教育质量水平。

（4）推进信息技术的运用和普及，加快教育技术现代化步伐。

（5）重视教育制度创新，走依法治教道路。

1999年，广东省教育厅召开了全省教育信息化和珠江三角洲教育现代化工作会议，制定了《广东省教育信息化工程规划》和《珠江三角洲教育现代化实施方案》。会议确立了一市（中山市）、二区（广州天河区、深圳南山区）及10个乡镇、100所学校作为教育现代化的试验点，以点带面地推动教育现代化的实施，这标志着珠江三角洲教育现代化进入了有计划、有组织的全面推进阶段。

广东省委、省政府提出建设"教育强省"的战略构想之后，珠三角地区教育发展呈现"长江后浪推前浪"的迅猛势头和你追我赶的良好态势，深圳、珠海、佛山等市相继提出了建设"教育强市"的口号。以建设"教育强市"其中一项重要指标——普及高中阶段教育（以下简称"普高"）为例，东莞1995年率先在全省普及高中阶段教育，中山、深圳、广州分别于1997年、1998年、2000年实现"普高"。

三、优质均衡，科教兴粤：建设教育强省阶段的广东义务教育

继实现"普九"后，逐步实现免费义务教育，促进全省基础教育优质均衡发展，解决群众子女读好书问题，使教育大省成为教育强省，成为广东省委、省政府的又一目标。

（一）加大教育投入，巩固提高"普九"成果

为巩固提高"普九"成果，解决群众子女读好书问题，广东省组织实施了多项工程。1998—2002年，省政府每年投入1亿元，分期分批对全省8036所薄弱学校进行改造。2001年，全省开始实施中小学布局调整，到2005年，省财政投入18.5亿元，新建、扩建学校1827所。其中，2002—2004年省财政共安排9.55亿元，加上珠三角扶持的1.09亿元，分三批共改造3548所老区小学，基本完成老区山区小学危房改造。2003年，省政府拨出20亿元专款帮助欠发达地区偿还农村义务教育历史欠债。2007年，全省农村义务教育学校危房改造工程基本达到预期目标。通过改造，全省中小学布局更加合理，校容校貌焕然一新。

2001年起，按照"先困难家庭，后普通家庭；先农村，后城市；先经济欠发达地区，后经济发达地区"的原则，分四步走实现免费义务教育。2001—2005年，对农村年人均收入低于1500元的困难家庭义务教育阶段学生实行"两免一补"（免收书本费和杂费，给予生活费补助）。五年来，省财政共安排"两免一补"专项资金18.79亿元，全省贫困学生共500多万人次享受到此政策。2005—2006学年，省财政又专门安排补助资金4.24亿元，用于在广东省16个扶贫开发重点县实施免费义务教育试点，129.93万名农村孩子"提前"享受到免费义务教育。2006年秋季学期起，全省农村义务教育阶段全面免收杂费，全省1025万名孩子享受该政策，占义务教育阶段学生的2/3，涉及免杂费补助资金33.51亿元，其中省财政负担22.8亿元。2007年秋季学期起，省财政再拨11亿元，在全省农村义务教育阶段免杂费的基础上，进一步免收书本费，在全国率先实现农村

义务教育免费。从 2007 年开始，省财政每年安排特殊教育专项资金 1000 万元，用于特殊教育学校建设，使特殊儿童共享经济社会发展成果，促进教育公平。到 2008 年春天，免费义务教育的步伐扩展到全省城镇，城镇义务教育阶段学生免交杂费、书本费，"收费"义务教育在广东城乡画上句号。2008 年，全省义务教育阶段在校学生约 1454.45 万人，其中小学生 956.47 万人、初中生 497.88 万人。

（二）建设教育强省，为经济社会发展做出更大贡献

进入 21 世纪以后，广东省经济发展已经进入以技术创新来推动经济内涵发展的时期，但技术创新的效率不高，掌握的核心技术较少。

造成这种情况的根本原因是人才不足，人口素质也并没有进入全国先进行列，教育总体水平离基本实现现代化的要求还有较大差距。广东省虽然在全国率先普及九年义务教育，但人口的增长过快使全省学龄人口受教育需要增大。1999 年，广东总人口 7270 万人，略超过江苏（7213 万人），但广东省义务教育阶段学生却比江苏多 293 万多人，这使得"普九"的巩固提高任务相当繁重。此外，广东省总体上居民接受教育的水平仍较低，全省人均受教育年限只有 6.6 年，初中毕业生升学率只有 62%，每万人口拥有普通高校和成人高校在校生仅有 55.4 人，略低于 57.6 人的全国平均水平，同龄人口高等教育入学率仅有 9.9%，低于全国 10.5% 的平均水平。

2000 年 8 月，广东召开全省教育工作会议。时任中共广东省委书记李长春在讲话中指出，改革开放以来，我省经济迅猛发展，进入了全国先进行列，但人口素质并没有进入全国先进行列。他提出要进一步调整和优化教育结构；要继续做好"普九"的巩固和提高工作，各市要把改造薄弱学校作为重要任务；要改革办学体制，形成以政府办学为主体、公办学校和民办学校共同发展的格局；要改革教育管理体制，根据各地经济社会发展情况，实行分类指导，明确各级政府的教育管理权限；基础教育要进一步完善"分级办学、分级管理"体制；要加大对教育的财政投入，针对有些地方财政挤占教育经费、拖欠教师工资的情况，要求各级政府加大依法行政力度，确保财政对教育的投入，特别是确保教育部门办的学校教师工资的发放，逐步提高教师待遇；要逐步提高省级财政支出中教育经费所占的比例，从 2000 年起，每年要提高 1～2 个百分点。

2000 年 10 月，《中共广东省委、广东省人民政府贯彻〈中共中央 国务院关于深化教育改革，全面推进素质教育的决定〉的意见》提出全面实施"科教兴粤"战略，加快建设教育强省步伐。建设教育强省的目标为：到 2005 年，全省九年义务教育进一步巩固提高；初中毕业生升学率从 62% 提高到 70% 以上，大中城市和珠江三角洲基本普及高中阶段教育；到 2010 年，高质量普及九年义务教育，初中毕业升学率达到 85%，基本普及高中阶段教育和学前三年教育。要

求深化教育体制改革，进一步完善基础教育"分级办学、分级管理"体制；调整优化教育结构，进一步调整中小学布局，加大力度改造农村薄弱学校，加强规范化学校建设；推进课程教材改革，切实减轻中小学生课业负担。改革考试、招生制度，小学升初中实行免试就近入学，初中毕业考试由学校自行组织，升学考试由地级以上市组织实施。提高教师学历层次，到2005年，小学专任教师50%左右达到大专学历，初中专任教师50%以上达到本科学历；切实增加教育经费投入，2001—2005年连续五年提高省本级财政支出中教育经费所占比例的1～2个百分点。

（三）规范学校建设，实现教育优质均衡发展

2001—2005年，广东省财政对15个经济欠发达市的基础教育转移支持经费已超过86亿元，基本消灭了教学危房，教学手段现代化程度大大提高，基础教育计算机拥有量占全国总量的1/8以上，基础教育课程改革实验、农村免费义务教育等都走在全国前列。广东基础教育有条件、有必要也应该更多体现教育公平，促进全省优质均衡发展，办好每一所学校，办人民满意的教育。

2005年8月，广东省政府制定了《广东省教育现代化建设纲要实施意见（2004—2010年）》，指出要"大力推进义务教育规范化学校建设"，力促广东基础教育向均衡化发展，有效促进教育资源的整体优化。根据《广东省教育现代化建设纲要实施意见（2004—2010年）》，至2007年，珠三角地区和其他大中城市"规范化学校"达标率将达100%，东西两翼和粤北山区力争达到80%。科学合理配置教育资源、缩小义务教育学校校际差异被提上议事日程。为此，广东省决定停止实行了十多年的义务教育学校"等级评估"制度。这是义务教育发展到一个新的阶段、新的水平的必然结果。2006年8月，广东省教育厅印发《广东省义务教育规范化学校标准（试行）》，要求各地合理配置教育资源，制订规范化学校建设实施方案并大力推进。要进一步规范办学行为，加强学校管理，全面推进素质教育，努力实现高水平、高质量普及九年义务教育。为进一步促进政策落实，从2007年开始，广东省先后确定了19县（市、区）作为省级义务教育均衡发展试点县（市、区）。2008年印发的《加快推进义务教育规范化学校建设的通知》，对学校规范化建设的目标任务、指导实施和项目验收等提出具体要求。2009年印发的《关于加快推进义务教育规范化学校建设的实施意见》提出建立义务教育规范化学校建设情况督导公布制度，要求各地在每年12月底将义务教育规范化学校覆盖情况，包括义务教育学校总数、通过验收的规范化学校数等上报省教育厅。省教育厅不定期组织抽查，将完成义务教育规范化学校建设的情况作为评估教育强镇、教育强县以及教育现代化先进县（区）的重要内容。

经过近八年的义务教育学校规范化建设，初步建立了促进义务教育均衡的政

策框架，义务教育学校办学条件明显改善，教师队伍素质整体提高，教育质量和办学水平稳步上升，困难群体和特殊群体平等接受义务教育的权利得到较好保障，义务教育均衡发展有明显进展。截至 2010 年年底，全省义务教育规范化学校覆盖率达到 37.8%，其中珠三角地区达标率为 81.2%，东莞、中山、佛山达到 100%。

（四）推进课程改革，促进基础教育内涵发展

为贯彻教育部《基础教育课程改革纲要（试行）》《义务教育课程设置实验方案》以及《普通高中课程方案（实验）》，按照广东省教育厅制定的"快一步、高一层"的课改推进策略，全省积极稳步推进基础教育新课程实验。围绕基础教育新课程的实施，广东省陆续出台了十多个文件，包括课程设置、教学管理、教学评价与考试改革、教学规范、校本教研、样本校建设、普通高中选修课开设、模块学分认定、高考改革、普通高中学生综合素质评价、普通高中教学水平评估等内容，规范了新课程实施，为新课程实验的顺利推进提供了行动指南。

广大中小学以实施素质教育为重点，积极推进课程改革，深化教学改革，减轻学生过重的课业负担。重视教育信息化建设，构筑教学创新平台，加强信息技术与课程教学的整合，开发和利用优秀教学资源，提高教学效率和教育管理水平。重视体育、艺术、卫生教育改革，调动学生参加体育、艺术、卫生活动的积极性，促进了学生体育、艺术、卫生素养的提高。以实现教育公平和学校生源质量均衡为目的，改革中小学入学考试制度，义务教育阶段取消入学考试（测试），小学坚持就近入学原则，学生在户口所在地最近的学校报名就读，小学毕业升初中也基本按照此原则实行。全面改革中考制度，初中毕业考试与高中招生考试合二为一，学业考试的结果既是衡量学生是否符合毕业标准的主要依据，也是高中阶段招生的重要依据，部分地区考试成绩以等级形式呈现，注重综合素质测评，促进学生全面发展。

四、创强争先，打造标杆："创强争先建高地"阶段的广东义务教育

1978—2008 年，全省各地认真贯彻落实省委、省政府一系列教育改革发展重大决策，实施科教兴粤战略、人才强省战略，为新时期广东教育的改革发展奠定了坚实的基础。进入到 21 世纪的第二个十年，尤其是党的十八大以来，广东教育系统坚持以习近平总书记系列重要讲话精神为引领，深入贯彻落实党中央、国务院和广东省委、省政府的决策部署，坚持教育为社会主义现代化建设服务、为人民服务，以"创强争先建高地"为总抓手，持续推进广东教育改革发展，为广东落实"三个定位，两个率先"总目标提供了较好的人才支持和智力支撑。

（一）加强顶层设计，全面统筹"创强争先建高地"战略工程

2008年后，广东逐步提出着重抓好四方面教育改革统筹。一是加强对教育"创强争先"的组织领导。紧紧围绕广东省委、省政府提出"十二五"时期"加快转型升级，建设幸福广东"的主题，以及"扩大内需、自主创新、人才强省、区域协调、绿色发展、和谐共享"六大发展战略，统筹推进教育事业发展。2011年，广东省成立了由省长担任组长的省教育体制改革领导小组，成员单位包括组织、编办、发改、财政、人社等27个省直部门，领导小组定期就全省与经济发展相关的教育问题和重大教育改革问题进行研究和部署。二是建立教育"创强争先"的统筹机制。把均衡发展义务教育作为重中之重，每一所学校都按国家办学建设。三是设立"创强争先"奖补资金。各级财政资金优先保障教育投入，公共资源优先满足教育和人力资源开发需要。把各级财政教育投入、各项教育专项资金和社会各界支持教育的资金统筹起来使用。四是加强"创强争先"的业绩考核。把基础教育"创强争先"的督导验收列为对市、县（市、区）、镇（街）政府的考核核查评比项目之一，统一建立奖惩考核办法，统一制定考核指标体系，统一组织实施督导评估，确保各项任务能够按要求完成。

在完善的顶层设计的基础上，2012年，中共广东省第十一次代表大会提出要"深化教育改革，促进教育公平，创建教育强省，争当教育现代化先进区，打造南方教育高地，走出一条具有广东特色的教育发展路子"，广东基础教育正式吹响了"创强争先建高地"的号角。

（二）深化规范化学校建设，进一步推进义务教育均衡优质标准化发展

经过近八年的义务教育学校规范化建设和基础教育课程改革，广东省初步建立了促进义务教育均衡的政策框架。但由于经济社会发展不均衡等原因，规范化学校建设进度仍不理想，教育资源配置不均衡的情况仍然存在，预期目标未能如期实现。究其原因，主要是义务教育阶段全省特别是珠三角地区外来务工人员随迁子女规模庞大，适龄入学人口众多、教育财政负担过重；欠发达地区财政比较困难，原有教育基础薄弱，教育资源投入的缺口非常大。广东义务教育地区之间、城乡之间、学校之间的差距客观存在，与教育事业科学发展的要求和人民群众对公平、高质量义务教育的强烈需求还有较大差距。

2011年，教育部和广东省政府签署《义务教育均衡发展备忘录》，立足广东义务教育实际，着眼于2012年全省实现县域义务教育均衡发展，进一步明确了广东省推进义务教育均衡发展的责任，把义务教育均衡发展作为教育发展的重中之重。

《国务院关于深入推进义务教育均衡发展的意见》（国发〔2012〕48号）要求"积极推进义务教育学校标准化建设"。2013年，《广东省人民政府关于推进我省教育"创强争先建高地"的意见》（粤府〔2013〕17号）要求"加强分类指导，扎实推进义务教育学校标准化建设，确保义务教育阶段学校和教学点达到标准化要求"。在进行义务教育规范化学校建设的过程中，也发现义务教育规范化学校试行标准存在一些问题，如个别指标与国家相关标准不一致、有些指标不够明确等。2013年，广东省教育厅制定了《广东省义务教育学校标准化标准》，着力解决上述问题，并在明确学校硬件指标的同时，更加突出软件配置标准，引领义务教育学校规范发展、特色发展，推进义务教育均衡优质标准化发展。

（三）优化学校布局结构，促进义务教育质量提升

以省级政府教育统筹综合改革试点省建设为契机，广东把义务教育、学前教育、普通高中、特殊教育中的布局规划调整、标准化学校建设、规范化幼儿园建设、校舍安全工程、薄弱学校改造等重点工作整合进基础教育"创强争先"工程，统一部署，统一推进，统一督导评估；2012年编制了教育财政投入"一揽子计划"，把省财政部分教育专项资金整合起来设立"创强"奖补资金，由地方统一规划、统筹使用。

通过优质学校扩张、兼并、重组，组建联合学校、教育集团，优质教育资源快速扩张，高水平的校长队伍、高水平的教育专家团队、高质量的教育团队得以形成，提高了优质学位供给能力，增强人民群众获得感。

2017年，广东省印发了《广东省人民政府关于统筹推进县域内城乡义务教育一体化改革发展的实施意见》和《广东省人民政府办公厅关于增加幼儿园中小学学位和优质教育资源供给的意见》，统筹推进县域内城乡义务教育一体化改革发展。编制了《广东省消除义务教育学校大班额专项规划（2016—2020）》，推动各地消除义务教育大班额，2017学年全省56人以上大班额较2016年共减少1200个。推进中小学生校内课后服务工作，起草了《广东省人民政府办公厅关于做好中小学生校内课后服务工作的指导意见》。扎实推进"全面改薄"工作，召开全省"全面改薄"项目工作推进会。全省校舍建设已竣工394万平方米，竣工率为95.2%，生活设施和设备采购完成率为100%，完成了规划任务。世界银行批准了广东省欠发达地区义务教育均衡优质标准化发展示范项目，项目从准备阶段转入实施阶段。加强农村寄宿制学校建设，牵头代拟了《广东省人民政府关于加强农村义务教育寄宿制学校建设的指导意见》，在韶关、清远、河源和梅州四市开展试点工作。

截至2017年12月，全省创建广东省教育强镇、广东省教育强县（市、区）、广东省教育强市覆盖率分别为99%、100%和95%，珠三角地区的广东省推进教

育现代化先进县（市、区）和先进市覆盖率分别为100%和89%。召开粤东西北"争先进"工作部署会，安排专项资金13.65亿元，支持粤东西北地区各县建设教育现代化。粤东西北地区2017年计划申报31个教育现代化先进县（市、区），现已受理申报30个，6个县区在2017年提前申报。粤东西北12个市，除潮州市外，都实现了推进教育现代化先进县申报零的突破，8个县区已通过督导验收。

第二节　广东义务教育改革发展的重大事件

改革开放40年来，在各级政府的重视和各方面的努力下，广东教育事业迅速发展，培养了一批高素质的劳动者和合格人才，有力推进了广东省经济社会发展。纵观40年的改革历程，广东省义务教育发展最突出的标志是与时俱进。20世纪80年代普及小学教育，90年代在全国率先实现基本普及义务教育、基本扫除青壮年文盲，21世纪第一个十年在全国率先实现城乡免费义务教育，第二个十年启动"创强争先建高地"，推动义务教育基本均衡县全覆盖。战役一个一个地打，台阶一级一级地上，是中国特色社会主义理论体系在广东义务教育领域的成功实践。

一、以社会主义核心价值观为引领，坚持立德树人

德育工作一直是广东省义务教育改革发展的重中之重。1988年，广东省召开了全省德育工作会议。进入21世纪以来，中共广东省委教育工委、广东省教育厅和全省中小学紧紧围绕教育"创强争先建高地"总体目标，认真贯彻落实中共中央、国务院有关学校思想政治工作的系列决策部署，以"立德树人"为学校德育思想政治工作中心任务，遵循德育与思想政治工作规律、教书育人规律和学生成长成才规律，坚持育人、全程育人、全方位育人，坚持发挥课堂教学主渠道作用，坚持采用"课内+课外""线上+线下"的方式，不断提升学校德育工作水平。

（一）召开会议，部署中小学德育工作

1988年，广东省委、省政府在潮州召开全省中小学德育工作会议以来，潮州市"齐抓共管"青少年德育工作得到迅速推广，全省掀起了学习潮州经验的热潮。1994年11月，广东省委、省政府在广州召开了全省中小学德育工作会议，研究贯彻落实《中共中央关于进一步加强和改进学校德育工作的若干意见》（中发〔1994〕9号），总结了潮州会议以来广东中小学德育工作的经验，部署进一步加强和改进全省中小学德育，它在广东中小学德育发展史上具有里程碑意义。

1994年召开中小学德育工作会议以来，在广东省委、省政府的正确领导下，各级党政领导更加重视中小学德育工作，各级青少年教育机构不断完善。省委宣传部、省精神文明建设委员会、团省委、省妇联、省委政法委、省综治办、省禁毒委员会、省公安厅、省司法厅等有关部门密切合作，加强法制教育、安全教育、禁毒教育和德育基地建设，形成合力，初步呈现了社会大德育的雏形。广州、深圳在青少年教育一体化方面进行探索，自觉将家庭、学校、社会三个方面结合起来，积极探索社会化大德育；中山市结合创建全国"文明城市"，创造性地摸索出"党政统筹、互利互动、组织严密、校社一体、合力育人、责任落实、保障到位"的社会化大德育体系模式，取得了明显成效。

（二）完善制度，保障学校德育的有效运行

完善的管理制度是学校德育有效运行的前提和保障。1994年以来，广东省学校德育管理制度不断完善。一是认真落实《中小学德育工作规程》，先后颁布了《德育工作检查方案》《广东省中小学校园文化建设规范》《广东省少先队工作管理规范》《关于进一步改进和加强中小学德育工作的若干意见》《关于加强我省中小学艺术教育的意见》《广东省家庭教育工作"九五"计划》《广东省家庭教育工作评估方案》等；二是认真实施《中小学教师职业道德规范》，在全省树立一批师德楷模，规范教师的职业道德行为；三是建立全省中小学德育考核制度，坚持在大中专学校招生中实行德育考核，确立正确的德育导向，完善学生德育管理；四是建立全省中小学生违法犯罪监控体系；五是建立和完善中小学德育工作机制，定期表彰优秀思想品德课和思想政治课教师、优秀少先队辅导员、优秀班主任和"三好学生"；六是加强德育工作督导力度，将学校德育纳入国家"五项督导"，以督导促发展，加快德育管理的规范化和科学化进程。

2016年，广东省教育厅与广东省妇女联合会共同研究制定《广东省关于指导推进家庭教育的五年规划（2016—2020年）》，为进一步优化广东省家庭教育工作实施提供了保障。通过出台文件和制度，对中小学德育工作进行全面系统部署，并将德育工作纳入广东教育督导评价体系，列出"创强争先"以及创建全国文明城市指标体系，成为广东中小学德育工作最强有力的保障。

（三）科学构建，完善学校德育课程体系

1994年以来，广东省加大改革力度，完善德育内容体系：一方面，坚持在整个中小学阶段贯穿爱国主义教育，如结合香港和澳门回归祖国、结合以美国为首的北约悍然轰炸我国驻南斯拉夫联盟大使馆的侵略行径等事例，对学生进行生动的爱国主义教育；另一方面，不断充实反映时代特点和青少年品德发展规律的德育内容，自1998年开始有计划有步骤地在中小学普遍开展心理健康教育。深

圳市福田区还将全区作为心理健康教育试点区，与高校共同进行心理健康教育试验。此外，还努力将德育内容整体化、系列化、层次化。广州、深圳等地都构建了符合实际的德育目标和整体改革方案，使幼儿园、小学、初中、高中乃至大学德育内容一体化，更加具有现代化特点。

2011年，中共广东省委十届九次常委会通过加强包括学校诚信教育在内的社会信用体系建设决议，广东省教育厅于2012年印发《广东省教育系统开展诚信教育实施方案》《关于在中小学开展诚信教育课的通知》等文件，要求全省中小学从2013年秋季学期开设诚信教育课，落实诚信教育课时和教材，其中初中、小学版教材由政府采购后免费提供给学生使用。2013年将法制教育纳入中小学总体教育计划，2014年推进全省中小学分学段有序推进中华传统文化教育。通过几年的努力，广东初步构建形成了课堂教学、学科渗透、校园文化、社会实践多位一体的德育课程体系。

全省各地还建立了一批爱国主义教育基地和革命传统教育基地，特别是自1995年至今，省里设立专项资金，有计划地引导各级地市建立了至少一个由教育部门管理的集学工、学农、学军和法制教育、国防教育等于一体的综合性的德育基地，为青少年德育实践教育提供了良好的条件。此项工作走在全国的前列，受到了教育部的充分肯定。

（四）建设队伍，提升教师专业发展能力

1994年以来，广东省各级教育行政部门和中小学致力于德育观念的转变和德育思想的更新，建设一支拥有现代教育思想的德育工作队伍。一是以德育科研促进德育观念的转变。先后承担了多项国家级科研课题并在全省范围内组织研究，积极开展德育学术活动。二是加强德育教师队伍培训。三是积极开展教育教学交流活动，多次组织学校德育工作者外出考察学习。四是创办了双月刊《中小学德育》，为教师提供经验交流平台。

2005年起，广东省教育厅启动实施"中小学班主任专业能力建设计划"，以省、市级培训为引领，校本培训为基础，逐步实现全员培训，积极推进中小学班主任建设工作。2012年，启动中小学名班主任工作室建设，截至2016年12月，全省共有名班主任工作室76个。广东省教育厅还依托广东省中小学德育研究与指导中心，每年组织实施省班主任骨干培训，设立面向中小学班主任队伍研究的专项省级学校德育资金项目，全方位加强中小学德育队伍建设。

二、不断深化课程教学改革，全面推进和发展素质教育

全面推进素质教育是基础教育改革的根本任务，也是基础教育在"普九"之后加强教育内涵发展，全面提高教育质量和效益的重要历史任务。1998年11

月，李岚清副总理在广东考察时指出："搞素质教育目的是什么，目的是兴国，对广东来说是兴粤。着眼点在哪里？就是培养创新型的人才，不是培养书呆子。"他说："广东有条件先行一步，我对你们寄予很大希望。"这是对广东的极大鼓舞和鞭策。

1997年12月，广东省教育厅在深圳召开全省中小学素质教育工作会议，提出了《广东省中小学实施素质教育的若干意见》。1998年3月，广东省教育厅在韶关市仁化县召开12个实验县区域推进素质教育试点工作会议，以点带面推动全局。

根据中央及广东省委、省政府提出的要求和广东省的具体实际，广东始终坚持以课程改革为抓手，全面推进和发展素质教育。

（一）开展基础教育课程改革，构建广东特色基础教育课程教材体系

从1988年开始，经过十年努力，广东省完成了18门学科的九年义务教育沿海版教材的编写工作。这些教材具有沿海开放地区特色。语文教材经过国家审定在全国发行。高中综合课程教材文理科配套进行实验。英语、计算机与地方教材呈多样化趋势。同时，根据广东经济发展的需要，积极推进普及计算机教学，加强外语教学，大中城市和珠三角地区部分小学从四年级开始开设英语和计算机课。为了提高课堂教学质量和效率，广东省大力推进电化教育，特别是多媒体技术教育，应用现代化教育技术改革课堂教学，早在20世纪80年代广东省就开展了计算机在中小学教育教学方面的研究实验工作。进入20世纪90年代，全省加快了教育信息化的步伐，先后制定了《广东省普通教育管理系统规划纲要》《广东中小学计算机课程纲要》《关于加强中小学计算机教育的意见》。1999年年初，广东省教育厅印发了《广东教育信息化工程规划（试行）》，提出到2010年广东中小学教育信息化的总目标。全省中小学的教育教学和教育行政管理实现全方位的教育信息化，信息技术与学科整合得到全面推进，现代教育技术从教育教学的辅助工作转变为适应信息时代要求的教育环境和师生不可缺少的学习和发展手段。

进入21世纪，为贯彻教育部《基础教育课程改革纲要（试行）》《义务教育课程设置实验方案》以及《普通高中课程方案（实验）》，按照广东省教育厅制定的"快一步、高一层"的课改推进策略，全省积极稳步推进基础教育新课程实验。2001年，经教育部批准，深圳市南山区被确定为广东省唯一的首批国家级课改实验区，课程改革准备工作与实验工作几乎同步进行。南山区从课程改革的组织、教师培训、课堂教学、综合课等方面切入，进行了积极的探索，付出了艰苦的努力，为新课程在全省的推广奠定了良好的基础。2002年，广东省教育厅在潮州召开基础教育课程改革工作会议，确定了"快一步、高一层"的课改

工作原则，启动了首批30个省级课改实验区的实验工作；2003年，第二批共45个省级实验区投入实验。2004年3月，召开了全省基础教育课程改革工作会议，印发了《关于开展普通高中新课程实验工作的意见》，总结了三年来义务教育阶段课程改革实验，进一步部署小学、初中课程改革工作，并全面启动普通高中新课程实验工作。2004年9月，全省所有小学、初中起始年级全面进入新课程；同年，广东省作为全国首批普通高中新课程实验省之一，在全省21个市128个县区1012所普通高中的一年级全部开展新课程实验，至2009年，全省全部中小学实验新课程的学生共1636万人。

围绕基础教育新课程的实施，广东省陆续出台了十多个文件，包括课程设置、教学管理、教学评价与考试改革、教学规范、校本教研、样本校建设、普通高中选修课开设、模块学分认定、高考改革、普通高中学生综合素质评价、普通高中教学水平评估等内容，对全省新课程实施进行了规范管理，为新课程实验的顺利推进提供了行动指南。

（二）与课程改革相配套，开展教育评价和考试制度改革

20世纪90年代初，广东开始取消小学升初中的招生考试，至今已基本实现就近入学；从1996年起，初中毕业水平考试和高中阶段招生考试实行"二合一"制度；1999年，国家教委批准广东省从2000年起进行"3+X"高考科目改革实验，推进了高中阶段教学改革。为保证"3+X"改革顺利实施，广东采取了严格的会考制度以及会考向社会开放的措施。2002年，广东省在中小学开始试行学生综合素质评价，印发《义务教育阶段学校办学规范》及《义务教育学校教学规范》，制订《高中阶段学校招生考试方案》及《初中毕业生综合表现评定方案》，把综合表现评价作为高中录取的依据，力图突破中考难点。

（三）抓科研促教，为素质教育实施提供理论指导

1996年4月，全省第一次普教科研工作会议在东莞召开，全省启动科研促教工程。1997年，广东省成立普教系统教育科研领导小组，每年投入250万元作为教育科研专项经费。为了做好实施素质教育的各项工作，探索区域性推进素质教育的途径，总结积累经验，示范素质教育模式方式，及时交流和推广各地实施素质教育的经验和成果，广东省教育厅规划建立了一批不同层次、不同类型的素质教育实验区。2001年启动基础教育课程改革以来，全省加大教学研究和教学手段创新的力度，开展课程建设、内容优化、课堂教学、评价考试等方面的实验探索。创新教育教学方法，注重因材施教，倡导教师采用启发式、探究式、讨论式、参与式等教学方式，关注应用信息技术进行教学和学习，实施分层教学。2014年全国基础教育教学成果奖中，广东有31项成果获奖。

三、"创强争先建高地",走出一条广东特色的教育发展路子

2012年,中共广东省第十一次代表大会提出"创强争先建高地"是历史的传承和发展,是广东教育发展的必然选择,是教育改革发展的总纲领、总目标和总抓手,是一项具有里程碑意义的战略工程,对广东教育事业和经济社会发展影响重大而深远。

其中,义务教育均衡发展是"创强争先建高地"的重点任务。广东省将义务教育标准化学校建设和推进县域内义务教育均衡发展纳入"创强争先建高地"体系,明确义务教育标准化学校建设是"创强争先"的基础性工作;县域内义务教育均衡发展是"创强争先"的前提,实现教育强县(市、区)是推进教育现代化县(市、区)的必备条件;提高中小学办学质量和水平,以质图强是"创强争先"的目的和关键。

(一)进行制度创新,全面部署"创强争先建高地"战略工程

2001年,广东省教育厅印发《关于建立教育强镇(乡)督导评估制度的通知》和《关于建立教育强县(市、区)督导评估制度的通知》,开始启动教育"创强"工程。2004年8月,广东省委、省政府印发《广东省教育现代化建设纲要(2004—2020年)》。2005年8月,广东省政府印发《广东省教育现代化建设纲要实施意见(2004—2010年)》。2008年,广东省教育督导室印发《关于建立广东省县域教育现代化督导制度的通知》以及《广东省县域教育现代化评估细则》,实施县域教育现代化督导评估制度。2010年9月,广东省委、省政府印发《广东省中长期教育改革和发展规划纲要(2010—2020年)》,提出"在全国率先基本实现教育现代化"的战略目标。2012年5月,中共广东省第十一次代表大会高屋建瓴地要求:"深化教育改革,提高教育质量,促进教育公平,创建教育强省,争当教育现代化先进区,打造南方教育高地,走出一条具有广东特色的教育发展路子。"

(二)完善顶层设计,全面统筹"创强争先建高地"战略工程

2008年后,广东逐步提出着重抓好四方面教育改革统筹。一是加强对教育"创强争先"的组织领导。2011年,广东省成立了由省长担任组长的省教育体制改革领导小组,充分发挥教育部与广东省联席会议的作用,及时协调解决教育体制改革中涉及的重大问题,形成部省合力推动工作的机制。二是建立教育"创强争先"的统筹机制。建立省—地级以上市—县(市、区)政府一级抓一级、层层抓落实的"纵向统筹"机制。三是设立"创强争先"奖补资金。制定基础教育"创强争先"专项资金奖补办法,设立基础教育"创强"奖补资金。四是加

强"创强争先"的业绩考核。统一建立奖惩考核办法,统一制定考核指标体系,统一组织实施督导评估,确保各项任务能够按要求完成。

(三)加大财政投入,优化资源配置,为"创强争先建高地"提供坚实保障

"十二五"期间,按照省级财政2012—2015年教育投入"一揽子计划",广东省统筹安排100亿元支持欠发达地区推进教育"创强"和义务教育均衡发展。从2012年起,广东省连续三年提高免费义务教育公用经费补助标准,小学、初中每生每年分别提高200元和400元,到2015年分别达到1150元和1950元,成为全国较高水平的省份。从2012年起,省财政连续五年每年安排5亿元专项资金用于实施"强师工程";2013年以来,省级财政投入66.5亿元补助山区和农村边远地区义务教育学校发放教师津贴,引导优秀教师扎根山区和边远农村地区安教乐教;2014年,省财政安排下达欠发达地区中小学"校安工程"、校舍维修长效机制、新建标准化特殊教育建设等基础教育建设类补助资金共70多亿元;2015年,省财政又拿出10亿元作为经济欠发达地区教育"创强"和义务教育均衡发展补短板专项资金,并下拨到经济较为落后的县(市、区)。

同时,各地级以上市不断健全和完善市级财政对县级义务教育经费转移支付制度、重点加大对财力薄弱县(市、区)的倾斜力度。各县(市、区)认真履行发展义务教育的主体责任,坚持做到财政优先保障义务教育,确保义务教育投入"三个增长"落实到位。积极拓展教育资金筹措,引导社会各界捐资捐款支持义务教育发展。2012—2015年,全省教育"创强争先"及义务教育均衡发展工作各项投入累计超过500亿元。

截至2017年12月,全省创建广东省教育强镇、广东省教育强县(市、区)、广东省教育强市覆盖率分别为99%、100%和95%,珠三角地区的广东省推进教育现代化先进县(市、区)和先进市覆盖率分别为100%和89%。全省安排专项资金13.65亿元,支持粤东西北地区各县建设教育现代化先进县。粤东西北地区2017年计划申报31个教育现代化先进县(市、区),现已受理申报30个,6个县区在2017年提前申报。粤东西北地区12个市,除潮州市外,都实现了推进教育现代化先进县申报零的突破,8个县区已通过督导验收。

第三节　广东义务教育改革发展的启示与展望

一、广东义务教育改革发展的启示

（一）始终坚持科学谋划、优先发展

改革开放以来，广东历届省委、省政府都十分重视教育发展，坚持把教育作为经济社会发展总体布局的战略重点，科学谋划、优先发展，制定了一系列战略目标和政策举措。1983年，广东省委、省政府要求建设教育强省；2004年7月，省委、省政府发布《广东省教育现代化建设纲要（2004—2020年）》；2007年5月，中共广东省第十次代表大会提出加快普及高中阶段教育的目标；2010年9月，全省教育工作者会议提出"创强争先建高地"战略；2012年5月，中共广东省第十一次代表大会将教育"创强争先建高地"列为教育改革发展重大任务。每一次目标的实现，都是教育发展的新飞跃。

全省在教育管理体制、办学体制、投入体制、教育教学改革和人才培养模式的改革等方面不断深化，逐步建立起适应社会主义市场经济的教育体制新框架。从政府对教育"包得过多、统得过死"中解放出来，逐步实现"从封闭半封闭到全方位开放"的基本格局，充分调动地方政府、社会各方面、学校和教师办学的积极性，不断增加学校办学活力。

（二）始终坚持率先发展

在各级政府的重视和各方面的努力配合下，广东教育事业发展迅猛，义务教育的发展普及与提高、规模与效益、速度与水平并重，不断实现义务教育发展的历史性跨越。广东省于1978年提出要把普及小学教育作为一项战略任务来抓，1985年年底，全省114个县、市基本实现普及小学教育，于1994年提出要在全国率先实现普及义务教育，于1996年完成了基本普及义务教育、基本扫除青壮年文盲的任务，成为全国最先实现这一目标的两个省份之一。从2003年开始，全省逐步实现免费义务教育。2007年，全面改造农村中小学危房校舍，全面改善中学条件，逐步解决群众子女读好书的问题。2008年，全省城乡全面实施免费义务教育。义务教育的普及与提高是广东改革开放的重大成果，为推进教育现代化奠定了坚实的基础；而实施免费义务教育，标志着广东教育开始迈进真正意义上的现代化进程。

（三）始终坚持内涵发展

义务教育发展一直着力于提高教育质量，促进教育公平，从等级学校到规范化学校再到现代化学校建设，办好家门口的每一所学校，实现从"有书读"到"读好书"的转变；从普及义务教育到免费义务教育再到提高家庭经济困难学生资助水平，切实保障外来务工人员子女平等接受教育的权利；促进城乡教育一体化；推动特殊教育的发展。广东省义务教育发展位居全国前列，教育质量稳定提高。

2014年，时任广东省教育厅厅长罗伟其接受媒体采访时表示："广东将大力推进普通高中优质多样特色化发展，深化普通高中课程和培养模式改革。"[1] 近年来，广东高中不断深化办学模式的变革，从追求单一的考试成绩，逐渐过渡到追求学生多元化发展。

二、广东义务教育改革发展的展望

教育工作在经济社会发展中具有基础性、先导性和全局性的作用，基础教育是教育发展的重中之重，而且义务教育又是基础教育发展的排头兵。广东省委、省政府从战略和全局高度，始终把教育放在优先发展的战略地位，从普及到提高，从建设教育强省到"创强争先建高地"，做出加快教育发展的一系列重大决策部署，义务教育改革发展取得了显著成效。

但是，广东省义务教育发展水平与经济社会发展对多样化人才的需求相比，与国际教育先进水平相比还有不少差距，面临一些深层次矛盾和挑战，需要我们认真研究加以解决。一是教育公平和均衡发展问题。全省90%以上的县（区）虽然通过国家义务教育发展基本均衡县（区）验收，但与优质均衡发展的目标和内涵要求还有较大差距，区域之间、城乡之间教育发展水平差距还比较大。二是教育规模发展和质量水平提高问题。全省义务教育巩固提高面临学龄人口持续增长和城镇化步伐加快的双重压力。小学新生人数在2009年下降到21世纪的最低点127万人之后开始逐年回升，且增长速度快，2015年达到166万人，年均增长近10万人。预计随着国家实施"二孩政策"之后，小学学龄儿童还会增加。同时，随着城镇化进程的加快，在广东省的省外户籍学生将持续增加，这将给教育资源配置、教育布局和均衡发展带来新的挑战。

（一）深化改革，统筹推进基础教育改革发展

坚持问题导向，推动改革举措落地。要加快推进教育现代化关键环节改革，

---

[1] 韦英哲：《今年将推进高中特色化发展》，载《信息时报》2014年5月20日。

优化结构布局。进一步加大教育统筹力度,盘活存量,扩大增量;深化人才培养模式和招生制度改革,促进学生全面发展;强化学校体育美育,提高学生体质健康水平和审美素养、人文素养。

统筹推进县域内城乡义务教育一体化改革发展,做好义务教育布局调整规划。加强粤东西北地区教育基础设施建设,补齐教育发展的短板,推动粤东西北地区义务教育从基本均衡向优质均衡跃进,整体提升欠发达地区义务教育均衡优质标准化发展水平。大力推进农村寄宿制学校建设。处理好提高教育教学质量与方便学生就近上学的关系。全面启动实施世界银行贷款项目。做好《广东省第二期特殊教育提升计划(2017—2020年)》的实施工作。启动教育现代化标兵县(市、区)创建工作。推动粤东西北地区加快推进教育现代化工作,加强对县(市、区)工作指导,鼓励、支持有条件的地区申报国家推进义务教育优质均衡发展县(市、区)督导评估。开展义务教育现代化学校建设。加强督学责任区建设,充分发挥责任督学作用。针对教育热点难点问题,进行专项督导。实施中华经典诵读工程,推进学校语言文字工作全面达标建设计划,组织三类城市语言文字工作评估和普通话普及县域验收工作。深化粤港澳教育交流合作,推进粤港澳姊妹学校平台建设。

(二) 内涵发展,促进义务教育优质均衡特色化信息化

把质量作为新时期义务教育工作的主题,贯穿学校教育的全过程、全环节。突出立德树人,坚持德育为先、能力为重,培养学生服务国家、服务人民的社会责任感。

一要推进义务教育发展优质化。把时间、精力和资源更多地用在内涵建设上,把质量作为新时期教育工作的主题。突出立德树人,坚持德育为先、能力为重,培养学生服务国家、服务人民的社会责任感。优化教育供给,不断扩大优质教育资源,高质量高水平普及从学前教育到高中阶段的十五年教育。要加强教师队伍建设,建立适应现代学校制度的用人新机制,努力建设一支师德高尚、业务精湛、结构合理、充满活力的高素质专业化教师队伍。二要推进义务教育发展均衡化。努力缩小区域差距,粤东西北地区要加快教育现代化发展步伐,提高教育发展整体水平,逐步缩小与珠三角地区的差距。各市、县政府要加强统筹,努力扩大优质教育资源覆盖面。要缩小城乡教育差距,根据城镇化和人口发展需要科学规划城乡教育设施,有序扩充城镇教育资源,推进城乡教育一体化。缩小校际差距,均衡配置教育资源,特别是教师资源。精准帮扶困难,在精准扶贫的基础上精准资助,关注弱势人群,解决特定人群困难,确保家庭经济困难学生都能顺利学习、成长成才,保障非户籍儿童少年公平接受教育。三要推进义务教育发展特色化。适应经济转型升级,满足人民多样化的教育需求,是提高教育质量的主

攻方向。办学特色要多样化,鼓励和倡导学校根据实际和优势形成自己的办学特色,力争做到校校有特色,形成一批有自己品牌、在国内有一定影响力的名校。人才培养要个性化,注重培养学生的个性特长和可持续发展能力,加强人才培养与社会需求对接、专业调整与产业发展对接。四要推进教育发展信息化。从战略角度充分认识教育信息化建设,掌握主动权,抢占教育现代化的制高点。要推进信息化与教育教学深度融合。深入推进"粤教云"应用,探索信息技术支撑的教育服务供应新模式。积极构建现代信息生态,推动教育信息技术创新发展,加强数字化学习、教研模式与机制研究,推动基于大数据的教育规划与决策支持系统的建设。

(三) 立德树人,促进素质教育发展和实施

严格规范义务教育办学行为,坚持不懈地全面实施素质教育,积极创新人才培养模式,深化义务教育课程、教学和评价改革,促使义务教育学校办出特色、办出水平,促进学生全面、健康而有个性地发展。

1. 创新中小学德育工作方式

着力加强中国特色社会主义和中国梦宣传教育,扎实推进社会主义核心价值观教育。丰富德育内容,创新德育形式,共享德育资源,畅通德育渠道。制定广东省中小学德育工作建设标准,夯实德育工作质量基础。组建广东省德育示范学校联盟,实施德育研究提升项目,实施优秀德育成果建设计划,引领德育工作凝练特色、提升品位。加强德育课程和学科德育建设,实施优质德育课程建设工程,抓好学科德育的指导和落实,逐步建立广东中小学德育课程资源库。

2. 深化义务教育教学改革

深化教育教学改革,提升教育质量。持续创新教育教学方式,全面提高学生的综合素质。探索提高课堂教学有效性的路径,推进教学方法和教学手段改革,合理控制教学难度,重视实践与创新教育,坚持因材施教,尊重和调动学生的学习积极性,注重培养学生的创新能力和学习能力。

3. 加强课程教材体系建设

贯彻落实国家课程标准,探索构建个性化、学科融合、形式多样的地方课程体系和校本课程体系。课程内容选取体现学科特色,融合多学科思想,吸纳自然与社会、科技与经济、优秀传统文化与世界先进文明等丰富元素,突出内容情境真实性、鲜活性、特色性,引导学生在解决真实问题过程中实现主动学习和深度学习。课程内容设计广泛应用数字技术,促进学习内容电子化、可视化、全息化、虚拟化,引导师生深度体验学习乐趣,提升教师教书育人综合素质,激发学生学习好奇心、求知欲,培养学生自主探索、交流合作能力。创新课程开设形式,灵活采用线下与线上、音频与视频、课内与课外、校内与校外、专题与综

合、讲座与辩论等多种方式，为学生提供丰富便捷的学习平台，促进学生学会选择、自主学习。充分利用信息技术改进教育资源供给模式、呈现方式、推送形式，实现课程资源多样化、个性化、智能化，满足不同学校和师生的需求。

4. 深入推进中小学信息化工程建设

进一步加快义务教育学校信息化基础设施建设。推动教学资源建设，加大教育信息技术资源开发和整合的力度，促进义务教育优质资源的共享。推动城乡教学联动，以农村义务教育学校信息化建设为重点，继续推进城镇义务教育学校信息化建设，缩小城乡学校数字化差距。

5. 完善中小学社会实践教育体系

加强社会实践教育与综合实践活动课教学的融合，注重发挥青少年宫、学生综合实践基地等青少年校外活动场所的积极作用，整合社会教育资源，建设广东省中小学社会实践教育资源库，完善中小学利用社会教育资源的工作机制。

6. 建立完善教育教学评价和教学质量监测体系

参照国际标准，立足中国现实，结合广东省情，完善以培养质量为核心的各级各类教育质量监测评价指标体系，加强指标的政策相关性和时效性，完善教育信息采集标准、采集渠道、共享办法等制度。建立完善全省教育信息网络化、自动化采集系统，依据监测评价标准运用信息化手段有序开展各级各类教育质量监测评估，建立教育教学质量常模、师生能力常模，通过监测发展状况、发布监测公告、预警发展态势、分析诊断原因，为区域与学校教育改革发展及学生培养提供科学参考和正确指引。建立健全各级教育评估监测专门机构，加强评估监测专业人员培养培训，形成评估监测专业队伍学习交流长效机制。

第五章　高中教育

习近平总书记在党的十九大报告中提出"普及高中阶段教育,努力让每个孩子都能享有公平而有质量的教育"①。改革开放之前,由于历史的原因,广东高中教育比较落后。改革开放后,随着经济的发展与社会的进步,广东教育发展迎来了新的机遇,不断实现新的突破,高中教育正在走向优质均衡、走向更为公平的综合评价、走向多元特色发展。

第一节　广东高中教育改革发展的基本历程

一、高中教育拨乱反正,改善办学条件,增加入学机会(1978—1984年)

这一阶段的主要任务是拨乱反正,恢复正常的教育秩序。其主要标志事件是1978年4月召开的全国教育工作会议。邓小平同志在会上提出:"今后,不仅大、中学校招生要德智体全面考核,择优录取,而且各部门招工用人也要逐步实行德智体全面考核的办法,择优尽先录用。""现代经济和技术的迅速发展,要求教育质量与教育效率的迅速提高,要求我们在教育与生产劳动结合的内容上、方法上不断有新的发展。""我们制定教育规划应当与国家的劳动计划结合起来,切实考虑劳动就业发展的需要。"② 这次会议纠正了"文革"时期形成的教育完全政治化、教育的正常秩序被打乱等极端化观念与做法。会后,广东省根据全国教育工作会议精神,开始以改善高中学校办学条件,调整中等教育结构为重点进行教育改革的初步探索,拉开了教育改革和对外开放的序幕。

---

① 习近平:《决胜全面建成小康社会　夺取新时代中国特色社会主义伟大胜利——在中国共产党第十九次全国代表大会上的报告》,载新华网2017年10月27日。
② 邓小平:《在全国教育工作会议上的讲话》,载《人民日报》1978年4月22日。

1980年，广东省重点中学初高中开始恢复六年学制。1981年，广东重点中学高中开始恢复三年学制。

1983年，广东省委、省政府做出了《关于努力开创广东省教育事业新局面的决定》。广东省在落实拨乱反正和贯彻知识分子政策的同时，要求抓住全省18所重点中学，办成有特色、高质量的学校。广东省教育界在时任副省长王屏山的带领下，大力进行高中教育改革，努力实现农村中小学"校校无危房、班班有课室、人人有台凳"的基础建设目标。

二、高中教育改革逐步推进，高中普及率不断提高（1985—2004年）

1985年，中共中央颁布《关于教育体制改革的决定》，围绕教育体制的教育改革在全国拉开帷幕。1993年，《中国教育改革和发展纲要》提出全面改革计划经济体制下的教育管理体制、投资体制、办学体制和招生就业制度，进行教育体制转轨。同时，明确提出"普通高中的办学体制和办学模式要多样化"。以中国加入WTO（世界贸易组织）为契机，进一步扩大教育对外开放，形成了全方位教育国际交流的格局。全国形成了教育改革的形势，为世纪之交广东教育的跨越式发展创造了良好的制度环境。

1993年，经过多年的努力，广东省高中阶段教育（含普通高中、普通中专、农职中、技工学校）在校生数为74.8万人（全国排第五位）。但"亚洲四小龙"的韩国及我国台湾地区在1990年已普及高中教育，广东与之相比仍有较大差距。①

1993年，为认真贯彻落实邓小平南方谈话精神和《中国教育改革和发展纲要》，广东省委、省政府把发展教育列入广东基本实现现代化的总体规划之中。1995年，为适应新形势对教育的要求，省委、省政府颁布《关于教育改革和发展的决定》，确定广东省今后教育发展的目标和任务，明确实现这些目标任务的途径和措施，动员全省人民为把广东建设成教育强省而奋斗。

在普及高中教育的同时，广东推进办学体制改革，努力探索民办学校办学新思路。广东在全国开民办教育崛起之先河，积极探索多渠道办学的新路。1989年秋天，从主管教育的副省长领导岗位上退下来的王屏山组织教育促进会人员，联合深圳市教育局创办了全省第一所民办公助学校——深圳市碧波中学。该学校在"有教无类、全面育人、因材施教、分类指导、各行其道"思想指导下，提出了"宽进严出、严而有度、给予机会、差异培养、略有淘汰"等一系列教学理念及原则。该学校1999年9月就开始实施完全学分制（绩点学分制）的教学

---

① 参见梁永丰《广东教育发展现状简评》，载《现代教育论丛》1994年第6期。

管理制度，实行弹性学制，因材施教，按学分收费。① 在王屏山的带领下，广东从20世纪90年代陆续办起了一批高标准建设、高质量招聘师资的民办学校。②

时任广东教育学会会长许任之十分重视民办学校的发展。他主张进入21世纪之后，在总结以往经验教训的基础上，要进一步解放思想，以国际名牌名校为标杆，以省一级公办中小学为近期目标，努力经营和办好三五十所民办学校，使它们成为民办教育的中坚力量，举旗领路，示范辐射，树立民办学校形象，打造民办学校品牌。为此，他提出了四方面的具体建议：

（1）适当让出部分公办教育市场，让资质较好的民办学校扩大规模。

（2）采取股份制的形式重组部分公办学校。

（3）允许优质公办学校引进民资，以挖掘内部潜力，扩大规模，并实行"一校两区、两制"，甚至"一校几区、几制"。

（4）出租、转让闲置的国有或集体的教育资产举办民办学校。③

在老一辈教育家的倡导和努力下，广东的民办高中迎来了前所未有的发展机遇，得到了较快的发展。

三、高中教育改革全面深化（2005—2018年）

在广东经济的快速发展过程中，政府财政收入不断增加，市民收入水平也有了较大的提升，广东教育发展条件明显改善，人民群众也提出了接受良好教育的更高需求。适应新的发展形势，政府把凸显公平正义以及人民满意作为教育的指导思想，从更高、更远的角度全面谋划教育发展。广东省围绕制定"十一五"规划、教育现代化建设纲要、中长期教育发展规划等纲领性文件，着力推动高中教育的内涵式发展。

进入21世纪之后，我国踏上了全面建设小康社会、加快推进社会主义现代化新的发展历程。要实现经济增长和社会长足进步，很大程度上取决于教育所培养出来的人力资源的素质。作为全国的经济大省，中央提出了广东要率先基本实现社会主义现代化的历史使命，必须加快教育发展步伐，建设教育强省，逐步实现教育现代化。2004年8月，广东省委、省政府发布了具有里程碑意义的《广东省教育现代化建设纲要（2004—2020年）》，广东教育树立了全面建设小康社会、率先基本实现社会主义现代化的战略目标，广东教育事业的改革和发展有了明确而清晰的教育内涵。《广东省教育现代化建设纲要（2004—2020年）》明确

---

① 参见《王屏山》，见百度百科（https：//baike.baidu.com/item/%E7%8E%8B%E5%B1%8F%E5%B1%B1/5725463？fr=aladdin）。

② 参见许任之《促进民办教育做大做强》，载《基础教育参考》2003年第9期。

③ 参见许任之《促进民办教育做大做强》，载《基础教育参考》2003年第9期。

提出了"2010年全省基本普及从小学到高中阶段的十二年教育"的教育总体发展目标,广东高中阶段工作的具体目标变成了"实现高中教育普及化"。

高中教育的现代化首先表现在高中数量的变化上,也就是高中阶段教育入学率的提升。《广东省教育现代化建设纲要(2004—2020年)》对普及高中阶段教育、建立和完善教育经费多元投入体制等都做了明确的规定。《广东省教育现代化建设纲要(2004—2020年)》明确提出了普及高中教育发展的长期目标:"加快普及高中阶段教育。2007年,全省高中阶段教育毛入学率达到65%,经济发达地区高标准普及高中阶段教育;2010年,全省高中阶段教育毛入学率达到80%;2015年,全省高中阶段教育毛入学率达到85%左右;2020年,全省高中阶段教育毛入学率达到90%左右,高标准、高质量普及高中阶段教育。"高中教育的长久发展,除了在保障充足经费的基础上提高入学率之外,还要改变束缚教育发展的旧观念、旧做法、旧制度,对教育体制进行改革创新。该纲要还明确了办学体制改革方向:"加快推进教育体制创新。深化办学体制改革。非义务教育实行更加灵活、开放、多样的办学体制和办学模式,形成以政府办学为主、公办学校与民办学校共同发展的格局。积极推动非义务教育公办学校进行多种办学体制的改革试验。积极发展非义务教育阶段的教育产业。民办学校与公办学校享有同等的用地优惠政策。"上述政策为民办高中的发展指明了方向,为其健康可持续发展提供了有力的政策保障。

"十一五"(2006—2010年)期间,广东省确立了"建设教育强省,加快推进教育现代化"的战略目标。在这一目标的指引下,《广东省教育发展"十一五"规划》提出了"加快普及高中阶段教育。2010年,全省高中阶段教育毛入学率力争达到85%"的目标。一方面,重视增加高中阶段入学机会,促进高中教育均衡发展。该文件要求"继续加快普通高中发展。进一步明确各级政府发展普通高中的责任,加大对经济欠发达地区发展普通高中的扶持力度,加快普通高中发展步伐。进一步推进学校布局调整,普通高中逐步向县城或中心镇集中。充分利用现有教育资源,办好残疾人普通高中教育"。另一方面,广东省十分重视高中教育的内涵发展,并提出要"全面提升普通高中办学水平。改善普通高中办学条件,强化学校管理,全面推进课程改革,提高教学质量和办学效益"。

2007年10月召开的党的十七大提出了"优先发展教育,建设人力资源强国"的战略部署。为了落实中央精神,广东省组织制定了《广东省中长期教育改革和发展规划纲要(2010—2020年)》,其中提出了"实施科教兴粤战略和人才强省战略,优先发展教育,完善中国特色社会主义现代教育体系,办好人民满意的教育,建设人力资源强省"等教育发展指导思想。《规划纲要》首次强调"建设人力资源强省"的宏伟目标,明确提出"2020年全省高质量高水平普及学前到高中阶段教育,义务教育均衡发展水平显著提升,高中阶段教育毛入学率达到

90%以上",并将"优化发展普通高中"作为关键任务,将广东省高中发展的具体任务确定为"优化普通高中布局结构,推动普通高中进一步向城市、县城集中。鼓励支持办好特色高中,推动普通高中多样化发展。充分发挥优质普通高中的辐射带动作用,整体提升普通高中教育教学水平。到2020年,建立起满足人民群众需求、多模式、多取向、开放型的优质普通高中教育新格局"。《规划纲要》还提出普通高中进行区域优化,走优质特色内涵发展的道路,为今后的发展指明了方向。

截至2015年,广东省高中阶段教育的毛入学率为95.66%,中等职业教育招生数和在校生数连续六年位居全国第一。

第二节 广东高中教育改革发展的重大事件

一、高中办学条件改善:从实现"一无两有"到创建示范性高中

20世纪80年代,广东大力进行中等教育的改革,实现农村中小学"校校无危房,班班有课室、人人有台凳"。在这样的情况下,基层干部争做"成熟的领导者","为了子孙后代,做点好事留世间"而大力支持办学,带头捐资助学;群众也以干部为榜样,踊跃为造福后人添砖加瓦,筹资办学。仅1981—1985年间,全省地方政府和干部群众集资办学已达11亿元。在全省实现"一无两有"的县将近80个。[1]

"七五"期间(1986—1990年),广东实行"人民教育人民办""多渠道解决社会对教育的投入"的思路,为教育发展提供了坚实的资金保证。"广东省发动全社会力量办教育,广开学路,广辟财源,逐步建立起以财政拨款为主、多渠道筹措教育经费的体制,开拓了教育经费筹措的新路子。"经过多年的努力,"七五"收官之年,"校舍危房得以改造,办学条件不断改善……广东全省重点中学按标准基本配齐教学仪器,一般高(完)中仪器配备达标的占75%。"[2]

2001—2005年"十五"期间,广东启动"1521"工程,建设200所省一级普通高中,其中建设100所国家级示范性普通高中。市、县都要办好一批重点高中,使县一级以上的优质高中学位占整个普通高中总数的70%~80%。

2001年,国务院颁布了《关于基础教育改革与发展的决定》,提出"各地要建设一批素质教育的示范性普通高中"。根据国家的政策精神,广东省教育厅发布了《关于启动"1521"工程建设示范性普通高中的通知》(粤教基〔2002〕9

---

[1] 参见王屏山《开放改革与广东开放教育变革及其战略构想》,载《教育论丛》1987年第3期。
[2] 许任之:《对广东教育发展的回顾与展望》,载《中国教育学刊》1993年第3期。

号），提出："'十五'期间在建设200所省一级普通高中的基础上，建设100所国家级示范性普通高中（统称'1521工程'），扩大优质普通高中教育规模，提升普通高中教育的整体水平。"国家级示范性普通高中建设必须在符合省一级学校要求的基础上达到以下六条标准：①必须是独立高中；②校园面积100～120亩①，城区学校达到100亩，其他学校达到120亩；③计算机按在校生数10∶1配置，建有千兆主干校园网；④在校生规模达到3000人；⑤高级教师和有硕士学位的教师占专任教师的30%以上；⑥要有完整的"十五"建设规划和经费投入计划。② 从上述标准中可以看出，在学校面积、办学规模、教学设备、信息化水平以及师资水平等方面上，"十五"期间对高中的办学条件提出了更高的要求。示范性高中在办学条件现代化、办学规范标准化等方面发挥了良好的示范作用，对广东高中提升办学水平，扩大优质高中的社会影响发挥了积极作用。

二、高中普及率提高：率先试行十二年免费教育

"九五"时期，广东省致力于在全省普及九年制义务教育、扫除青壮年文盲的基础上，珠江三角洲地区率先普及高中阶段教育。

进入新的历史时期，广东省很多地区把高中教育纳入免费义务教育体系之中，开始探索把免费教育时间延长为十二年。广州、深圳、珠海、佛山等发达城市在十二年免费教育的探索者中已先行一步。

三、探索"3+X"高考方案：积极推动高考改革

1978年，恢复高考制度之初，广东省高考分为文科、理科和外语三大类。文科考试科目为政治、语文、数学、历史、地理；理科考试科目为政治、语文、数学、物理、化学；文科（含哲学、外语专业）和理科（含医学、农林专业）增加外语科。

1980年，理科增加生物科。1984年，教育部将数学、英语两科在高考中实行标准化命题考试的改革试验任务交给广东省。中山大学和广州外国语学院对此进行了研究，于1985年取得了成功。1986年，广东省的标准化考试在原来的数学、英语基础上，又增加了物理科。

1989年，广东省标准化考试科目除原有的语文、数学、英语、物理、化学外，增加政治科，剩下的历史、地理、生物三科使用全国高考试题。

1991年，广东的命题被国家教委纳入全国统一的题库之中，国家教委在全国范围内推广广东经验。

---

① 1亩≈666.67平方米。
② 参见刘育民《2002年我省基础教育工作重点》，载《广东教育》2002年第4期。

1995年，在教育部的部署下，广东省从1995年开始研究高等学校招生考试科目改革办法。广东考试科目设置实行"3+2"方案，即全体考生均考语文、数学、英语，其中报考文史类的加考政治和历史科，报考理科的加考物理和化学科。

1998年，广东省又提出"3+X"高考科目改革方案（以下简称"3+X"方案）。经广东省政府同意、教育部批准，1999年起，广东省在全国率先实施新的高考方案，为全国高考科目改革探索新路，引起较大反响。2000年，教育部将"高考改革探索先锋"的称号授予广东，广东省成为当时全国唯一获此殊荣的省份。2001年，全国有18个省（直辖市、自治区）实行"3+X"高考科目改革方案。"3+X"方案使得高考内容发生了变革，突出了对学生以能力为重点的综合素质的考察。高考录取手段向现代化转变，主要体现在推进实现远程异地网上录取。2002年，教育部在全国推行"3+X"高考科目改革方案。"3+X"较好地平衡了必考与选考的关系，兼顾了社会需要与学生选择，对我国基础教育和高等教育改革产生了积极的推动作用。

2008年年底，广东公布了《广东省普通高校招生考试改革调整方案》，从2010年开始实施新的高考方案。在前几年的"3+文基/理基+X科"的基础上，取消X科，变为"3+文科综合/理科综合"。新的文科综合涵盖了历史、政治、地理三科，理科综合涵盖了物理、化学、生物三科。

2014年9月，国务院发布《关于深化考试招生制度改革的实施意见》之后，各地陆续出台招考改革方案。根据国家的文件精神，2016年，广东省政府印发《关于深化考试招生制度改革的实施意见》，明确指出广东省将在2021年高考时实行新的高考综合改革方案，新方案将统一实行"3+3"的考试模式，本科院校招生不分文理科设置考试科目，实行语文、数学、外语三门统一高考科目和三门高中学业水平考试科目的考试方式。

第三节 广东高中教育改革发展的趋势与展望

一、广东高中教育改革发展的趋势

（一）高中教育区域发展：走向优质均衡

广东尽管多年来经济总量居全国第一，但珠江三角洲与东西两翼和粤北山区在发展水平上有着巨大差异，高中教育和中等职业教育发展在规模、师资、校舍、设备等方面的差距亦十分明显。长期以来，由于历史的原因，广东高中阶段教育发展在全国仅处于中下水平。2004年，广东每万人口普通高中在校生为

165.1 人，在全国排第 21 位；每万人口中等专业学校在校生为 82.4 人，在全国排第 17 位；初中升高级中学（不包括技工学校）的升学率为 56.45%，低于全国平均数 6.46 个百分点，在全国排第 20 位。①

1992 年，广东省教育促进会从全国招聘 10 名离退休的高级教师，组成了第一支支援山区的教育服务队，到连南、连山、乳源三个少数民族自治县和信宜、蕉岭、东源、和平等共七个山区县的中学任教。这项工作持续开展了八年，先后派出教师共 189 人次。

为了实现教育与经济的协调发展，消除不同地区教育发展的差距，广东一直重视促进欠发达地区教育的发展。广东大力扶持东西两翼和粤北山区加快发展高中阶段教育，重点扶持经济欠发达地区发展高中教育，促进地区之间基础教育协调发展，完善经济发达地区对经济欠发达地区教育对口帮扶机制。

（二）高中评价改革：走向综合评价

1977 年，全国恢复高考第一年，广东实行自主命题并开卷考试。1978 年起，全国实行统一命题的基本模式开始。1985 年 4 月，广东决定实行新的高考招生录取政策：一是保送免试入学；二是推荐与考试相结合；三是报考志愿在考试成绩公布后进行；四是放宽体检招生标准。1995 年，在教育部的部署下，广东省率先探索"3＋2"方案。1998 年，广东省又提出"3＋X"高考科目改革方案。2004—2016 年，广东省实行自主命题。2016 年开始，自主命题 12 年的广东高考重新回归"全国卷"。广东省政府颁发《关于深化考试招生制度改革的实施意见》，明确广东省考试招生制度改革的基本原则、总体目标、主要任务和保障措施。广东统一高考实行教育部文件要求的"3＋3"的考试模式。自恢复高考制度以来，广东高考命题经历了"统一命题—自主命题—统一命题"的发展演变。

根据教育部相关文件，广东在 2018 年实施高考综合改革方案。2018 年及以后入学的高中一年级学生，将使用新出台的高考综合改革方案。此外，广东还将继续减少和规范考试加分。届时，普通本科高校将采取"两依据一参考"的考试招生录取方式。所谓"两依据"，一是依据统一高考成绩，二是依据普通高中学业水平考试成绩。具体来说，考生如果要参加本科高校的招生录取，就要参加"3＋3"的考试。第一个"3"就是传统意义上的统一高考，只考语文、数学、外语三科；第二个"3"是政治、历史、地理、物理、化学、生物六科任选三科作为等级性考试计入高考录取总分。"一参考"是指参考学生综合素质评价，从而实行综合评价、择优录取。

广东高中评价改革的历程显示：广东一直积极探索高考改革的道路，提出的

---

① 参见刘晖《审视广东高中阶段教育：问题、原因与对策》，载《教育导刊》2005 年第 10 期。

"3+X"等改革方案在全国产生了深远的影响；在高考评价内容方面，广东高考评价的内涵越来越丰富，越来越关注学生的综合素养。

（三）高中学校办学理念改革：走向多元特色发展

改革开放40年以来，广东省采取了很多措施，在普通高中增加入学机会、改善办学条件等方面取得很大进步。但从办学内涵方面上来看，依然存在"千校一面"缺乏特色的现象，大部分普通高中在办学理念、办学形式、人才培养模式和学校文化等方面都存在同质化、趋同化的倾向，难以满足学生个性化、多样化的发展需求，也难以满足社会对多样化人才的需求。

为了进一步提升普通高中的办学质量，促进普通高中的内涵式发展，广东省出台了一系列有针对性的政策文件。《广东省中长期教育改革和发展规划纲要（2010—2020年）》明确提出：鼓励支持办好特色高中，推动普通高中多样化发展。充分发挥优质普通高中的辐射带动作用，整体提升普通高中教育教学水平；到2020年，建立起满足人民群众需求、多模式、多取向、开放型的优质普通高中教育新格局。

二、广东高中教育改革发展的展望

"十三五"（2016—2020年）期间，广东大力推动普通高中优质特色多样化发展。《广东省教育发展"十三五"规划（2016—2020年）》中明确提出"建立普通高中特色发展导向评价机制"。在今后一段时间内，广东省将分类指导普通高中全面创优，深入实施薄弱普通高中改造提升、优质普通高中再提升计划。探索差异化培养模式，拓宽学生自主发展渠道，形成多样化办学格局。建立普通高中特色发展导向评价机制，加强创新能力培养，推动有条件的普通高中与高校、科研机构等合作，协同开展创新拔尖后备人才培养试验。推动中等职业教育内涵优质高效发展，全面提升学校办学水平和服务能力，稳定规模。建立普通高中课程改革基地，开展创新拔尖后备人才培养试验，拓宽普通高中学生全面而有个性的自主发展渠道。实施普通高中特色发展计划，建设培育一批特色学校，建设具有广东特色的普通高中课程结构、课程内容、课程实施和质量评价体系。为把学生培养成个性鲜明、创新能力较强、素养全面发展的优秀人才不懈奋斗。

第六章　职业教育

改革开放以来，广东作为我国改革开放的排头兵，在经济、文化、教育等领域始终站在历史的潮头，解放思想，勇往直前。广东的职业教育也披荆斩棘，蓬勃发展，在 40 年的光辉历程中取得了辉煌成就。习近平总书记指出："加快发展职业教育，让每个人都有人生出彩机会。"① 回顾历史，总结经验，是为了更好地落实习近平总书记关于加快职业教育发展的指示精神。

第一节　广东职业教育改革发展的基本历程

一、奠定基础：中职教育的恢复与发展（1978—1991 年）

（一）中等职业教育重新起步

改革开放初期，当全国还在进行整顿、恢复时，广东省就着手思考职业教育的发展问题。1979 年 6 月下旬，广东省高等教育局在肇庆市召开全省中等专业教育工作座谈会，提出广东中等专业教育在办学方面应该适应广东省改革开放的新形势。1980 年 10 月，国务院批转教育部、国家劳动总局的《关于中等教育结构改革的报告》，指出："中等教育结构改革主要是改革高中阶段教育，实行普通教育与职业技术教育并举，全日制与半工半读学校、业余学校并举，国家办学与业务部门、厂矿企业、人民公社办学并举的方针。"为贯彻文件精神，广东对中等教育结构进行改革，压缩了高中规模，大力发展职业高中班，新开办了一批农业职业中学，农村出现了一批名副其实的具有一定水平和质量的农业中学，培养了大批的农业技术人才。1983 年，广东省委、省政府制定《关于努力开创我省教育事业新局面的决定》，强调要有计划地把农村相当部分的普通中学改为农

---

① 习近平：《加快发展职业教育　让每个人都有人生出彩机会》，载新华网 2014 年 6 月 23 日。

（职）业技术中学，各部门要广办各种职业技术学校或职业班，职业高中开始大量增加。

1985年5月，《中共中央关于教育体制改革的决定》颁布。文件指出了教育体制改革的方向，提出了新的历史时期教育事业的战略目标。1985年8月，广东省委、省政府印发《贯彻〈中共中央关于教育体制改革的决定〉的意见》，文件指出，虽然职业教育取得了一定发展，但中等职业教育发展缓慢，广东城乡经济发展急需的大量初、中级技术人才远远不能得到满足。该文件还明确提出要大力发展职业教育，发展目标确定为"到1990年，全省中专、中师、技校和职业高中的招生数与普通高中的招生数比例达到4:6"。1986年7月，第一次全国职业教育工作会议在北京召开，研究确定改革发展职业教育的任务、工作方针和政策措施。同年12月，广东召开全省职业教育工作会议，传达全国职教工作会议精神，研究广东省的职业教育改革发展任务，讨论广东省职业教育发展的"七五"规划。

（二）中等职业教育改革发展初见成效

1988年，中央将广东省定为综合改革试验区。1988年1月，广东省教育厅在江门市召开全省职业中学教育现场会，推广江门市举办职业中学的经验，提出职业中学要走教学、实习、生产、经营相结合的道路。1988年6月，广东省委、省政府召开全省教育工作会议，进一步提高对教育在经济发展战略中首要地位的认识，总结交流经验，研究深化教育改革。1988年8月，原国家教委同意江门市为中等城市教育综合改革的试点城市，为全国深化教育改革探路，并批准了该市的教育改革方案。该方案的主要内容是通过五年的教育管理体制改革，调整和改善教育结构，实现两个转变：一是办学方向的转变，为当地经济、社会培养初、中级技术人才；二是教育模式的转变，发展适应经济建设和社会发展需要的服务型教育，尽快形成多形式、多层次、多规格、有侨乡特点的教育格局。1989年4月，广东省教育厅在韶关市南雄县（现为南雄市）召开实施"燎原计划"暨职业中学工作会议，研究实施"燎原计划"和办好骨干职业中学问题。1989年5月，广东省教育厅下发通知，确定2个市下辖的15个县116个乡镇率先实施"燎原计划"，统筹规划农村的基础教育、职业教育和成人教育，有组织、有计划地分批建立教育与经济协调发展的示范乡镇，成为中国农村教育综合改革的先声。1989年，广东省进一步调整中等职业教育结构，新增职业高中31所，扩大职业高中招生规模，使得职业高中在校生占整个高中阶段在校生的比例增长到37%，加上中专、中师和技校学生，职业教育阶段在校生占整个高中阶段在校生的比例达到50.5%。经过一系列政策和措施的推动，至1990年，广东省的中等职业教育出现了可喜的局面。

经过 10 多年的改革探索，广东职业教育在规模上实现了飞跃，同时在办学条件、办学体制和办学模式上有所创新，为以后的发展奠定了良好的基础。第一，数量上有所提升。1990 年，全省中等职业学校（包括职业高中、中等专业学校、中等师范学校、技工学校）共有 876 所，当年毕业生数为 11.73 万人，招生数为 15.18 万人，在校生数为 39.49 万人。其中，中等职业学校在校生数与普通高中在校生数占比接近 50∶50。第二，师资水平大幅提高。1990 年，全省共有中等职业学校专任教师 2.86 万人，专任教师与在校生比例为 1∶13.8，岗位合格率和学历达标率均居全国前列。第三，管理体制改革效果明显。各类职业学校普遍开展了以校长负责制、教师岗位责任制为主的责任考核制度改革和以结构工资为主的分配制度改革，走在全国前列。

二、优化整合：建设职业教育强省（1992—1999 年）

（一）确立追赶"亚洲四小龙"的发展目标

1992 年，邓小平在南方谈话中特别提到，希望广东用 20 年时间赶上"亚洲四小龙"。1992 年 6 月，中共广东省委讨论和审议《广东省追赶"四小龙"经济社会发展初步设想》，上报中央并下发全省各地。文件对 1992—2000 年的职业教育发展提出了明确的目标：一是大力发展各种职业教育，中等职业教育在校生占全部高中阶段在校生的比例达到 55% 以上；二是各市县特别是发达的市县要办好 3～5 所设备完善、管理先进、高质量、有特色的职业中学和一些师范学校，建立起现代化学校的样板；三是成人教育向终身教育发展，重点进行岗位培训和实用技术培训，每个乡镇至少有一所成人文化技术学校；四是职业中学教师学历合格率要达到 60%～70%；五是校舍实现整体更新，全部学校按标准配齐各种教学设施和设备，发展电化教学和电脑教育。到 2000 年，广东省职业教育大体达到韩国和我国台湾地区的教育发展水平。

（二）建设职业教育强省

1994 年 11 月，广东省委、省政府召开全省教育工作会议。会议讨论通过省委、省政府制定的《关于教育改革和发展的决定（草案）》，在全国率先提出建设教育强省的目标。1995 年 1 月，时任广东省教育厅厅长许任之在《人民教育》发表文章，提出建设教育强省要做到"四个先"：一是发展教育的战略摆位要"优先"；二是教育的综合实力指标要"领先"；三是建立现代教育制度和现代学校制度要"敢先"；四是实现教育强省措施要"行先"。① 为了建设职业教育强

---

① 参见许任之《抓好跨世纪人才工程，把广东建成教育强省》，载《人民教育》1995 年第 1 期。

省，广东省采取了一些比较有力的措施，并取得良好的效果。

在职业中学教育方面，布局结构得到优化，教育质量得到提升。一方面，广东采用合并、联办共建、划转等方式，将一些规模小、条件差、布局不合理或专业结构雷同、培养方向相似、地理位置相近的学校进行适当的撤并。全省职业中学的数量由1990年的525所减少到2000年的414所，规模效益得到提升。另一方面，各级政府加大了对重点、骨干职业中学建设的经费投入力度。1994年，广东省财政厅拨款600万元支持重点职业中学建设，全省19所省级重点职业中学、106所骨干职业中学制定了达到国家级、省级重点标准的规划。

在中专教育方面，扩大了招生规模，加大了重点中专建设的经费投入。中专学校数由1990年的179所增加到2000年的198所，仅增加19所；招生数则由1990年的3.13万人增加到2000年的6.53万人；在校生数由1990年的9万人增加到2000年的22.44万人，校均规模大幅提升。1994年，全省11所中专被评为国家重点中专学校，34所中专被评为省级重点中专学校。1994年，广东省财政拨款900万元用于支持重点中专学校建设。1994年，中国民航广州中等专业学校开始从初中毕业生中招收五年制高职班学生，随后，又有5所中专学校开展五年制高等职业教育试点工作。

在技工学校方面，招生规模持续扩大，发展势头良好。20世纪90年代，广东省的技工教育得到快速发展，基本形成了以技师学院和高级技工学校为龙头，重点技校为骨干，带动各类技校共同发展的新格局。全省技工学校数由1990年的127所增加到2000年的186所；招生数由1990年的2.09万人增加到2000年的5.84万人；在校生数由1990年的5.22万人增加到2000年的15.46万人。为了适应企业对技术人才需求的新变化，技工学校在发展过程中注意瞄准市场需求，及时调整专业设置。广州市、深圳市的高级技工学校根据高新技术发展的趋势，设置了精密（激光）加工、网络技术、数控、模具、视频制作、现代印刷工艺等10多个技术含量高的复合型新专业。

在高等职业教育方面，广东率先创办高等职业技术学院。1993年，深圳职业技术学院开始筹办并招生，1994年正式获批成立。深圳职业技术学院的成立，是广东高等职业教育发展史上的"一件具有里程碑意义的事件"。1996年，广东省确定广东省科技管理干部学院等8所高等学校进行高等职业教育试点。1998年，教育部提出要积极发展高等职业教育，广东根据"三改一补"的方针，积极快速地发展高等职业教育。同时，广东相继在中心城市成立了一批高职院校，如佛山职业技术学院、番禺职业技术学院、顺德职业技术学院等。2000年，广东独立设置的职业技术学院达到16所，高等职业教育初具规模。

三、提升层次：高等职业教育的改革与发展（2000—2011年）

（一）职业教育发展迈上新台阶

进入21世纪，广东省国民经济和社会发展取得了显著成就，主要经济指标持续居全国前列。经济的发展为教育经费投入的增加奠定了基础，广东省预算内的财政性教育经费支出由2001年的228.85亿元增加到2005年的449.17亿元，2010年则增加到1033.7亿元；预算内教育经费占财政经费的比例也由2001年的17.32%增长到2010年的19.07%。[①]

2001—2010年，广东省的职业教育发展领先全国，职业教育规模不断扩大，建立了全国规模最大的职业教育体系。到2010年，全省拥有各类中职学校（含技工学校）816所，招生102万人，在校生230万人，中职学校的招生数和在校生数两项指标均居全国第一。与此同时，高等职业教育发展迅速，到2010年，全省拥有职业技术学院76所，在校生64.8万人，高职院校数量和在校生数量均超过本科院校。广东省基本形成了布局合理、结构优化、协调发展、充满生机与活力的职业教育体系，中等职业教育比重明显上升，高中教育结构得到不断优化。2005—2010年，全省中等职业教育在校生数年平均增长17.3%，属于高速增长，而同期普通高中在校生数的增长速度仅为年平均7%。到2010年，普通高中和中职学校在校生的比例为48:52，中职学校在校生规模首次超过普通高中。

（二）高等职业教育实现跨越式发展

2000年，国务院将职业技术学院设置审批权下放到省级政府，广东的高等职业教育加快了发展的步伐。2001—2005年，广东省每年新批准10所左右的职业技术学院，独立设置的职业技术学院由2001年的27所发展到2005年的61所，在校生数由2001年的61951人发展到2005年的446170人。2006年之后减慢了新建职业技术学院的速度，但在校生规模依然快速增加，到2010年，全省共有职业技术学院76所，在校生648029人。广东省的高等职业教育进入了一个蓬勃发展的时期。

2003年，广东省委、省政府印发《关于大力推进职业教育改革与发展的意见》，主要任务是做大做强广东职业教育。文件指出，要推进与深化职业教育管理、办学体制改革，"建立以政府统筹、分级管理、地方为主、社会参与的职业教育管理体制"，"完善政府主导，部门、行业、企业和社会力量共同参与的办

---

① 参见教育部财务司、国家统计局社会科技和文化产业统计司《中国教育经费统计年鉴2011》，中国统计出版社2012年版。

学体制，积极探索多元化、多渠道的办学路子"。职业教育发展的重点从大规模兴办走向改革式发展，标志着广东省职业教育发展模式的"内涵式"转向。广东省的高等职业教育开始深化办学体制和人才培养模式改革，在毕业生的"双证书"制度、专业设置的市场化调整、校企合作、"订单式"培养、推进高等职业教育办学与经济市场接轨等方面进行了重点探索。2004年9月，广东省开始实施高等职业教育改革的系列工程，包括省级示范性职业技术学院建设、省级示范性专业建设、省级精品课程建设、省级教育实训基地建设、省级技能型紧缺人才培养培训工程等项目。

2005年8月，广东省政府印发《广东省教育现代化建设纲要实施意见（2004—2010年）》；2006年8月，广东省政府印发《广东省大力发展职业技术教育实施纲要（2006—2020年）》。这两份文件明确了广东省高等职业教育的发展目标，就高水平高质量发展高等职业教育做了明确的规划。《广东省教育现代化建设纲要实施意见（2004—2010年）》提出，加快优质高等职业教育发展，2010年前启动建设5～10所国家级示范性高职院校、25所省级重点高职院校、20个国家级高等职业教育示范性专业、150个省级高等职业教育示范性专业、100个高职教育综合或专项实训基地。《广东省大力发展职业技术教育实施纲要（2006—2020年）》推动了职业教育建设工程的实施，为高等职业教育的发展提供了政策保障。首先是布局结构的战略性调整，在做大做强珠三角地区职业院校的同时，重组东西两翼和粤北山区的职业教育，带动这些地区的高职院校发展；其次是基础能力建设工程，明确省财政每年安排1亿元专项经费，用于高等职业教育基础能力建设，提高教育质量；最后是实施职教师资培养和培训工程，在"双师型"教师培养、青年教师学历提升、技能型教师的引进和职称评定等方面出台了具体措施，促进了高职院校教师队伍质量的提升。

（三）高职教育办学水平不断提高

2004年，教育部组织开展高职院校人才培养工作评估，2008年印发《高等职业院校人才培养工作评估方案》。该方案明确评估工作由省级教育行政部门进行规划、组织和实施，对评估的方式也进行了重要改进。方案规定申请评估的院校要将办学条件和人才培养数据上传"高等职业院校人才培养工作状态数据采集平台"，评审专家围绕影响院校人才培养质量的关键因素，对人才培养工作状态数据进行分析，辅以现场有重点的考察，全面了解学校的实际情况，最后进行整体评价，提出改进工作的意见和建议。新的评估方式对于促进高等职业院校加强内涵建设，深化校企合作、产学结合的人才培养模式，促进高职院校的建设、管理、改革和发展，起到了重要的促进作用。随着评估工作的开展，高等职业教育的核心理念得到贯彻落实，促进了高职院校的自身发展。通过评估，全省高职院校的办学条件得到了较大改善，在占地面积、学生宿舍、教学行政用房、教学科研仪器设备值、图书馆藏书量等教育部办学条件的重要监控指标上均有较大幅度提高。评估方式的改变也带来了管理方式的改革，教学管理得到了规范，促进了学校办学水平和管理水平的提高。

2007年，广东省教育厅印发《关于进一步提高广东省高等职业教育教学质量的意见》，以示范性高职院校建设、示范性专业和精品课程建设、师资队伍建设、实训基地建设为重点深化高职院校的教育教学改革。该文件明确提出，选择20所左右办学理念新、办学条件好、特色鲜明的高职院校作为省级示范性院校建设，打造广东省高等职业教育品牌；实施欠发达地区高职院校扶持项目，地方政府与省高等职业教育专项资金1∶1配套经费，改善办学条件；注重高职院校的"双师结构"，鼓励高职院校大量聘请行业企业的专业人才和能工巧匠到学校担任兼职教师；重点建设100个省级高职教育实训基地，鼓励高职院校采取多种形式与企业建立双赢的合作伙伴关系；设立高等职业教育教学改革研究项目；等等。这些政策的目标指向性非常明确，措施具体，经费保障到位，对广东省高职院校的教学改革和质量提升起到了积极的推动作用。

四、完善体系：建设现代职业教育体系（2011—2018年）

（一）明确现代职业教育体系的基本框架

2011年6月，广东省委、省政府印发了《广东省职业技术教育改革发展规划纲要（2011—2020年）》。文件提出，加快建立与现代产业体系发展相匹配、与社会充分就业相适应、富有生机和活力的现代职业教育体系，实现由职业教育大省向职业教育强省转变。发展目标分为两个阶段：近期目标是2015年基本建立现代职业技术教育体系，中等职业教育的规模达到220万人，高等职业教育规模达到100万人，高级技工学校和技师学院规模达到40万人；远期目标是2020年建立现代职业技术教育体系，全面建成高水平集约化的南方职业教育基地，建成职业教育强省，职业教育综合实力和整体水平居全国领先地位。

2015年11月，广东省教育厅制定《广东省现代职业教育体系建设规划（2015—2020年）》，确立了广东省现代职业教育体系的基本框架，主要包括五个方面：一是建立适应现代产业体系的人才培养机制。重点是推进中等职业教育与高等职业教育紧密衔接，既要发挥中等职业教育在发展现代职业教育体系中的基础性作用，又要发挥高等职业教育在引领现代职业教育发展及优化高等教育结构中的重要作用，构建从初级到高端的技术技能人才培养通道。二是推进职业预备教育和继续教育衔接贯通。各级各类学校根据各自的特点，开展劳动教育、社会实践教育、职业指导、就业指导、创业指导等为主要内容的职业预备教育。大力发展职业继续教育，使各类职业院校成为继续教育的重要主体。三是促进办学类型、学习形式多样化。做到三个坚持，即"坚持政府办学、企业办学和社会办学并举；坚持全日制职业教育与非全日制职业教育并重；坚持学历职业教育与非学历职业教育沟通衔接"。四是构建开放衔接、多元立交的体系结构。职业教育体系内部强调开放衔接，形成中职、专科、本科到专业学位研究生的培养体系，探索中职、专科与本科之间的贯通培养。职业教育系统外部强调双向沟通，建立职业教育与普通教育双向沟通的桥梁，推进普通学校和职业院校开展课程和学分互认。五是优化职业教育区域发展布局。围绕经济社会发展需求规划职业教育区域布局，珠三角地区重点发展高等职业教育，同时坚持面向全省办优办特中等职业教育；粤东西北地区重点发展支撑当地经济和产业发展的中等职业教育，同时各地市集中力量办好一所高等职业院校。

（二）实施现代职业教育体系建设的重点工程

2011 年，广东省开始实施现代职业教育体系建设的"六项工程"。一是南方职业教育基地建设工程。南方职业教育基地是广东省教育"创强争先建高地"战略的重要组成部分，目标是到 2015 年基本建成省市两级职业技术教育基地，其中，省级基地和珠三角地区的市级基地为核心，粤东西北地区的地市级基地为支撑。二是示范性院校建设工程。示范性院校建设工程是广东省职业教育的品牌建设工程，目的是通过加大扶持把有品牌、有生源、有特色、有优势的职业技术院校建设成示范性院校。到 2017 年，广东省建成 11 所国家级示范性高职院校、29 所省级示范性高职院校、100 所国家级示范性中职学校、8 所国家级示范性技师学院。三是实训中心建设工程。"十二五"期间，省财政加大了职业教育专项经费的投入力度，省财政每年安排 3 亿元用于实训中心建设，其中，1 亿元用于高职院校实训中心建设，1 亿元用于高技能公共实训基地建设，1 亿元用于中职学校和技工学校实训中心建设。到 2015 年，全省建成 400 个职业院校专业实训中心、25 个区域性职业教育公共实训中心、300 个企业实训基地。四是高技能人才队伍建设工程。高技能人才队伍建设强调"基地"和"网络"，全省建设 200 个高标准、专业化的高技能人才实训基地，建设一批校企合作的技能大师工作室和技师工作站，形成覆盖中心城市和重点产业的高技能人才培养培训网络。五是职业院校基础能力建设工程。经过"十五"和"十一五"期间的建设发展，广东省职业院校的办学条件和实践教学设施设备得到较好的改善，"十二五"期间的职业教育基础能力建设重点转向重点专业、精品课程的建设和人才培养方案的优化工作。截至 2014 年年底，全省高职院校建成 100 个省级示范性专业、270 个省级重点专业、275 门精品开放课程，职业院校的基础能力得到进一步提升。六是信息化建设工程。职业院校面临信息化的挑战，信息化基础设施、网络课程平台、网上教学资源库建设水平成为制约职业教育质量提升、教学改革创新的重要因素。为了改变这种状况，职业院校的信息化建设工程把重点放在职业院校信息化基础设施建设标准和教学资源信息化方案的制订上，同时注重网络资源的共享机制建设。目标是职业院校信息化建设水平显著提高，网上资源库内容丰富，覆盖全省职业院校的网络资源共享平台基本形成。

2015年，广东省进一步实施现代职业教育体系建设的"五大工程"。一是职业教育标准体系建设工程。标准体系是教育质量体系的核心，把职业教育标准体系建设列为第一项大工程，反映出广东省对于职业教育质量建设的高度重视。广东在建立现代职业教育标准体系、质量评价体系，实行职业教育年度质量报告等方面进行了积极探索。广东省分别组织开展了42个中职—高职—本科衔接专业教学标准的研制工作，专业涵盖数控技术、计算机网络技术、汽车运用与维修、模具设计与制造、旅游服务与管理、工艺美术、物流服务与管理、电子商务和学前教育等专业。2011年起，广东以"高等职业院校人才培养工作状态数据采集平台"的数据为主要依据，形成并发布《广东省高等职业教育质量年度报告》，2017年起，广东开始发布《广东省中等职业教育质量年度报告》。二是职业教育专业课程体系建设工程。建立专业设置信息发布平台和动态调整机制，根据经济社会需求推动专业改革。广东通过与第三方机构麦可思数据有限公司合作，面向全省范围高职院校上一年度毕业生开展大样本调查和实证研究，形成《广东省高职院校毕业生培养质量、专业预警和产业需求报告》。三是职业教育强师工程。高素质高水平的教师队伍是职业教育内涵式发展和质量提升的关键要素，职教师资有"双师型""技能型""兼职型"的特点，广东省把职业教育强师工程建设的重点放在"能工巧匠进校园""专业教师技能提升""职业院校校长能力提升"等方面，具有很强的针对性。四是职业教育信息化工程。经过"十二五"期间的信息化工程建设，职业院校的信息化水平得到较好提升，信息化平台体系和数字资源共建共享联盟成为建设重点。五是职业教育国际化工程。随着劳动力市场的国际化程度不断提高，技术技能人才的国际流动成为不可避免的潮流与趋势，广东省作为国际化、市场化最高的经济体系，培养具有国际视野、能够参与国际劳动力市场竞争的技能人才，成为职业院校的迫切需求。职业教育国际化工程的重点是推动省内职业院校与国（境）外职业院校的交流合作，鼓励与国外高水平职业院校合作办学，推动职业院校的教学模式改革。

第二节 广东职业教育改革发展的重大事件

一、广东职业教育改革的理念转变

改革开放40年来，尤其是进入21世纪以来，广东职业教育实现了跨越式的发展，初步构建起了有广东特色、结构合理、高水平、高质量的现代职业教育体系。在40年的改革和发展过程中，广东职业教育改革坚持理念先行，以新理念引领新改革，以新理念适应新时代，推动着职业教育改革不断深化。

（一）结构优化理念

改革开放初期，中等教育体系受到严重破坏，职业教育只剩下少量的中专学校和师范学校，职业教育如何发展，职业教育如何与改革开放、经济发展相适应成为政府决策者必须思考与回答的现实问题。1979年6月、1981年1月，广东省两次召开全省中等专业教育工作会议，讨论广东中等专业教育在办学方面如何适应广东省改革开放的新形势。1983年3月，广东省委、省政府印发《关于努力开创我省教育事业新局面的决定》，提出职业教育发展的目标是："改革中等教育结构，到1985年，职业高中、中专、中师、技校与普通高中在校生的比例达到4:6，1990年达到5:5。"结构优化理念成为广东省职业教育改革与发展的重要指导思想。20世纪80年代，结构优化的重点是调整中等教育结构，大力发展中等职业教育。1984年10月，广东省教育厅召开普通教育改革座谈会，并很快制定了《关于普通教育改革的意见》，提出了10个方面的改革意见，第六个方面是"加强教育结构改革，大力发展职业教育，把教育办活"。到1990年，全省中等职业学校共有876所，其中，职业高中525所，在校生22万人；中等专业学校197所，在校生9万人；中等师范学校45所，在校生3万人；技工学校127所，在校生5万人，形成了多种形式办学，职业高中、中专学校、师范学校、技工学校共同发展的局面。

（二）品牌建设理念

进入20世纪90年代，改革开放的步伐加快，广东经济发展形势良好，为职业教育的发展提供了更好的环境。到1994年，广东省普通教育的95项衡量指标中，有33项排在全国前5名，60项排在前10名，教育投入、校舍、扫盲和"普九"指标均排在前列。但是，与投入、数量、硬件等方面形成鲜明对比的是教育的质量不高、软件不强。1994年11月，广东省委、省政府颁布《关于教育改革和发展的决定》，提出建设教育强省的目标。以此为契机，质量建设、品牌建设成为职业教育改革与发展的重要指导思想。20 世纪 90 年代，品牌建设的主要抓手是重点中等职业学校建设。1995 年，全省有国家级重点职业学校 25 所（职中和中专各 11 所、技校 3 所）、省级重点职业学校 86 所（职中 35 所、中专 34 所、技校 17 所）、市（县）骨干职业中学 106 所。到 2005 年，全省已建成省级以上重点中等职业学校 232 所（国家级重点 98 所、省级重点 134 所）、省级实训中心（基地）84 个，各地建设了一批骨干示范中等职业学校。① 进入 21 世纪，广东更加重视职业院校的质量建设和品牌建设。2006 年，广东省委、省政府颁布《关于大力发展职业技术教育的决定》，2011 年，省委、省政府做出《关于统筹推进职业技术教育改革发展的决定》，两份文件都有"实施示范性职业院校建设工程"的内容。目前，广东省已经形成国家级和省级两个层次的示范性职业院校体系，这些职业院校成为广东职业教育体系中的优质品牌院校，在办学方向、办学条件、办学水平、教育教学改革等方面，对促进全省职业教育整体发展发挥了骨干示范作用。

（三）战略规划理念

广东省十分重视教育发展战略和发展规划的作用，通过制订战略规划来明确教育改革发展的方向、明确发展目标、确定重点改革项目。1992 年 6 月，广东省委常委会讨论通过的《广东省追赶"四小龙"经济社会发展初步设想》是改革开放后广东省第一个系统全面的经济社会发展战略规划，为广东省未来 20 年的教育发展包括职业教育发展制定了清晰的发展目标。1994 年出台的《关于教育改革和发展的决定》进一步对教育改革和发展进行了战略规划，提出建设教育强省的目标，确定了一系列重点发展的领域和工作重点，成为教育包括职业教育的改革与发展的路线图。2006 年开始，每隔五年，广东省委、省政府都会颁布职业教育改革与发展的纲领性文件。2006 年年底，省政府制定《广东省大力发展职业技术教育实施纲要（2006—2020 年）》（2007 年 2 月颁布）；2011 年 6 月，广东省委、省政府印发《广东省职业技术教育改革发展规划纲要（2011—2020 年)》；2015 年 11 月，广东省教育厅印发《广东省现代职业教育体系建设规划》。定期制定职业教育改革与发展的战略规划，已经成为广东省职业教育规范化发展、法制化发展的重要制度基础。

二、广东职业教育改革的体制探索

教育体制必须与社会经济体制相适应，作为改革开放的前沿，广东最早发展

---

① 参见杜锡强、冯成志《把握机遇开创广东职业教育的新明天》，载《职教通讯》1997 年第 1 期。

市场经济，最早形成劳动力市场，技术产业工人的巨大需求推动了广东职业教育的发展，反过来也成为推动职业教育办学体制改革的强大动力。改革开放的40年，也是广东职业教育办学体制改革探索的40年。

（一）中等职业教育的办学体制改革

1980年，广东省按照国务院批转中等教育结构改革的精神，大力发展职业高中、中等专业学校和技工学校。职业高中的开办由办学单位提出，报县教育行政部门审批，市教育行政部门备案。中学改办为职业高中的，报市教育行政部门审批。全省职业高中办学体制主要有三种：一是市、县教育行政部门办学，或与乡镇联合办学。这是职业高中办学的主要形式，约占职业高中班数的85%。二是教育行政部门与产业经济部门、企事业单位合办，主要分布在大中城市。三是其他部门、单位自办的职业高中，主要在农垦、铁路等系统和大型企业单位。部分市、县还兴办了一批由华侨、港澳同胞捐助的职业高中，多属一次性投资、捐建校舍或捐赠教学设备。中等专业学校则在举办全日制普通中专班的同时，开办职工中专班、短训班和进修班，通过各种方式，在短期内为各行各业培养和输送大批中等专业技术人才，适应广东省对外开放、对内搞活经济的需要。

1989年2月，广东省政府发出《关于加快发展中等职业学校、技工学校教育的通知》，针对中专、技工学校加快发展中存在的问题，提出一系列措施：第一，扩大办学自主权，逐步实行校长负责制，试行教师聘任制、学校工资总额包干制，调动学校教职员工的积极性；第二，改革招生分配制度，扩大学校调节计划招生比例，招收委托培养生、自费生，毕业生就业尝试由统包分配转向自主择业；第三，多渠道筹集办学经费，职业学校发挥与企业联系紧密，熟悉行业市场的优势，鼓励学校与企业横向协作，发展校办产业，政府提供税收优惠。

1994年11月，广东省委、省政府颁布《关于教育改革和发展的决定》，办学体制和管理体制改革是重点。文件提出要加快办学体制改革，鼓励企业和社会各界参与职业院校的办学，职业教育"主要依靠行业、企业单位、社会团体和公民个人举办，鼓励社会各方面联合举办"，并要求企业在转换机制过程中，不得将原有的职业教育机构撤销或将场地改作他用。在这一精神指导下，广东的中等职业教育的多元办学体制得到进一步优化。政府办学为主，社会各界参与办学的格局基本稳定下来。

（二）高等职业教育的办学体制改革

20世纪80年代初，广东省对中央和省的二级办学体制进行改革探索，率先建立中央、省、市三级办学体制。1983年开始出现中心城市办学，1985年，佛山、肇庆、梅州、韶关、惠州等地的5所省属师范专科学校通过合并或联合办学的形式组建地方职业大学,并下放给中心城市管理,经费仍由省拨付。这些职业大学分别是佛山大学、西江大学、嘉应大学、韶关大学和惠州大学,招生层次为专科。职业大学的专业设置注重职业性和应用性,开设当地急需的专业,包括电子电器、计算机、纺织、工业与民用建筑、食品、化工、酒店管理、外贸英语、旅游等。1993年后,地方职业大学普遍实现合并、调整或升级,办学层次由专科升级为本科。中心城市举办普通高等教育的实践,促进了高等教育的地方化,推动了高等教育的办学体制和管理体制改革,对政府、地方、社会、个人等多渠道投资体制的形成也有积极的促进作用。

1995年,广东根据实际发展和完善三级办学体制,开始在条件具备的中心城市举办高职院校,并把发展高等职业教育作为建设教育强省、实现教育现代化的战略举措。1999年,国家开始推进高等教育大众化,高等职业教育迎来发展高潮。广东省积极进行办学体制改革,通过多种形式着力发展高等职业教育。一是将一批行业类的国家级重点中等专业学校升格为职业技术学院,广东轻工职业技术学院、广东交通职业技术学院、广东水利电力职业技术学院、广州民航职业技术学院、广东工程职业技术学院等行业性高职院校先后成立。二是创办了地方职业技术学院,顺德(区)、番禺(区)、佛山(市)、中山(市)、珠海(市)等地纷纷成立地方职业技术学院。三是部分省属管理干部学院转制为职业院校,广东省农工商管理干部学院、广东科技管理干部学院都转制为职业技术学院。

(三)民办职业教育的办学体制改革

广东省是改革开放后最早举办民办教育的省份之一,在办学体制上进行了大量开创性的探索。1990年,私立华联学院创立,该校于1994年经省政府批准,成为全国第一批、广东省第一家具有学历招生资格的民办高等专科学校。随后,企业法人和社会团体创办的松山职业技术学院、民办南华工商学院(现为广东南华工商职业学院)、新安职业技术学院,民办的培正商学院(现为广东培正学院)、白云职业技术学院(现为广东白云学院)、岭南职业技术学院、潮汕职业技术学院相继成立。2000年前后,广东部分本科高校也创办了一批民办二级学院,既有本科层次的二级学院,也有专科层次的二级学院。到2010年,广东有独立设置的民办高校30所,除广东白云学院、广东培正学院等少数学校为本科高校外,其他均为专科层次的职业技术学院。

各地级以上市政府也积极支持民办职业教育的发展,创造性地提出了不少领先全国的促进民办教育的有力举措。例如,深圳市龙岗区政府规定,每年从教育费附加和财政经费中安排总计1亿元的民办教育专项资金,用于提高民办学校教师工资,支持民办学校校长和教师培训,推动民办学校达标和上等级;东莞市政府提供财政经费支持民办中职学校招收粤东西北地区的"双转移"学生;佛山市制定《促进民办教育发展实施办法》,规定各区政府人事部门可结合本地实际,鼓励民办学校招聘本科以上学历的教师,参照公办学校教师的方式进行管理,属外市户籍的教师,其户口可迁入学校的集体户。

从1993年开始,广东省按照"重视研究,支持试验,善于管理,加强领导"的方针,在促进民办教育发展的同时,加强规范化管理。据不完全统计,1993—2010年,广东省颁布了20多个有关民办教育的法规、意见、通知、办法等规范性文件。2013年7月,广东省政府印发《关于促进民办教育规范特色发展的意见》,从管理机制、扶持力度、保障措施等方面提出了23条意见。

三、广东职业教育改革的模式创新

(一) 建设南方职业教育基地

南方职业教育基地的提法最早出现在《广东省中长期教育改革和发展规划纲要(2010—2020年)》,其中第五章第十四条将"建设我国南方重要的职业教育基地"作为职业教育改革和发展的重要任务。"整合资源,优化布局,建设以省级职业教育基地和珠江三角洲地区各市职业教育基地为核心,以粤东西北地区各市职业教育基地为节点,辐射泛珠江三角洲地区的职业教育基地网络,完善适应现代产业体系要求的专业体系,创新人才培养模式,成为全国职业教育科学发展示范区和我国南方重要的职业教育基地。"《广东省职业技术教育改革发展规划纲要(2011—2020年)》则提出,2015年"初步建成我国南方重要职业技术教育基地",2020年"全面建成我国南方重要职业技术教育基地和职业技术教育强省"。由此,建设南方职业教育基地上升为省政府和地市各级政府发展壮大职业教育的重要政策。职教基地建设的方式主要是规划建设职业教育园区。2010年以来,广东省职业教育园区规划建设的土地面积在100平方公里以上,政府资金投入超过300亿元,政府在土地、财政方面提供了强大支持。

广东省建设的职业教育园区主要三种类型[①]:一是功能综合的大型职教园区。根据规划,广东省在清远市建立省级职教园区,规划面积20平方公里,计划入驻中职、高职院校17所,分5个组团入驻。园区建设的目标是以职业教育及相关产业为驱动引擎,建设集教育培训、研发孵化、商贸服务、文化娱乐等多元功能于一体的复合型智慧新区。广州市也在增城区规划建设了一个面积达20平方公里的职业教育园区,计划入驻6所高职院校、12所中职院校、6所技工学校,分6个组团入驻。二是资源整合的区域型职教园区。如果说清远职教园区和广州职教园区是省级职教园区的代表,具有核心地位,那么中山、东莞、惠州等

---

① 参见刘志文、郑少如《广东职教园区建设的模式选择与策略分析》,载《高教探索》2015年第4期。

地建设的职业教育基地则是区域型的职教园区，特点是规划新区发展职业教育，但占地面积较小，500公顷（5平方公里）以下，入驻的学校数量为3～5所，既有中职学校也有高职院校。三是片区整合的专业组合型职教园区。深圳、佛山、珠海等中心城市的职业教育系统较为完整，有较好的发展基础，同时，因用地紧张，难以划出成片区域建设职业教育园区。这些城市在建设"南方职教基地"的方式上不以规划新建园区为重点，而是注重功能的重新组合，形成专业集群优势，增强职业教育与产业的匹配。深圳市把"探索以产业园区为依托的职业教育园区建设"作为职业教育发展的重点工程，珠海市提出整合资源，建设集群优势明显的专业集群式职教园区。

（二）深入推进现代学徒制改革

早在2009年，广东清远职业技术学院就开始进行现代学徒制试点，在全国率先进行探索。到2014年，广东已有8所高职院校开展试点。广东省政府对于现代学徒制的试点工作给予政策和财政上的支持，每个试点专业给予财政补助40万元，同时也开展了一系列的理论研究。2014年12月，教育部组织召开"全国职业教育现代学徒制试点工作推进会"。会上，广东省教育厅介绍了现代学徒制试点改革的经验。

2015年1月，教育部职业教育与成人教育司发布《关于开展现代学徒制试点工作的通知》，开始在全国范围内进行现代学徒制改革试点工作。首批试点在10个省的17个市进行，试点企业8家，试点高职院校100所、中职学校27所，其中，广东省的佛山市、中山市参加地区试点，清远职业技术学院、广东科学技术职业学院、广东工程职业技术学院、广东机电职业技术学院、广州铁路职业技术学院、广东邮电职业技术学院成为试点高职院校，深圳市第一职业技术学校成为试点中职学校。2017年8月，教育部办公厅公布第二批现代学徒制试点单位203个，广东省物联网协会作为行业组织参加试点，广东环境保护工程职业学院、广东建设职业技术学院、广东理工职业学院等9所高职院校成为试点单位，佛山市顺德区陈村职业技术学校、广东省食品药品职业技术学校成为试点中职学校。2018年8月，教育部办公厅公布第三批现代学徒制试点单位194个，全国新增一个试点地区广东省清远市，深圳市迅方技术股份有限公司成为试点企业，东莞职业技术学院、广东碧桂园职业学院、广东工贸职业技术学院等11所高职院校参加试点，东莞理工学校、东莞市纺织服装学校成为试点中职学校。目前，广东省共有36个单位参加现代学徒制试点，其中3个试点地区、1个行业组织、1个企业、26个高职院校、5个中职学校，是全国最多试点单位的省份。

现代学徒制的改革试点离不开政府的政策和财政支持，离不开教育行政部门、行业主管部门、行业企业的支持和配合，广东省先后出台多项重要文件引导现代学徒制改革试点,并制定了一系列制度,扎实有效地推动了现代学徒制改革的落地生根。2016年,广东省教育厅、省财政厅、省人力资源和社会保障厅、省经济和信息化委员会联合发布《关于大力开展职业教育现代学徒制试点工作的实施意见》,对招生招工、校企合作、学校权益保障、财政支持等方面做出明确的规定。财政支持方面,省财政"将试点工作列入高职院校'创新强校工程'考核范围,在省高等职业教育相关专项资金和中央财政奖补资金中予以专门补助,在省高等职业教育质量工程项目遴选中给予优先支持"。2014年以来,省级财政累计投入1515万元支持现代学徒制试点,主要用于试点专业建设。各地市也纷纷建立现代学徒制资助制度,如中山市对每个试点专业补助30万元,并于2016年开始,按照每个学徒4000元/年的标准,向参与学徒制培养企业发放补贴。此外,在信息服务方面,建立了现代学徒制管理平台,方便试点院校加强项目的学籍管理、教学管理、招生就业服务,参与现代学徒制试点的企业也可以在平台上发布、查询相关信息,实现资源共享,极大地便利了各方参与现代学徒制改革。

(三)广泛开展国际合作

中英职业教育合作是广东职业教育领域国际合作的品牌项目,不仅合作时间长,而且取得成果多,在全国有较大影响。从1999年开始,中英职业教育从基础到高级,从单层面到多层面,层层深入,逐步推进。1999—2002年是合作萌芽期,英国总领事馆文化教育处与广东省教育厅相互接触,双方互访探讨合作模式;2002—2004年,双方在广东职业院校中引进英国职业资格证书,并开展了"以学生为中心"教学法培训项目;2005—2009年,双方开展职业教育政策体制研讨,并确定合作开展课程教学标准的改革;从2010年开始,双方成立"中高职衔接课程改革理论与实践研究"项目,协助广东构建中高职衔接的现代职业教育体系。中英职业教育合作取得了明显的成效:一是通过专家互访交流,更新了教育理念。广东定期邀请英国专家来粤访问,组织、选派专业课教师访问英国有关院校,通过专家互访交流熟悉了解英国职业教育制度,学习英国职业教育"以学生为中心"的教学方法和评估制度。二是举办教师培训班,培养合作项目的骨干教师。先后在番禺职业技术学院、农工商职业技术学院举办多期"中英职业教育合作教师培训班",参加培训的教师超过200人。三是积极开展"以学生为中心"教学方法的改革试验。广东多次选派专业课教师到英国的哈德斯菲尔德大学、曼城艺术与技术学院、伯明翰大学等院校访问学习,通过教师座谈、跟班上课等形式考察、学习英国职业教育"以学生为中心"的教学方法,学习教学质量和学生学习成绩评估方法,教师们收获非常大。四是引进英国职业教育证书。广东省教育厅组织了职业教育考察团赴英、法等国访问,引进了相应的职业证书课程，在广东农工商职业技术学院、广东白云学院的相关专业开展试点，取得了良好的效果。五是学习借鉴英国学徒制经验。2014年，广东与英国驻广州总领事馆正式签署了《中英职业教育现代学徒制试点合作备忘录》，学习借鉴英国学徒制经验。

德国的职业教育在世界上享有盛誉，广东不断深化与德国职业教育的合作，多次邀请德国工商会、企业、应用技术大学、培训机构的代表参加粤德职业教育论坛，帮助德资企业了解广东省的应用型本科和职业院校的现状，寻求合作机会。2011年6月，时任中共广东省委书记汪洋率广东省代表团访问德国，在粤德高层互访中指出："广东要与德国加强'双向交流'，学习其职业教育制度规程，并邀请德国有关专家到广东指导完善职业教育机制运行。"[1] 2011年12月，广东省教育厅在广东轻工职业技术学院南海校区举行了"中德职业教育合作暨凯勒仿真数控软件应用研讨会"，德国工商会、企业、职业教育专家，广东省行业协会、企业、职业院校代表共200余人参加了会议。近年来，广东省各地市和职业院校也积极与德国行业协会、企业和职业学校合作，在引进职业教育理念、工作过程系统化的课程模式、教学资源等方面做了大量的工作，取得了明显成效。佛山市南海区以南海技师学院为抓手，深化与德国职业教育的合作。2016年12月，南海技师学院与德国亚琛技术学院、亚琛汽车技术中心、德国工业4.0工程院等机构共同建立德国技术证书中心，开始将德国的先进技术标准融入学院的全日制培养和企业培训。

第三节 广东职业教育改革发展的未来展望

经过40年的改革与发展，广东职业教育取得了辉煌成绩，初步形成了具有广东特色，层次、类型、布局基本合理，专业设置能够适应广东经济社会发展需要的现代职业教育体系。当前，广东职业教育改革和发展的重要任务是优化和完善现代职业教育体系。展望未来，广东职业教育将呈现出一幅新的蓝图。

一、体系结构更加优化

职业教育的体系结构与经济产业结构关系紧密，经济产业结构的调整会影响人才培养的规模、层次和结构，进而影响到职业教育的体系结构。改革开放以来，广东经济结构进行了多次战略性调整，为了使职业教育的人才培养与经济产业需求相匹配、相适应，职业教育的体系结构也在不断地进行调整和优化。总体

---

[1] 汪洋：《粤德要加强职教"双向交流"》，载《南方日报》2011年6月12日。

上看，广东职业教育人才培养的层次、规模与广东经济社会发展相互匹配，广东职业教育发展与经济社会发展形成了良性循环。当前，"中国制造2025"、"一带一路"、广东自贸区建设、广东省智能制造发展规划、工业转型升级攻坚战等国家和省重大发展战略（倡议）正在深入推进，广东职业教育的体系结构面临着新一轮的调整优化任务。首先，要根据产业发展需要，优化职业教育的区域布局结构。"十三五"期间，广东制造业的区域布局正在加快调整，各区域的制造业发展重点逐步明确。以珠海、佛山为龙头，加快建设珠江西岸先进装备制造产业带；支持粤北韶关等地发展先进装备备配产业；以广州、深圳为核心，围绕电子信息技术、生物技术等重要领域打造具有国际竞争力的电子信息产业集群；引领河源、汕尾等地电子信息产业加快发展；建设惠州、茂名、揭阳、湛江四大石化基地。制造业区域布局的变化，要求加快韶关、汕头、湛江、茂名等地的职业教育发展，做大做强东西两翼和粤北山区的职业教育，为广东推动制造业转型升级、加快实现由制造大省向制造强省转变提供产业人才的支持。其次，要专业对接产业，调整优化职业院校的专业结构。2016年广东省高职院校共有485个专业，包括18个专业大类，其中，财经大类占27.07%，广东经济发展急需的制造业大类占10.63%，电子信息大类占13.41%，不能满足广东制造业、电子信息产业发展的需要。2017年广东省有中等职业学校459所（不含技工学校），共有191个专业，覆盖全部19个专业大类，全省共设3875个专业点，专业布点排名前五的专业是电子商务、计算机应用、学前教育、会计、汽车运用与维修，专业人数排名前五的专业是学前教育、电子商务、汽车运用与维修、计算机应用、护理，加工制造类专业都不在其中。因此，高职院校和中等职业学校的专业结构都需要进一步调整优化，才能更好地服务于广东制造强省发展战略的需要。最后，要强化沟通衔接，优化职业教育的层次结构。广东省在探索职业教育与普通教育、中等职业教育与高等职业教育的沟通衔接方面进行了积极的探索，取得了可喜的成绩。2017年3月，广东省质量技术监督局批准发布《广东终身教育资历框架等级标准》，在全国属于首次。该标准为各级各类学习成果认证、积累与转换提供了共同参照，普通教育、职业教育、培训及业绩成果间可依据等级标准实现互认，各级各类教育实现纵横贯通和衔接。但是，终身教育资历框架的落实，职业教育与普通教育、中等职业教育与高等职业教育互通衔接的宽度和覆盖面应逐步提高。随着高等教育普及化时代的逼近，广东职业教育的层次结构需要进一步调整优化，具体来说，中等职业教育面临着优质发展问题，高等职业教育面临着质量提升问题，本科层次、研究生层次的职业教育面临着转型发展问题。

二、体制机制更加灵活

灵活的体制和机制是推动职业教育改革发展的利器和源头活力，职业教育的体制机制改革永远在路上。2015年，广东省政府制定《关于创建现代职业教育综合改革试点省的意见》，提出要"深化现代职业教育管理制度改革"，为未来一段时期职业教育机制改革指明了方向。一是要加强职业教育的工作统筹。经过多年探索，广东省现代职业教育体系建设的工作机制基本形成，其中，省教育体制改革领导小组负责顶层设计，把握改革方向；教育行政部门负责职业教育体系统筹规划、总体协调和宏观管理；人力资源和社会保障、财政等部门负责各自职能范围内的工作。这个工作机制整体上是顺畅的，但也存在一些问题，比如，各部门职责不清，职能交叉现象依然存在；联络协调涉及部门众多，达成共识难，工作效率低；东西两翼和粤北山区市、县政府财政紧张，发展职业教育的积极性不高；等等。因此，深化现代职业教育管理制度改革，加强职业教育工作的领导和统筹，依然是重中之重。二是要支持社会力量兴办职业教育。充分发挥市场机制作用，鼓励社会力量举办职业教育是广东的传统优势，但是，近年来这种优势有所削弱。中等职业教育方面，规模的整体紧缩与公办中职学校办学条件的整体改善，削弱了民办中职学校的优势，导致生源和经费方面的困难。高等职业教育方面，公办高职院校的财政投入力度不断加大，民办高职院校则主要依靠学费收入，投资渠道较为单一，竞争优势不断下降。举例来说，2016年现代职业教育综合改革试点省争先创优奖补资金（高职教育部分）共计39940万元，其中，绝大部分投入公办高职院校，投入民办高职院校的资金总计1168万元，仅占2.9%。保障民办职业院校与公办职业院校享有同等的法律地位，并依法享受教育、财税、土地、金融等方面的优惠政策，是支持社会力量兴办职业教育的政策重点。三是要健全行业企业参与制度。行业参与、校企合作、产教融合是职业教育的特色所在，也是职业教育鲜活生命力的体现，广东在推进校企合作、深化产教融合的改革中，走在全国前列，形成了"广东模式"。顺德梁銶琚职业技术学校的引企入校模式，让学生的学习与上班相结合，实现教和做的高度统一；江门市鹤山雅图仕印刷有限公司投资上亿元，投资举办职业技术学校，全方位参与人才培养，成为企业办学的典型；广东交通职业技术学院与众多的汽车品牌公司举办订单班，"宝马班""博世班""丰田班""通用班""奔驰班"既是班级的名称，也是学生高质量就业的保证。据统计，2016年全省发布了38份企业参与高职教育的人才培养年度报告，涉及58家企业，这些企业既有传统企业，也有高新技术企业，还有特色鲜明的现代服务业。面向未来，广东职业教育的校企合作、产教融合还需要进一步深化，还需要健全行业企业参与职业教育的制度，建立校企合作的长效机制。

三、标准体系更加健全

职业教育的标准体系对于规范教学、提高教学质量、深化人才培养模式改革具有重要的意义，成为加快现代职业教育发展的重要基础。近年来，教育部积极推进职业教育标准体系建设。教育部在 2015 年职业教育的工作要点中明确提出"以完善制度标准为重点全面推进现代职业教育体系"；2015 年 12 月，教育部启动了 15 个高等职业教育专业教学标准的研制工作。2013 年，广东省在全国率先启动了中高职衔接专业教学标准和课程标准的研制工作，希望借此来推动人才培养过程和质量评价方式的规范化和标准化，促进职业教育的内部衔接和外部对接，全面提高人才培养质量。全省共启动了 74 个中高衔接、高本衔接、现代学徒制等类型的省级专业标准研制项目，涉及 36 个中职教育专业、54 个高职教育专业、24 个本科教育专业。参与研制项目的各级各类职业院校和本科学校共 137 所，企业 80 家，行业协会 20 家，教师和行业企业专家超过 1000 人，投入研制经费近 2000 万元。① 2015 年，职业教育标准体系建设列入广东省现代职业教育综合改革试点的重点项目，成为广东发展现代职业教育的重点领域和关键环节。主要内容包括三个方面：一是建立现代职业教育的职业院校标准体系。通过制定完善职业院校的建设标准、生均定额拨款标准等办学标准，来保证职业院校的办学条件和办学质量。二是建立现代职业教育的专业标准体系。通过行业专家的深度参与，把行业技术标准融入人才培养过程，转化为专业教学标准，从而实现职业教育与企业和劳动力市场需求的对接。三是建立现代职业教育的质量评价标准体系。质量评价理念以学习者的学习成效评价为中心，评价方式强调学生、教师、行业、企业及用人单位的多方参与。在质量保障方面，定期开展职业院校人才培养和教学评估，实行职业教育年度质量的报告制度。目前，职业教育标准体系建设取得初步成果，职业院校的教学评估定期开展，质量年报制度正式实施，专业标准的研制工作正在深化。经过一段时间的努力，广东省将建立一套与产业发展相适应，具有广东特色、国际水准的职业教育标准体系。

四、培养模式更加多样

校企合作、工学结合是职业教育的优势和特色所在，强化教与学结合、学与做结合、知识与技能结合、素质与能力结合的教育教学活动，推行案例教学、项目教学、工作过程导向教学、一体化教学等教学模式，是广东职业教育人才培养模式改革的重点领域。未来一段时间，广东职业教育人才培养模式改革的重点包括三个方面：一是继续深化校企合作办学模式改革。重点是统筹行业产业和教育资源，创建产教融合发展示范区，融合发展的方式包括建立政府主导的职教园区、区域职业教育集团，高等职业院校、行业龙头企业牵头组建的实体性职业教育集团，等等。二是积极开展现代学徒制试点。广东省从 2009 年开始现代学徒

---

① 参见广东省教育厅文件《广东省高等职业教育质量年度报告（2017）》。

制试点，到 2018 年全省共有 3 个地级市 31 所职业院校 70 多个专业参与教育部现代学徒制试点，探索出了"学校+大型企业""学校+职教集团+企业""学校+园区+企业""现代学徒连锁学院"等 7 种模式，积累了丰富的经验，未来的工作重点是总结提升形成理论和制度性成果。三是推进现代职业教育实训中心转型提升。工作的重点是促进职业院校的实训中心与行业企业的技术创新中心协同融合发展，鼓励职业院校参与企业技术中心建设，将实训基地建在合作企业，在有条件的地区规划建设实习实训教学、技能考核、师资及企业职工培训、技能竞赛、教产研服务"五位一体"的现代职业教育实训中心。

第七章 高等教育

改革开放40年来,为适应和推动社会主义市场经济的发展,广东省委、省政府始终把高等教育摆在重要战略位置,先后做出了"中心城市办大学"、实施"教育强省"战略、"科教兴粤"战略、"兴建大学城"、"双高"建设等一系列重大决策和举措,全面推动了高等教育规模、结构、质量、效益的协调发展,使高等教育实现了从精英化向大众化的历史跨越,加快了建设高等教育强省的步伐。根据高等教育发展阶段的特征,大致可以将广东省这40年高等教育改革发展历程划分为两大阶段,即精英化高等教育阶段和大众化高等教育阶段。而根据广东省高等教育改革发展的进程和时代特征,这两大阶段又可一分为二:精英化高等教育阶段可划分为恢复高考后高等教育重回正轨及探索期(1978—1988年)和以改革促进省域高等教育内涵式发展期(1989—1998年),每个阶段各为10年;大众化高等教育阶段可划分为积极扩展规模全面推进高等教育大众化期(1999—2008年)和以深化创新改革打造"广东模式"的高等教育提速期(2009—2018年),每个阶段也各为10年。

第一节 广东高等教育改革发展的基本历程

一、第一个十年:恢复高考后高等教育重回正轨及改革探索(1978—1988年)

(一)改革动因

政治上,1978年党的十一届三中全会后,全面进行了拨乱反正,确立了党的实事求是的思想路线,国家重新回归正常发展轨道。政治领域的拨乱反正,促使教育领域特别是高等教育领域也亟须进行改革和调整。一方面,"拨乱反正"为高等教育事业的改革和发展指明了大方向,并提供了一个相对稳定的大环境;

另一方面，重回正轨的社会主义国家建设急需高校培养大量的高素质人才。

经济上，广东省被确立为全国改革开放的排头兵，尤其是设立深圳、珠海、汕头三个经济特区后，广东省在改革开放中被赋予了特殊的意义。政策和地理位置上的优势，促使广东省的商品生产和市场经济蓬勃发展。经济领域中的这些变化，决定了高等教育在层次、目标、内容、形式、手段等方面必须进行相应的改革与调整，使之具有与其相适应的效能。①

改革开放初期，广东省高等教育基础相当薄弱。十年"文革"致使广东省高等教育事业经历了空前劫难，普通高校停止招生长达10年，也使得高等教育事业出现停滞和倒退。据统计，1978年，广东省的高等学校仅29所，在校生3.07万人，招生1.14万人，毕业生0.51万人，教职工2.01万人，高等教育的毛入学率不足1%。高等教育人才培养的规模与经济发展对人才的需求不相适应，因此，广东高等教育开展了大刀阔斧的调整和改革。

（二）改革过程

1977年全国恢复高等学校统一招生考试制度后，特别是1978年党的十一届三中全会后，广东省高等教育开始拨乱反正，纠正"左"倾路线，力求使高等教育重新回归健康良性发展轨道，开启了高等教育的第一个改革和探索期。

1978年，全省教育工作会议召开，会议联系广东教育战线实际，纠正"左"的偏向。1979年，全省高等教育工作会议召开，高等教育系统深入拨乱反正，恢复各种教育制度，使高等教育重新获得了生机。到1982年年底，广东省高等教育的"拨乱反正"工作基本完成，高等教育事业开始重回正轨。

1983年，为深入贯彻落实党的十二大提出的把教育摆在国家工作重要议事日程上的方针，广东省委、省政府出台了《关于努力开创我省教育事业新局面的决定》，提出真正把教育工作摆上战略重点地位，高等教育要积极进行改革，要在不断提高质量中稳步发展。

1985年，《中共中央关于教育体制改革的决定》发布，要求扩大高等教育学校的办学自主权。为深入贯彻落实《中共中央关于教育体制改革的决定》，同年10月，广东省委、省政府印发《关于贯彻〈中共中央关于教育体制改革的决定〉的意见》，提出改革高校管理体制，扩大高校办学自主权，加快高等教育事业的发展。

1988年，为进一步改革高等教育体制，使高校具有适应经济社会发展需要的活力，广东省委、省政府出台了《关于高等教育体制改革的决定》，进一步提出要改革高等教育管理体制，扩大高校办学自主权。

---

① 参见李修宏《对外开放与广东高等教育》，载《高教探索》1987年第1期，第5～10页。

这些政策文件的颁布和实施，掀起了广东省高等教育改革的热潮。到 1988 年年底，广东省高等教育改革已取得了相当大的进展，为第二个十年的高等教育改革和发展奠定了坚实的基础。

（三）改革举措

在党的十一届三中全会以来的这十年，广东高等教育领域的改革措施主要体现在以下五个方面：

1. **改革办学体制，兴办地方大学**

从 1983 年开始，先后在深圳、广州、汕头、江门等地兴办了 11 所高校，逐渐形成了中央、省、市三级办学，中央、省两级管理，以省为主的体制。

1985 年，广东省委、省政府印发《关于贯彻〈中共中央关于教育体制改革的决定〉的意见》，提出要改革高等教育管理体制，实行中央、省、市分级办学、分级管理、由省统筹的体制。同时，积极倡导和支持市（地）创办各种职业（专科）大学，逐步交给市（地）主办和管理，或实行省、市（地）合办机制。1988 年，广东省委、省政府出台了《关于高等教育体制改革的决定》，提出改革高等教育管理体制，扩大高校办学的自主权。同时，在高校执行国家方针、政策、法令和计划的前提下，赋予高校作为相对独立的教育实体应享有的办学所需权限。

2. **落实知识分子政策，努力恢复高校教师地位和提高教师待遇**

"文革"期间，知识分子遭到迫害，被叫作"臭老九"。党的十一届三中全会以后，中共中央明确宣布，对知识分子不再提团结、教育、改造的方针，在全社会大力倡导"尊重知识、尊重人才"的风尚。在此背景之下，广东省开始着手平反政治运动中的冤假错案，认真贯彻党的知识分子政策，改正错划右派，恢复教师职称评定等，全省约 4 万名教师的冤假错案得到平反昭雪。1978—1983 年，广东省高校确定和提升为讲师以上职称的就有 7762 人。此外，广东省委、省政府也从政策层面加大对落实知识分子政策、提高教师地位和待遇等问题解决的支持力度。1983 年，广东省委、省政府《关于努力开创我省教育事业新局面的决定》提出，要进一步落实党的知识分子政策，在全省人民中树立尊师爱校的社会风气；对广大教师政治上要充分信任；特别注意解决教师生活福利待遇低、住房困难等问题。1985 年，广东省委、省政府在《关于贯彻〈中共中央关于教育体制改革的决定〉的意见》中再次强调，要进一步落实知识分子政策，提高教师的政治地位和生活待遇，在发放奖金、安排住房等方面，要做到教师与当地党政机关干部一视同仁；省、市、县各级政府每年要拨出专款和多方集资，兴建教师宿舍。

3. 切实转变观念，增加高教经费投入

为保证广东省教育事业发展，1983年，广东省委、省政府《关于努力开创我省教育事业新局面的决定》提出，要确保省对高等教育投资有较大的增加，确保全省高等教育事业经费每年递增8%以上，省属普通高校基建投资占全省基建投资的4%以上。1985年，广东省委、省政府在《关于贯彻〈中共中央关于教育体制改革的决定〉的意见》中提出要千方百计增加教育投入。《中共中央关于教育体制改革的决定》指出："发展教育事业不增加投入是不行的。在今后一定时期内，中央和地方政府的教育拨款的增长要高于财政经常性收入的增长，并使按在校学生人数平均的教育费用逐步增长。"根据《中共中央关于教育体制改革的决定》，广东省委、省政府也提出一定要纠正轻视教育的错误思想，舍得花大本钱办教育，做到"新账不再欠，旧账逐年还"；省属高校基建投资要按国家计划招生人数增长所需增加校舍面积拨给经费，每年以3200万元为基数，并增加一些必要的专项补助。

4. 改革高校统一招生制度，实行学生缴费上学

自1977年全国普通高校招生考试恢复以来，广东省一直致力于招生考试制度的改革、探索和创新。① 1983年，广东省委、省政府制定《关于努力开创我省教育事业新局面的决定》，提出要积极改革高校的招生制度。1985年，广东在全国首先试行高考标准化考试，将高考的数学和英语两科进行标准化试验。同年，广东省委、省政府印发《关于贯彻〈中共中央关于教育体制改革的决定〉的意见》，提出要改革按国家计划统一招生，实行国家计划招生、用人单位委托招生和招收自费学生的办法；同时，省教育委员会和省计划委员会要做好发展高等教育的总体规划和中长期人才需求的预测，确定国家计划招生、用人单位委托招生和自费生的规划，指导高校和企事业单位做好招生和委托培养人才的工作。1988年，广东省委、省政府出台了《关于高等教育体制改革的决定》，提出改变统一招生、统一分配的制度，实行学生缴费上学，毕业后推荐就业、定向就业、择优录用的制度。

5. 改革"统包统分"毕业生就业制度，探索就业不包分配

高考制度恢复后，以往"统包统分"的毕业生就业制度不再适应经济社会发展的需要。1983年，按照党的十二大和全国第五届人大会议的要求，广东省委、省政府制定《关于努力开创我省教育事业新局面的决定》，提出要积极改革高校的分配制度。1985年，《中共中央关于教育体制改革的决定》提出要改革高校毕业生分配制度。同年，在国家层面政策文件的指引下，广东省委、省政府制定《关于贯彻〈中共中央关于教育体制改革的决定〉的意见》，指出要改革高校

---

① 参见罗伟其《广东教育改革发展30年纪事》，广东高等教育出版社2008年版。

毕业生分配制度，改革高校毕业生全部由国家统一分配的制度。按国家计划招收的学生，毕业后由国家统一分配，委培生按合同规定到委托单位工作，自费生毕业后，可由学校推荐，用人单位择优录取。此后，广东省的毕业生分配实行切块计划，通过学生和用人单位供需见面，采取自上而下、上下结合的方法；实行就业不包分配；定向生、委培生毕业后按合同到定向地区或委托代培的单位工作；国家任务生则试行择优分配办法和供需见面的方式。

（四）改革成果

1. 高等教育规模稳步扩大

改革开放后，广东省高等教育迅速进行"拨乱反正"，实行复办、合办、新办高校，进入了健康发展期。① 20 世纪 80 年代，广东中心城市办高校运动迅速崛起，先后在深圳、广州、汕头、江门等地兴办 11 所高校，地方高校数量增加。1983 年，广东省委、省政府在国务院《关于加快发展高等教育的报告》指导下，做出《关于努力开创我省教育事业新局面的决定》，全面推进教育改革，加快教育事业发展。同年 10 月，《广东省高等教育发展战略研究专题报告》发布，确立了"科类比较齐全，层次、比例较合理，总体规模能主动适应经济社会发展的高等教育体系"的战略目标。

1978—1988 年，高等教育规模稳步扩大。1988 年与 1978 年相比，高校数量由 29 所增加到 45 所，在校生人数由 3.07 万人增加到 9.72 万人，毕业生数由 0.51 万人增加到 2.53 万人，招生数由 1.14 万人增加到 3.69 万人，教职工数由 2.01 万人增加到 3.88 万人，每万人口普通本专科在校生由 6.06 人增加到 16.40 人。②

2. 中央、省、市三级办学颇具特色

为响应国家省、市、地方三级办学的构想，推动中心城市经济社会的发展，广东省委、省政府印发《关于贯彻〈中共中央关于教育体制改革的决定〉的意见》，提出要改革高等教育管理体制，实行中央、省、市分级办学、分级管理、由省统筹的体制。自 1983 年伊始，以汕头大学、深圳大学正式招生为起点，汕头、深圳、广州等 9 个市先后创办了 11 所大学。由中心城市兴办的这 11 所大学，在学校数量、办学规模、学生人数等方面，约占全省高等教育总量的 1/3。中心城市举办高等教育这一举动极大推进了广东高等教育办学体制和管理体制的改革，并在全国产生较大的影响：以地方财政投入为主，社会和个人等投入为

---

① 参见陈伟《广东高等教育发展研究：1978—2008》，暨南大学出版社 2008 年版。
② 参见广东省统计局、国家统计局广东调查总队《广东统计年鉴（2008）》，中国统计出版社 2008 年版。

辅，从而使以往的中央和省政府两级办学体制转变为中央、省和地方三级办学体制。

3. 高校教师重获尊严

改革开放后，广东省逐渐纠正错误、转变观念，认识到广大教师为社会主义现代化建设做出了巨大的贡献，办好一所学校，必须依靠教师，教师群体理应受到全党全社会的尊重。在广东省委、省政府落实知识分子政策、尊师重教、提高教师社会地位等政策的大力倡导之下，教师的社会地位重新得到认可，全社会形成了尊师重教的风气，高校教师重获尊严。同时，各地也积极开展尊师重教的活动，许多执教多年的老教师得到省政府和省高等教育局颁发的工作25年或30年的荣誉证书；各校还为老教师举办执教30年或50年的庆祝活动，表彰先进教师等，成效颇丰，教师的积极性得到极大提高。此外，广东省委、省政府分别于1983年和1985年提出解决教师生活福利待遇低、住房困难等问题。经过几年的努力，广东省高校教师的待遇逐步提高，住房条件得到进一步改善。

4. 高校招生、就业制度改革步伐全国领先

一方面，高校招生制度改革全国领先。1983年，广州大学和深圳大学率先在全国实行了招生和分配制度改革。1985年，广东的高考标准化考试模式开始在全国试行。同年，广东省委、省政府提出，改革高校招生计划，实行国家计划招生、用人单位委托招生和招收自费生的办法。1988年，《关于高等教育体制改革的决定》继续要求改变统一招生的制度，实行学生缴费上学。随着广东省高校招生制度改革的不断深化，改革步伐开始加快。

另一方面，广东省高校毕业生就业制度的改革，是与省内招生制度改革相伴相随的。1983年，《关于努力开创我省教育事业新局面的决定》提出要改革高校毕业生分配制度；1985年，广东省委、省政府《关于贯彻〈中共中央关于教育体制改革的决定〉的意见》再次提出要改革高校毕业生分配制度，改革高校毕业生全部由国家统一分配的制度。此后，1983—1988年，如广州大学、嘉应大学、西江大学等一批新办的地方院校以及部分省、部属院校招收的自费生，已实行"择优推荐、自主择业"。①

（五）改革特征

1. 革故鼎新办高等教育

改革开放之后，广东省鲜明提出"教育要适应经济、服务社会"的办学理念，根据经济建设和社会发展的需要培养人才。得改革开放风气之先，广东高等

---

① 参见黄家泉、高佩馨、关家康《广东高校招生与毕业生就业制度改革的实践探索》，载《广州大学学报（综合版）》1998年第4期，第23～31页。

教育也开创出不少新思路，如结合实际发展提出"地方政府和高校联合办学""自主创办与外地引进并举"等多元化的办学模式，使得广东省的高校如雨后春笋般快速生长，办学质量也提高得很快。此外，为响应国家提出的中央、省、市三级办学的构想，广东省委、省政府提出要改革高等教育管理体制，实行中央、省、市分级办学、分级管理、由省统筹的体制，并率先兴办汕头大学、深圳大学、广州大学、五邑大学等11所地方高校，不仅为地方经济社会的发展培养了大量人才，而且为以往的中央和省政府两级办学体制改变为中央、省和地方三级办学体制提供了实践基础。

2. 集思广益办高等教育

1978年党的十一届三中全会后，广东高等教育战线迅速完成"拨乱反正"工作，使得高等教育重新回归正轨。一方面，广东省政府层面把教育摆在突出位置，为高等教育的发展提供了政策和制度保障。1983年，广东省委、省政府出台《关于努力开创我省教育事业新局面的决定》，提出真正把教育工作摆上重点战略地位，高等教育也要积极进行改革，在不断提高质量中稳步发展。此外，政府也加大对高等教育的财政投入，分别于1983年和1985年提出，要增加高等教育的经费投入，为高等教育的发展提供资金保障。另一方面，集中社会力量和社会资源办高等教育。广东省是著名的侨乡，广大侨胞对家乡高等教育事业的发展给予高度关注和莫大支持，这对高等教育事业发展来说，是非常可观的资源和财富。广东省充分利用侨乡资源举办高等教育，如20世纪80年代的汕头大学、五邑大学等，就是充分发挥社会集资的力量创办高等教育的典型。

3. 立足经济社会发展办高等教育

1979年7月，中央对广东实行"特殊政策、灵活措施"，先后建立了深圳、珠海、汕头三个经济特区和广州、湛江两个沿海开放城市，还有以佛山、江门等城市为中心的珠江三角洲经济开发区，形成了沿海经济发展带动内地山区经济发展的新格局，广东经济也从此进入了中华人民共和国成立以来最兴旺的发展时期。经济活力的展现不但吸引了全国各地的人才，也对广东省本土高等教育培养人才提出了更高的要求。这个时期广东高等教育改革发展更加强调从实际出发，紧密与当地经济社会发展状况相结合，以此来推动高等教育快速发展，解决实际问题。积极开展多层次、多形式、多规格、多渠道办学，广泛进行高等教育的各项改革，尤其是在经济特区和沿海开放城市兴办地方大学，为这些地区经济的腾飞打下了坚实的人才基础。到1988年，全省普通高校有45所（不含原海南4所），其中90%以上的高等学校分布在全省经济特区和沿海开放城市。1983—1988年，广东省普通高等教育共培养了大学本专科毕业生近10万人，成人高等教育培养了各类专科毕业生约13.6万人，为缓解广东专门人才紧缺状况、促进社会经济的发展做出了贡献。①

二、第二个十年：以改革促进省域高等教育内涵式发展（1989—1998 年）

（一）改革动因

改革开放以来的前十年，广东省高等教育获得了长足的发展，扭转了中华人民共和国成立以来居全国后列的被动局面。在改革开放的第二个十年，广东省高等教育继续结合新形势下社会经济大环境，通过深化改革走内涵式发展的道路，致力于建立面向 21 世纪并与广东省社会经济相适应的高等教育体系。

1987 年，党的十三大召开，明确指出要把发展科学技术和教育事业放在发展的优先战略位置，这对新时期的高等教育而言，既是新的要求，也是新的挑战。1992 年，党的十四大召开，更是明确指出："我们必须把教育摆在优先发展的战略地位。"在此之前的十年中，广东省经济发展速度创造了罕见的奇迹，为实现现代化打下了坚实的基础。按省的部署，今后经济社会发展的改革方向是坚定地走中国特色社会主义道路，大胆吸收各国包括发达资本主义国家的经营方式和管理办法，深化改革，建立健全社会主义市场经济体制和良好的外向型运行机制。② 这意味着对人才培养提出了双重挑战：一方面，需要适应经济社会发展的要求，保证足够数量的专业人才供应；另一方面，在保证人才供应数量的同时，提高人才培养的质量也是需要攻克的难题。

虽然经过改革发展，广东省高等教育事业取得了长足的进步，但是因为经济的持续高速发展，高等教育发展的规模和质量与经济发展不协调的问题越来越突出。1992 年年底，广东省委、省政府召开广东省高等教育工作会议，提出要不失时机地加快广东省高等教育改革和发展步伐，高等教育改革和发展进入一个新时期。

（二）改革过程

1989—1992 年，广东省高等教育进行充实提高，学校教育与经济社会发展紧密结合，进一步深化改革，提高人才培养质量。

1991 年，广东省政府制定了《广东省教育事业十年规划和发展改革方案》，

---

① 参见李修宏《对广东高等教育为社会经济服务的认识与实践》，载《高教探索》1988 年第 3 期，第 5～11 页。

② 参见黄锦能《关于加速广东高等教育改革和发展的思考》，载《华南师范大学学报（社会科学版）》1993 年第 3 期，第 1～6 页。

提出形成与广东省经济和社会发展相适应的教育规模和结构的广东教育发展和改革的总目标,其中包括普通高等教育发展的目标。

1992年,邓小平南方谈话明确提出,广东要在20年内赶超"亚洲四小龙"并基本实现现代化,① 再次强调经济发展得快一点,必须依靠科技和教育。同年,党的十四大召开,提出必须把教育摆在优先发展的战略地位。

1993年,为了贯彻这一精神,加快广东高等教育改革和发展步伐,广东省委、省政府出台了《关于加快高等教育改革和发展步伐的决定》,提出高等教育事业必须有一个较大发展,要扩大教育规模,坚持走内涵式发展为主的道路。

1994年,广东省召开全省教育工作会议,提出要把广东建设成为教育强省。同年,广东省委、省政府印发《关于教育改革和发展的决定》,提出要加快教育改革和发展步伐,要把广东省建设成为教育强省。在高等教育领域,提出"积极发展、优化结构、提高质量、注重效益"的高等教育总体发展战略,着重建立了促进高校内涵式发展的新体制。这一时期,广东省通过改革逐步促进了高等教育的内涵式发展。

1998年5月,为了贯彻落实党的十五大精神,中共广东省第八次代表大会提出实施科教兴粤战略,经过五年努力,争取进入全国教育强省行列。

(三)改革举措

1. 实施联合办学、院校合并,调整高校布局结构

1992年,中国开始高教体制改革,广东省作为国家教委确定的高教体制改革试点省份,在多种形式联合办学、院校合并等方面做了一系列工作。1993年,在《中共广东省委、广东省人民政府关于加快高等教育改革和发展步伐的决定》中,提出要积极鼓励有条件的市、县和部门、企业、社会团体以及社会人士联合或独立创办各类高校,逐步形成以政府投资为主,学生缴费和社会集资为辅,企业单位集资办学和国际合作办学等多种办学模式。1994年,在《关于教育改革和发展的决定》中,在高等教育办学体制方面,提出普通高校应实行以政府办学为主,积极发展"共建""共管"和地区性的优势互补、资源共享等多种形式的联合办学。1995年,广东省与中央有关部委共建了中山大学、华南理工大学、华南农业大学、中山医科大学、暨南大学和广州中医药大学六所高校。针对广东省普通高校布局不合理、结构不够优化、办学规模不够标准的情况,对部分高校进行调整合并。1995年,将广州外国语学院和广州对外贸易学院合并,组建广东外语外贸大学;将广东工学院、广东机械学院和华南建设学院合并组建广东工

---

① 参见刘志文《改革开放以来广东高等教育发展的历史经验》,载《广东工业大学学报(社会科学版)》2009年第9卷第4期,第1~5页。

业大学；将广东电力专科学校并入华南理工大学；将深圳师范专科学校并入深圳大学，成立深圳大学师范学院。1996年，佛山农牧高等专科学校正式与佛山大学合并，组建为佛山科技学院。① 1998年，广东省高等教育厅召开全省高教工作会议，提出在高教外部管理体制上，做好已合并学校的实质性合并工作。

2. **实施教学领域"一三五二"工程建设和重点学科领域"五四一"工程建设**

为适应社会主义市场经济和社会发展的需要，及时调整教学内容，改革教学方法，提高教学质量，《中共广东省委、广东省人民政府关于加快高等教育改革和发展步伐的决定》提出，深化教育和科研改革，高校要从实际出发，开展科学研究，以提高学术水平和教学质量。1994年，在《关于教育改革和发展的决定》中提出要根据广东省经济社会发展的需要，通过调整专业设置，优化专业结构，改革教学内容和教学方法，努力实施教学领域的"一三五二"工程、重点学科领域"五四一"工程建设。1996年，广东省高等教育厅围绕高等教育建设"教育强省"的目标，提出深化教学领域改革，继续实施教学领域"一三五二"工程建设。1998年，为落实教育部和广东省委对高等教育教学工作的总要求，高等教育战线提出拓宽专业口径和改革教学工作，提高教学质量，推进教学改革"一三五二"工程建设，改革课程和教材，加强文化素质教育，改革教学方法、手段和考试方法等。

3. **实施"教师广厦工程"建设和人才培养"千百十工程"② 建设**

一方面，实施"教师广厦工程"建设，努力提高高校教师的待遇。1993年，《中共广东省委、广东省人民政府关于加快高等教育改革和发展步伐的决定》提出，要积极改善各类高校教师的生活待遇，争取在两三年内使高校教师的实际收入有明显提高。1994年，《关于教育改革和发展的决定》也指出要提高教师的待遇和社会地位。1995年，广东省开始正式实施"教师广厦工程"，争取到2000年，教师住房能到达本省住房的较高标准。

另一方面，着力加强高校教师队伍的质量建设。1994年，《关于教育改革和发展的决定》提出，高等教育要加强教师的继续教育，提高教师队伍的整体素质；以加强中青年教师素质为重点，积极实施培养跨世纪人才的"千百十工程"。"千百十工程"是广东省高校师资队伍建设方面的重要基础工程，一直到21世纪依然发挥很大作用。

4. **拓宽高校经费来源，开创多渠道筹措资金渠道**

1993年，《中共广东省委、广东省人民政府关于加快高等教育改革和发展步

---

① 参见何辛《广东教育50年：1949—1999》，广东高等教育出版社1999年版。
② "千百十工程"：培养1000名30～40岁的校级学术骨干、100名45岁左右的省级学术骨干、10名国家级学术带头人。

伐的决定》提出，高等教育的经费来源要坚持以财政拨款为主，并多渠道集资，省财政正常拨款的高等教育经费和基建费要随着经济的增长而逐年增长。为筹集发展教育经费，解决教育投入严重不足问题，1994年，《关于教育体制改革和发展的决定》提出，建立以国家拨款为主，多渠道筹措教育经费的投入机制；积极拓宽筹措教育经费的渠道，广筹教育资金，解决教育投入的短缺问题。

5. 实行高校毕业生就业"双向选择"，拓宽就业渠道

1989年，广东省政府转发《国务院批转国家教委关于改革高等学校毕业生分配制度报告的通知》。广东省根据改革方案的要求，1992年开始举办毕业生和用人单位供需见面会活动，逐步实行毕业生自主择业、用人单位择优录用的"双向选择"制度。1993年，广东省委、省政府提出，改革毕业生就业制度，实行毕业生自荐就业，不包分配。1994年，《关于教育体制改革和发展的决定》提出，学生毕业后，在国家政策指导下，实行自主择业与推荐就业的方法就业。1998年，进一步深化毕业生分配制度改革，除实行双向选择、毕业生自主择业外，建立健全了毕业生就业服务体系。

（四）改革成果

1. 高等教育规模稳步增长与质量建设并重

经过这十年的改革发展，广东省高等教育在规模稳步增长的同时，质量建设也卓有成效。1991年，广东省政府制定《广东省教育事业十年规划和发展改革方案》，提出了"形成与广东省经济社会发展相适应的教育规模和结构"的广东高等教育发展和改革的目标。1993年，《中共广东省委、广东省人民政府关于加快高等教育改革和发展步伐的决定》提出扩大办学规模，坚持走内涵式发展为主的道路。经过多年的改革与发展，至1998年，广东省高等教育的毛入学率为8.16%，虽比全国平均水平（9.76%）略低，但与1990年的2.4%相比，已经有了较大增长；在校生人数由1988年的9.72万人增加到18.50万人；毕业生数由2.53万人增加到4.93万人；招生数由3.69万人增加到6.10万人；教职工数由3.88万人增加到4.27万人；每万人口普通本专科在校生数由16.40人增加到26人。[①] 高校数量虽由1988年的45所减少至42所，但高等教育质量却有了很大提高，全省有中山大学、华南理工大学、暨南大学、华南师范大学、华南农业大学、中山医科大学、汕头大学七所大学先后通过了"211工程"部门预审。"八五"期间，组织编写了80门教材，评选出115项优秀教学成果，其中获国家级

---

① 参见广东省统计局、国家统计局广东调查总队《广东统计年鉴（2008）》，中国统计出版社2008年版。

奖项 14 项，国家级和国家教委级优秀教材 11 部。①

2. 联合办学、院校合并卓有成效，高校布局趋于合理

1993 年，通过省部委高校共建，改变了高等学校由于中央业务部门和省政府分别管理造成的条块分割、学校布局结构不合理的状况，理顺了政府和学校的关系，增加了学校办学活力，使之更好地为区域社会经济发展服务。1995 年，国家教委把广东省定为全国高教体制改革试点省份，全省进一步推进各种形式的联合办学，鼓励社会办学，拓展与境外单位办学，努力建立以政府办学为主体的多层次、多形式、多渠道的办学体制；对高校进行调整合并，使得地区布局结构和专业类型结构趋向合理，高校数量虽然略有减少，但高校规模扩大了，在校生人数显著增加。

3. 教学和科研领域的改革硕果累累

至 1998 年，广东省教学和科研领域的改革也取得了卓越的成效。1995—1996 年，广东省开始正式实施教学领域的"一三五二"工程和重点学科建设领域的"五四一"工程，进行国内先进教材、省级重点课程、校外实习基地的建设，以及重点学科和重点实验室的建设，开展了 14 项在全国具有较大影响的教学项目，促进了教学质量的提升，一批具有优势和发展前景的学科也跨入国家重点学科行列。1998 年，高校获得省级教学成果 117 项、科技教材奖 7 项，其中有 17 项成果获国家级教学成果奖。② 与此同时，高校的科研工作也获得了较大进展。1998 年，广东省高等教育厅、省科学技术委员会联合召开全省高校科技工作会议，这期间，广东高校获得的广东省自然科学基金项目和经费占全省的比例均保持在 80% 左右的水平。1995 年，在原国家教委组织的第一次人文社会科学优秀作品评奖中，广东省获一等奖 3 项、二等奖 22 项，省属高校获奖数在全国各省市排第五位。

4. 教师生活待遇提高，整体质量不断提升

广东省委、省政府在切实提高教师待遇和社会地位的同时，也不断加强对高校教师的培养工作，高校教师队伍整体质量不断提高。据《中共广东省委、广东省人民政府关于加快高等教育改革和发展步伐的决定》中的统计，从 1993 年开始，全省高校教职工的公费医疗标准与党政机关干部持平；初步建立了离退休养老保险制度，对满 30 年教龄的退休教师按原工资的 100% 发退休金；全省高校教职工同等享受省财政负担的生活补贴；发放教师岗位津贴；教职工住房有了很大

---

① 参见李盛兵《近 20 年来广东高等教育发展述评》，载《现代教育论丛》1997 年第 5 期，第 48～51 页。

② 参见何辛《广东教育 50 年：1949—1999》，广东高等教育出版社 1999 年版。

各级各类教育改革发展编

改善，1997年，全省高校教职工人均住房建筑面积达46.9平方米，成套率为86%。①《关于教育改革和发展的决定》指出，高等教育要加强教师的继续教育，提高教师队伍的整体素质；以加强中青年教师素质为重点，积极实施培养跨世纪人才的"千百十工程"来带动整个师资队伍的建设，教师队伍的数量和质量都有了较大提高，职称学历、年龄结构明显改善。

5. 高教经费投入多元，形成多渠道资金筹措格局

20世纪90年代，广东省高等教育经费投入每年依然保持持续增长态势，并逐渐形成多元化的投资体系和多渠道的资金筹措格局。《中共广东省委、广东省人民政府关于加快高等教育改革和发展步伐的决定》提出，多渠道筹措资金，增加对高等教育的投入；《关于教育改革和发展的决定》再次强调，要建立多渠道教育投资体制，切实增加教育投入。1995—1996年，随着教育事业的发展，教育改革的深入，高等教育投入有了很大的增长。到1998年，广东省高等教育经费总支出409100万元，是1989年17903.9万元的22.85倍，位于全国前列。其中，高等教育经费支出是多渠道的，除中央部委拨款外，国家财政拨款23.16亿元，社会捐资集资5.5亿元，社会团体和个人办学支出2.9亿元，其他支出5.5亿元，体现出广东省高等教育以国家财政为主、多渠道筹集教育经费的格局。②

（五）改革特征

1. 坚持高等教育规模与质量协调发展

步入改革开放的第二个十年，广东省始终坚持高等教育规模与质量的协调发展。一方面，提出高等教育事业必须有一个较大发展，在扩大教育规模的同时，也要注重质量的提高。另一方面，于1994年，确立"积极发展、优化结构、提高质量、注重效益"的高等教育总体发展战略，着重建立了促进高校内涵式发展的新体制，把高等教育的质量放在首位。除政府外，各类高校也积极配合，合力促进高等教育质量的提高。在教学领域，以各类评估作为监管教学，提高教学、教育质量的手段，并加强教学领域的"一三五二"工程建设；重点学科领域，加强"五四一"工程建设，致力于提高科技发展水平。

2. 改革紧跟中央步伐、紧随时代钟声

广东省委、省政府始终与党中央精神保持高度一致，并与广东省所处的社会大环境、大时代相结合，做出了一项又一项正确的战略决策，并深入贯彻落实，为广东省高等教育的改革发展做出了巨大贡献。一方面，在社会主义制度的国

---

① 参见康宏《广东高等教育20年回顾与展望》，载《佛山科学技术学院学报（社会科学版）》1999年第4期。

② 参见何辛《广东教育50年：1949—1999》，广东高等教育出版社1999年版。

家,党中央对教育改革方向的指引无疑为各省教育改革指明了方向。1994年,在《中国教育改革和发展纲要》等纲领性文件的指引下,广东省委、省政府做出把广东建设成教育强省的决定;1998年,深入贯彻党的十五大精神,广东省委、省政府提出科教兴粤战略等。这些重大战略决策的出台和落实对20世纪90年代广东省高等教育的发展起到了促进作用。另一方面,广东省委、省政府紧随改革开放的时代钟声,解放思想,勇抓机遇,推进了全省高等教育的改革。作为全国改革开放的排头兵,广东高等教育充分把握时代机遇,更新教育观念,改革办学体制,取得了长足的发展。

3. 高等教育改革发展与经济结合紧密

广东高等教育实践经验表明:脱离经济、产业和社会进步,教育就会失败,会倒退;反之,与经济紧密相连,高等教育就会有成就。① 在这个十年,广东省国内生产总值始终保持10%以上的增长率,到1992年全省国内生产总值已经提前八年翻两番,到1996年,全省国内生产总值达6097亿元,提前四年完成翻三番的任务。经济的发展是高等教育改革的基础,广东高等教育能够在短时间内获得迅速的发展,经济的突飞猛进是其关键动因。同时,经济的快速发展也向高等教育不断提出新的要求,促进办学体制、管理体制、招生体制、就业体制、教学科研等的改革,促进高等教育规模、质量的发展。高等教育在不断通过改革回应这些需求的同时,又反过来促进了经济的纵深发展。

三、第三个十年:积极扩展规模,全面推进高等教育大众化(1999—2008年)

(一)改革动因

为了加快我国高等教育发展规模与社会经济发展的速度相适应,1998年12月,教育部制订了《面向21世纪教育振兴行动计划》,提出:"到2000年,积极稳步发展高等教育,使高等教育入学率达到11%左右;到2010年,高等教育规模有较大扩展,入学率接近15%,若干所高校和一批重点学科进入或接近世界一流水平。"1999年6月印发的《中共中央 国务院关于深化教育改革全面推进素质教育的决定》提出:"通过多种形式积极发展高等教育,到2010年,我国适龄人口的高等教育入学率要从现在的9%提高到15%左右。"另外,当时的背景是亚洲金融危机爆发,为了应对金融危机,扩大内需,高校扩招也成为我国推出的政策组合拳之一。在多种因素的作用下,这个时期全国高校开始了大规模的扩招。1999年,全国普通高校招生160万人,比1998年增加了52万人,增幅高

---

① 参见梁琼芳《邓小平教育思想与广东教育改革》,广东人民出版社1998年版。

达48%。

广东各大高校也积极投身于扩招行列，并在大规模扩招后三年，也即2002年广东高等教育毛入学率就达15.3%，迈进高等教育大众化阶段。另外，进入21世纪后，以知识和科学技术为核心的知识经济时代，教育和科技对于增强广东综合实力、优化社会经济结构和提高人民生活水平所产生的推动作用也越来越明显。因此，只有大力发展高等教育事业，培养与现代社会要求相适应的劳动者和专门人才，才能为经济建设和社会发展提供源源不断的人才保障和技术支持，只有通过培养大批德才兼备的高素质人才，全省的整体素质才有可能提高，文化大省、教育强省的目标才有可能实现。

（二）改革过程

1999年，教育部颁布《面向21世纪教育振兴行动计划》，提出2000—2010年我国高等教育发展目标。

2001年，广东省委颁布了《广东省教育事业"十五"计划》，明确提出建设教育强省，快速实现高等教育大众化的目标："到2005年，同龄人口高等教育入学率达到16%，各级高等教育在校生达到115万人。其中，普通高校本专科生要从2000年的19.9万人增加到2005年的60万人。"①

2004年，广东出台《广东省教育现代化建设纲要（2004—2020年）》，强调："加快发展高等教育，全省高等教育毛入学率2007年达到25%，2010年达到30%，2015年达到40%左右，2020年达到50%左右，向普及化方向发展。"

2007年，广东颁布了《广东省教育发展"十一五"规划》，提出了"建设教育强省、加快推进教育现代化"的目标，指出要"建设好广州大学城等大学园区，继续提升高等教育大众化水平"。

（三）改革举措

1. 高校扩招

广东抓住了全国高校扩招的机遇，有力地促进了高等教育从精英化教育向大众化教育转变的历史性跨越：1999年，广东省高等教育毛入学率仅有10.5%；仅仅过了三年，到2002年，高等教育毛入学率就达到了15.3%，跨入了高等教育大众化阶段（见表7-1）。

---

① 《广东省教育事业"十五"计划》（节选），载《广东科技》2003年第9期。

表 7-1 1999—2008 年广东高校招生数及入学率

年份	招生数（万人）	高等教育毛入学率（%）	年份	招生数（万人）	高等教育毛入学率（%）
1999	8.53	10.50%	2004	26.46	20.00%
2000	12.08	11.35%	2005	30.70	22.00%
2001	13.90	13.50%	2006	33.53	24.00%
2002	17.61	15.30%	2007	35.49	25.60%
2003	22.58	18.00%	2008	39.07	27.00%

资料来源：《广东省统计年鉴》（2000—2009）。

十年来，广东高等教育规模迅速扩张。2008 年，广东省共有高校在校生 1270366 人，比 1998 年增长了 20.75%，招生数、在校生人数以及专任教师数等增长速度惊人。普通高等学校数从 1999 年的 50 所增加到 2008 年的 108 所，增长 53.7%。高校扩招加快了广东高等教育大众化的进程，使更多人得到接受高等教育的机会，也给众多高校带来了发展机会，推动了广东经济社会的持续快速发展。

2. 大力发展民办高校

全国范围的高校大举扩招为广东民办高等教育的规模和数量发展提供了良好契机。这个时期广东民办高校发展迅速，主要是通过两种方式：一是大量兴办专科层次的民办高职高专院校，截至 2008 年，广东民办高职高专院校达到 28 所；二是依托公办大学兴办独立学院，截至 2008 年，广东独立学院共有 17 所。在这个时期，广东民办高职院校在数量和规模上都基本达到阶段性的高峰，两种主要的民办高等教育类型也为广东高等教育和社会的发展带来了新的活力。

3. 大学城建设

高校扩招后，各高校积极执行"扩招"决策，连续三年扩大招生，然而很多老校区的硬件设施跟不上扩招步伐，导致很多高校的校舍、教育设施、实验器材设备、图书馆资源紧张与不足，尤其是校园校舍面积严重不足成为制约招生规模最大的瓶颈。为解决广东高校面临扩招以来校舍不足和资源紧缺的问题，广东省委、省政府和广州市委、市政府决定，2002 年开始建设广州大学城。

2004 年 9 月，广州大学城一期工程如期完成，当年入驻新生 3.8 万人，10 所本科高校入驻。2005 年 9 月，二期工程全面完工，建成校舍总建筑面积 538 万平方米，入驻学生达 15 万人。除了广州大学城之外，广东还建有珠海大学城、深圳大学城、东莞大学城、佛山大学城。大学城的建设不仅开拓了广东高校的办学空间，还吸引了一批国内知名高校到广东办学，促进了广东省高等教育的发展,也为广东省高等教育后期发展打下了坚实的基础。

4. 高校合并整合

2000年是自1992年高教管理体制改革和布局结构调整工作以来改革力度最大、调整学校最多的一年。此次调整使我国高教管理体制发生了历史性的深刻变化：部门办学体制基本结束，由中央和省级政府两级办学、以地方管理为主的新体制的框架基本确立。

广东省利用这次管理体制调整的契机，对高校布局结构进行了调整，对一些重点高校进行了合并，比如，原中山大学与原中山医科大学强强联手合并组成新的中山大学；还有根据地方高校布局结构调整的需要，将五所普通高校、成人高校合并组建成新的广州大学；同时，将市地级一所或几所专科学校升格为专业覆盖面较宽、学科比较齐全的本科院校，比如组建升格为本科院校的茂名学院、韶关学院、嘉应学院、肇庆学院、惠州学院。

5. "985工程"和"211工程"建设

1998年，教育部决定实施"985工程"，重点支持部分高校创建世界一流大学和高水平大学，广东的中山大学和华南理工大学被列入其中。

2005年8月，广东省政府和教育部签署继续共建中山大学、华南理工大学的协议，并继续投入16亿元经费进行"985工程"二期建设，促进两校若干学科达到或接近国际一流学科水平，为广东经济建设和社会发展提供更强有力的教育、知识和科技支撑。广东还加强省级"211工程"建设和其他省属重点本科院校的建设。教育部在2007年年初开展国家重点学科的考核评估、增补和一级学科认定工作，经考核评估，广东原有的43个国家重点学科全部获得通过，并新增6所高校的16个二级学科为国家重点学科。

6. 加强粤港澳高等教育合作

粤港澳三地毗邻，华侨众多，植根于岭南文化，具有共同的气候、语言及生活环境，一直有着交流与合作的传统。1997年和1999年，香港和澳门相继回归祖国，粤港澳高等教育的交流与合作关系在原有基础上得到更深更广发展，富有新的内涵，呈现出新的形式。这一时期，粤港澳高等教育合作进入调整和拓展阶段，三地合作办学、参与的院校、机构更多，合作的专业学科范围更广。

（四）改革成果[①]

进入21世纪，广东高等教育事业快速发展，建立起多层次、学科门类较齐全的开放性教育体系，实现了高等教育从精英化到大众化的跨越，并在多方面取得了突出的改革成果。

---

① 本部分数据如未特别注明，均来自广东省教育厅。

1. 高校办学规模大幅扩大,较大程度满足经济社会发展的人才需要

1999年广东高等教育毛入学率仅有10.5%;2002年达到15.3%,跨入了高等教育大众化门槛;2004年达到20%,基本实现高等教育大众化;到2008年,高等教育毛入学率达到27%。2008年全省共有普通高校108所,比1999年增加了58所;普通高校全日制本专科在校生121.64人,比1999年增加了99.56万人。研究生教育规模也进一步扩大,2008年全省在校研究生人数达5.88万人,比1999年增加了4.58万人。广东持续快速的经济发展需要充足的人力资源储备,而高校扩招提供了人才供给,调动了办学积极性,增加了教育投资,进而拉动了广东经济增长,有力地促进了高等教育从精英教育向大众化教育的历史性跨越。

2. 以政府投入为主,多渠道筹集高等教育经费

广东省充分利用自身独特的经济优势,除了政府对高等教育的投入外,还积极鼓励社会团体、海外侨胞、港澳台同胞等捐资助学。同时,高校自身办产业,开展有偿服务,初步建立以政府投入为主体、多渠道筹集经费的体制,应用于高等教育领域的经费逐年增长。2007年,广东省委、省政府决定,由省财政筹措资金150亿元,一次性清偿省级财政高校贴息贷款,大大缓解了高校贷款压力。2009—2012年,省财政预计安排省属高校基本建设补助资金共10亿元。[1] 有了资金的保障,广东高校的生均校园面积、生均教学行政用房面积、生均教学仪器设备值和生均馆藏图书册数均高于全国平均水平。

3. 高校改制与重组,提高高校发展活力

2001年,时任中共中央政治局委员、广东省委书记李长春视察华南理工大学时提出要"把中大(中山大学)、华工(华南理工大学)的水平逼上去"。其后,原中山大学与原中山医科大学强强联手合并组成新的中山大学。广东与教育部签署合作协议,从2001年起三年内,双方联合向中山大学、华南理工大学分别注资12亿元、4亿元,用以打造国内一流、世界知名大学。[2] 在此期间,广东省多所重要本科院校都进行了改制或重组,学科结构与学术水平得到优化,实力明显提升。比如,2004年,第一军医大学整体移交广东省,更名为南方医科大学;还有此前华南农业大学、广州中医药大学等八所高校也由中央划转为广东省管理;广东外语外贸大学、广东工业大学、广州大学等高校则进行了大规模的合并与重组。

4. 教学质量与教学改革成果累累

2007年1月,"广东省高等教育教学质量与教学改革工程"开始实施,具体

---

[1] 参见《南粤教育十年跃进》,载《广东教育(综合版)》2010年第9期,第20页。
[2] 参见《南粤教育十年跃进》,载《广东教育(综合版)》2010年第9期,第20~21页。

涉及十大类提升计划，即特色专业建设与人才培养方案调整优化计划、精品课程建设与教学内容改革计划、学科建设与研究生培养质量提升计划、科研创新能力提升计划、教学名师和教学团队高水平队伍建设计划、大学生创新能力培养计划、实践教学改革与创新能力计划、应用型人才培养改革计划、师范教育质量提升计划、质量保障与服务支撑体系建设计划，涵盖了研究生教育、本科教育和高职高专教育。① 教学质量与教学改革工程取得明显效果，截至2009年，广东省有国家级特色专业点122个、精品课程249门、实验教学示范中心26个、人才培养模式创新试验区18个。②

5. 师资队伍建设卓有成效

"百年大计，教育为本；教育大计，教师为本。" 2000年以来，广东省把师资队伍建设作为教育五大工程之一，已经初步建设成了一支师德高尚、业务精湛、结构合理、充满活力的高素质教师队伍。高等学校"千百十工程"、高等学校"人才引进工程"、高等学校"珠江学者岗位计划"等多项工程从国家级、省级、校级三个层次对应培养中青年学科带头人、学术骨干和青年后备人才。广东省财政每年拨款3000万元设立高校人才引进专项资金。到2010年，共引进高水平学科带头人300多名、学术骨干2000多名。尤其是"珠江学者岗位计划"已成为具有广东特色、被学界认可、具有广泛影响的高校高层次人才工程。

（五）改革特征

1. 高等教育规模：以跨越式增长实现大众化转轨

教育部在《面向21世纪教育振兴行动计划》中提出，到2010年，入学率接近15%，高等教育规模有较大发展。2003年，广东高等教育毛入学率就达到17%，首次超过全国平均水平；普通高校数为77所，居全国第四位。③ 1999—2003年，广东通过在广州、深圳、佛山、珠海各地兴建大学城，有效地满足了人民群众接受高等教育的强烈愿望，高等教育规模实现跨越式增长。

2. 高等教育综合管理改革：多管齐下为大众化转轨支撑

从高等教育精英化向大众化转轨，仅仅实施扩招是远远不够的，必须有支撑扩招带来高等教育系统变化的各项配套措施，需要高等教育综合管理改革。广东在这方面走在全国前列：首先，通过在广州、深圳、佛山、珠海各地兴建大学城，从硬件条件上为大规模扩招夯实基础，有效地满足了人民群众接受高等教育

---

① 参见广东省教育厅、广东省财政厅《关于实施广东省高等学校教学质量与教学改革工程的意见》（粤教高〔2009〕76号），2009年8月14日。
② 参见《南粤教育十年跃进》，载《广东教育（综合版）》2010年第9期，第21页。
③ 参见陈伟、吴世勇《从科教兴国到教育强国——论邓小平影响下的广东高等教育》，载《复旦教育论坛》2014年第7期，第20页。

尤其是优质高等教育的强烈愿望。其次，通过转制和重组，理顺了很多高校的体制机制，实现优势互补，利用政策机遇使不少高校获得了做大做强的基础。最后，在财政和经费上予以了超强力度的支持，使得广东高等教育不但更高质量完成大众化的转轨，而且为下一个阶段进一步做强打下了良好根基。

3. 高等教育国际化：多元化发展

改革开放30年来，广东高等教育发展战略的调整与升级，特别是这十年来"教育强省""教育现代化"的建设，成功推进了广东教育跨越式发展。经济全球化、竞争国际化的现状要求广东高等教育必须立足于本土、放眼世界，在促进欠发达地区快速追赶的同时，还为珠江三角洲的发展寻求更高的战略目标。广东在这一时期不仅注重本土的发展，而且加强与港澳台地区高等教育领域的多方合作，尤其是区域性经济一体化的发展使得粤港澳的高等教育在更高的层面上实现了合作与互惠。广东采取了一系列的途径和措施使经济的合作和发展根植于三地教育、人才、科技的不断发展和交流，以多元化的视角推动广东高等教育向国际化方向发展。

四、第四个十年：以深化创新改革打造高等教育的"广东模式"（2009—2018年）

（一）改革动因

截至2008年，经过改革开放30年的发展，广东总体上基本完成了从小康型社会到"中等收入国家"水平的过渡，进入了以信息化带动工业化、以国际化促进市场化，加快向全面建设小康社会迈进的新时期。

广东高等教育改革发展取得了显著成绩，同时也面临着新的形势和挑战：广东面临加快经济转型升级的艰巨任务，从以资源和劳动力为主转向以创新驱动为核心的发展模式，急需大量高素质劳动者和具有创新精神的专门人才作为支撑。但全省高校创新发展整体能力仍然偏弱，在国内外有影响力的高水平大学及一流学科数量不足，普通高校的布局结构、学科专业结构、人才层次类型结构还需进一步调整优化；珠三角地区与粤东西北地区高等教育发展不平衡的现象仍比较突出，粤东西北地区教育发展水平与现代化要求差距比较明显；教师队伍建设与教育事业发展和人才培养的要求还不相适应，教师资源在区域、城乡、校际、学科之间配置仍不均衡；等等。① 随着适龄人口规模结构的改变、新型城镇化的加快推进、市场对劳动力需求多样化的态势，广东高等教育同时面临提升质量、调整

---

① 参见《广东省教育发展"十三五"规划（2016—2020年）》，载《广东教育（综合版）》2017年第2期。

规模、优化结构的发展重任，全面拓展高等教育发展规模和水平，是新时期广东高等教育向普及化、现代化发展的必然要求。

（二）改革过程

2010年10月，广东省委、省政府印发《广东省中长期教育改革和发展规划纲要（2010—2020年）》，实行对高等学校科学定位和分类指导，建立与高等教育学校分类定位、分类指导、分类发展、分类评估相适应的机制体制。

2012年11月，广东省教育厅颁布《关于全面推进广东省高校应用型本科人才培养模式改革的若干意见》，明确了各类高校在全面推进应用型本科人才培养模式中的任务，"985工程"高校、"211工程"高校突出学术型人才的培养，绝大多数本科院校、独立学院要加强技术型应用型本科人才的培养。

2013年7月，广东省教育厅出台《关于进一步扩大和落实高校办学自主权促进高校加快发展的若干意见》，支持研究生学位授权单位自主动态调整博士、硕士学位授权点；鼓励民办高校自主制订建设规划，开展教学改革；实施广东省"高等学校创新能力提升计划"，扩大高校对外交流合作，实施人才强校战略，加强高层次人才队伍建设。

2015年4月，广东省委、省政府印发《关于建设高水平大学的意见》。紧接着召开全省高水平大学建设工作会议，提出"力争到2020年，重点建设的高校综合实力明显提升，若干所高校跻身国内一流大学前列；建成一批国内外一流学科、在国际上有一定知名度和影响力的高校，带动全省高等教育整体水平明显提升，成为引领创新驱动发展的战略高地"。

2016年1月，广东省委、省政府印发《关于加强理工科大学和理工类学科建设服务创新发展的意见》，提出15条具体措施，涵盖建设高水平理工科大学、建设高水平大学中的理工类学科、其他各类高校中的理工类学科。同年7月，广东省教育厅、省发展改革委和省财政厅联合出台《关于引导部分普通本科高校向应用型转变的实施意见》，提出广东大部分普通本科高校原则上均要通过学校整体转型或部分二级学院、部分学科专业转型的方式，主动向应用型高校转变。

（三）改革举措

1. 高水平大学建设

知识经济时代，大学的综合实力不仅代表着地区的发展水平，也成为制约地区发展的基本因素。加快建设若干所高水平大学，带动提升高等教育的整体水平，是广东推动产业转型升级，全面推进现代化建设的战略选择。2015年4月10日，广东省委、省政府印发了《关于建设高水平大学的意见》，提出加快建成一批国内一流、世界知名的高水平大学和学科。紧接着，时任中共广东省委书记胡春华主持召开全省高水平大学建设工作会议，进行动员部署工作。广东省委、省政府批准了中山大学、华南理工大学等七所高校作为高水平大学整体建设高校，广州中医药大学、广东外语外贸大学等七所高校的18个学科作为高水平大学重点学科建设项目。

为加快推进高水平大学建设，广东省政府不但加大经费支持力度，还出台一系列具有创新性、针对性的高水平大学建设支持措施。2015—2017年，省政府安排"高水平大学建设专项资金"50亿元，用于学科建设、科学研究、产学研合作、人才队伍建设、科研服务与支持平台建设等；出台《关于进一步深化政府采购管理制度改革的意见》，对参建高校科研仪器设备实行统一动态项目库管理，着力解决高校科研仪器采购周期长、程序繁杂的问题；出台《高水平大学建设人事制度改革试点方案》，提出"五个下放、两个完善、一个加强"的意见，进一步激活高校人才队伍活力；出台《关于深化广东高校科研体制机制改革的实施意见》，提出创新高校科研组织管理、评价考核机制，调动高校科研人员的主动性、积极性和创造性。

2. **高水平理工科大学建设**

广东理工科教育规模偏小、水平不高，缺乏专门的应用型技术人才，理工科高校学科结构与广东当前的产业结构不协调，难以支撑本地产业的发展。为了进一步优化理工科高校的布局、学科专业和人才层次结构，广东省委、省政府决定进行高水平理工科大学和高水平理工类学科建设。

2016年1月，广东省委、省政府召开广东省理工科大学和理工类学科建设推进会，对理工科大学建设、高校科研机制体制改革等工作进行部署。列入首批建设的高水平理工科大学有华南理工大学、广东工业大学、南方科技大学、佛山科学技术学院、东莞理工学院五所。华南理工大学、广东工业大学分别按照国家一流大学和广东省高水平大学标准进行建设，南方科技大学、佛山科学技术学院、东莞理工学院采取省市共建模式重点建设。① 2017年，广东石油化工学院、五邑大学纳入第二批采取省市共建模式进行重点建设高校，至此，广东省共有七所高水平理工科大学建设高校。

3. **应用型本科转型**

加快应用型人才培养，是广东经济新常态下产业转型升级的紧迫要求。2016年7月，广东省教育厅、省发展改革委和省财政厅联合出台《关于引导部分普通本科高校向应用型转变的实施意见》，明确广东大部分普通本科高校（含民办高校和独立学院）原则上均要通过学校整体转型或部分二级学院、部分学科专业转

---

① 参见冯海波《广东高水平大学建设交出亮丽"成绩单"》，载《广东科技报》2016年第3期，第11页。

型的方式，主动向应用型高校转变。

广东省教育厅组织专家开展了全省普通本科转型试点高校遴选评审工作，遴选一批转型试点高校，首批列入试点名单的有广东金融学院、广东石油化工学院等14所高校。这14所入选高校在招生考试、人事学科专业建设、科研、评估等方面均获得政府的政策和经费支持，转型后的应用型本科高校将围绕广东省产业转型升级、粤东西北地区振兴发展等重大战略，着力培养具备创新能力的应用型技术人才。在全省范围内遴选转型试点高校，是广东省积极响应国家对高校分类指导的政策，推进高等教育"创新强校工程"的重要举措。

4. 省市共建地方本科高校

2016年12月，省市共建本科高校工作部署会暨共建协议签订仪式在广州举办，广东省教育厅与9个地级市、11所本科高校签署了省市共建本科高校的协议。其中，湛江支持共建广东医科大学和岭南师范学院；中山支持共建电子科技大学中山学院和广东药科大学中山校区；茂名、韶关、梅州、惠州、肇庆、江门、潮州7个地级市分别支持共建当地的广东石油化工学院、韶关学院、嘉应学院、惠州学院、肇庆学院、五邑大学和韩山师范学院。① 2017年9月，在省市共建本科高校工作推进会上，广东省教育厅、省财政厅联合印发了《广东省推进省市共建本科高校实施方案》，明确"十三五"期间，省财政将安排30亿元专项资金支持11所已签约本科高校发展，加上所在地级市安排的近70亿元财政支持，两级财政投入超过了100亿元。

5. 广东高等教育国际化

在2015年"丝绸之路经济带"和"21世纪海上丝绸之路"（以下简称"一带一路"）国家倡议发布前后，广东就积极开展先行先试，创建了"21世纪海上丝绸之路"教育合作的前沿平台，进一步扩展与"海上丝绸之路"沿线国家和地区的教育交流合作。暨南大学于2014年11月正式成立了21世纪丝绸之路研究院；2015年，华南师范大学成立了甘地研究中心，积极推动中印高校的学术交流与科研合作；中山大学创建了"一带一路"合作与发展协同创新中心，同年7月举办了"'一带一路'与广东"主题论坛，并正式成立了国际问题研究院。②

另外，在《珠江三角洲地区改革发展规划纲要（2008—2020年）》的积极影响和推动下，粤港澳各界积极努力加强合作：一是粤港澳高校招生机制有所创

---

① 参见吴少敏、刘晓慧《近百亿！广东省市共建11所地方本科高校》，载《南方日报》2016年12月21日。
② 参见鲍东明、曾晓洁、张瑞芳《"一带一路"建设核心区对外开展教育交流合作情况调研报告》，载《比较教育研究》2016年第12期，第10页。

新,如暨南大学实行单独招生,中山大学从 2003 年起独立在香港招生,其他高校由港澳台联合招生办统一招生;二是合作办学,如 2009 年国务院批准将澳门大学迁址珠海市横琴岛,2013 年香港理工大学东莞分校项目签约,2014 年香港中文大学(深圳)正式招生,等等;三是交流与共享,教师间通过聘请兼职教授、引进优秀人才来校任教等形式,学生间则通过组团访问、参加研讨会、辩论赛等形式进行交流与合作。

(四)改革成果

1. 科研经费激增

2012—2014 年三年间,广东省高校年均科研经费维持在 70 亿元,浮动不大,但 2015 年广东高校科研经费突破了 100 亿元大关。2016 年广东高校科研经费投入达到 160.39 亿元,较上一年增加 50.04 亿元,增长了 49.52%,其中,科技类经费 143.1 亿元,占总经费的 89.22%,人文社科类经费 17.29 亿元,占总经费的 10.78%,这是广东高校近五年来科研经费投入力度最大的一年,无疑得益于高水平大学建设这一政策。

2. "双高"建设高校水平明显提升

"双高"经过一年建设,17 所参建高校发展势头良好,拿出不俗的"成绩单"。高层次人才汇聚:新增国家级人才 200 余人,其中"千人计划"人选增加了 88 人,年增长 5 倍多。学科建设上台阶:有 46 个学科入围 ESI 全球前 1%,新增 11 个学科,增长 31.4%。[1] 广东省高水平大学建设起步早、成效好,得到了上级主管部门和社会各界的广泛关注。2016 年 3 月,教育部新闻办专题组织广东省高水平大学建设新闻发布会,向全国媒体推介高水平大学和高水平理工科大学建设的"广东经验"。

3. 服务社会能力全面提升

2016 年,广东省高校共有国家级创新平台 63 个,省部级重点创新平台 357 个,分别比 2011 年增加 29 个和 237 个。2016 年全省普通高校共获得各类成果奖 218 项,其中以第一完成单位获得国家科技奖 5 项,占全省第一完成单位获奖总数的 62.5%。[2] "双高"建设两年来,参建高校获省科学技术一、二等奖 50 项,占全省获奖总数的 50%;获企事业单位横向经费 19.68 亿元,占全省高校科研经费总额的 18.5%。此外,参建高校还纷纷与地方政府、行业、企业共建研究院、企业研发中心、新型研发机构等平台近 500 个,与广州、深圳等市合作共建新型

---

[1] 参见吴少敏、陈枫等《"双高"对接"双一流",广东为何能领跑》,载《南方日报》2016 年 7 月 18 日。

[2] 参见冯海波《5 年新增 29 个国家级创新平台(粤教宣)》,载《广东科技报》2017 年 9 月 8 日。

研发机构近 30 个，服务企业超过 2000 家。参建高校主动面向经济社会发展主战场，全方位支撑广东创新驱动发展战略。

4. 国际化合作进程加快

在新时代背景下，广东积极推进双边、多边教育合作，重点发展与港澳地区、东盟国家、南太平洋岛国及欧洲各国的教育合作交流，加强与东盟国家和"海上丝绸之路"沿线国家开展国际高等教育合作。

在近年学生来华学习人数方面，广东省 2009 年来华留学生共 11331 人次，2014 年增长到 21298 人次，同比增长 88%，高于全国平均增长速度。[①] 在合作办学机构方面，截至 2017 年 8 月，广东省获教育部批准具有法人资格的中外合作办学机构共 8 个，在全国居于前列。在合作办学项目方面，广东省获准的中外合作办学项目有 63 个，主要分布在八大学科门类的 46 个专业。

（五）改革特征

1. 坚持高等教育体系分类多元发展

广东继率先在全国启动高水平大学、高水平理工科大学建设后，又投入数百亿元加快本科应用型高校试点转型、一流高职院校、省市共建地方本科高校等建设，形成了高校争创一流、分类发展、特色鲜明的全新格局。同时，加快培育和发展新兴工科，主动布局面向未来技术和产业的新专业，增强高校创新人才培养能力和创新成果研究转化能力。广东充分调动地方政府支持本地本科高校发展的积极性和主动性，统筹各方资源共同支持高校创新发展、特色发展，走出了一条独具特色且较为符合省情的发展道路。

2. 先试先行，"双高"建设在"双一流"建设中抢占先机

对接国家"双一流"，广东下了一步"先手棋"，走在全国前列。早在 2015 年 4 月，广东就率先在全国启动高水平大学、高水平理工科大学建设，形成生机勃勃的高等教育大发展"广东现象"。2017 年 9 月 21 日，教育部、财政部、国家发展改革委公布了世界一流大学和一流学科建设高校及建设学科名单。广东地区有中山大学、华南理工大学这两所高校入选一流大学建设高校，中山大学、华南理工大学、暨南大学、华南师范大学和广州中医药大学的 18 个学科入选一流学科建设高校。

广东之所以在"双一流"中取得佳绩并且动力强劲，正是因为高等教育"双高"建设三年来，投入力度、改革力度前所未有，掀起新一轮高校发展热潮，成绩斐然、硕果累累，促成了高等教育大发展，它是主动对接国家和世界一

---

① 参见罗剑平、周慧、胡罡《广东高等教育国际化提升策略研究》，载《吉首大学学报（社会科学版）》2017 年第 3 期。

流大学、一流学科建设重大战略的前瞻性举措,也是推动高等院校有力支撑创新驱动发展战略的重要抓手。

第二节 广东高等教育改革发展的重大事件

一、第一个十年:中心城市办大学运动

1978年党的十一届三中全会以后,广东省作为全国改革开放的试验区,只用了两年时间,就迅速完成了经济的调整和恢复,成为全国经济发展的排头兵。经济发展的同时,对人才的需求也越来越迫切。但由于历史上的"大跃进"和"文化大革命"等原因,致使广东省高等教育基础薄弱,无法满足经济社会迅速发展对人才的需求,这成为制约经济发展的一个重要因素。

1983年,全国高等教育工作会议召开,做出加速发展高等教育事业的决定,提出中央、省、市三级办学的构想。1985年,《中共中央关于教育体制改革的决定》发布,提出"为了调动各级政府办学的积极性,实行中央、省(自治区、直辖市)、中心城市三级办学的体制"。同年,广东省委、省政府印发《关于贯彻〈中共中央关于教育体制改革的决定〉的意见》,提出要改革高等教育管理体制,实行中央、省、市分级办学、分级管理、由省统筹的体制。在经济发展迫切要求的推动下,在党中央和广东省委、省政府的政策支持下,广东大地掀起中心城市办大学的热潮。

深圳大学的创办,拉开了广东省中心城市办大学的序幕。1980年8月,深圳市被正式确立为经济特区。1983年1月,深圳市委、市政府向广东省委、省政府提交《关于创办深圳大学的报告》。广东省委、省政府高度重视,于同年2月26日向国务院呈报《关于增设深圳大学的请示报告》。1983年5月10日,教育部发文,正式传达国务院批准成立深圳大学。在深圳大学创办过程中,深圳市委、市政府秉承"破釜沉舟,背水一战,下定决心把深圳大学建起来"的口号,积极动员各方力量,全力支援深圳大学的建设。① 从1983年1月提出申请到1983年9月招收第一批学生开学,仅仅8个月的时间,这就是邓小平所说的"深圳速度"。

20世纪80年代,广州市作为广东省的政治、经济、文化中心和珠三角地区改革开放的"龙头"城市,仅有两所市属高校。1983年年初,广州市政府根据本市对人才的需求以及社会经济发展状况,做出了发展高等职业教育的决策。1983年4月,经广东省政府批准,广州市创办了一所市属的高等学校,即广州大

---

① 参见张耀荣《广东高等教育发展史》,广东高等教育出版社2002年版。

学。办学以来，广州大学一直秉承"面向广州、服务广州"的办学宗旨，以地方经济发展需要为依据，紧密结合广州地区经济发展的特点和未来的需求进行人才培养，为广州市经济的发展输送了大量的应用型人才。

江门市是中国著名的侨乡，全市520万人口中，有华侨和港澳同胞200多万人。1983年9月，江门市举行第一届归侨、侨属代表大会，广大华侨与港澳同胞心系家乡教育发展大业，热切希望能在江门市创办一所自己的大学，为地方经济社会发展服务。1984年1月，经广东省政府批准，学校正式定名为五邑大学。1985年10月，国家教育委员会正式批准建立五邑大学。为声援五邑大学的建设，广大华侨和港澳同胞在香港成立了海外华侨、港澳同胞响应筹建五邑大学委员会，委员会积极发动海外华侨、港澳同胞集资支持家乡大学的建设。自建校以来，五邑大学定位明确，以"面向地方、服务基层"为办学方针，为江门市地区经济社会发展做出了重大贡献。

此外，其他地市也积极响应广东省中心城市办大学的号召，并相继创办了汕头大学、佛山大学（现为佛山科学技术学院）、西江大学（现为肇庆学院）、韶关大学（现为韶关学院）、嘉应大学（现为嘉庆学院）、孙文学院（现为电子科技大学中山学院）、东莞理工学院、惠州大学（现为惠州学院）。

由中心城市兴办的这11所大学，在学校数量、办学规模、学生人数等方面，占全省高等教育总量的1/3左右，① 不仅在广东省高等教育体系中具有举足轻重的作用，且是广东省地方经济社会发展不可分割的一部分。因为这些大学创办伊始，办学思想、办学方针、人才培养模式等都是"面向地方、服务地方"的，为广东省地方经济社会的发展培养了后备力量，缓解地方人才短缺的燃眉之急，成为促进地方经济发展的中流砥柱。此外，中心城市办大学也使广东省在全国率先践行了由中央、省（自治区、直辖市）、中心城市三级办学的体制，改变了以往的中央和省政府两级办学体制。

实践证明，中心城市办大学是符合广东省经济社会发展对高等教育要求的。其后经过30多年的发展，这些大学在办学规模、办学水平上都有了相当大的发展，汕头大学、广州大学和深圳大学等已进入较高水平大学行列，东莞理工学院与佛山科学技术学院如今也纳入广东省高水平理工科大学建设计划进行重点建设。其他多数大学也秉承更好地为地方经济建设发展服务的理念，朝着更好的方向发展。

二、第二个十年："教育强省"与"科教兴粤"战略

如果说第一个十年里中心城市办大学的兴起，是因为改革开放促使经济发

---

① 参见黄家驹、颜泽贤、冯增俊《改革大潮中的珠江三角洲教育》，广东高等教育出版社1997年版。

展，对人才的迫切需求致使人们意识到全靠引进人才不能长远解决对人才需求的问题，从而把目光转向发展地方高等教育事业的话，那么第二个十年"教育强省"和"科教兴粤"战略的提出，则是基于20世纪90年代广东省经济进一步加速发展的需求，对教育提出了更高的要求。

1992年，邓小平南方谈话明确提出广东要在20年内赶超"亚洲四小龙"，并再次强调经济发展得快一点，必须依靠科技和教育。1994年11月1日，时任中共广东省委书记谢非在全省教育工作会议上发表《为把广东建设成教育强省而奋斗》的讲话时指出："经济强省必须同时是教育强省，振兴教育是振兴经济的根本保证。"①11月17日，广东省委、省政府做出《关于教育改革和发展的决定》，正式以政策文件的形式，落实将广东省建设成为教育强省的目标。1997年，党的十五大召开。为贯彻党的十五大精神，1998年5月，中共广东省第八次代表大会提出实施"科教兴粤"战略，经过五年努力，争取进入全国教育强省行列。

具体到高等教育领域，"教育强省"战略提出"积极发展、优化结构、提高质量、注重效益"的高等教育发展战略。"科教兴粤"战略也延续和巩固了战略指导思想，广东高等教育更加积极谋求新时期的发展。

首先，实施省级"211工程"建设。1995年11月，经国务院批准后，中国正式启动"211工程"建设，即面向21世纪，重点建设100所左右的高等学校和一批重点学科，旨在培养符合我国经济社会发展的高层次人才，提高我国高等教育水平。随后，在国家"211工程"建设的基础上，广东省政府根据广东省域经济社会发展和人才培养的现实需求，以省部共建的方式，启动省级"211工程"项目建设，旨在通过学校整体条件、重点学科和公共服务体系建设，使入选高校在人才培养、科学研究、社会服务、管理水平和办学效益等方面有较大提高，成为广东建设高教省的龙头，成为国家和省培养高层次人才，解决经济建设、社会发展和科技进步重大问题的基地。

其次，为提高广东省高等教育的整体水平，1995年开始进行"六大工程"建设，即：①教学领域的"一三五二"工程。②重点学科建设的"五四一"工程。③培养跨世纪人才的"千百十工程"。④教师广厦工程。争取到2000年，教师住房能达到本省住房的较高标准。⑤抓好高质量的校园建设工程。加大投入，全面规划，既建设好硬件环境，又建设好软件环境。⑥建设高校教学、科研、管理信息系统工程。

最后，加大高等教育的投入，为高等教育事业的发展提供财力、物力保障。据统计，1995年全省高教总支出为15.23万元，比上年增加了76.09%，其中省

---

① 许金丹：《建设教育强省》，广东教育出版社1996年版。

财政拨款 7.8 亿元，地方政府集资达 4257 万元。1996 年全省高教总支出达 19.31 亿元，比 1995 年增加了 26.83%，其中省财政拨款 9.7 亿多元，地方政府集资达 3882 万多元；广东省属普通高校学生人均经费为 9462 元，远高于全国平均水平（6000 元）。广东省政府从资金等方面加大对高校的支持力度，高等教育事业得到了大发展。

在建设"教育强省"目标和"科教兴粤"战略的指引下，广东省高等教育经过几年的加速发展，也初步取得了有效成绩。广东作为改革开放的先行地，吸引了大量人才，"东西南北中，发财到广东"风行全国，在高校领域也是"孔雀东南飞"，为"教育强省"目标的实现打下了坚实的基础。

三、第三个十年：兴建大学城

在 21 世纪初，广东大学城建设可谓走在全国前列，既有应对高校扩招顺势而为的因素，也有广东主动规划的原因。广东先后在广州、珠海、深圳、东莞和佛山设立了大学城和大学园区，其中，有以政府为主导模式的广州大学城，有以高校引进模式为主的珠海大学园区；也有自主创办与外地引进并举模式的深圳虚拟大学园区、东莞大学园和佛山大学城。

（一）政府主导模式——广州大学城

广州大学城的建设，既是积极回应当时高校扩招的需求，也在很大程度上来自于广东省委、省政府和广州市委、市政府的大力支持。时任中共广东省委书记张德江不但积极推动广州大学城建设，而且要求一定要将广州大学城建成全国一流大学城。2003 年 1 月，大学城建设正式启动；2004 年 8 月，一期工程如期完工，首期建设面积约 17.9 平方千米；2004 年 9 月，中山大学、华南理工大学、华南师范大学、广州大学、广东工业大学、广东外语外贸大学、星海音乐学院、广州中医药大学、广东药学院、广州美术学院 10 所高校进驻。广州大学城位于广州市番禺区的小谷围岛，集学、研、产一体化，是华南地区高级人才培养、科学研究和交流的中心。其后，位于小谷围岛南岸的广州大学城二期动工建设，面积约 25.3 平方千米，与大学城一期、广州国际生物岛合计面积为 73 平方千米，将打造为集科技创新、科教合作、一流人才培养特区——"广州国际创新城"，暨南大学和广州医科大学进驻。

建设广州大学城不仅是华南地区高等教育发展的需要，也是广州实现新兴城市整体发展战略的需要。建设大学城可以盘活广州现有高教资源，加速科技成果产业化和实现高等教育适度超常发展。建设广州大学城后，改善了广州高校的办学环境和条件，推动"量"增长的同时又能促使"质"的飞跃，改变广州高等教育发展滞后于社会整体发展的状况，从而加快广州高等教育大众化的进程。

(二) 高校引进模式——珠海大学园区

1999年，珠海市委、市政府抓住"扩招"这一历史性机遇，提出"注重引进，追求所在，走地方政府和高校联合办学"之路，通过引进国内著名高校到珠海办校区或产学研基地，建设珠海大学园区。2000年秋，广东省委、省政府确立了珠海"三个基地一个中心"的城市定位，即把珠海建设成为以信息技术为龙头的高新技术产业基地、高附加值的出口创汇基地和有较强吸引力的产学研基地，成为有较强辐射力和吸引力、环境优美、经济繁荣、秩序优良、文明富庶的现代化区域性中心城市。为加快大学园区建设，珠海市出台了《关于国内重点高等院校到我市兴办高等教育的优惠政策》，鼓励国内重点高等院校到珠海市兴办本科以上学历教育。①

2000年9月，中山大学珠海校区正式入驻，成为进入珠海办学的首个国内著名高校，开创了珠海高等教育发展的新纪元。随后，暨南大学、北京师范大学、北京理工大学、吉林大学等多所高等院校相继入驻。中山大学第五附属医院、遵义医学院第五附属医院、清华科技园、哈工大新经济资源开发港和北大教育科学园等产学研基地在此落户。珠海大学园区不仅改变了珠海长期以来高等教育近乎空白的落后面貌，也为我国高等教育事业的发展探索出一条创新机制、异地办学的新路子。珠海大学园区的建设成为珠海乃至广东高等教育支撑经济社会发展的富有特色的新亮点，真可谓舍弃了一个"珠海大学"，却赢来了一个"大学珠海"。②

(三) 自主创办与外地引进并举模式——深圳虚拟大学园区、东莞大学园、佛山大学城

1999年，中共深圳市委、深圳市人民政府提出引进优质高等教育资源，按照"官产学研资介"有机结合的原则，创办虚拟大学园区。深圳虚拟大学园区位于深圳高新技术产业园南区，是我国第一个集成国内外院校资源、按照"一园多校、市校共建"模式建设的创新型产学研结合示范基地。至今，深圳虚拟大学园区已有成员58个。清华大学和北京大学等国内一流大学研究生院的进驻为深圳带来了高水平的研究生教育资源，使深圳大学城有别于国内的其他大学城，在全国具有独一无二性和不可复制性。深圳虚拟大学园区是中国高等教育发展史上

---

① 参见陈刚《对广州、深圳、珠海大学城的考察报告》，载《浙江中医学院报》2005年第2期，第28页。

② 参见阮小黑《珠海大学城——广东大学城第一个吃螃蟹的人》，载《广东科技》2003年第12期，第8页。

的一个创举，为几所高水平大学在技术创新最活跃的城市进行改革、创新、合作和国际交流提供前沿基地，为深圳高等教育的跨越式发展争取到了强有力的支持。

东莞大学园设在松山湖科技园区内，引进国内外著名高校中实力很强的研究所和实验室，以科研和校企合作为主，集高新技术研发、成果交易、成果转化、技术培训和服务于一体。

佛山大学城则是集高等职业教育园区和学历教育、职业培训和社会教育为一体的新型大学园区，培养在生产、服务、管理第一线的实践型和技能型人才，服务于以纺织、电子、陶瓷、塑料、电器、建材、食品、机械等行业为主导的产业群。

四、第四个十年："双高"建设

在经济新常态的背景下，面临发达国家先进生产力和发展中国家低要素成本的"双重挤压"，广东想要在未来的挑战中赢得主动，实现新一轮引领型发展，核心是切换动力，关键是走创新驱动发展之路。[①] 广东高水平大学和科研院所数量少、科研力量不足，集中力量建设一批高水平大学，是新阶段高等教育发展的必然选择，也是提高核心竞争力的关键所在。

2015年4月，广东省委、省政府印发《关于建设高水平大学的意见》，提出"力争用5～10年建成若干所具有较高水平和影响力的大学，培育一批在全国乃至全世界占有一席之地的特色重点学科"，揭开了广东高水平大学建设的序幕。随后，时任中共广东省委书记胡春华主持召开全省高水平大学建设工作会议，提出："到2017年，重点建设高校综合实力排名上升；到2020年，重点建设高校综合实力排名大幅提升，达到或接近同类型'985工程'高校水平，或进入国家一流大学建设范围；到2030年，重点建设高校和重点建设项目总体上实现国内一流、世界知名，并带动全省高等学校整体办学水平大幅提升，建成高等教育强省。"

2016年1月，广东省委、省政府召开广东省理工科大学和理工类学科建设暨高校科研机制体制改革工作推进会，印发了《关于加强理工科大学和理工类学科建设服务创新发展的意见》，提出了15条具体措施，着力解决高校理工科教育规模偏小、结构不优、水平不高、支撑服务能力不强等问题，涵盖建设高水平理工科大学、高水平大学中的理工类学科、其他各类高校中的理工类学科。[②]

---

① 参见林涛、吕寒《广东高水平大学科技投入产出效率研究》，载《高教探索》2018年第3期，第5页。

② 参见冯海波《广东高水平大学建设交出亮丽"成绩单"》，载《广东科技报》2016年3月11日。

广东对"双高"建设的财政投入力度前所未有。从2015年4月开始，省财政安排高水平大学建设专项资金50亿元，高水平大学生均定额拨款标准从1万元提高到1.2万元，随后又投入80亿元建设三所高水平理工科大学。深圳、东莞等城市也发布了规模宏大的高等教育支持计划，近三年来，广东高水平大学和高水平理工科大学建设总投入超300亿元。

此外，为破除"双高"建设的体制机制障碍，扩大和落实高校办学自主权，广东省政府各相关部门出台了《高水平大学建设人事制度改革试点方案》《关于进一步深化政府采购管理制度改革的意见》《关于深化广东高校科研体制机制改革的实施意见》等一系列具有创新性、针对性的高水平大学建设强有力的支持措施。

广东自2015年启动高水平大学、高水平理工科大学建设以来，入选高校共19所，形成了广东高等教育"777"发展矩阵，即7所高水平大学建设高校、7所高水平大学重点学科建设项目高校和7所高水平理工科大学建设高校，为服务广东创新驱动发展战略注入新力量。广东"双高"建设以超常规的投入力度和改革举措，在队伍建设、人才培养等方面都赢得了重要的先机，促进了广东高等教育整体水平的提高，引起了高等教育界关注。"双高"为"双一流"打下坚实基础，为广东高等教育整体跨越式发展带来了新气象。

第三节　广东高等教育改革发展的启示与展望

一、广东高等教育改革发展的启示

（一）坚持规模发展与内涵建设并重

改革开放40年，广东高等教育实现了从精英化教育阶段向大众化教育阶段的跨越。改革开放的前20年，也即1978—1998年，基本属于精英化高等教育阶段，广东高等教育改革的一大特征是致力于内涵建设的同时适当发展规模。为积极响应国家三级办学体制，广东在各大中心城市兴办了11所大学，促进了高等教育体制改革。1998年5月召开的中共广东省第八次代表大会上提出了"科教兴粤"战略，要求优化产业结构，大力发展高新技术产业。"211工程"与"985工程"对高等教育的大力投入，培养了大量学术骨干，也吸引了海内外无数优秀人才涌入。改革开放的后20年，也即1999—2018年，可算为积极迈向大众化及进入大众化高等教育阶段，广东高等教育的一大特征是致力于规模发展的同时不忘内涵建设。中央决定高校扩招后，广东抓住这一有利时机积极扩招，不到五年时间,广东高等教育毛入学率就达到了 15.3%,跨入高等教育大众化门槛。进入 21 世纪,广东积极投身大学城建设,"双高"建设更是无缝对接国家"双一流"建设,走在全国前列,粤港澳合作逐步深入,大湾区建设提上日程,国际化进程不断加快,教育、人才、科技得以不断发展和进步,实现了高等教育跨越式发展。

广东省高等教育从精英化走向大众化的过程中,不仅注重高等教育"量"的增加,更强调高等教育"质"的提升。改革开放 40 年,广东的科技、教育、人才工作取得了巨大成就,全省科技综合实力、区域创新能力和教育综合实力进入全国先进行列,人才队伍不断壮大,人才总量居全国前列。

(二)坚持分类指导与突出高校办学特色并举

改革开放 40 年来的实践经验表明,在广东省高等教育现代化推进过程中,对高等学校进行分类管理、分类指导,促进高等学校功能多样化、特色化显得尤为重要。20 世纪 80 年代兴起中心城市办大学运动,在深圳、广州、汕头、江门等地兴办 11 所地方高校,其中既包括深圳大学、广州大学、五邑大学等综合性本科院校,又包括深圳职业技术学院等高等职业技术学院。在对中心城市举办高等院校的管理上,广东省委、省政府结合不同高校类型的实际,实行分类管理和分类指导,如五邑大学实行"多学科、多层次、多形式、多功能"的办学模式,努力为地方服务;广州大学积极建立产学研三结合基地,直接为地方经济建设提供科技和技术人才;深圳职业技术学院坚持以发展学生能力为核心的教学改革,走出了特色化的办学之路,为地方经济发展做出了巨大的贡献。步入 21 世纪,广东省进入高等教育大众化和高等教育发展的提速期。一方面,广东省委、省政府为建设国内一批高水平大学、学科,启动高水平大学建设;为优化理工科高校的布局、学科专业和人才层次结构,启动高水平理工科大学建设。另一方面,为加快广东省应用型人才的培养,广东省委、省政府实行应用型本科转型,遴选广东金融学院、广东财经大学等 14 所高校列入试点名单;为做好地方本科高校建设工作,启动省市共建地方本科高校计划。进入新时期,广东省高等教育也结合不同高校类型的实际,联合全省不同部门与高校,对高等教育体系进行总体规划,共同制定高等学校分类标准与分类指导的政策文件,并以此为依据来设计不同类型、不同层次高校的资源配置方式和指导监督方式,实施对高校的分类管理和分类指导。

(三)坚持优化结构与高等教育区域协调发展并进

广东省高等教育现代化的历程表明:发展高等教育事业,必须结合广东省经济、社会的需要,对高等学校布局结构、类型结构、层次结构、学科专业结构进行优化,促进高等教育区域协调发展。一方面,广东省以中央部委属重点院校、"211工程"重点院校为建设的重点,发挥领头和示范作用,以此来带动全省高等教育事业的发展,成为建设高等教育强省的龙头。另一方面,积极发展珠江三角洲地区的高等教育,充分利用该地区办学资源,带动广东省区域高等教育发展。珠江三角洲地区由于政策上的扶持,经济上的发展,蕴藏着十分巨大的潜能,能够在资金、物资等方面为本地区高等教育的发展提供强大的后盾和保障。因此,以"先强带动后强",积极发展珠江三角洲地区的高等教育,尤其是粤港澳大湾区成为国家战略之后,珠三角的高等教育群和港澳大学的联动显得更加重要;在充分利用该地区资源的基础上,促进和推动其他地区和区域的高等教育发展,完成适合广东省区域经济社会发展的地区布局结构。经过多次结构优化,广东省高等教育区域布局更加合理,层次类型更加丰富,不断满足经济社会发展对人才的综合素质要求。

（四）坚持贯彻国家政策与立足本土创新并行

改革开放以来,中央给广东"先行一步"的优惠政策,给广东经济带来了资金的投入和产值增长的高速度。广东立足于现状,利用经济发展的有利条件,积极响应国家各项政策,迅速融入全球化高等教育体系。

20世纪80年代,为贯彻中央、省、市三级办学的要求,广东先后在深圳、广州、汕头、江门等地兴办了11所高校,开启了中心城市发展高等教育的先河,在体制上突破了中央、省两级政府办学的旧模式,调动了广大华侨捐资助学的积极性,激发了办学的活力,推进了广东高等教育办学体制和管理体制的改革。正因为有了中心城市大学在观念上和体制上的率先突破,才有高等教育扩招后高等职业教育、民办高等教育的迅速崛起,它们一起构成了广东高等教育地方化的基本力量,承载着高等教育大众化的主要任务,也为大众化阶段的精英教育提供了坚实的发展基础。21世纪初,为了贯彻落实国家高校扩招政策,广东积极兴建广州大学城,不但走在全国前列,而且经过十多年的运行和检验,广州大学城可称为全国最成功的大学城之一;不但很好承载了高等教育大众化的阶段性任务,而且在硬件、软件、共享机制等方面都堪称典范,并成功地打造了一个新的城市文化地带。2015年,广东又率先在全国启动高水平大学、高水平理工科大学建设（简称"双高"建设）,立足广东经济社会现状,培养了一批应用型技术人才。"双高"建设投入力度、改革力度前所未有,不仅促进各高校在各自办学层次争创一流,还引领广东众多高校跻身"双一流"建设名单。建设仅仅三年,成绩斐然,硕果累累,是推动高等院校有力支撑创新驱动发展的重要抓手。这些立足于广东特色的办学经验不仅推动了广东高等教育的蓬勃发展,也有助于激励其他省份形成更为多样化的发展模式,丰富中国高校的特色,走符合我国国情的高等教育发展道路。

二、广东高等教育改革发展的展望

2018年3月7日，习近平总书记在参加十三届全国人大一次会议广东代表团的审议时提出广东要"四个走在全国前列"，即在构建推动经济高质量发展体制机制、建设现代化经济体系、形成全面开放新格局、营造共建共治共享社会治理格局上走在全国前列。同时，他指出，广东是改革开放的排头兵、先行地、实验区，在我国改革开放和社会主义现代化建设大局中具有十分重要的地位和作用。习近平总书记还强调"三个第一"，即发展是第一要务、人才是第一资源、创新是第一动力。如果不走创新驱动发展道路，新旧动能不能顺利转换，就不能真正强大起来，强起来要靠创新，创新要靠人才。在改革开放40周年、粤港澳大湾区建设全面推进的关键时刻，习近平总书记再度视察广东，明确提出了深化改革开放、推动高质量发展、提高发展平衡性和协调性、加强党的领导和党的建设"四个方面重要要求"。这"四个方面重要要求"是对"四个走在全国前列"的重要指示要求的进一步深化，体现了对广东发展全局的系统思考，饱含着对广东改革发展的殷切期望，是广东肩上沉甸甸的使命和责任。① 这充分体现了习近平总书记对广东发展的高度重视和深切关怀，对广东在新的起点上再创新局面具有重大意义。

对于教育领域而言，广东如何实现"四个走在全国前列"，无疑面临着比经济领域难度更大的挑战。尤其是高等教育，未来要以"冲一流、强特色、补短板"战略实现新一轮的提升。

首先，要冲一流。广东需要紧紧围绕"创强争先建高地"和"争先进、当标兵、建高地"中心工作，把高等教育发展放在党和国家确立的教育战略定位上，放在科教兴粤、人才强省、创新协调可持续发展的大格局中，主动适应"一带一路"国际合作和广东自贸试验区、珠三角科技产业创新中心、粤港澳大湾区建设，以及粤东西北振兴发展需要，才能全面把握新时代经济、科技、人口、文化发展的机遇与挑战。要遴选一批重点建设学科，引导全省高校深化分类发展；开展"新师范"建设研究，深化高校教师队伍建设改革，提高教师队伍整体素质；持续推进"新工科"建设，优化理工类学科专业结构，扩大理工类招生规模，推进理工类高校和行业高校特色发展；加强高校人才队伍建设，支持面向全球引进创新领军人才和学术团队，完善有利于人才脱颖而出的分配激励机制；加强高等院校学科建设，引导和支持高校主动对接省内重大创新平台、高新区、专业镇等创新载体，推动新兴产业群发展；狠抓体制机制创新，推动高校进一步深

---

① 何足道：《四个方面重要要求是沉甸甸的时代考卷》，载《南方杂志》2018年11月4日。

化人事制度改革和科研体制改革。

其次,要强特色。"扎根中国大地办大学"一直是习近平关于教育论述的重要内容。对于一省之高等教育,同样也要扎根大地,办出特色。广东正处于产业转型升级之中,迫切需要更多高等教育为产业提供科技研发支撑,并为此提供足够的人才支撑。尤其珠三角地区是粤港澳大湾区的重要组成部分,全球科技创新中心的缔造需要粤港澳大湾区高等教育集群紧紧围绕为当地经济产业提供一流的研究支持和人才支撑为中心,而不是军备竞赛式地把各种大学排行榜和ESI学科排名作为瞄准的靶心。粤港澳大湾区也拥有全世界最好的创新环境和条件,应有底气和自信去探索如何办出大学和创业者、企业、政府形成良性循环的湾区高等教育模式。同时也要求湾区各城市和各高校都应该有更大的格局和更宽的视野,才有望在理念交融中共创高等教育新模式,共创高等教育新价值。因此,未来广东高等教育还将面临更为激烈的竞争和考验,唯有因地制宜,扎根"特色",方能"杀出一条血路",勇立时代之潮头。

最后,还要补短板。党的十九大报告指出,在新时代,我国社会主要矛盾已经由"人民日益增长的物质文化需要同落后的社会生产之间的矛盾"转化为"人民日益增长的美好生活需要和不平衡不充分的发展之间的矛盾"。教育发展的不平衡主要体现为区域、城乡和不同类型教育的不平衡。改革开放以来广东总体经济实力不断增强,但广东地区创新发展整体能力仍然偏弱,在国内外有影响力的高水平大学及一流学科数量不足,普通高校的布局结构、学科专业结构、人才层次类型结构还需进一步调整优化。珠三角地区与粤东西北地区高等教育发展不平衡现象比较突出,未来要通过省市共建计划大力推动粤东西北地区高等教育发展水平。

展望未来,结合广东社会经济发展以及教育改革发展的实际,广东要更加紧密地团结在以习近平同志为核心的党中央周围,坚持省委、省政府的领导,解放思想、实事求是、开放合作、协同创新,以高水平教育科研助力广东建成更活力、更高效、更开放的现代化教育体系,提升高等教育综合实力、区域竞争力和国际影响力,打造南方教育高地,进而为实现高等教育现代化做出更大贡献!

第八章　特殊教育

改革开放以来，广东的特殊教育发展迅速，特殊教育体系逐渐完善，特殊儿童的受教育权利得到了有效保障。全省从改革开放初期的几所特教学校，增加到如今的 120 多所特教学校，学生入学率从最初的极低水平提升到现在的 90% 以上，教职工人数从最初的几百人发展到 2014 年的 3640 人。广东自提出残疾儿童实施免费 15 年的教育政策以来，基本上形成了以特殊教育学校为骨干，以普通学校随班就读和附设特教班为主体，以送教上门和社区教育为补充的特殊教育发展格局。目前，广东建成了一批在全国有影响力的特殊教育学校，发展了具有地域特色的课程教学体系，提出了特殊教育师资创新培养的策略，形成了粤港澳台特殊教育合作共赢的局面，可以说，全省迎来了特殊教育改革发展的最佳契机。

第一节　广东特殊教育改革发展的基本历程

一、残疾儿童的入学保障阶段（1978—1991 年）

1978 年以前，广东省特殊教育学校只有 5 所，在校学生不足 300 人，教职工人数不到 150 人，且这些学校主要集中在广州市。改革开放以来，随着广东省经济的迅速发展和各级政府对教育事业的重视，特殊教育也得到快速发展。[①]《中华人民共和国宪法》第四十五条规定："国家和社会帮助安排盲、聋、哑和其他有残疾的公民的劳动、生活和教育。"这是残疾人教育问题被第一次写进国家的根本大法。1985 年发布的《中共中央关于教育体制改革的决定》指出："在实行九年制义务教育的同时，还要努力发展幼儿教育，发展盲、聋、哑、残人和弱智儿童的特殊教育。"这一内容于次年写入《中华人民共和国义务教育法》，明确了特殊儿童少年的教育是义务教育的一部分，该法第九条规定："地方各级人民

---

① 参见罗观怀《南粤特殊教育新视野·下册》，暨南大学出版社 2014 年版。

政府为盲、聋哑和弱智的儿童、少年举办特殊教育学校（班）。"从此，除视障教育和听障教育之外，智障教育也得到了重视，广东各地兴建培智学校，广州市越秀区启智学校、广州市荔湾区致爱学校、中山特殊教育学校就是在这时候建立起来的。除了以上特教学校，广州市荔湾区西华路小学的特教班也是在这个时候建立起来的。

1987年，全国盲、聋学龄儿童入学率还不足6%。为此，我国第一次举行了特殊教育工作研讨会，会议通过了《关于发展特殊教育的若干意见》。该文件全面阐述了特殊教育的重要地位，并从方针与政策、目标与任务、领导与管理三个方面对特殊教育提出了20多条意见。1990年，《中华人民共和国残疾人保障法》颁布，该法律是我国残疾人权利保障的第一部专门法律，其对残疾儿童入学权利也做出了明确的规定。

以上文件及法律法规的颁布对于广东特殊教育发展具有重要影响，尤其体现在保障儿童入学的权利方面。尽管如此，广东的特殊教育发展仍有较大的改善提升空间，比如，当时深圳、佛山、顺德和珠海及诸多粤东西北地区特教学校匮乏，为了提升残疾儿童的入学率，一些特殊儿童开始进入普通学校就读，于是随班就读和特教班的教育安置形式逐渐发展起来。这一时期的特殊教育主要目的是满足残疾儿童入学，满足义务教育的要求，特殊教育对象主要为"三残儿童"，即听障、视障和智障儿童，对于其他诸如自闭症、脑瘫等儿童的教育还相当缺乏。

二、特殊教育体系建构时期（1992—2011年）

广东特殊教育体系的完善以及特殊教育格局的形成，主要是在改革开放以后的40年中。从体系而言，在改革开放初期，特殊教育事业发展的主要任务是普及九年义务教育，国家投入大量的人力和物力，确保残疾儿童能进入特殊教育学校或普通学校接受义务教育。随着教育事业的发展，特殊教育也逐步在之前的义务教育基础上向学前教育和职业教育以及高等教育阶段延伸。在这40年的办学过程中，广东形成了"以特教学校为骨干，以普通学校特殊教育班和残疾儿童少年随班就读为主体"的特殊教育安置格局，极大地提升了残疾儿童受教育的机会。此时，一些特殊教育学校逐步开办起来。此外，也陆续出现了更多的普通学校特殊教育班和随班就读的教育安置形式。深圳元平特殊教育学校、珠海市特殊教育学校、顺德启智学校、佛山启聪学校等都是在这个时期成立的。特教班也是这个时候逐渐建立的，比如广州市海珠区工业大道中小学特教班、南海多个乡镇特教班等。

1994年，国家教委颁布《关于开展残疾儿童少年随班就读工作的试行办法》，这是政府第一次将随班就读以正式文件的形式颁布出来。随班就读是发展和普及残疾儿童少年义务教育的一个重要办学形式，它将特殊儿童安置在住家附近的普通学校，这样有利于更多残疾儿童接受教育。也是在这一年，首部关于残疾人教育的法规《残疾人教育条例》颁布，至此，特殊教育被纳入法制建设的轨道。此时，多所学校出现了随班就读儿童，比如广州市荔湾区西华路小学，该小学的特殊教育到现在也办得有声有色。

　　在改革开放以前，广东的特殊教育学校比较单一，主要表现为政府举办的盲聋哑学校。在1978年以后，政府在将智障教育纳入特殊教育范围后，特教学校类型开始丰富起来。除了以上"三残儿童"进入特教学校就读外，其他如自闭症、脑瘫、多重残疾等儿童也陆续进入各个学校就读，比如广州市于2004年成立了专门招收小儿脑性瘫痪及重度肢体残疾儿童的广州康复实验学校，2005年成立了专门招收自闭症儿童的广州市康纳学校。广州市越秀区启智学校更是在2004年提出了"零拒绝"的概念，招收的对象甚至包括多重残疾儿童。广州市教育局于2007年颁布了《关于加强残疾儿童少年随班就读工作管理的若干意见》，这是广东省首份关于随班就读的政策文件，该文件提出尽量在普通学校安置轻中度残疾儿童的意见，主张实施融合教育，还规定了随班就读儿童的入学、课程学习等详细操作，是一份非常有现实意义的文件，对随班就读工作有一个很好的指引。

　　之后，广东省政府于2011年颁布了《关于进一步加快特殊教育事业发展的实施意见》，该政策文件将建设特殊儿童的教育体系排在了首位，提出了建立从学前到高等教育的残疾人教育体系，也提出了普通教育和职业教育的衔接机制。

　　到2011年年末，广东基本构建了由学前特殊教育、义务阶段特殊教育、高中阶段特殊教育、特殊高等教育组成，以随班就读和普通学校的特教班为主体、以特殊教育的专门学校为重心、以送教上门为补充的，特殊教育与普通教育相融合，普通教育和职业教育融通，体现全纳教育、终身教育理念的特殊教育体系。在学前阶段，广州建有招收特殊幼儿的融合教育幼儿园，比如海印南苑幼儿园。2011年，三所特殊教育学校开设了特殊教育中职班。此外，广东省还专门建立了针对残疾学生就读的职业技术学校，即广东省培英职业技术学校。该校成立于1999年12月，2000年开始招生，是广东省唯一一所招收各类残疾学生的中等职业教育学校，它的开办填补了广东省残疾人中等学历教育和职业教育的空白。该校现开设计算机应用、会计、计算机动漫与游戏制作、中医康复保健、美术设计与工艺、服装设计与工艺、电子商务、运动训练与康复、社会文化艺术、社会福利事业管理10个专业，学制三年。该校还与广州中医药大学合办三年制医疗按摩专业大专班。全校在校学生分36个班级共582人，其中中专生543人、大专生39人。该校从2004年开始扩大招生规模，开展多种办学模式的试点，与各地的残疾人联合会开办校外班。

在高等教育方面，广州市广播电视大学、广州大学市政技术学院为残疾人开设了数字媒体设计与制作（大专）、商务英语（大专）等多个专业，现有364名残疾学生。此外，广州大学市政技术学院于2007年在华南地区首设聋人高等教育班，近三年毕业生教育率达97%，该校被省政府评为"特殊教育先进单位"。培英职业技术学校与广州中医药大学合办盲人针灸推拿大专班，与华南师范大学合作开展残疾人高等学历现代远程网络教育等，大大提升了残疾人接受高等教育的机会。除此以外，还有部分轻度残疾的大学生在一般高校接受教育，他们对特殊教育的需求不多，所以能比较好地融入了高校大集体。

三、特殊教育质量快速提升时期（2012—2018年）

广东省政府办公厅于2011年颁布了《关于进一步加快特殊教育事业发展的实施意见》，该文件从完善残疾人教育体系、特殊教育学校建设、师资质量提升等方面做出了重要规定，之后，全省特殊教育得到了快速发展。2012年，广东省颁布了《广东省特殊儿童少年随班就读资源教室建设与管理实施办法（试行）》，该文件首次对全省随班就读资源教室的建设进行了说明和规范，进一步肯定了随班就读的意义，也明确了在普通学校教育残疾儿童的方针措施。2013年，广东省政府颁布了《广东省人民政府关于推进我省教育"创强争先建高地"的意见》，提出"加强特殊教育学校标准化建设和特殊儿童少年随班就读资源教室建设"。之后，全省进行了较大规模的特殊教育学校和资源教室建设，要求人口在30万以上的区县要建立一所特殊教育学校，在较大规模的乡镇要建立供随班就读儿童学习的资源教室。

到2014年，随着国家发布第一期特殊教育质量提升计划，广东省也颁布了自己的特殊教育提升计划，该计划从源头上做好了顶层设计，确定了未来特殊教育的发展方向。计划特别提出要"提高特殊教育教学质量"，具体从推进特殊教育课程教学改革和加强特殊教育教研工作方面着手。2014年6月，全省"医教结合"特殊教育研讨会在中山特殊教育学校举行，特殊教育工作者就医学康复如何和特殊教育有效结合展开了热烈的讨论。

到2014年，全省特殊儿童总人数达到28285人，比2010年增长了30%；而到2017年年初，经统计，全省有特殊教育儿童44084人，人数呈现了较大幅度的增长。未入学学龄儿童少年人数呈逐年下降趋势。2011—2014年，广东省特殊教育学校类别和数量增加，特教学校数量2014年比2011年增加了20%，总数达到了100所，基本上实现了30万人口以上的区县建立一所特殊教育学校的目标。其中，培智学校占40%，聋校占8%，盲校占2%，其他类型的特殊教育学校数量占50%。其他类型特教学校一般为综合性的特殊教育学校，这也是残疾儿童程度加重、残疾类别增加的应对措施。除了数量，广东省特教学校的招生能力也不断提升。2011年,广东省平均每所特殊教育学校拥有在校生117人,到2014年则增至128人,2014年的特殊教育在校生人数比2011年要多11人,净增长9%。此外,特殊教育学校的功能大为拓展,在特殊教育格局中发挥了骨干作用,在服务残疾儿童教育的过程中担当了多种角色。它们不仅承担着本校的残疾儿童教育工作,而且承担了本地区的随班就读指导、特殊教育咨询、社会宣传和残疾儿童家庭教育等工作。2014年,广东在校残疾学生中的55%就读于普通学校,其中54%的学生的安置形式为普通学校随班就读,1%的学生就读于普通学校附设特教班。普通学校附设特教班人数逐渐递增,由2011年的142人增至2014年的222人,增长了56%。2012年,随班就读学生人数超过1.5万人,达到了历史最高值。在2012年,广东省颁布了《广东省特殊儿童少年随班就读资源教室建设与管理实施办法》,其中对于随班就读及资源教室做出了详细的说明。在注重规模的同时,各个地区也较为重视特殊教育的质量,多个学校开展了特殊教育课程改革。教育部颁布了三类特殊教育学校课程实验方案,各个学校在此课程方案的基础上,进行了本校课程改革的探索,不少学校开发了具有本校特色的校本课程,编制了校本教材,最大限度地满足了特殊儿童的教育及生活需求。比如,越秀区培智学校开展了智障儿童板块化课程的建设;佛山启聪学校构建了菜单式课程体系;顺德区启智学校开发了人性化课程,搭建起"教育人性化"生活教育化的教育模式;中山市特殊教育学校进行和谐课程建设。这些课程教学改革探索在全国都产生了一定的影响。同时,省内各特殊教育学校致力于课题研究,以课题为引领,带动其他特殊教育学校的课程建设和教学改革。

广州市越秀区启智学校在课程教学改革中成绩斐然,个别化教育做得比较有特色,在全国都很知名。因为随着学生的残疾程度加重,以前的普通学校分科教学模式已经不适合眼前的特殊教育形势了,所以多所学校开展了课程与教学个性化实验,从而有效地应对目前的新局面。该校在2016年建校30周年之际,由《现代特殊教育》编辑部和广东教育学会特殊教育专业委员会、广州市特殊教育教学研究会、广州市越秀区启智学校联合主办的培智学校课程改革成果展示交流活动在广州举行。《现代特殊教育》编辑部确定广州市越秀区启智学校为"培智学校课程改革实验基地"。与此同时,该校还建立了全国培智学校云资源库,各个学校都可以在该平台上分享课程教学资源。[①] 该校从2004年就提出了"零拒绝"的概念。所谓"零拒绝",是指启智学校招收本地区除盲校、聋校的学生及在普通学校随班就读的学生以外的所有有特殊教育需要的儿童。启智学校作为教育的保底,让所在地段内中重度智障的适龄儿童都能接受义务教育。因此,学校

---

① 参见陈凯鸣、谢立瑶《新形势下培智学校经营手册:广州越秀区启智学校为例》,上海社会科学院出版社2016年版。

的教育对象发生了较大变化，由之前的轻中度智障儿童为主转到现在以中重度智障儿童、自闭症儿童和脑瘫儿童为主。因此，学校要寻找适合的课程改革路径——以全人发展为宗旨，以个别化教育为核心的课程建设，从2004年春季开始全面启动了个别教育计划为核心的课程改革：以"为了学生的生存与发展"作为一切工作的出发点和落脚点，力争高起点、高目标、加速度地发展，实施个别化教育计划。学校在坚持以"个别化教育理念"为核心的课程改革实践中形成了自己的特色——阶梯式的教学课程设计，符合不同年龄学生的生活需求。为此，启智学校目前在不同年龄使用了五套课程，分别是学前的校本开发的融合教育课程、低年级（一至三年级）的双溪发展性课程、中年级（四至六年级）的重庆师范大学功能性课程、高年级（七至九年级）的校本开发的社会适应课程及职业高中班的职业陶冶课程，力图使每一个学生都能享受适合的教育。随着国家特殊教育课程改革的深入，学校已经在每个年级的实验班中推广使用新课程标准开展课程评估和教学，并有计划地在全校推广使用。

2017年7月，教育部联合七部门制订了第二期特殊教育提升计划。2018年1月，广东省也颁布了第二期特殊教育提升计划，提出了诸多创新性的举措，比如加强省级统筹，提出在未来几年建立省级特殊教育中心，发挥引领全省特殊教育发展的作用，加大对欠发达地区和特殊教育薄弱环节的支持力度；建立健全多部门协调联动的特殊教育推进机制，明确教育、发展改革、民政、财政、人力资源社会保障、卫生计生、残联等部门的任务，形成工作合力。此外，计划也提出在全省各个地区建立特殊教育中心，发挥中心的统筹作用，实现跨部门的协作，办好当地的特殊教育。近年来，广东省残疾人受教育机会不断增加，特殊教育普及水平明显提高；财政投入大幅增长，保障能力持续增强；教师队伍建设取得显著成效，教育质量进一步提升。可以说，广东特殊教育迎来了历史发展的最好时期。

第二节 广东特殊教育改革发展的重大事件

一、特殊教育体系建构时期

2011年，广东省特殊教育工作会议在清远市举行，时任副省长宋海在会上指出，全省将加大特殊教育的财政投入，加快特殊学校的标准化建设，并进一步提高特殊教育教师待遇，加强特殊教育师资队伍建设。之后，广东省政府发布了《关于进一步加快特殊教育事业发展的实施意见》，这是为贯彻落实《国务院办公厅转发教育部等部门关于进一步加快特殊教育事业发展意见的通知》精神，进一步推动全省特殊教育事业加快发展，经省政府同意发布的政策文件。此份文件的主要内容集中在特殊儿童教育、特殊教育学校建设、残疾学生随班就读服务体系、特殊教育师资队伍建设、经费保障机制等方面，其中特殊儿童教育体系放在了第一位。这份文件对于后续几年特殊教育的发展起到了重要作用，比如，广东推出的百校建设工程、省级特殊教育专项资金的拨付等都与这份文件有关。

二、特殊教育质量快速提升时期

到 2014 年，国家颁布了第一期特殊教育质量提升计划，广东省也提出了自己的特殊教育发展计划，即《广东省特殊教育提升计划（2014—2016 年）》，该计划创新性地提出针对残疾学生实施十五年免费特殊教育，具体规定了"在全省范围内实施免费义务教育的基础上，从 2015 年春季学期起，在全省范围内实施高中阶段残疾学生免费教育，免收学杂费、课本费；有条件的地区可实施从学前教育到高中阶段残疾学生免费教育"。此外，文件肯定了发展特殊教育的重要意义，提出了未来三年的发展目标和任务，也提出了一系列具体发展特殊教育的措施，比如"扩大残疾儿童少年义务教育规模""提高特殊教育教学质量"等。总之，在该计划颁布以后，各个地区也颁布了未来三年发展的特殊教育质量提升计划。全省特殊教育质量大幅度提升，一方面体现为特殊教育学校的数量扩充，比如到了 2016 年，总数量达到 100 多所，很多学校因为得到了省级财政资金的补助，学校的硬件设施及场地都得到了保障；另一方面在软件方面，大部分学校的教师都接受了各级师资培训，尤其是省教育厅组织的特殊教育分类培训，师资质量得到了明显提升。

此外，在师资培养方面，也有标志性的事件。广东省特殊教育教师发展联盟成立大会于 2017 年 6 月 26 日在岭南师范学院举行。会议选举产生了第一届理事会，岭南师范学院当选为理事长单位，华南师范大学等 7 个单位当选为副理事长单位，广州市启明学校等 43 个单位当选为常务理事单位，梅州市特殊教育学校等 125 个单位当选为理事单位。该联盟的成立将有利于推动特殊教育学科专业建设和课程教学改革，有利于加强全省特殊教育教师队伍的专业化建设，有利于提高全省特殊教育的质量，将有效推进特殊教育师资培养的协同创新，建立高校和地方、高校和特殊学校的协同互动机制。联盟将提请在广东省试行特殊教育师范生免费政策，吸引优秀生源报考特殊教育专业。这是省教育厅提出加强教育资源共享，鼓励多形式、多层次构建教师教育联盟以来，广东省成立的第三个教师发展联盟。这对于全省特殊教育师资质量的提升具有重要意义。

第三节 广东特殊教育改革发展的启示与展望

一、广东特殊教育改革发展的启示

（一）重视政策引领，强调特殊教育制度创新

特殊教育的发展离不开政策的引领。这几年，很多人提到特殊教育的春天已经到来，这是与国家及省市提出的特殊教育提升计划密切相关的。尤其是国家与广东省于2014年提出第一期提升计划以来，全省特殊教育取得了快速发展。目前，国家第二期提升计划也已经于2017年提出，广东省特殊教育第二期提升计划也于2018年出炉了。第二期提升计划在制度设计上有所创新，这将进一步提升广东特殊教育的质量。党的十九大提出了办好特殊教育的指示，广东在"十三五"期间应该着力提升特殊教育的质量，因为从数量上看，广东特殊教育规模不小，接下来需要依靠制度创新提升特殊教育质量。在制度上，进一步增加政策文件的可执行力度，打破体制机制的限制，提升对现实实践的指导和引领作用。

教育行政部门要加强对特殊教育的监督指导。目前，广东省有几十所特殊教育学校是在2014年以后建立起来的，很多学校刚刚建立，还不知道该如何运作管理，这就需要相关行政部门督促引导。为此，省有关部门要将特殊教育事业发展水平纳入教育现代化建设监测评估，逐步建立特殊教育质量监测评价体系，促进特殊教育事业持续健康地发展。

（二）加强教育阶段衔接，继续完善特殊教育体系

首先，继续采用多种方式提升义务教育阶段残疾儿童的入学率。坚持以特殊教育学校为骨干、普通学校随班就读为主体、特教班和送教上门为补充的多元教育模式。推动实现残疾儿童少年接受义务教育"零拒绝"。创造条件对重度肢体残疾、重度智力残疾、孤独症、脑瘫和多重残疾儿童少年等群体实施义务教育，保障儿童福利机构适龄残疾儿童少年接受义务教育。尤其是针对重度残疾的孩子继续采用送教上门的模式进行教育，对于边远山区的孩子可以采用送教上门或远程教育的方式进行教育。对于长期住院的孩子可采用送教到医院的方式进行，采用巡回辅导的方式。将送教上门纳入特殊教育整体工作，研究制定相关管理制度，具体来讲，明确送教上门对象的认定、学籍管理、送教团队建设及其工作职责、教育教学与康复、资源配置等各项工作要求，规范对送教上门工作的管理。开展送教上门教育教学研究，完善送教上门课程实施方式。

其次,重点发展非义务教育阶段残疾儿童教育。其一,加快学前教育。特殊教育发展向学前教育延伸,将残疾儿童学前教育纳入学前教育总体规划。全省特殊教育学校要举办三年学前教育班,普通幼儿园应当接收具备就读能力的残疾幼儿入园,支持社会力量举办学前特殊教育机构。加强残疾儿童早期发现、康复和教育。其二,加快以职业教育为主的高中教育,将残疾人职业教育纳入广东现代职业技术教育体系。特殊教育的最终目的是帮助和促进残疾人更好地立足社会,立足社会最重要的衡量标准就是是否具有一定的生存技能。继续鼓励广东省培英职业技术学校招收残疾人进行职业技术教育。鼓励特殊教育学校继续开办中职教育。与此同时,鼓励广东省普通职业技术学校继续开办特教班接纳残疾青少年入读,在此基础上要拓宽中等职业学校的专业设置,扩大残疾学生的招生规模,指导特殊教育学校开足开好劳动技术、综合实践活动等课程,开设符合学生特点、适合当地需要的职业课程,举办残疾人职业技能竞赛。各地要在残疾学生实训基地建设、职业技能鉴定、就业安置等方面制定优惠政策和扶持保护措施,使更多的孩子能有一技之长。其三,进一步推进残疾人高等教育向前发展。继续做好普通高校招收残疾考生工作,及时了解国家高校招生考试政策,了解残疾学生的困难和问题,为制定政策提供依据。鼓励广州中医药大学、广州大学进一步做好残疾人高等教育工作,完善专业设置,提高办学质量。加强辅助设备和信息无障碍等服务,教育部门根据实际情况为残疾人参加国家各类升学考试提供大字试卷、盲文试卷等便利条件或者组织专门服务人员给予协助,为肢体、听力、视力、言语等残疾人进入普通高等教育和职业教育机构随班就读创造条件。支持各级各类网络学校和网络课程面向残疾人服务,鼓励残疾人接受继续教育。

最后,做好各个学段之间的衔接工作。学段的衔接具体包括学前与小学阶段的衔接、小学与初中阶段的衔接、初中与高中阶段的衔接、高中与大学阶段的衔接,同时也包括普通教育与职业教育系统学段之间的衔接。这需要对特殊儿童进行有效评估,做好各个阶段的衔接工作,实现阶段间残疾儿童顺利过渡与分流。

(三) 注重特殊教育基础建设,完善特殊教育保障机制

首先,建立残疾儿童信息档案数据管理平台。各地区教育、卫计、民政、残联等部门要分别建立完善残疾学生学籍信息、残疾儿童筛查鉴定信息、残疾孤儿信息和未入学适龄残疾儿童少年信息管理平台,形成残疾儿童筛查、检测、建档、转介、安置网络化运行机制,实现互通互联、资源共享。平台的建立,对于迅速了解义务教育阶段残疾儿童的人数、障碍类型、障碍程度等相关信息具有重要作用,便于政府拨款及有计划地进行教育和康复安置。

其次,创建广东省特殊教育资源中心。建立的广东省特殊教育资源中心将从事特殊教育研究与服务工作。中心将整合优质资源,搭建教育平台,健全特殊教

育支持体系，更好地满足特殊儿童及其家长对优质教育的需求。具体来讲，中心将承担五个方面的事务。其一，做好信息收集与管理工作。建立特殊教育资源库，收集各种特殊教育的优质资源，管理特殊教育的信息资源。其二，充当"智库"的角色。开展全省特殊教育的重点及难点问题研究及研讨活动，促进全省特殊教育创新与发展，为教育行政部门提供特殊教育决策咨询做好服务。定期发布《广东省特殊教育发展报告》，及时呈现广东省特殊教育的最新动态，为政府部门制定决策提供参考。其三，指导全省的随班就读工作。定期组织融合教育的教学研讨活动，提升随班就读教师的专业知识和技能。其四，开发特殊教育评估工具，提供科技辅具宣导服务。开发和修订残疾儿童心理与教育评估量表，为残疾儿童教育与康复提供切实有效的评估，进而科学有效地开展教育和康复服务。做好残疾人科技辅具的开发与宣传工作，向残疾儿童及其家庭提供最新的科技辅具信息。其五，做好特殊教育的咨询与宣导工作，负责编印《广东省特殊教育》专刊。为残疾儿童及其家庭提供咨询工作，为广大特殊教育工作者提供最新的特殊教育资讯，创建广东省特殊教育专门期刊，鼓励各地特殊教育工作者进行学术交流。

最后，加强对欠发达地区的支持力度，加强标准化学校建设，实现特殊教育均衡发展。继续加强对粤东西北等地区的资金支持力度，支持这些地区建设标准化的特殊教育学校，对欠发达地区现已建成的特殊教育学校按标准化要求进行改建、扩建和配备设施设备等予以奖补。按照各地人均财力水平、残疾学生人数和特殊教育工作成效等因素予以奖补。不断缩小区县间教育经费投入水平的差距。加大特殊教育教师的交流和对口帮扶力度。

（四）实施特殊教育教师培养培训改革，提升师资队伍质量

广东省过去几年采取了多项措施加强师资队伍的建设。一是学校的教师编制得到了极大的保障。2008年，广东省机构编制委员会办公室、广东省教育厅、广东省财政厅、广东省残疾人联合会联合印发了《广东省特殊教育学校教职员编制标准暂行办法》，颁布了特殊教育教职员基本编制标准，该文件要求特殊教育学校配齐配足教师，使得广东省特殊教育的专任教师数量从2011年的2902人增加到2014年的3640人，该类型的文件在全国都不多见。二是把特殊教育教师培训纳入"强师工程"。2012—2016年，广东省财政每年安排400万元培训特殊教育教师。三是在特殊教育待遇方面，规定特殊教育教师享受特殊教育津贴，津贴增加额度为教师基本工资的30%，从事特殊教育满15年并在特殊教育岗位退休的教师，退休时特教津贴将列入工资基数。四是在师资队伍培养方面，2012年华南师范大学特殊教育学院、湛江师范学院（现为岭南师范学院）教科院特殊教育系成立并招生，2013年广东第二师范学院教育学院特殊教育系成立并招生，

2017年广州大学成立特殊教育系并开始招生,其中,华南师范大学还承担了特殊教育硕士研究生的培养,成为广东省第一个拥有特殊教育硕士点的高校,力图培养高素质的特殊教育研究人才。

截至 2014 年,全省特殊教育教师队伍数量达到了 3640 人,其中专任教师 2950 人,专任教师受过专业训练的人数为 2074 人,占到了 70%。此外,整个教师队伍的学历层次得到了较大提升,其中本科及以上学历教师占比达到了 67%,难能可贵的是,研究生学历教师占比也达到了 6%。可以说,教师队伍明显得到优化,教育教学质量得到较大的保障。在师资培养的创新方面,广东省特殊教育教师发展联盟的成立是一个标志性事件。该发展联盟成立于 2017 年,联盟将特殊教育的师资培养及培训提升到了一个新高度。

(五)发挥区域地缘优势,加强与港澳台地区和国际区域合作

继续发挥广东的地缘优势,加强与周边地区的深度合作,尤其是利用港澳台的特殊教育资源优势,充分发挥粤港澳大湾区合作的契机开展多方面研究合作。取得的成就具体表现在以下两方面。

1. 在师资培养培训方面

岭南师范学院与中国台湾联合培养特殊教育师资,建立了两岸协同育人机制。两岸协同培养特殊教育师资在互相参访、信息交流、交换教师、交换学生、攻读学位、移地学习、访问学者、短期讲学、协同研究、共撰专著等方面开展合作。此外,华南师范大学也聘请了台湾"清华大学"特殊教育学系退休教授薛明里作为该校特殊教育系的外聘专家,聘期为三年。华南师范大学教科院特教系希望借助台湾地区特殊教育专家的力量,在人才培养、课程教学、实验室建设、实习见习等方面加强专业的建设,实现跨越式发展。在师资培训方面,广东省近些年举办了多次国培和省培特殊教育培训班,几乎每次都邀请港台专家来进行授课,培训的内容涉及融合教育与随班就读、特殊儿童评估、个别化教育、课程与教学、科技辅具等领域。尤其是广州市近年来在师资培训方面下足了功夫,邀请了台湾地区的特殊教育专家进行了自闭症儿童教育、特殊儿童评量、情绪行为障碍问题处理等领域的深度培训,培养了一批特殊教育种子教师,这些教师已经在各自岗位发光发热,贡献自己的力量,逐渐成为各自学校的骨干教师。华南师范大学特殊教育学院于 2013 年组织广东省特殊教育骨干教师 50 名赴香港特殊教育机构参访交流学习,包括香港群芳启智学校、香港融合教育学校等。2016 年 9 月和 11 月,华南师范大学分两批组织了共 50 名广东省特殊教育学校校长赴台研修学习。学习回来之后,学员们还将自己的心得体会写出来,由华南师范大学特殊教育系的老师们编辑成册,得以让更多的人了解台湾的特殊教育。这些交流和学习对广东特殊教育的推动起到了重要作用,反响热烈。

2. 在课程教学方面

香港特殊教育同仁与广州天河启慧学校在 2016 年以来联合开展了同课异构教学研讨活动。同课异构教学研讨为教师们提供了一个面对面交流互动的平台。这些活动在穗港姊妹学校的教师之间搭建了有效的互动平台，拓展了优质教学资源的利用空间，使不同的教学理念和教学方法在研讨中进行碰撞，产生启发和思考，实现了教学优势互补、资源共享。大家普遍认为受益良多，收获很大。

除了邀请港台专家来广东进行特殊教育指导外，广东的特殊教育同仁也多次到港台地区参访学习。比如，2012 年 9 月 21—28 日，广州特殊教育考察团 16 人赴台湾地区开展特殊教育专项考察。2015 年 5 月 17—22 日，广州市特殊教育考察团 112 人赴台湾参加穗台特殊教育校长论坛，并考察了台湾师范大学特殊教育系和特殊教育中心、台北市西区特殊教育中心、台南市启智学校和忠义小学，深入了解了台湾地区的特殊教育理念与经验。

二、广东特殊教育改革发展的展望

广东特殊教育发展百年以来，特殊教育取得了重大的突破，未来的发展除了要在之前"量"的基础上继续推进，更要重视"质"的发展。具体可以在以下五个方面着手。

（一）关注国际前沿的特殊教育动态

目前特殊教育发展日新月异，各种新的教育手段措施层出不穷，面对这样的变化，全省的特殊教育要保持及时跟进甚至赶超的劲头。例如，广州市提出要将广州启明学校、广州启聪学校、广州康复实验学校、广州市越秀区启智学校和广州市番禺区培智学校等学校建成世界一流特殊教育学校的大胆举措，目前这些学校在全国都有一定的知名度，部分学校还派老师出国进行学习交流，学生也有机会考取发达地区的大学，这是一个好的开端。当然，除了广州市，从全省特殊教育工作发展的角度讲，也应该鼓励更多的学校有国际交流的机会，比如派学校的骨干教师到国外的特殊教育学校或者融合教育学校学习，了解他们的教育方法和先进的课程理念。这些可以形成省级培训，由省教育厅负责落实。如果这一培训方式得以落实的话，对于提升全省特殊教育质量将具有重要的意义。

（二）重视特殊教育管理"自上而下"的改革

"自上而下"的改革，需要负责全省特殊教育工作的行政管理部门担起责任，考虑全省特殊教育的未来发展走向，制定合理的方针政策，引领特殊教育工作的正常开展。目前全省的特殊教育规模实现了很大的突破，特殊教育质量是未来要关注的方向，教育行政部门要考虑如何提升基层特教学校和融合教育学校的教学质量。这可以发挥广东教育研究院的统筹优势，同时也要联合省内的高校开展这项工作。比如，发布广东特殊教育学校发展标准，派特殊教育专家对特教学校进行不定期督导，提出学校的硬件和软件改进意见，促进各个学校办学质量的提升。同时，基层特殊教育学校或者其他特殊教育单位也要顺应要求做出改革，重点提升学校的教学质量，要在国家三类特殊教育课程的基础上，发展本校的校本课程，尝试个别化教育改革，提出符合本区域特殊儿童身心发展特点的教学策略和方案。

（三）注重普通学校特殊儿童的教育，即融合教育的发展

广州市在 2017 年发布了《关于推进普通学校特殊教育工作的指导意见》，该意见从各方面明晰了今后几年随班就读工作的具体措施，这就给融合教育工作的开展指明了方向。继续发挥随班就读指导中心的统筹作用，做好各个随班就读学校的指导工作，做好巡回辅导服务。加强硬件设施建设。加强资源教室的标准化建设，以特殊教育资源教室建设为抓手，稳步提高随班就读的教育质量。各地区教育行政部门应根据特殊儿童少年随班就读的实际需要，划片选点确定随班就读基地学校，在基地学校建设随班就读资源教室，辐射本片区随班就读学校。资源教室的建设要根据广东省相关政策文件来设置，教育行政部门要定期进行检查和督导资源教室工作的开展情况。在教育管理体系方面，广州市目前已经形成了市特殊教育研究中心、市智力障碍儿童随班就读指导中心、市听力障碍儿童随班就读指导中心、市视力障碍儿童随班就读指导中心及市孤独症儿童随班就读指导中心为骨干支撑，普通学校特殊教育工作小组为实施载体的分级管理和支持体系。

（四）提升特殊教育师资的质量

主张建立广东省特殊教育师资培训中心，做好师资培训及管理工作。广东省特殊教育师资培训中心主要承担或组织全省特殊教育学校校长、教学管理人员、科研人员、骨干教师、新任教师等各级各类培训工作，负责选择各类特殊教育基础和资源比较好的学校进行扶持并加以建设，以作为特殊教育师资继续教育培训的基地。在高校建立特殊教育师资培训中心，在基层建立培育特殊教育示范校，发挥辐射作用并带动其他特殊教育学校发展。可在每个片区培育几所省级特殊教育示范校，形成比较完整、成熟及高水平的管理和教学模式，并将其作为示范，指导并带动其他特殊教育学校快速、高质量地发展。处于边远落后地区的特殊教育师资可以在这些基地跟岗实习，从观摩优秀教师的教学和班级管理、特殊儿童的专业评估和矫治工作中获益。

（五）提升特殊教育教师的专业化水平

一是落实"双证"制度。所谓"双证"制度，是指特教教师必须具备国家规定的教师资格证书和地方性的特殊教育岗位证书，才能从事特殊教育工作。目前广州市教育局已经在第二期特殊教育计划中提出了这样的规定，希望以后此规定能够延伸到全省范围。二是提升师资培训质量。要进行分层、分类培训，提高特殊教育师资培训的针对性，考虑到特殊儿童障碍类型的多样性和复杂性以及特教师资不同的专业需求，培训应按照特殊儿童的障碍类别和学科特点分类分层进行。三是改进师资培训方式方法，注重理论与实践相结合，注重实践操作，加强培训考核。

第九章 终身教育

广东终身教育改革发展是在我国终身教育政策提出后逐步展开的。20 世纪 90 年代后,我国政府开始逐步推进终身教育改革发展。在政策方面,1993 年的《中国教育改革和发展纲要》首次提倡"终身教育";1995 年的《中华人民共和国教育法》明确规定"建立和完善终身教育体系""为公民接受终身教育创造条件";1998 年的《面向 21 世纪教育振兴行动计划》提出"终身教育将是教育发展与社会进步的共同要求""开展社区教育的实验工作,逐步建立和完善终身教育体系""到 2010 年,基本建立起终身学习体系";1999 年的《中共中央 国务院关于深化教育改革全面推进素质教育的决定》继续强调"逐渐完善终身学习体系"。这一系列强化终身教育发展的政策文件的出台,开启了我国终身教育的改革发展进程。跟随国家的终身教育政策,广东终身教育改革发展在 20 世纪 90 年代后期开始起步,在政策和实践方面取得了较大发展。

第一节 广东终身教育改革发展的基本历程

一、终身教育酝酿阶段(1993—2000 年)

随着国家终身教育政策不断出台,广东终身教育开始进入酝酿时期,成人教育体系不断完善。《广东省国民经济和社会发展第九个五年计划纲要》(1996 年)提出:"建立并完善多元化、多功能和开放型的成人高等教育体系。"在这一阶段,广东成人高等教育的办学宗旨以岗位培训为主,成为各类从业人员获取专门技能及社会人士接受继续教育的培训基地;省属重点成人高校得到发展;广播电视教育和高等自学考试教育规模进一步扩大。"宽进严出"的成人教育制度初步形成。到 2000 年为止,广东省终身教育主要以成人教育为主体,不仅完善了城市成人教育体系,也不断完善农村三级成人教育体系,1700 多所城乡成人学校共培训农民 900 万人次,10 所国家级示范性乡镇成人学校和一批省级示范性乡镇成人学校建设工作有序进行。① 省级政府推进成人教育发展的同时，省内各地方也在积极发展成人教育，并促进终身教育发展。东莞、深圳等一些地方开始提出用终身教育理念指导成人教育工作，探索建立终身教育体系。② 在这一时期，深圳市委、市政府非常重视终身教育，逐步把建设终身教育体系纳入城市发展总体规划。1994 年，深圳市发布《深圳经济特区成人教育管理条例》，这是我国第一部地方性成人教育的专门法规，标志着深圳市成人教育的发展已经步入"有法可依、有章可循"的法制化阶段。③ 在成人教育发展的同时，广东省社区教育也开始起步。2000 年，按照教育部职业教育与成人教育司《关于在部分地区开展社区教育实验工作的通知》要求，广东确定了广州、深圳等 10 个社区教育实验点，其中广州市天河区、深圳市宝安区为全国社区教育实验区。

总体来看，这一阶段广东终身教育发展处于酝酿时期，虽然终身教育政策的主流话语仍是"成人教育"，但已开始由单一的"成人教育"走向"成人教育""终身教育""社区教育""继续教育""终身学习"等多种话语共存的阶段。这一阶段对终身教育的关注仍然较多地与成人教育发展交织在一起，各项与终身教育有关的政策也都与成人教育结合起来讨论。成人教育活动更加丰富多彩，终身教育思想也开始走入人们的视野，对终身教育的理解开始突破成人教育的狭隘范畴，开始转向对各种教育资源与教育形态的整体衔接与融合的思考之中，社区教育得以快速发展就是上述思考的产物。而从终身教育实践来看，相较于国家终身教育实践，广东终身教育实践落后了五年左右。

二、终身教育探索阶段（2001—2009 年）

进入 21 世纪，广东终身教育实践正式展开，终身教育政策和实践比前一阶段有了长足进步。

政策方面，《广东省国民经济和社会发展第十个五年计划纲要》（2001 年）提出："构建终身教育体系。大力发展高中阶段教育、高等教育、职业技术教育和成人教育，形成不同类型、不同层次教育相互沟通衔接，满足人民群众多种学习需要的终身教育体系。"《广东省教育发展"十五"规划》（2002 年）提出，2005 年终身教育发展的具体目标是："建立办学形式多样的开放的终身教育体系"；"优化教育结构，建立普通教育与职业教育沟通、学历教育与非学历教育

---

① 参见广东省教育厅《2000 年广东省教育概况》，见教育部网站（http://www.moe.edu.cn/jyb_sjzl/moe_364/moe_302/moe_399/tnull_4614.html）。

② 参见何均权、陆灼华《创造条件：构建区域性终身教育体系——广东省东莞市构建终身教育体系的实践》，载《中国成人教育》1998 年第 1 期，第 30～31 页。

③ 参见刘剑、梁艾曦《深圳终身教育政策的历史演变与特征分析》，载《广东省社会主义学院学报》2016 年第 4 期，第 107～112 页。

各级各类教育改革发展编

并举、结构合理、形式多样的开放的终身教育体系。各类高等、中等教育衔接贯通，允许各种年龄、不同类型和不同形式学校的毕业生及自学人员报考高一层次学校"。《广东省国民经济和社会发展第十一个五年规划纲要》（2006年）提出："促进教育全面发展。围绕'义务教育均衡化、高中教育普及化、高等教育大众化'的目标，努力建立结构优化、协调发展、具有广东特色、充满生机与活力的现代化国民教育体系和终身教育体系。大力发展学前教育和成人教育，建设全民学习、终身学习的学习型社会。"《广东省教育发展"十一五"规划》（2008年）提出：终身教育发展的目标是"建立健全终身教育体系"，具体包括"建立融自学考试、广播电视教育、现代远程教育、成人教育、学前教育、职业培训、未成年人思想道德教育为一体的社区教育体系。积极推动公共教育资源向社会开放。建成省级社区教育实验区50个，建立健全形式多样、结构合理、手段先进的终身教育体系，基本形成具有广东特色的全民学习、终身学习的学习型社区框架，努力满足人民群众对继续教育和职业培训的需求"。该规划还提出"大力发展社区教育"，主要措施包括建立健全社区教育统筹机制、完善城乡文化科技教育培训体系、加快各类继续教育发展、推动教育资源向社会开放。

实践方面，首先，终身教育机构开始建立。2005年，广州城市职业学院成立；2009年，广州市政府批准该学院加挂"广州社区学院"牌子，该学院成为广州首家社区学院。其办学定位是：立足广州，服务广州，辐射华南，使学院发展成为以岭南文化优良传统与时代精神相互交融为特征的高级技术技能型人才培养基地、应用技术转化平台、社区教育与服务示范中心和市民终身学习园地。经过数年发展，该学院成立了"广州社区教育与服务指导中心"，构建起以政府为主导、学院为主体、社区为中心、企业参与的社区教育与服务网络和工作体系。其次，社区教育获得发展。在国家社区教育实验区和示范区评选活动的带动下，广东社区教育实践成效显著：建立和完善了社区教育管理和运行机制；社区教育成为评选教育强市、教育强县（市、区）和教育强镇的重要内容；各级各类学习型组织建设蓬勃发展。再次，终身教育形式更加多样。城乡文化科技教育培训体系不断完善。积极开展在职人员岗位培训、下岗人员再就业培训、弱势人群生存发展技能培训、外来进城务工人员职业培训以及适应城镇社会生活培训、老年人群社会文化活动。积极推进"农科教结合"，协调农村基础教育、职业技术教育和成人教育，完善县、镇两级农民文化科技教育培训体系，积极开展农民就业技能培训。自学考试、广播电视大学和现代远程教育快速发展，各高校成人教育类型多样化。高校、普通中学、中等职业技术学校、成人文化技术学校、党团校和社会各类培训机构的教育资源主动积极向社会开放，承担了更多的学习和培训任务。图书馆、博物馆、科技馆等文化设施开始免费向学生开放。最后，学习型城市建设开始在广东各地市展开。各地通过教育信息化建设、学习型组织和学习

213

型社区建设、城市学习平台建设、群众性学习活动等方式,在学习型城市建设方面取得了很大成绩。

这一阶段,广东终身教育在前期酝酿的基础上,开始逐步探索适合广东实际的终身教育道路。终身教育的概念以越来越高的频率出现在广东省和各地市的政策文件中,"终身教育""终身学习""终身教育体系""社区教育"等话语开始逐步取代"成人教育",成为主导话语。此阶段广东终身教育的主要特征是以社区教育建设为核心,带动其他终身教育形式的发展。

三、终身教育深化阶段(2010年至今)

2010年以来,广东终身教育进入了深入发展的阶段,终身教育的广度和深度都有了长足进步。

政策方面,各项政策对终身教育发展的要求和指导更加明确,目标更加具体和详细。《广东省中长期教育改革和发展规划纲要(2010—2020年)》提出了终身教育发展的主要目标:"建立完善面向全民的终身教育体系。"具体措施包括推进继续教育发展、推进教育资源社会共享、推进学习型社会建设、建立健全继续教育管理体制机制、推进终身教育立法等。《广东省国民经济和社会发展第十二个五年规划纲要》(2011年)提出:"加强终身教育体系建设。推动学习型社会建设。推进教育资源社会共享,扩大现代远程教育规模,加强覆盖城乡的社区教育机构和网络建设,开展针对职业、生活的继续教育和培训。促进学历教育和非学历教育协调发展、职业教育和普通教育相互沟通、职前教育和职后教育有效衔接,不断完善终身教育体系。到2015年,社会新增劳动力平均受教育年限达到14年。"《广东省教育发展"十二五"规划》(2013年)重申了上述规划提出的终身教育发展目标,强调"构建覆盖全省、层次多样、类型丰富的教育机构网络,形成面向人人、面向社会的终身教育体系",并提出了着力发展继续教育、拓展高等学校社会服务功能、促进教育资源社会共享、推进学习型社会建设、推进终身教育立法等具体措施。《广东省人民政府关于深化教育领域综合改革的实施意见》(2015年)提出:"构建灵活开放的终身教育体系。试行普通高校、高职院校、成人高校之间学分转换,加快建立广东终身教育学分银行,拓宽终身学习通道。开放学习资源、提供学习平台、建立质量保障体系,构建优质高效的全新学习环境。整合优质教育资源,以多种形式提供大规模、系统化开放在线课程,实现共建共享。深入开展社区教育实验区建设,推动城乡广泛开展社区教育。"《广东省国民经济和社会发展第十三个五年规划纲要》(2016年)提出:"建设学习型社会,大力推进全民阅读,提升公民科学文化素养。大力推动继续教育,积极发展老年教育,加快建立以提高劳动者素质和技能水平为目标的终身教育服务体系。"《广东省教育发展"十三五"规划》(2017年)提出了新时期广东教育发展的基本思路："促进职业教育与普通教育相互渗透，推进公办教育与民办教育共同发展，推进各级各类教育协调发展，构建相互开放、衔接融通的国民教育体系和终身教育体系"；其具体目标是"建成覆盖城乡、开放便捷，满足多层次、多样化学习需求的终身学习公共服务体系"；具体措施包括健全终身学习体系、加快学习型社会建设、提升社区教育内涵发展水平、深化继续教育改革创新、积极发展"互联网＋教育"等。①

终身教育实践方面，开展了以下主要工作：一是加快推进学习型社会和学习型城市建设，各类学习型组织蓬勃发展，形成了一批终身教育体系基本完善、各级各类教育协调发展、学习机会开放多样、学习资源丰富共享的学习型城市。二是建立了广东开放大学体系，各地广播电视大学成功转型，形成了省、市、县三级开放大学网络。三是建立了广东终身教育学分银行，开通了广东终身学习网，社区居民"终身学习卡""终身学习账户"等制度逐步建立，学习成果互认和衔接机制更加顺畅。四是社区教育更加注重内涵发展，国家级、省级社区教育示范区、实验区建设进一步加强，"全民终身学习活动周""市民大讲堂""全民读书节"等群众性学习活动蓬勃发展，形成了一批社区教育的特色品牌项目。五是社区教育向农村延伸，推进粤东西北地区城乡社区教育机制和网络建设，农村职业教育、职业培训教育与成人继续教育、终身学习进一步整合，城乡终身教育走向均衡发展。六是广东省教育厅2017年改组成立职业教育和终身教育处，建立了终身教育管理和指导机构。

总之，这一阶段广东终身教育发展向着更加广泛、更加深入的方向发展。"终身教育"和"终身学习"成为终身教育政策的主导话语。政府和社会开始由注重终身教育机会和条件的提供，转向更加注重激发和调动社会民众的终身学习积极性和主动性。这是实现学习型社会建设的关键，也是终身教育体系完善和学习型社会逐渐成熟的标志。值得重视的是，广东省教育厅职业教育和终身教育处的成立，表明广东终身教育发展开始向着建立指导机构、完善体制机制、注重顶层设计与决策导向的方向发展。

---

① 参见广东省教育厅《广东省教育发展"十三五"规划》，见广东省人民政府网站（http：//zwgk.gd.gov.cn/006940116/201701/t20170109_689216.html，2017-01-09）。

第二节　广东终身教育改革发展的重大事件

一、创建全国社区教育试验区和示范区

发展社区教育是构建终身教育体系、建设学习型社会的主要途径。教育部自 2000 年开始先后实施"社区教育实验区"和"全国社区教育示范区"建设等工作。教育部职业教育与成人教育司于 2000 年 4 月发出了《关于在部分地区开展社区教育实验工作的通知》，明确了开展社区教育实验的目的意义、工作目标和具体要求。进行社区教育实验的目的就是通过在部分有条件的地区开展社区教育实验，积累有关开展社区教育的经验，探索通过社区教育构建终身教育体系、建设学习型社会的办法和途径，并在部分开展社区教育实验的地区初步形成社区教育良性发展的局面，对其他地区起到示范和带动的作用。[①] 2004 年，教育部印发《关于推进社区教育工作的若干意见》，提出开展社区教育工作的指导思想、工作目标和政策措施。2001 年至今已批准了六批社区教育实验区。2004 年，为了贯彻落实党的十六大提出的构建终身教育体系，形成全民学习、终身学习的学习型社会的目标，落实国务院批转教育部《2003—2007 年教育振兴行动计划》提出的"积极推进社区教育"的任务要求，加快学习型城区、学习型城市和学习型社会建设的步伐，教育部又决定在全国评估、确定一批社区教育示范区，2007 年以来已确定了四批示范区。

广东省的社区教育工作始于 2001 年。自教育部开始实施社区教育实验区和示范区建设工作开始，广东省就开始积极启动和推进相关工作。《广东省教育发展"十一五"规划》（2008 年）提出："建立健全社区教育统筹机制。加快构建'党政统筹领导，教育部门主管，有关部门配合，社会积极支持，社区自主活动，群众广泛参与'的社区教育管理和运行机制。继续开展国家级和省级社区教育实验区工作，建成省级示范性学习型社区 50 个。"《广东省中长期教育改革和发展规划纲要（2010—2020 年）》提出："统筹开发社区教育资源，深入开展社区教育实验区建设，建成一大批具有较高发展水平的国家、省、市级社区教育实验区。"《广东省教育发展"十二五"规划》（2013 年）进一步提出："统筹开发社区教育资源，建立健全社区教育管理和运行机制，深入开展社区教育实验区建设，新建一批社区教育中心，扩大社区教育覆盖面，到 2015 年，建成 10 个以上

[①] 参见教育部《中国教育年鉴·2001 年》，见教育部网站（http：//www.moe.cn/publicfiles/business/htmlfiles/moe/moe_374/200411/4482.html）。

国家级、50个以上省级社区教育实验区。"《广东省教育发展"十三五"规划》（2017年）提出："提升社区教育内涵发展水平。探索政府购买、服务外包、委托管理等形式，培育多元化终身教育主体，建设新型社区教育治理体系。推进国家级、省级社区教育示范区、实验区建设。"

经过十多年的建设，广东省社区教育取得巨大成绩。在各批次社区教育实验区和示范区名单中，广东省入选名单如表9-1和表9-2所示。

表9-1　各批次全国社区教育实验区广东省入选名单

年份	批次	数量	社区教育实验区
2001	第一批	2	广州市天河区、深圳市宝安区
2003	第二批	1	广州市荔湾区
2006	第三批	0	—
2007	第四批	1	深圳市福田区
2009	对前四批重新公布*	5	佛山市顺德区、广州市海珠区、广州市越秀区、深圳市福田区、深圳市南山区
2013	第五批	3	广州市萝岗区、广州市番禺区、深圳市龙岗区
2016	第六批	6	珠海市香洲区、东莞市长安镇、惠州市惠城区、江门市新会区、肇庆市端州区、广州市黄埔区

*本次重新调整的原则是：已被命名为全国社区教育示范区的不再作为全国社区教育实验区单位；部分不具备开展实验工作条件的原实验区不再作为全国社区教育实验区单位；增加一批工作力度大的省级社区教育实验区为全国社区教育实验区单位。深圳市宝安区作为社区教育示范区，不再作为实验区单位。

资料来源：教育部《中国教育年鉴》（2002—2016年）；教育部《教育部关于公布第六批全国社区教育实验区、第四批全国社区教育示范区名单的通知》。

表9-2　各批次全国社区教育示范区广东省入选名单

年份	批次	数量	社区教育示范区
2008	第一批	1	深圳市宝安区
2010	第二批	1	深圳市南山区
2014	第三批	1	广州市越秀区
2016	第四批	2	广州市番禺区、佛山市南海区

资料来源：教育部《中国教育年鉴》（2008—2016年）；教育部《教育部关于公布第六批全国社区教育实验区、第四批全国社区教育示范区名单的通知》。

2016年，广东省教育厅出台《广东省教育厅关于大力发展社区教育推进学习型社会建设的意见》，对广东建设全国社区教育实验区和示范区提出了更高目标。意见指出："确认公布广东省社区教育实验区，重点支持基础条件好、重视程度高、实际成效显著的地区优先创建省级实验区。积极组织开展全国社区教育实验区和示范区创建工作。各地根据实际情况，建设一批具有地域特色的市级社区教育实验区和示范区。""到2018年，全省建成100个省级以上社区教育实验区，其中20%创建成为全国社区教育实验区，10%创建成为全国社区教育示范区。"根据《广东省教育厅关于大力发展社区教育推进学习型社会建设的意见》，2016年9月，广东省公布了首批八个省级社区教育实验区：广州市从化区和增城区、深圳市罗湖区和盐田区、中山市石岐区和小榄镇、韶关市南雄市、潮州市湘桥区。

根据《广东省教育厅关于大力发展社区教育推进学习型社会建设的意见》，今后一个时期，广东省社区教育的发展目标是：到2020年，建成结构合理、内涵丰富、开放共享、服务完善、具有广东特色的社区教育办学网络，形成较为科学有效的社区教育管理体制和运行机制，社区教育规范化、制度化建设以及城乡一体化发展成效显著，城乡居民对社区教育的满意度不断提高。具体措施包括深化社区教育管理制度改革、提升社区教育基础能力建设水平、推进"互联网+社区教育"、促进社区教育资源开放共享、增强社区教育实效性、提升社区教育内涵式发展水平。

（二）成立广东开放大学

自1969年英国将"空中大学"更名为"开放大学"（UKOU）以来，"开放大学"（Open University）成为高等教育领域中的一种新型办学方式，受到许多国家和地区的推崇。目前，全世界开放大学有近60所，在发达国家和发展中国家中均有分布。它们肩负着实现教育公平、服务经济社会发展、创新高等教育办学模式、开展文化传承创新的使命，[①] 具有自由、共享、全面、多元的特征。

广东开放大学建设的提出最早可追溯至2002年。2002年4月，广东省教育厅、省发展计划委员会、省财政厅等七个厅委在《关于广东教育结构调整优化的实施意见》（粤教规〔2002〕52号）中明确提出："依托广东广播电视大学创建广东省开放大学，实行远程、开放教育。"[②] 这是广东省在全国率先提出创办省级开放大学，是广东终身教育创新的表现，既符合广东加快发展终身教育的实

---

① 参见方健壮、吴结《基于终身学习理念的广东开放大学建设实践探索》，载《广东开放大学学报》2015年第1期，第6～11页。

② 广东省教育厅、广东省发展计划委员会、广东省财政厅、广东省劳动和社会保障厅、广东省科学技术厅、广东省卫生厅、广东省国土资源厅：《关于广东教育结构调整优化的实施意见》（粤教规〔2002〕52号），载《创业者》2002年第7期，第47～55页。

际，也适应国际终身教育发展的潮流。《国家中长期教育改革和发展规划纲要（2010—2020年）》提出："搭建终身学习'立交桥'，健全宽进严出的学习制度，办好开放大学。"广东省于2010年10月出台的《广东省教育综合改革试点总体方案》提出："依托广东省广播电视大学，创建广东开放大学，促进广东形成较为完备的终身教育体系。"① 2010年12月，国家教育体制改革领导小组办公室颁发《关于国家教育体制改革试点项目实施方案备案情况的通知》（教改办函〔2010〕23号），正式批复广东广播电视大学"组建广东开放大学，探索终身教育模式"试点项目实施方案，要求建设一所教育理念先进、体制机制运行高效、人才培养模式新颖、充满活力的广东开放大学，服务终身教育模式构建。该试点项目的目标是"通过组建广东开放大学，探索终身教育模式，实现广东省继续教育资源的有效整合和优化配置，促进广东形成较为完备的终身教育体系，实现学历教育和非学历教育相互衔接、各类继续教育相互沟通，促进学历教育和非学历教育协调发展，增强继续教育对经济社会发展、经济发展方式转变和产业升级的服务能力和支撑能力"②。2011年3月，该项目成为广东省教育综合改革试点项目。2012年，教育部《关于同意广东广播电视大学更名为广东开放大学的函》（教发函〔2012〕287号）指出："广东开放大学是以现代信息技术为支撑，面向成人开展远程开放教育的新型高等学校"；"广东开放大学可以设置本科专业，首批设置本科专业为4个，广东开放大学可授予学士学位"；"学校要加快实现战略转型，认真研究应用型人才的培养规律"，"努力满足人民群众多样化、个性化的学习需要，为构建灵活开放的终身教育体系做出应有的贡献"。上述文件精神既表明广东开放大学建设在国家和广东省教育体制改革试点中的重要作用，也清晰界定了它的使命和任务：致力于成为卓越的高等远程教育机构，成为全民终身学习的主要服务体系和强大发动机，成为构建国家终身教育体系的有力支柱。2013年8月2日，广东开放大学正式挂牌。自此，广东开放大学成为广东省以远程开放教育为主的省属新型本科高等学校。

2015年11月发布的广东省人民政府办公厅《关于广东广播电视大学更名为广东开放大学后有关办学问题的通知》指出："广东开放大学是省属本科建制新型高等学校。广东开放大学依托现有广播电视大学系统办学，并继续履行原广东广播电视大学对各市、县（市、区）广播电视大学教学业务的指导职能。探索构建全省开放大学体系，打造全民学习的共享平台。各地要结合本地实际，积极

---

① 广东省教育厅：《广东省教育综合改革试点总体方案》，载《广东教育》2010年第10期，第28～33页。
② 李江：《对"组建广东开放大学，探索终身教育模式"的基本认识》，载《广东广播电视大学学报》2011年第1期，第2～4页。

研究推进当地广播电视大学改革发展问题，逐步构建灵活开放的终身教育体系。"这一文件进一步理顺了广播电视大学系统业务管理体制，为构建省、市、县三级开放大学体系奠定了基础。2016年，《教育部关于办好开放大学的意见》（教职成〔2016〕2号）明确规划了开放大学建设的目标和12项重点任务，为开放大学建设提供了强大的政策支持与保障。作为国家"探索开放大学建设模式"的六所开放大学之一，广东省委、省政府高度重视广东开放大学建设。2016年2月广东省教育厅出台的《关于大力发展社区教育推进学习型社会建设的意见》提出"广东开放大学牵头负责全省社区教育学习资源建设工作"，明确了广东开放大学在社区教育和学习型社会建设中的作用、职责和任务。2017年1月发布的《广东省教育发展"十三五"规划（2016—2020年）》进一步要求："构建全省开放大学体系，统筹推动各地广播电视大学转型发展，打造全民学习共享平台，满足全民学习、终身学习需要。"

广东开放大学成立后，致力于推动电大系统转型升级，构建开放大学办学体系。在现行电大系统基础上进行系统重构，对办学基础好、转型发展有成效、地方政府支持力度大的地方电大，设立为市、县（市、区）开放大学，促进整个电大系统加快实现转型发展。推动90%以上的基层电大（开放大学）成立社区大学或社区学院。2017年10月17日，广东省开放大学体系建设工作交流会在广州举行，广东省19个地市广播电视大学获准更名为"开放大学"，这标志着广东省市县电大集体转制为开放大学，全省开放大学体系建成。目前，在全国44所省级开放大学（电大）中，广东开放大学实现了办学规模全国第一：在校生24.6万人（开放生22.2万人、高职生1万人、中职生1.4万人），并以19所市级电大、70所县级电大、12所行企分校成为办学体系最完整的开放大学，办学网络遍布广东全省城乡与社区。① 未来，广东开放大学的发展目标是：坚持面向基层、面向行业、面向社区、面向农村，办成面向区域内全民终身学习的优质服务平台，在教育体制机制改革中先行先试，促进广东成为全国终身教育体制机制的先行者和学习型社会的引领示范区。

（三）成立广东终身教育学分银行

学分银行制度是基于学分制而创设的一种学习者学习成果的认证、积累与转换的制度，其目的是最大限度地实现教育体系在时间与空间上的开放性，促进个体终身学习，构建人人都能享受终身教育权利的学习型社会。学分银行在学分制的基础上，进一步提升并拓展了学分互认的内涵与范畴，借用银行借贷的基本原

---

① 参见尹来《广东省市县电大集体转制为开放大学，办学网络遍布全省城乡与社区》，见南方都市报网站（http://epaper.oeeee.com/epaper/G/html/2017-10/17/content_78680.htm）。

理，对学习者的学习成果进行管理。其基本功能是对学习者通过正规或非正规及非正式途径所得学习成果（学分）进行鉴定、积累与转换，最终根据相应的规则认定授予何种学习证书。学分银行有学分认定和转换、学分积累和学分兑换三个基本功能。①

广东省学分银行建设起步较晚。《广东省中长期教育改革和发展规划纲要（2010—2020年）》提出："建立继续教育学分积累与转换制度，实现不同类型学习成果的互认与衔接，不断扩大社会成员以不同方式接受高等教育的机会。"《广东省教育综合改革试点总体方案》（粤教规〔2010〕23号）也提出："开展继续教育（包括电大、成教、自考、网络教育）学习成果认证和'学分银行'制度改革试点。研究制定成人学历教育、职业教育、职业资格认证培训的课程标准、学分标准，建立继续教育学习成果认证的操作模式与服务模式，建立'学分银行'制度，制定学分存储、累积、转换机制。促进各类教育有机整合，实现各类教育间的课程互选和学分互认，探索构建人才成长立交桥。"②《广东省教育发展"十二五"规划》（2013年）进一步提出："全面推行学分制管理，以人才培养规格为依据，促进各级各类教育相互衔接，探索建立职业教育与普通教育、学历教育与非学历教育、职前教育与职后教育课程转换与学分互认的终身教育制度，构建人才成长'立交桥'。"2015年，广东省教育厅发布《广东终身教育学分银行建设工作方案》，对学分银行建设做出了详细规定："广东终身教育学分银行是面向广东省全体社会成员，服务终身学习的省级学分银行，旨在实现各级各类教育之间的沟通和衔接，实现学习成果的认证、积累和转换，拓宽终身学习通道，搭建人才成长的'立交桥'。"学分银行建设遵循"政府主导、合作共建、定位准确、科学设计、技术先进、分步建设"的原则，由广东省教育厅主办和管理，学分银行管理委员会负责指导和决策，学分银行管理中心负责管理和执行。主要建设内容包括组织架构、学习成果框架、标准体系、制度体系、信息管理平台、服务体系等。《广东省教育发展"十三五"规划（2016—2020年）》（2017年）对学分银行的要求更加细化："构建终身学习'立交桥'，加快建设广东终身教育学分银行，推进学习成果互认衔接。建立个人学习账号和学分累计制度，畅通继续教育、终身学习通道。鼓励和支持各地推行社区居民'终身学习卡''终身学习账户'等。"

根据上述文件精神，广东终身教育学分银行取得实质进展。"十二五"期间，广东终身教育学分银行建设受到省政府高度重视，获省财政安排4800万元

---

① 参见孙冬喆《中国学分制银行制度建设研究》，华东师范大学2014年。
② 参见广东省教育厅《广东省教育综合改革试点总体方案》，载《广东教育》2010年第10期，第28～33页。

专项经费，分年度拨付。完成了广东终身教育学分银行组织架构组建工作，广东省教育厅发文成立了广东终身教育学分银行管理委员会、专家委员会、学分银行管理中心。明晰了"框架+标准"的制度模式，启动了广东终身教育学习成果框架建设工作。启动了"一网一库"建设，广东终身教育学分银行网站开通上线，2015年年底，学分银行学习成果档案库已建立终身学习账户37万个，保存了学习成果409万个。①

未来一段时期，广东省将进一步推进和完善学分银行制度建设。一是适应全民终身学习需求，不断拓展学分银行功能，为学习者学习成果转换提供便利服务。二是建立个人终身学习电子档案，主要存储个人信息、学习经历、学习成果及转换记录等信息。完善档案管理，一人一档，终身有效。三是加快学习成果认定，制定学分转换标准，对学习者在正规教育和非正规教育过程中获得的学分、证书、工作和生活经验及技能等进行认定，确定学分，实现学习成果转换。推进与其他教育机构、行业、企业和用人单位实现学习成果互认。四是基本完成学分银行建设，将学习者的各类学习成果转换成学分进行存储，实现不同类型学习成果的转换，为学习者申请相关学历证书、学位证书、毕业证书、资格证书等提供依据。至2020年，初步建成遵循规律、与国际接轨、符合实际、与国家制度衔接的广东终身教育学习成果框架，实现普通教育、职业教育、培训及业绩之间沟通和衔接；建立第三方认证认可机构，探索建立评审和认证机制；初步建立学分银行标准体系，研发学习成果认证通用标准，研发行业能力标准；基本建立学习成果认证、积累与转换制度，实现各级各类教育的沟通和衔接；完成信息管理平台建设，将学习者的各类学习成果转换成学分进行存储，实现不同类型学习成果的转换，为学习者申请相关学历证书、学位证书、毕业证书、资格证书等提供依据。力争建立终身学习档案300万个左右，存入各类学习成果3000万个以上，开展学习成果认定、积累与转换2万人次以上。

第三节 广东终身教育改革发展的未来展望

一、终身教育体系更加完备

广东省终身教育实践已有20余年的时间，经过省和各地市的积极实践和创新，终身教育体系构建取得了巨大进展。"但同时我们也要看到，迄今为止的终

---

① 参见广东开放大学《广东开放大学"十三五"发展规划（2016—2020年）》，见广东开放大学网站（http://www.gdrtvu.edu.cn/info/1071/10368.htm）。

身教育体系尚处于很初级的状态,从其所包含的教育类型到这些教育类型贯彻终身教育理念的程度,都还与终身教育体系的理想状态相去甚远。'终身教育体系'是指教育系统、社会机构和家庭组织在终身教育理念指导下,经有效整合而组成的为社会成员提供一生学习机会的教育制度安排、网络或系统。终身教育体系是一个庞大而复杂的有机整体,从宏观角度看,终身教育体系的构成要素包括正规教育、非正规教育、非正式教育。"① 因此,终身教育体系从纵向看可分为省、市、县三个层次,从横向看可分为正规教育、非正规教育和非正式教育三种类型。未来,广东终身教育体系的构建,应围绕这一内涵展开。从纵向的省、市、县三级终身教育体系构建来看,应以学习型社会和学习型城市为基础,以开放大学系统为依托,以社区教育为主要途径,建立上下贯通的终身教育系统和自由转换的终身学习网络。因此,《广东省教育发展"十三五"规划》提出:"健全终身学习体系。加快学习型社会建设。推动全省各类城市广泛开展学习型城市创建工作,形成一大批终身教育体系基本完善、各级各类教育协调发展、学习机会开放多样、学习资源丰富共享的学习型城市。到 2018 年,全省地级以上城市开展创建学习型城市工作覆盖率达 90%,珠三角县(市、区)开展创建学习型城市工作覆盖率达 80%,粤东西北县(市、区)达 60%。"从横向的包含各种类型教育的终身教育体系构建来看,在充分挖掘成人教育、继续教育、社区教育、老年教育、家庭教育等非正规教育和非正式教育潜力的基础上,应进一步加强与正规教育的沟通和融合,最终形成包含全部教育形式的完备的终身教育体系。《广东省教育发展"十三五"规划(2016—2020年)》也提出:"推动高校各类继续教育归口管理,整合各类继续教育办学资源,促进成人高等教育、自学考试等各类高校继续教育办学形式改革创新。……从体制机制上完善开放大学在社会教育领域中的试点示范作用,创新开放教育发展模式,加快高等教育、职业教育、继续教育与远程开放教育有机结合。"因此,未来广东终身教育将形成包含高等院校、社区学院、开放大学、企业、社会组织、民间教育机构等在内的多元化的体系。

二、多种学习渠道不断融合

终身学习是一种内涵广泛和途径多样的学习形式,这些形式并存和互相交叉,构成体系化的学习网络。因此,政府在建构终身教育体系、提供终身学习渠道的时候,应加强各种学习渠道的统整和融合。广东省现有的终身学习渠道包括终身学习网络及学习点、老年大学、新型职业农民教育、学习型组织、民办非学

---

① 汤晓蒙:《中国终身教育发展的现实基础与宏观路径研究》,厦门大学出版社 2012 年版,第157～158 页。

历教育等。

根据《广东省教育发展"十三五"规划（2016—2020年）》提出的目标，终身学习的多渠道融合将表现在以下七个方面：一是支持各类学习型组织建设，鼓励和引导社区居民组建学习共同体。二是构建终身学习"立交桥"，加快建设广东终身教育学分银行，推进学习成果互认衔接。建立个人学习账号和学分累计制度，畅通继续教育、终身学习通道。鼓励和支持各地推行社区居民"终身学习卡""终身学习账户"等。三是推进普通学校和职业院校开展课程和学分互认，促进学习者通过考试实现在普通学校和职业院校之间转学、升学。促进职业教育与人力资源市场的开放衔接。畅通一线劳动者继续学习深造的路径，建立在职人员学习、就业、再学习通道，实现优秀人才在职业领域与教育领域的顺畅转换。四是构建全省开放大学体系，统筹推动各地广播电视大学转型发展，打造全民学习共享平台，满足全民学习、终身学习需要。全省形成以广东开放大学为龙头，以社区学院为骨干，以社区教育学习站（点）为基础的覆盖城乡的社区教育办学网络体系。五是有效整合社区内教育资源，丰富社区教育内容，创新社区教育形式。积极举办"全民终身学习活动周""市民大讲堂""全民读书节"等群众性学习活动，支持各地培育一批社区教育特色品牌项目。开发具有广东特色的社区教育本土文化课程，建设符合社区居民学习特点的社区教育课程体系和课程资源。六是推动城镇社区教育向农村延伸，激发乡镇成人文化技术学校办学活力。加强粤东西北地区城乡社区教育机制和网络建设。积极开展社区教育区域对接、层次对接和类型对接的"三对接"，努力实现农村职业教育、职业培训教育与成人继续教育、终身学习有机整合，协同发展。七是深化继续教育改革创新，充分运用现代信息技术手段，开发在线课程，构建以专业核心课程为主体的应用型、职业型专业和课程体系，建立学习方法灵活、学习资源丰富、考试评价科学、服务体系健全的开放与自主学习相结合的网络学习平台，为社会全体成员终身学习提供优质教育服务。

三、终身教育立法积极推进

从世界各国情况来看，当代终身教育发展都是由政府推动的。在此过程中，终身教育立法是终身教育发展的根本保障。在我国，目前已有多个省、直辖市、省会城市乃至地级城市出台了终身教育条例，为当地终身教育发展提供法律依据。广东终身教育经过20余年的发展，已取得巨大成就，无论是政府意愿、政策基础还是终身教育实践，都具备了制定和出台终身教育地方法规的条件，这将是未来广东终身教育发展的重要工作。

首先，国家和广东终身教育政策为广东终身教育立法提出了要求和奠定了基础。《国家中长期教育改革和发展规划纲要（2010—2020年）》在第二十章"推进依法治教"中提出："各地根据当地实际，制定促进本地区教育发展的地方性法规和规章。"广东省教育主管部门也将终身教育立法纳入了工作计划。《广东省教育发展"十一五"规划》（2008年）提出："努力完善教育法规和规章体系。加大地方性教育法规和规章的'立、改、废'力度，不断完善有关幼儿教育、职业技术教育、民办教育、残疾人教育、终身教育等方面的地方性教育法规规章体系。"《广东省中长期教育改革和发展规划纲要（2010—2020年）》提出："完善教育法规规章。在教育投入、职业教育、特殊教育、学前教育、终身教育、学校安全等方面加快地方立法，完善教育地方性法规和政府规章体系。"《广东省教育发展"十二五"规划》（2013年）提出："加强教育法制建设。加快制定学前教育、特殊教育、终身教育以及职业教育校企合作、学校安全、教育投入保障等方面的地方性法规或政府规章，建立依法治教和依法治校长效机制。"《广东省教育发展"十三五"规划（2016—2020年）》（2017年）提出："全面推进依法治教。完善教育法规及制度体系、规则体系，加快完善地方教育立法。"上述文件对终身教育立法的规定，表明了广东省出台终身教育立法的强烈意愿。

其次，当前广东省出台的一系列终身教育相关政策文件，为终身教育立法奠定了坚实的基础，也提出了通过立法调整相关政策的要求。截至2017年，广东省出台的终身教育相关政策如表9-3所示。这些政策文件，或从整体上对广东终身教育发展进行系统阐述和安排，或从一个方面为终身教育提供支撑。其涵盖范围已涉及终身教育多个领域，是终身教育立法的基础和支撑。但是，上述政策文件仍存在不够统一、系统的问题，甚至一些规定相互矛盾，给终身教育实践带来一定的困难。因此，需要从立法层面进行统一和整合。出台广东省终身教育法规是达成这一要求的主要途径。

表9-3 广东省已出台的终身教育主要政策文件

颁布时间	政策名称
2002年	《关于广东教育结构调整优化的实施意见》
2008年	《广东省教育发展"十一五"规划》
2010年	《广东省教育综合改革试点总体方案》
	《广东省中长期教育改革和发展规划纲要（2010—2020年）》
2013年	《广东省教育发展"十二五"规划》
2015年	《关于广东广播电视大学更名为广东开放大学后有关办学问题的通知》
	《广东终身教育学分银行建设工作方案》

(续表9-3)

颁布时间	政策名称
2016年	《关于大力发展社区教育推进学习型社会建设的意见》
	《关于成立广东终身教育学分银行专家委员会的通知》
2017年	《广东终身教育资历框架等级标准》（DB44/T1988—2017）
	《广东省教育发展"十三五"规划（2016—2020年）》

资料来源：广东省人民政府、广东省教育厅网站。

最后，广东省和各地市终身教育实践的蓬勃发展对终身教育立法提出了迫切要求。经过20年的发展，广东省终身教育实践取得了巨大进展：学习型社会和学习型城市建设进展迅速，社区教育蓬勃发展，省、市、县三级开放大学体系正在完善，学习银行、终身学习卡、终身学习账户等学习成果认定方式逐步完善，老年教育、青少年教育、新型职业农民教育等成果显著。在省级政府推进终身教育的同时，省内各地市也在积极建立自己的终身学习体系。广州、深圳、中山、珠海、佛山等各地市都建立了终身学习平台，加快推进学习型城市建设，推进社区教育发展。上述成绩不仅为广东终身教育立法奠定了实践基础和依据，也对终身教育立法提出了要求。在当前的终身教育实践中，由于理念认识不统一、多头管理、实践水平参差不齐等原因，使广东省终身教育发展处于分散和各自为政的状态。因此，从法律层面进行统一和规范，成为提升广东终身教育水平的当务之急。

第十章 民办教育

广东省委、省政府自改革开放以来，就高度重视民办教育的发展，把民办教育作为广东省教育的重要组成部分来发展，出台了一系列具有开创意义的民办教育政策法规，加强对民办教育的扶持力度，着力探索改革创新，贴近广东省教育的实际，勇于加强教育体制机制突破，不断摸索出具有广东特色和推广价值的广东模式，为我国民办教育发展积累了丰富的制度建构和实践经验，开创了许多民办教育历史上的新路径和成功做法。截至2017年年底，全省共有各级各类民办学校（含幼儿园，不含培训机构）约1.52万所，占学校总数的45.15%；在校生约692.84万人，占在校生总数的31.2%。其中，民办幼儿园13138所，在园幼儿约299.72万人，占在园幼儿总数的67.9%；民办小学699所，在校生约211.19万人，占小学在校生总数的22.42%；民办普通初中994所，在校生约78.78万人，占普通初中在校生总数的22.12%；民办普通高中191所，在校生约21.56万人，占普通高中在校生总数的11.39%；民办中职学校116所，在校生约16.14万人，占中职在校生总数的16.24%；民办高校54所（含16所独立学院、4所中外合作办学高校），在校生约65.45万人，占高校在校生总数的33.99%。[①]

第一节 广东民办教育改革发展的基本历程

改革开放40年来，纵观广东民办教育的发展，是一条从无到有、从小规模到大规模、从粗放发展到注重内涵、从杂乱无序到规范法治化的发展之路，其发展历程主要经历了三个阶段。

---

① 参见《广东：鼓励社会力量兴办教育 促进民办教育健康发展》，见中国教育在线（http://www.eol.cn/guangdong/guangdongnews/201805/t20180507_1598943.shtml）。

一、恢复发展期（1978—1991年）

改革开放后，广东省作为改革先锋，经济快速发展，社会对人才的需求也在不断扩大，因此，就出现了有些人才不能适应社会，需要进行再培训才可以上岗。同时，广东改革具有包容性和开放性，允许社会进行新的实验和尝试。于是，改革开放初期，就出现了一些民办教育的雏形——各类培训机构，包括夜间文化技术学校和补习班。这些由各个企事业单位、民主党派、社会组织，甚至是个体自发形成的培训机构，满足了当时社会对技术人才的需求和人们对文化知识的追求。1979年，民进会员廖奉灵等办起了广州市政协业余外语学校。1984年后，民主党派办学形成了一股风气。据1986年年初统计，广州市当时所办的夜校达到220所，在校人数达到66992人。1984年5月，农民"万元户"申浩先生自筹资金创办广东云浮市民办申浩小学。1987年8月，广州市政府颁布的《广州市社会力量办学暂行规定》是全国率先出台的地方性法规。1989年，广东省原副省长王屏山在深圳创建了碧波中学，该校被称为第一所"国有民办学校"。1989年3月，广东省教育促进会成立并陆续举办了多所民办学校。1990年，深圳宝安建立了全国第一所为外来工子女服务的窝棚式民办"宝陆小学"。从此，为了满足打工子弟入学需求的低收费学校在深圳和东莞地区迅速发展起来。

二、快速发展期（1992—2002年）

1992年邓小平南方谈话后，人们思想得到进一步解放，不再停留在对意识形态的争论上，而是以更加开放的心态来发展经济和社会事业。不仅经济领域得到快速发展，教育领域也迎来了春天，教育经费筹措机制、办学主体的多元化、教育体制创新等都有了大大的进步，整个民办教育发展呈现出蓬勃的生机。

1993年，广东省第一所私立高校——广东私立华联学院成立，为广东民办高等教育的发展开了一个好头。1993年，广东英豪学校采用"教育筹备金"的形式创办学校，创造了办学的新体制和新模式，掀起了一股教育筹备金办学的浪潮，人们纷纷效仿这种模式办学，既能够迅速地筹措教育经费，又可以利用这些经费建设高水平的学校。据估计，1994—1998年，广东省有40所教育筹备金学校，筹备的资金高达100亿元。虽然后来有个别学校出现了抽逃资金等问题，但是，总体来说，教育筹备金学校当时确实是一个创举，也在极短时间内迅速扩大了教育规模，满足了人们对优质教育的需求。1999年，广东省颁布了《广东省基础教育民办学校管理规定》，对民办学校办学程序、条件、权责等进行了规定。进入21世纪，广东民办教育的发展速度非常迅猛，民办幼儿园、民办中小学、民办技术学校、民办大学等发展很快，特别是东莞和深圳两市。截至2002年，全省各级各类民办学校达到6211所，学生数达到131.5万人，成为广东教育的重要组成部分。

三、规范与法治发展期（2003—2018年）

2002年12月28日，《中华人民共和国民办教育促进法》出台，并于2003年9月实施，标志着我国民办教育的发展进入了一个依法治教的规范期。《民办教育促进法》明确规定："民办学校在扣除办学成本、预留发展基金以及按照国家有关规定提取其他的必需的费用后，出资人可以从办学结余中取得合理回报。取得合理回报的具体办法由国务院规定。"由于允许举办者从办学中获得一定的回报，又一次掀起了全国举办民办学校的高潮。2004年8月，广东省发布《广东省教育现代化建设纲要（2004—2020年）》，从此开启了教育现代化建设之路，也再次把教育发展提上了一个更高层次的水平。在这个纲要中，广东省对民办教育提出了很好的发展战略和政策指导思想："把民办教育发展纳入教育发展的总体规划，创造有利于民办教育发展的政策环境，保证民办学校与公办学校享有同等法律地位。表彰和奖励为民办教育事业发展做出突出贡献的组织和个人；规范民办教育的准入条件，建立民办学校办学水平评估公告制度；建立健全民办学校招生广告备案制度；民办学校与公办学校享有同等的用地优惠政策。"这些规定既提升了民办教育的战略地位，使其与公办学校享有同等的地位，同时，也提出了一些规范和约束机制，有利于促进民办教育的发展。《广东省实施〈中华人民共和国民办教育促进法〉办法》已由广东省第十一届人民代表大会常务委员会第十四次会议于2009年11月26日通过，自2010年3月1日起施行。在这个实施办法中明确提出："民办教育事业属于公益性事业，是社会主义教育事业的组成部分，民办学校与公办学校具有同等的法律地位。县级以上人民政府应当坚持积极鼓励、大力支持、正确引导、依法管理的方针，将民办教育事业纳入国民经济和社会发展规划。县级以上人民政府应当组织、协调有关部门及时解决民办教育事业发展中的重大问题，促进民办教育事业健康、有序、可持续发展。"这份文件规定了民办学校与公办学校具有同等地位，并以法律的形式固定下来，标志着民办学校的地位得到了法律的认可，同时，也说明广东省民办教育法治化日益完善。2010年10月，广东省发布了《广东省中长期教育改革和发展规划纲要（2010—2020年）》，提出："要深化各级各类教育办学体制机制改革。大胆探索，积极创新，形成政府主导、行业企业支持配合、社会力量积极参与、公办与民办共同发展的多元化办学格局。"这个纲要对于民办教育的发展具有重大的指导意义。《民办教育促进法》于2016年修订，2017年9月正式实施，提出民办学校将分为营利性和非营利性，实行分类管理，再次为民办学校健康可持续发展奠定了法律基础。2018年5月4日，广东省政府公布了《广东省人民政府关于鼓励社会力量兴办教育促进民办教育健康发展的实施意见》。这份文件共有23条，对民办教育指导思想、党建工作、分类管理、办学体制、政策支持、管理制度等进行了比较全面的规定,特别指出"以实行分类管理为突破口,创新体制机制,完善扶持政策,加强规范管理,提高办学质量"。经过这次分类管理改革和政府的政策支持,广东省的民办教育将会迎来一个新的发展机遇。

从改革开放40年广东民办教育发展历程来看,广东民办教育呈现出了起步早、发展快、勇于创新、敢于改革等特点,为我国民办教育发展积累了许多宝贵的经验,也为我国民办教育发展开拓具有中国特色的民办教育发展之路。这些都是我国教育发展史上的奇迹,也是宝贵的精神财富。

第二节 广东民办教育改革发展的重大事件

一、产生了第一个民办教育管理条例,率先为民办教育立法

民办教育的发展需要制度的保障和制度激励,广东省在民办教育制度建设方面走在全国前列。在20世纪80年代,广东省诞生了全国第一个民办教育管理条例。早在1987年,广州市就制定了《广州市社会力量办学管理的暂行规定》。在这份规定中,首先,对社会力量办学进行了界定,指出何为社会力量办学,并对社会力量办学的主体进行了严格规定,它不仅包括国家企事业单位,也包括民主党派、社会团体和集体经济组织,还包括国家公民。尤其是把国家公民纳入社会力量办学主体,在当时是具有很大的勇气和突破的,因为改革开放才刚刚开始,这充分体现了广州教育改革的突破和排头兵意义。其次,对社会力量办学的具体条件进行了详细的规定,指出社会力量办学应该具体八大条件,每个条件都有明确的标准的要求,包括办学者的法人资格、办学宗旨、培养目标、办学方案,同时,也对管理人员和教师提出了具体的要求,要求管理者具备管理能力,教师数量和质量必须达到一定的标准。在办学条件中,对办学的硬件也进行了详细规定,包括教学设备、场所以及经费等。最后,对民办教育制度进行了初步的规范,特别是教学规章和财务规章,对于有序办学和防范办学风险有非常重要的指导价值。具体来说,这些制度包括办学必须以教学中心,严格教学管理,学校应该严格制订教学计划以及具体的教学规则,还有严格的学籍管理制度、教学考勤制度、考试管理制度等,说明广州市从一开始就对教育质量进行了严格的监控和规范,这为民办教育发展提供了很好的制度保障,也为其他地区民办教育发展提出了很好的制度样本。此外,对收费管理也是相当严格,要求有完善的财务规定和制度,并且还要接受审计等部门的定期监督。财务是民办教育发展中比较难控制的环节,因为它具有比较强的内部性,而且在早期也有些民办学校以办学名义

敛财，为民办学校后来的健康发展留下了隐患，广州市在20世纪80年代就能意识到民办学校可能会发生的财务问题，这是具有很强的前瞻性的。

二、加强改革创新，探索民办教育发展新路

广东省在民办教育体制机制改革方面一直走在全国的前列，创下了多个"全国第一"。第一个股份制的民办学校就诞生在广东。1995年4月，深圳宝安区石岩公学就大胆进行改革，把公有制学校改造为村集体与企业合办的股份制学校。这所学校实行董事会领导的校长负责制，把决策权、执行权和监督权分离，确保办学的积极性和创造性。20多年过去了，这所学校在新的体制机制下，办出了质量和水平，在深圳乃至广东地区都有一定的影响力。广东最早进行集团化办学和连锁办学，发挥民办学校的品牌效应。1998年，广东省就开始出现集团化办学、连锁办学和规模化办学，比较典型的是岭南教育集团。最早在民办教育中成立党组织，加强党对民办教育的领导和监督，最为突出的是培正学院。早在1993年，培正学院就成立了"中共广州培训学校党支部"。经过20多年的发展，培正学院党支部发展已经日益成熟，获得2013年11月全省民办高校唯一的"广东'两新'组织党建工作示范点"；2014年，该校党委"书记项目"被广东省委组织部和教育工委评为"优秀示范书记项目"；同年，学校党建工作创新成果被教育部思想政治工作司和全国民办高校党建研究会评为党建优秀成果一等奖；2015年，学校党委"书记项目"获得省委组织部和教育工委表彰。应该说，培正学院设立党支部是相当有前瞻性的，在当前，我国主张在民企和民办院校设立党支部，加强党对民办学校的领导，20多年前，培正学院设立党组织就反映了学院管理体制的变革，这样既加强了党对民办学校的管理，同时又健全了民办学校党组织的监督机制，对民办学校的体制与机制创新是一项重要突破。

三、履行政府对民办教育的责任，加大对民办教育的财政扶持力度

广东省一直以来都注重加强民办教育的扶持力度，在财政方面给予民办教育更多的支持。广东省首先决定在全省设立民办教育财政专项资金来支持民办教育发展。2005年，广东省出台《广东省教育现代化建设纲要实施意见》，率先提出省政府每年安排3000万元专款扶持各级各类民办教育发展，2012年增加到5000万元，2015年增加到7000万元。在省级民办教育专项资金中设立民办高职院校师资队伍建设项目，用于支持民办高职院校稳定师资队伍工作。同时，将民办教育纳入相关政策保障范围，使民办学校平等享受财政性资金补助。义务教育方面，对在广东省普通中小学（包括民办学校）就读的义务教育阶段学生免收学杂费、课本费。职业教育方面，实施中职教育免学费扩面政策，对在职业教育行

政部门依法批准、符合国家标准的民办中职学校就读的符合免学费政策条件的学生，按照当地同类型同专业公办学校免学费标准给予补助。师资建设方面，将民办学校纳入教育发展专项资金——"强师工程"方向政策保障范围，支持民办学校的师资培训和质量提高。广东省各地政府加强对地方民办教育的支持力度，比较典型的是深圳和东莞。2000年，深圳宝安区委、区政府率先颁布《关于进一步扶持民办教育的决定》，设立100万元民办教育专项管理经费（比《民办教育促进法》早了2～3年），到2005年这笔经费增加至2000万元。深圳龙岗区规定，从2011年开始，每年拿出1亿元专项资金作为民办教师从教津贴，义务教育阶段的教师每月补贴600元，高中阶段的教师每月补贴500元。后来，深圳其他区以及广州等地纷纷效仿深圳龙岗区的做法，给民办教师发从教津贴。东莞民办教育的发展与东莞财政支持的力度是分不开的。东莞从2010年开始，每年拿出巨额资金帮助奖励先进民办学校，尤其在"十三五"期间，东莞市政府在2015—2017年每年安排1.25亿元民办教育专项资金的基础上，决定从2016年开始新增安排6.5亿元作为"十三五"期间民办教育专项资金。比如，安排专项资金进行民办学校托管试点、公办民办学校结对帮扶、民办学校骨干的培养、民办学校教师的全员培训、民办学校信息化资源的建设、颁发民办学校教师的从教津贴、民办学校教师学历提升奖励、民办学校创建优质学校等，每项举措都有专门的财政资金支持，这些财政资金支持虽然从数额上看不是特别大，但是对于民办教育的激励、促进举办者的办学积极性、营造民办教育快速发展的良好的氛围起到非常大的作用，而且极大提升了民办教育的质量和水平，从根本上推进了公民办教育的一体化，促进教育公平和现代化，发挥了教育财政支持效应。深圳市在2017年出台了一系列关于民办教育专项资金和补贴津贴的管理办法，为民办教育的财政资助提供法律保障，如《深圳市民办教育发展专项资金管理办法》《深圳市民办学校义务教育阶段学位补贴办法》《深圳市民办中小学教师长期从教津贴实施办法》《深圳市民办教育发展专项资金奖励和资助项目实施细则》和《深圳市幼儿园保教人员长期从教津贴实施办法》。从民办教育发展的历史和未来发展来看，加强对民办教育，特别是民办基础教育的财政支持力度，是广东省乃至全国的主要趋势，特别是对非营利性的民办教育的支持，将是未来政府关注的一项重点任务与职责。

四、实施学前教育行动计划，促进普惠性民办幼儿园的发展

民办幼儿园在民办教育中占有很大的比例，应该说我国民办教育近乎一半以上是民办幼儿园，因此，民办幼儿园办园水平如何、规范化程度如何、教育教学质量如何，直接影响到民办教育的发展。从2011年开始，广东省就开始实施学前教育三年行动计划，通过学前教育行动计划来规范和提升学前教育。第一期学

前教育行动计划是从 2011 年到 2013 年，这份计划中明确提出要积极扶持民办幼儿园，要求各地通过税收优惠、供应用地、财政资助等方式对民办幼儿园予以支持，同时，对于普惠性幼儿园，应该给予更多的支持。经过第一期学前教育行动计划，广东民办教育发展取得了长足的进步。第二期学前教育行动计划是从 2014 年到 2016 年，在这份计划中提出要积极扶持普惠性民办幼儿园。广东省出台扶持和认定普惠性幼儿园指导意见，落实用地、减免税费等优惠政策，通过多种方式吸引社会力量来办民办幼儿园。在第二期行动计划中，认定了一批普惠性民办幼儿园，提供普惠性服务，提升质量水平，有条件的地方可参照公办幼儿园生均公用经费标准对民办幼儿园给予适当补贴。应该说，第二期行动计划对于民办幼儿园的发展给予了更多的关注，而且支持力度在不断加大，甚至提出了通过生均公用经费的方式给予补贴，这大大超出了以前的政府支持力度。在第三期学前教育行动计划中，再次对如何促进民办幼儿园的发展进行了规定，如贯彻落实《广东省普惠性民办幼儿园认定、扶持和管理办法》，逐年认定和扶持一批普惠性民办幼儿园。各地要通过购买服务、综合奖补、减免租金、派驻公办教师、培训教师、教研指导等方式，支持普惠性民办幼儿园发展。

第三节　广东民办教育改革发展的启示与展望

一、民办教育改革不断适应社会变革的需求

教育变革不可以置身于社会变革之外，而民办教育改革力度凸显出整个教育改革的力度。同时，教育的发展应与社会的发展保持同步，适应社会发展的步伐非常重要，教育的改革要与社会的改革保持足够的呼应度。改革开放 40 年，从广东省民办教育发展速度来看，基本上与社会发展相适应，当社会发展对人才数量有更多需求，对人才素质有更高需求的时候，广东民办教育就呼应社会需求，大胆进行制度创新和机制创新，探求更加符合广东教育发展的路子。比如，在改革开放初期，大量的民工子弟涌入广东，产生了受教育需求的急剧扩张，这时候就诞生了许多低收费的民办学校，从而满足了这些民工子弟受教育的需求。进入 21 世纪，广东省受教育需求从数量向质量转变，于是产生了大量高水平的民办学校，比如东莞东华教育集团、汕头潮阳实验学校等，这些民办学校开始注重教师素质的提高，注重办学质量的提升，发展速度甚至超过公办学校，学校的办学整体水平远远高于当地公办学校。

教育的发展呼应社会发展的需求，从整个社会发展趋势来看，未来我国进入信息化、知识化、现代化、智能化的社会，社会对人才的标准和人才的培养规格

将会发生新的变化。民办教育也必须顺应社会发展的潮流,从未来发展趋势上看,民办教育将会适应新时代社会的发展潮流;从教育结构上看,未来民办义务教育和高等教育的规模将会进一步扩大,特别是民办高等教育,技术性人才和专业人才培养的数量将会加大;从教育信息化方面来看,"互联网+教育"将不断加速发展,民办在线教育将会迎来发展的春天,同时,教育信息化与课堂教学的深度融合将进一步加强,智慧课堂的应用将会进一步得到推广;从教育适应市场的角度看,民办教育的专业设置,特别是民办职业教育专业设置,将越来越适应市场的需求,将会围绕"中国制造2025",重点设置新一代信息技术产业、高档数控机床和机器人、先进轨道交通装备、节能与新能源汽车、电力装备、农机装备、高性能医疗器械等10个重点领域的相关专业,并且围绕新兴产业和智造业进行课程和人才培养体系调整,培养适应现代高端制造业的技术人才。

二、体制机制变革带来发展动力

我国改革开放的成功是先从经济体制与机制改革起步的,经济体制与机制改革大大促进了生产力的极大解放,促进了社会经济的快速发展,从而为社会的发展注入了制度活力。教育发展也不例外,若只是依靠政府的投入显然无法满足教育的需求,没有制度创新和机制变革,教育发展就缺乏可持续发展的动力。广东省民办教育发展从初期到现在,都十分注重体制机制变革,在财政支持机制方面,首次把对民办教育的支持纳入专门的财政预算,并且直接补贴到学校,补贴到教师。在办学机制方面,探讨股份制办学改革,探讨中外合作办学改革试点,探讨综合改革试点,探讨集团化办学和连锁办学等,有许多很有启发意义的广东模式和广东样本。在管理体制方面,从制定社会力量办学条例到修改民办教育促进法,从外部监督到学校内部管理变革,不断探索新的体制和机制,为全国民办教育的发展积累了丰富的经验,具有比较突出的借鉴意义。体制改革始终是制约民办教育发展的至关重要的方面,未来民办教育体制改革还将进一步加大力度:首先是继续加强办学体制改革,尤其要思考如何通过体制改革激发民办办学活力,如何让更多的民间资本投资民办教育,未来还将进一步放开对办学主体的约束,让更多的主体参与社会办学。其次是继续加强教育管理体制改革,包括民办教育与公办教育教师管理体制、民办教育财政支持政策等,进一步通过一系列的激励政策,促进民办教育的再次快速发展。最后是继续加强民办教育融资体制、税收政策、土地政策等改革力度,为民办教育发展提供更好的政策支持。

三、加大监管力度,规范办学是民办教育的重要保障

民办教育是我国教育的重要组成部分,为我国基础教育和高等教育做出了重要贡献。但是,由于举办者有相当一部分是企业家,他们有追逐利润的动机和盈

利的目的，所以就会出现这样和那样的问题，比如分不清办学的合理回报和获取利润的区别，不能将利润投入到办学中去，还有就是不能按照教育规律办学，甚至违背教育规律，有些办学者中间资金链断裂，导致民办学校难以为继，使学生学习受到影响等多种问题，因此，加强对民办学校的监管非常重要。如何建立一个公平公正的监管平台？如何建立健全民办教育监管体制和机制？如何完善民办教育风险识别和防范机制？如何建立健全完善的风险应对机制？这些问题都是教育行政部门和政府部门要去认真思考和面对的问题。广东省一直重视对民办教育的监管，出台了一系列政策制度，采取了一系列措施，规范民办教育的办学。广东省先后出台了《广东省实施〈中华人民共和国民办教育促进法〉办法》《关于加强民办教育规范管理促进民办教育健康发展的若干意见》《关于加强我省民办高校收费管理的通知》以及《民办高等学校年度检查实施办法》等一系列政策法规；实行民办学校年度检查制度，将教学、收费、财务、安全、落实教师待遇等日常办学行为纳入年检范围，并将年检结果作为下达招生计划和财政奖补资金的重要依据；同时，建立和完善民办教育专项资金使用和管理制度、民办教育执法联动机制和民办学校安全维稳应急处置工作机制等，大力加强对民办学校的过程监管，切实维护学校安全稳定。

在民办教育从数量扩张到质量提升的过程中，监管是重要的一环。从未来发展趋势来看，教育监管主要会加强三个方面：首先，政府进一步加强发展规划、标准制定等宏观层面的监督，不再拘泥于细节管理和微观控制；其次，在教育管办评分离改革背景下，积极引进行业协会和第三方加强对民办教育的质量监测和评估，建立独立、公平、开放、权威的质量监测体系和监测机制，不断提升第三方监控的公信力；最后，进一步加强教育大数据建设，特别是教育大数据的实时监控机制，建立分层次、分类别、分阶段的多样化教育大数据库，包括民办学前教育数据库、民办义务教育数据库、民办高中教育数据库、民办高等教育数据库等，实现教育信息化监控。

四、加强学校内部管理，促进管理规范化

真正落实学校法人地位，落实学校办学自主权，是当前公办教育和民办教育都面临的重要问题。同时，如何建立学校内部完善的治理机制，也是学校管理的重要话题。如何建立完善的学校内部决策、执行和监督机制，确保科学决策、实施到位、充分监督，是提高学校管理水平和管理质量的重要保障。作为民办教育大省，广东一直在探索民办学校内部管理机制的建设问题，出台了相关政策文件，规范学校内部管理机制。广东在1999年出台了《广东省基础教育民办学校管理规定》，在这个管理文件中明确了民办学校管理相关规定、相关制度。首先，对民办学校的自主权进行了落实，要求民办学校按照学校章程进行管理，这给学

校自主办学提供了法律依据。其次，提出了学校可以实行董事会管理，而且对董事会的组成成员进行了规定，比如，组成成员道德方面应品行端正，人员数量应为 3～13 人，而且要求 1/3 以上人员具有五年以上的教育教学经验，同时也对董事会会议以及董事会的薪金进行了详细规定，鼓励董事会为了公益目的办学，而不是为了营利。另外，也规定了校长执行权力如何更好地落实，规定董事会成员不得干预校长的日常工作，给校长充分的实施教育教学的专业权。

中山市在 2004 年出台了《中山市民办学校管理办法（试行）》，该管理办法对民办学校内部管理进行了一些规定，规定学校应当设立董事会、理事会，相当于规定了民办学校管理的集体决策机构，同时规定董事会设立应该报教育局备案，还对董事会成员的条件进行了规定。另外，严格禁止国家机关工作人员兼任民办学校的董事或者理事，也就是严格禁止公权力涉足民办学校的发展，这一条规定对于防止权力滥用、防止公权力干涉教育发展具有非常重要的意义。广东对民办学校内部管理，尤其是董事会的设立等进行了非常有用的规定，积累了很多宝贵的经验，为我国民办学校的内部治理提供了许多有借鉴意义的路径和经验，也为下一步民办教育的改革和发展提供了有益的参考。

从未来发展来看，民办学校内部治理结构和治理机制仍然有很大的改革空间。资本可以投资教育，但是资本不可以干涉教育。民办学校要提倡教育家办学，专家治校，教授治校。因此，未来的学校治理将进一步加强法治化进程，特别是学校治理要严格在学校章程下进行，要有系统的规范化的学校管理制度体系；将进一步加强民主化进程，建立学校、社会、家庭多方参与的民主协商体系，学校不可以封闭办学，要接受社会合法监督，要听取教师和学生的合理化建议；将进一步加强优质化进程，围绕学校办学质量的提高，加强课程与教学改革、教师素质的提升、管理干部的培训等，进一步全面提高民办学校的办学水平。

教育改革发展专题编

第十一章 德 育

改革开放40年，不仅是我国经济与社会巨大进步的40年，也是广东德育改革发展的40年。广东改革开放先行一步，率先从计划经济向市场经济转变，外来的思想影响伴随着外资外商大量涌入，使学生面临多元价值观的挑战。改革开放的大潮推动了德育的改革与发展。改革开放40年德育改革发展之路，是德育观念改变推动德育实践探索，进而促进德育政策颁布与实施，继而在德育政策引导下全面推进德育工作创新发展的过程。40年来，为谁培养人、培养什么人、如何培养人始终是德育面对的大课题。"不忘初心，方得始终。"回顾这一历程，总结不同时期社会变化与德育发展的关系，是进一步推进德育改革和德育工作创新发展的需要，是新时期探索德育科学化发展和促进学生品格健全发展的要求，也是新时代德育领域"坚持全面深化改革"①，建设中国特色社会主义学校德育体系的使命。

第一节 广东德育改革发展的基本历程

一、中小学德育改革发展的基本历程与主要特点

中小学德育改革是社会变化影响中小学生思想道德变化规律对学校教育的要求，是党和国家及政府相关管理机构对未成年人思想道德建设的导向与政策指引的反映，是中小学德育改革发展与时俱进主动适应社会文化环境变化的体现。

改革开放40年来，广东中小学德育改革发展的历程与特点、事件和经验，要真实反映处于开放前沿的广东改革开放综合试验区问题导向的实际和先行先试的特点，要充分体现党和政府有关未成年人思想道德建设和教育政策导向的规范

---

① 习近平：《决胜全面建成小康社会 夺取新时代中国特色社会主义伟大胜利——在中国共产党第十九次全国代表大会上的报告》，载新华网2017年10月27日。

要求。据此，我们试图通过德育理念、德育政策与德育实践三个维度的发展变化，分别从三个时期梳理 40 年来广东中小学德育改革发展的基本历程，探索各个时期德育改革发展的重要事件，总结形成具有广东特色的德育特点、亮点与经验、启示。

广东中小学德育 40 年改革历程，呈现出几个特点鲜明的时期：1978—1991 年改革开放初期，学校德育从多元开放走向齐抓共管的时期；1992—2003 年改革开放中期，学校德育从系统化建设走向素质化发展的时期；2004—2018 年改革开放深化期，学校德育从特色创新走向内生发展的时期。总体上来看，广东中小学德育 40 年改革的基本历程，是面对现实、正视问题、审时度势，从被动应对到主动适应社会环境和文化变化对中小学生思想品德影响，并积极寻找有效对策的发展历程，是把握机遇、勇对挑战、与时俱进，从注重德育实效提升到积极创新发展的过程。从改革开放初期的多元化德育，到改革开放中期的系统化德育，到改革开放深化期的特色化德育，以及生态化德育、一体化德育发展取向，是广东中小学改革发展基本历程的主要模式，而引导整个历程和模式的主旋律，则是广东德育人一直不忘初心的审时度势的主流价值导向意识和持之以恒的与时俱进的德育创新发展理念和实践。

（一）学校德育从多元开放走向齐抓共管（1978—1991 年）

改革开放初期，学校德育经历了社会价值观念与德育状况从失范无序逐渐走向适应阶段。广东处于改革开放前沿，迅速兴起的开放热潮，蹒跚起步的市场经济，随之涌入的西方价值观念，诸如自我价值、个人主义、自我中心、个性张扬、宗教自由、效益至上、金钱万能等"一夜梨花开"，踏着"迪斯科"的节奏，闪着流行文化五光十色的迷彩，夹带着诉诸未成年人感官世界与情绪需求的狂热时尚的诱惑，交织着商品文化注重效率功利观念的躁动，以及由此构成的多元文化"全息图"形成了"水漫金山式"的立体影响，而传统的社会理想、集体主义、大公无私、雷锋精神、乐于奉献等价值观念开始被"退潮式"削弱。当时的中小学德育实践领域，在西方价值观念和商品文化影响共同生成的多元文化和价值观念"涨潮式"影响冲击下，传统意义的"四化"愿景、共产主义理想、大公无私、"五讲四美"等教育效果和青少年的理想价值取向现状已是"人面不知何处去"，取而代之的是"跟着感觉走"的流行文化和五花八门的多元价值失范而无序的现象。

面对突如其来的 180 度大转弯的新变化、新挑战，传统的"单枪匹马式""围墙式"学校德育独木难支，"老办法不灵，新办法没成"，显得束手无策，苍白无力。因此，寻找应对开放环境下四面八方、铺天盖地潮涌而来的多元文化影响的合作式、立体式学校德育新对策新方法新出路，成为中小学德育改革与发展的热点,与之相呼应的多元化开放与齐抓共管式德育便日见端倪。

改革开放初期,广东中小学德育改革发展的基本历程主要分为三个阶段:第一阶段(1978—1985年),社会价值观念与学校德育的失范无序与逐渐适应期;第二阶段(1985—1989年),学校德育从被动应对到积极引导时期;第三阶段(1989—1991年),多元开放德育模式建立和形成齐抓共管合力德育格局时期。

这一时期广东中小学德育改革的主要特点是,广东作为国家开放政策先行先试的前沿实验区,又处于改革开放早期,学校德育受传统政治化德育模式与多元化新潮观念交织影响,从政治化德育走向多元开放德育,继而形成齐抓共管合力德育。这一时期,中小学德育正视"多元价值导向",重视社会"齐抓共管",建立"家长学校",逐渐形成齐抓共管机制和家校合作的合力德育局面与氛围。

(二)学校德育从系统化建设走向素质化发展(1992—2003年)

新旧世纪交汇时期是社会转型和教育转型的重要时期,也是广东学校德育从系统化建设走向素质化发展的关键时期。1993年2月,中共中央、国务院发布的《中国教育改革和发展纲要》指出:"中小学要由'应试教育'转向全面提高国民素质的轨道。"1996年10月发布的《中共中央关于加强社会主义精神文明建设若干重要问题的决议》强调引导人们树立建设有中国特色社会主义的共同理想和正确的世界观、人生观、价值观。1997年10月,国家教委颁发《关于当前积极推进中小学实施素质教育的若干意见》。1998年4月,教育部发布的《中小学德育工作规程》提出,中小学德育工作的基本任务是培养学生成为热爱社会主义祖国、具有社会公德和文明行为习惯、遵纪守法的公民。2001年,中共中央印发《公民道德建设实施纲要》。这一时期,广东中小学德育改革发展主要围绕党中央、国务院和国家教委的一系列方针政策和文件精神,分别制定"实施意见",并结合广东实际来贯彻落实。

改革开放中期,报刊、广播、电视、网络四大媒体文化盛行,市场经济兴起焕发青少年主体意识,媒介与商品文化成为中小学生品德社会化的"第一影响源"[1],多元价值凭借媒介文化的迷幻色彩对青少年价值取向产生"全天候式"的影响。因此,针对这一时期社会多元文化尤其是五光十色的媒体文化对未成年人思想道德的影响,以党和国家对教育改革的素质教育取向和对社会精神文明建设与公民道德建设的大政方针为方向,广东中小学德育改革经历了从改革开放早期的零散、被动应付状态转变为齐抓共管、整体规划和系统设计,进而从以规范性为主调的系统化德育走向发展性取向的素质化德育历程。这一时期中小学德育

---

[1] 李季:《道德文化建设与青少年思想道德建设》,载《中国教育学刊》1998年第2期,第23~25页。

改革的主要特点是：重视德育系统化设计和整体构建；关注媒介文化的多元影响与学生非主流文化教育引导；注重中小学生主体价值导向和主体意识培养；着重中小学生思想道德建设与德育的公民意识教育和素质教育取向。①

（三）学校德育从特色创新走向内生发展（2004—2018年）

改革开放深化期，广东中小学德育改革发展以2004年《中共中央国务院关于进一步加强和改进未成年人思想道德建设的若干意见》和2014年教育部《关于培育和践行社会主义核心价值观进一步加强中小学德育工作的意见》为纲领性指导思想及相关政策出台与实施的理论依据。

这一时期是广东中小学德育深化改革、积极创新和长足发展的时期。专业发展、规范发展、特色发展、生态发展是这一时期德育改革与创新发展的基本历程和特征。

这一时期中小学德育的主要影响源——作为社会现实的社会文化、社会生活，进入全方位的信息化、网络化、智能化、自媒介、全媒介时代；立德树人是中小学教育的根本任务，已经成为教育人的意识观念；德育与心理教育相互整合探索德育科学化、专业化发展之路；家校合作已经从单一的家长资源利用和志愿者服务走向家、校、社合力协同共育方向。广东中小学德育经历了从合力联动到协同育人，从实践经验摸索到理念引导实践，从特色创新到内生发展，从科研引领发展到专业成长，从课程化建设到核心价值导向的过程，形成了具有整体规划性、系统协同性、专业导向性、内在生成性、生态发展性的德育与心理教育相整合的一体化中小学德育新体系、新格局、新样态的鲜明特色，②搭建了德育专业指导平台，促进学校德育特色创新发展，培育了一支赢得广泛美誉和具有可持续发展力的"广东军团"班主任队伍，有力推进了班主任队伍的专业发展和自主成长。

二、中职德育改革发展的历程与阶段性特征

中等职业学校德育（以下简称"中职德育"）是中职学校教育工作的重要组

---

① 参见李季《学校教育与公民意识培养》，载《教育研究》1997年第7期；李季：《道德整合：现代德育的素质教育取向》，载《教育研究》1999年第4期，第41～46页。

② 参见李季《心理教育应用于学校德育的意义、原则与路径》，载《中小学德育》2015年第4期，第22～26页；李季《心理领导力：班主任的核心素养》，载《中小学德育》2016年第5期，第15～18页；李季《走心德育：品德形成的深层引导》，载《中小学德育》2017年第2期，第5～9页；李季《绿色生态发展：破解德育低效难题之路》，载《中国德育》2017年第10期，第7～8页；李季《立德树人背景下的学校德育生态发展》，载《课程教学研究》2017年第10期，第18～23页；李季《第四教育力营造与第一影响源重构——论家校合作共同体建立与协同育人模式构建》，载《中小学德育》2018年第1期，第11～14页。

成部分，与智育、体育、美育等相互联系、彼此渗透、密切协调，对学生健康成长成才和学校工作具有重要的导向、动力和保证作用。但是，受中国传统文化和应试教育的影响，社会上形成了重智育轻德育、重普通教育轻职业教育的氛围。因此，造成了职业教育中德育的尴尬局面，而中职学校尤为突出。进入21世纪后，党和国家对青少年德育工作更加重视。2004年，中共中央、国务院印发《关于进一步加强和改进未成年人思想道德建设的若干意见》（中发〔2004〕8号）和《关于进一步加强和改进大学生思想政治教育的意见》（中发〔2004〕16号，以下简称"16号文"）。2004年10月25日，教育部颁发了《中等职业学校德育大纲》，这是我国第一次将中职学校德育大纲单独列出予以制定和颁行，突出体现了国家对中职学生成长和中职德育的重视，标志着中职德育备受关注、单独亮相。

广东省对中职德育的重要性认识早、行动快。2007年，广东省教育厅将职业教育中的德育工作从职业教育与成人教育处中分离出来，归口思想政治教育处管理，形成了与大、中、小学德育统一起来的大德育格局，促进了普通教育与职业教育的德育互助、互学和互竞。广东省教育厅深化改革、锐意创新，依托广东技术师范学院于2008年7月成立了"广东省中等职业学校德育研究与指导中心"（以下简称"中心"），充分发挥政府行政力和高校学术力，使广东中职德育在整体把握、顶层谋划、出台具体政策、开展系列工作中得到很好的发展，有些方面甚至走在了全国的前列。

中华人民共和国成立以来，中职德育随着时代的发展其内涵也在发展变化，并越来越受到重视。从中职德育改革发展40年的历程来看，可分为以下三个阶段：

（一）归属中学德育，处于边缘期（1978—2003年）

中华人民共和国成立后，德育有很长一段时间是融入整个教育之中的，直到1988年《中学德育大纲》制定与实施，德育才开始单独列出、日益加强。《中学德育大纲》的颁行为中学德育提供了一个比较完整的政策框架和工作依据，标志着德育在中学包括中职学校受到了关注。中职德育在这一时期归属于中学德育范畴。中职学校按照《中学德育大纲》开展德育工作，为国家培养了大批人才，其中很多中职生在经济社会建设发展中做出了突出贡献。具体工作如下：

（1）学校加强了对德育工作的领导和管理。在贯彻《中学德育大纲》过程中，很多中职学校加强了德育队伍建设、机构建设和人员管理，成立了"政教处（科）"等机构，配备了相关干部和工作人员。

（2）开设了政治课。内容包括马克思主义常识教育、经济常识教育、政治常识教育、爱国主义教育、国际主义教育、理想教育、道德教育、劳动教育、民主、法制与纪律教育、身心卫生与个性发展教育。

（3）开展了培养"有理想、有道德、有文化、有纪律"的"四有新人"系列主题教育活动。该项主题教育活动也成为这个阶段中职德育的主要工作，在促进学生成为国家需要的栋梁之材进程中发挥了较大作用。该活动一是与政治课有机结合；二是与其他各科教学有机结合；三是与班主任工作有机结合；四是与共青团、少先队、学生会工作有机结合；五是与劳动与社会实践有机结合。

（二）单列中职德育，处于关注期（2004—2008年）

2004年，中共中央、国务院《关于进一步加强和改进未成年人思想道德建设的若干意见》（中发〔2004〕8号）指出：加强和改进未成年人思想道德建设，是全党全社会的共同任务。各有关部门和社会各有关方面，都要大力弘扬求真务实精神，大兴求真务实之风，根据各自担负的职责和任务，采取有效措施，狠抓贯彻落实，勇于开拓创新，注重工作实效，切实把加强和改进未成年人思想道德建设的各项工作落到实处。

2004年10月，教育部颁发《中等职业学校德育大纲》，这是我国第一次将中职学校德育大纲单独列出予以制定和颁行，突出体现了国家对中职生成长和中职德育的高度重视；这是中职德育的一次历史性跨越，标志着中职德育受到关注、单独亮相。从此，在学校德育序列中有了中职德育的概念，中职德育开始了历史新航程。《中等职业学校德育大纲》对德育的内涵、目标、内容、途径、评价、领导和管理等方面提出了明确要求，给中职学校德育工作指明了方向，有力地促进了全国中职学校德育工作的蓬勃开展，对促进广大中职生的健康成长发挥了巨大的作用。

为此，全国各省级党委、政府都制定了实施意见，全国各级党委宣传、教育、共青团、妇联等单位都开展了广泛深入的宣传、贯彻、落实行动，很多省份、很多学校探索开展了德育评估等方式贯彻落实文件精神。这两个文件的颁布和实施吹响了21世纪中国德育工作的战斗号角，掀起了中华人民共和国成立以来最为全面、系统的德育工作新高潮，使中职德育从此进入了单列的时期，得到更多的关注和重视。

在这一时期，广东对中职德育采取了以下改革措施：

（1）解放思想、更新观念，创新性地进行管理体制改革，形成大、中、小学德育工作统筹管理的新格局，中职德育从此开始不断得到重视和加强。借此东风，广东省教育厅开始从整体上思考和规划全省大、中、小学的德育工作，开始重视中职德育，创造性开展工作，使中职德育得到较快的发展。2007年，广东教育厅将职业教育的德育工作从职业与成人教育处中分离出来，归口思想政治教育处管理，使中职德育情况有了根本性的变化。

（2）大力加强、大胆创新，创新性地设立了中职德育研究与指导机制，成为全国加强和改进中职德育工作的一个鲜明亮点。为了进一步做实做好中职德育工作，广东省教育厅充分发挥教育行政部门的行政力和高等院校的学术力，2008年7月，依托广东技术师范学院创新性地成立了广东省中等职业学校德育指导委员会和广东省中等职业学校德育研究与指导中心，组织省内外德育专家对中职德育进行调研、咨询、指导，很好地发挥了参谋和助手作用。广东通过整合省内外德育专家力量，依托高校设立广东省中等职业学校德育研究与指导中心，创造性地实现行政力与学术力的结合，形成推进工作的强大合力。

（3）各中职学校依据《中等职业学校德育大纲》开展了丰富多彩的德育活动。一是很多地级及以上市教育部门加强了中职德育工作的领导与管理工作，各学校不断完善德育领导体制和工作机制，教育和管理水平不断提升。例如，惠州市成立了惠州市德育工作委员会、惠州市德育工作指导中心、德育校长协会和班主任工作协会，并在市职业技术教育协会下特别成立了德育工作指导委员会，将德育专家、德育校长、班主任都组织起来，建立不同层次的德育工作力量，形成覆盖全市中职学校的德育工作队伍，群策群智，形成合力。同时，各中职学校分别成立以校长为组长、分管副校长为副组长、相关科室参加的德育工作领导小组，制订切实可行的方案，整合全校德育资源，全面深入开展学校德育工作。二是队伍建设逐步加强，整体素质不断提高。自2008年中心成立以来，在广东省教育厅的正确领导下和思政处的具体指导下，广东省对中职学校校长（书记、德育副校长）、学生科长、团委书记、骨干班主任、骨干德育课教师五支队伍进行系统培训，有力地推动了中职德育队伍建设，有力地促进了队伍素质的整体提高。三是德育教学质量不断提高，教书育人稳步前行。全省中职学校都按照教育部2008年德育课改革规定要求开设了德育必修课，很多学校还根据学校实际开设了相关选修课，并把相关教学内容和德育活动渗透到各专业教学环节，充分发挥德育课教学在促进学生全面发展和综合职业能力形成中的积极作用。四是文化建设普受重视，文化育人成效显著。各地教育局和学校注重校园文化建设，注重用丰富多彩的活动去教育人、感化人、提高人，各中职学校开展了符合中职学生特点的科技、文化、艺术、体育等活动。惠州市教育局出台了关于加强校园文化建设的意见，成立了惠州市校园文化建设指导委员会，设立校园文化范例奖，开展全市"校园文化示范学校"创建活动。五是德育资源不断整合，合力机制日益完善。普宁职业技术学校构建了学校教育（传统教育、心理健康教育）、家庭教育（家校联谊会）、社区教育（社区实践活动、志愿者服务）、社会教育（军校警共建）、企业教育（毕业前后岗位职业道德）五位一体的中职学校德育新模式。

广东省的中职德育能够在全国有作为、有贡献、有地位、有影响，首先要归功于制度性改革,这样的体制发挥了巨大的作用,收获了累累硕果,主要表现在:①系统性谋划。由思政处牵头,整合大、中、小学德育资源,统筹大、中、小学德育内容与方法的相互衔接与贯通,形成了大、中、小学德育系统谋划的学校系统大德育工作格局,整合了德育资源,提高了工作效率。②整体性设计。将中职德育放在整个职业教育和整个学校教育的大背景中整体性设计,使得职业教育与普通教育、中职德育与中小学及大学德育互助、互学和互竞,建立和形成了良性互动的长效机制。③针对性聚集。中职德育有与其他类型学校德育的共性,也有鲜明的特殊性,广东省教育厅和思政处对中职德育"具体问题具体分析",在广泛深入调研的基础上,提出了新理念,实施了新改革,构建了新机制,出台了新政策,使得广东省中职德育一直在追求职业教育德育的针对性聚焦、专业性发展、规范性运作、实效性提升,全省各地及很多学校已经形成了鲜明的德育特色和德育品牌。④协同性推进。为了大力加强和改进中职德育工作,广东省教育厅积极推动中职德育工作的协同发展,积极整合社会各种有效资源,努力调动各方面的工作积极性。⑤实效性考评。广东省教育厅对中职德育工作一方面通过中职班主任专业能力大赛、学生社团成果展示、"精彩一课"德育课和班会课展示等活动进行总结、交流、展示和考评;另一方面通过课题立项的形式推进工作开展、提升工作水平、展示工作成果。其次得益于政府部门强有力的领导队伍和高效的管理水平,广东省教育厅主管思想政治工作的历届领导都是德育相关领域的专家、学者,这样的组织管理领导者使得全省德育工作始终在学科建设中研判、在学术研究中谋划、在贴近实际中设计、在创新探索中实施、在高标准严要求中前行。

(三)加强中职德育,处于重视期(2009—2018年)

国家"大力发展职业教育"和"加快发展现代职业教育"的定位和职业教育迅猛发展的现实情况,以及社会对中职生素质的新要求和家长对子女成长的新期待,使得中职德育越来越受到中央高层和教育部等相关部门的重视,其标志是2009年教育部等六部委《关于加强和改进中等职业学校学生思想道德教育的意见》的颁行和第一次全国中等职业学校德育工作会议的召开。该文件的主要内容有:一是明确了德育的定义,即中职德育是"思想道德教育";二是强调了德育的作用;三是明确了德育的目标,即努力培育有理想、有道德、有文化、有纪律的德智体美全面发展的中国特色社会主义事业合格建设者和可靠接班人;四是明确了德育的内容;五是明确了德育的途径;六是明确了德育的领导和管理;七是明确了德育的基本原则;八是强调加强德育队伍建设。《关于加强和改进中等职业学校学生思想道德教育的意见》有其区别于《中等职业学校德育大纲》的特点,它是全面、深入、系统地对中职德育工作进行规划、要求、规范的第一例,至今仍是指导全国中职德育工作的纲领性文件。

2009年6月30日—7月1日，第一次全国中等职业学校德育工作会议在天津召开。会议总结了改革开放以来特别是近年来中等职业学校德育工作的主要经验，进一步明确加强和改进中等职业学校德育工作的思路和主要任务，动员各有关方面共同做好中职学生思想道德教育工作，开创新时期新阶段中等职业学校德育工作的新局面。这是中华人民共和国成立以来，由教育部、中共中央宣传部、中央精神文明建设指导委员会办公室、人力资源和社会保障部、共青团中央、中华全国妇女联合会联合召开的一次对中职德育意义非凡的大会，是落实"形成党委统一领导、党政群齐抓共管、文明委组织协调、有关部门各负其责、全社会积极参与的领导体制和工作机制"的实际行动，为全国各地在推进中职德育工作、解决诸如德育环境等问题时必须"合力"行动做出了榜样和表率。

2014年12月22日，教育部发出《关于印发〈中等职业学校德育大纲（2014年修订）〉的通知》，该大纲成为全国中职德育工作的工作规范与指引，标示着中职德育工作迈上了新台阶。《中等职业学校德育大纲（2014年修订）》明确了德育目标、内容、原则、途径、评价和实施。

2016年9月1日，教育部办公厅发出《关于开展学习签署践行〈中等职业学校学生公约〉活动的通知》。《中等职业学校学生公约》是对中等职业学校学生思想品质和行为习惯的基本要求，是引导学生健康成长的基本规范。

近年来，一直被誉为中国改革开放的"排头兵""窗口"的广东为适应经济社会发展和产业结构调整升级对技能型人才培养的新要求，在中职德育之路上，广东省教育厅也经过多年广泛深入的调研和探索实践，从宏观制度层面设计出领先全国水平、具有广东特色的中职德育系列制度体系，形成了"立德树人""德育为先"的浓厚氛围，在促进广大中职生顺利就业、努力创业、成就事业的进程中进行了新探索，取得了新业绩，做出了新贡献。

1. 在全国率先调研制定中职德育专题系列文件的政策保障机制

2010年4月，广东省教育厅在开展中职德育大调研大讨论活动的基础上，会同省相关部门积极筹备召开全省中等职业学校德育工作会议，在全国率先出台了关于加强和改进中职德育的省级文件，主要有一个总文件、三个专题文件：一是广东省教育厅、广东省精神文明建设委员会办公室、广东省人力资源和社会保障厅、团省委、广东省妇女联合会《关于加强和改进中等职业学校、技工学校学生思想道德教育的实施意见》；二是广东省教育厅《关于加强中等职业学校班主任工作的实施意见》；三是广东省教育厅《关于加强中等职业学校德育课建设的实施意见》；四是广东省教育厅《关于加强中等职业学校校园文化建设的实施意见》。这四个文件构建了中职学校德育工作规范管理的政策框架体系，为推进全省中职德育工作提供了制度保证和政策导向。

2. 分层分批培训的中职德育队伍培训机制

从 2008 年 7 月开始，广东省教育厅启动了"广东省中职学校德育队伍专业能力建设工程"，积极探索中职学校德育骨干与教师专业成长的有效途径，通过多种途径的培养培训，有力地提高了全省中职学校德育工作者的业务素质和工作水平，促进了全省中职德育工作的蓬勃发展。该项工作扎实高效，受到全省中职学校的广泛好评和上级领导机关的表扬，教育部网站 2015 年 1 月 29 日以《广东省加强中等职业学校德育工作队伍培训》为题对此进行了介绍和报道。

3. 多措并举稳步提升的德育课程建设机制

中等职业学校德育课是中等职业学校学生思想道德教育的主渠道和主阵地，是各专业学生必修的公共基础课，是学校实施素质教育的重要内容，体现了中国特色社会主义教育的方向和本质要求。多年来，广东省教育厅多措并举、稳步提升德育课教育水平，形成了稳定的建设机制，收获了累累硕果。一是形成了政策保障机制。广东省教育厅专门出台文件，大力推进教学改革，加强德育课程建设，提高教学实效。二是形成了全员培训机制。三是形成了规范指导机制。四是形成了一年一次举办全省中职学校德育课说课比赛锻炼机制。五是形成了两年举办一次全省中职学校德育课教师教学基本功大赛展示机制。六是形成了优质课程建设机制。七是形成了科研促进机制。八是形成了课程资源建设机制。建立完善德育资源交流平台，促进了德育课教师互相学习与提高。

4. 促进中职德育深入发展的主题活动机制

广东省教育厅通过完善活动机制创新，创设以德育为主题的活动评选与活动展示机制。具体做法有：一是形成了一年一次坚持组织参加全国"文明风采"竞赛活动机制。全国"文明风采"竞赛活动是中职学校德育工作的重要载体，是学生体验成功快乐、展示自我的全国性的大舞台。二是形成了两年一次举办中职学生社团优秀成果展示与评选活动机制。三是形成了一年一次举办"广东中职德育论坛"系列主题研讨活动机制。活动德育因其活动性符合中职生心理需要和中职学校办学特点，已成为当前中职学校最为受欢迎的德育理念之一。

5. 整体促进中职德育工作水平提升的评估机制

教育督导与评估是现代教育行政管理重要的载体，也是教育行政部门的基本职能，是指教育部门依据有关教育的方针、政策、法规和教育目标，对教育管理水平、教育质量、办学效益及其相关因素进行系统评估和价值判断。一是构建了面对中职学校的德育工作绩效评估机制。广东省教育厅针对这个问题，确立了通过创新中职德育绩效评估体系、建立健全德育评估机制、全面推进德育评估以破解制约广东中职德育难题的发展思路，力争通过评估促进欠发达地区中职德育工作规范化发展，对德育基础好的中职学校强化特色探索和品牌创建强化指导，促进全省中职德育工作规范发展和特色发展。二是形成了班级德育绩效评价机制。

班级是学校的基本组成单位和基本管理单位，班级德育是学校德育的重要组成部分和经常性形式。构建和实施班级德育绩效评价机制，不管是对于中职学校德育工作实效的整体提升，还是对于中职学校德育绩效评价机制的完善，都具有极大的必要性和重要的现实意义。

6. 整合多方德育资源协同发展的合力育人机制

多年来，广东省中职德育工作之所以能取得一系列的骄人业绩，其中很大的原因是多个层面的合力育人机制的探索与形成，多个层面的合力育人机制产生了巨大作用和影响。一是形成了全省层面的合力育人机制，发挥省政府相关部门、省教育厅教研部门和省属高校的育人作用。二是形成了市县层面的合力育人机制。目前，广东很多地级、县级教育部门充分发挥教育局、教育研究院或教研室等多方力量促进中职德育工作，也有一些地方单独成立了涵盖中小学的德育与指导中心，统筹谋划和开展德育工作。如2012年，广州市白云区成立了中小学德育研究与指导中心；2013年9月24日，佛山市顺德区也成立了中小学德育研究会；顺德区还成立了职业教育方面的研究指导组织。三是形成了学校层面的合力育人机制。多年来，广东省中职学校不断加强合力育人工作，重视发挥学校、家庭、企业、社区的教育合力作用，在育人管理方面进行了积极的探索，取得了较为显著的成绩，并构建出相对成熟稳定的合力教育协同机制。

三、广东高校德育改革发展的基本历程

德育和思想政治教育都是以提升人对主观世界和客观世界的认知为目的，两者互相包容、紧密联系。思想政治教育是学校和社会在社会主义核心价值观的指引下对学生进行教育影响的系统活动，力求把学生培养成社会主义现代化需要的人才。德育是指在学校教育的全过程中对学生进行思想修养、道德行为、法律意识、心理健康等多方面影响，提高学生综合素质的教育活动。可见，不论是德育还是思想政治教育，都以促进学生的全面发展为根本目的。因此，探讨高校德育问题，往往把德育和思想政治教育相提并论。

党的十一届三中全会后，在改革开放的历史阶段，高等教育围绕经济建设的中心，承担着为社会主义现代化培养人才的根本任务。要看清德育在高等教育中的地位、在人才培养中的作用，必须反思历史，总结经验，吸取教训，开创未来。广大德育工作者从历史到现实，从理论到实践，推动高校德育的改革，在探索中前进，走过了不平凡的历程。

（一）初步探索阶段（1978—1991年）

改革开放初期，广东高校既要认真总结过去几十年的德育经验和教训，肃清十年"文革"的余毒，又要迎接一系列来自国内外的思想挑战。在德育理论上

面临正本清源的问题，要对德育的目标、地位、任务、方法重新定位；在德育实践上要排除"左"的和右的干扰，回归实事求是的思想路线，探索高校德育改革的道路。

1. 拨乱反正，重新确立德育的地位和任务

1977年12月，恢复高考招生成为高等教育重新步入正轨的标志。当时急需"拨乱反正"，清除"左"的思想影响，重新确立德育的地位和任务。通过"实践是检验真理的唯一标准"的讨论，广东各高校党委和德育工作者认真总结改革开放前30年广东德育的基本经验和教训，树立育人为本的德育观念，明确了大德育的范畴既包括思想政治教育的主要内容，也包括家庭、社会、文化等多方面的教育影响。德育是高等教育重要的组成部分，德育的根本任务就是立德树人。

1979年5月，教育部发布了《高等学校政治理论课基本情况和存在问题》的调研报告，明确指出："高校政治理论课的任务是，使学生逐步完整地准确地学习和掌握马列主义毛泽东思想的基本原理，树立无产阶级的科学的世界观和方法论，提高用马列主义毛泽东思想的基本原理研究新情况、解决新问题的能力。"从1979年9月开始，广东高校全面恢复了政治理论课。

1982年10月9日，教育部要求高校有计划地把共产主义思想道德课作为一门必修课纳入教学计划。从1983年年初开始，广东高校陆续在开设政治理论课的同时，也开设共产主义思想道德课，简称"思想道德课"。许多高校还专门设立了德育教研室来承担这门课的教学任务。中山大学、华南师范大学等院校还编写了专用教材，组织集体备课和教学经验交流会，逐步提高教学质量，形成了政治理论课和思想品德课两类课程并举的"两课"架构。

2. 适应社会，确立高校德育的重点

改革开放初期，一大批西方学者的著作在中国大陆出版发行，国外的影视、歌曲也大量进入中国，西方的各种社会思潮和价值观开始对中国大学生产生影响。广东毗邻港澳，更是首当其冲。1986年前后，"全盘西化论""社会主义失败论""马克思主义过时论"等错误思潮开始在高校泛滥，高校德育面临严峻的挑战。为了适应改革开放的新变化，针对各种社会思潮对大学德育建设的影响，1987年3月17日，国家教育委员会颁布了《关于进一步改革高等学校马克思主义理论课（公共课）教学的意见》，指出："旗帜鲜明地坚持四项基本原则，深入、持久地反对资产阶级自由化，帮助青年学生逐步树立正确的世界观和人生观，沿着正确的方向健康成长，是马克思主义理论教育的任务。"把马克思主义理论教育和形势政策教育、民主法制和纪律教育作为思想道德教育的重点。

在社会主义市场经济体制逐步建立的过程中，广东高校政治理论课教师针对社会上的错误思潮，对学生进行积极疏导，贯彻广东省委"排污不排外"的指导思想，引导大学生在思想观念上尽快适应新的形势要求，拥护党的改革开放政策。

3. 重建队伍，形成德育的主体力量

从 1978 年 3 月第一批恢复高考录取的新生入学后，广东高校全面重建了思想政治教育工作部门，特别是恢复专职辅导员队伍和马列主义教研室，使高校德育重建了基本的工作架构，形成以政治理论课教师为骨干的思想政治理论教育队伍和以辅导员、班主任为主体的日常思想教育队伍。同时，各高校党委要求全体教师都要成为思想政治教育的主体力量，关心学生的成长成才，逐步形成全员育人的德育主体力量。

从 1978 年年初开始，按照广东省委宣传部和广东省高教局的要求，各高校抽调思想素质高、工作能力强的青年教师和机关干部重新组建辅导员队伍。广东省委宣传部和广东省高教局在华南师范大学分批举办了专职辅导员培训班，帮助辅导员批判"左"的思想路线，理解党的工作重点转移的重大意义，研究改革开放形势下大学生思想政治教育的内容和方法。这是新时期广东率先在全国举办的专职辅导员队伍的培训，参加培训的学员大多数都成长为广东高校德育的领导骨干。同时，为了提高政治理论课的教学质量，受广东省高教局的委托，中山大学成立了广东省政治理论课教师培训中心，负责全省政治理论课教师的教学培训、集体备课和学术交流。

（二）全面建设阶段（1992—2002 年）

1992 年，邓小平同志对广东进行视察，并发表了著名的南方谈话，这是中国改革开放发展的重要里程碑。邓小平南方谈话不仅坚定了全党全国人民坚持改革开放的信心，而且也对广东德育的改革指明了方向。1993 年，《中国教育改革与发展纲要》出台，指出："用马列主义、毛泽东思想和建设有中国特色的社会主义理论教育学生，把坚定正确的政治方向摆在首位，培养有理想、有道德、有文化、有纪律的社会主义新人，是学校德育即思想政治和品德教育的根本任务。"广东高校把邓小平南方谈话的内容融入思想政治理论课教学之中，引导学生正确看待改革开放中出现的问题，认识新旧体制转换的复杂性，坚定改革开放的信心，坚定社会主义信念。

1994 年，党中央连续颁布了《关于进一步加强和改进学校德育工作的若干意见》和《爱国主义教育实施纲要》两个重要文件，明确界定"爱国主义""集体主义"和"社会主义"教育的基本原则、主要内容、实施途径和方法，并把这三项内容作为高校德育的基础工程。同时，提出"帮助学生提高心理素质，健全人格，增强承受挫折、适应环境的能力"，这是对中华人民共和国成立以来的高校德育目标的发展与创新。深圳大学设立了全省首家大学生心理咨询中心，并出版专门的心理咨询刊物。各高校陆续成立心理咨询中心，设专职心理辅导教师，将大学生心理健康教育列入大学课程，取得了初步的成效。

1995年11月23日，国家教委颁布了《中国普通高等学校德育大纲（试行）》，对高等学校德育的目标、规律、地位和任务进行更加深刻的表述。2000年4月6日，教育部颁布了《关于加强和改进研究生德育工作的若干意见》。从2000年下半年开始，许多广东高校在导师负责制的基础上加强研究生的思想政治教育工作，设立研究生的专职辅导员。

在这一时期，广东高校党委进一步认识到德育是一个系统工程，必须遵循德育为本、育人为先的理念，把德育融入学生培养的各个环节，统筹兼顾调动全体教职工参与，实现全员育人的德育模式。各级党委真正把德育列入党委和行政的议事日程。在广东省委教育工委和广东省教育厅的领导下，全省高度重视高校教师的师德要求，对新入职的高校教师进行岗前培训，加强师德教育；评选出一大批重视教书育人的南粤优秀教师，让思想政治理论课步入正轨。广东省教育厅思政处组织"精彩一课"竞赛，产生了一批在省内外有较大影响的优秀思想政治理论课教师。同时，加强辅导员队伍建设，开展广东省优秀辅导员的评选，辅导员队伍日趋稳定。

（三）改革创新阶段（2003—2018年）

2004年8月26日，中共中央、国务院发出《关于进一步加强和改进大学生思想政治教育的意见》，党中央、国务院从战略高度认识改进与加强大学生思想政治教育工作的重大意义，科学分析了大学生的思想现状，明确了加强和改进大学生思想政治教育的指导思想、基本原则、主要任务、主要渠道和基本方法。"16号文"成为高校加强和改进大学生思想政治教育的纲领性文件。

2005年7月，广东省委、省政府召开了全省加强和改进大学生思想政治教育工作会议。2005年8月14日，《中共广东省委、广东省人民政府关于进一步加强和改进大学生思想政治教育的实施意见》（粤发〔2005〕12号）颁布，提出了一系列针对性的工作措施，成为广东加强和改进大学生思想政治教育的纲领性文件，开创了大学生思想政治教育工作新局面。

为了落实中央"16号文"精神，全力改进和加强大学生思想政治教育工作，推动广东高校德育改革与创新，广东省委高教工委和广东省教育厅采取了一系列的重大措施，主要表现在以下六个方面：

1. 发挥高校党委对思想政治教育工作的领导作用

明确党委书记是第一责任人。许多高校党委采取切实可行的措施，加强对思想政治工作的统一领导，定期召开党委会和思想政治工作联席会议，分析掌握师生的思想动态，研究解决思想政治工作方面的重大问题。广东省委教育工委和广东省教育厅还要求高校的党委书记和校长要亲自给学生上思想政治理论课，并建立相关的制度。每学年的思想政治理论课第一课都是由书记和校长来开讲。通过课堂教学，学校领导更好地把握了学生的思想脉搏，使思想教育有了更多的针对性和实效。

2. 重视网络育人环境建设

互联网时代改变了大学生的学习、生活、就业、休闲方式，使他们视野开阔，更多地了解中国和世界，能够把握自我学习的机会。但是，多元的社会思潮和价值观念也蜂拥而入，包括封建迷信、邪教、恐怖主义以及敌对势力的宣传蛊惑也深深地影响着在校大学生，特别是当时政风云变幻、形势错综复杂的时候，错误思潮往往发挥很大的负能量作用。因此，占领网络阵地，加强网络阵地的建设和舆论的引导，就成为德育不可或缺的内容。广东高校从1996年开始重点建设"两课在线""南粤大学生在线""南粤辅导员"等网站，举办各种网络文化活动，提供优秀影片、歌曲吸引大学生的注意，同时，请名师名家在网络上跟大学生就热点问题展开讨论，发挥了网络思政的作用。"两课在线"发挥了思想政治理论课教学资源库和教学交流平台的作用，深受老师的欢迎。

3. 强化校园文化的育人功能

校园文化活动是高等教育不可缺少的部分，凝聚着大学的人文精神和价值取向。以前对校园文化功能的认识存在一定的片面性，有些观点认为校园文化功能主要是娱乐身心，丰富学生的业余生活。在贯彻"16号文"的过程中，广大德育工作者进一步认识到，应该从立德树人的高度来发挥校园文化的作用。在广东省委教育工委和教育厅的领导下，从2006年开始，在全省高校开展以"立志、修身、博学、报国"为主题的系列教育活动。这项活动不但教育内容丰富多彩，而且强调专业教师和各级领导的参与，牢牢把握校园文化活动的思想主导。10多年来，这项活动持之以恒，取得了显著成绩，成为广东高校德育的一个成功品牌。

4. 提升马克思主义理论学科的地位

改革开放初期，思想政治教育面临许多现实的学术课题，学者们开始探讨思想政治教育的科学化。1986年9月，在大德育的背景下，高校领导逐步认识到思想政治教育是一门科学，应该逐步走向专业化。华南师范大学开始招收思想政治教育本科生和第二学位班，中山大学开始招收广东省第一个思想政治教育专业研究生班，培养专业化人才。1990年，国务院学位委员会第九次会议通过《授予博士硕士学位和培养研究生的学科专业目录》，正式批准设立"马克思主义理论教育"和"思想政治教育"两个硕士授权学科专业。从此，中山大学、华南师范大学等一批广东高校先后获得这两个学科的硕士学位授权点。经过多年的学科建设，1998年以后，中山大学、华南师范大学和华南理工大学先后获得马克思主义理论教育与思想政治教育博士学科授予权。随着学科的整合与提升，中山大学和华南师范大学获得马克思主义理论一级学科点，下设六个二级学科并被批准建立博士后流动站。中山大学的思想政治教育博士点还被定为国家重点学科。经过 10 年的艰苦努力，广东高校已经诞生了一批在国内有影响的思想政治教育研究成果，形成一支高水平的导师队伍，培养了一大批博士生充实到全省的思想政治工作队伍中。

5. 加强思想政治理论课建设

思想政治理论课是大学生接受思想政治教育的主渠道。在改革开放的进程中，思想政治理论课始终紧随时代的步伐在发展。2005 年，《中共中央宣传部教育部关于进一步加强和改进高等学校思想政治理论课的意见》（教社政〔2005〕5 号，以下简称"05 方案"）颁布。从此，高校思想政治理论课迎来了新一轮的课程建设。在广东省委教育工委和广东省教育厅的领导下，广东高校思想政治理论课建设开始了一系列的改革与创新。主要表现在：

（1）设立直属学校党委领导的二级机构，即马克思主义学院或思想政治理论课教学部。

（2）实施思想政治理论课四大工程，即优质课程建设工程、教学改革和教学质量提高工程、名教师骨干教师培养工程、保障体系建设工程。

（3）每年举办思想政治理论课青年教师教学技能大赛，并把这项大赛发展成华南六省区的一项固定赛事，对培养青年教师成长发挥了积极作用。

（4）按课程设立五个思想政治理论课教学研究基地。

（5）省委、省政府领导到各高校给大学生做形势与政策报告。

（6）建立思想政治理论课社会实践课程和社会实践基地，华南师范大学被教育部评定为"全国高校思政课教师社会实践基地"之一。

（7）在全国率先推出思想政治理论课评估体系，对贯彻"05 方案"取得了积极的推动作用。

（8）实施思想政治理论课校际帮扶计划，促进全省思想政治理论课建设均衡发展。

6. 促进辅导员队伍职业化专业化建设

2006 年，教育部颁发《普通高等学校辅导员队伍建设规定》（2017 年 8 月修订），据此，广东省委、省政府采取了一系列重大措施加强辅导员队伍的建设。2009 年 8 月，广东省委组织部、广东省机构编制委员会办公室、广东省委教育工委和广东省教育厅四部委联合颁布了《广东省普通高等学校辅导员队伍建设实施办法》，随后陆续实施了一系列重要的政策：

（1）明确辅导员既是管理干部又是教师的双重身份，可以按规定晋升行政级别和教师职务，并按 1∶200 的师生比配置辅导员岗位。

（2）规定辅导员入职的基本条件和选拔程序及其待遇。

（3）规定了辅导员的专业培训要求，建立辅导员岗前培训、专题培训和高级研修制度。

（4）实施辅导员单独系列评定教师职称。

（5）设立辅导员思想政治教育研究课题专项。

（6）每年评选"辅导员年度人物"，对优秀辅导员给予表彰。

（7）按照教育部制定的《高等学校辅导员职业能力标准（暂行）》，每年组织辅导员职业能力大赛，表彰优秀选手。

（8）选拔优秀辅导员参加境外和国外培训交流活动。

经过这一阶段的努力，全省高校 8000 多名辅导员实现了全员岗前培训，逐步提升学历，提高职业能力水平和工作责任感，促进了职业化、专业化的发展，为广东高校的改革、稳定和发展做出了积极的贡献。

第二节　广东德育改革发展的重大事件与典型案例

一、中小学德育改革发展的重要事件及其意义

40 年来，广东中小学德育改革基本历程的主角，是各个时期基于德育现实的德育理念转变、政策导向以及由此展开的德育实践发展的重要事件与典型案例。这些重要事件与典型案例不仅在德育改革发展中扮演着亲历者、启示者的角色，同时也起着引导者、推动者的作用和具有广东德育改革和创新发展里程碑的意义。

（一）学校德育从多元开放走向齐抓共管时期的重要事件与影响

1. 全国第一所"家长学校"的创建及其意义

1983 年，具有家校合作性质的全国第一所"小学家长学校"和"中学家长学校"应运而生，发源于广州市乐贤坊小学和广州市第十六中学。家长学校的创建是这一阶段广东中小学德育最具时代代表性和富有深远影响意义的重要事件。在此之后，中小学"家长学校"便如雨后春笋般遍布中国大江南北。时至今日，以"家长学校""示范性家长学校"为特色的广州市和广东省中小学"家校共育"仍然是广东中小学德育的特色品牌。

2. 教育部专业刊物《小学德育》落户广东

为适应改革开放新形势和社会文化多元化影响与社会主义精神文化及正确价值导向的要求，1985 年 1 月，由教育部委托华南师范大学主办的《小学德育》杂志作为全国第一家小学德育专业期刊正式落户广东。2011 年，为适应中小学德育发展的要求，该杂志正式更名为《中小学德育》。一直以来，该杂志作为德

育专业杂志发挥着中小学德育理论与实践研究风向标的作用。

3. 落实德育"纲要"和"大纲",德育从被动应对到积极引导转变

1986年9月颁布的《中共中央关于社会主义精神文明建设指导方针的决议》提出,社会主义精神文明建设的根本任务是适应社会主义现代化建设的需要,培育有理想、有道德、有文化、有纪律的社会主义公民,提高整个中华民族的思想道德素质和科学文化素质;用"建设有中国特色的社会主义,把我国建设成为高度文明、高度民主的社会主义现代化国家,这就是现阶段我国各族人民的共同理想"动员和团结全国各族人民。培育"四有"公民和追求共同理想成为中小学德育价值导向的主题。据此,1988年,国家教委颁布《小学德育纲要(试行)》和《中学德育大纲》,规定了国家对中小学德育工作和中小学生品德的基本要求。这一阶段,广东中小学德育的重要工作以贯彻落实《小学德育纲要(试行)》和《中学德育大纲》,实现德育从被动应对到积极引导转变为主线和要务。

4. "齐抓共管"合力德育模式从"潮州经验"走向引领全国

20世纪80—90年代,社会文化的多元影响及"应试教育"的压力,呼唤多元开放德育模式建立和德育的整体化建设。广东中小学德育审时度势,因势利导地提出了具有针对性、适时性和预见性的价值导向的建议,形成了与时俱进的开放创新的多元德育发展模式。1988年9月,广东省委、省政府在潮州召开全省中小学德育工作现场会,总结、推广潮州市动员全社会力量,培育"四有"新人经验。这一经验在全国反响强烈,引起国家教委和中央领导同志的高度重视和肯定。1988年12月13日,《中国教育报》发表《全社会重视青少年成长的好典型》评论员文章,号召全国城乡学习潮州市德育工作经验。1991年3月,国家教委在潮州召开全国中小学德育工作会议推广潮州经验,总结提炼出领导重视,党政齐抓共管,学校教育、家庭教育、社会教育紧密结合,培育"四有"新人,大力推进精神文明建设的经验。自此,齐抓共管成为影响全国精神文明建设和中小学德育的基本模式。1993年2月,时任中共广东省委书记谢非在全省普教工作会议上再次提出,在新的形势下必须发展潮州德育经验,把学校德育工作提高到一个新的水平的要求。齐抓共管是广东德育这一时期的特色和作为,也是广东对全国中小学德育和社会精神文明的重大贡献。体现党政和全社会多面联手的"齐抓共管"社会德育新模式,起源于从广东走向全国的"潮州经验"。

"齐抓共管"是引领全国未成年人思想道德建设的一面高高飘扬的旗帜,也是这一阶段广东中小学德育最具时代意义和深远影响价值的重要事件。"齐抓共管"是主题内涵,"家长学校"是鲜明标志,两者交相辉映,形成了广东中小学德育这一时期最为绚丽的创新之花,同时,也为广东中小学德育和家校合作与协同共育奠定了生态式发展的深厚基础。2007年7月,广东省加强未成年人思想道德建设工作经验交流现场会在中山召开,总结提炼出新时期未成年人思想道德建设的"党委政府统一领导、文明办统筹协调、教育行政部门主导,以学校为主体、家庭为基础,依托社区、社会参与"合力联动机制。这是对齐抓共管经验的新发展和新突破,是广东创造出的又一个新经验、新模式。

5. 广东德育学者"社会转型与德育改革"研究影响深远

正视多元文化背景下中小学生价值观导向是广东德育的重要特点。这一时期,在开放地区中小学德育研究的前沿领域,一大批一线德育工作者纷纷投身开放环境下中小学生思想道德变化发展与教育研究。① 20世纪80年代末至90年代中期,"社会转型与德育改革"课题组连续六次进行大型调研,接连在全国核心期刊发表数十篇论文和调查研究报告,探讨开发环境和市场经济条件下中小学生思想变化与价值观导向问题。其中,1989—1990年,在《教育研究》上发表《开放环境下中学生思想变化与教育对策的研究》《加强对青少年主体意识的正确导向》②《开放环境下的校园文化建设》③ 等研究报告,提出在开放环境和多元价值背景下针对主流价值和主体价值困惑和迷失问题积极进行核心价值导向的议题,引发了当时德育学术界和一线德育实践的关注与讨论。著名德育专家王逢贤教授指导的东北师范大学德育博士生组建专门课题组研究广东学者对德育前沿问题研究的成果。

(二)学校德育从系统化建设走向素质化发展时期的重要事件与影响

改革开放中期,广东中小学德育改革发展针对社会生活和社会文化对中小学德育影响的实际,主要围绕党中央、国务院和国家教委的一系列方针政策和文件精神,分别制定实施意见,并结合广东实际来贯彻落实,德育改革发展沿着德育系统化设计、德育的公民意识培育与素质教育取向、德育的价值选择导向与道德整合智慧三条主线展开。这一时期中小学德育改革的重要事件及其影响主要有:

1. 中小学德育系统化设计,推进德育一体化构建

这一时期德育改革的第一条主线,即德育的整体化、系统化、序列化、层次化设计,这是齐抓共管德育理念在学校德育和课程模式上的体现。如《广州市德育系统设计方案》和《深圳市大中小学德育一体化方案》从德育目标、内容、

---

① 参见李锡槐《加强中小学理想教育的科学性》,载《华南师范大学学报(社会科学版)》1981年第2期;杨贤君《开放时代的学校德育》,广东教育出版社1993年版;李季《改革开放条件下学校德育的主题——主体意识导向与良好主体意识的培养》,载《教育导刊》1990年第1~2期;吴奇程、袁元《社会转型与道德教育》,广东人民出版社2000年版;孙少平等《新时期学校德育热点问题研究》,广东教育出版社2008年版。
② 参见李季《加强对青少年主体意识的正确导向》,载《教育研究》1990年第3期。
③ 参见伍柳亭、李季《开放环境下的校园文化建设》,载《教育研究》1990年第6期。

途径、管理、评价五个方面对社会转型时期的学校德育进行顶层设计和规划,并实施推行。

2. 创编《新三字经》① 读本,开展公民教育活动

德育的素质教育和公民意识培育取向是这一时期德育改革的第二条主线,也是改革开放和社会转型中公民道德建设和中小学德育的一个具有时代意义的主题方向。广东学者以学术的敏感研究和关注这一话题,通过编写教材、读本和发表学术论文,积极开展以现代公民素质发展为取向,以爱国、守法、诚信、知礼为基本内容的现代公民教育和《新三字经》教育活动。②

3. 关注中小学生"阅读退化"现象③,加强主流价值整合导向

这一时期中小学德育改革历程的第三条主线是一线学校德育实践的要求与举措,主要是针对媒介文化尤其是其中的非主流文化对未成年人思想品德的复杂影响进行的道德整合与主流价值导向教育引导。在网络媒介多元文化"全天候性"影响下,家庭教育和学校教育的"第一影响源"功能萎缩,网络媒体影响上升为事实上的"第一影响源",若不加强"媒介选择和价值选择导向",就等于把家庭教育和学校教育的正面影响拱手让给鱼龙混杂的网络世界,儿童、青少年成长的风险必然增大。这一时期,广东德育研究者关注主体价值和主流价值导向这一社会转型时期未成年人思想道德建设的交汇点和聚焦点,积极探索网络时代多元文化背景下如何培育中小学生道德整合、媒介素养和主流价值选择能力问题。④

(三) 学校德育从特色创新走向内生发展时期的重要事件与影响

改革开放深化期,广东中小学德育改革与创新沿着专业发展、规范发展、特色发展、生态发展的路线展开,体现了德育改革发展的科学化和专业化、内涵化和生态化、协同化和一体化走向:重视顶层设计,优势整合,建立教育行政与高校专业合作的德育研究与指导中心,积极有力推进学校德育创新发展;加强专业指导,整体规划,构建中小学班主任队伍专业成长培育系统和发展机制,全面整体推进中小学德育科学发展;注重规范引领,再造优势,促进"家校合作"走向"家校共育",打造广东未成年人思想道德建设和中小学德育特色品牌,家、校、社协同共育,携手走向新时代。这一时期的重要事件及其影响主要体现为:

---

① 参见张汉青《新三字经》,广东教育出版社 1996 年版。
② 参见李季《学校教育与公民意识培养》,载《教育研究》1997 年;冯增俊《珠江三角洲的价值教育与公民教育》,载《学术研究》2000 年第 11 期;李萍、钟明华《公民教育:传统德育的历史性转型》,载《教育研究》2002 年第 10 期。
③ 参见李季《阅读退化的隐忧:书刊文化影响与青少年成长》,载《课程教材教法》2001 年第 5 期。
④ 参见李季《道德整合:现代德育的素质教育取向》,载《教育研究》1999 年第 4 期,第 41~46 页。

1. 创建德育研究与指导专业平台，引导德育实践专业化规范化发展

2006年，广东省教育厅发文委托广东教育学院成立"广东省中小学德育研究与指导中心"①，连同2003年建立的"心理健康教育指导中心"和2008年设立的"中职学校德育研究与指导中心"形成了教育行政主管与高校专家指导相结合推进中小学德育的工作机制和专业指导平台，协助教育行政主管部门开展全省中小学德育的专业性研究与指导工作，以推进学校德育工作的创新发展。中心建立后，积极协助并主动作为，组织全省高校专家形成"智库"以及建立省、市、区三级德育研究与指导网络，成为德育行政与中小学德育的桥梁和纽带，在德育重大决策和举措的研究、设计、咨询、指导等方面，特别是在创办和组织班主任专业能力大赛、名班主任培养对象培养、德育干部培训、德育创新奖组织、德育研究课题管理、德育示范学校评估、名班主任工作室管理、德育特色学校指导等方面发挥着专业研究、指导与服务作用。

2. 建立德育特色创新激励机制，增创学校德育发展新优势

2008年，广东省教育厅组织开展了广东省中小学德育创新奖评选活动②，总结交流德育创新成果，引导和鼓励中小学校积极开展德育创新，破解德育难题，进一步提高德育的针对性和实效性。2009年，该活动更名为"广东省中小学德育创新成果展示活动"，目的也是进一步引导和鼓励中小学校（中职学校）创新德育工作，培育德育新亮点，增创工作新优势。2014年，德育创新成果展示活动改为"百系列"学校德育优秀成果展示活动。这对推动中小学德育特色创新产生了巨大推动力，形成了广东中小学德育特色创新促进学校发展热潮。③

3. 开展德育督导评估，促进学校德育管理规范化发展

2008年，广东教育系统组织开展了中小学校德育督导评估，建立评估激励机制，以评估促进学校德育规范管理，促进学校德育工作创新发展、特色发展、内涵发展。2011年6月—2012年6月，组织五批专家154人对全省19个地市164所学校开展评估工作。"叙事德育""阳光德育""活力德育"等一大批德育特色品牌示范学校产生了示范性影响。德育示范学校评估活动在全省各地起到了引领学校德育特色创新发展的作用。2016年，广东省教育厅德育主管部门提出要加强德育工作特色培育和品牌推广，展示"百系列"学校优秀德育创新成果，成立广东省中小学德育示范学校联盟，探索建立省、市、县（区）三级德育示

---

① 参见广东省教育厅《关于委托广东教育学院承担中小学德育研究与指导任务的通知》（粤教思〔2006〕39号）。

② 参见广东省教育厅《关于组织开展广东省中小学德育创新奖评选活动的通知》（粤教思〔2007〕80号）；《关于首届广东省中小学德育创新奖评审结果的通报》（粤教思〔2008〕24号）。

③ 参见广东省教育厅《广东省教育厅关于举办"百系列"学校德育优秀成果展示活动的通知》（粤教思函〔2014〕37号）。

范学校交流合作平台。

4. 德育与心理健康教育相整合，增添广东学校德育新亮点

广东省中小学校开展心理健康教育起步早，2003年提出《加强中小学心理健康教育的实施意见》（粤教思〔2003〕26号），2007年出台《关于加强中小学心理健康教育师资队伍建设的意见》（粤教思〔2007〕42号），2016年发布《广东省教育厅关于中小学心理健康教育工作规范指引》（粤教思〔2016〕2号）。这一阶段中小学德育改革展现出许多新亮点：心理健康教育课程培训为中小学班主任专业能力发展提供了心理学的专业依托和指导；心理学原理与技术的运用，提高了德育和班主任工作实效；德育与心育整合意识和探索蔚然成风，相关成果层出不穷，涌现一大批"德心整合"的中小学德育创新实践新样式，如"体验德育"①"走心德育"② 等，凸显了广东德育的心理教育发展取向特色亮点。

5. 建立德育课题研究指导机制，规范学校德育创新发展

广东省基础教育课程改革加强德育实验研究于2005年5月启动，2009年发布和实施《广东省中小学德育科研课题指南》，2010年印发《广东省中小学德育科研课题管理细则（试行）》③。此后，德育发展走上课题化、制度化、规范化之路。课题管理平台指导着各地各中小学校有组织、有计划地开展德育课题研究，以德育课程化、实效性、德育能力提升、德育特色创新发展为主题开展德育新思路、新模式、新举措的探索，有力引领和带动了德育科研在中小学普遍开展，不断提升学校德育科研意识和形成了系列富有广东特色的学校德育创新发展成果。

6. 班主任能力建设计划成效显著，"广东班主任军团现象"影响全国

为实施班主任能力建设计划，广东省教育厅自2005年以来出台了一系列相关文件。2005年出台《广东省中小学班主任能力建设计划》（粤教思〔2005〕37号），2006年发布《关于广东省中小学班主任能力建设计划的实施意见》（粤教思〔2006〕10号），规范班主任培训工作，成立广东省中小学班主任讲师团，启动"名班主任"培养工程。2006—2018年已培养五批"名班主任"培养对象，333个人获得"名班主任"称号。2011年起建立首批"名班主任工作室"，至2018年已建立三批73个"名班主任工作室"，为"名班主任"的后续发展和示范作用发挥提供了平台。2007年发布《关于举办广东省中小学班主任专业能力大赛的通知》（粤教思〔2007〕10号），2007—2018年，共举办了七届中小学班

---

① 李季、梁刚慧、贾高见：《小活动大德育：活动体验型主题班会的设计与实施》，暨南大学出版社2012年版。

② 莫雷：《"德性内生"是德育心理学的一个重要命题》，载《中小学德育》2012年第1期；李季：《走心德育：品德形成的深层引导》，载《中小学德育》2017年第2期。

③ 参见广东省教育厅《关于印发〈广东省中小学德育科研课题管理细则（试行）〉的通知》（粤教思函〔2010〕39号）。

主任专业能力大赛。大赛成为广东中小学班主任工作和德育创新的生长点，形成广东班主任和德育特色品牌，影响并带动全国。班主任能力建设计划成效显著，一批批优秀的"名班主任"和"名班主任工作室"主持人脱颖而出，在省内发挥示范引领作用，在全国产生了广泛影响，被誉为"广东班主任军团现象"。

7. 设立中小学德育创新奖，建立学校德育创新发展激励机制

"德育中心"成立后，中心专家基于调研以及一线学校的要求，建议广东省教育厅增设中小学德育创新奖，以激发广东中小学德育研究与实践创新的热情。2007年10月，广东省教育厅设立中小学德育创新奖首届评选活动。根据教育部文件精神，"广东省中小学德育创新奖评选活动"后来改名为"广东省中小学德育创新成果展示活动"，每两年举办一届。激励机制有力推动了中小学德育的创新发展，全省各地中小学德育特色创新项目如雨后春笋般不断涌现。

8. 拓展家庭教育领先优势，站立家校协同共育潮头

广东家庭教育、家校教育起步较早。从"全国第一所家长学校"到"宝安经验"，从中山的"空中家长学校"到广州的"示范性家长学校"，广东的家庭教育成果显著。2008年召开广东家长学校创新发展研讨会，探讨家长学校取消收费后坚持办好家长学校、促进家庭教育创新发展的对策和措施。2009年，广东省妇联调研后通过全国妇联建议将家庭教育纳入《国家中长期教育改革和发展规划纲要（2010—2020年）》。2011年，中山市委党校将家庭教育课程"父母好好学习，孩子天天向上"列为科级干部的培训必修课。

广东中小学家校教育经历了从家校合作到家校共育的发展历程，广州的"示范性家长学校"模式和中山的学校、年级、班级"三级家长委员会"及"亲子义工队"模式最具代表性。如何在合力联动基础上形成家校协同育人实践模式，是现代学校制度建设和教育发展的全球性新课题，家长委员会建立与协同育人机制构建是关键。2016年，广东省教育厅在中小学德育工作要点中强调切实加强家庭教育，深入推进家长委员会建设工作，指导创建示范性家长委员会。2017年，广州市家庭教育促进会举办"现代家庭教育新取向：从家校合作走向家校共育"研讨会，探讨和形成了协同共育、加强学校家庭教育指导的新共识。在立德树人和"三全育人"的理念下，家校合作走进了家、校、社协同共育的新时代。这也是广东中小学德育改革发展的一个重要特色和亮点。

中小学德育改革发展需要特色创新促进实践发展。学校德育从特色发展走向科学发展、内涵式发展之路，是广东中小学德育改革发展实践的最成功的经验。

二、中职德育改革发展的重大事件与典型案例

（一）重大事件

1. 中华人民共和国成立以来第一次广东省中等职业学校德育工作会议在惠州隆重召开

2010年3月16—17日，中华人民共和国成立以来第一次广东省中等职业学校德育工作会议在惠州顺利召开。会议由省教育厅、省委宣传部、省文明办、省人力资源和社会保障厅、团省委和省妇联主办，惠州市人民政府承办。来自全省各地市教育部门、文明办、人力资源和社会保障部门、共青团、妇联、省属中职学校和省技工学校代表共计230多人参加了此次大会。

会议要求要认识到加强中等职业学校德育工作的重要性和紧迫性。加强和改进中等职业学校德育工作是我省主动适应新形势新挑战、培养社会主义现代化建设主力军的必然选择，是我省当好推动科学发展、促进社会和谐排头兵，率先基本实现社会主义现代化的迫切要求，是我省发展壮大职业技术教育、加快建设现代职业技术教育体系的客观需要。会议还对下一步工作进行了部署。与会代表到惠州商业学校、惠州外贸学校、广东省高级技工学校进行了现场观摩。会上正式发布了《关于加强和改进各职业学校学生思想道德教育的实施意见》等四个文件的征求意见稿和《把握学生思想脉搏提高德育工作水平——广东省中等职业学校德育工作专题调研报告》等材料。

2. 广东省中职德育研究与指导机制全国有名

在广东省教育厅的调研过程中，有很多一线的校长和教师提出，要做实做好中职德育工作，一定要防止"单一行政化思维"，革除"官僚化操作"，要把科学精神放在首位，把专业态度视为关键，把求实追求作为根本，为研究指导提供帮助。于是，广东省教育厅依托广东技术师范学院于2008年7月14日设立了"广东省中等职业学校德育研究与指导中心"。这是对全省中职学校德育与学生工作进行科学研究和业务指导的一个专门组织机构，是有效统合行政力和学术力的创新机制，是加强和改进中职德育工作的一个重要举措，这种机制目前在全国还是唯一。中心的成立很好地发挥了德育理论的指导作用，有效地引导德育实践工作者增强理论的自觉性和工作的科学性与实效性。教育部职业教育与成人教育司时任巡视员王继平在广东省中职德育工作会议上的讲话中明确指出："广东省构建教育行政主导与专家学术支撑相结合工作机制，抓住了工作根本。"同时，广东省教育厅整合德育资源，还创新性地成立了"广东省中等职业学校德育指导委员会"，为全省中职德育行政决策提供咨询。

(二) 典型案例

1. "牵手"德育模式——东莞市机电工程学校的创新实践

该校有个班主任发现班上有一个偷窃成瘾的学生,每次坐公交车都把手伸向别人的口袋,而且从不落空。班主任多次对他进行教导而无果,最后决定和他一起坐公交车回家。一路上,这位老师一直牵着学生的手。到家后,这位学生告诉老师,这是他第一次坐公交车没有把手伸向别人的腰包。此后,老师常常和这个学生一起坐车回家,每次都紧紧牵着他的手。一个学期下来,这个学生彻底改掉了偷盗的毛病。这个故事叫《牵手》。

(1) 手牵手,向前行——牵手德育的基本内涵。前面的故事告诉我们,"爱心"是德育亘古不变的元素,这个班主任的方法看似是"最笨"的方法,其实是最有效的方法。中职学校的教师应该像妈妈、像兄长、像朋友那样牵着学生的手,给他们温暖、关爱、鼓励、呵护、信心、希望,陪伴他们向前行,走过这一段成长之路。由此出发,学校开始构建以"爱心教育"和"情感教育"为核心的"牵手德育模式"。

(2) 情的境界,爱的智慧——牵手德育的具体实践。有继承才有发展,牵手德育模式以"全员参与、全程管理、全方位渗透"为框架,突出强调爱心和情感因素,通过在教育过程中尊重和培养学生的情感品质,促使他们对学习、生活和周围的一切产生积极的情感体验。具体从以下五个层面来实施:

一是牵着严格之手明规矩。该校制定了严格、完善、合理、有效的一系列学生管理制度,将所有的德育工作细化,涵盖学习生活的方方面面,形成一部"德育大典"。这套管理制度的出台、学习和执行,使学生的日常行为有了一个参照系,从而自觉地去追求美好的行为素养。

二是牵着真诚之手懂礼道。该校根据学生心理发展特点和人文素养要求,归纳出了"学生成长十字训":"微笑招呼'诚'一点;坐正立直'雅'一点;仪容端庄'靓'一点;团结友爱'善'一点;令行禁止'正'一点;知书达理'文'一点;一技傍身'巧'一点;个性发展'酷'一点;拼搏人生'勤'一点;享受生活'乐'一点"。

三是牵着鼓励之手树自信。为了重塑中职生的自信心,该校通过全国"十五"教育规划教育部立项课题——"超市模式第二课堂"的研究与实施,组织开展丰富多彩的"第二课堂"活动,以发现学生的特长,发挥学生的潜能,发展学生的个性,培养学生的自信。

四是牵着平等之手会自省。"我见青山多妩媚,料青山见我亦如是。"学校要求教师以平等、公正的态度对待每一位学生,使学生在与教师相互尊重、合作、信任中全面发展自己。2008 年,该校策划了"说出你心中的故事"德育校会系列访谈节目,它是一个全新的立足于平等对话的教育形式,通过学生自己的视角讲述他们经历的故事,以此来启发和教育学生。

五是牵着友爱之手知爱心。针对中职学校生源复杂、后进生集中的实际情况,该校实施"爱心补救,结对帮扶"工程。该校把行为习惯后进生称为"暂时行困生",提出"不舍弃、不放弃",即不拒绝一个差生,不歧视一个差生,不放弃一个差生;把学习习惯后进生称为"暂时学困生",提出"一个都不能少",对每科后进的学生建立学习成长档案,让每一个学生都"学有收获、学有兴趣、学有信心"。

(3)携手创造幸福——牵手德育的实施成效,推广与传播。"牵手德育"的实施,使学生收获了成长,该校校风建设显著改善,该校办学质量和水平不断上升,在促进学校可持续发展的同时,也为区域经济发展注入了活力,为区域内外职业教育的发展提供了有效参考和宝贵经验;同时,家长、企业用人单位及同行学校、政府部门都对该校德育模式及人才培养质量提出了高度赞扬,确实提升了学校德育认同度、吸引力和实效性。学校先后成为广东省中职校长高级研修班、广东省中职学校骨干班主任培训班的定点学习观摩学校。2010年,该校被评为"全国中等职业学校德育工作先进集体"。2011年3月1日,《中国教育报》以《手牵手"笨方法"领着学生向前行》为题在第二版头条对东莞市机电工程学校(时为长安职业高级中学)"牵手"德育模式做了大篇幅专篇报道。2011年5月18日,"牵手德育"主要内容之一"'学生成长十字训'党建带团建主题团课"主题活动作为全国教育系统"创先争优"活动优秀案例,被教育部官方网站专期专篇刊登。同时,《东莞日报》《南方日报》《南方都市报》《广州日报》《羊城晚报》等媒体先后多次报道、转载"牵手德育"相关内容,其影响力不断辐射,产生了广泛积极的影响,先后有百余所省内外兄弟学校前来参观交流,各级各界人士也不断到访考察,并对该校德育模式做出了高度评价。

2. 德能教育10周年研讨会在京举行,发布众多教学成果

广东黄埔卫生职业技术学校在国家教育行政学院举办纪念德能教育10周年研讨会,教育界相关人士、专家学者出席会议,会上发布了众多教学成果。记者了解到,德能教育首创者、广东黄埔卫生职业技术学校校长欧阳焕文在2007年开创性地提出了"德能"和"德能教育"的理念和理论,并不断完善德能教育的内容、方式方法、步骤和目标等。经过10年的推行,德能教育已经形成了一套完整的体系和模式,并取得了切实的教育效果和良好的社会影响力。

据了解,由于校风、教风、学风良好,教学质量过硬,该校招生工作连续九年排在省属职业学校前列,成为省属最热门的职业学校之一。该校在校生人数从2005年的520名,短短几年就快速发展到2016年的6700多名。2017年,有100多家单位提供了2000多个工作岗位供该校1000多名毕业生选择,平均每位毕业生有 2 个就业机会,就业率高达 100%。护士资格考证通过率是衡量一所卫生院校教学质量的金标准。近几年,该校学生的护士资格考证通过率逐年攀升,2016 年达到 93.2%,在全国同类院校中名列前茅,已经远远超过了中专和大专的全国平均通过率,并超过了本科的全国平均通过率。从 2007 年到 2017 年,该校推行德能教育,可以说是亮点纷呈。如独创德能教育《弟子规》韵律操,千人舞扇;重视护士礼仪,护士大方有礼;广东省连南瑶族自治县全县中小学推广德能教育;培养的护士德才兼备,就业率高;等等,取得了很好的传播效果。

德能教育提出并推行的 10 年来,十年如一日,从不懈怠,从不停顿,始终坚定不移地践行、完善和推广,形成了有理念、有理论、有完善的体系和模式,有实践、有切实成效的知名教育品牌,深受有关部门和社会的高度认可和喜爱。十年坚守结出丰硕成果,德能教育得到了了解它的所有人士的一致推崇、高度肯定和喜爱。近年来,到该校参观学习的国内各界人士络绎不绝,到目前,该校接待全国各地前来考察、参观、学习的人士超过 1200 批。

三、广东高校德育改革发展的重大事件

改革开放 40 年,广东走过了一条不平凡的道路,每前进一步,都要克服各种错误思潮的影响。每一次的改革都要具备创新精神,人们思想观念、伦理道德的每一点变化,都要经历新与旧的冲突、传统与现代的博弈,这其中经历的大大小小的事件,都是社会改革开放的真实缩影,都是德育实践的具体写照。

(一)拨乱反正,全面恢复高校德育体制

1978 年 12 月以后,高校的当务之急是恢复"文革"十年被彻底破坏的德育体制。同时,认真学习贯彻党的十一届三中全会的决议,清除"左"的思想影响,成为高校德育的首要大事。面对当时的思想混乱状况,高校党委和德育工作者努力引导学生深刻总结"文革"的历史教训,拥护党的实事求是和改革开放的思想路线,取得了初步的成效。到 1979 年 9 月,各高校的马列主义教研室和辅导员、班主任队伍已基本恢复,并在中山大学和华南师范大学举办了改革开放后首批政治理论课教师和辅导员的培训。

(二)"蛇口风波",对德育改革的触动

1988 年 1 月 13 日晚上,在深圳蛇口举行的一个座谈会上,三位青年教育专家与蛇口青年就人生价值观念等问题展开了激烈论战,对全国大学生产生了极大的影响。《人民日报》等主流媒体也参加了讨论。这场论战引起了广东高校德育工作者的广泛关注。大家认识到,在改革开放的大背景下,大学生的人生观、价值观、职业观都呈现了多元化,用传统的说教方法教育学生必然要发生冲突,计

划经济时代的价值观念很多学生也不再接受。这场讨论引发了德育工作者的思考：青年是属于特定时代的，德育也是时代的德育。在新的时代，德育的理念、内容和方法必须改革才有出路。

（三）社会实践，倾听人民心声

1986年前后，有些媒体和部分高校知识分子大肆鼓吹全盘西化，刮起自由化思潮，否定党的领导，否定社会主义制度，造成极大的思想混乱。与此同时，在苏联和东欧也出现了一股所谓民主社会主义的思潮，反对马克思主义，反对社会主义。在这种错综复杂的国内外形势下，思想政治教育面临着中华人民共和国成立以来最严峻的挑战。在党中央的统一部署下，广东省委做出决定：对大学生全面加强"四项基本原则"和改革开放路线、方针、政策的教育，在加强理论学习的同时，改革课堂教学，开展社会实践教育。从1989年9月份开始，各高校党委分批组织学生赴珠江三角洲一带开展社会实践活动，深入街道、农村、企业，走访各阶层群众的家庭。通过社会实践活动，大学生倾听人民群众的心声，亲身感受了改革开放的丰硕成果，理解了只有社会主义能够救中国，只有改革开放才能发展中国的道理。许多高校充分发挥广东改革开放先行一步的优势，让学生在社会实践中体会改革开放带来的社会进步，坚定社会主义信念，为社会的改革、稳定、发展做出自己的贡献。

（四）学习南方谈话，改革开放不动摇

1992年1月，改革开放的总设计师邓小平到南方视察并发表了重要讲话，开辟了改革开放的新阶段。广东得改革开放风气之先，在政治、经济和思想文化等多方面都发生了巨大的变化。一方面，经济与社会生活显著好转，许多大学生家庭收入显著增加，不少同学主动退回国家助学金。另一方面，计划经济与市场经济双轨制运行，社会上拜金主义日渐猖獗，"官倒"等腐败现象引起社会公愤。改革开放何去何从？许多大学生深感困惑。广东高校认识到思想政治教育不能理论脱离实际，必须面对现实问题，及时充实思想政治理论课教学内容，联系广东实际，引导大学生学习南方谈话的精神，使大学生认识到应该科学地看待改革开放中出现的问题和争论，把握主流和大局，坚定不移地支持改革开放。

（五）心理健康，拓展德育内涵

1997年11月，广东高校心理咨询专业委员会成立，后更名为"广东省高等学校心理健康教育与咨询专业委员会"，各高校普遍成立了学生心理健康教育与咨询中心，建立了校、院系、班级三级学生心理健康教育工作网络。全省高校有心理健康教育专兼职教师1500多人。这支队伍促进全省高校心理健康教育工作

科学化、规范化发展，在推进大学生心理健康教育和危机干预方面发挥了重要作用。同时，心理健康教育和心理咨询工作大大拓展了德育的内涵。

（六）政策到位，加强队伍建设

2005年8月14日，《中共广东省委、广东省人民政府关于进一步加强和改进大学生思想政治教育的实施意见》（粤发〔2005〕12号）颁布；2009年8月，中共广东省委组织部、广东省机构编制委员会办公室、广东省委教育工委和广东省教育厅四部委联合颁布了《广东省普通高等学校辅导员队伍建设实施办法》。这两份文件是广东省思想政治教育和辅导员队伍建设的纲领性文件。在这两份文件的精神指导下，各高校充分调动党团干部队伍、教师队伍和辅导员班主任队伍的积极性，形成全员育人的机制，促进德育工作者健康成长。

（七）颁布意见，思政课改革先行

2005年，《中共中央 宣传部 教育部关于进一步加强和改进高等学校思想政治理论课的意见》（教社政〔2005〕5号）颁布，这是改革开放以来，对思想政治理论课进行的一次重大改革。课程设置为"马克思主义原理概论""毛泽东思想与中国特色社会主义概论""思想道德修养与法律基础""中国近现代史纲要""形势与政策"五门课。广东作为全国首批试点省份，率先开展教改试点工作，在课程、学分、考核方法、教学资源库和师资培训等方面进行了探索，取得了初步的成绩。广东省还率先推出了思政课综合评估方案，有力地推动了思政课的改革和教学质量的提升，获得教育部的充分肯定。

（八）建设基地，培养辅导员专才

2007年7月，经过教育部严格评审，华南师范大学被批准建立全国首批高校辅导员培训和研修基地之一，承担辅导员队伍培训、调查研究以及思想政治教育专业的硕士、博士培养。经过10年的努力，该基地举办岗前培训、专题培训和高级研修班超过100期，参加培训的辅导员12000人次，已招收硕士、博士6批。

（九）主题教育，彰显核心价值观

广东省教育厅从2006年5月开始，连续10年在全省高校开展以"立志、修身、博学、报国"为主题的系列教育活动，取得显著成绩，为高校的立德树人工作发挥了积极的作用。高校校园文化活动是思想政治教育的重要组成部分，凝聚了大学的人文精神和历史文化。通过校园文化活动把立德树人落到实处，是高校德育的重要途径。主题教育活动弘扬社会主义核心价值观，形式丰富多彩，有大学生论坛、学术报告会、校园歌曲大赛、摄影比赛、书画大赛、演讲比赛、网络征文、网页设计大赛、校园 DV 创作等。这些教育活动强调师生共同参与，发动专业教师参与指导，取得了丰硕的成果。

第三节　广东德育改革发展的启示与展望

一、广东中小学德育改革发展的启示与展望

40 年广东中小学德育改革经历了从多元开放到齐抓共管，从系统化建设到素质化发展，从特色创新到内生发展三个有时代意义和代表性的时期。以之相适应的是与时俱进的德育举措和重要事件，推动和引领德育不断创新发展。不同时期的德育改革与整体改革历程，给健步走向新时代的中小学德育带来许多令人振奋和深思的成功经验和启示。

（一）广东中小学德育改革发展的启示

1. 从多元开放到齐抓共管时期德育改革发展的主要经验启示

（1）中小学生思想道德随着社会现实的变化发展而变化发展，通过调查研究探索中小学生思想变化状况，进而提出有针对性的对策，是遵循中小学生品德发展特点规律开展德育工作的实事求是和富有针对性的有效做法。

（2）在开放改革潮流和中小学生思想道德变化发展过程中以正确的主流价值观念和共同的理想信念与时俱进地进行主体价值引导，是保障未成年人思想道德建设与时代发展基本同步而不是背道而驰的关键举措。

（3）把德育工作放在重要位置，全社会齐抓共管，上下同心协力，是加强未成年人思想道德建设的根本保证。

（4）德育改革与创新发展，是中小学德育与时俱进、永葆青春和有效促进中小学生思想道德健康发展的必由之路。

2. 从系统化建设到素质化发展时期德育改革发展的主要经验启示

（1）德育改革发展需要顶层设计、整体规划和正确引领，这是学校德育目标达成的方向保证。

（2）德育改革发展需要研究先行、专业平台和专家指导，这是学校德育科学性的专业保障。

（3）德育改革发展需要理念指导、特色发展和实践探索，这是学校德育实效性的实践保障。

（4）德育改革发展需要能力建设、专业培养和展示平台，这是学校德育可

持续发展的动力保障。

（5）德育改革发展需要家校合作、资源整合和合力联动，这是学校德育组织运行的机制保障。

3. 从特色创新到内生发展时期德育改革发展的主要经验启示

（1）德育改革发展需要理论创新作实践引导。广东德育改革发展40年形成的德育理论观点有：创新发展理念，引导德育实践从破解难题到特色创新；人文关怀理念，引导德育实践从范本德育到人本德育；合力育人理念，引导德育实践从合力联动到协同共育；课程育人理念，引导德育实践从德育活动到课程德育；"德心同育"理念，引导德育实践从各行其道到"德心整合"；内生发展理念，引导德育实践从外塑德育到内生德育；生态德育理念，引导德育从形式体系走向生态一体化。理论创新和引领是指导德育实践和落实中小学立德树人根本任务的根本。

（2）中小学德育改革发展需要特色创新促进实践发展。学校德育从特色发展走向科学发展、内涵发展之路，是广东中小学德育改革发展实践的最成功的经验。

（3）坚持不断改革是中小学德育创新发展的动力，坚持遵循德育规律是中小学德育创新发展的根本，坚持促进科学发展、生态发展、协同发展、一体化发展是德育改革与创新发展的方向，坚持未成年人思想道德建设的社会主义价值观导向是中小学德育永不落幕的主题。

（二）广东中小学德育改革发展的展望

2018年，广东德育全面贯彻党的十九大精神和《中小学德育工作指南》，深化"培育和践行社会主义核心价值观"[①]，把社会主义核心价值观融入中小学德育全过程，并转化为广大师生的情感认同和行为习惯；扎实落实发展素质教育和立德树人根本任务，以培养担当民族复兴大任的时代新人作为着眼点，加强对中小学德育工作的指导，着力构建方向正确、内容完善、学段衔接、载体丰富、常态开展的德育工作体系；广泛开展理想信念教育，弘扬民族精神和时代精神，加强爱国主义、集体主义、社会主义教育，引导中小学生树立正确的历史观、民族观、国家观、文化观；在中小学校推进诚信建设和志愿服务制度化，强化社会责任意识、规则意识、奉献意识；大力促进德育工作专业化、规范化、实效化，努力形成全员育人、全程育人、全方位育人的德育一体化工作格局。

走向未来的广东中小学德育改革发展将进入一个更加讲求科学、专业、规

[①] 习近平：《决胜全面建成小康社会 夺取新时代中国特色社会主义伟大胜利——在中国共产党第十九次全国代表大会上的报告》，载新华网2017年10月27日。

范、协同的"三全育人"与生态发展①的新时代。

二、广东中职德育改革发展的启示与展望

（一）广东中职德育改革发展的启示

经过多年的努力与奋斗、探索与创新，广东省中职德育工作积累了宝贵经验，概括起来主要体现在：

（1）领导重视德育工作，统筹规划德育工作，认真实施德育工作，树立和践行"以人为本、德育为先、能力为重、全面发展"等先进理念，是推动职业学校德育工作又好又快发展的思想引领。

（2）加强学校领导班子建设，选拔配备一个德才兼备的好校长，建设一个团结协作、务实创新、廉洁自律的领导班子，是推动中职学校德育工作又好又快发展的组织保障。

（3）加强中职学校德育工作队伍建设，提高德育工作队伍的素质，整合校内外德育资源，建立合力机制，实施全员、全程、全方位育人，发挥合力育人作用，是推动中职学校德育工作又好又快发展的力量源泉。

（4）把握中职教育和中职学生发展规律，开展符合中职学生特点的教育教学和科技文化服务等活动，强化实践育人功能，是推动中职德育工作又好又快发展的活力所在。

（5）坚持解放思想、求真务实、与时俱进、勇于创新，不断探索增强德育工作实效性的新思路、新途径、新模式，是推动中职学校德育工作又好又快发展的一大法宝。

（6）大力推进教学改革，充分发挥德育课的主导作用和各学科的德育渗透作用，不断提高教育教学质量，坚定不移地走内涵式发展之路，是推动中职学校德育工作又好又快发展的重要途径。

（7）培育校园精神，构建与优秀企业文化深度融合的校园文化，形成良好的学风、教风、校风，营造浓厚的校园文化氛围，是推动中职学校德育工作又好又快发展的文化支撑。

（二）广东中职德育改革发展的展望

习近平总书记在党的十九大报告中指出："中国特色社会主义进入新时代，我国社会主要矛盾已经转化为人民日益增长的美好生活需要和不平衡不充分的发

---

① 参见李季《绿色生态发展：破解德育低效难题之路》，载《中国德育》2017年第10期，第7～8页；李季《立德树人背景下的学校德育生态发展》，载《课程教学研究》2017年第10期，第18～23页。

展之间的矛盾。"① 新时代的中职德育只有适应我国社会主要矛盾的变化，聚焦和着力解决好中职德育发展不平衡不充分问题，实现中职德育矛盾的有效破解，才能更好地促进中职学生人生出彩，培养更多"担当民族复兴大任的时代新人"，让新时代的中职学生成为"有理想、有本领、有担当"的青年，勇做时代的弄潮儿。

1. **强化培训，使学校德育队伍能力更强**

全面推进中职德育工作的关键是提高中职德育队伍的素质，在今后的工作中继续强力推进德育队伍培训工作。一是继续分层次有计划地举办德育队伍培训班。二是继续完善培养培训模式。三是继续开展典型带头、示范引领，发挥"名班主任"的榜样作用。四是继续举办中职学校班主任专业能力大赛和中职学校班主任专业能力研学提升活动。

2. **深化改革，使德育课堂教学效果更好**

广东省将认真落实教育部关于中职德育课程改革的要求，并以此为契机深化改革、加强管理，充分发挥德育主阵地、主渠道作用。一是认真做好党的十九大精神进教材、进课程、进学生头脑工作。二是积极参与全国中职学校思想政治课课程标准研制工作，为全国中职德育课程建设做出广东的贡献。三是结合课程标准努力做到课标、教材、教师、课时和考核"五落实"。四是继续举办全省中职学校德育课优质课评选活动，检阅课改教学成果。五是继续举办说课比赛、基本功大赛、优质课建设等活动，提高教学效果。

3. **实践育人，使中职德育工作特点更亮**

职业教育的特点和中职学生的实际决定了中职德育工作要加强实践环节，开展内容丰富、形式多样的活动，使学生在各种实践活动中受教育、长才干、做贡献。一是继续组织中职学校开展"明理、立志、勤学、成才"主题教育系列活动。二是继续广泛发动、认真组织全省中职学生参加全国中职学校文明风采作品竞赛活动。三是继续举行全省中职学校学生社团优秀成果交流展示活动。

4. **科研引领，使各地德育工作品质更高**

为了促进中职德育上水平、上台阶，培育特色，打造品牌，要继续不断加强中职学校德育科研工作。一是继续开展全省中职学校德育科研课题研究工作。二是举办"产教融合与中职学生成长"等主题研讨活动。三是继续组织德育专家深入中职学校，帮助中职学校提高德育科研与工作水平，指导中职学校培育特色、打造品牌。四是继续完善广东中职学校"五重五步"德育模式，使其发挥更大作用。五是继续完善广东中职学校"立德树人"长效机制建设，深入相关

---

① 习近平：《决胜全面建成小康社会 夺取新时代中国特色社会主义伟大胜利——在中国共产党第十九次全国代表大会上的报告》，载新华网 2017 年 10 月 27 日。

改革，推动中职德育科学、规范、有序发展。

三、广东高校德育改革发展的启示与展望

改革开放以来，经过短短40年的艰苦奋斗和不断创新，我国经济与社会发生了巨大变化，特别是处于改革开放前沿的广东，40年来取得了举世瞩目的成就，发展成超越"亚洲四小龙"的中国第一经济大省。广东的高等教育事业更是取得了长足的进步，其中德育工作功不可没。探讨广东高校德育工作40年发展的启示，对于我们在新时代推动德育的改革与创新具有重要意义。

（一）广东高校德育改革发展的启示

1. 坚持社会主义核心价值观主导下的德育理念

高校德育的根本问题是为谁培养人、培养什么人、如何培养人。历史经验表明，高校要履行立德树人的历史使命，就必须用社会主义核心价值观引领德育工作，坚持以马克思主义为指导，坚持社会主义办学方向。在改革开放的过程中，国内外的错误思潮不断企图把改革开放引向背离社会主义的方向，拜金主义、享乐主义、功利主义等资产阶级的价值观念也在不断地侵蚀大学生的思想。因此，只有坚持不懈地用中国特色社会主义理论的最新成果武装学生头脑，结合广东的发展实际和学生特点，开展党史、国史和改革开放史的教育，才能引导大学生正确认识自己的社会责任，坚定中国特色社会主义理想信念，为实现社会主义现代化强国梦而奋斗。

2. 坚持从时代的变迁中发展德育

改革开放是一场伟大的革命，是社会主义制度的自我完善。德育的过程是人与社会相互作用的过程，青年问题实际就是社会问题。每一个时代的青年都会留下那个时代的烙印。最直接的显现就是其人生价值观，具体表现为金钱观、职业观、婚恋观、荣辱观等。德育工作者要从时代的变迁中观察，实事求是地分析青年的思想和行为，通过科学的说理和客观的比较，引导青年自我批判，自我提升。

3. 坚持在青年的成长中渗透德育

如果把青年成长期分为初期、中期和晚期，那么大学阶段处于青年中期。这个时期的青年生机勃勃，充满求知欲，开始对人生与社会有独立的思考。与此同时，他们也面临理想和现实的矛盾，个人愿望与个人能力的巨大反差，常常让他们感受到生活的挫败和无奈。这是青年社会化过程中的正常现象。青年在社会实践中既接受社会的教化，也在扮演一定的社会角色，实现人的自我教育。因此，德育工作者要有足够的耐心，鼓励成长中的青年自我反思、自我纠错，多参加社会实践，多向有经验的人学习，突破自我认识的局限性，在改革开放的伟大实践

中实现自我修养,健康成长。

4. 发挥网络传媒的德育作用

20世纪90年代初,互联网进入中国,特别是出现了移动互联网以后,网络传媒成了人们信息交流的第一载体,手机成为最贴近大学生的移动网络载体。为了有效地向大学生传播中国特色社会主义的理想信念,为社会发展营造共同的思想道德基础,德育工作者面临着信息化社会的现状,必须根据学生的生活方式、学习方式、休闲方式的新变化,探讨学生的话语体系,创新德育的内容、方法、途径,充分运用网络传媒,实现有效沟通和积极影响。

5. 坚持全员育人的德育原则

从教育的目标来看,立德树人是教育追求的根本目标,高校不是就业预备站,不是仅仅培养一个简单劳动者,而是要培养改造自己和改造世界的劳动者。按照雅斯贝尔斯的观点,大学是一个师生共同追求真理的殿堂。教书育人,管理育人,服务育人。高校的每一个教职员工都有育人的使命,都要引导学生追求科学真理。从学校的系统功能来看,教育是一项系统工程。学校每个部门都应围绕育人这个核心开展工作,培养全面发展的社会主义建设者和接班人。

(二) 广东高校德育改革发展的展望

改革开放迎来了新的历史阶段,围绕德育的根本目标,广东高校德育任重道远,还面临一系列的重大理论和实践问题,在德育功能、内容、方法和手段的创新,德育载体的拓展,德育运行机制的完善等问题上还有待深入研究。特别是针对"00后"大学生的思想特点开展针对性的教育,提高德育的实效性,还有艰巨的任务。

展望未来,在中国特色社会主义建设的新时代,广东德育改革将伴随经济与社会的进步,走上现代化的新征程。在粤港澳大湾区蓬勃发展的背景下,广东德育将具有更开阔的国际视野,促进德育的现代化。在党的十九大精神的指引下,广东德育学科建设将迈上新的台阶,涌现更多的理论和实践成果。在高校深化改革的推动下,广东德育改革将更加科学化和规范化,为人才培养做出新的贡献。

第十二章 课程与教学

课程承载着党的教育方针和教育思想，规定了教育目标和教育内容，是国家意志在教育领域的直接体现，在立德树人中发挥着关键作用。课程与教学是教育的基本单元，一切教育活动都要落实到课程与教学上。改革开放以来，广东教育系统结合本省实际，将课程与教学作为教育改革的重要方面和突破口，深入开展课程与教学改革，取得了显著成绩。

第一节 广东课程与教学改革发展的基本历程

40 年来，广东课程与教学改革是在全国教育改革的大背景下不断推进的，在各个不同的阶段，具有不同的改革内容，呈现出不同的改革特征。

一、课程与教学改革起步时期（1978—1984 年）

（一）改革背景

"文化大革命"结束后，全国教育领域抓紧恢复教学秩序和基本教育制度。1978 年 2 月，教育部颁发了《全日制十年制中小学教学计划试行草案》。接着，教育部对课程教学体系进行了部分调整和改革，并颁发了一系列教学计划：1981 年 3 月，颁发了《全日制五年制小学教学计划（修订草案）》；同年 4 月，颁发了《全日制六年制城市小学教学计划（草案）》和《全日制六年制农村小学教学计划（草案）》。

1983 年 10 月，邓小平为景山学校的题词——"教育要面向现代化，面向世界，面向未来"，为我国新时期教育教学改革指明了方向。课程改革方面，教育部颁布了新的教学计划，1984 年，颁发了《全日制六年制城市小学教学计划（草案）》和《全日制六年制农村小学教学计划（草案）》。

在广东，由于受"左"倾思潮的严重影响，"文革"前相对完整的中小学课程体系遭到严重破坏，中小学课程处于混乱状态，整个广东的教育质量低下，在全国处于落后地位。

随着高考制度的恢复，特别是1978年党的十一届三中全会召开后，广东开启了课程教学改革序幕。

（二）改革内容

在广东省委、省政府的领导下，广东教育行政部门贯彻党中央、国务院关于教育改革的指示精神，恢复高考制度，恢复教学秩序，制定改革方案，加强教学改革，提高教学质量。在这一时期，主要的改革内容如下：

1. 恢复整顿教学秩序

1978年后，随着高考和教学秩序的恢复，广东重新确立了教学在学校工作中的中心地位。教学的任务和要求是"要使学生学好文化科学基础知识和基本技能，培养能力，发展智力"。教学改革的思想是"要重视课堂教学，改进教学方法，加强实验，也要积极开展课外学科活动和其他活动"①。广东中小学课程体系包括教学计划、教学大纲和教材等。随着"拨乱反正"的推进，广东遵照执行国家的教学计划并采取措施，恢复教学秩序，提高教育质量。

1978年10月7日，广东省教育局颁发了《关于提高中小学教育质量的意见》，要求按照教育部颁发的教学计划、教学大纲和新编的教材进行教学，集中力量办好重点学校和重点班，认真抓好应届高中毕业班的教学工作。

1983年10月17日，广东省教育厅发出《贯彻教育部〈关于进一步提高普通中学教育质量的几点意见〉的几项措施》，要求端正办学思想，纠正片面追求升学率的错误做法，切实加强思想政治教育工作；分批整顿一般中学，有计划地改善一般中学的办学条件；高中阶段实施不同的教学要求，适当降低部分初中的教学要求；开展重点中学与一般中学的挂钩活动；试行推荐和考试相结合的招生办法；等等。一批旨在办成有特色、高质量、实验性、示范性学校的省重点中学应运而生。

2. 开展教材改革和教学实验

随着教育重要性深入人心，社会上出现了片面追求升学率的现象，学生学业负担加重，课外活动受到轻视。广东省教育局于1981年发出《关于减轻小学生负担的通知》，要求严格控制考试次数，严格控制课外作业分量，开始着力减轻学生课业负担。

这一时期，广东中小学与全国一样，统一使用一套课程教学体系。为提高教学质量，广东在使用国家统编教材的基础上，也开展小范围的教材改革和教学实

---

① 教育部：《全日制六年制重点中学教学计划（试行草案）》，1981年。

验。在教材方面，1979年，广东编写了《中学数学实验教材》和《初中数学自学辅导教材》并开展实验。《香港初中英语》教材在广东省实验中学开展实验。1982年开展《重点中学语文教材》实验。

在教学方法改革方面，针对传统的讲授式教学方法弊端，广东倡导启发式教学模式并开展了大规模的教学实验，做了有益探索，为后来的教学改革积累了经验。为探索有效的教学方法，还开展了许多学科教学法改革。如初中数学"使用练习册教学"、中学语文"单元教学"、中学物理"以实验为基础的启发式教学"、中学化学"以实验为基础的引探法教学"等。同时，大力开展体育、美育和劳动技术教育，推广普通话教学，等等。

3. 修订教学计划，改革课程结构

1981年秋季开始，广东大中城市小学、县重点小学和公社中心小学从四年级起开设外语课。各类中学除开设普通文化课、劳动技术课外，有条件的高中还开设选修课。1982年秋季起，高中根据不同分类，执行三种教学计划：一类是重点中学和条件较好中学的教学计划，劳动技术课占比为10%；一类是一般高中的教学计划，劳动技术课占20%；一类是农（职）业高中的教学计划，劳动技术课占30%以上。

1983年，《人民日报》刊登了《努力开辟第二课堂》。教育部颁布的教学计划将课外活动纳入周课时总量，称之为"活动"。为此，广东也调整了课程结构，开辟了涵盖各种课外活动的"第二课堂"，丰富了学生的校园生活，提高了学生的素质，并在一定程度上纠正了片面追求升学率的做法。

为了加强对小学教学的规范和管理，1982年7月，广东颁发了《广东省全日制小学管理暂行办法》《广东省小学生考勤管理办法》《广东省小学生成绩考核暂行办法》《广东省小学奖惩暂行办法》等文件。

4. 启动高校课程与教学改革

高等教育在课程与教学改革方面，主要依靠各高校贯彻落实中央和省委、省政府的意见精神，但也召开了一些重要会议，如1982年在华南师范大学召开全省高等学校教学管理研讨会，1983年在暨南大学召开高等学校教育测量讨论会，1984年在华南农业大学召开广州地区高等学校教学、科研改革经验交流会等。总的来讲，这一时期主要是由各高校根据自身实际和现代化建设的需要自主开展课程改革和教学改革，修订各专业的教学计划，调整专业结构，把外语、财经、管理、政法、计算机、电子、建筑及部分应用性强的文科等作为重点开设的专业，还在课程设置中保证必修课，充实选修课，开设加选课，开展"第二课堂"活动，以提高教育质量，培养适应广东经济、社会发展要求的人才。

（三）改革特征

这一时期，广东课程与教学改革的特征是：

1. 大胆探索，改革起步比较早

一是较早编写语文、数学和英语教材并开展实验，倡导启发式教学，开展学科教学法改革；二是较早开展小学英语教学；三是较早在高中和大学开设选修课；四是率先颁发《学生守则》。早在 1978 年 10 月，广东省教育局就制定和颁发了中小学《学生守则》《学生考勤办法》《学生成绩考核和升留级办法》《学生奖励、处分和操行评定办法》。广东的《学生守则》无论是制定、颁发还是执行，均比教育部 1981 年 8 月颁布的《学生守则（试行草案）》要早。

2. 调整课程结构，注重学生的全面发展

广东的课程设置，除了文化知识课外，还开设了德、智、体、美、劳课程，特别是高中开设了劳动课，同时根据不同性质的学校规定了不同劳动时间的比例；关注中小学生的课业负担，纠正片面追求升学率的做法；修订教学计划，改革课程结构，开展"第二课堂"活动，开展体育、美育和劳动技术教育，推广普通话教学，提高学生的素质。

二、课程与教学改革稳步推进时期（1985—1991 年）

（一）改革背景

1985 年，第一次全国教育工作会议召开，提出要改革教育思想、教学内容和方法。5 月 27 日，《中共中央关于教育体制改革的决定》正式颁布。该决定把教育确定为经济发展的战略重点和各级党委、政府的工作重点。以此为标志，我国教育改革包括课程与教学改革进入了一个新的历史时期。

1987 年 10 月，党的第十三大提出了党在社会主义初级阶段的基本路线，强调必须"把发展科学技术和教育事业放在首要、核心位置，使经济建设转到依靠科技进步和劳动者素质提高的轨道上来"，"百年大计，教育为本。必须坚持把教育事业的发展放在突出的战略位置，加强智力开发"，从而突出了教育在整个经济和社会发展中的重要战略地位与作用。

1988 年，国家教委颁发了《九年义务教育教材编写规划方案》，提出了"一纲多本"的教材改革设想，并规划了八套重点建设的教材。

实行"先行一步"政策的广东等南方沿海地区，伴随着经济社会的巨大变化，教育事业取得了较大成绩，但教育仍然处于落后状态，课程体系和教学方法迫切需要改革，以适应改革开放的时代需要，培养有理想、有道德、有文化、有纪律的"四有"新人。

（二）改革内容

为适应广东经济社会发展需要和现代化建设需要，加快改变广东教育落后面貌，广东教育领域抓紧赶队创优，开始加大力度推进教育改革，课程与教学改革也开始稳步推进。

1. 动员、部署全省课程与教学改革

全国教育工作会议会后，广东连续几年的全省教育工作会议或者其他类别的工作会议都对教学改革工作进行了部署，要求以教育思想观念的转变带动教学观念的转变，以虚带实；对不同学校提出不同的要求，以点带面；从教学方法和学科教学改革入手，逐步扩展到内容和整体。

1985年4月下旬，全省教研工作会议在中山市召开。会议要求转变教学思想观念，广泛地开展教学方法改革，要求进行教材改革、考试方法改革和整体性改革的试验，注重发展智力、培养能力。各级教育行政部门要制订三年或五年的教学改革规划，提出改革措施。同年5月2日，《关于进一步开展中小学教学改革的意见》发布，全面部署中小学教学改革。

1987年2月，全省中小学教学改革实验成果汇报会在东莞召开，对有目的、有计划、有方案开展教学改革实验的100项成果进行了表彰。

1987年8月，全省普通教育工作会议召开，会议指出，必须明确基础教育的根本目的是提高民族素质，为全体学生打好全面素质的良好基础。要改变以分数、文凭衡量人才的传统观念，树立德智体全面发展的教育质量观，改革陈旧的教学观，树立教书育人、启发诱导、知能并重、多渠道施教等教学思想。此外，会议还要求必须突出抓好教育质量问题，深入开展教育教学改革，加强教育科学研究。要在教改实验的基础上，深入的研究、探索和实践在各学科中如何体现教书育人，如何建立以启发式为中心的教学方法新体系，如何建立"第二课堂"拓宽教学渠道等专题。

1988年，启发式教学研讨会在从化召开，启发式教学开始得到推广。同年11月，国家教委在广东省斗门县召开高校招生考试标准化改革试验评估会议，决定从1989年起向全国推广由广东发起的标准化高考试验。

1990年，全省普通高等学校校长会议召开，重要议题之一是研究教学改革问题。

1991年12月6—11日，全省中小学教学工作会议在中山市召开，全面部署教学改革工作。会议要求广泛深入开展教学改革，全面提高全省教育质量。会议强调了开展教学改革的重要性和必要性，确定了根据不同学校的性质进行分类改革的策略。一是水平和条件较差的学校，在搞好教学常规管理的同时，着重于教学方法的改革，逐步跟上教改的步伐。二是中等水平和条件一般的学校，要按提

高教学效率、减轻学生负担的要求，着力进行课堂改革，并选好用好教材，全面培养学生。三是条件较好的学校，特别是重点中学、实验学校和中心小学，应该进行教学整体改革或学校整体改革，促进教育教学的整体优化。

2. **改革课程内容，编写实验教材**

作为国家教委委托编写中学思想政治课改革实验教材、开展改革试验的省份，广东课程与教学改革的一个亮点是德育课程改革。从1989年起，广东组织编写的九年义务教育（沿海版）教材陆续在沿海地区部分学校进行实验、使用长达10年。

1989年，全国劳动模范、特级教师丁有宽编写的《小学语文读写结合实验教材》获得国家教委认可，并开始进行实验。8月中旬，广东省丁有宽小学语文教材教法研讨会在潮州市召开，讨论丁有宽老师多年教学改革思想、理论和小学语文读写结合的教材特色。到1990年，广东有9个市、47所小学、528个班采用了这套实验教材。

为增强教学内容的时代感，加强学生的思想教育和国情教育，1990年春季起，人民教育出版社提供了语文补充教材，广东省教育厅在1990—1991年对初中和高中语文教材内容进行了调整。

1990年，广东省教育厅教研室还组织编写了6种乡土教材，并在国家教委召开的全国乡土教材工作会议上获奖，其中两种获得一等奖，广东省教育厅教材编写室被评为全国乡土教材建设先进单位。

为更好地实施全面发展教育，首先要减轻学生课业负担。1990年6月，广东省教育厅发出《关于切实减轻小学生课业负担的通知》，提出严格执行教学计划和教学大纲，加强体育、卫生工作，要加强体育、美育和劳动三门课程教学，推进这三门课程与教学的改革。一是重视学生体质，加强体育锻炼，恢复军训，进行体育教学改革。从1991年起，把体育列入初中毕业生升学考试科目，体育考分折合30%计入招生总分。二是加强美育，除了开展各种教研活动、各种演出活动外，广东早在1986年便接受国家教委的委托，着手编写小学、初中美术教学大纲，并召开美术、书法教学研讨会。三是加强劳动技术教育，组织编写教材。要求在初中每学年开设两周、高中每学年开设四周劳动技术课的基础上，每周至少安排两节劳动技术课。1987年，根据国家教委颁发的劳动技术课教学大纲，组织编写教材。高校则通过实习、勤工俭学、社会实践和"第二课堂"活动等，培养学生的劳动观念，提高学生动手操作的能力。后来，还增加了计算机教学、环境教育、人口教育以及建立生物园或地理园等内容。1988年年底，在深圳召开生物园、地理园建设交流会。到1991年，全省重点中学全部建好用好生物园、地理园。

广东还重视改革中等专业学校和职业教育课程设置。到1988年，广东167

所中等专业学校有工、农、林、财经、政法、体育、卫生、艺术及其他9类186个专业,① 基本与广东此时的经济社会发展需要相适应。

在高等教育方面,省内各高校按照中央和省的指示,努力改革教学工作,优化教学过程。一是改革调整教学计划,使教学计划具有灵活性、机动性,拓宽学生的知识面,提高动手能力和实践能力,优秀生能跳级、提前毕业或选修第二专业。二是改革专业设置、课程结构,更新教学内容,试行学分制。在课程设置上,普遍减少必修课,增加选修课。调整学科专业,拓宽专业口径,增强适应性,适当增加工科比重,加快发展短缺专业,使之适应社会发展和经济结构变化的需要。加强计算机应用课教学、现代科技教学和英语教学。在教学思想上,由较重视知识传授转向传授知识和培养能力并重;在教学内容上,加强教材建设,在编写教材或者讲义时,重视更新知识,注意传授科技的最新成果;在教学方法上,提倡启发式教学,调动学生学习的主动性、积极性。三是加强实践课程,提高动手能力。实习、实验得到了重视,社会调查和社会实践也得到了重视,学生的动手能力和实践能力得到了明显提高。

1982—1986年,新增财经、政法、外语、管理、计算机、工民建筑等社会急需的专业共142个。至1987年,广东高校的专业设置已经具有高校的全部专业科类,即工、农、林、医、师、文、理、政法、财经、体育、艺术11类共286个专业,并确定省属高校重点学科14个,重点扶持学科6个。② 1988年,广东省高等教育局发布了《关于加强高等学校课程建设的意见》和《关于进行普通高等学校教学工作总结和检查的通知》,并在华南师范大学等11所高校部署重点课程的建设工作,在广东工学院等6所高校推广教学工作目标管理,要求省属高校建成高水平的优秀课程116门。

(三)改革特征

这一时期,广东课程与教学改革的特征是:

1. 观念先行,注重改革策略

为提高学生的素质,促进学生全面发展,满足社会经济发展的需要和现代化建设的需要,广东省委、省政府改变教育落后面貌的意愿越来越强烈,省级教育行政部门推动课程教学改革、提高教育质量的力度明显增强,在改革实践中讲究策略性,根据实际情况,把转变教育思想观念作为先导,再带动教学观念、教学方式方法的转变。在课程与教学改革的过程中,表现为会议部署,文件引领,有针对性地解决课程和教学中存在的片面追求升学率、忽视学生素质培养的问题。

---

① 参见何辛《广东教育50年:1949—1999》,广东高等教育出版社2001年版,第334~335页。
② 参见何辛《广东教育50年:1949—1999》,广东高等教育出版社2001年版,第334~335页。

在实施改革的过程中,因地制宜,实验先行,梯度推进,对不同的学校提出不同的要求,从教学方法和学科教学改革入手,逐步扩展到内容和整体。

2. 敢为人先,充当改革先行者

在这一时期,广东的课程与教学改革敢为人先,在多个方面充当了改革先行者的角色。如启发式教学原则、掌握学习等教学方式方法的倡导,如在全国运用了多年的标准化高考模式,又如沿海版教材的编写和长期实验对促进我国课程教材多样化、现代化起到了重要作用。在高等教育课程结构调整上,一直在增加工科比重,发展短缺专业,加强计算机、现代科技和英语教学,较好地适应了广东快速发展的经济社会需要和产业发展需要。

三、课程与教学改革全面展开时期(1992—1999年)

(一)改革背景

1992年年初,邓小平发表南方谈话,要求广东力争用20年时间赶上"亚洲四小龙"。10月,党的十四大提出,建立社会主义市场经济体制,加快改革开放和现代化建设步伐,使国民经济整体素质和综合国力都迈上一个新台阶。党的十四大还提出要用20年左右的时间使广东等有条件的地方基本实现现代化。

1993年2月12日,中共中央、国务院印发《中国教育改革和发展纲要》,指出"由应试教育向素质教育转变,这是我国国民经济和社会发展对中小学教育提出的要求,是基础教育面临的一项重大任务"。

1996年6月至1997年,教育部组织华东师范大学、北京师范大学等六所大学以及中央教科所的课程专家对我国九年义务教育课程的实施状况进行了调查研究。1997—1998年,教育理论工作者对国外的课程改革进行了大量的比较研究,为我国开展新一轮基础教育改革提供重要的借鉴和参考。

1998年3月,教育部召开全国普通高校教学工作会议,提出今后一个时期高校教学改革和建设的总思路和主要任务。同年6月,全省普通高校教学工作会议在肇庆市举行。会议传达贯彻全国高校教学工作会议精神,着重研究高校教学改革问题,尤其是专业调整改革问题,要求高等学校从以知识教育为中心转变为实施素质教育,重视知识、能力、素质的融合统一。

1999年1月发布的《面向21世纪教育振兴行动计划》提出要实施"跨世纪素质教育工程",整体推进素质教育,全面提高国民素质和民族创新能力。改革课程体系和评价制度,2000年初步形成现代化基础教育课程框架和课程标准,改革教育内容和教学方法,推行新的评价制度,开展教师培训,启动新课程的实验。争取经过10年左右的实验,在全国推行21世纪基础教育课程教材体系。

1994年,广东省委根据全国教育工作会议精神,提出要把广东建设成为教

育强省的要求。1996年，广东率先在全国普及九年义务教育，并在教育硬件方面取得了巨大成绩。此后，广东教育改革的重点放在教育的"软件"建设上，大力推行素质教育，提高教育质量，按照"加强基础，提高素质，增强能力，发展个性"的要求，推进课程教学改革。从此，广东课程改革随着以素质教育为核心的教育改革的全面展开和教育事业的快速发展而进入快车道。

（二）改革内容

1. 灵活实施国家课程方案，实行教材选用多样化

1992年10月，广东省教育厅发出《关于〈九年义务教育全日制小学、初级中学课程方案（试行）〉的实施意见》和《关于选用九年义务教育教材的意见》，结合广东实际，指导全省中小学实施课程方案、选用教材。本次课程方案实施意见强调学生全面发展，特点如下：一是加强了德育；二是改变了过去以单一的学科类课程为主的课程结构，增加了活动类课程；三是各地可根据实际合理设置部分课程，从而增强了课程安排的科学性、灵活性和多样性；四是实行"一纲多本"，在统一基本要求的前提下，实行教材多样化，改变过去教材品种单一、全国用统编教材的状况。

广东在实施国家新的课程方案时，体现了以下灵活性和创新性：一是广东小学、初中基本按照"六·三"学制开设学科类和活动类课程。二是按照Ⅱ类标准（即高标准）开设外语课程。三是在教材选用权方面，把选用权赋予县（市、区）和地级市的教育行政部门，并根据广东过去三年小学、初中阶段试验的教材是沿海版教材、人教版教材和丁有宽主编的小语读写结合教材这一实际，强调要在试验的基础上加以选用。

2. 提前改革高中课程结构，开展综合课程实验

从1991年秋季入学的高中一年级起，广东高中的课程分成必修课、选修课和活动课三类。比全国大面积推行由基础课、选修课和活动课构成的高中新课程结构早四年。① 必修课是学生必须掌握的基础知识和基本技能，旨在保证学生的基础学力；选修课分学科型和职业技术型两种，旨在培养学生的爱好特长；活动课包括各种课外活动、生产劳动和社会实践等，旨在增强学生的实践能力。

在国家教委的指导下，经过两年的研究和论证，广东制定了《综合文科和综合理科课程标准（教学大纲）》，以综合文科代替史、地等科，以综合理科代替理、化、生三科，编写了教材，拟定了实验方案，并于1998年9月起在8所学校高二年级开展综合课程实验。开展这一实验是为了建立一套能适应广东高中教育需要，能造就素质高、能力强的21世纪现代人的新课程教材体系。

---

① 国家教育委员会于1996年3月颁发《全日制普通高级中学课程计划（试验）》。

3. 实施素质教育，全面推进课程与教学改革

1993年实施素质教育和1996年提出教育强省目标任务后，广东推行以素质教育为核心的改革，大力推进课程与教学内容、教学方法改革。

1997年11月下旬，广东省教育厅在深圳召开中小学素质教育工作会议，研究素质教育的目标和任务、政策和措施，并决定建立12个实验县市。1998年年初，省教育厅发出《广东省中小学实施素质教育的若干意见》。为了推动素质教育在实验点上深化，对实验县区的校长进行培训。同年4月，省教育厅在仁化县召开了区域性素质教育实验工作会议，推动12个素质教育实验点工作扎实开展。

广东通过开展教育思想的讨论，更新教育观念，为实施素质教育扫清了观念障碍。在推进素质教育的过程中，强调知识传授和能力培养并重，具体体现在课程和教学改革以下五个方面：一是降低小学初中课程难度。1998年，省教育厅提出了中小学教学内容的调整意见，旨趣之一就是降低课程难度。二是大力开展课堂教学改革，创新教学模式和教学方法。省教育厅教研室开展"利用掌握学习策略，开展目标教学"的研究，进行"愉快教学"等多种教学模式和"探究发现法"等教学方法的探讨。三是改革课程结构，开展"第二课堂"活动。广东中小学普遍形成了由基础课、选修课、活动课三种课程形式构成的全新的课程结构模式。四是重视计算机和外语教育，创建广东课程特色。先后制定了《广东省中小学计算机课程纲要》《关于加强中小学计算机教育的意见》。五是加强和改进体美劳课程。出版了《快乐体育》参考教材，基本普及学校健康教育课，加强音乐、美术教学，先后确定24所中小学为民乐教育示范校。六是改革考试制度和评价方法，建立学生素质评估体系。以《学生素质发展报告书》取代过去使用的《成绩报告单》。七是实施高校德育课程改革和教学改革，加强和改进高校德育，提高学生的政治素质和思想品德素质。全省高校以邓小平理论为指导，掀起学习讨论热潮，并把它列入教育内容，引进课室。除此之外，推进教学改革的"一三五二"工程建设。1997年，广东省高教厅对1995年开始的高校教学改革进行了检查和推动，并决定改革专业设置，拓宽专业口径，高校本科专业被"砍"掉一半，由500余种减至250种左右，毕业生的社会适应能力明显增强。1998年年底以前按教育部新公布的专业目录合并有关本科专业，1999年起按新的专业名称招生。

（三）改革特征

这一时期，课程与教学改革表现出以下特征：

1. 推行素质教育，改革的步伐领先全国

教育强省目标任务提出来以后，特别是推行素质教育后，广东课程与教学改革步伐明显加快，在不少方面领先全国。比如较早地删除旧、难、繁内容，降低

课程难度；实行教材的多样化，赋予县市教材选用权；实行高中会考制度；重视计算机和外语教学；等等。

2. 着力全面改革，重视改革的系统性和关联性

本阶段的改革，从小学到中学到大学，各级各类教育课程与教学全面启动改革；从课程设置、课程实施到课程评价都进行了系统性改革；从掌握学习等新的教学方式、方法到教学手段的现代化都进行了有益的探索。

3. 改革总体顺利，但存在区域的非均衡性

在从应试教育转向实施素质教育的过程中，广东全省大中小学所进行的课程和教学改革在总体上推进是顺利的。但也由于各地教育发展不平衡，对素质教育这一新观念的接受程度也有差异，相对而言，素质教育在珠三角经济较发达地区实施得比较好，其他地区则大多数处于观望状态。

四、课程与教学深化改革时期（2000—2011 年）

（一）改革背景

1999 年 1 月颁布的《面向 21 世纪教育振兴行动计划》明确提出了"跨世纪素质教育工程"，提出"用 5～10 年时间建立一个面向 21 世纪的基础教育课程改革体系"。于是，教育部基础教育课程专家工作处成立，开始组织课程改革研讨会，启动课程改革。

1999 年 6 月 15—18 日，第三次全国教育工作会议召开。会议的主题是动员全党同志和全国人民，以提高民族素质和创新能力为重点，深化教育体制和结构改革，全面推进素质教育，振兴教育事业，实施科教兴国战略，为实现党的十五大确定的社会主义现代化建设宏伟目标而奋斗。会议期间，发布了《中共中央国务院关于深化教育改革全面推进素质教育的决定》。

2001 年 5 月，《国务院关于基础教育改革与发展的决定》发布，提出加快构建符合素质教育要求的新的基础教育课程体系，强调要适应社会发展和科技进步，根据不同年龄学生的认知规律，优化课程结构，调整课程门类，更新课程内容，引导学生积极主动学习。实行国家、地方、学校三级课程管理。国家制定中小学课程发展总体规划，确定国家课程门类和课时，制定国家课程标准，宏观指导中小学课程实施。在保证实施国家课程的基础上，鼓励地方开发适应本地区的地方课程，学校可开发或选用适合本校特点的课程。探索课程持续发展的机制，组织专家、学者和经验丰富的中小学教师参与基础教育课程改革。

2001 年 6 月，教育部颁布了《基础教育课程改革纲要（试行）》，新一轮基础教育课程改革有了行动指南。《基础教育课程改革纲要（试行）》在课程理念、课程目标、课程内容、课程实施、课程评价等各个方面提出了改革的具体要求，涵盖了幼儿教育、义务教育和普通高中教育各阶段，描绘了 21 世纪我国基础教育课程改革的蓝图，旨在为实施素质教育而建构一套全新的课程体系。7 月，教育部印发了《开展基础教育新课程实验推广工作的意见》。11 月，教育部颁发了《义务教育课程设置实验方案》。随后又陆续研究制定了义务教育阶段 18 个学科的课程标准，编写审定了 49 种各科实验教材，并开始在全国 38 个实验区进行实验。接着，逐年扩大实验范围。到 2005 年秋，全国义务教育阶段起始年级全面进入新课程实验，中小学阶段各起始年级原则上都启用了新课程。2003 年 3 月，教育部颁发了《普通高中课程方案（实验）》。

党的十一届三中全会以来，广东的教育事业取得了显著成就，为 21 世纪教育事业的振兴奠定了坚实基础。但是，广东教育发展水平仍然不能完全适应广东社会经济发展和现代化建设的需要。全面推进素质教育，推动课程改革，提升教育质量和水平被提到了议事日程。

（二）改革内容

广东在教育现代化建设过程中，在全面推进素质教育、实施课程教学改革方面采取的重要举措不胜枚举，只能择要而述。

1. 积极参与国家课程改革，构建广东课程教材新体系

广东认真贯彻教育部《基础教育课程改革纲要（试行）》《义务教育课程设置实验方案》《普通高中课程实验方案》，积极参与新一轮基础教育课程改革，努力构建有广东特色、符合素质教育要求的新的基础教育教材体系。具体做法是：

2001 年 12 月 4 日，省政府颁发《关于贯彻〈国务院关于基础教育改革与发展的决定〉的意见》（粤府〔2001〕85 号），提出要加快教育教学改革，全面推进素质教育，并要求实施素质教育要体现时代要求和广东特色，促进学生德、智、体、美等全面发展。各地要切实加强德育教育，改善德育教育条件。要加快推进课程教材改革，改进教学方法和模式。教材编写核准、教材审定实行国务院教育行政部门和省级教育行政部门两级管理。根据国家课程标准，优化课程结构门类，更新课程内容，实行国家基本要求指导下的教材多样化，构建有广东特色、符合素质教育要求的新的基础教育教材体系。

2001 年，深圳市南山区被教育部确定为广东省唯一的首批国家级课改实验区，对课程观念改革、课程实施改革、教学方法改革到教师培训等课程改革的方方面面进行了有益探索，为新课程在全省推广奠定了良好基础。

从 2002 年 12 月起，广东省教育厅教研室、华南师范大学、广东省出版集团联合组织策划，启动粤版教材的编写工作。各有关单位根据教育部发布的各学科课程标准，积极申报立项，着手编写教材。立项、编写的粤版新课标教材有 19

个科目获得教育部审查通过，数量和整体水平位居全国前列，使用范围覆盖全国30个省（自治区、直辖市），并成功拓展到澳门，在广东乃至全国均具有较高的市场占有率，成为广东文化强省建设和岭南文化的标志性品牌，为课程改革做出了重大贡献。

2002年，广东省教育厅在潮州召开基础教育课程改革工作会议，启动了首批30个省级课改实验区的实验工作。2003年9月，第二批共45个省级实验区投入实验。全省所有小学、初中起始年级全面实施新课程。

2003年3月，教育部颁发了《普通高中课程方案（实验）》，并在广州举办了普通高中新课程研修班。之后，教育部颁布了《普通高中课程标准》。作为全国首批普通高中新课程实验省之一，广东做出了率先启动普通高中新课程改革实验的决定，全省普通高中的起始年级全部开展新课程实验。

2004年2月18—20日，广东省教育厅在中山市召开广东省基础教育课程改革工作会议。会议主要是为了落实教育部2003年全国基础教育课程改革实验推广座谈会精神，推进义务教育课程改革实验工作进程，动员和部署普通高中课程改革实验工作。3月，全省基础教育课程改革工作会议总结三年来义务教育阶段课程改革经验，进一步部署课程改革工作，并全面启动普通高中新课程实验工作，印发《关于开展普通高中新课程实验工作的意见》。9月，全省小学、初中全部实施新课程，并制定了一系列的文件确保新课程的实施。

为规范地方教材的评议和审定，健全教材管理机制，2009年4月20—23日，广东省教育厅在广州市召开广东省中小学地方教材审查委员会换届工作会议暨2009年地方教材审查工作会议，决定成立广东省第二届中小学地方教材审查委员会专家库，设立广东省中小学地方教材审定委员会办公室（设在广东省教育厅基础教育处），负责地方教材审定日常工作；完善教材审查程序，共审查了教材49套。

2011年，为贯彻落实《国家中长期教育改革和发展规划纲要（2010—2020年）》，解决课程实验中发现的问题，适应新形势下素质教育的新要求，教育部组织对义务教育阶段各科课程标准进行修订完善，并于12月颁布了19个学科新的课程标准。广东组织所有粤版教材修订、送审工作，并成功通过教育部课程教材审查委员会审查。

2. 加强"三普"教育，引领课程改革

2001年7月13日，在贯彻全国基础教育工作会议座谈会上，广东提出三个目标：达到"三普"（普及信息技术教育、英语教育和普通话）；建立具有广东特色的基础教育课程体系；加快实现普及高中阶段教育。

为达到"三普"目标，广东加大了信息技术和英语课程的普及力度，全面推广普通话。在英语教学方面，2001年，全省城镇从小学三年级开始全部开设英语课程;2003年,全省农村小学从三年级起基本开设英语课程。有条件的小学可从一年级开始开展英语兴趣教育,要求高中毕业生基本能用英语进行日常会话。

在信息技术教育方面,2002年,全省所有高中(含完全高中)和珠江三角洲镇以上中小学全部开设信息技术课程;2004年,全省所有县城以上中小学开设信息技术课程;2005年,全省中小学基本开设信息技术课程。部分有条件的中小学已利用先进的信息网络平台进行网络化教学管理。

在普通话方面,全面推广普通话,使普通话成为中小学校园语言,小学毕业生基本能说流利的普通话。对广东这样一个以粤语等方言为主的省份,取得这样的成绩实属不易。

应该说,广东在全面实施素质教育、建设课程教材新体系过程中,信息技术和英语课程改革步伐是比较大的,一直走在全国前列,并成为具有广东特色的基础教育课程体系的一个亮点。

3. 加大职业教育改革力度,加快构建和完善职业教育课程体系

2003年11月21日发布的《广东省人民政府关于大力推进职业教育改革与发展的意见》(粤府〔2003〕91号)要求加大职业教育课程教学改革力度,培养适应经济发展和现代化建设需求的各类技术人才,主要是调整优化专业和课程结构,积极发展面向全省新兴产业、现代服务业和装备业的专业,尤其大力加强计算机软件技术、数控技术应用、电子技术应用、汽车应用与维护、护理、现代农业技术等专业建设,建成了一批省级、国家级重点建设示范专业;以课程教材改革为突破口,积极开展"大专业、宽基础、活模块"等课程改革试验,组织编写了一批反映新知识、新技术、新工艺、新方法的具有广东特色的职业教育专业教材;在教学改革方面,推进教育教学模式多样化,根据不同专业、不同教育培训项目和学习者的需要,采用灵活学制和学习方式,实行学分制等弹性学习制度,为学生半工半读、工学交替、分阶段完成学业创造条件,满足求学者就业、转岗、升学准备、更新知识、增强技能等多种需求。

4. 加快高等教育改革速度,促进课程内容现代化

随着高等教育规模的扩大,改革步伐的加快,广东高等教育课程教学改革也加快了改革步伐,积极开展教学改革研究与实践,推进名牌专业、精品课程和示范教学基地建设,促进课程和教学内容体系现代化。

紧紧围绕广东经济社会发展需要,重视基础学科建设,大力发展应用学科,积极培育和发展新兴、交叉学科。加大扶持与电子信息、生物医药、电器机械、汽车制造、石油化工、能源与环保、海洋资源开发利用、造纸、纺织服装、食品饮料、建筑等广东省支柱产业和新兴产业相关的学科专业领域建设。优先发展高新技术类本科专业,积极发展地方经济建设急需专业,大力提高工科类专业及其学生比例，使高等教育的专业门类、层次结构更趋合理。积极开展教学工作优秀学校建设。

大力推进教学改革，加强教学质量管理，提高专门人才和高级应用型、技能型人才培养水平。加强研究生导师队伍建设和研究生培养质量管理，启动省级优秀硕士、博士学位论文评选工作，着力培养研究生的创新精神、研究能力和创造能力。

5. 落实立德树人，努力构建完善的思想政治理论课程体系

21世纪以来，广东全面落实立德树人，加强和改进未成年人思想道德建设和大学生思想政治教育，增强德育工作的针对性、实效性，提高感染力、吸引力，推进中小学德育和高等学校思想政治教育内容、方法和途径的创新，形成学校、家庭、社会相结合的大德育格局，以人为本的科学的中小学德育和高等学校思想政治教育体系。建立科学的中小学德育和高等学校思想政治教育评价机制，构建学生全面发展综合素质评价体系。在国家实行一纲多本的前提下，集中力量编写一套体现广东特色的高质量的思想政治理论课教材。

（三）改革特征

1. 全面实施素质教育，明确改革的指向性

这一时期，广东课程与教学改革的目的指向性非常强，无论是教材编写还是教材培训，无论是专业结构调整优化还是学分制的实行，都是为了实施素质教育，提高学生的基本素质，促进课程和教学内容体系现代化。

2. 建构课程体系，注重改革的系统性

这一时期，广东课程与教学改革全面贯彻党和国家教育方针政策，在各级各类教育中展开，义务教育、高中教育、职业教育和高等教育都在致力于建构课程新体系，以适应素质教育需要，适应广东经济社会发展的需要。而且，这一时期的课程与教学改革，不是针对某个问题而开展的局部的、修修补补的改革，而是在课程观念、课程内容、教学方式、评价方式等方方面面进行的比较彻底的系统性改革。

3. 注重比较借鉴，改革呈现出前所未有的开放性

这一时期，广东的课程与教学改革注重借鉴国外特别是欧美等发达国家课程与教学丰富的理论基础和实践经验。同时，利用毗邻我国香港的优势，加强与香港地区课程与教学方面的交流，借鉴了许多现成的做法，改革呈现出前所未有的开放性。

五、课程与教学改革全面深化时期(2012—2018年)

(一)改革背景

党的十八大提出"把立德树人作为教育的根本任务"。党的十八届三中全会做出了全面深化改革的战略部署,拉开了中国全面深化改革的序幕。党的十九大进一步明确提出:"要全面贯彻党的教育方针,落实立德树人根本任务,发展素质教育,推进教育公平,培养德智体美全面发展的社会主义建设者和接班人。""办人民满意的教育,让每个孩子享受公平而有质量的教育"口号的提出,为广东深化课程与教学改革指明了方向。

2018年年初,经过长达四年的努力,2017年版普通高中课程方案和课程标准正式发布。[①] 2003年,教育部印发的普通高中课程方案和课程标准实验稿,指导了十余年来普通高中课程改革的实践,基本建立起适合我国国情、适应时代发展要求的普通高中课程体系,为我国提高基础教育质量做出了积极贡献。但是,面对经济、科技的快速发展和社会生活的深刻变化,还需要对一些不相适应和亟待改进之处进行修订。2013年,教育部启动了普通高中课程的修订工作,努力将其修订成既符合我国实际情况又具有国际视野的纲领性文件,构建具有中国特色的普通高中课程体系。修订版进一步明确了普通高中教育的定位,强调普通高中教育是在义务教育基础上进一步提高国民素质、面向大众的基础教育,不只是为升大学做准备,还要为学生适应社会生活和职业发展做准备,为学生的终身发展奠定基础。培养目标是进一步提升学生的综合素质,着力发展核心素养,使学生具有理想信念和社会责任感,具有科学文化素养和终身学习能力,具有创新精神和实践能力,具有自主发展能力和沟通合作能力。

2018年9月10日,习近平总书记在全国教育大会上发表重要讲话,站在新时代党和国家事业发展全局的高度,深刻总结了党的十八大以来我国教育事业发展取得的显著成就,深入分析了教育工作面临的新形势新任务,科学回答了关系我国教育现代化的几个重大问题,对当前和今后一个时期教育工作做出了重大部署,为加快推进教育现代化、建设教育强国、办好人民满意的教育指明了前进方向,提供了根本遵循。在课程建设方面,习近平总书记指出,"学科体系、教学体系、教材体系、管理体系都围绕立德树人这个目标来设计",构建起德、智、体、美、劳全面培养的教育体系,为人才培养筑牢更高水平、更加科学的制度基础。这是教育改革、课程教学改革的新的努力方向和目标任务。站在新的历史起点上,广东拉开了全面深化课程与教学改革的序幕。

---

① 参见教育部《普通高中课程方案(2017年版)》,人民教育出版社2018年版,"前言"第1~2页。

2012年2月16日,全省教育工作会议提出要以"创强(创建教育强省)争先(争创教育现代化先进市)建高地(建设南方教育高地)"工程为抓手,全面贯彻落实教育规划纲要,推进广东省教育事业优先发展、科学发展。2012年5月9日,中共广东省第十一次代表大会明确提出:"要深化教育改革,促进教育公平,创建教育强省,争当教育现代化先进区,打造南方教育高地,走出一条有广东特色的教育发展道路。"由此,"创强争先建高地"成为未来五年全省教育发展的总目标和落实中长期教育改革和发展规划纲要、推进教育优先发展科学发展的总抓手,并成为广东深化课程与改革的目标与动力。

2016年7月,广东成为全国第六个实现义务教育发展基本均衡县全覆盖的省份,但城乡义务教育发展仍然面临不平衡、不充分等问题。课程承载着党的教育方针和教育思想,规定了教育目标和教育内容,是国家意志在教育领域的直接体现,在立德树人中发挥着关键作用。怎样通过课程与教学改革达到公平、优质、均衡的教育目标,是摆在广东教育人面前的重要课题。

(二)改革内容

在建设具有广东特色的课程体系过程中,广东落实立德树人,发展素质教育,进一步深化课程与教学改革,完善课程教材体系建设,主要采取了以下举措:

1. 着力打造广东特色的基础教育课程教材体系

这一时期,广东把目标定在建设广东特色的基础教育课程教材体系上,具体做法如下:

(1)启动建设基础教育课程体系工程。2012年4月,广东省教育研究院启动打造广东特色基础教育课程教材体系建设研究工程,与启动打造南方先进教育思想理论形成与实践高地工程、建立广东特色教育质量监测体系研究、广东教育质量保障与评估体系并列为四大研究工程。7月6日,广东省基础教育课程改革研讨会在广州举行,会议回顾了广东基础教育课程改革10年的基本情况,提出了下一步基础教育课程改革的任务,并提出了构建广东特色基础教育课程教材体系的基本思路。

2015年1月23日,广东省教育研究院召开建设广东特色基础教育课程教材体系项目研讨会,研究贯彻落实《广东省人民政府关于深化教育体制综合改革的意见》,探索建立广东特色基础教育课程教材体系。中国科学院院士、教育部基础教育课程教材专家咨询委员会委员张景中,以及教育部基础教育课程教材专家工作委员会在粤部分委员等多名专家学者参加会议。会议认为,广东特色基础教育课程教材体系建设研究意义重大,抓住了当前深化基础教育领域综合改革的重点方面和关键环节,定位准确,具有实现基础、基础性、创新性、前瞻性很强,是一个从理论到实践的完整研究体系,对全省课程体系建设和改革实施有较强的指导性。研讨会对于推进广东特色基础教育课程教材体系建设,共同为全省中小学生健康成长成才奠基和推进广东省教育"创强争先建高地"贡献更多智慧力量具有重要意义。

(2)加强地方教材审定管理。2013年5月16日出台的《广东省教育厅关于印发〈中小学地方课程教材审定管理办法(修订)〉的通知》(粤教基〔2013〕10号),进一步完善和规范了中小学地方课程教材审定工作。2015年,制定了《广东省教育厅关于广东省中小学地方课程教材审定的管理办法》(粤教基〔2015〕8号)。2017年,为进一步完善和规范中小学地方课程教材编写、审定和使用工作的管理,广东省教育厅根据《教育部关于废止和修改部分规章的决定》(教育部令第38号)和《中华人民共和国行政许可法》文件精神,对其进行了重新修订并发布(粤教基函〔2017〕200号)执行。

(3)加强校本课程建设。特色课程建设,除了在国家课程和地方课程方面下功夫外,作为课程重要组成部分之一的校本课程也是广东课程体系建设的题中应有之义。2017年11月,为全面总结和展示2001年基础教育课程改革以来全省中小学特色课程建设成就,打造中小学特色课程建设品牌,提升中小学特色课程建设总体水平,由广东省教育研究院主办、深圳市教育科学研究院协办、深圳市龙华区教育局承办的全省中小学特色课程建设展示暨优秀成果交流活动,于2017年11月29—30日在深圳市龙华区举行。全省各级教研机构、400多所中小学的1100余名代表参加活动。会议总结了广东中小学特色课程建设的三个特点:一是紧密围绕学生健康成长需求开发校本课程。各学校以培养全面而有个性的人为根本目标,积极开发特色校本课程,满足学生兴趣特长和学习能力、实践能力发展需要。二是善于挖掘当地课程资源开发校本课程。许多获奖的特色课程建设方案、教材、读物具有浓郁民风民情和人文地理特征。各学校紧密结合本土文化,深入挖掘悠久的人文历史,用以办学育人。三是积极借助学校自身文化优势或特有师资力量开发校本课程。各学校积极结合自身定位、师资力量、资源条件,基于校情、师情、生情,全面分析学校的历史、优势和风格,充分利用自身特有资源开发特色校本课程。同时,会议对如何进一步提升全省中小学校本课程建设整体水平提出三点要求:一是全面科学认识校本课程的深刻内涵及意义;二是全面系统把握校本课程的开发与使用;三是全面整体构建校本课程开发与使用的支持系统。①

---

① 参见《特色课程结硕果 学校办学更多元——广东省中小学特色课程建设展示暨优秀成果交流活动侧记》,见广东省教育厅网站(http://www.gdhed.edu.cn/publicfiles/business/htmlfiles/gdjyt/s1015/201712/515013.html)。

（4）建立教辅评审制度。2013年1月14日，广东省教育厅建立中小学教辅材料评议制度，并建立了广东省中小学教辅材料评议专家库。

2. 落实教育部《普通高中课程方案》，组织修订高中教材

2018年颁发的《普通高中课程方案》，一是进一步优化了课程结构。保留原有学习科目，在英语、日语、俄语的基础上，增加德语、法语和西班牙语科目。二是将课程类别调整为必修课程、选择性必修课程和选修课程。在保证共同基础的前提下，为不同发展方向的学生提供有选择的课程。三是进一步明确各类课程的功能定位，与高考综合改革相衔接。必修课程根据学生全面发展需要设置，全修全考；选择性必修课程根据学生个性发展和升学考试需要设置，选修选考；选修课程由学校根据实际情况统筹规划开设，学生自主选择修习，可以学而不考或学而备考，为学生就业和高校自主招生录取提供参考。四是合理确定各类课程学分比例。在毕业总学分不变的情况下，对原必修课程学分进行重构，由必修课程学分、选择性必修课程学分组成，适当增加选修课程学分，既保证基础性，又兼顾选择性。强化了课程有效实施的制度建设，进一步明确课程实施环节的责任主体和要求，从课程规划、课程标准、教材、教学管理以及评价、资源建设等方面，对国家、省、学校分别提出了要求。

据此，广东组织对粤版普通高中教材进行了修订，重新送教育部教材审查委员会审查，并按教育部高中课程方案执行。

3. 推进教育信息化环境下的课程与教学改革

在《广东省人民政府办公厅关于印发〈广东省促进学前教育普惠健康发展行动方案〉和〈广东省推动义务教育优质均衡发展行动方案〉的通知》（粤府办〔2018〕28号）中，广东提出要推进信息化环境下的课程与教学改革：建立以学生发展为本的新型教学关系，改进教师教学方式和学生学习方式，变革教学组织形式，创新教学手段，提高课堂教学质量；实施信息技术与教育教学深度融合的变轨超车工程，加强基于信息技术的教学改革试验区、课程改革试验区建设，建设一批教育信息化强市、强县。选择在条件成熟的县（市、区）开展"爱种子"教学改革试点，以点带面整体性推进区域教学改革。

4. 健全、完善高校课程体系

（1）以高等教育教学成果奖的评选推进名牌专业和精品课程建设。2010年3月3日，广东省教育厅正式发文公示第六届广东省高等教育教学成果奖励项目。全省78所高校申报512项校级教学成果参评第六届广东省高等教育教学成果奖，经学校推荐项目公示、参评项目资格审查、网络评审和会议评审等程序，并经第六届广东省高等教育教学成果奖励工作领导小组会议和广东省教育厅厅长办公会议审议通过，拟定奖励项目240项。其中，中山大学李延保教授等人主持完成的"文化素质教育与大学文化建设的探索与实践"等110项成果获一等奖，华南理工大学胡青春教授等人主持完成的"'四结合'工程训练教学体系的研究与实践"等130项成果获二等奖。

（2）加强创新创业教育课程和应用型人才培养课程建设。根据《广东省教育厅关于开展创新创业教育课程和应用型人才培养课程建设项目推荐立项工作的通知》（粤教高函〔2017〕54号）的安排，广东省教育厅组织专家对各校申报的创新创业教育课程和应用型人才培养课程建设项目进行了评审，共遴选出"批创思维导论"等61门创新创业教育课程和"温氏班'校企协同实训'"等45门应用型人才培养课程（群）作为省"教学质量与教学改革工程"项目予以立项建设。①

（3）举办高校学科建设工作会议和成果展。2012年5月22日，广东省高校学科建设与自主创新工作会议暨成果展在广州大学城举行。这是广东省近年来在学科建设与自主创新方面最大规模的一次工作会议和成果展，不但充分展现了高校作为全省自主创新主力军的良好风貌，而且很好地展示了高校在未来继续充当全省自主创新核心的实力与信心。当天，广东省教育厅正式发文启动2012年度广东省高等学校教学质量与教学改革工程项目申报建设工作。2012年度，省质量工程计划组织建设60项专业综合改革试点项目（含应用型人才培养示范专业、卓越计划改革试点专业）、150门精品开放课程（含精品视频公开课、精品资源共享课、专业主干精品课程群）、60个实验教学示范中心、100个大学生实践教学基地、30个人才培养模式创新实验区、4000项大学生创新创业训练计划项目、400项高等教育教学改革项目。

（4）加强高职院校重点专业建设。2013年6月25日，印发《广东省教育厅关于进一步做好"十二五"期间高等职业学校重点专业建设工作的通知》，确定270个高职教育专业为"十二五"期间省重点专业建设项目。其中，7个专业已通过验收，认定为"省级高职教育重点专业"；其余263个专业将在具备条件后分期分批进行验收。

（5）大力加强高校思想政治理论课建设。2015年12月15日，第四届广东省高校思想政治理论课教学指导委员会成立大会暨思政课教学改革创新研讨会在广州举办。会议成立了第四届广东省高校思想政治理论课教学指导委员会，进一步加强全省高校思想政治理论课教学的顶层设计，发挥专家对思想政治理论课教学改革和研究的咨询和指导作用。

---

① 参见广东省教育厅高教处《关于创新创业教育课程和应用型人才培养课程建设项目评审结果的公示》，见广东省教育厅网站（http://www.gdhed.edu.cn/publicfiles/business/htmlfiles/gdjyt/tzgg/201705/506575.html）。

(三) 改革特征

这一时期，广东课程与教学改革的特征是：

1. 全面推进，注重彰显地方特色

这一时期，广东课程体系建设更加注重突出广东特色，如加强了基础教育地方教材和校本教材的建设力度，连续多年在这两级教材上发力，着力探索建立广东特色基础教育课程教材体系。

2. 规范管理，注重制度建设

从广东课程教材体系建设过程中可以看出，规范管理、制度管理成为这一时期的特征。广东课程与教学改革逐步加强了制度建设，出台了一系列的文件，如建立中小学教辅材料评议制度等，制定或修订中小学地方课程教材审定管理办法等。

3. 突出创新，回应时代要求

广东课程改革具有鲜明的时代特色。大众创业、万众创新的时代，广东不失时机地推出创新创业教育课程。实施信息技术与教育教学深度融合。此外，无论是中小学校本特色课程建设成果还是高校学科建设成果及高校课程注重学科建设与自主创新，注重信息技术与课程的融合，都体现了课程改革的时代性。

第二节 广东课程与教学改革发展的重大事件

一、课程与教学改革起步时期的重大事件（1978—1984 年）

这个时期，在广东乃至全国课程与教学改革的历史上，最大的事件莫过于恢复统一的考试制度、恢复教学秩序、恢复"文革"前的教学计划等，开启课程与教学改革的序幕。

1977 年 10 月，随着教育部高考制度的恢复，广东省成立了高等学校招生委员会，在全省实行高考招生制度，第一年自行命题，第二年起参加全国统一招生考试，并恢复初高中统一招生制度。对于成绩优秀的学生，择优录取到重点中学就读。

恢复教学计划。1978 年 2 月，教育部颁发《全日制十年制中小学教学计划试行草案》，结合新时期的总任务恢复了"文化大革命"前的课程教学内容。1978 年 9 月，广东省委办公厅发出《关于试行〈全日制中学暂行工作条例（试行草案）〉的通知》和《关于试行〈全日制小学暂行工作条例（试行草案）〉的通知》。广东省教育局转发了教育部《关于试行全日制中小学暂行工作条例（试行草案）的通知》。从此，广东省中小学教学改革工作有法可依，教学工作逐渐拨乱反正，走上了正轨，统一实行秋季招生入学，多数实行"五三二"学制。

1978年，广东省教育局恢复了教学研究室，着力抓紧教学工作，进行教学研究和指导。同年，决定恢复出版《广东教育》，以加强教育教学指导工作。

二、课程与教学改革稳步推进时期的重大事件（1985—1991年）

这一时期，广东教育的任务主要是培养社会主义现代化建设者，为适应广东经济、社会发展的需要，加快改变广东教育落后状态，抓紧赶队创优。

（一）受国家教委委托编写中学思想政治课改革实验教材、开展改革试验

为加强和改进学校思想政治教育和品德教育，1986年1月17日，广东省委批转省委宣传部、省高教局党组、省教育厅党组《贯彻〈中共中央关于改革学校思想品德和政治理论课程教学的通知〉的意见》。该文件提出：在课程设置和教学内容方面，小学思想品德课要加强以"五讲四美"和"五爱"内容为中心的社会常识（包括法律常识）和社会公德的教育。中学思想政治课，初中阶段进行道德、民主和法制及纪律的教育，进行社会生活和社会发展规律以及社会主义建设常识的教育；高中阶段进行初步的社会科学教育，使学生逐步树立正确的人生观和世界观。广东作为国家教委委托编写中学思想政治课改革实验教材、开展改革试验的省份，要特别做好这方面的工作。在教学方法上，倡导运用启发式教学，改变传统的灌输式教学方式，重视引导学生通过自己的学习和思考来提高认识。在高中和大学阶段，要精心组织学生进行生动活泼的课堂讨论，积极组织学生参加社会实践和社会调查。考试的内容主要是检查学生对所学内容的接受理解程度和运用能力，要改变过去那种只顾死记硬背、忽视理解运用的状况。[①]

文件颁发后，广东成立了中学思想政治课改革实验领导小组，制订了改革实验方案，组织编写初中教材，并于当年9月在华南师范大学附属中学、广东实验中学等9所中学进行实验。小学也按照国家教委颁布的《思想品德教学大纲》的要求编写了思想品德教材，并进行了实验。到1987年秋，全省有一半地区使用该套教材，并根据国家教委的要求，决定扩大初中一年级的《社会主义公民》（上、中册）的教学实验，进行初中二年级的《社会主义公民》（下册）和《社会发展常识》（一册）的教学实验，准备初中三年级《中国社会主义建设常识》（上、下册）的教学实验。同时，高中使用人民教育出版社出版的《共产主义人

[①] 参见何辛《广东教育50年：1949—1999》，广东高等教育出版社2001年版，第338页。

生观》《经济常识》和《政治常识》。高等教育方面，广东组织编写了《马克思主义基本理论》《中国革命史》《中国社会主义建设》和《当代世界经济、政治和国际关系》四本新教材，并进行改革实验。此外，广东省高教局还组织编写了《现实问题的思考》供教学参阅。与此同时，各阶段的学校都进行了大量的教研活动，引导思想品德教育和政治理论课程的教学改革。此外，为抵制资产阶级自由化思潮，还加强了中小学的法制教育。

大学的政治理论课，本科开设"马克思主义原理""中国革命史""中国社会主义建设"三门必修课，还适当开设了政治理论选修课。专科学校的教学内容适当减少，理、工、农、医专业只开其中两门。

（二）沿海版教材在东南沿海各省使用达10年之久

1988年，国家教委颁发了《九年制义务教育教材编写规划方案》，首次提出"一纲多本"的教材改革思路，规划了八套重点建设的九年制义务教育教材。沿海版教材应运而生。

沿海版教材是国家教委规划的，由广东省承担编写的面向南方沿海经济文化较发达地区的一套教材。从1988年开始，沿海版教材由时任广东省副省长王屏山担任编委会主任，组织了300多位专家、学者、教研员、一线中小学教师，力图在不打破原有课程框架的前提下，通过对旧的学科课程的内容体系进行更新、改造和设计，以期达到课程改革的目的。该教材力图在统一的教学大纲的基础上，充分反映中国改革开放的成果，反映普及九年义务教育的社会发展需要和学生全面发展的需要，突破了以知识为中心的传统教材编写模式，代之以学生发展需要为中心的编写模式；改变以往教材脱离生活实际的做法，采用了较多与学生生活密切相关的素材；改变以往教材生硬刻板的印象，采用生动活泼、图文并茂的编写方式。经过多年的努力，作为体现"一纲多本"原则的一个版本，这套沿海版教材在编写、试验方面都取得了很好的成绩，受到了我国经济发达地区的欢迎，在东南沿海各省实验、使用达10年之久。①

三、课程与教学改革全面展开时期的重大事件（1992—1999年）

在这一时期，广东教育现代化事业取得了突破性进展，义务教育率先普及，基础教育、职业教育、高等教育全面发展，特殊教育、终身教育开始受到重视。广东课程与教学领域的重大事件，主要围绕着实施素质教育展开，具体表现为以下七个方面。

---

① 参见徐名滴、庄兆声、余进利《从沿海版教材的实践看我国课程改革问题》，载《教育理论与实践》第22期，第27～31页。

（一）降低课程难度，减轻学生负担

1998年，省教育厅根据教育部精神提出了中小学教学内容的调整意见。这次重点调整的学科是小学语文、数学，初中语文、数学、外语、物理和化学，其他学科只做适当调整。调整的方式主要是：删除部分难、繁、旧的教学内容，降低教学要求层次，将部分教学内容改为选学内容；减少学科门类，之前开设的人口、环境、国防等课程不再单独开课，而是渗透到其他学科和活动中。为减轻学生负担，从1998年秋季起，广东省教育厅决定让小学一至四年级停止使用语文、数学各种辅助资料和练习册。

（二）大力开展课堂教学改革，创新教学模式和教学方法

为实施素质教育，广东省教育厅教研室深化"利用掌握学习策略，开展目标教学"的研究，通过检查视导、教学座谈、学科培训、优质课评比、颁发教学成果奖等，加强课堂教学模式改革，深化教学方法改革，优化教学过程，推动现代教学技术的应用，进一步提高课堂教学的质量和效果。随着教学改革的深入，一些学校还探索出"愉快教学""情景教学""成功教学"等教学模式，以及"探究发现法""尝试教学法""自学辅导法""影像演示法"等教学方法。

（三）改革课程结构，开展"第二课堂"活动

为实施素质教育，随着课程改革的推进，广东中小学普遍形成了由基础课、选修课、活动课三种课程形式构成的全新的课程结构模式。"第二课堂"的活动形式多样，内容丰富，如建立兴趣小组、科技小组、成立文艺社团和其他社团等，而且每学年还举办读书节、艺术节、体育节、科技节等，集中进行"第二课堂"文化活动。"第二课堂"活动的有效开展，不仅发展了学生的个性，满足了学生多样化的学习需求，而且培养了学生的多方面素质，有效地将素质教育落到实处。

（四）重视计算机和外语教育，创建广东特色课程

在课程改革的过程中，为适应广东经济社会发展的需要，努力创建计算机教育和外语教育的特色。广东特别重视计算机教学，先后制定了《广东省中小学计算机课程纲要》《关于加强中小学计算机教育的意见》。广东省教育厅教研室新编的《计算机读本》在1997年开始试用，1998年又根据教育部修订的《中小学计算机教育课程标准》进行了修订。全省有1200多所中小学开设了计算机课程，到2000年，高中阶段基本普及了计算机教育。

在英语教学方面，与香港地区有关机构合作编写了第一册至第四册《小学英

语读本》和配套的教学资料,并在部分学校开始使用。此外,也特别重视中学英语教学改革研究,重视提高教学质量。

广东省对信息技术教育和英语教育的重视程度比较高,既有对不同学段的明确要求,也有教育目标的具体要求,而且开设课程的时间较早,课程的要求也比较高。

（五）加强和改进体、美、劳课程

广东在实施素质教育的过程中,体育、卫生、美育和劳动技能教育也得了改革和加强。1998年年初,全省中小学体育卫生工作会议在湛江市举行,推广湛江建设快乐体育园地,开展快乐体育,促进素质教育全面实施的做法和经验,并出版了《快乐体育》参考教材。基本普及学校健康教育课,提高学生健康水平。加强音乐、美术教学,提高学生的审美素质。先后确定24所中小学为民乐教育示范校。同时,组织了全省首届中小学生文艺会演后,又参加了全国会演并有四个节目获全国一等奖。举办了全省中学生美术书法作品展览。在劳动技能教育方面,从1997年起,广东省教育厅拨出专款开始建立劳技实验室,着重配备金工、木工、烹饪等教学设备,专门开展劳技教育。随着体、美、劳课程和教学的改进和加强,素质教育便逐渐全面地实施起来。

（六）用教育技术手段改革课堂教学,推行教育信息化

为提高课堂教学质量和效率,广东大力推进电化教育,特别是多媒体技术教育,应用现代化教育技术改革课堂教学,制定了《广东省普通教育管理系统规划纲要》。1999年年初,广东省教育厅根据省政府颁发的《广东信息化总体规划纲要》的精神,印发了《广东教育信息化工程规划（试行）》,提出了到2010年广东中小学教育信息化的总目标。

（七）改革考试制度和方法,建立、健全学生素质评估体系

从1992年起,广东还开始实行全省普通高中毕业会考制度。普通高中毕业会考是国家承认的省级普通高中文化课毕业水平考试。这一制度极大地促进了广东高中教学质量的提高。

为推行素质教育,广东省教育厅指导各地进行两项教育教学改革。一是考试制度和方法改革。1998年制定了"3+X"高考科目改革方案,并于1999年高考招生时执行。二是制定普通教育各级各类学校素质教育评估指标体系,建立健全素质教育评估体制。以"学生素质发展报告书"取代过去使用的"成绩报告单",对学生的素质进行全面、客观、科学的评估。部分小学、初中除语、数、英三科外,其他学科基本取消考试,部分学科以评级制代替百分制。

四、课程与教学深化改革时期的重大事件（2000—2011年）

这一时期，建构具有广东特色的基础教育、职业教育和高等教育课程教材新体系都是重大事件。

2003年11月21日，《广东省人民政府关于大力推进职业教育改革与发展的意见》要求加大职业教育课程教学改革力度，培养适应经济发展和现代化建设需求的各类技术人才。在课程改革方面，主要是调整优化专业和课程结构，推进教育教学模式多样化，实行学分制和灵活的学习方式，帮助求学者完成学业。

2005年7月21日，根据《教育部关于在职业学校逐步推行学分制的若干意见》（教职成〔2004〕10号）的精神和要求，结合广东实际，广东省教育厅于2005年7月21日发布《关于贯彻〈教育部在职业学校逐步推行学分制的若干意见〉的通知》（粤教职〔2005〕60号），决定在全省职业学校逐步推行学分制，构建和完善与推行学分制相适应的职业教育课程体系。具体做法是：

（1）分类指导，逐步实施。省级以上重点中等职业学校要在原来试行的基础上，三年内实行学分制。实施学分制工作将作为申报、复评省级以上重点中等职业学校的一项重要指标。其他学校应结合"职业院校制造业和现代服务业技能紧缺人才培养培训计划"和"农村劳动力转移培训计划"的实施，逐步推行学分制。

（2）坚持以服务为宗旨，以就业为导向，以学习者为中心，强化职业能力培养，加大职业教育课程改革的力度，构建和完善与推行学分制相适应的职业教育课程体系。职业课程体系的构建能够体现"以全面素质为基础，以就业为导向，以职业能力为本位"的职业教育特色。全省各校按照相关行业和企业的需求，积极开发与相关就业岗位要求相适应、与相应的职业资格证书和培训证书相结合的课程或培训项目；积极探索和开发大类专业通用的课程和综合化的课程，构建模块化课程体系；同时，注意与初中、普通高中、职业培训以及后续教育相关课程的沟通与衔接。

（3）合理确定必修课、限定选修课和任意选修课的比例。大力开发或引进、优化各类选修课程，为学习者自主选课创造条件；注意任意选修课与各专业课程的关联性，逐步在全省建立一批优质示范性任意选修课及课程标准。

（4）调整文化基础课程教学目标，实施有针对性的个性化教学。部分职业学校根据学习者的实际文化程度及不同专业培养目标、劳动就业和不同学习者的需要，在满足专业教学对相关就业岗位基本要求的前提下，对语文、数学、外语等文化基础课程实施不同的课程目标；构建若干模块，确定相应的教学内容和学分，并允许学生根据自己的学业进展情况进行多种、多次选择；采用灵活多样的教学方法和手段，帮助学习者顺利完成所选定的课程目标。

《中共中央 国务院关于进一步加强和改进大学生思想政治教育的意见》和《中共中央宣传部 教育部关于进一步加强和改进高等学校思想政治理论课的意见》发布后，广东省委、省政府全面贯彻国家教育方针，为进一步加强和改进广东省高等学校思想政治理论课程建设，保证高等学校的社会主义办学方向，不断提高教育教学质量，出台了《关于进一步加强和改进大学生思想政治教育的实施意见》（粤发〔2005〕12 号），广东省教育厅制定并印发了《广东省高等学校思想政治理论课 2006—2010 年建设规划》，还组织制定并颁发了《广东省高等院校（高职高专）思想政治理论课建设评估指标体系（试行）》（粤教思〔2006〕90号），还印发了《关于进一步加强和改进大学生心理健康教育的意见》（粤教思〔2006〕99 号），以进一步加强和改进新形势下普通高校大学生心理健康教育和咨询工作。

因此，近年来，广东大力推进学校德育工作创新，全面贯彻国家教育方针，坚持加强和改进未成年人思想道德建设和大学生思想政治教育，增强德育工作的针对性、实效性，提高感染力、吸引力，形成学校、家庭、社会相结合的大德育格局，以及以人为本的科学的中小学德育和高等学校思想政治教育体系。

广东中小学德育和大学生思想政治教育课程改革的内容是：推进中小学德育和高等学校思想政治教育内容、方法和途径创新，加强理想信念教育，用马列主义、毛泽东思想、邓小平理论、"三个代表"重要思想、科学发展观和习近平新时代中国特色社会主义思想武装学生头脑。加强以爱国主义为核心的民族精神教育和以改革创新为核心的时代精神教育。加强中小学生日常行为规范养成教育，培养学生良好的行为习惯和道德品质。在大学生中广泛深入开展"立志、修身、博学、报国"主题教育活动，培养中国特色社会主义事业的合格建设者和可靠接班人。实施"学生心理健康教育行动计划"，促进学生身心全面和谐发展。加强和改善中小学德育课程和高等学校思想政治理论课教学，充分发挥课堂教学的主渠道作用。加强和改进"第二课堂"活动和校园文化建设工作，充分发挥环境育人、管理育人的功效。结合网络信息时代发展的客观实际，全面加强大中小学思想道德和政治教育进网络的工作。加强国情教育和人口与资源环境可持续发展教育。加强法制教育和安全教育。逐步把廉洁教育纳入各级各类学校德育体系，让廉政文化进校园、廉洁教育进教材进课堂。建立科学的中小学德育和高等学校思想政治教育评价机制。构建学生全面发展综合素质评价体系。在国家实行"一纲多本"的前提下，集中力量编写一套体现广东特色的高质量的思想政治理论课教材。

除上述中小学德育和大学生思想政治理论课内容改革外，广东还不断完善高等学校思想政治理论课程教学体系。广东认真落实《中共中央宣传部、教育部关于进一步加强和改进高等学校思想政治理论课的意见》，严格执行思想政治理论课的课程方案,开齐开足规定的课程,落实规定的学分。思想政治理论课课堂授课规模与专业课相当,教师的教学工作量要求及计算标准与专业课一致。实施"思想政治理论课优质课程建设工程",本科院校将思想政治理论课全部纳入重点课程进行建设,高职高专院校也有选择地进行重点课程建设。科学规划思想政治理论课选修课程的建设,努力构建完善的思想政治理论课课程体系。在国家实行"一纲多本"的前提下,集中力量编写一套体现广东特色的高质量的思想政治理论课教材。进一步推进邓小平理论和"三个代表"重要思想进教材、进课堂、进学生头脑工作。完善广东省高等学校思想政治理论课在线网站,大力开发多媒体课件和网络教学资源,加快教学资源库的建设,实现资源共享,推进网络教学。采用课堂讲授、小组讨论、播放音像资料等形式,优化教学方法和手段,提高课堂教学质量。将实践教学环节落实到高等学校思想政治理论课所有课程教学之中,建立实践教学的保障机制。完善思想政治理论课考试方法,强化综合评价,全面反映大学生的马克思主义理论素养和道德品质。

广东还制定了加强和改革大学生思想政治教育的实施意见,大力加强高校思想政治理论课教学,加强硕士、博士点建设,并对加强高校思想政治理论课建设做出了五年规划,研究制定了加强高等院校(高职高专)思想政治理论课建设评估指标体系。

2005年8月14日,《中共广东省委 广东省人民政府关于进一步加强和改进大学生思想政治教育的实施意见》(粤发〔2005〕12号)出台,对深化教学改革,充分发挥课堂教学在大学生思想政治教育中的主导作用提出了具体的实施意见,要求大力推进高等学校思想政治理论课的学科建设,将马克思主义理论与思想政治教育学科纳入重点学科建设范畴,充分发挥现有博士学位和硕士学位授权点的示范带头作用,加大经费投入和师资队伍建设力度,力争用五年左右的时间,使该学科博士学位授权点达到3~4个,硕士学位授权点达到8~10个。扩大思想政治理论课科研课题的覆盖面,加大对思想政治理论课题研究的资助力度,思想政治理论课题研究实行计划单列、经费单列、独立评审。

2006年,为了进一步加强和改进广东高等学校思想政治理论课建设,逐步建立符合广东省实际的高等学校思想政治理论课建设评估机制,保证高等学校的社会主义办学方向,不断提高教育教学质量,广东省教育厅组织制定并颁发了《广东省高等院校(高职高专)思想政治理论课建设评估指标体系(试行)》(粤教思〔2006〕90号),由高职高专院校和广东教育学院贯彻执行;印发了《关于进一步加强和改进大学生心理健康教育的意见》(粤教思〔2006〕99号),以进一步加强和改进新形势下普通高校大学生心理健康教育和咨询工作。

此外,为了加强高校思想政治理论课建设,还成立专业指导机构。2015年12月15日,第四届广东省高校思想政治理论课教学指导委员会成立大会暨思政课教学改革创新研讨会在广州举办。会议成立了第四届广东省高校思想政治理论课教学指导委员会，该委员会将进一步加强广东省高校思想政治理论课教学的宏观管理，发挥专家对思想政治理论课教学改革和研究的咨询和指导作用。

经过改革和发展，广东德育课程体系不断完善，在2011年2月25日召开的教育部高校思想政治理论课建设研讨会（华南片会）上，广东省教育厅与会人员做了重点发言，介绍了广东的做法和经验，并得到教育部领导的充分肯定。

五、课程与教学改革全面深化时期的重大事件（2012—2018年）

这一时期，广东在全面深化课程教学改革、全面提高教育质量、促进教育公平、深入推进广东省教育"创强争先建高地"中有三件大事：规范建设中小学地方综合课程体系；创新课程体系建设模式，教育部与南沙区共建基础教育课程改革实验区；广东省教育研究院与地处偏远的始兴县共建教育科学发展实验区。

（一）规范建设中小学地方综合课程体系

根据《国家中长期教育改革和发展规划纲要（2010—2020年）》《广东省中长期教育改革和发展规划纲要（2010—2020年）》《教育部关于全面深化课程改革落实立德树人根本任务的意见》《广东省人民政府关于深化教育领域综合改革的实施意见》等文件精神，广东省教育厅组织专家起草制定并于2016年10月发布了《广东省教育厅关于中小学地方综合课程的指导纲要（试行）》（以下简称《指导纲要》）。《指导纲要》指出，要贯彻落实党的十八大报告中提出的"努力办好人民满意的教育，全面实施素质教育，深化教育领域综合改革，着力提高教育质量，培养学生社会责任感、创新精神、实践能力"；要贯彻落实党的十八届三中全会在深化教育领域综合改革中提出的"全面贯彻党的教育方针，坚持立德树人，加强社会主义核心价值体系教育，完善中华优秀传统文化教育，形成爱学习、爱劳动、爱祖国活动的有效形式和长效机制，增强学生社会责任感、创新精神、实践能力"。因此，制定《指导纲要》是全面落实党和国家教育方针、政策的重要举措。

当前，广东基础教育在教育质量观上，还未突破以学科知识传授为主的单一质量追求，以考试分数作为衡量学生发展唯一标准的状况仍未得到有效转变，考什么教什么的教学质量意识，还未突破高度统一的标准化培养模式，过于囿于课本、考纲和课堂，制约了学生的社会实践能力培养。《指导纲要》坚持教育立德树人根本任务，坚持素质教育的目标、理念和方法，强调课程实施的整体协同的合力意识，强调促进学生全面而有个性地发展的人本意识，强调教育教学与现实社会密切联系的实践意识，突出培养学生的社会责任感、创新精神和实践能力。

因此,打造具有广东特色、适合素质教育的地方综合课程体系,是全面提高教育质量,深入推进广东教育"创强争先建高地"的必然要求。

制定《指导纲要》是破解地方课程面临的现实困境,充分发挥地方课程育人价值和作用的迫切需要。正在实施的省级地方课程达17种,而且还有不断增加的趋势。种类繁多的地方课程出现任务重叠、内容重合诸多问题。课时总量也远远超出《广东省九年义务教育课程计划表》所规定的"地方和校本课程"课时量,致使地方课程实施形同虚设。上述问题亟待加以系统统筹、规范管理,以确保地方课程实施落到实处,确保地方课程育人作用得以充分发挥。

中小学地方综合课程体系的主要特点如下:

1. 聚焦社会主义核心价值体系教育

《指导纲要》十分注重加强社会主义核心价值体系教育,完善中华优秀传统文化教育,不仅开辟了两个专题29课时的通识性教育内容,而且在其他专题教育中全面渗透。通过多方面、多种形式培育社会主义核心价值观,丰富中华优秀传统文化教育内容,培育学生的家国情怀和国家意识,增强学生的社会责任感,树立为实现中华民族伟大复兴中国梦而共同奋斗的理想。

2. 探索学生核心素养培育

通过四大领域的梳理、统筹,形成地方综合课程的健康生活、人文情怀、科学精神、责任担当、学会学习、实践创新等核心素养培养导向。

3. 广东岭南文化及经济社会发展教育与国家意识和世界情怀培育有机统一

在"社会与文化"领域开设了7个专题共56课时的岭南文化及广东经济社会发展内容的专题教育,充分发掘广东岭南文化的深厚内涵,确立反映广东精神的主题内容,立足广东,胸怀祖国,放眼世界,彰显课程的广东特色与国家民族精神和世界意识教育的有机统一,是广东特色基础教育课程体系建设的有机组成部分。

4. 创建地方课程综合体系

通过构建领域主导、专题主线、活动主题的课程结构体系,整合27门专题教育,在全面梳理地方课程与国家课程之间、各类专题教育之间,以及不同年级、学段之间教育内容、需求关系的基础上,形成由浅入深、螺旋递进、纵横相携、前后衔接、体系简明、便于实施的综合性课程体系。

5. 注重实践教育和能力培养

充分利用地方课程连接社会生活和区域实际的优势,充分发挥地方首创精神,开辟了"学会学习""创新素质""创新创业""金融理财""劳动教育"等专题,形成全面贯穿和专题培养相结合的能力培养体系,着力培养学生学习、实践、创新等多方面的能力。

6. 强调开放性学习

在传承传统课程内容的精准性、适切性、教育性的基础上，课程内容注重引导学生面向社会生活、面向实践体验、面向未来世界的开放性探究和学习，创建了一系列连接社会、紧扣时代的学习活动平台和接口，使课程成为学生融入社会大课堂的重要指引和支点。

7. 强调与信息技术深度融合

该课程体系积极适应信息技术发展新形势，不仅将信息技术运用贯穿在课程教学的各环节、全过程，而且在教材建构形式上，要求通过建设课程教材资源网站、开发数字教学资源，初步形成基于现代信息技术的立体的、多样的、动态的、更加生动的课程教材资源体系。

（二）创新课程体系建设模式，教育部与南沙区共建基础教育课程改革实验区

2018年7月24日上午，广州市南沙区教育局与教育部基础教育课程教材发展中心、课程教材研究所正式签署《共建"基础教育课程改革实验区"第三期协议》，南沙区成为全国十二个基础教育课程改革实验区之一，也是广东省唯一的实验区。

双方在第一期和第二期"基础教育国际化示范实验区"建设期间（2012—2018年），精诚合作、积极探索、勇于实践，以国际化为切入点和抓手，不断提升南沙基础教育品质，先后启动了"学校课程领导力建设""学科教学关键问题""'深度学习'教学改进""校本课程建设""全国基础教育课程教学改革研讨会""基础教育国际化论坛""中小学教育质量综合评价改革""学生综合素质评价""外籍人员子女学校跟岗学习""卓越校长、卓越教师成长计划"等项目，支持南沙实验区建设，成效卓著。

在第三期实验区建设期间，教育部基础教育课程教材发展中心、课程教材研究所将根据南沙区教育发展的新需求，深入推进南沙基础教育课程改革研究和实验，制定适合南沙教育发展的战略定位和实施路径；积极探索有效推进基础教育课程改革的体质和机制，整体提升南沙区基础教育发展水平；帮助探索南沙教育特色发展之路，打造"适合的教育"；助力南沙教育品质提升与教育事业发展。[①] 建设"基础教育课程改革实验区"是助推南沙打造"适合的教育"的民生工程，旨在使学生在南沙能寻求到适合其自身发展的教育，在学校能寻求到适合的量身

---

① 参见《教育部基础教育课程教材发展中心、课程教材研究所与广州市南沙区教育局签署共建"基础教育课程改革实验区"第三期协议》，见教育部网站（http://ncct.moe.edu.cn/2018/cenDynamicState_0801/7229.html）。

定制的课程，实现"一生一案"（档案、学案），通过诊断性分析，为每一位学生开具学习处方，强调让孩子打好共同的基础，关注每一个孩子的发展需求和个性潜质的培养，全面提升南沙教育公共服务配套品质，让南沙的孩子在家门口就能上好学校。根据协议，双方将开展为期五年的合作，以"行政推动、专家引领、分类施策、创建特色"为工作思路，在区域化特色课程建设、课堂教学改革、教师专业化发展等方面开展深度合作，实现优势互补、合作共赢。

从 2012 年开始，教育部与南沙区开始共建基础教育试验区。经过六年的合作，南沙的教育事业取得了很大的进步和发展。除了落实好国家课程外，还将引进专家资源来规划落实地方课程和学校课程，实现南沙提出的"适合的教育"。"适合的教育"实际上就是因材施教，根据孩子需求的不同来打造"一生一案"。未来五年，该中心将和南沙一道从根本上通过教育质量提升打造适合的义务教育，最终促进孩子全面发展。①

（三）广东省教育研究院与地处偏远的始兴县共建教育科学发展实验区

为全面反映广东省粤东西北地区普遍存在的课程教学情况，反映广东省为推进教育质量、建设公平而有质量的教育所做的努力，这里引用 2018 年 6 月 6 日《中国教育报》上的一篇报道《广东省教育研究院变"输血"为"造血"，力推教学变革改变山区教育：突破从抓实课改做起》②（有删改）。

广东省教育研究院变"输血"为"造血"，力推教学变革改变山区教育：突破从抓实课改做起

广东韶关始兴县城南中学地处乡镇，原来学生外流严重，但近年来，该校异军突起，九年级学生综合素质评价排名从中等跃升为全县第一，学生逐渐回流。

"学生跟家长把我校比作'直升机'，我校录取的学生大多成绩中等，但入读后，综合排名一年比一年高。""质变"的关键是广东省教育研究院与始兴县共建教育科学发展实验区，学校进行了大刀阔斧的课程改革。课改破解了教育不平衡、不充分问题，让城乡孩子站到了同一起跑线。

1. 聚焦课改解决关键问题

三年前，始兴县太平镇中心小学在校生降至 200 余名。"连成绩中等的学生

---

① 参见宾红霞《南沙教育再发力！将打造全省唯一"基础教育课程改革实验区"》，见南方日报网站（http://gz.southcn.com/content/2018-07/25/content_182701694.htm）。

② 刘盾、刘慧婵、黎鉴远：《广东省教育研究院变"输血"为"造血"力推教学变革改变山区教育：突破从抓实课改做起》，载《中国教育报》2008 年 6 月 6 日第 7 版。

都看不上本地学校。"当时，该校校长伍国兴发现，中等收入的家长也会舍近求远，把孩子送到50多公里外的韶关市区上学。

始兴县是偏远落后的山区县，"当时，乡镇家长选择县城学校，县城家长把孩子送到市区"。生源外流，部分名师也"投奔"珠三角等发达地区，恶性循环。

如何让这里的孩子同享公平而有质量的教育，这也是广东省教育研究院的"心病"。"我们想通过教科研，让欠发达地区实现教育脱贫。"广东省教育研究院院长汤贞敏说。

广东省教育研究院多次组织专家团队深入始兴县"摸家底"，调研后发现，始兴县大部分中小学仍把应试作为唯一指挥棒，课堂沉闷低效，学生缺乏兴趣。结合地情、校情，广东省教育研究院决定在当地实行课改，探索适合学生发展的课堂。2014年，双方共同构建了教育科学发展实验区。

2. 让教师成课堂"首席指挥"

"有的老师只顾自己讲，不让学生练，一旁的实验器材落满灰。"到始兴县调研时，眼前的情景让广东省教育研究院教研员深感痛心。当时，始兴县部分教师仍采用老式的填鸭式教学法。

教师是课堂"首席指挥官"，要通过课改转变教师的教学模式。但当地多数教师的传统思维让年轻教师不敢变，老教师不愿变。广东省教育研究首先从培训教研员、校长等人入手，让"领头羊"带动更多教师课改，再通过"派出去培训、请进来指导"，让教师有能力进行课改。

2015—2016年，广东省教育研究组织了15批教育专家团队和省内课改示范校60多位专家来到始兴县指导课改；联合广州沙面小学等4所名校打造培训基地，为始兴县教师提供跟岗学习平台；与始兴县教育局合办农村教师全员培训班，1100多名农村教师因此受益。

自实验区成立以来，共培养了23名市级、58名县级学科带头人，市名师和教学能手58人，成立了13个名师工作室。一批理念新、善研究的教师正成为课改生力军。

3. 课改带来"蝴蝶效应"

始兴中学学生张艳清现在更喜欢英语课了。因为课堂上不再单纯是教材，还有英语报纸等课外读物扩展视野，仿佛打开了"世界之窗"。

近年来，始兴县向沉闷课堂宣战，让"以学生成长为中心"等课改理念落地生根。该县设置了"课堂教学评价表"，从改革课堂教学模式、突出学生主体作用等方面，对全县中小学进行课堂教学评估，充分调动学生学习的主动性、积极性和创造性。

始兴县开始充分挖掘乡土特色，激发学生兴趣，打造品牌课程。城南中学充分利用 171 亩（114000 平方米）的宽阔校园，开设种植等劳动课程；墨江中学深挖墨家文化底蕴，根植本土地域文化，打造"润墨课堂"；始兴中学利用该校大成殿等古建筑资源，构建"大成教育"特色课程。

广东省教育研究院还帮始兴县把课改打造成教科研"孵化器"，每年安排专家定点指导该县 10 所以上学校申报省、市级课题。近三年来，该县共有 147 项课改实验课题成功立项，其中国家级 1 项、省级 27 项、市级 52 项。

"课改引发了区域、学校教育质量提升的'蝴蝶效应'。"近三年该县 21 人次教师教学设计获国家级奖励，23 人次教学论文获国家级奖励。全县九镇一乡 28 所中小学的教学质量稳步提升，学生综合素质评价跃升全市前列，优质生源流失率从 80% 下降至 20%。很多乡村小学迎来新的春天，太平镇中心小学学生数增长了 1 倍，学生回流 500 多人。

第三节　广东课程与教学改革发展的启示与展望

回顾改革开放以来广东课程与教学改革的历程，其取得的成果是丰硕的。课程与教学改革给教育带来了本质的、积极的变化：学生的学习兴趣和学习动机得到明显增强，创新精神、合作意识、社会责任、学习能力和思想品德得到显著发展；教师参与课程的热情、教育教学能力得到不同程度提升；学校办学方向更加明确，办学水平越来越高，特色越来越明显，更加关注学生的全面发展，关注学校教育与广东社会发展的联系。各级教育行政部门和教学研究部门在课程改革中转变职能，改进工作方式，管理、指导和实施课程的能力明显增强，制定和颁布的政策文件越来越具有时代性、科学性和指导性。组织编写了一批深受广大师生欢迎的高质量教科书，例如，20 世纪 80 年代早期的英语教材，使用了长达 10 年之久的沿海版教材，新一轮基础教育课程改革中广东通过教育部审定的大批学科教材，地方教材的研发和使用，以及校本教材的开发和使用，建立了从学前教育到高等教育的较为完备的课程体系。在基础教育方面，更新了课程内容，删除课程内容存在的难、繁、旧部分；改变了原来单一的科目结构，建立了由学习领域、科目和模块构成的课程基本结构，实行必修课程与选修课程相结合，实行学分化管理，在学科课程的基础上，丰富完善活动课程和综合课程；建立了国家课程、地方课程和校本课程三级课程管理机制，建立了教科书编写、立项核准制度、审定制度和选用制度以及免费供应制度；建立中小学学科考试、学业水平考试和综合素质评价的多元评价体系。到目前，已经初步形成了符合社会主义现代化需要的、符合实施素质教育需要的、具有广东特色的新的基础课程体系和职业教育课程体系，高水平的广东高等教育课程体系正在日臻完善。

在教学改革方面,也硕果累累。现代信息技术在各级各类学校的普遍应用,极大地扩展了原有的教学时空,而且营造出交互式学习方式,为教学提供了图文并茂、动静结合、声情融会、视听并用的表达方式,增加了学生在学习中动手操作的机会、思考的机会,调动多元智能参与学习的机会,从而提高学习效率。教学目标由知识为主到注重双基再转向注重知识和能力,非智力因素或者情感因素逐渐受到重视,再过渡到知识与能力、过程与方法,情感、道德、价值观的三维立体目标。在课堂教学中,越来越多的教师自觉优化教学过程,主动改变单向的讲授和提问的教学方法,采用更多互动的方法,增加师生互动、学生与学生之间的互动,增加学生讨论、思考、练习的时间。探究性学习、研究性学习、合作学习等新的学习模式非常普遍,学生的学习方式改革取得众多应用性的成果。

总之,在推进课程与教学改革的进程中,广东涌现了一大批改革成果,积累了丰富的改革经验,并为将来的改革带来启示。

一、广东课程与教学改革发展的启示

(一)坚持立德树人为根本任务,以提高教育质量为导向的课程与教学改革原则

《礼记·大学》言:"大学之道,在明明德,在亲民,在止于至善。"唐代韩愈说:"师者,所以传道授业解惑也。""传道"的核心任务就是立德树人。2018年9月10日,全国教育大会召开,习近平总书记出席会议并发表重要讲话,对教育改革发展提出一系列新理念、新思想、新观点,首次指出"教育是国之大计、党之大计",明确提出要坚持把立德树人作为根本任务。习近平总书记强调,党的十八大以来,我们围绕培养什么人、怎样培养人、为谁培养人这一根本问题,全面加强党对教育工作的领导,坚持立德树人,加强学校思想政治工作,推进教育改革。立德树人这一根本任务,集中体现了党和国家对教育事业的根本定位与时代要求,是发展教育事业、办好人民满意的教育的立足点,是我国教育促进人的全面发展、满足经济社会发展需要、建设教育强国的必然要求。随着时代的发展和技术的进步,人才培养对国家和经济社会发展的重要性日益显著。我国要实现"两个一百年"奋斗目标、实现中华民族伟大复兴的中国梦,必须坚持立德树人,培养一批批德智体美劳全面发展的社会主义建设者和接班人,这是教育工作者的光荣使命。我们要时刻秉承立德树人的使命意识,"把立德树人的成效作为检验学校一切工作的根本标准"[1]。

---

[1] 《以立德树人建设教育强国》,见教育部网站(http://www.moe.gov.cn/jyb_xwfb/xw_zt/moe_357/jyzt_2018n/2018_zt19/zt1819_gd/wywy/201809/t20180921_349643.html)。

改革开放以来，广东贯彻落实党中央和国务院教育改革发展的政策精神，始终把德育工作放在首位，坚持立德树人，大力提高教育质量，从一个教育落后的省份变成了一个各项教育指标都处于前列的教育大省、教育强省。坚持发挥德育课程对学生进行思想品德和思想政治教育的主渠道和主阵地作用，使之成为学生喜爱、终身受益的课程，深化教育体制改革，健全立德树人落实机制，扭转不科学的教育评价导向，革除一切阻碍教育发展的弊端，大力提高教育质量，这既是广东改革开放教育改革发展的首要宝贵经验，也是广东通过课程与教学改革实现基础教育优质均衡发展，实现高等教育内涵式发展，建设高水平一流大学的基本原则。

（二）坚持政府部署、专家引领、教师与社会力量共同参与相结合的课程改革方略

40年来，广东省委、省政府认真贯彻落实党中央、国务院关于教育优先发展的战略地位，把教育发展作为各级党委、政府考核的重要内容。在课程改革过程中，积极谋划，主动作为，科学部署各项改革任务，引导专家学者和教师以及社会力量共同参与课程改革，从课程指导观念、课程目标、课程内容、课程实施、课程评价等各个方面，按照素质教育的要求，结合广东实际，采取"快一步、高一层"的策略，推动建设具有广东特色的课程教材体系。

广东一向重视加强对课程教学改革的领导，注重改革方略。在省域层面，成立了以副省长为组长、教育厅领导为副组长的省课程改革领导小组，加强省级政府对课程改革工作的组织、管理和协调工作，建立了以省为主的地方课程管理体制，为课程改革工作提供必要的政策、师资和物质保障。广东省教育厅成立了基础教育课程改革工作指导组，由主管基础教育的副厅长任组长，教育部华南基础教育课程发展中心主任任副组长，主要研究广东省基础教育课程改革中的各类问题，为教育行政决策提供咨询服务，对全省基础教育课程改革工作进行具体指导，组织各方面的力量，加强基础教育研究，进行课程资源开发。后来，又成立了基础教育学科教学指导委员会，研究和指导学科课程的教学和评价等问题。在县（市、区）层面，教育行政与教研部门与省市级教育行政部门和学校上下配合，形成了相应层级的课程教学改革工作机制。

这种上下结合、共同参与的改革方略，保证了各项重大改革措施的科学性、严密性和可行性，使课程改革的实施既体现了国家意志，又体现了人民意愿，确保了课程与教学改革的正确方向和顺利推进。

（三）坚持以人为本，与时俱进，设计符合素质教育要求的课程与教学改革理念

改革开放40年来，广东课程与教学改革在每一个时期，每一项改革的出发点和落脚点都是为了提高民族素质，促进人的全面发展。课程观念变革、课程结构调整、课程体系改革、教学方法改革都是围绕着提高学生的素质而展开。从"第二课堂"的开设，到体育、美育、劳动技术课的重视，都是为了能让学生获得全面发展；从信息技术、英语和普通话的推广普及，到生物医药、人工智能等与高新技术产业相适应的专业结构的调整，到创新创业课程的开设，无一不体现与时俱进地促进学生全面发展，使他们能适应现代社会发展需要的课程改革理念。提升人的整体素质、促进人的全面发展的素质教育，既是广东课程与教学改革的经验，也是广东未来课程与教学改革的永恒主题和不竭动力。

（四）坚持循序渐进，先试验、后推广的课程与教学改革策略

课程改革工作是一项关系重大、意义深远的系统工程，整个改革涉及培养目标的变化、课程观念的更新、课程结构的改革、课程标准的制定、课程实施与教学改革、教材改革、课程资源的开发、评价体系的建立和师资培训以及保障支撑系统等。这些改革是相辅相成的，也是互为制约的。牵一发而动全身，课程与教学改革的每一项重大改革都要审慎从事。改革开放40年来，广东在课程与教学改革中，始终贯彻"先立后破，先实验后推广"的工作方针，建立课程改革实验区，分层推进，发挥示范、培训和指导的作用，最后才是全面实施。

（五）坚持以评价方式改革为手段，坚持创新驱动，突破课程与教学改革瓶颈

受传统应试教育影响，分数始终是教师、学生和家长共同关心的最重要因素，也是制约课程改革的重要瓶颈。改革开放以来，广东教育领域不断探索评价方式改革，探索建立科学有效的评价机制，从在全国推广标准化考试，到"3＋X"考试方式，再到加强和改进学生综合素质评价，积累了较为丰富的评价经验。坚持创新驱动改革评价机制，就是要注重评价目标的多元化，积极发挥教育评价的导向、激励作用，全面落实素质教育的要求，既注重学生掌握科学文化知识，也重视学生的思想品德、心理健康、身体素质和社会实践能力等多方面综合素质的培养。

（六）坚持加强教师队伍建设，抓住推进课程与教学改革的关键因素

课程的实施归根到底是教师在实施。教师的积极性、能动性直接影响课程与教学改革的进程和实施效果。在课程改革的过程中，广东从省到市、到县（市、区）、到学校，一直把教师培训和教师专业发展作为课程改革的重中之重，自始至终地坚持培训先行，组织开展了大规模的教师全员培训。除广东省教育厅等教育行政和教育研究部门的培训外，教材出版单位和社会有关机构通过现场会议、现代远程教育等多种方式多种渠道开展不同层次的培训，有效地促进了广大教师课程与教学观念的转变，提高了新课程的适应力，促进了专业发展，有效地贯彻落实了课程与教学改革的要求。

（七）坚持扎根中国大地，坚持扩大开放作为课程与教学改革的方法

在知识经济日益显现的时代，国家综合实力的竞争，归根到底是人才的竞争。在经济全球化、贸易自由化的大背景下，各国都想充分利用国内和国际两个教育市场，优化配置本国的教育资源和要素，抢占世界教育的制高点，培养在国际上有竞争力的高素质的人才，为本国服务。

课程既是一个封闭的系统，承载着国家发展的使命，又是一个开放系统，"他山之石，可以攻玉"。改革开放40年来，广东的课程与教学改革立足于国情、省情，扎根中国大地，保持开放的态度，反映时代要求，加强与世界的对话与交流，教育国际化正向更高水平发展。坚持扎根中国大地和改革开放，就是要求政府从全局谋划，制定战略规划，正确把握教育国际化发展方向；学校不断创新教育理念和教学方法，引进先进国际教育资源，为学校开展国际课程提供有力支撑，用国际视野和意识来发展教育，培养大批具有国际视野、通晓国际规则、能够参与国际事务和国际竞争的国际化人才。

二、广东课程与教学改革发展的展望

党的十九大提出要建设教育强国，实现"公平而有质量的教育"。如何通过课程和教学改革来落实这一战略任务，是摆在我们面前的挑战。为此，遵循学生认知规律、教育教学规律和经济社会发展规律，要建立和完善有广东特色的各级各类教育课程教材体系。

（一）继续全面深化教育教学与课程改革

要按照习近平总书记在全国教育工作会议上强调的"要努力构建德智体美劳

全面培养的教育体系，形成更高水平的人才培养体系。要把立德树人融入思想道德教育、文化知识教育、社会实践教育各环节，贯穿基础教育、职业教育、高等教育各领域，学科体系、教学体系、教材体系、管理体系要围绕这个目标来设计，教师要围绕这个目标来教，学生要围绕这个目标来学。凡是不利于实现这个目标的做法都要坚决改过来"① 的指示精神，统筹推进大中小学课程体系建设。研究符合学生认知成长规律、教育教学规律和经济社会发展规律，充满时代精神的广东特色的教育课程体系。省教育研究部门要统筹开展学前教育保教改革发展研究；开展学前教育保教资源建设与保教方法改革实验；开展中小学课程教材改革发展研究；开展九年一贯制课程教材整体改革实验；开展普通高中课程教材改革实验；建立中小学地方课程教材体系和校本课程教材体系。要制定中小学课程改革方案，优化义务教育课程结构和内容，破解义务教育课程改革难题。实行"学生减负"工作责任制，开展"学生减负"专项督查和经常性检查，切实减轻中小学生过重课业负担。启动新一轮普通高中课程改革，构建具有广东特色的普通高中课程体系。促进教师的专业发展，提高课程研究的水平，从而提高课程决策、实施和课程评价的水平，使课程决策、课程管理更加科学合理。创新教育教学方法，注重因材施教，实施分层教学，鼓励培养创新能力的综合性教学模式。建立健全体现素质教育要求、以学生发展为核心、科学多元的教育质量综合评价制度，加强教育质量监测体系建设，实施教育质量综合评价机制。

（二）完善综合素质评价体系

继续完善中小学学科考试、学业水平考试和综合素质评价的多元评价体系。综合素质评价主要反映学生德智体美全面发展情况，是学生毕业和升学的重要参考。建立规范的学生综合素质档案，客观记录学生成长过程中的突出表现，注重社会责任感、创新精神和实践能力，主要包括学生思想品德、学业水平、身心健康、兴趣特长、社会实践等内容。要实施 2014 年《国务院关于深化考试招生制度改革的实施意见》提出的"2017 年全面推进，到 2020 年基本建立中国特色现代教育考试招生制度，形成分类考试、综合评价、多元录取的考试招生模式，健全促进公平、科学选才、监督有力的体制机制，构建衔接沟通各级各类教育、认可多种学习成果的终身学习'立交桥'"。综合素质评价是对考试评价的补充，根本目的在于促进学生的全面发展和综合素质的提高，实现素质教育目标。因此，要深化学生评价与招生考试制度改革，建立发展性评价制度，改变评价过分强调甄别与选拔的功能，充分发挥评价促进学生健康发展的功能。实行学生学业

---

① 《习近平：坚持中国特色社会义教育发展道路 培养德智体美劳全面发展的社会主义建设者和接班人》，载新华网（http://www.xinhuanet.com/politics/leaders/. 2018 – 09/10/c_1123408400. htm）。

成绩与成长记录相结合的综合评价方式，建立完善综合、动态的学生成长记录手册。

（三）继续推进中小学德育和高等学校思想政治教育内容、方法和途径创新

推进学校德育工作创新。全面贯彻国家教育方针，坚持加强和改进未成年人思想道德建设和大学生思想政治教育，增强德育工作的针对性、实效性，提高感染力、吸引力，形成学校、家庭、社会相结合的大德育格局，以及以人为本的科学的中小学德育和高等学校思想政治教育体系。建立科学的中小学德育和高等学校思想政治教育评价机制。构建学生全面发展综合素质评价体系。实施高等学校思想政治理论课建设和学生管理工作评估，并将其作为对高校办学质量和水平评估的重要指标，纳入高校党建和教育教学评估体系。

要通过课程与教学改革，把立德树人贯彻到教育事业发展的各领域、各方面、各环节，融入思想道德教育、文化知识教育、社会实践教育各门课程和教学实践中，把社会主义核心价值观融入教育教学全过程，深入开展理想信念教育、爱国主义教育、中华优秀传统文化教育和革命传统教育，教育引导学生树立共产主义远大理想和中国特色社会主义共同理想，增强"四个意识"，坚定"四个自信"，促进学生德、智、体、美、劳全面发展，成为担当民族复兴大任的时代新人。

（四）深化职业教育课程与教学改革，完善职业教育课程教学体系

创新职业教育"校企合作、工学结合"人才培养实现形式。要进一步调整职业教育的专业结构，强化职业教育实践教学环节，加强职业教育内容与职业标准的沟通与衔接，全面实施学历证书与职业资格证书并重的现代职业教育制度，建立完善劳动就业准入与劳动力市场有机联系的运行机制。统筹规划，合理布局，充分利用现有职业教育资源，建立若干个大型的资源共享、中高级连通的职业教育实训基地和职业技能鉴定基地。

（五）全面深化高等教育课程与教学改革，完善高等教育课程教学体系

为实现"两个率先、四个走在全国前列"，广东实施创新驱动战略。以创新驱动为核心的发展方式，急需通过教育提供高素质劳动者和具有创新精神与能力的专门人才作支撑。为使现有普通高校、职业院校创新人才及技术技能人才培养的规模、质量适应创新驱动发展的要求，增加广东教育领域领军人才数量，以及高校院士、"973"首席科学家、"长江学者"等高层次人才数量，使之赶超一些

教育发达省份，提高广东高校创新发展整体能力，增加在国内外有影响力的高水平大学及一流学科数量，迫切需要进一步调整优化普通高校的学科专业结构、布局结构、人才层次类型结构，要深化高校创新创业教育改革，落实高校毕业生就业促进和创业引领计划，大力推动"大众创业、万众创新"，以完善高等教育课程教学体系。

第十三章　教育信息化

习近平总书记2015年在致信国际教育信息化大会中提出："因应信息技术的发展，推动教育变革和创新"，"培养大批创新人才，是人类共同面临的重大课题"。广东省作为我国教育发展的排头兵，一直走在教育信息化发展的前列，进行着不断的尝试与探索，自改革开放以来，积极探索出了一条"积极借鉴国际经验，密切结合本省实际"的具有广东特色的教育信息化发展之路。回顾广东省40年的历程，教育信息化发展迅猛，取得了阶段性的成果，为推动基础教育改革、探索信息化进程中的教育改革与发展之路做出了至关重要的贡献。[1]

第一节　广东教育信息化改革发展的基本历程

改革开放后，在党和国家政策的指引下，我国教育事业发展迅速。广东省作为全国改革开放的桥头堡，尤其重视电化教育的改革发展，这为广东教育信息化提供了良好的基础。到20世纪90年代中期，随着信息技术的日渐成熟和发展，国际信息化浪潮掀起，广东迅速进入了教育信息化的发展阶段。广东教育信息化的发展，从计算机教育开始起步，受经费和条件的限制，中小学教育阶段的计算机教育发展略慢于高等教育。20世纪90年代中期至2000年年初，基础教育和高等教育齐头并进，这一阶段注重信息化硬件基础设施的建设，各地各阶段教育的信息化条件都得到了相当的改善。进入21世纪后，教育信息化取得了突飞猛进的发展，无论是理念还是基础设施的条件都逐渐跟上发达国家的步伐。总体来说，广东教育信息化的发展阶段与国际大多数国家和地区的教育信息化发展历程较为一致，包括基础设施建设、资源建设以及信息技术引领教育系统变革三个阶段。

---

[1] 参见彭红光、林君芬《地方电化教育发展探析——以广东电教发展30年为例》，载《电化教育研究》2010年第12期，第28～32页。

一、基础设施建设阶段

(一) 改革动因

1. 国际教育信息化热潮推动广东教育信息化改革

1960年,美国伊利诺伊州立大学成功研制出了第一代柏拉图系统,开创了自1946年计算机诞生后应用于教育的先河。到20世纪90年代,随着互联网技术的发展,教育信息化已成为各国抢占教育领先至高地的关键所在。1993年,美国政府提出建设国家信息基础设施,着力于发展以因特网为核心的综合性信息服务体系以及推进信息技术在社会各领域包括教育中的应用。这一举措引起了世界各国的积极反应,各国都根据自身的要求发布了国家信息设施建设的计划,从而引发了全球的信息化建设浪潮。

美国于1996年颁布了第一个国家教育技术规划《帮助美国学生为21世纪做好准备:迎接技术素养的挑战》,并投入巨额资金用于教育设备购置、更新和维修等。[①] 此外,各大电话、计算机公司等也在资金、硬件、服务和技术等方面为学校的联网工作给予了大力的支持。[②]

受美国教育信息化飞速发展的影响,其他各国也积极开展教育信息化的研究。新加坡政府1997年发布了教育信息化一期规划,着力于通过教育信息化实现教育创新。[③] 1996年,韩国发布的《教育信息化促进试行计划》把主要目标设定为基础设施的建设。日本文部省于20世纪90年代分两次制定了"教育用计算机整备"五年计划,有计划地配备教育用计算机。在加强计算机在教育教学中普及的同时,日本政府1998年还发布了教育信息化计划,要求所有孩子计算机素养提高的同时,借助学校日常性计算机的应用对授课的形态进行根本性的变革,同时改变以学校、家庭、社区间的相互协作为主的学校管理模式。[④]

这场由发达国家发起的"信息化革命"不仅对人们的工作和生活产生了巨大的影响,也深深地影响了教育的发展。教育信息化成为新时期教育改革的新方向,也成为衡量一国教育实力的一个重要指标。广东省作为我国改革开放的前沿省,受国际发展的影响,也迅速地从电化教育的发展时期进入到了教育信息化的

---

① 参见祝智庭、贺斌《解析美国〈国家教育技术规划2010〉》,载《中国电化教育》2011年第6期,第16~21页、第38页。
② 参见洪明《美国信息技术教育的演进和现状》,载《电大教学》2002年第2期,第12~15页。
③ 参见王文君、王卫军《国际视野下的教师信息化教学能力趋向》,载《电化教育研究》2012年第33卷第6期,第112~116页。
④ 参见李文英《日本教育信息化发展及对我国的启示》,载《外国教育研究》2003年第2期,第38~42页。

发展时期。

2. 国家政策指引广东教育信息化变革

"文革"结束后,我国重新启动了电化教育的发展,电视、广播、幻灯、录音等电化教育手段在教育教学中得到了广泛的运用。1984 年,邓小平同志在上海观看小学生的程序设计表演后说:"计算机的普及要从娃娃做起。"这句话掀起了我国计算机教育的热潮。①

20 世纪 90 年代中期,随着国际特别是发达国家教育信息化步伐的加快,我国也逐步开始了教育信息化的准备工作。1993 年,国家教委基础教育司召开了"全国中小学计算机教育工作座谈会",确立 20 世纪 90 年代我国中小学计算机教育的任务是为 21 世纪我国中小学计算机教育的发展打基础,逐步建立具有中国特色的中小学计算机教育体系。② 1994 年,国家教委陆续推出了多个政策文件,为我国从电化教育阶段转向教育信息化阶段做了充分的准备。

广东省委、省政府也于 1994 年提出要把广东建成教育强省,并要在普及计算机教育方面创造特色。在这样的背景之下,1995 年,广东省召开了"广东省中小学计算机教育工作会议",这次会议标志着广东正式进入了一个以现代信息技术为主流技术的新发展阶段——教育信息化阶段。③

(二) 阶段特点与成果

广东省从电化教育的建设阶段变革为教育信息化阶段后,其主要阶段特点和成果可体现为以下几点:

1. 大力普及计算机,推动计算机教育发展

广东自改革开放以后,经济发展迅速,计算机教育开展较早,在软硬件条件和教学理念等方面都具有明显的优势。1995 年,全省中小学校都不同程度地开设了计算机课程,出现了课外活动课、选修课、必修课多种形式并存的局面,覆盖全省经济发达地区及贫困山区市县,形成了全省计算机教学网络。④

进入教育信息化改革阶段后,广东省不仅加大投资力度,为各级各类学校配备计算机,有计划有步骤地在中小学中建设多媒体计算机教室,积极建设教室局域网、学校局域网等,还创新性地引入一些企事业单位、学生家长、私企等外部

---

① 参见张晓卉《我国信息技术课程发展的路向与策略研究》,东北师范大学 2016 年。
② 参见邓立言《中小学计算机教育的形势和任务——在全国中小学计算机教育工作座谈会上的讲话》,载《课程·教材·教法》1993 年第 9 期,第 26～29 页。
③ 参见彭红光、林君芬《地方电化教育发展探析——以广东电教发展 30 年为例》,载《电化教育研究》2010 年第 12 期,第 28～32 页。
④ 参见郭鸿、朱光明《对制定广东省中小学计算机课程标准的探讨》,载《电化教育研究》1996 年第 1 期,第 44～50 页。

力量资金，用于购置硬件设施和教学软件等，更进一步地促进了计算机及其教育的普及。同时，在大力发展计算机教育的基础上，广东省已经开始关注到应该在计算机教育课程中培养学生的计算机意识、普及计算机文化。广东省制定了《广东省中小学计算机课程纲要（试用）》，并要求有条件的学校或学科要在英语、数学、物理、化学、语文、历史、地理、政治等学科中增加电子计算机的内容，或开展计算机辅助教学与管理，努力探索计算机教学的新思想、新方法，提高计算机教育的整体素质。① 到 1999 年，广东全省中小学计算机拥有量为 18.8 万台，80 多所学校建起了校园网，1612 所小学、1013 所初中、600 所高中开设了计算机课程，221.15 万名中小学生接受计算机教育，实现了广东省计算机教育的快速普及化。②

2. 升级转型技术设备，实现教育信息化的快速发展

20 世纪 90 年代中期广东省转入教育信息化新的改革阶段后，开始着力于技术和设备的升级工作。尽管开始的时候，录音、录像和电视技术仍然存在并广泛应用于中小学的各个学科教学中，但多媒体计算机和网络已成为教育信息化的技术风向标，学校配置的设备逐渐向教育信息化发展的多媒体计算机进课室转变；同时，多媒体教学平台、计算机网络教学系统、语言视听系统等信息化设备和系统也开始向学校推广使用。

借助现代教育技术实验学校建设的东风，全省各地加大投资，按实验学校标准配备相应的设备，提升技术水平。到 2000 年前，广东省有 57 所中小学校进入全国 1000 所全国现代教育技术实验学校行列，全省 50% 的实验学校基本完成了"三网一站十三室"建设。③ 同时，广东还确立了 2 市［深圳市、顺德市（现为佛山市顺德区）］、2 区（广州市天河区、深圳市南山区）、10 个乡镇和 100 所学校作为试点单位，以其示范性的先进经验带动了全省的工作，④ 整体教育信息化水平达到国内先进水平。

3. 通过科学研究，拓展教育信息化内涵

基础设施建设时期，广东还在全国率先开展了计算机辅助教育的课题研究，为拓展教育信息化内涵，提升教育信息化质量做出了重要的贡献。1983 年，华南师范大学电化教育系正式成立。华南师范大学的电化教育专业是我国首个电化教育本科专业，在广东乃至全国的教育信息化前沿研究探索中一直占据着重要的地位。一方面，华南师范大学电化教育系通过国际交流等活动及时引入先进的教

---

① 参见郭鸿、朱光明《广东省中小学计算机课程标准的制定》，载《外语电化教学》1995 年第 4 期，第 6 页、第 46～48 页。
② 参见广东年鉴编纂委员会《广东年鉴 2000》，广东年鉴社 2000 年版。
③ 参见中国教育年鉴编委会《中国教育年鉴 2000》，人民教育出版社出版 2000 年版。
④ 参见中国教育年鉴编委会《中国教育年鉴 2001》，人民教育出版社出版 2001 年版。

育信息化理念，与美国、日本等教育信息化发展较快的大学科研机构保持着密切的联系，推动全省教育信息化发展；另一方面，充分发挥大学在科学研究方面的优势，通过各种科研课题的开展探索适合广东的教育信息化发展道路，引领全省教育信息化的实践。如由李克东、谢幼如创新的"多媒体组合教学设计"，指导全省中小学更为合理、科学地利用既有设备开展信息化教学。

二、资源建设阶段

21世纪的第一个十年，广东省教育信息化改革进入了资源建设阶段，全省在上一阶段基础设施建设的基础上，实现了信息高速公路上"有车有货"的目标，在实现全省教育均衡、提高教育质量中发挥了极其重要的作用。

（一）改革动因

1. 国家全面开展教育信息化改革

1999年，在全国教育信息化工作座谈会上，时任教育部副部长韦钰做了题为《实施"科教兴国"战略，加快教育信息化建设》的报告，指出全国教育信息化发展十项主要工作，为全国全面铺开教育信息化建设工作做了很好的铺垫。①

21世纪伊始，党的十五届五中全会通过了《中共中央关于制定国民经济和社会发展第十个五年计划的建议》，提出："要以信息化带动工业化，发挥后发优势，实现社会生产力的跨越式发展。要在各级各类学校积极推广计算机及网络教育，在全社会普及信息化知识和技能。"2000年10月，时任教育部部长陈至立在全国中小学信息技术教育工作会议上正式提出，要"抓住机遇，加快发展，在中小学大力普及信息技术教育"②。此次会议要求充分意识到迎接世界信息技术迅猛发展的挑战，必须对传统的教与学模式进行改革，大力推进教育信息化。其主要措施包括：制定好中近期发展规划，分地区、分层次地全面推进教育信息化；在中小学普及信息技术教育，并全面实施中小学"校校通工程"，到2010年前使全国90%左右独立建制的中小学能够上网。为推动"校校通工程"的顺利实施，教育部还专门成立了"全国中小学信息技术教育领导小组"。陈至立同志还提出："教育技术的发展将对我国教育观念和教育过程的改革产生深刻的影响，是教育教学改革的制高点。"③

---

① 参见史育玮《浅析信息技术在中小学教育里的应用与成果》，载《安徽文学（下半月）》2011年第2期，第190～192页。

② 王海燕、白晶晶：《基于绩效技术改变中学信息技术教师工作状态的思考》，载《中国教育信息化》2009年第16期，第9～13页。

③ 张骋铖：《苏北农村教师信息技术培训的现状和对策》，载《教育信息化》2004年第6期，第35～36页。

自此，广东省教育厅组织实施的重大工程或项目无不以多媒体计算机和网络教育应用为核心展开，包括1999年立项的广东省教育信息化工程和广东省中小学教学软件开发工程、2001年启动的"校校通"工程、2003年实施的基础教育专网建设工程等。①

2. 教育现代化要求教育信息化开展新变革

1993年，我国发布《中国教育改革和发展纲要》，将"实现教育的现代化"纳入我国教育发展的总目标。2005年，广东省政府印发了《广东省教育现代化建设纲要实施意见（2004—2010年）》，当中明确提出应加快推进教育信息化，包括加快普及信息技术教育、加快教科网建设以及加强教育信息资源的开发和利用，教育信息化已成为实现教育现代化不可或缺的助力。

随着教育信息化改革的深入，和广东省实现教育现代化的目标的提出，对教育质量的提升提出了更高的要求。在教学实践中，各级各类教育机构在教育信息化上一阶段已搭建了较好的硬件平台，如实现了高密度的计算机配备，建设了计算机房和互联网络等。但是，许多教师和学生在教学中却无法很好地把这些硬件平台利用起来，其中的原因包括缺乏合适、方便使用的教学资源，教师的思想观念仍停留在计算机教育阶段，尚未转入信息技术与课程整合等，这些因素都在一定程度上影响了全省教育质量的快速提高。因此，要加快实现全省的教育现代化，必须力争教育信息化从量变到质变的突破。

（二）阶段特点及成果

进入21世纪后，广东省逐渐从教育信息化的基础设施建设转向了信息化教学资源的建设阶段，信息化深入各科教学领域，促进了各科新型教学模式的建立。这一阶段的主要特点和取得的成果包括：

1. 教育信息化基础设施建设继续深入

由于信息产业发展迅猛，教育信息化的基础设施建设在21世纪初仍显得尤为重要，广东省各级政府和教育行政部门进一步加大投入，通过启动一批教育信息化的新项目和新工程，实现了信息化基础设施的快速完善。

如从2001年开始，广东应国家的统一要求，启动了"校校通工程"和现代教育技术实验学校等项目。2004年，广东省电化教育馆下发了《广东省现代教育技术实验学校工作指导意见》，开始着手现代教育技术实验学校的建设工作，要求从信息化基础设施、应用系统与平台、资源建设、教师教育技术能力建设和科研课题五个方面全面开展教育信息化建设工作。到2010年，广东省已建设了

---

① 参见彭红光、林君芬《地方电化教育发展探析——以广东电教发展30年为例》，载《电化教育研究》2010年第12期，第28～32页。

900多所省级以上现代教育技术实验学校,以及一批市级现代教育技术实验学校,不断推进全省教育信息化工作。

广东省还针对本省教育信息化的具体情况,开展了全省基础教育专网的建设工作。2004年起,广东省电化教育馆和广东省教育信息中心依托广东省教科网,加强全省基础教育专网建设,着力为教育资源传输铺路。2008年,全省21个市和122个县(市、区)教育局已全部完成网络的连接,实现了省、市、县三级100%的网络连接,全省34.2%的学校与省基础教育专网相连。

2. 大力开展教育信息化资源建设

在基础设施逐步完善和更新的大背景下,广东省着力开展了教育信息化各类资源的建设工作。

如果把硬件平台比喻成"信息高速公路",那么资源则是这条"高速公路"上跑的货车及货车运载的货物。只有路上"有车有货","高速公路"的作用才能得到真正的发挥。全省信息化教学资源的建设,不仅能为广大师生提供合适的信息化教学资源,以便在实践中用优质资源提高教学质量,还能通过信息技术的优势,将优质资源输送到山区和边远地区,实现广东教育的均衡发展。

2002年,广东省建成了"广东省基础教育信息资源中心"[①],这是我国第一个省级基础教育资源中心,为全省基础教育师生提供丰富的教学信息资源,形成了全省资源合作、共建共享的发展机制,有利于实现基础教育均衡。到2005年,广东省又率先搭建了3个省级学科网站和38个专题网站,不但为信息技术与课程整合提供了大量的优质教学资源,还利用统一平台整合了全省资源,实现了资源与效益的双体现。

3. 着力信息技术与课程的整合

信息技术与课程整合是这一阶段教育信息化发展的核心理念,广东省通过开展课题研究以及示范校建设等,不断推进实践中教学理念的转变。

这一阶段,全省各级各类学校把开展教育信息化研究和实践的重心放在了计算机和网络在教育管理、教学的应用上,信息技术特别是网络环境下的教与学理论、模式和方法研究成为关注的热点。[②] 例如,广东省现代教育技术实验学校参加了全国教育科学"十五"重点课题"基于现代信息技术环境下学与教理论与实践研究"的研究,积极探讨并形成了运用信息技术促进中小学生提高创新精神培养的策略;全省500多所中小学开展了"网络教育资源的整合研究:基础教育

---

① 房雨林:《坚持科学发展观大力推进教育信息化建设——广东省基础教育信息化的发展与实践》,载《中国电化教育》2006年第9期,第105~108页。

② 参见彭红光、林君芬《地方电化教育发展探析——以广东电教发展30年为例》,载《电化教育研究》2010年第12期,第28~32页。

信息化资源开发和应用的有效性研究"课题的研究,① 探索了网络环境下包括学科网站、专题学习网站等如何有效开展教学的实践。"十五"和"十一五"期间课题研究的开展,逐渐培养了一支以教师为主体的教育技术研究队伍,促进了全省教育信息化应用水平的提高。广东省还举办了中小学生电脑制作大赛、中小学电脑机器人大赛、中学生物学多媒体作品大赛等信息化应用活动,参赛规模和全国获奖数再创新高,进一步切实促进了学生信息素养的提升。

三、信息技术引领教育系统变革阶段

2009 年,在全省电化教育工作会议上提出"要将电化教育和教育信息化建设统一到促进教育均衡发展、可持续发展上来",这标志着广东的教育信息化进入了一个新的发展阶段,着重于以信息化带动教育系统变革和创新。②

(一)改革动因

1. 教育规划纲要重视教育信息化的发展

2010 年,我国发布了《国家中长期教育改革和发展规划纲要(2010—2020年)》,这是 21 世纪我国第一个中长期教育改革和发展规划,也是十年内指导我国教育改革和发展的纲领性文件。

《国家中长期教育改革和发展规划纲要(2010—2020 年)》提到要加快教育信息化进程,认为"信息技术对教育发展具有革命性影响,必须予以高度重视"。这是从国家政策性文件角度对教育信息化进行的定位,既表达了信息技术作为当代最先进生产力对于教育改革的重要性,也体现了国家大力支持教育信息化成为整个教育系统变革和发展的动力。《国家中长期教育改革和发展规划纲要(2010—2020 年)》提出从教育信息基础设施、优质教育资源开发与应用以及信息技术应用、构建国家教育管理信息系统三个方面进行建设。其中,在教育信息基础设施的建设方面,要求"把教育信息化纳入国家信息化发展整体战略,超前部署教育信息网络";在信息技术应用上,则提出"鼓励学生利用信息手段主动学习、自主学习,增强运用信息技术分析解决问题的能力"。

《国家中长期教育改革和发展规划纲要(2010—2020 年)》中对教育信息化的定位,强调了信息化建设的超前性、应用上的融合,以及以信息化带动教育系统变革和创新,这为广东省进行第三次改革发展指明了方向。

---

① 参见彭红光、林君芬《地方电化教育发展探析——以广东电教发展 30 年为例》,载《电化教育研究》2010 年第 12 期,第 28～32 页。
② 参见彭红光、林君芬《地方电化教育发展探析——以广东电教发展 30 年为例》,载《电化教育研究》2010 年第 12 期,第 28～32 页。

2. 国家教育信息化政策引领变革

2012年，教育部发布了《教育信息化十年发展规划（2011—2020年）》，要求"到2020年，全面完成《国家中长期教育改革和发展规划纲要（2010—2020年）》所提出的教育信息化目标任务，形成与国家教育现代化发展目标相适应的教育信息化体系"。《教育信息化十年发展规划（2011—2020年）》提出了优质数字资源共建共享等八项任务和五个行动计划。《教育信息化十年发展规划（2011—2020年）》作为我国首个教育信息化发展的政策性文件，从教育的不同层次、不同方面明确了信息化发展的任务，配合具体的行动计划，为广东省教育信息化工作提供了更为明确的指导。

2016年，教育部又发布了《教育信息化"十三五"发展规划》，这是我国第一个教育信息化发展的五年规划。规划分析了《教育信息化十年发展规划（2011—2020年）》发布和首次全国教育信息化工作会议召开后，教育信息化建设所取得的成就以及存在的问题，提出"四个坚持"的工作原则，即坚持服务全局、坚持融合创新、坚持深化应用、坚持完善机制。发展目标为：到2020年，基本建成"人人皆学、处处能学、时时可学"、与国家教育现代化发展目标相适应的教育信息化体系；基本实现教育信息化对学生全面发展的促进作用，对深化教育领域综合改革的支撑作用和对教育创新发展、均衡发展、优质发展的提升作用；基本形成具有国际先进水平、信息技术与教育融合创新发展的中国特色教育信息化发展道路。

在《国家中长期教育改革和发展规划纲要（2010—2020年）》以及教育信息化专门政策文件的指引下，广东省于2014年发布了《关于加快推进教育信息化发展的意见》，明确了"以教育信息化带动教育现代化是教育科学发展的重大战略任务"；又于2017年发布了《广东省教育信息化发展"十三五"规划》，不断加强广东省的教育信息化改革与发展。

（二）阶段特点与成果

1. 教育信息化基础设施建设开启"智慧化"

一方面，广东省学校网络教学环境得到了大幅的改善，全省"宽带网络校校通"建设后，独立建制学校互联网接入率已达100%。其中，网络接入带宽大于或等于4M的学校比例为87.61%，网络接入带宽大于或等于10M的比例为44.04%，多媒体教室普及率达82%。城市学校配备多媒体设备教室占教学教室总数的比例最高，达到92.21%；农村学校配备多媒体设备教室占教学教室总数的比例次之，比例为70.40%，基础设施建设日臻完善。

另一方面，紧跟信息科技发展的步伐，广东省教育信息化开启了"智慧化"的进程。实施的"智慧教育示范工程"以珠三角地区为发展龙头，通过广州

"智慧教育城"、深圳"首批中小学智慧校园"等项目，建设了"智慧校园"136 所、"未来教室"300 多个，提炼区域典型应用案例 110 多个，使教育信息化的基础设施建设水平紧跟国际发展，提高到了一个新的层次。同时，广东省还建设了教育部首批教育信息化试点共 32 个，包括区域试点 3 个、本科院校试点 2 个、职业院校试点 6 个、中小学试点项目 17 个、专项试点项目 4 个（含省本级），覆盖 11 个地级市，涵盖省本级和市县教育局、高等教育、职业教育与基础教育，包括"信息化学习""教师专业发展""公共服务体系""数字教育资源应用"和"发展机制"等多个主题。

2. 加强信息技术与教育教学深度融合的创新与推广应用

2010 年，联合国教科文组织"学习促进信息技术有效整合"项目落户广东，探讨如何通过跨学科、跨学校、跨文化的远程协作项目学习，促进信息技术应用创新和师生创新能力的培养，使不同地区学校和师生得到共同发展。

2016 年后，广东省教育厅还先后在深圳南山区、广州番禺区、肇庆德庆县等地举办各种形式的教育信息化应用现场会，立体展示广东省基础教育信息化应用的阶段性成果，引导并切实推进了各地加强信息技术与教育教学深度应用、融合创新。

2014 年，广东省根据教育部下发的年度教育信息化工作部署，积极开展"一师一优课、一课一名师"活动。到 2017 年 12 月，广东省在国家教育资源公共服务平台上参加"一师一优课、一课一名师"活动的教师共 356804 人，"晒课"数达 358485 节，仅 2016—2017 年度的部级"优课"就达到 110 节。

第二节　广东教育信息化进程中的典型案例

一、基础设施建设阶段

（一）小学语文"四结合"教学改革试验研究

1. 试验开展的背景

20 世纪 90 年代后，广东的电化教育在设备建设、队伍建设、教材建设及教学研究等方面都取得长足进步。① 广东省委、省政府于 1994 年发布了《中共广东省委 广东省人民政府关于教育改革和发展的决定》，提出"实现教育现代化，

---

① 参见许曙《电化教育在广东建设教育强省中的地位和作用》，载《电化教育》1995 年第 10 期，第 2～4 页。

使广东省成为教育强省"的宏伟目标。自此,广东省委、省政府不断做出促进教育改革与发展的重大决策,推进教育强省的建设步伐。

1994年,广东省正式加入我国第一批计算机辅助教育课题"小学语文'四结合'教改试验研究",着力于推动计算机在学校教育教学中的应用,为广东省培养教育信息化专业队伍、骨干教师和培育一批示范学校发挥重要而积极的作用。① 广东省教学改革启动时间较早,而且在数量上占据很大的优势。自1994年开始,有8所学校作为全国第一批试验学校参加试验,有18所小学于1995年年底作为第二批试验学校参加试验研究,到1997年共有实验学校26所,② 教学效果显著,产生良好影响,到1998年发展至60多所试验学校。

广东省小学语文"四结合"教学改革试验研究,是广东省认真贯彻落实全国及广东省信息化建设策略与教育规划纲要的表现,也是满足高质量教育信息化建设要求的体现。

2. 小学语文"四结合"教学改革的内容

广东省小学语文"四结合"教学改革试验研究项目的主要研究内容是以计算机为手段,运用先进教育思想和认知学习理论,探索基础教育深化改革的途径,将小学语文教育、计算机教育以及汉字输入编码学习相互融合,做到"识字、查字、编码、打字"四者互相结合。③

广东省的小学语文"四结合"教学改革试验研究在教材、教师、学生和计算机方面均取得了较大的发展:教材是构建模式的依托,广东省编写了配合一年级语文教学的认知码教材和教辅资料;教师是构建课堂教学的主导,运用教学设计理论,为学生创设更多的思维训练,培养学生的创造性思维;学生是构建课堂教学的主体,参与到大量多媒体组合教学活动中;计算机的运用是构建课堂教学的手段,运用汉字编码技术、多媒体技术、计算机网络和人工智能技术,研制了适用于"四结合"教学的多媒体教学软件。试验期间,课题组在广州召开了多次成果交流会和汇报会,及时把研究成果在全省进行推广,取得了良好的效果。

3. 创新点

广东省小学语文"四结合"教学改革试验的相关探索在全国属于首创,在当时信息科技发展的条件下,试验积极构建了多种新型教学模式,培养了一批敢于尝新、努力开拓的教师,也为后来广东省教育信息化实现信息技术与课程整合

---

① 参见彭红光、林君芬《地方电化教育发展探析——以广东电教发展30年为例》,载《电化教育研究》2010年第12期,第28~32页。

② 参见谢幼如《小学语文"四结合"教改试验研究教学效果对广东地区试验学校汇报表演赛的分析与研究》,载《电化教育研究》1997年第3期,第72~80页。

③ 参见岑美君《创意优质教学——香港AECT第四次国际会议简介》,载《开放教育研究》1996年第3期,第40~41页。

奠定了坚实的基础。

同时，在教学中应用汉字编码（认知码）、多媒体和计算机网络等技术，在教学中充分发挥多种媒体的教学优势，开展多媒体组合教学，综合运用各种媒体资源，解决了教育信息化中设备条件有限的问题。利用多媒体教室网络，开展阅读教学和作文教学，探索基于多媒体网络下的阅读教学和作文教学的模式和方法，使学生的语文水平得到了明显提高，促进了语文教学的深化改革。

经过各方面努力，广东省各中小学计算机辅助教育取得一定成效，教改试验研究实践走在全国的前列，得到教育部电化教育办公室、中央电化教育馆的充分肯定。

（二）现代教育技术实验学校

1. 建设背景

1996年，教育部电化教育办公室发布了《全国中小学现代教育技术实验学校工作实施意见》，决定建设第一批全国中小学"现代教育技术实验学校"，并在当中挑选出100多所示范学校，促进其教育信息化水平逐步接近发达国家水平，带动全国教育技术工作的全面发展。[①]

1997年，广东省正式开展了中小学现代教育技术实验学校项目。到2000年，已有两批共14所学校被确认为全国中小学现代教育技术实验学校。到2011年，广东省已有五批约1100所学校成为省现代教育技术实验学校，其中有55所为国家级现代教育技术实验学校。

2. 主要做法

广东省创建全国中小学现代教育技术实验学校，着力于建设中小学校完善的信息化基础环境，推进信息技术的创新应用和特色应用，加强能力建设和提升各人员的信息技术素养；开展课题研究、实验工作，并推广实验成果，实现资源共享。2010年先后颁布了《广东省现代教育技术实验学校建设要求（试行）》《广东省现代教育技术实验学校评估细则（修订）》和《广东省现代教育技术实验学校管理办法（暂行）》等，进一步明确了建设广东省现代教育技术实验学校的管理与评估细节，充分发挥了实验学校在推进中小学教育改革创新和基础教育信息化中的引领作用。[②]

广东省实验学校的建设过程包括确认阶段、中期评估阶段和终期评估阶段。确认阶段有三个重点，分别是：学校具备开展实验的财、物条件；有主动成为实

[①] 参见祝智庭《中国基础教育信息化进展报告》，载《中国电化教育》2003年第9期，第6～12页。
[②] 参见《广东省教育厅关于进一步加强现代教育技术实验学校工作的通知》，见广东省人民政府网站（http：//www.gd.gov.cn/govpub/bmguifan/201203/t20120319_158145.htm）。

验学校的意愿；提出申请。中期评估的核心内容是学校自确认实验学校以来所做的实验工作、成效及推广，包括开展的课题和实验等。最后通过终期评估，筛选出具有示范性的实验学校。

广东省中小学现代教育技术实验学校的成功经验和做法也是广东省基础教育信息化水平的象征，为省内中小学教育信息化提供示范、发挥辐射作用。

3. 创新点

广东省现代教育技术实验学校推进了广东教育信息化的发展，促进了全省基础教育课程改革进程，成为广东省教育改革和发展的窗口学校。广东省教育厅在1998年、2004年分别下发了《广东省电化教育实验学校实施意见》和《广东省现代教育技术实验学校工作指导意见》。意见的颁布，使广东省能更好地适应当前教育形势的发展，进一步做好实验学校项目工作，加快全省教育信息化事业和教育手段现代化的进程。同时，广东省还根据本省现代教育技术实验学校建设的实际情况，制定了相应的评估标准和管理办法，使现代教育技术实验学校的建设标准化，也更符合本省发展的实际要求，创出了广东特色。

二、资源建设阶段

（一）广东省教育信息资源中心建设

1. 建设背景

在广东省教育信息化建设的初期，资源建设在过去电化教育发展的基础上，取得了很大的发展，在全国名列前茅。但是，由于广东省将较多精力放在了硬件基础设施的建设上，教育信息管理平台的建设缺乏统一标准，统计数据不规范，信息无法汇总、传递，不仅造成教育投入的极大浪费，而且各市、县（区）、学校教育信息各自为政，形成了"教育信息孤岛"。

基于这样的发展形势，广东省开始建设"基础教育信息资源中心"，以准确掌握广东省教育状况、发展动态，为教育信息沟通提供更优质的服务。2002年，广东省教育厅投入1300万元着手筹建教育资源库；2002年10月28日，广东省基础教育信息资源中心正式开通运行，免费为全省的中小学教师提供优质教学资源。①

2. 主要做法

广东省教育信息资源中心由两个系统组成，分别是广东省中小学教育信息资源管理平台和广东省基础教育教学资源库。其中，广东省中小学教育信息管理平

---

① 参见岑美君《创意优质教学——香港AECT第四次国际会议简介》，载《开放教育研究》1996年第3期，第40～41页。

台实现了对全省教育信息管理系统平台的统一管理，把省、市、县教育行政部门和中小学校四级教育信息管理系统进行有机结合，形成多层次、一体化的应用平台，实现高效、协同运作。广东省基础教育教学资源库则采用多元投入的机制建设资源，广泛征集、多方合作，汇集的资源包括基础教育阶段及高中、幼儿教学各学科的多媒体素材、教育教学文献、网络课程、课件及教学案例试题、图书、图像资料和工具软件等。① 广东省基础教育信息资源中心以服务师生、支持课改、提高质量为目标，通过合作、共建、共赢的模式，既联合全省各地一线教师力量，也与有实力的教育科技企业合作，开发出一系列面向中小学师生的资源，全力推进优质资源建设，逐步形成全省资源共建共享机制。

2003—2005年，广东省电化教育馆在全国率先搭建出3个省级学科网站和38个专题网站，利用资源中心的平台整合全省教育教学优质资源。到2008年，资源中心教学资源容量为1200G，覆盖中小学到高中各个年级、各个学科，包括多种资源类型。广东省基础教育信息资源中心除了为基础教育提供网上教育资源，还承担着省基础教育专网汇接中心的功能，负责省基础教育专网网络建设维护工作，承担广东省教育厅各部门相关应用系统开发、建设和维护工作，为推进广东省教育信息化发挥了重要作用。

3. 创新点

广东省基础教育信息资源中心的开通形成了全省资源合作、共建、共享的发展机制。该中心也是全国第一个省级基础教育资源中心，开创了全国省级信息化教学资源建设的先河，在资源共建共享上具有极强的前瞻性。

全省中小学信息资源共享平台的建立，实现了对基础教育资源的统一管理、统筹规划与高效率的共享。广东省基础教育信息资源中心的建立统一了地市建立资源中心和资源库管理系统的标准、管理方式，上连教育部、省级资源中心，下连县（市、区）资源中心，实现全省教育资源的共享与互补。21个地级市全部建有市级教育资源中心，采用采购、自建、征集等多种方式，建起了内容丰富的资源库；14个地级市采用统一标准、统一管理的方式建成了资源库管理系统，形成了内容比较丰富、覆盖面比较广的资源服务体系。到2013年，21个地级市教育部门拥有教育教学资源总量达56000万GB以上，123个县（市、区）教育部门拥有资源总量达54417GB。②

---

① 参见蒙嘉林《广东省基础教育信息资源中心正式开通》，载《中国电化教育》2002年第12期，第59页。

② 参见吴宇清《广东省教育信息化建设的发展对策研究》，电子科技大学2013年。

（二）广东基础教育专网

1. 建设背景

2000年10月，全国中小学信息技术教育工作会议召开，明确了21世纪初中小学普及信息技术教育的指导思想、主要目标和工作任务，制定了中小学普及信息技术教育的措施。① 随后，教育部启动了中小学"校校通工程"，网络硬件设施建设摆上了重要位置。

同时，广东省一直把教育信息化工作视为重中之重，相继出台系列配套政策和组织实施相关行动计划，将教育信息化作为全省教育事业改革与发展的战略选择，以期通过教育信息化促进教育现代化，实现全省教育的协调发展和跨越式发展。② 因此，基础网络设施建设成为教育信息化的必然前提和重要基础。

自2004年起，广东省电化教育馆、广东省教育信息中心依托省教科网，开始推进全省基础教育专网建设，着力为教育资源传输铺路。广东省教育厅于同年召开了广东省基础教育信息网络建设工作会议，时任广东省教育厅副厅长刘育民做了题为《加快教育信息网络工程，推进我省基础教育跨越式发展》的重要讲话，进一步强调了加快教育信息网建设的重要性和紧迫性。会议交流了各地基础教育信息网络建设经验，研讨了有关基础教育信息网建设和应用的问题，提出了有关教育信息网建设的指导意见。

2. 主要做法

广东省教育厅在总结交流全省各市教育网络做法和经验的基础上，明确了基础教育专网建设的目标和策略，要求着力推进省基础教育专网建设，完善专网管理，开拓针对性主动服务、限定区域服务和全省基础教育邮箱等服务工作。

广东省基础教育专网在广东省电化教育馆的主持下，完成了五项工作：第一是推动和完善了各地市教育城域网建设；第二是建设基础教育专网汇接中心，连接位于地方高校的GDERNET（中国教育和科研计算机网）的当地汇接中心（点）；第三是建设全省汇接中心，并由该中心接入GDERNET；第四是采取统一的内部地址规划，实现全省各市教育城域网的互联；第五是建设基础教育专网的应用。③

---

① 参见《抓住机遇，加快发展，在中小学大力普及信息技术教育——在全国中小学信息技术教育工作会议上的报告》，见教育部网站（http：//old.moe.gov.cn/publicfiles/business/htmlfiles/moe/s3332/201001/82097.html）。

② 参见吴宇清《广东省教育信息化建设的发展对策研究》，电子科技大学2013年。

③ 参见《广东省教育宽带骨干网络发展历史》，见中国教育和科研计算机网（https：//www.edu.cn/info/fei/xin_xi_zi_xun/201202/t20120217_741833_2.shtml）。

3. 创新点

广东省基础教育专网实现了全省镇中心小学以上学校的网络连接，解决了学校"信息孤岛"问题，为全省基础教育开展远程教育等应用打下坚实的网络基础。这一创举走在了全国基础教育专网建设的前列，成为众多省份借鉴参考的范例。

广东省基础教育专网的开通，为免费向全省提供网上教学资源奠定了坚实的硬件基础，从而进一步推进了广东省基础教育信息化工作，特别是提高了欠发达地区中小学教育的教学质量，为农村中小学输送优质教育教学资源提供了高效、便捷的渠道，也为学校的帮扶和合作创造了最便利、经济的条件，夯实广东省教育信息化的现实基础，[①] 在推动教育改革发展、促进交流、丰富教育资源、实现教育政务公开、加快教育现代化等方面发挥了重要的作用。

三、信息技术引领教育系统变革阶段

（一）数字化校园

1. 建设背景

随着信息科技的发展，我国互联网络基础设施发展迅速，各种信息化设施也逐渐发展起来，"数字化校园"的建设不仅成为可能，更成为教育紧跟时代发展所必需。2010年，《广东省教育信息化"十二五"规划》提出把"数字化校园"建设作为五大重点任务之一，认为应该"推进中小学数字化校园达标建设和高等学校数字化校园特色发展，全面提升各级各类学校信息化建设水平和基础条件一体化水平，促进教育均衡发展"。广东省教育厅等八部门于2013年印发的《关于加快推进教育信息化发展的意见》中也明确指出要全面完成《广东省教育发展"十二五"规划》提出的教育信息化目标任务，完善"数字化校园"建设；同时修订完善《广东省中小学校信息化建设标准》，加快制定《广东省中等职业学校信息化建设标准》和《广东省高等学校"数字化校园"建设标准》，推进各级各类学校信息化达标建设，全面建成"数字化校园"。

2. 主要做法

广东省的"数字化校园"建设包括中小学"数字化校园"建设和高等学校"数字化校园"建设两个方面。

中小学"数字化校园"建设方面，要求从规划管理、基础建设和应用成效三方面都应达到省的标准。如多媒体教学进班级的覆盖率达100%，其中镇中心

---

① 参见林君芬、张静然《以信息化推进义务教育均衡发展——访广东省教育厅罗伟其厅长》，载《中国电化教育》2010年第10期，第28～32页。

小学以上学校 100% 的班级有多媒体综合电教平台，其他独立建制学校 60% 以上的班级有多媒体综合电教平台；教师积极应用信息技术优化课堂教学，进行课外辅导等。2017 年发布的《广东省教育发展"十三五"规划（2016—2020 年）》进一步要求提高校园数字化水平，提出"到 2020 年，中小学课程数字化率达 80% 以上，基本满足信息化教学常态化应用的需要"。

高等学校"数字化校园"建设方面，在 2007 年颁布的《广东省高等学校"十一五"信息化建设参考标准》的基础之上，《广东省教育发展"十二五"规划》要求进一步"加强高等学校数字化校园建设的规范化和特色化；推进移动互联网、物联网、云计算技术等支持的智能学习环境建设和泛在学习探索，搭建课程资源与知识共享环境、科研协作平台和数字化应用平台，全面实现教育教学、教育管理、科研、校园文化生活、交流合作和社会服务的数字化再造，支撑学校人才培养模式创新"。同时，还对广东省高等学校的信息化建设情况进行了评估，有效地提高和保证了高校信息化建设的质量。

3. 创新点

广东省重视各级各类学校数字化校园的建设，制定了学校信息化建设的相关标准来指导数字化校园的建设，分别针对中小学和高校制定了《广东省中小学信息化建设基本标准（试行）》和《广东省高等学校"十一五"信息化建设参考标准》。中小学标准考虑到了广东省经济发展不平衡的问题，既明确了各地的统一标准，又考虑到了不同地区的具体发展状况。高等学校的参考标准则针对高校教学的具体特点，细化了数字化科研、思想政治网上应用等，对学校的"数字化校园"建设有了具体、可操作性的指引，也为后期的评估工作做好了铺垫。两份标准都强化了学校信息化领导力，有效地保证了全省"数字化校园"建设的顺利开展。

（二）粤教云

1. 建设背景

21 世纪第一个十年中后期，云计算技术在全球迅速发展起来。这种新的技术能够更快速地提供资源，而人们只需投入少量的管理工作即可，为个体或单位节省了大量的硬件开支和软件成本，使数据保存的安全性提高。云计算技术解决了过去信息化资源建设容易重复、硬件设施购买花费昂贵等问题，因此，迅速地进入了教育领域，成为"教育云"。"教育云"以云计算为基础，使信息技术与教学深度融合，搭建包括核心应用的教育云平台，同时汇聚第三方优质资源及应用，面向教育机构、老师、学生、家长提供一站式的服务。

2010 年，《广东省教育信息化发展"十二五"规划》中提出五大行动计划，"粤教云"被列为第二大行动。广东省人民政府办公厅《关于加快推进我省云计算发展的意见》（粤府办〔2012〕84号）将"粤教云"确定为七大重点示范应用项目之一。2013年8月，广东省教育厅等八部门发布的《关于加快推进教育信息化发展的意见》（粤教信息〔2013〕5号）再次提出"实施'粤教云'计划，建设'粤教云'公共服务平台，开展'粤教云'示范应用试点"。《广东省信息化发展规划纲要（2013—2020年）》（粤府〔2013〕48号）也将"粤教云"公共服务平台建设列入信息技术在民生领域的重点应用项目。

2. 主要做法

在广东省教育厅"粤教云"项目领导小组的领导下，华南师范大学广东省教育云服务工程技术研究中心和广东省教育技术中心共同组建了"粤教云"项目组，联合相关重点高校、行业骨干企业和地市教育部门组成了"政产学研用"协同创新联盟，解决支持系统资源配置、用户资源整合、第三方应用汇集的开放体系结构以及大规模分布式应用开发、部署和运维问题，建设"粤教云"公共服务平台，发展数字内容、教育测评、教育视频等云服务，开展规模化示范应用。

2014年5月，珠海、惠州、东莞、肇庆、清远、佛山市顺德区、广州市越秀区、广州市天河区、深圳市南山区9个市（区）成为第一批"粤教云"示范应用试验区。试点内容包括各"粤教云"数据中心的建设、云智慧课堂、云学习空间、名师课堂、网络协作教研平台建设与应用等。其中，珠海市是"粤教云"示范应用首批试验区，珠海教育局通过"粤教云"示范应用座谈会、推进会、教师培训，出台《珠海试验区"粤教云"示范应用实施方案（征求意见稿）》等，明确了试点目标、主要任务等；建设了"粤教云"数据中心珠海分中心，珠海市教育视频应用平台和"粤教云"公共服务平台互联互通，实现了全市大部分录播教室与平台无缝连接，支持流媒体大规模录播、直播功能；部署了数字教材、数字教辅、名师课堂等资源，为课堂教学、泛在学习以及教师专业发展提供内容保障。

3. 创新点

广东省开展的"粤教云"建设，是全国较早在省内建设的教育云项目，通过顶层设计，科学地规划了整个项目的建设，既保证了后期项目的顺利进行，也确保了项目具有一定的前瞻性，实现可持续发展。同时，项目在节省硬件设施投入、解决资源重复建设和低水平建设问题上在全国率先做出了有益的探索，是广东教育信息化进入新发展阶段的重要标志。

"粤教云"项目非常重视标准和规范的研制，形成了《粤教云公共服务平台开放API接口规范》等资源建设和服务接入标准规范，云平台与端应用数据交换与互操作的标准，等等。标准与规范的建设有效保证了平台资源应用的统一性，更方便云平台接纳第三方优秀教育资源，提高了云平台的应用能力。

"粤教云"项目设计了云服务、云互动、云协同三类课堂,在内容保障、技术支撑和体验智慧三方面各具特色。同时,试点单位客户端的重要数据,如教师教学行为数据、学生学习经历数据等,还可以传输到公共服务平台,为教育教学和改革提供大数据支持与服务。

第三节 广东教育信息化的启示与展望

一、广东教育信息化的启示

在过去几十年的教育信息化进程中,广东省从宏观层面的政府配套措施、中观层面的信息化教育资源配置、微观层面的学校信息化教学与管理等多个维度进行改革,取得了显著的成绩,在全国率先形成了"设施完备、网络畅通、资源丰富、应用高效"的教育信息化体系。[1] 总结来看,有以下几点启示:

(一) 强调政策引领,推进改革发展

广东省教育信息化的发展是政策引领下的发展,教育信息化的发展离不开教育信息化政策的设计保障。回顾广东省教育信息化40年的发展,成果颇丰。相关政策在其间发挥了重要的引领作用,有效地保障了教育信息化的规范发展。

20世纪90年代,广东省教育厅先后印发《广东省普教电化教育发展纲要》《广东省关于普及中小学电化教育的意见》,明确工作目标,并分四类地区提出了具体的达标要求。[2] 1999年,制定了《珠江三角洲教育现代化规划》和《广东省教育信息化工程规划》。2004—2005年,广东省委、省政府颁布《广东省教育现代化建设纲要(2004—2020年)》及其实施意见,全面规划教育信息化,对教育信息化建设的目标、任务和措施提出具体要求,明确提出以信息化推动教育现代化。

2010年后,广东省积极响应国家教育改革的号召。2010年发布《广东省中长期教育改革和发展规划纲要(2010—2020年)》,2012年发布《广东省教育信息化发展"十二五"规划》,2017年发布《广东省教育发展"十三五"规划(2016—2020年)》和《广东省教育信息化发展"十三五"规划》。这些文件的发布,明确了广东省教育信息化发展第三阶段的目标和任务,为广东省教育信息

---

[1] 参见吴玮、付道明《区域基础教育信息化均衡发展——基于广东省的实证分析》,载《教育评论》2017年第4期,第64~66页。

[2] 参见彭红光、林君芬《地方电化教育发展探析——以广东电教发展30年为例》,载《电化教育研究》2010年第12期,第28~32页。

化的发展提供了政策依据。各级教育部门也积极规划本地的教育信息化顶层设计，推出了一系列政策文件、制度规范。①

广东省委、省政府重视顶层设计，合理规划与统筹发展，分阶段、渐进式地解决教育信息化面临的实际问题。在不同的时期、不同的时代背景下，相继出台了不同的政策文件来推动广东省教育改革朝着积极的方向不断发展与前进，为教育信息化的发展指明了前进道路，不断推动着教育信息化的发展。教育信息化的每一步发展都离不开政策的指引。在广东省委、省政府的高度重视下，广东省电化教育取得了"起步早、投入大、成效显著"的成绩，成为全国的领头羊和前沿阵地。

同时，国家政策导向为广东省教育信息化改革明确了方向。国家现阶段教育信息化总体目标可以概括为构建学习型社会和实现教育公平。这就引导广东省教育信息化的工作要点落在了通过教育信息化实现教育现代化、终身教育和教育公平上。广东省教育信息化的政策主要是站在国家政策的基础上，结合本省的发展现状及地域特点，利用地区优势，以国家教育信息化改革战略目标为指引，进行具有广东省特色的教育信息化改革。

（二）加强基础设施建设，确保改革基础条件

教育信息基础设施建设是教育信息化发展的基础，是教育信息化实践的必备条件，是教育信息化建设的首要内容。随着信息化应用水平的提升和信息技术与教学融合的深入，一方面，基础设施的建设为教育技术的运用提供支撑条件；另一方面，基础设施的优化和维护是信息化教学实践的保障。

在广东省的教育信息化进程中，不同时期基础设施建设的重点有所不同。如教育信息化的基础设施建设阶段，广东省现代化的教学环境建设得到了很大的推进，基础设施建设的重点是多媒体化，向学校推广使用多媒体电教平台、电子视听阅览室等设备和系统。2000年以后的重点则转向了网络化，实施了"三通工程""粤教云"等。基础设施的建设随着教学需求的改变而更新换代，基础设施的更新也影响着教育信息化不断发展与演进。

教育信息基础设施的建设，对于全面提升广东省教育信息化水平、缩小数字鸿沟具有十分重要的意义。在教育技术支持教学变革的背景下，在线学习、移动学习和终身学习等新的学习类型发展快速，未来必然会动摇单一的学校教育模式。在此趋势下，我们更应该高度重视教育信息基础设施建设，确保教育信息基

---

① 参见朱超华《广东省教育信息化重点工作进展报告》，载《中国教育信息化》2013年第9期，第31～33页。

础设施能够跟上教学改革的步伐，满足未来新的学习模式的需要。①

（三）重视资源建设，推进教育公平

教育信息化资源建设是教育信息化建设的基本保证与前提，也是制约信息化在教育教学中应用与管理的关键环节。

广东省建设的"广东省基础教育信息资源中心"、省级学科网站、专题网络等，都充分体现了全省资源合作、共建、共享的发展机制，利用资源中心的平台整合全省教育教学优质资源，为全省特别是经济欠发达地区的教育提供了大量优质资源。在国家政策的指引下，广东省在"十二五"期间大力开展教育教学资源建设工作，学前教育和中小学教育教学资源在量上都有了非常大的发展。截至2014年，全省学前教育的教育教学资源已达到15633000G，中小学教育教学资源则达到了15223000G，职业教育也开通了中职教育教学资源平台，拥有超过850G的资源。大部分学校已拥有不同数量、多种形式的数字教育资源，广大教师在资源的应用上具有一定的选择空间，资源的应用水平也得到了较大提升。各地区建立了区域性的数字教育资源库和资源服务系统，可供教师选择使用。农村地区开始实施的"教学点数字教育资源全覆盖"项目，对改善农村教学点教学质量、节约资源开发成本、提高资源使用效益等都具有积极作用。

《广东省教育信息化发展"十三五"规划》也把优质数字教育资源共享作为主要任务来抓，要求加快基础性优质数字教育资源共建共享，构建数字教育资源云服务体系，加强优质教育资源规模化应用，推进"广东慕课"建设。

教育资源是一项需要长期建设与维护的系统工程，探索信息技术与学科的深度融合，离不开优质资源的支撑，只有在优质教育教学资源的支撑下，才能构建高效的课堂教学模式，提高教育教学质量。在广东教育信息化工作中，由于对资源建设一贯重视，有效整合市、县优秀的教学资源，因此真正实现了设备配置、资源配送和教学应用"三到位"。同时，还以薄弱地区教育信息化建设为重点，在完善信息化基础设施的基础上，通过公共服务平台的建设和推广应用，深入推进优质教育教学资源的共建共享，形成人人参与建设、不断推陈出新的优质数字教育资源共建共享局面。

（四）积极提升教育技术能力，有效保证改革质量

教师作为教育改革的中坚力量，发挥着不可替代的作用，只有不断提高教师的专业水平，才能造就高质量的教育水平，其中最关键的就是要提高教师的教育信息技术应用能力。信息技术应用能力的培训，不仅能保证教育信息化基础设施

---

① 参见吕倩《美国教育信息基础设施建设路径研究》，华中师范大学2015年。

建设投入的有效应用,也能在一定程度上保证教师在课堂上正确而恰当地运用信息技术,这对于学生信息素养的培养和教育信息化的纵深发展都有着重要的意义。

在广东省教育厅的重视和领导下,广东格外重视教师信息技术能力培养,进行了大量的信息技术培训工作。1998—2002 年,广东省电化教育馆举办了多期电脑网络系统的使用与维护培训班,提高了专业技术人员的技术服务能力和工作水平,为教学应用提供了良好的技术支持服务。在此基础上,广东省电化教育馆不断深化培训内容,创新培训方式,提高了广大中小学教师的信息技术素养,增强其将信息技术与学科教学整合的能力,切实提高教学效率和教育质量,实现从信息技术培训转向教育信息化应用能力培训。2004—2007 年,为了促进新课程改革的实施和教师专业水平的提高,探讨信息技术与课程教学整合的规律,广东省在广州、珠海、中山、佛山等地举办多期信息技术与课程教学整合培训班,培训 3200 多人次。"十二五"期间,广东省实施中小学教师信息技术应用能力提升工程,全省 63 万名教师参与培训,教师、校长和教育行政管理者的信息化意识与能力显著增强。《广东省教育信息化发展"十三五"规划》把教师信息技术应用能力提升工程作为五大重点工程之一,开展教师信息化教学能力精准培训,全面提高师范生信息化教学能力,计划到 2020 年,完成中小学教师、校(园)长、教研员、电教专业技术人员的全员培训。

经过多年的培训,广东省教育信息化工作者和教师的信息素养及教育技术能力得到了大幅提高,为信息技术的教学应用和研究打下了坚实的基础。教师队伍的信息化是推动教育信息化建设的重要前提。广东省对教师教育技术应用能力提升的重视,有效地保证了教学改革的顺利开展,对于提高教学质量和教师素质都有着不可替代的作用。

(五)加强规范建设,促进健康发展

教育信息化建设与发展的历程是一个复杂而长期的过程,以广东省的经验而言,加强规范建设是使教育信息化逐渐理性化和规范化的有效措施。

广东省历来重视教育信息化标准规范建设,目前已经形成了完善的面向学校、区域的信息化标准体系。1999 年,广东省教育厅印发《广东省现代教育技术实验学校校园网建设标准(试行)》,对机构制度、基础设施、资源建设、教师教育技术能力建设等多个方面提出了具体的要求。2005 年,广东省教育厅下发《关于进一步加快我省高校教育信息化建设的若干意见》,2008 年形成了《广东省高等学校"十一五"信息化建设参考标准》,对"十一五"期间高校信息化建设工作提出了更高的要求。2010 年,广东省教育厅印发了《广东省中小学信息化基本标准(试行)》。这是各级政府规划、建设和管理普通中小学校信息化建设的重要依据和基本标准。

"没有规矩不成方圆",教育信息化标准的制定,规范了教育信息化建设的统一性,提高了教育信息化建设的实效性,促进了教育信息化科学发展。加强教育信息化各个方面标准与规范的制定,有助于推动教育信息化的不断发展、实现教师专业化发展、促进新课程改革深入发展。规范建设的全面发展,使教育信息化建设有章可循,从而进一步促进教育信息化健康发展。

(六) 构建 UGS 合作体系,促进科学发展

教育信息化是一项综合工程,需要各级政府的推动、大学的科研助力和各级学校的推广。广东省在教育信息化进程中初步构建了政府、大学和学校的合作体系,促进了教育信息化的科学发展。

政府在开展教育信息化工作的进程中扮演着重要角色,政府的支持与推动是教育改革措施落地的有效保障。从宏观层面看,各级政府发挥统筹协调作用,最大限度掌握当地社会现状,统筹社会资源,制定教育信息化政策,出台相应措施,推动教育信息化的发展。各高校作为中坚力量,实时关注国内外教育信息化发展进程和动态,能为教育信息化的发展提供科学、客观的实践理论支撑,促进教育信息化的科学发展。作为科研人才聚集地,高校在教育信息化发展过程中要与时俱进,不断提供前沿科研成果,为政府政策的制定和出台提供理论依据和支持。同时,高校还能为各级教育机构提供思想引领、教育引领和参与引领,切实指导教育信息化科学、健康发展。各级教育机构和中小学是教育改革的实践基地,一方面接受教育行政部门的指导,另一方面则和高校等科研机构合作,把理论落实为实践。

广东的教育信息化建设在过去的几十年里,坚持以"理论—理念—实践"为引领框架,初步构建了政府、高校、中小学校的合作体系。政府在宏观层面的政策需要得到微观层面学校的推广,各级教育机构和学校作为教育信息化发展的落脚点和试验点,为政府制定政策、高校进行科学研究提供宝贵的实践经验和数据来源,发挥着基础作用。高校如华南师范大学在教育信息化领域,学科、人才等平台优势明显,承担了教育部、广东省教育厅一系列的高端课题和项目,为全省教育信息化事业的发展做出了重要贡献。

政府、高校和中小学校的协调互动是实现全省教育信息化均衡发展的关键,广东省坚持在教育信息化发展中充分调动政府、高校和中小学校各方力量的积极性,共同促进了全省教育信息化科学发展,为加强全省教育信息化建设发挥了"1+1+1>3"的作用。

二、广东教育信息化的展望

广东省经过40年的不懈努力与探索,教育信息化建设取得了辉煌的成绩,在全国处于领先地位,为其他省份的教育信息化建设工作树立了一个优良的典范。结合国际国内教育信息化发展趋势及广东省教育信息化现状,广东省教育信息化的发展将在推进教育均衡、推动学习型社会的构建、开启教育新时代等方面发挥关键的作用。

(一)教育信息化切实推进教育均衡

当前,教育公平问题已经成为全球教育界的一个热点话题。联合国教科文组织于2015年11月发布了《教育2030行动框架》,提出要以"确保包容和公平的优质教育,让全民享有终身学习机会"为目的,到2030年,"确保所有的女童和男童接受完全免费、公平和优质的中小学教育,获得相应、有效的学习成果"。习近平总书记在党的十九大报告中也提到,要"优先发展教育事业,深化教育改革,加快教育现代化,推进教育公平,推动城乡义务教育一体化发展,努力让每个孩子都能享有公平而有质量的教育"。

目前,广东省不同区域的经济条件差异较明显,这导致教育的发展也存在着一些不均衡的现象,使得地区、城乡、学校之间教育信息化的发展不平衡,特别是城乡在信息化基础设施和应用水平上存在较大差距,数字鸿沟仍然存在。探讨信息化时代下如何填平和跨越数字鸿沟,促进教育公平均衡发展成为广东省教育信息化未来关注的重点。

广东省应加大对农村教育信息化的统筹规划和整体推进的力度,进一步加大财政投入,推进欠发达地区教育信息化的全面发展,促进城乡教育一体化与均衡发展。通过信息化环境和资源共享平台的建设,来推进信息技术与教育教学的深度融合,实现各学校之间资源的高度共建共享,逐步实现公平教育,促进广东省区域教育信息化协调稳步发展。信息化环境方面,应重点加强农村地区教育网络、"三通两平台"、信息终端设备、学科功能室等信息化基础设施建设,使教育信息化发展成果惠及每一所学校。地区和学校逐步建立无线教育城域网、无线校园,高标准实现各级各类学校宽带网络全覆盖与网络教学环境全覆盖。资源共享方面,则注重开发高质量、符合本地文化社会发展现状的教学资源,以教育资源的均衡发展促进城乡教育的均衡发展。资源共享作为信息技术特有的功能,通过网络这一重要渠道为各种教育资源在城乡教育领域之间的平衡流动提供了一个良好的平台,使城乡教育主体都能够有平等的机会去对各种网络资源进行获取。

信息化平台的相互融合和"数字化校园"的不断推进,使所有学校实现资源共享,最终实现广东省教育均衡发展的总目标。

（二）教育信息化推动学习型社会的构建

继党的十六大、十七大和十八大提出建设全民学习、终身学习的学习型社会后，党的十九大再次明确了建设学习型社会的重要性。党的十九大报告提出，"办好网络教育"，"办好继续教育，加快建设学习型社会"，突出彰显了网络教育、继续教育在建设学习型社会进程中的重要地位。①

党的十九大首次明确了网络教育是推动终身学习、构建学习型社会的重要途径。认真贯彻党的十九大关于完善终身教育体系、建设学习型社会的要求，对于广东省教育信息化的发展具有很强的指导意义。广东省在未来教育信息化的发展中，应充分发挥广东开放大学、广播电视大学以及各级继续教育机构、高校网络学院在建设终身学习社会中的作用，鼓励大众选择合适的途径进行继续教育，开展在线学习，树立终身学习的理念。加大力度构建"广东省终身教育公共服务平台"，发展终身学习"一体式"的数字化教育公共服务体系，整合现有"粤教云"与其他数字化教育公共服务平台，利用各级各类教育特别是高等教育信息化积累的信息化成果，整合和共享优质课程资源，构建网络化、数字化、个性化、终身化的教育体系并实现大范围的推广应用，提高各层次人才培养质量，实现全民享有终身学习机会。为有学习需求的不同人群创设方便、智能的终身学习公共服务体系，实现学习及教育管理无缝接合，为广东产业转型培养符合信息时代需要的人才，使人人能够参与终身学习。

（三）教育信息化开启教育新时代

当前，技术的发展正深深影响着人们的生活，新技术的应用也对教育的发展产生了深远的影响。未来，随着科技的不断进步，新技术在改变人们生活的同时，也必然会改变教育的面貌。

联合国教科文组织2016年《科学报告：面向2030年》指出：科技创新驱动发展的理念在全世界范围内日益被广泛接受。党的十九大报告提出要推进基础教育信息化融合创新发展。2017年美国新媒体联盟发布的《地平线报告》也显示，未来4～5年将对教育产生重大影响的技术有人工智能、自然用户界面和物联网。随着人工智能技术、大数据以及云技术的日益成熟和发展，广东省教育信息化的发展应着力于充分利用新技术引领创新驱动发展，全面落实信息化发展策略，深入推进教育信息化工作，加快推进广东省教育现代化。

广东省对教育信息化在新时代新技术环境下更快发展要有充分的思想准备、

---

① 参见习近平《决胜全面建成小康社会 夺取新时代中国特色社会义伟大胜利——在中国共产党第十九次全国代表大会上的报告》，载新华网2017年10月27日。

技术准备和实践准备,准确把握信息化新技术服务于教育教学的关键所在。在顺应历史潮流的基础上,通过创新、合理运用新技术,实现教育信息化发展的质的飞跃,并最终实现具有广东特色的教育现代化。

第十四章 教育国际化

改革开放是 40 年来我国社会主义现代化建设事业的总体决策，对内改革，对外开放，二者缺一不可。改革开放也是教育现代化的主题，教育的改革是一种开放的改革，教育的开放是为教育的改革发展服务的。40 年的教育开放，经历了谨慎的学习、借鉴与引进，到深度开放我国教育市场与出国留学，再到如今的教育引进与"走出去"并举的新战略的过程。在进一步借鉴与引进国外教育理论与经验的同时，我们要输出我国的文化与教育模式，进入世界教育体系的中心。可以说，这 40 年的教育开放，让我们了解了世界教育及我国教育在世界教育体系中的定位；借鉴了许多国外优秀的教育理论和教育实践，丰富了我国教育改革的理论、思路与实践；培养和引进了许多具有国际视野和世界知识前沿的科学人才、技术人才与管理人才。通过改革开放，我国高水平大学开始进入世界一流大学的行列，我国的中学生也参加了 OECD（经济合作与发展组织）举办的 PISA 测试，取得了举世瞩目的成绩，基础教育的成就受到了英美国家的关注和学习。

广东省作为我国改革开放的先行地和实验区，40 年来充分利用国家给予特殊政策的"天时"和地处沿海、毗邻港澳的"地利"，以及广东人务实创新、敢为天下先的"人和"等因素，率先对外开放，在教育领域不断进行开放的探索，加大国际化进程，在提高教育开放水平的同时，也促进了教育的改革与发展，取得了瞩目的成就。

第一节 广东教育国际化改革发展的基本历程

广东省地处我国南端，自古就是我国最早对外开放的地区。鸦片战争之后，广东被迫成为我国最早"对外开放"的前沿阵地，开启了广东人开眼看世界和教育"国际化"的进程。在近代，广东省教育国际化的形式主要包括向外国派遣留学生、聘请国外学者来粤讲学、举办新式学堂、创办广东大学、引进美国学制等。可以说，广东社会与教育的国际化，孕育了近代中国新思想和新人才，引中国社会风气之先，深深地影响着中国的社会发展进程。

中华人民共和国成立之后，广东省和全国一样，在教育开放方面学习、借鉴苏联的教育理念、体制、模式和方法，构建社会主义新教育体系。在与苏联断交后，我国教育进入"大跃进"阶段，正常的教育秩序受到破坏，学校的学制、课程、教师、考试等被随意增减、取消。从这段封闭的历史来看，对于一个从封建社会转化发展而来的新生国家而言，没有开放，所面临的就是一场可怕的灾难。1978年，我国确立了改革开放总战略，迎来了长期大发展的黄金时期。广东省承借改革开放政策的"春风"，率先对外开放，建立起了开放型经济和开放型教育，在学生、教师、研究以及合作办学等国际化因素上走在了全国的前列。本章以学生国际化、教师国际化、课程国际化、研究国际化、跨境教育的发展来分析广东省教育国际化40年的发展历程。

一、学生国际化发展

学生国际化是教育国际化的主要要素。教育是培养社会人才的活动，教育国际化就是培养学生的外语能力、国际交往能力、国际问题解决能力等全球能力。从概念上看，学生国际化包括本地学生和海外学生两个维度的国际化。总体上来说，广东省学生国际化发展在全国位于前列，保持在第六名左右，2016年降至第七名。

（一）来粤留学生流动

改革开放40年来，来粤留学生人数不断增长，经历了由少到多的不同发展阶段。

1. 1978年到20世纪末的初始发展

这一阶段，来粤留学生数从几十人增加到1800余人，实现了广东接收外国留学生的初始发展和原始积累。如1978—1983年仅接纳留学生63人。这一时期，是广东教育改革开放的初级阶段，在国际上的声誉较低，接收的外国留学生规模偏小，但是与全国来华留学生形势基本符合，全国来华留学生人数约为5万人。与此同时，这个时期的来粤留学生人数也受限于对接收外国留学生院校资格的审查与限制，1999年，广东省具有接收外国留学生资格的高校仅为21所，校均留学生数近100人。

2. 21世纪前10年的高速发展

加入WTO后，我国经济和教育全面对外开放，既派遣出国留学人员和开放国内教育市场，又大力宣传中国教育和招收外国留学生。广东作为改革开放的先行地，开始以更加开放的姿态走向世界，教育国际化的步伐也逐渐加大。进入

21世纪以后,来粤留学进入一个新的发展时期,留学生数量开始迅速增长,10年来稳居全国第六位。2000年,来粤留学生数为1930人,占当年来华留学生总数的3.7%,居全国第六位;2009年,来粤留学生首次突破万人,达11331人,占当年来华留学生总数的4.76%,仍居全国第六位(见图14-1)。

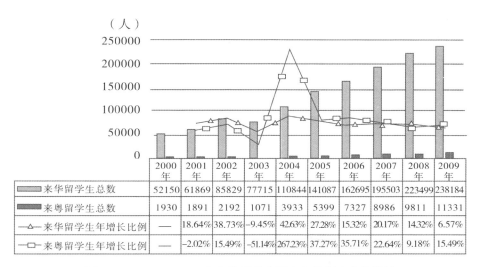

图14-1 2000—2009年来华留学生及来粤留学生人数统计

资料来源:教育部网站。

从图14-1中可以看出,除2003年"非典"疫情导致留学生人数下降外,2002—2009年来华留学生数及来粤留学生数均呈增长趋势。2004年之后,来粤留学生数量增长迅速,至2009年,来粤留学生人数达11331人,相比2000年增加了9401人,增长了487%;且从留学生年增长率来看,除2001年、2002年、2003年、2008年外,其他年份来粤留学生年增长率均高出全国来华留学生年增长率。

3. 2010年至今的持续发展

这个时期是广东社会事业发展"十二五""十三五"时期,广东省教育国际化迈入高水平发展阶段,来粤留学生规模稳步持续扩大,留学生来源日益丰富。2010年,来粤留学生数达14110人,占当年全国来华留学生总数的5.3%。2012年,来粤留学生数首次突破2万人,达20940人。至2016年,来粤留学生数增长到24605人,较2010年来粤留学生总数增加了10495人,增长了74.38%(见图14-2)。

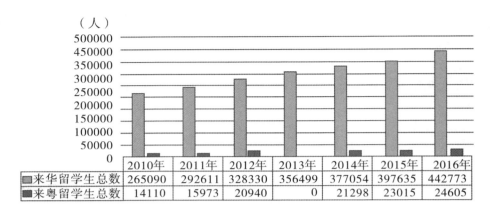

图 14-2　2010—2016 年来华留学生及来粤留学生数

资料来源：教育部网站。[1]

这一时期除了来粤留学生人数增加，留学生生源地也越来越多元化，从原来占据较大份额的第三世界国家发展到五大洲的 100 多个国家。以中山大学为例，2012 年中山大学留学生中，来自韩国的占 17%，来自越南的占 8%，来自泰国的占 7%，来自美国的占 6%，来自印度尼西亚的占 6%，来自日本、尼泊尔的分别占 4%，来自其他国家的占 48%。近年来，随着"一带一路"倡议的推进，广东省积极推动省内高校招收更多沿线国家优秀留学生，至 2015 年，广东省约有 1.2 万名留学生来自"一带一路"沿线国家，占全省留学生总量的 52%。广东省职业院校也积极参与到来粤留学生的教育和培训中来。2016 年年底，广东省高职院校全日制国（境）外留学生共 486 人，对非全日制国（境）外人员培训量达到 36373 人次。

4. 个案分析与省域比较

从广东省四所"211 工程"大学的来粤留学生数及其占比来看，各校无论是留学生人数还是占比都发展到了一个较高的水平，除华南师范大学外，其他三校的学历留学生占在校生总数的比例都超过了 3%，暨南大学由于其特殊的学校历史与定位，更是在 5% 以上（见表 14-1）。

---

[1]　2013 年来粤留学生数未查找到。

表 14-1 2016 年广东省四所"211 工程"大学来粤留学生数及占比

大学	留学生数（人）	留学生占比（%）	学历生数（人）	学历生占比（%）
中山大学	3368	6.6	1600	3.1
华南理工大学	2279	5.3	1367	3.2
暨南大学	4063	11.0	1999	5.4
华南师范大学	1439	4.3	461	1.4

资料来源：四所高校网站。

与国内兄弟省市相比，广东省留学生数排名第七，虽然与广东省的经济地位以及国家对广东省改革开放的定位要求有较大的差距（见表 14-2），但是与排在前面第五、六位的天津和辽宁相差不大，通过不断的努力就有可能进入全国来华留学生人数前五名。

表 14-2 2016 年我国各省市留学生数量前十名

省市	留学生数（人）	排名
北京市	77234	1
上海市	59887	2
江苏省	32228	3
浙江省	30108	4
天津市	26564	5
辽宁省	25273	6
广东省	24605	7
山东省	19829	8
湖北省	19263	9
云南省	14925	10

资料来源：教育部网站。

（二）粤学生出国流动

从全国来看，40 年来我国出国留学人数要高于来华留学生人数，广东省出国留学生人数也大致呈现出相同的趋势。但是广东省关于出国留学人数没有统计，所以资料不全。据统计，仅 1978—1983 年，广东省珠三角地区高校派往 12 个国家的公费留学生达 519 人。2000 年，广东省教育厅办理了具有大专以上学历的学生自费出国留学学历审核2329人次。

从广东省四所"211工程"大学来看,各校学生出国交流项目较多,如中山大学有142个项目,华南理工大学也有103个项目。但是,出国交流的人数远不及各校来华留学生人数,这是需要各校引起重视的学生国际化的一个重要方面(见表14-3)。

表14-3　2016年广东四所"211工程"大学学生出国交流项目与人数比较

学校	学生交流项目(个)	2017年出国人数(人)
中山大学	142	1297
华南理工大学	103	835
暨南大学	54	612
华南师范大学	39	389

资料来源:四所高校网站。

二、教师国际化发展

教师国际化是教育国际化、学校国际化与学生国际化之根本,可以让学生不出国门接受国际化教育,成为国际化人才。当然,教师国际化是推动教育改革和开放的主要动力,教师尝试应用国际上行之有效的教育理念、模式和方法,促进人才更加有效成长。对高等教育而言,教师国际化还可以促进教师研究的国际化,与国际科学界建立网络联系,进入世界科学研究的前沿。因此,教师国际化对广东省高质量的人才培养和科学研究具有重大的意义和价值。从概念上看,教师国际化包括引进海外教师与教师国际培训两个方面,其中后者又包括海外培训与国内培训(即聘请国际教师来国内对教师进行培训)两种。

(一)高校教师国际化发展

1. 前30年:广东省教师国际化起步发展和探索时期

实行改革开放的前30年,除了1996年建立的国家留学基金委资助高校教师出国进修外,国家和广东省政府尚没有出台海外人才引进计划和派出计划。因此,这个时期广东省教师国际化的特点是人数少,政府资助计划少,教师出国访学、交流以及引进外籍教师在广东省高校中凤毛麟角。

据统计,1978—1983年,有来自60多个国家和地区的2995名专家、教授来粤高校讲学、考察,有43人被聘为广东省高校的名誉教授、名誉顾问、兼职教授;广东省高校同国外68所相应的院校建立了不同形式的校际联系。到20世纪

90年代初,到中山大学任教、短期讲学或进行合作研究的海外学者有400多人,中山大学派出了200多名教师到境外(很多是到香港地区)高校访学或攻读学位。由于这一时期相关资料比较少,还不能准确描述广东省教师国际化发展情况。2000年,广东省教育厅办理单位公派出国留学做访问学者或攻读学位的教师共46人次,其中中青年教师占90%;办理院校短期出访团组346批共1638人,办理95所院校768名外国专家(教师)的聘请审批手续;受理9所学校聘请外国专家资格申请并上报国家外国专家局。广东省高校2003年向国外派遣学者人数为1051人次,接收865人次。广东省高校教师2000年到国外参加人文、社科学术会议达698人次,2001年则达到891人次。

2. 后10年:广东省教师国际化活跃时期

(1)海外高层次人才引进。进入改革开放第四个十年,我国开启了海外高层次人才引进计划,呈现出多层次特点,体现了自上而下且竞相效仿的同心与竞争的局面。2008年,中共中央组织部专门出台了《海外高层次人才引进计划》(即"千人计划"),围绕国家发展战略目标,用5~10年,在国家重点创新项目、重点学科和重点实验室、中央企业和国有商业金融机构、以高新技术产业开发区为主的各类园区等,引进并有重点地支持2000名左右海外高层次人才回国(来华)创新创业。在"千人计划"的带动下,全国各地迅速掀起了引进海外高层次人才的热潮。各地方政府除了积极落实和参与国家"千人计划"外,也纷纷出台本地的海外高层次人才计划。2009年,广东省提出"珠江人才计划",同年11月面向海内外实施引进首批创新科研团队、领军人才项目。广东省此次引进了12个创新科研团队,按技术领域划分,则有电子信息技术3个,光机电一体化1个,新医药技术2个,生物技术3个,新材料技术2个,新能源、节能与环境工程技术1个。15名领军人才中,包括诺贝尔化学奖获得者1人,美国国家工程院院士1人,瑞典皇家科学院院士、诺贝尔奖评委1人,中国科学院院士1人,中央"千人计划"入选者5人。该项目首批共引进高端人才包括"两院"院士10位、"国家杰青"7位、"长江学者"8位、"千人计划"入选者10位。这一计划启动以来,广东省共引进了162个创新科研团队和122名省领军人才,聚集各类高端人才逾千人,其中诺贝尔奖获得者2名、国内外院士31名。

广东省除积极参与2011年实施的国家《青年海外高层次人才引进计划》("青年千人计划")外,2016年"珠江人才计划"实施了两个新子项目:一是"海外青年人才引进计划"(博士后资助项目),吸引外籍(境外)和有留学经历的博士毕业生来粤从事博士后研究工作,集聚储备一批中青年高层次国际人才。二是"海外专家来粤短期工作资助计划",通过放宽来粤工作时间要求,取消年龄限制,吸引海外"高精尖缺"人才来粤工作。其中最具特色、最灵活的是"双短"柔性引才做法,即从2016年1月起实施和签发《外国专家来华邀请函》，对 90 天以下来华外国专家短期工作豁免工作许可，简化外国专家短期来华工作的办理程序，按照属地管理原则，最大限度地为用人单位引进短期专家提供便利。这两个新项目将会为广东省带来更多的海外青年高层次科技人才，增强广东省科技发展的活力。

（2）高校教师海外交流。广东省高校教师海外交流项目包括以下四个层次：

国家留学基金资助出国计划。1996 年，国家留学基金委成立，设立了资助高校教师出国进修计划。如 2018 年计划公派高级研究学者、访问学者、博士后项目 3500 人，其中博士生导师 500 人。高校合作项目（青年骨干教师出国研修项目）计划选派 3200 人。

国家公派出国留学广东省地方合作项目。2013 年，广东省教育厅与国家留学基金委联合实施国家公派留学"地方合作项目"，每年选派、资助 100 名优秀教师赴国外知名大学、科研机构访学研修。

青年优秀科研人才国际培养计划。2017 年，广东省出台了《关于加快新时代博士和博士后人才创新发展的若干意见》，通过加大资金的投入、建立海外人才工作站、打造离岸人才研发基地等举措，靶向引进海外优秀博士和博士后人才，培养具有国际视野和研究能力的优秀人才。通过实施青年优秀科研人才国际培养计划，每年资助 100 名优秀在站博士后科研人员、申请进博士后流动站的应届博士毕业生到国外（境外）高校、科研机构、企业的优势学科领域，合作开展博士后研究工作；每年选派 200 名优秀博士、博士后赴国（境）外开展短期培训和学术交流活动；每年选派 100 名优秀博士、博士后作为访问学者赴国（境）外访问进修、合作研究，派出时间一般为 6～12 个月。

高校教师出国（境）研修资助项目。广东省高校尤其是高水平大学建设的高校一般都会实施教师出国（境）研修计划，扩大本校教师出国研修的规模，期望提高教师的国际化水平和学术水平。例如，华南师范大学 2013 年修订了其资助教师出国的条例，提出学校每年资助总名额不少于 100 名。其中，国家留学基金委和地方合作项目按实际入选名额资助，国家和高校合作项目资助 20 名；华南师范大学留学基金访问学者项目资助 40 名，教学能力提升及课程建设研修项目（含双语教学项目）资助 30 名（其中，双语教学项目资助 20 名）。

近 10 年，广东省高校与国外高校交流日益频繁，广东省高校每年派遣和接收的人数基本保持递增趋势。据统计，2013 年派遣人数增加至 1687 人次，相比 10 年前增长了 61%，接收 1478 人次，相比 2003 年增长了 71%。截至 2016 年，广东省高校向国外派遣 2338 人次，占当年全国高校向国外派遣人数的 5.2%；接收 1926 人次，同样占当年全国高校接收国际合作研究人次的 5.2%（见图 14-3）。

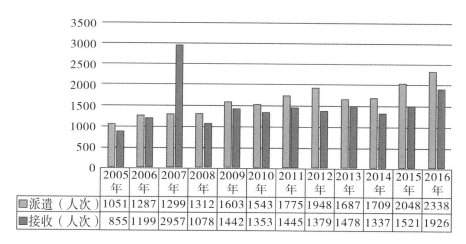

图 14-3　2005—2016 年广东省高校科研国际合作交流情况
资料来源：教育部网站（http：//www.moe.gov.cn/s78/A16/A16_tjdc/）。

这一时期，广东省高校人文社会科学交流也不断增加，参加的国际活动也非常丰富，包括参加学术会议、受聘国外大学讲学、国外进修学习和合作研究（见表 14-4）。此外，广东省高校领导的国际化也受到前所未有的重视，如 2008 年广东省委举办了"广东高校校长美国培训班"，组织高校校长赴美国马里兰大学培训学习，提高他们的国际视野和大学领导能力。

表 14-4　2006 年、2007 年、2009 年广东省高校人文、社科国际交流情况

（单位：人次）

年份 交流项目	2006 年	2007 年	2009 年
国际学术会议（参与人次）	2046	1993	2668
国外受聘讲学（派出人次+来校人次）	401	588	649
国外进修学习（派出人次+来校人次）	297	421	459
国外合作研究（派出人次+来校人次）	169	117	209
合计	2913	3119	3985

资料来源：教育部社会科学司：《2009 年全国高校社科统计资料汇编》，高等教育出版社 2010 年版。

（二）中小学教师国际交流

相比高等学校，广东省中小学教师的国际交流就显得要贫乏得多。这可能与

大学是国际性的而中小学是本土性的本质特性有关。就可以查到的资料来看，广东省和广州市教育行政部门对中小学教师和校长进行了一些国际交流的努力，尤其是校长与英语教师的国际交流，初步拓宽了广东省中小学教师的视野。然而，其他科目教师的交流则没有开展起来。

2002年，广东省教育厅开始与英国驻广州总领事馆合作开展国际文化交流项目。在为期一年的项目过程中，英国有近百名教师到广东的中小学任教，中英两国教师通过"中英中小学校级联系语言助教项目"开展广泛深入的交流与合作。2004年以后，广东省中小学教师的国际化主要由广东省教育厅和各市教育局主持推动，主要表现了两大特点：一是合作培训的国家只有两个国家，即美国和英国。广东省发起单位是广东省教育厅、广州市教育局和华南师范大学，英方单位是英国驻广州总领事馆文化教育处以及广州市友好城市伯明翰，而美国的单位是范德堡大学和田纳西州纳什维尔市公立学校系统。二是培训的项目仅限于中小学校长与英语教师培训，前者旨在开阔校长的视野，提高学校管理的效能，从而引领学校的国际化改革，应该说校长培训是抓住了问题的关键，有助于带动全校工作的转变和提高教育质量；后者则是因为具有国际化所需的英语优势，可以通过国际交流来提升英语教师的英语能力和教学技能（见表14-5）。

表14-5　中小学校长和教师国际培训班

项目	地点	人数	时间
广东省中学校长培训中英合作项目（广东省教育厅与英国驻广州总领事馆文化教育处）	广东省与英国	200余人	2004—2012年
"中美中小学校长领导力发展学习与交流"国际交流项目	华南师范大学、范德堡大学、田纳西州纳什维尔市公立学校系统	480人	2005年至今
广州市中小学英语教师赴英国培训项目	伯明翰、爱丁堡	400余人	2006—2014年
广东省中小学英语教师英语语言村（广东省教育厅与英国驻广州总领事馆文化教育处）	广东省各地	4245人	2006年至今
广州伯明翰友好城市职业教育合作项目	广州	106（其中校长55人）	2014年12月

资料来源：广东省教育厅、广州市教育局及华南师范大学网站。

三、课程国际化发展

国际化分为外部国际化与内部国际化。前者指的是教师、学生、课程、项目及学校走出国门进行学习、交流和办学,从而给国内和国外教育带来影响;后者指的是学生和教师不出国就可以享受国际化,包括课程的国际化、聘请国际教师和引进国际项目。内部国际化日益受到各国政府和学校的重视,而课程国际化则是其中的一个重要组成部分,包括开设外语课程、国际主题课程以及双语和全英课程及专业。

(一) 开设外语课程

目前,广东省146所高校共开设21门外语专业,其中有9门西方语言、12门东方语言。105所院校开设英语专业,占比71.9%;52所院校开设日语专业,占比35.6%;14所院校开设法语专业,占比9.5%;意大利语、葡萄牙语、波兰语、希腊语、印尼语、泰语、越南语、印地语、老挝语、缅甸语、柬埔寨语、马来语、乌尔都语、阿拉伯语14门语言只有广东外语外贸大学开设了专业。目前,广东省高校开设的外语专业包含"海上丝绸之路"沿线国家语言13种,涵盖了沿线35个国家的官方语言,占比85.3%。在"海上丝绸之路"的41个沿线国家中,还有6个国家(孟加拉、斯里兰卡、马尔代夫、阿富汗、伊朗、土耳其)的官方语言没有在广东省高校开设专业。从培养方案可以看出,这些外语专业的开设,以培养复合型、应用型的人才为主,除了要求学生掌握一定的知识和技能,还通过签订互派留学生的协议鼓励学生到外国进修,如阿拉伯语专业的学生,以"3+1"的培养模式,旨在培养从事翻译、研究、教学、管理工作的高级人才,并鼓励学生到阿拉伯国家学习,增进对阿拉伯社会和文化的了解。

(二) 开设全英或双语专业和课程

全英或双语专业和课程是课程国际化的重要形式之一。全英或双语教学有三项国际化功用:一是通过使用国际语言教学,招揽更多的外国留学生来华学习;二是提高本国学生的专业英语水平和专业沟通能力;三是通过使用外国原版教材及专业课程体系,使内专业和课程知识水平达到国际要求,培养高水平的专业人才。因此,全英或双语课程不仅是亚洲(如日、韩)高校国际化的一种积极方式,而且也为欧洲教育国际化所采用。广东省教师国际化水平高的大学也纷纷顺应这一课程国际化的趋势,为国内外开设了全英或双语专业和课程。据不完全统计,中山大学开设了6个全英本科专业和6个全英硕士学位专业,包括公共管理学、临床医学、图书馆与信息档案管理学、文学、自然科学与工程、经济管理学等,这些专业也是中山大学的优势专业;暨南大学开设了8个全英本科专业和

2个全英硕士专业，全英课程达到400多门；华南理工大学开设了土木工程、材料工程等4个全英本科专业，1个双语本科专业以及4个全英核心课程专业；南方科技大学22个专业都是双语专业，80%以上的课程都是双语或全英课程，它表现出了一所国际化大学的基本特征（见表14-6）。

表14-6 广东省高校全英语授课专业和课程情况

学校	专业数/课程	专业
中山大学	6个本科+6个硕士	公共管理学、临床医学、图书馆与信息档案管理学、文学、自然科学与工程、经济管理学
暨南大学	8个本科+2个硕士/400门	国际经济与贸易、金融学、会计学、药学、新闻学、食品质量与安全、临床医学、计算机科学与技术；工商管理、中国学
华南理工大学	4个本科+1个本科（双语）+4个（全英核心课程）/189门	土木工程、材料工程、环境工程、金融学/机械工程/工商管理、旅游管理、行政管理、传播学
南方科技大学	22个（双语）/80%课程是双语或全英	物理学、应用物理学、化学、生物技术、生物信息学等9个理学专业，生物医学工程、微电子科学与技术、光电信息科学与工程、通信工程等10个工学专业，以及金融数学、金融学、金融工程3个经济学专业

资料来源：四所高校教务处网站。

四、研究国际化发展

研究国际化是高等学校尤其是研究型大学国际化的重要内容。高校教师通过设立国际研究中心、参与国际研究项目、举办和参与国际学术会议、发表和出版研究成果，从而密切与国际同行进行学术交流，提高研究能力和学术国际影响力。许多世界一流大学的建设经验证明，国际化是"双一流"必不可少的路径。广东省高校研究的国际交流与合作经历了一个缓慢的发展过程，在21世纪科技强国和教育强国的号召下，呈现出快速发展的新态势。

（一）论文国际发表

论文是学术研究的重要成果表现形式，论文的数量及质量能直接反映出高校科学研究层次与水平，论文国际发表是研究国际化的重要指标。从目前查到的数据看,2003—2016年,广东省高校论文国际发表数量持续增加,即使是在2014年和2015年广东省高校论文发表总数下降的情况下也是如此。2005年广东省高校教师国际发表的论文有2345篇,占全省发表论文总数的9.12%,至2016年,论文国际发表数量达到17532篇,占当年全省发表论文总量的35.49%(见图14-4)。由此可见,广东省高校科研国际化水平不断提升,学术国际话语权和国际影响力在稳步提升。究其原因,一方面是得益于广东省科研评价特别是自然科学评价向国际发表倾斜的政策;另一方面是广东省高校教师的国际化水平在不断提高,具备了国际发表的能力。

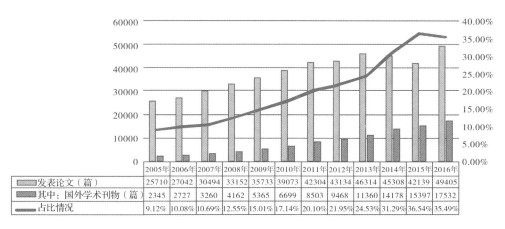

图 14-4　2005—2016 年广东省高校论文发表情况

资料来源:教育部网站(http://www.moe.gov.cn/s78/A16/A16_tjdc/)。

从对广东省高水平大学学科实力的对比来看,进入 ESI 世界前 1% 学科领域的大学有 8 所,其中中山大学遥遥领先,该校有 14 个学科领域进入世界前 0.5%;华南理工大学与暨南大学次之,其他的大学在国际上也表现出来一定的实力(见表 14-7)。

表 14-7　广东省 8 所高水平大学学科实力比较

(单位:个)

大学	学科实力(进入 ESI 世界前 1% 学科领域的学科数)
中山大学	18(其中 14 个进入 0.5%)
华南理工大学	9
暨南大学	7
华南师范大学	5

(续表 14-7)

大学	学科实力（进入 ESI 世界前 1% 学科领域的学科数）
深圳大学	5
南方医科大学	4
华南农业大学	2
广东工业大学	2

资料来源：相关高校网站。

（二）国际级科研项目

国际级科研项目验收数量是研究国际化水平高低的重要指标。广东省高校每年验收的国际级项目主要包括"973"计划、科技攻关计划、"863"计划、自然基金项目等。2005—2009 年，广东省高校验收的国际级项目以"863"计划项目和科技攻关计划项目为主，但是验收国际级项目总数却在逐年减少，从 2006 年的 95 项减少到 2009 年的 39 项，下降幅度很大。2010—2013 年，广东省高校验收的国际级科研项目出现激增，四年间翻了一番，从 2010 年的 65 项增加到 2013 年的 150 项。不过，2014—2016 年，广东省高校验收的国际级项目又出现不同程度的减少（见图 14-5）。10 余年来，广东省高校国际级验收研究项目的变化波动，值得关注和研究。

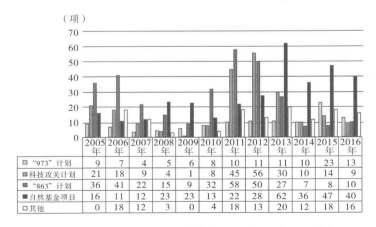

图 14-5 2005—2016 年广东省高校验收国际级项目来源

资料来源：教育部网站。

（三）国际合作实验室和研究中心

1. 国际合作实验室和研究中心

2014年，教育部发布《关于印发〈国际合作联合实验室计划〉的通知》，决定依托高等学校整合提升并建设认定一批国际合作（含内地与香港地区合作，下同）联合实验室。2016年1月，教育部发布最新一批国际合作联合实验室立项名单，立项建设17个国际合作联合实验室（见表14-8）。其中，暨南大学、华南师范大学、广东工业大学三所学校获批设立三个国际合作联合实验室，分别是暨南大学与香港大学联合成立的中枢神经再生国际合作联合实验室，华南师范大学与荷兰埃因霍温理工大学、荷兰特文特大学、瑞典隆德大学等联合成立的光信息国际合作联合实验室，以及广东工业大学与香港城市大学、香港理工大学联合成立的物联网智能信息处理与系统集成国际合作联合实验室。广东省国际合作实验室的数量与上海并列第一，占全国总数的17.6%。不过，广东省有两个国际合作研究中心是与香港的大学合作成立的，也反映了粤港澳高等教育合作的优势和成果。

表14-8 教育部批准成立的国际合作实验室

序号	国际合作联合实验室名称	依托单位（中方）	外方（含境外）单位	建设期
1	高端装备创新设计制造国际合作联合实验室	清华大学	德国亚琛工业大学	2016.1—2018.12
2	地球空间信息科学国际合作联合实验室	武汉大学	香港大学	2016.1—2018.12
3	微纳制造与测试技术国际合作联合实验室	西安交通大学	澳大利亚新南威尔士大学和英国伯明翰大学等	2016.1—2018.12
4	绿色建筑与人居环境营造国际合作联合实验室	重庆大学	英国雷丁大学、剑桥大学、拉夫堡大学、伦敦大学学院，美国罗格斯大学、辛辛那提大学、劳伦斯伯克利国家实验室，澳大利亚墨尔本大学、悉尼大学，新西兰惠林顿维多利亚大学等12家世界知名大学、科研机构	2016.1—2018.12

（续表 14-8）

序号	国际合作联合实验室名称	依托单位（中方）	外方（含境外）单位	建设期
5	光子学与技术国际合作联合实验室	浙江大学	瑞典皇家工学院	2016.1—2018.12
6	食品安全国际合作联合实验室	江南大学	美国加州大学戴维斯分校等4所美国高校和美国农业部、加拿大农业部合作建设	2016.1—2018.12
7	大气与地球系统科学国际合作联合实验室	南京大学	芬兰赫尔辛基大学	2016.1—2018.12
8	智能感知与计算国际合作联合实验室	西安电子科技大学	荷兰莱顿大学和英国诺丁汉大学	2016.1—2018.12
9	地震工程国际合作联合实验室	同济大学	美国加州大学伯克利分校、日本东京工业大学以及意大利欧洲地震工程研究中心	2016.1—2018.12
10	信息显示与可视化国际合作联合实验室	东南大学	英国、法国、荷兰、新加坡	2016.1—2018.12
11	武汉光电国际合作联合实验室	华中科技大学	美国、法国、德国、俄罗斯、英国、加拿大、澳大利亚、新加坡	2016.1—2018.12
12	中枢神经再生国际合作联合实验室	暨南大学	香港大学	2016.1—2018.12
13	柔性电子国际合作联合实验室	南京工业大学	英国帝国理工学院塑料电子中心、新加坡南洋理工大学材料科学与工程系、新加坡国立大学化学系、英国圣安德鲁大学有机电子研究中心	2016.1—2018.12

(续表 14-8)

序号	国际合作联合实验室名称	依托单位（中方）	外方（含境外）单位	建设期
14	光信息国际合作联合实验室	华南师范大学	荷兰埃因霍温理工大学、荷兰特文特大学与瑞典隆德大学等	2016.1—2018.12
15	农业与农产品安全国际合作联合实验室	扬州大学	加拿大、德国、美国、法国、日本、西班牙六国高校	2016.1—2018.12
16	资源化学国际合作联合实验室	上海师范大学	英国、美国、德国、新加坡、以色列	2016.1—2018.12
17	物联网智能信息处理与系统集成国际合作联合实验室	广东工业大学	香港城市大学、香港理工大学	2016.1—2018.12

资料来源：教育部网站。

从自主联合设立国际研究机构和实验室来看，广东省高校也进行了卓有成效的工作。例如，华南理工大学先后与美国、法国、荷兰、英国、意大利、新加坡、澳大利亚等国知名大学合作建立了 11 个国际研究机构和实验室。暨南大学也与美国、加拿大、德国、俄罗斯、法国等国和香港地区知名大学合作建立了 11 个国际研究机构和实验室，其中与香港地区的大学合作建立的单位有 5 个。

2. **国别和区域研究中心**

国别和区域研究中心建设是我国新时期社会科学研究的一个战略部署，目的是增强对外国的了解和研究，以满足民族复兴和大国崛起的现实要求。国别和区域研究中心是高校整合资源对某一国家或区域的政治、经济、文化、社会等开展全方位综合研究的实体性平台。广东省高校和研究单位积极参与这一国家战略建设，结合地缘优势和研究传统，获批（或备案）教育部国别与区域研究中心有 12 个（见表 14-9）。除此之外，暨南大学还设立了中印比较研究所、东南亚研究所、非洲研究中心、美国研究中心、欧盟经济研究中心、日本经济研究中心等 8 个区域和国别研究中心；深圳大学设立了印度研究中心、新加坡研究中心；广东外语外贸大学设立了越南研究中心、印尼研究中心和泰国研究中心；广东省社科院、广东省教育厅和中山大学分别成立了"广东海上丝绸之路研究院""21 世纪海上丝绸之路协同创新中心"和"21世纪海上丝绸之路研究院"。所有这些研究中心的职能都是从事所关注国别和区域的政治、经济、科技、文化和教育的研究以及人才培养，为国家战略提供智库服务。

表14-9 广东省高校获批（或备案）教育部国别和区域研究中心

大学	国别研究中心	区域研究中心	总数（个）
中山大学	—	大洋洲研究中心、港澳台研究中心	2
华南理工大学	—	印巴研究中心、印度洋岛国研究中心	2
暨南大学	菲律宾研究中心、印尼研究中心	拉美研究中心、东南亚研究中心	4
华南师范大学	东南亚研究中心	—	1
广东外语外贸大学	加拿大研究中心	非洲研究院、"21世纪海上丝绸之路"与区域创新国际战略研究中心	3

资料来源：教育部网站及相关高校网站。

（四）国际学术会议

国际学术会议是学术国际交流的重要平台，参加或者举办国际学术会议是扩大我国学术国际影响力的重要手段。1978—1983年，全省教师出国参加各种国际学术会议的有344人次。21世纪以来，全省高校非常重视通过国际学术会议平台扩大广东学术研究影响力。2005年，全省高校教师参加国际学术会议4156人，交流论文3083篇，特邀报告368人次，主办国际会议41场。2016年共有5923人次出席国际学术会议，并交流论文4387篇，特邀报告1046篇，同时还主办了130场国际学术会议，虽然出席会议的人数和举办国际会议的场次不及以前，但是交流论文和特邀报告数都处于11年来的最高水平（见图14-6）。这一方面说明了广东省高校反腐和对举办国际学术会议的审查趋严，另一方面反映了广东省高校教师论文质量和学术水平越来越得到国际同行的认可。

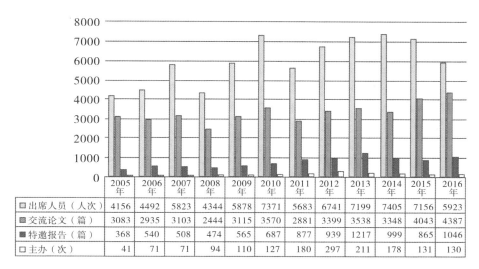

	2005年	2006年	2007年	2008年	2009年	2010年	2011年	2012年	2013年	2014年	2015年	2016年
□出席人员（人次）	4156	4492	5823	4344	5878	7371	5683	6741	7199	7405	7156	5923
■交流论文（篇）	3083	2935	3103	2444	3115	3570	2881	3399	3538	3348	4043	4387
■特邀报告（篇）	368	540	508	474	565	687	877	939	1217	999	865	1046
□主办（次）	41	71	71	94	110	127	180	297	211	178	131	130

图 14-6　广东省高校教师举办和参与国际会议情况

资料来源：教育部网站（http://www.moe.gov.cn/s78/A16/A16_tjdc/）。

五、跨境教育发展

跨境教育是教育国际化的重要形式，尤其 WTO 组织把教育作为贸易的商品之后，它在利益驱动下在全球发展很快，甚至一些发达国家如美国、英国和澳大利亚等把其作为国家的一个重要产业来发展和推广。我国在改革开放的大战略下，也主动开放国内教育市场，积极引进海外学校和项目。1993 年，《中国教育改革和发展纲要》提出，进一步扩大教育对外开放，加强国家教育交流与合作，在国家有关法律和法规范围内进行国际合作办学。同年，国家教委发布《关于境外机构个人来华合作办学问题的通知》，对来华合作办学提出了一些具体要求。1995 年，国务院颁发《中外合作办学暂行条例》，详细规定了中外合作办学的原则、审批权限和程序。2003 年又出台《中华人民共和国中外合作办学条例》，指出"中外合作办学属于公益性事业，是中国教育事业的组成部分"。至此，我国中外合作办学在国家法律的规范下，在海外教育机构和个人的推动下发展很快，中国迅速成为世界教育的重要市场。2017 年，我国合作办学的项目与机构数为 2539 个，其中本科以上机构与项目为 1266 个，各级各类在校生数达 56 万人。

广东省中外合作办学开始于 20 世纪 90 年代。1998 年和 1999 年，中山大学与法国里昂第三大学、美国明尼苏达大学先后合作举办了国际贸易硕士学位教育项目和高级管理人员工商管理硕士学位教育项目，首开广东省中外合作学历教育的先河。进入 21 世纪，广东省中外合作办学进入了高速发展的快车道。

（一）来粤合作办学

1. 来粤合作办学机构

截至 2017 年 12 月，广东省共有中外合作办学机构（含内地与港澳地区合作办学机构，下同）9 个（8 个本科及以上学历教育、1 个专科学历教育），数量排在全国第 4 位，仅次于上海（12 个）、江苏（10 个）、辽宁（10 个），与北京持平。其中，全国具有独立法人资格的办学机构有 9 所（未包括长江商学院），广东独占了 4 所。北京师范大学－香港浸会大学联合国际学院是广东省首个境外合作办学机构，于 2005 年开始招收本科生；中山大学中法核工程与技术学院是广东省首个中外合作办学机构，该机构从 2010 年开始招收本科生，2014 年开始招收硕士研究生。

2017 年是广东省中外合作办学机构大发展之年。暨南大学伯明翰大学联合学院、深圳北理莫斯科大学、广东以色列理工学院、东莞理工学院法国国立工艺学院联合学院 4 个中外合作办学机构均在该年开始招生。从广东省中外合作办学机构办学层次和类别来看，本科学历教育及以上层次的合作办学机构居多，有 3 个为外国（或境外）硕士、博士学位教育，专科层次的合作办学机构仅有 1 个（见表 14－10）。从办学的规模来看，各个机构招生人数不一，但每期招生人数均超过百人，整体办学规模在逐年扩大。例如，香港中文大学（深圳）规划发展一期阶段（2014—2017 年）在校生 3300 人，二期阶段（2018—2021 年）在校生 6200 人，三期阶段（2022—2025 年）在校生 11000 人，可见广东省中外合作办学机构发展之迅猛。

表 14－10　广东省中外合作办学机构设立情况

类型	合作办学机构名称	办学层次和类别
中外合作办学机构	中山大学中法核工程与技术学院	本科教育、硕士生教育
	中山大学－卡内基梅隆大学联合工程学院	本科教育、硕士生教育、博士生教育
	暨南大学伯明翰大学联合学院	本科教育
	深圳北理莫斯科大学	本科教育、外国硕士学位教育、外国博士学位教育
	广东以色列理工学院	本科学历教育、外国硕士学位教育、外国博士学位教育
	东莞理工学院法国国立工艺学院联合学院	本科教育
	广东水利电力职业技术学院杰克逊国际学院	专科教育

(续表 14-10)

类型	合作办学机构名称	办学层次和类别
与港澳台合作办学机构	北京师范大学－香港浸会大学联合国际学院	本科教育、境外硕士生教育、境外博士生教育
	香港中文大学（深圳）	本科教育、硕士生教育、博士生教育

资料来源：教育部涉外办学监管网。

2. 来粤合作办学项目

广东省中外合作办学项目[含内地（大陆）与港澳台地区合作办学项目，下同]起步较早，发展较为迅速。截至2017年，广东省由教育部审批和复核的本科及以上中外合作办学项目共有29个，包括5个内地（大陆）与港澳台地区合作办学项目。其中有博士生项目3个、硕士生项目14个、本科项目12个。由地方审批报教育部备案的专科学历教育层次的中外合作办学项目共40个。从历史发展来看，广东省举办的中外合作办学项目呈现不断增长的趋势。1998—2008年，广东省设立的中外合作办学项发展目仅有16个，但是2009—2017年，广东省中外合作办学项目数已增长至69个。

3. 国内中外合作办学项目和机构比较

从国内省市中外合作办学机构和项目比较来看，广东省与兄弟先进省市还存在一定的差距。广东省本科及以上中外合作办学机构数虽然与北京相同，并列第三位，但是机构和项目数之和排在第12位，是排在第四位的北京的1/3（见表14-11）。从一定意义上来说，广东省的教育国际化还有很长的路要走。

表 14-11　我国前12省市中外合作本科及以上教育机构和项目数

（单位：个）

省市	合作办学机构	合作办学项目	总数
黑龙江	1	178	179
上海	12	114	126
江苏	10	105	115
北京	8	103	111
河南	5	105	110
山东	5	77	82
浙江	7	68	75
湖北	3	66	69

（续表 14-11）

省市	合作办学机构	合作办学项目	总数
吉林	3	55	58
辽宁	10	43	53
天津	2	38	40
广东	8	29	37

资料来源：教育部涉外办学监管网。

广东省的专科层次中外合作项目与机构数排在全国第六位，处于前列。但是与排在第一位的江苏省相比，无论是合作机构还是项目都仅是它的1/5，相距甚远（见表14-12）。

表 14-12　我国前 10 省市中外合作专科教育机构和项目数

（单位：个）

省市	合作办学机构	合作办学项目	总数
江苏	5	204	209
浙江	4	71	75
上海	3	54	57
河北	1	48	49
湖北	1	46	47
广东	1	40	41
山东	5	34	39
四川	1	31	32
湖南	0	32	32
安徽	1	28	29

资料来源：教育部涉外办学监管网。

4. 基础教育的合作办学

广东省作为我国改革开放的先行地和经济发达省份，吸引了大量外来人口和高素质人才，尤其是近年来，随着广州、深圳等大城市国际化步伐加快，大批国际人才来粤发展。广东人口结构呈现多样化和国际化的特点，这些特点催生了人们对国际教育的需求。基础教育的国际合作办学日趋繁荣，表现形式有招收外籍子女的国际学校、与国外高中合作办学的高中部以及引进国外知名课程（IB、A-level、AP 等）的学校。中国国际教育网发布的《2017—2020 年中国国际教育行业投资前景预测报告》把国际学校定义为"三分天下"，即外办国际学校、民办国际学校和公办国际学校。其指出 2016 年我国国际学校已达到 737 所，其中外办国际学校为 121 所、民办国际学校 392 所、公办国际学校 224 所。根据新学说统计，广东省国际化学校近 100 所，数量排在上海和北京之后，其中公立学校国际班数仅低于江苏，高于上海和北京（见图 14-7）。

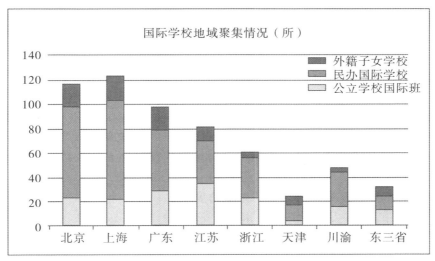

图 14-7　我国国际学校省市分布情况

数据来源：新学说。

广东省招收外籍子女的学校数排全国第三，反映了广东省外籍人士子女上学的要求。据不完全统计，广东省外籍子女学校有约 20 所，主要分布在广州与深圳两地（见表 14-13），其他市县的外籍子女大都就学于当地公立学校和私立学校，这些学校或让外籍学生插班到学校相应年级，或专门开设国际班。

表 14-13　广东省招收外籍子女的国际学校（不完全统计）

广州美国人国际学校	广州韩国人学校	广州誉德莱国际学校	深圳南山国际学校
广州英国人学校	广州加拿大人学校	广州南方国际学校	深圳深美国际学校
广州日本人学校	广州爱莎国际学校	广州南湖国际学校	深圳科爱赛国际学校
广州法国人学校	广州裕达隆国际学校	深圳贝赛斯国际学校	深圳蛇口国际学校

资料来源：广州市教育局网站。

广东省开设国际班或国际课程的民办学校比较多，大约有近 50 家，超过了全省国际教育学校总数的一半，仅次于江苏，高于上海和北京。广州华美英语实验学校、广州祈福英语实验学校、广东碧桂园（IB 国际）学校、英豪剑桥国际高中、广州亚加达国际预科、深圳国际交流学院、南沙英东中学等民办学校纷纷引进国外课程如 IB、剑桥 A-level、IGCSE、AP、GAC 以及加拿大课程和法国课程等。这些国际学校主要以高中和预科为主，少数开设了幼儿园、小学和初中的国际课程，为学生出国留学做准备。

2010 年前后，伴随着全球化以及我国出国留学低龄化趋势的形成，举办国际部或国际班成为各地重点公办高中的一个标配选择。2009 年北京仅有 6 所公立高中开设了国际班，到 2013 年增加到了 22 所，而同年上海市有公办高中国际部 11 所，广州市达到了近 20 所，包括广州市的华南师范大学附属中学、广东实验中学、广雅中学、执信中学、广州大学附属中学、广州市第六中学、广州外国语学校、深圳中学、深圳实验中学和深圳外国语学校等，深圳市也有近 10 所。全国其他各地都增设了一定数量的公办高中国际部，一时之间呈现出泛滥之势，引起了政府与社会的广泛关注。教育部和各地政府纷纷出台相关政策来规范、停办、停批高中中外合作办学项目（见表 14-14）。在教育部的政策指导下，北京市针对公办高中国际部、国际班的整顿力度最大，2013 年声称三年内停办或消化掉；深圳市次之，公办高中国际部仅保留 3 所，其他公办高中国际部或国际班三年内停办；上海市的政策较为温和，提出普通高中开展试点两种类型国际课程，即拓展型、研究型课程与中外融合课程。上海教委经过立项申报、审核评估、讨论审议等工作环节，2014 年从 15 个区县的 33 所学校中筛选出 21 所高中国际课程试点，包括 11 所公办高中和 10 所民办高中，其中，公办高中不得向国际课程班学生另行收费。这场自上而下的整顿，将会对刚刚兴起数年的包括广东省在内的公办高中国际部、国际班产生深远影响，需要持续关注。

表 14-14 教育部及各地规范高中国际部的政策

部门	出台时间	政策内容
教育部	2013 年	将对各种形式的高中国际部和国际班进行规范
	2014 年	公布了 252 所停办的中外合作办学机构与项目
北京教委	2013 年	不再新批高中中外合作办学项目
	2014 年	北京市公立学校国际部、国际班三年内消化完毕
上海教委	2014 年	从 33 所学校中筛选出 21 所高中国际课程试点，包括 11 所公办高中和 10 所民办高中
深圳市教育局	2015 年	保留深圳中学、深圳外国语学校及深圳第三中学国际部，其他公办高中国际部停止招生，并于三年内过渡消化

资料来源：教育部、北京教委、上海教委、深圳市教育局网站。

（二）海外办学

"走出去"是我国教育国际化近10年来新的发展战略。它改变过去"引进来"教育价值单一取向，试图走一条较为平衡的教育国际化道路。目前，我国教育"走出去"的形式有四个：一是举办海外分校。我国高校在海外开设的分校有10所（见表14-15），广东省并无高校设立海外分校。二是在海外开办国际项目，但具体数目不详。三是设立海外孔子学院和孔子课堂。截至2016年年底，中国共在140个国家设立了513所孔子学院和1073个孔子课堂。中外专兼职教师总数4.6万人，各类面授学员155万人，网络注册学员59.7万人。

表14-15 我国高校的海外分校

学校名称	正式创立时间	正式招生时间
北京语言大学曼谷分校	2002年4月	2006年9月
上海交通大学新加坡分校	2003年1月	2003年9月
上海复旦大学新加坡分校	2003年8月	2003年9月
老挝苏州大学	2011年7月	2012年9月
云南财经大学曼谷商学院	2013年12月	2014年12月
同济大学佛罗伦萨校区	2014年3月	2014年4月
北京语言大学东京分校	2015年4月	2015年4月
清华大学全球创新学院	2015年6月	2016年9月
厦门大学马来西亚分校	2016年2月	2016年6月
北京大学汇丰商学院牛津校区	2017年4月	—

资料来源：教育部网站。

在国家汉语国际推广战略的指导下，广东省海外孔子学院建设起步较早，发展迅速。第一所海外孔子学院是由广东外语外贸大学与日本札幌大学合作举办的孔子学院（2006年），经过十多年的发展，广东省已有7所高校在海外共举办了17所孔子学院（不包括已停办的法国里昂孔子学院）和1间孔子课堂，开展汉语教学，汉语国际推广也取得明显成就（见表14-16）。

表 14-16　广东高校与海外院校合办孔子学院（课堂）

广东高校名称	孔子学院（课堂）名称	启动时间
中山大学（4所）	菲律宾亚典耀大学孔子学院	2006.10
	墨西哥尤卡坦自治大学孔子学院	2007.09
	美国印第安纳波利斯孔子学院	2007.08
	南非开普敦大学孔子学院	2010.07
暨南大学（1所）	南非罗德斯大学孔子学院	2008.08
广东外语外贸大学（4所）	日本札幌大学孔子学院	2007.04
	俄罗斯乌拉尔联邦大学孔子学院	2007.12
	秘鲁圣母玛利亚天主教大学孔子学院	2008.11
	佛得角大学孔子学院	2015.07
华南理工大学（3所）	美国爱达荷大学孔子学院	2013.02
	英国兰卡斯特大学孔子学院	2011.03
	德国奥迪英戈尔施塔特孔子学院	2016.10
广州大学（2所）	意大利帕多瓦孔子学院	2008.10
	美国卫斯理安学院孔子学院	2013.04
华南师范大学（3所）	法国留尼旺孔子学院	2010.05
	加拿大高贵林孔子学院	2008.04
	拉脱维亚大学孔子学院	2011.04
岭南师范学院（1所）	白俄罗斯国立体育大学孔子课堂	2016.2

资料来源：国家汉办网站及各相关高校网站。

广东省海外孔子学院发展较为迅速，10年间建设起17所孔子学院，占全国孔子学院总数的3.3%。在全省146所院校中，有7所大学承办海外孔子学院和孔子课堂，占比4.1%。中山大学和广东外语外贸大学分别举办了4所孔子学院，华南理工大学和华南师范大学各举办了3所孔子学院。这17所孔子学院分布在亚洲、欧洲、北美、南美和非洲的14个国家，其中发达国家有9个，发展中国家有5个。

此外，暨南大学华文学院自2002年起在印尼开展海外函授本科学历教育和硕士研究生教育。截至2014年6月，已在包括印尼在内的5个国家开设了近30个海外函授教学点（印尼有20个），培养了800多位合格的函授本科毕业生。2005年开始，中国华文教育基金会"雅居乐助学金"累计资助暨南大学海外华文教育专业函授学历教育学员已超过4000人次，吸引着越来越多的海外汉语人士主动、积极地参与到海外华文教育事业中来。

第二节 广东教育国际化进程中的重大事件与典型案例

一、引进世界知名大学

引进世界高水平大学来粤办学，是广东省委、省政府致力于高等教育国际化和提高高等教育水平的重要举措。《珠三角地区改革发展规划纲要（2008—2020年）》《广东省教育发展"十二五"规划》和《关于引进世界知名大学来粤合作举办独立设置高等学校的意见》这三份文件中，前两份文件先后提出"要以新的思维和机制来推动提高高等教育水平，到2020年，重点引进3～5所国外知名大学到广州、深圳、珠海等城市合作举办高等教育机构，建成1～2所国内一流、国际先进的高水平大学"；第三份文件是省政府专门落实引进3～5世界知名大学的具体政策，提出要坚持以开放促改革、以开放促创新的原则，积极引进境外优质高等教育资源和先进管理经验，推动广东省高等教育体制机制改革，提升高等教育创新能力。2013—2014年，省财政每年安排2亿元专项资金，对引进世界知名大学来粤合作新举办的独立设置高等学校给予资助，在学校收费、教学设施设备进口、接受社会资助等方面予以支持。要求引进大学的地方政府积极协调解决学校在建设和发展过程中遇到的办学用地、校舍建设、办学投入、学生资助及外籍教师聘用等方面的问题，为学校建设和发展提供必要保障。由此可见，引进世界知名大学是广东省教育国际化的一件大事。

从2008年到2013年，从提出引进3～5所世界知名大学的目标到具体政策意见的出台花了5年的时间。到2017年，广东省引进了三所世界知名大学，包括香港中文大学（深圳）（2014年）、广东以色列理工学院（2016年）和深圳北理莫斯科大学（2016年），较好地完成了预期任务。广东省近10年来引进世界知名大学的艰难过程，也说明了引进世界一流大学不是一件容易的事情。

通过对广东省这三所中外合作办学（含内地与港澳地区合作办学）的大学进行比较分析，我们可以发现以下三个共同的特点：

（一）大学的目标是建成世界一流研究型大学

香港中文大学（深圳）提出："以创建一所立足中国、面向世界的一流研究型大学为己任，致力于培养具有国际视野、中华传统和社会担当的创新型高层次人才。"广东以色列理工学院提出："根植于博大精深、底蕴丰厚中国文化的土壤，致力于创业与创新，建成为一所世界领先的科研型大学，培养具有创新能力、全球视野和人文素养的卓越工程师和科技人才。"深圳北理莫斯科大学提出："建成独具特色的世界一流国际化综合性大学。"这种建设世界一流中外合作大学的目标，与广东省引进世界知名大学的要求是相吻合的。

（二）聘任高水平的教师是建设世界一流合作大学的根本保障

三所大学都充分履行"大学者大师也"的办学理念，聘请世界知名教师来校管理和教学。香港中文大学（深圳）已引进诺贝尔奖得主4名，图灵奖得主2名，菲尔兹奖获得者1名，中国工程院院士、中国科学院院士、美国工程院院士、美国科学院院士、加拿大皇家科学院院士、加拿大工程院院士等11名，IEEE Fellow（国际电气与电子工程师协会院士）13名，国家"千人计划"专家15名，以及国家"杰出青年"基金获得者3名共计49名海外杰出人才。广东以色列理工学院常务副校长是诺贝尔奖获得者阿龙·切哈诺沃，所聘任的30多名教师中90%以上为外籍教师，外籍教师中超过80%来自以色列理工学院。深圳北理莫斯科大学教师由三部分构成，由莫斯科大学和北京理工大学选派和面向全球招聘，其中，莫斯科大学选派的教师不少于学校教师总数的50%。

（三）实行本科—硕士—博士教育

三所大学都致力于本科、硕士和博士三个层次的教育，尤其是硕士和博士教育既招揽了海内外高层次人才从事科学研究，也培养未来研究的后备力量。研究生教育（尤其是博士生教育）体现了研究型大学的本质。香港中文大学（深圳）实施中英双语教学，本科专业有金融学、会计学、国际商务、市场营销、经济学、统计学、数学与应用数学、计算机科学与技术、电子信息工程、新能源科学与工程、生物信息学和翻译11个，硕士专业有金融工程、金融学、经济学、会计学、数据科学、翻译、同声传译和供应链与物流管理8个，博士专业有计算机与信息工程专业；远期在校生规模达11000人，目前有来自全球的3000多名优秀本科生和研究生。广东以色列理工学院的教学语言是英语，目前本科专业有化学工程与工艺、生物技术和材料科学与工程3个，博士生专业是以色列海法，未来将设化学、环境工程、机械工程、数学、物理、生物化学工程、生物等本科专业；远期在校学生规模达5000人，学校授予广东以色列理工学院和以色列理工学院的学士、硕士及博士学位。深圳北理莫斯科大学采用汉语、俄语、英语三种语言进行教学，学生毕业可以拿到莫斯科大学和深圳北理莫斯科大学颁发的两个文凭；2017年开设国际经济与贸易、俄语语言文学、数学与应用数学和材料4个本科专业，共计招收学生113人，纳米生物技术、生物生态学、俄语和俄罗斯文学3个硕士专业，共计招收学生23人，其中前两个硕士专业为英语授课；2018

年将启动博士生招生工作,远期在校生规模达 5000 人。

二、海外高层次人才引进

高层次人才是在经济全球化竞争日趋激烈条件下制胜的核心战略资源。引进海外高层次人才是我国落实创新驱动发展战略、科技强国战略、教育强国战略和广东省人才强省战略的重大举措,关系到上述多个国家战略能否实现。因此,从中央到地方都表现出了吸引海外人才的决心,并出台了各种级别的吸引海外人才的计划。海外众多高水平的华人科学家也为我国实施高层次海外人才引进计划提供了条件。2008 年和 2011 年,中央组织部专门出台了《海外高层次人才引进计划》("千人计划")和《青年海外高层次人才引进计划》("青年千人计划"),共计引进 8000 多名海外高层次人才,极大地壮大了我国科技发展的人才队伍,也密切了我国学术界与世界知识网络的关系。

在"千人计划"的影响下,广东省除了积极落实和参与国家"千人计划"外,2009 年提出"珠江人才计划",其中的创新科研团队、领军人才项目就是广东省的"千人计划",重点引进海外高层次科技人才和团队。2016 年,"珠江人才计划"实施了两个新子项目:"海外青年人才引进计划"(博士后资助项目)和"海外专家来粤短期工作资助计划"。前者通过吸引外籍(境外)和有留学经历的博士毕业生来粤从事博士后研究工作,集聚一批中青年高层次国际人才;后者通过放宽来粤工作时间要求,取消年龄限制,吸引海外"高精尖缺"人才来粤工作。

除中央和地方政府的海外高层次人才引进计划外,各高水平建设高校利用所获得的中央和地方高水平大学和"双一流"大学建设资金出台了学校高层次人才计划,如中山大学的"百人计划"、华南理工大学的"兴华学者计划"等。地方政府如广州市出台了"百人计划",深圳市出台了"孔雀计划"等。根据广东省人力资源和社会保障厅统计,近年来广东累计引进高层次海外人才 5.8 万人,其中诺贝尔奖获得者、发达国家院士、终身教授等 143 人,入选中央"外专千人计划" 19 人,评审引进六批 162 个创新科研团队和 122 名省领军人才。

虽然"万人计划""珠江人才计划"的创新团队与领军人才不一定都是从海外引进的人才,但是大多数都是海外人才。从广东省 10 所高水平建设大学和 2 所地方综合大学引进海外高层次人才的情况来看,各校都非常重视这项工作,并取得了很好的成绩。其中,中山大学和南方科技大学人才引进力度最大,特别是后者作为小型研究型大学,"千人计划"人数超过了中山大学,表现出强劲的发展势头。华南理工大学和深圳大学处于第二个层次,后者的"千人计划"人数超过了前者。广东工业大学、暨南大学、南方医科大学和华南农业大学处于第三个层次,"千人计划"和"万人计划"人数超过 15 人。广东省这 8 所高水平大学海外高层次人才引进情况差别很大，其他的4所学校需要加快引进的力度和步伐（见表14-17）。

表14-17 广东省高水平大学引进海外高层次人才比较

学校	"千人计划"（人）	"万人计划"（人）	创新团队（个）	领军人才（人）	外籍院士（人）
中山大学	117	27	14	—	—
南方科技大学	122	6	6	5	7
深圳大学	57	2	—	—	10
华南理工大学	41	7	5	3	2
广东工业大学	27	—	—	—	4
暨南大学	15	6	4	7	7
南方医科大学	13	3	7	7	—
华南农业大学	8	9	—	2	—
华南师范大学	8	1	2	7	4
广州大学	7	4	—	1	—
东莞理工学院	7	—	—	—	—
佛山科技学院	—	—	—	—	—

资料来源：相关高校网站。

从各省市最近的五批（从第十批到第十四批）引进"千人计划"人数来看，广东省高层次海外人才引进成绩斐然，位于全国第三位，仅次于北京和上海（见图14-8）。

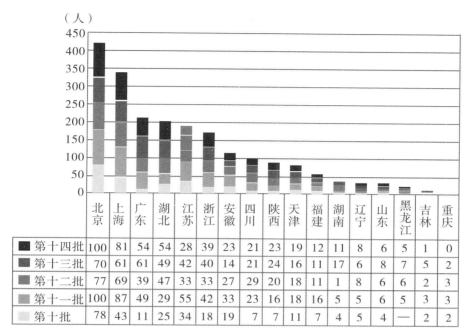

图14-8 各省市引进"千人计划"人数比较（第10～14批）

资料来源：千人计划网。

三、国际化的大学——南方科技大学

除了广东以色列理工学院和香港中文大学（深圳）等中外合作办学（含内地与港澳地区合作办学）的大学外，广东省可以称得上国际化大学的就是新近成立的南方科技大学了。2012年，南方科技大学获批建立。学校借鉴世界一流理工科大学的学科设置和办学模式，面向国家和珠三角地区战略性新兴产业发展的重大需求，以理学、工学学科为主，将兼具部分特色人文社会学科与经济、管理等学科，在本科、硕士、博士层次办学。目前，该校有22个本科专业和26个研究中心。南方科技大学之所以被称为国际化大学，原因在于其大学定位与治理、教师、课程与教学等方面都体现了鲜明的国际化元素。

南方科技大学的办学目标是快速建成国际化高水平研究型大学，成为聚集和培养拔尖创新人才的学府以及创造国际一流学术成果、推动科技应用、支撑深圳可持续发展的平台。学校发展分三个阶段：创建学科、夯实基础的阶段（2016—2020年），学校将按照国际一流标准初步构建完成具有鲜明特色的学科体系、人才体系、教育教学体系、现代大学的管理体系、支撑保障体系和社会服务体系，在一些特色学科上达到国内先进水平；快速发展阶段（2021—2025年），形成由国际高端人才领衔的学科团队，形成比较完善的人才培养体系和机制，人才培养质量显著提升，形成以学术前沿研究成果、创新创业和服务社会为核心的产学研体系，力争使南方科技大学成为中国最好的大学之一；沉淀积累、全面发展的阶段（2026年以后），学校将力争成为世界上最好的大学之一。从按照国际一流标准构建学科体系、教育体系和管理体系到建成世界上最好的大学之一，这三个阶段自始至终都体现南方科技大学"力争世界一流"的国际化办学理念和目标。

在师资国际化上，南方科技大学表现出很高的水平，建成了一支国际化高水平的教师队伍，教学科研系列教师90%以上具有海外工作经验，60%以上具有在世界排名前100名大学工作或学习的经历。截至2017年12月，南方科技大学已签约引进教师550人，其中教学科研系列教师300人，包括院士20人（其中全职院士10人），国家"千人计划"入选者48人（含外专项目入选者2人）、"万人计划"入选者6人，教育部"长江学者"17人、"国家自然科学基金杰出青年基金"获得者15人、"青年千人计划"入选者74人（含2017年公示13人）、"国家优秀青年科学基金"获得者5人、广东省领军人才5人、广东省"特支计划"入选者18人、深圳市"孔雀计划"287人、深圳市高层次人才47人、深圳市"鹏城学者"17人等，获得国家及省市各种人才项目支持的人才达到559人（可见许多教师是多个项目重复支持的）。

在人才培养国际化上，学校以"学分制、书院制、导师制"和"国际化、个性化、精英化"为核心和特色，大力培养拔尖创新人才。坚持在22个专业实施中英双语教学或全英教学，这在国内高校中是罕见的，体现出很高的课程国际化。前三届毕业生中超过60%被世界名校录取，绝大多数进入博士专业学习，学校人才培养的质量得到国际知名大学的认可。从2016年开始，南方科技大学除了与北京大学、哈尔滨工业大学两所国内大学联合培养研究生外，还与香港大学、香港科技大学、香港浸会大学、英属哥伦比亚大学、昆士兰大学、澳门大学、新加坡国立大学、英国伯明翰大学、英国利兹大学、英国华威大学、英东英吉利大学、英国萨里大学、悉尼科技大学、德国柏林自由大学、美国天普大学等众多境外知名高校开展研究生联合培养，满足双校毕业标准和论文要求后获得合作高校学位以及南方科技大学学历证明。

南方科技大学在管理和机构设置上朝着国际化发展，主要体现在如下四个方面：

（1）2014年11月，发起成立"深圳国际友好城市大学联盟"，有来自13个国家的28所高校加盟。联盟通过举办年会、学术交流、论坛、研讨会、人才培养等活动，促进大学间的合作交流，提高大学在国际上的影响力，为我国其他著名大学创始成立国际大学或学科网络树立了榜样。

（2）2016年6月，联合国教科文组织高等教育创新中心（中国深圳）成立，设于南方科技大学。该中心是联合国教科文组织在全球第10个二类教育机构，是在我国设立的第一个高等教育二类机构，也是亚太地区唯一一个设于高等教育领域的二类中心。该中心的任务是在"海上丝绸之路"沿线国家开展高等教育合作项目，通过知识共享和能力建设等多种形式，输出深圳信息通信技术产品和服务，为当地工业化信息化提供智力支撑和人力资源保障；开展"海上丝绸之路"沿线国家教育研究，力争成为有影响力的国际智库，为全球高等教育创新思想与实践提供交流对话平台。

（3）2016年10月，南方科技大学与诺贝尔化学奖得主罗伯特·格拉布斯（Robert H. Grubbs）合作建立深圳格拉布斯研究院。研究院以南方科技大学为依托，大力引进全国、全世界的高端人才，建成世界领先的新医药、新材料、新能源领域的科研中心，培养世界一流人才，做出世界一流成果，推动深圳和中国在新医药、新材料和新能源等领域的基础研究与产业发展。

（4）2017年10月，南方科技大学成立由14位世界一流大学领袖组成的国际咨询顾问委员会，包括牛津大学校长路易丝·理查德森、加州大学圣巴巴拉大学校长杨祖佑、密歇根大学校长马克·施立索、纽约州立大学石溪分校校长塞缪尔·斯坦利、莱斯大学校长大卫·李伯隆、苏黎世联邦理工学院校长莱诺·古泽拉、昆士兰大学校长彼得·霍伊、东英吉利大学校长大卫·理查德森、新加坡国立大学校长陈永财、韩国科学技术院校长申成辙、香港科技大学第三任校长陈繁昌、北京大学校长林建华、中国科技大学校长包信和、新加坡大学教授施春风。国际咨询委员会的成立，把南方科技大学的国际化推向了一个新阶段。

第三节 广东教育国际化的未来展望

改革开放40年来，广东省教育国际化由单一的人员国际化发展到办学理念与模式、人员、课程、研究以及项目等综合国际化。从纵向历史发展来看，广东省教育国际化取得了很大的成就，为广东省基础教育和高等教育的改革和发展带来新视野、新动力。从横向比较来看，广东省教育国际化发展处于全国的前列，为国家教育国际化目标的实现做出了自己的贡献。面向未来，我们需要思考和解决以下四个问题，促进广东省教育国际化健康发展，并为广东省教育现代化提供动力支持。

一、不同类型学校如何发展国际化？

学校国际化发展没有统一的模式，不同类型学校国际化的重点和策略应该有所区别。研究型大学国际化的定位就是要办国际化大学，追求师资、课程、研究的全方位国际化，提升学校的人才培养水平和研究水平。教学型大学国际化主要是通过教师和课程的国际化，培养具有国际视野的高质量专业人才。职业院校的国际化主要是借鉴国际高职教育模式，瞄准地方外向型企业的岗位能力要求，培养具有职业能力和国际能力的人才。中小学和幼儿园国际化主要是借鉴世界基础教育新趋势，加强国际理解教育，开展符合国情和面向世界的教育。

目前，广东省研究型大学的国际化走在了其他类型高校的前列，在高层次海外人才引进、师资出国进修、课程国际化、学生国际化以及中外合作办学、孔子学院建设等方面工作突出，是广东省高等学校国际化的主体。其他院校的国际化程度较低，政府和高校都还没有给予足够的重视和支持，其国际化仅限于中外合作办学，教师、课程、学生国际化尚处于待开发的潜在发展阶段。中小学、幼儿园的国际化仅限于很小部分民办学校和重点公办高中的国际课程班，国际理解教育和现代教育转型等方面发展缓慢。

按照不同类型学校国际化策略相异的观点，广东省研究型大学需要继续在师资、课程、研究国际化的同时，加强管理的国际化和"走出去"的工作。大学管理国际化一方面可以借鉴南方科技大学的做法，聘请国际咨询委员会，为大学的高水平发展服务；另一方面要扩大高校的办学自主权，发挥高校领导、教师等内行领导的办学动力，遵照大学的规律治理大学和发展大学。高校"走出去"战略是新时代我国高等教育国际化的要求，广东省在这方面的工作非常滞后。因此，除了努力引进世界高水平大学来粤办学外，还要出台政策推动广东省高水平大学"走出去"办学，在发展中国家甚至是发达国家举办跨境办学项目和海外分校，扩大广东省高校在海外的影响，占领海外教育市场。广东省教学型大学要加强教师和课程的国际化，开放与改革人才培养模式，培养具有国际视野的高质量专业人才。职业院校要借鉴国际高职教育标准和模式，努力构建具有世界水平的高职教育标准和体系，既瞄准地方外向型企业的岗位能力要求，培养具有职业能力和国际能力的人才，又面向海外输出我国高职教育标准和模式，提高国际影响力。中小学和幼儿园要更新现代教育观念，改革传统教育，发展核心素养教育，促进广东省中小学教育向现代教育转型，培养新时代人才。

二、如何通过国际化提高办学水平？

对国际化的认识大概有三种看法：一是国际化是教育的一个本质属性，因为知识（尤其是自然科学知识）是无国界的，所以学校和教育的本质是国际性的。这种观点忽略了教育的民族性，否定了教育是对本民族文化传承和发展的本质特性。二是国际化是教育的一个功能，教育能促进学生对不同文化的认识、交流与理解，对世界和平有益。这是一种世界主义教育观点，是一种被世界教育界公认的教育信条。三是国际化是一种手段，可以帮助提高教师水平、教学水平和研究水平。此外，教育国际化还可以是一种产业，不仅可以为政府和高校创收，还可以促进全球教育市场的形成与教育资源的共享。

通过国际化提高高校的办学水平是我国现阶段高校的首要选择。至于如何通过国际化来提高学校的办学水平，国际上已经有了共识，即学术策略和组织策略两种类型。前者通过教师国际化、课程国际化、学生国际化、研究国际化和国际合作伙伴等方式来提高教师水平、课程水平、研究水平和人才培养水平。后者则通过领导、资助、服务学校各种国际化活动，保障学术国际化的顺利、有序和高质量发展。因此，广东省高校需要针对学校教学、研究和服务三项工作的不同发展任务，选择不同的国际化策略重点和组合，为各校具体发展任务服务。

广东省中小学、幼儿园可以通过国际化，借鉴国际基础教育行之有效的教育理念、方法甚至是课程体系，转变传统教育观念，改革课堂教学模式和方法，培养新时代人才。中小学和幼儿园可以通过教师国际化来开阔教师的视野，提高教师的教育能力和水平。学校还可以增加学生国际交流与学习（如冬令营和夏令营等）机会，提高学生的跨文化交流能力。省内学校与海外学校可通过姊妹学校的方式，建立国际伙伴学校网络，拓宽学校领导、教师和学生的管理、教学和学习的视野，适应全球化社会的发展要求，从而提高学校办学水平。

三、如何把广东建成世界留学生目的地？

2010 年，教育部发布《留学中国计划》，提出："到 2020 年使我国成为亚洲最大的留学目的地国家，在内地高校及中小学校就读的外国留学人员达到 50 万人次，其中接受高等学历教育的留学生达到 15 万人。"目前，我国已经成为亚洲留学生目的地。2017 年，教育部部长提出到本世纪中叶要把中国建设成为世界学生留学目的地。这一宏伟目标意味着广东省作为中国改革开放的先行地也要成为世界学生的留学目的地，为中国成为世界留学生目的地的目标做出自己的贡献。

2016 年，来粤留学生数达到 24605 人，占全国来华留学人员总数（44.3 万人）的 5.6%，居于全国省市排名第七位。广东省留学生数落后于北京（77234 人）、上海（59887 人）、江苏（32228 人）、浙江（30108 人）、天津（26564 人）和辽宁（25273 人）。虽然与天津和辽宁相差只有几百人，但是广东省政府和高校需要从观念上重视来华留学生的发展，要把目标定位于把广东建成世界留学生目的地，在策略上建设来华留学生教育体系、资助体系和服务体系。

除了高水平大学继续发挥吸收海外留学生的主体作用外，广东省还有两类高校具有很大的发展空间，应肩负起扩大广东省留学生规模的重任。一是地方应用型本科院校，特别是示范性本科院校，应积极构建本校留学生教育体系、资助体系和服务体系，选择优势学科和专业，拓展海外留学生市场。二是广东省民办本科院校，应利用自身办学的自主性、灵活性和创新性优势，发展海外教育市场，开展跨境教育和留学生教育，像海外大学一样实现学校教育的产业化经营。

四、如何服务国家"一带一路"倡议？

广东省教育开放必须服务国家发展战略和地方发展战略。我国提出的"一带一路"倡议，横跨亚非欧大陆，目的是实现"丝绸之路"沿线国家和地区的政治、经济、交通、文化和教育的交流合作，建设人类命运共同体和利益共同体。2016年，教育部印发《推进共建"一带一路"教育行动》，突出强调与"一带一路"沿线国家加强教育合作，以"开展教育互联互通合作、人才培养培训合作、共建丝路合作机制"为合作重点，聚力构建"一带一路"教育共同体。教育部提出"丝绸之路"留学推进计划、"丝绸之路"合作办学推进计划、"丝绸之路"师资培训推进计划和"丝绸之路"人才联合培养推进计划。因此，广东省教育国际化要服务国家"一带一路"倡议，对接教育部的"丝绸之路"四个计划。

无论是在古代还是在近代，广东省始终是"海上丝绸之路"上的关键性枢纽，其独特的历史地位不可替代。"海上丝绸之路"沿线的众多国家在广州设有总领事馆，广州具有"21世纪海上丝绸之路"外交中心的美誉。广东省被誉为"改革开放南大门""经济第一大省""华侨第一大省"，与其他沿海省份相比，具有无与伦比的三大优势，包括经济优势、地缘优势和华侨优势，在"一带一路"建设中理应发挥更大的作用。然而，广东省在与"一带一路"沿线国家的教育合作发展上步子迈得较小，还没有发挥出应有的作用。广东省与"海上丝绸之路"沿线国家联合兴办的孔子学院目前仅有1所，即菲律宾亚典耀大学与中山大学合办的孔子学院。广东省在海外还没有一所海外分校，因此，随着"一带一路"建设的不断深入开展，广东省高校要像广东企业一样加快走入"一带一路"尤其是"海上丝绸之路"的步伐，加强与其他高校的教育交流与合作，增进彼此间的相互了解，提高广东省高校的影响力，为广东省更多企业"走出去"、为广东省与这些国家的友好城市建设提供智力支持、人才支持和服务。

区域教育改革发展编

第十五章 广州教育

1978年党的十一届三中全会的召开,标志着我国进入了改革开放的新时期。广东是我国改革开放的前沿地与"试验田",作为广东省省会、副省级市、国家中心城市、超大城市、国际大都市、国际商贸中心、国际综合交通枢纽、国家综合性门户城市的广州,则是广东改革开放的主要阵地之一。广州在改革开放的潮流中勇于探索、敢于创新,较早实现了经济体制的转变,政治、文化等领域的建设也取得了重大突破与迅速发展。深处这场宏伟改革开放历史潮流中的广州教育,受广州的政治、经济社会的改革发展所带来的影响以及国家、广东省自上而下的教育改革发展政策与风向标的影响,也取得了重大突破与发展。截至2017年年底,广州市幼儿教育在校生数达到48.3万人、小学教育在校生数达100.5万人、初中教育在校生数达到33.9万人、普通高中教育在校生数达到17.1万人、中等职业教育(含技工教育)在校生数达到20.6万人、市属高等教育(含成人高等教育)在校生数达到18.3万人;学前三年毛入园率达100%,小学适龄儿童毛入学率达100%,初中阶段毛入学率达100%,高中阶段毛入学率达100%,初中毕业生升学率达95.51%,高中毕业生升(大)学率达94.55%,残疾儿童义务教育阶段入学实现零拒绝。广州市各类教育实现了快速、充分、协调发展,目前正处于实现高质量发展的阶段。

第一节 广州教育改革发展的基本历程与主要特征[①]

一、教育改革酝酿与教育事业恢复发展期(1978—1984年)

1978年党的十一届三中全会的召开开启了我国改革开放的新征程。自此,

---

① 本节内容的部分史料参考了《广州年鉴(1983—2016)》,见广州市情网(http://www.gzsdfz.org.cn/zjgz/gzgk/)。

受"文革"严重破坏的教育事业得到迅速恢复。在1978—1984年间,国家层面出台的教育文件主要有《中共中央 国务院关于普及小学教育若干问题的决定》《关于中等教育结构改革的报告》《关于恢复和办好全国重点高等学校的报告》等,主要方针是邓小平同志提出的"教育要面向现代化、面向世界、面向未来"。1983年,广东省委、省政府颁布了《关于努力开创我省教育事业新局面的决定》。在这个时期,广州市主要贯彻落实中央、省委、省政府的文件精神,加快恢复教育教学活动,开展小范围的教育改革,并为教育的全面大改革做好准备工作。这一时期广州教育的主题是"改革的酝酿"与"恢复发展",简述如下:

1. 幼儿教育

全面贯彻全国教育总方针,促进幼儿在德、智、体、美等方面的发展;健全幼儿教育管理体制,公办幼儿园由教育部门管理,机关、事业、企业、部队、院校办的幼儿园由各主办单位管理,街道民办园、个人办园由街道妇联和市、区托幼工作领导小组办公室主管,农村幼儿园由县、社、队主管;建立和健全各项规章制度,明确学制与课程设置、生活规程;逐步改善园舍环境;重点抓农村学龄前教育;鼓励私人办园;等等。

2. 小学与初中教育

加快普及初等教育的步伐;恢复中等学校招生考试制度;撤销中小学的农村分校;开始使用全国统一编写的新教材;恢复重点中小学;将市区部分完全中学改为初级中学、筹办初级中学;等等。

3. 高中阶段教育

着手改革学制,省、市重点中学的高中改为三年制;市区办了7所职业中学(班),各县试办了10所农业中学(班)。经过初步调整,中等教育结构单一化的状况开始扭转,教育质量逐步提高。

4. 高等教育

1977年,恢复高等学校招生考试制度;拨乱反正,清理"左"的思想影响;调整各校的领导班子;增加教育事业的投入;落实知识分子政策,平反了大量的冤、假、错案,恢复评定教师职称制度;复办广州师范学院;新办广州音乐学院、广州大学;等等。

5. 成人教育

健全和加强了广州市工农教育办公室,大多数企业事业部门设立了教育机构;整顿了职工高等学校,积极开展职工的文化、技术补课工作等。

6. 教师政策

1977年和1978年,中共广州市委、市革命委员会分别授予90名中小学教师和干部"优秀教师""模范班主任""模范教育工作者"的称号,并核准评定了中小学特级教师6名;1976年以后,大学、中专恢复评定教师职称,至1981年共晋升教授 165 人、副教授 769 人、讲师 4138 人；1981 年，农村民办教师有 616 人转为公办教师；1980—1981 年，省拨款 17 万元、市拨款 562 万元，给市教育部门兴建教师宿舍，改善教师的生活环境和工作条件；等等。

7. 其他

广州市教育局从人、财、物等方面试行简政放权，主要包括下放干部管理权、下放校内机构设置和教职工管理权、扩大学校对教职工奖惩权、给学校更多的办学权、下放学籍管理权、扩大学校教改权、扩大学校校舍维修自主权和财权等。

二、教育改革启动与教育事业稳步发展期（1985—1991 年）

党的十一届三中全会以来，相对于政治、经济等领域，教育领域的改革相对较缓慢。1985 年颁布的《中共中央关于教育体制改革的决定》和改革开放后的第一次全国教育工作会议全面拉开了我国教育领域改革的序幕。随后，在全国层面，《学校管理体制改革》《中华人民共和国学位条例》《中华人民共和国义务教育法》等政策文本相继出台。1988 年，广东省委、省政府印发了《关于普通教育体制改革的决定》，由此掀起了广东省教育改革的高潮。为贯彻落实中央和广东省委、省政府的精神，广州市加快推进各领域教育改革，自 1985 年开始颁布实施了一系列教育改革文件，如《关于改革教育体制发展教育事业的决定》（1985 年）、《广州市农村初中办学的基本要求》（1987 年）、《关于加强中等教育和成人教育工作的决定》（1987 年）、《广州市新四区、四县九年制义务教育质量规划》（1990 年）等。在这一期间，广州教育的主题是"启动改革"与"稳步发展"，简述如下：

1. 学前教育

广州市托幼工作归口广州市教育局管理。广州市教育局成立幼儿教育处，与市托幼工作领导小组办公室合署办公，受理全市托幼工作。各区、县也相应理顺本地区托幼工作的受理关系；推动幼儿园体育锻炼经常化、多样化、儿童化；寓教育于活动中，重视对幼儿进行情感、意志、行为习惯等的培养。

2. 义务教育

改革基础教育管理体制，全面实施九年制义务教育。1984 年，全市实现普及小学教育。1985 年年底，农村地区开始分步实施普及九年制义务教育，建立了县、镇、乡三级办学管理体制。1988 年，老城区普及初中教育。1990 年，新城区、四县也全部通过了初中办学条件验收，广州市实现了普及九年制义务基础教育。全市小学毕业生升初中入学率从 1985 年的 74.64% 提高到 1990 年的 97.50%。从 1987 年开始，全市小学以"减轻负担、生动活泼、全面发展"为目标，开展以教学为中心的整体改革，促进学生德、智、体、美、劳全面发展。到

20世纪90年代，小学毕业生取消了升学统考，初中招生采取就近入学和推荐结合、填报志愿与电脑派位结合的方法。

3. 高中阶段教育

实行校长负责制的试点工作。中学整体改革分别从薄弱中学和重点中学抓起，对25所薄弱中学加强了内部改革和管理；重点中学则提升质量和管理，办成一流学校。执行国家教委《现行普通高中教学计划调整意见》，并同时实行高中会考制度，广州市教育局为此修订了高中学生学籍管理办法，并研究普通高中的办学模式、必修课和选修课的设置、活动课程的安排、考试考查的组织等实施意见等。中等教育结构单一的状况也有所改善，普通中学教育与职业技术教育合理分流的格局基本形成。市区各类中专、技工学校和职业高中招收初中毕业生人数占高中阶段招生总数的比例从1980年的2.0%提高到1985年的44.6%，至1991年达到50.3%。中专、技工类和职业技术学校根据社会发展的需要调整教育结构和专业设置，不断开设相应的专业，实行普通教育与职业技术教育并举、教育部门与工厂企业办学并举的方针，培养适应经济发展需要的人才。农村职业技术学校则发挥了生产示范、新技术推广和宣传科普知识的作用。

4. 高等教育

办学自主权进一步扩大。实行校长负责制，推荐优秀本科毕业生免试攻读硕士研究生学位，改革教学管理制度，开展学科评估、教师职务聘任制的试点，进行职称评定制度的改革等。改革高校招生和就业制度。高等学校根据社会经济发展对专业人才的要求，不断调整专业设置，加强重点学科建设，开设了各种为经济和社会服务的应用性较强的学科专业。在招生方面，除了按照国家计划招生外，还采取委托代培、自费走读、函授、干部专修、夜大等形式扩大人才培养规模。1982—1991年，广州地区普通高校从18所发展到25所，在校学生从3.1万人增加到6.44万人，年招生人数从0.9万人增加到1.9万人。1991年，市属高校招收的新生中，自费生和委托代培生占了60%以上。毕业生除了师范生外，基本实行双向选择、供需见面和择优录取。同期新建了广州师范专科学校。

5. 成人教育

成人教育逐步建立，工作重点转到与各行业相对应的岗位培训。职工教育以中级技术培训和班组长岗位业务培训为主，农民教育则以各类农村实用技术培训为主。1985年与1980年相比，全市职工未达初中文化水平的人数占比从70%降到30%，工人技术等级从平均3级提高到3.6级。"六五"期间，广州基本完成了青年职工的初中和初级技术补课任务，"七五"期间转入以提高职工的岗位技能为重点，以提高职工队伍的整体素质和企业整体效益为目的的岗位培训。1989年11月，广州市颁布了《广州市职工教育管理条例》，使全市的职工教育有章可循。同时，有计划地对大中型企业领导、各类专业管理干部、工程技术人员进行培训，使之成为国民教育的重要组成部分。

6. 其他

成立广州市教育委员会；试行基础教育分级管理的体制（市负责宏观规划指导和为县、区中学培养师资；县对推行九年制义务教育负直接责任，按照市的规划，制订具体方案并组织实施；县属下的区负责实现九年制义务教育措施，管理初级中学；乡负责管理本地段小学、幼儿园）；设立视导室，加强对市、区、县教育行政和学校的指导、督促，检查落实各项方针、政策以及教育、教学计划；成立教育科学研究所；试行教学行政经费包干使用制度；推行"两聘两制一包一奖"六项改革［从1984年起，广州开展了校长负责制试点，后又实行"两聘两制一包一奖"（聘任校长、聘任教师，实行校长负责制、教职工岗位责任制，经费包干和浮动奖励工资）和校长任期目标制。

三、教育改革全面推动与教育事业快速发展期（1992—1998年）

1992年，改革开放总设计师邓小平同志发表了著名的南方谈话。南方谈话标志着我国改革进入了新的阶段，其核心内容是加快改革。1992年10月召开了党的十四大，会议明确了"我国经济体制改革的目标是建立社会主义市场经济体制"①。紧接着，在教育领域，1993年，中共中央、国务院颁布了《中国教育改革和发展纲要》，并召开了改革开放后的第二次全国教育工作会议。为贯彻落实邓小平南方谈话精神和中共中央、广东省委的工作部署和要求，广州市委、市政府结合广州实际出台了一系列旨在深化改革、扩大开放的政策文件。如1992年5月，广州市委、市政府颁布实施了《关于进一步深化改革、扩大开放的若干决定》，提出"坚持实事求是，一切从实际出发，充分尊重和发挥人民群众的首创精神，敢于试验，大胆地闯，加快改革开放步伐"；1993年7月，广州市政府印发《广州市十五年基本实现现代化总体发展方案》，提出广州15年基本实现现代化，其中教育应达到先进；1993年年初，广州市委、市政府印发《关于优先发展教育和深化教育改革的决定》，广州市教委据此制订了广州教育基本实现现代化的方案，以推动广州教育加快改革与发展等。在此期间，广州教育的主题是"全面改革"与"快速发展"，简述如下：

1. 学前教育

深化办园体制改革，鼓励多层次办园，初步形成了"以教育部门办园为示范，以机团、厂企、集体办园为主体，以私人办园为补充"的格局；将广州市幼儿教育纳入法制化的轨道，出台了广州市第一个有关幼儿教育的地方性法规《广

---

① 《中共十四大和建立社会主义市场经济体制改革目标的确立》，见中华人民共和国国史网（http://www.hprc.org.cn/gsgl/dsnb/zdsj/200908/t20090820_28301.html）。

州市幼儿教育管理规定》及《关于进一步办好示范幼儿园的意见》《广州市托儿所规范（试行）》《关于调整我市托幼园所收费标准的通知》《关于幼儿园捐资助学使用统一票据的通知》《关于我市实行幼儿园园长"持证上岗"和职务津贴制度的通知》等文件；改革招生制度，统一了招生时间和要求，以登报形式公开幼儿园的类型、类级、收费标准，规范了招生秩序管理。

2. 义务教育

继续深化小学整体改革，推进素质教育，制定了《"九五"期间广州市中小学推进素质教育规划》《广州市中小学全面实施素质教育的若干意见》，建立或完善学校办学水平和教育、教学质量标准与评估指标体系；制定并实施《关于进一步加强初中教学管理的若干意见》《关于进一步深入开展教学设计及实施活动的通知》和《学校德育设计方案》，修订初中毕业班的评价方案；制定了《广州市九年义务教育质量监测方案》，为高质量巩固"普九"成果，对全市初中教学情况进行全面调查。

3. 高中阶段教育

充分调动各方积极性，实行多元化办学体制改革，鼓励企事业单位和社会其他力量多渠道、多形式办学，支持民主党派承办公立学校；普通中学继续实行"三年一贯，特色选修"和"五一分段，末段分流"的办学模式，并开始实施与职业教育相互融通的试点工作；将市属中学下放区管理，出台《试点区深化中学教育管理体制改革方案》及《市属中学管理体制改革方案实施细则》；人事管理引入竞争机制，实行专业技术职务评聘分开；调整高中布局和规模；建立困难完全中学与省一级学校挂钩制度；积极探索教学领域改革，尤其是调整教学计划和开展课程改革等。市属普通中专学校改革办学形式，通过建立校外教学点等办法扩大招生规模；加强对全市中等职业教育的统筹指导，设立中等职业教育处，设立社会力量办学管理办公室，对日益发展的社会力量开办中等职业教育实施教育行政管理；设立成人教育办公室，加强成人中等职业教育的管理；调整职业学校布局，重组全市各级各类职业教育资源，以推进规模办学，提高职业学校的办学效益；成立市职业教育专业研究中心，为全市各类职业教育提供教学、科研、信息等方面的服务；建立广州市职业教育联席会议制度，定期组织有关部门共同研究职教改革和发展的重大决策。

4. 高等教育

改革教育投资体制和人事分配制度；根据社会和经济发展的需要，继续调整教育布局和结构，改革办学体制和内部管理体制；进行招生"并轨"改革试点；为配合招生"并轨"改革，在试点学院实行奖学金、贷学金和与就业挂钩的国家专项奖学金制度，并推广学分制和开展勤工助学活动；各高校逐步完善聘任制和考核制，推行干部交流、轮岗制度，部分学校还在校内实行公开招聘中层干部试点；发展多种形式的联合办学、积极进行国务院部委关于在穗高校办学管理体制的改革、发展民办教育，成立了南华工商学院和华联学院两所民办普通高校，批准筹办多所民办学校；新建番禺职业技术学院；推进广州市职工大学改制为职业技术学院；利用现有的高等院校创办高职班，如在广州大学和广州医学院举行单独考试，招收中等职业学校毕业生，并由此扩大到成人高等学校；少数有条件的中等专业学校举办高职班，如广州市财政学校利用自身优势举办高职班，对中等职业教育和高等职业教育的衔接起到了积极作用；广州轻工业中专学校改办成广东轻工职业技术学院、广州民航中专改建为广州民航职业技术学院、民办白云职业培训学院改为民办白云职业技术学院。

四、教育改革深入推进与教育事业质量提高期（1999—2011年）

为更好地为经济社会发展提供适合的人才，特别是扭转片面追求升学率的应试教育、改变不能适应面向21世纪的社会主义现代化建设和提高中华民族整体素质和创新能力的教育形态、消除制约教育发展的体制机制障碍等，1999年，中共中央、国务院发布《关于深化教育改革全面推进素质教育的决定》，并召开改革开放以来的第三次全国教育工作会议。21世纪初，我国教育还不完全适应国家经济社会发展和人民群众接受良好教育的需求。在此背景下，2010年颁布了《国家中长期教育改革和发展规划纲要（2010—2020年）》，召开了第四次全国教育工作会议。其中，《国家中长期教育改革和发展规划纲要（2010—2020年）》提出，到2020年基本实现教育现代化，基本形成学习型社会，进入人力资源强国行列。这一时期，广州教育主要紧扣中央和广东省委、省政府有关教育改革与发展的精神，围绕"深入改革"与"质量提高"两大主题，印发《广州市中长期教育改革和发展规划纲要（2010—2020年）》等主要政策文件，积极推进各项教育改革，简述如下：

1. **学前教育**

加大以法治教、依法行政的力度，全面实施教育部颁布的《幼儿园教育指导纲要（试行）》，制订与实施《广州市学前教育三年行动计划（2011—2013年）》《广州市公办幼儿园认定标准（试行）》《广州市公办幼儿园招生工作意见》《2011—2013年广州市学前教育师资培训实施方案》《实施广州市学前教育三年行动计划（2011—2013年）的督导工作方案》《广州市学前教育三年行动计划公办幼儿园以奖代补资金管理暂行办法》《广州市社区0～3岁婴幼儿保教服务方案》《广州市幼儿园等级评估管理办法》《〈广州市幼儿园等级评估管理办法〉实施细则》《广州市幼儿园评估指标体系》《广州市幼儿园托儿所审批注册办法》《广州市幼儿园托儿所审批注册登记表》《广州市示范性幼儿园建设指导意见》等；实施幼儿园"国有民办"体制改革；探索社区幼儿教育新模式，积极探索半日制、钟点制、游戏小组等灵活多样的办园模式，逐步形成幼儿园、社区齐抓共管的幼儿教育社区化；建立起示范性幼儿园与薄弱园之间对口帮扶制度，实现园际互动、优势互补、资源共享；等等。

2. 义务教育

推进素质教育。加大了课程管理、减轻学生过重负担和学生个体素质评价改革的力度，部分区的小学实行了四年等级评分制；改革招生考试和学生评价制度，如修订《广州市义务教育课程计划》，进一步完善符合素质教育要求的学生学习和成长的综合素质评价体系、学校教育质量评价体系；出台了《关于进一步做好优秀外来工入户和农民工子女义务教育工作的意见》，完善小学升初中划片招生、免试就近入学的办法；初中毕业考试由学校自行组织，把实践操作能力纳入考试范围；加快教育评估和考试改革，在推行小学、初中等级评分制的基础上，从2000学年起，在全市义务教育阶段全面使用《学生素质评价手册》。

3. 高中阶段教育

于2001年秋季起，从高中一年级开始，全面实施《全日制普通高级中学课程计划（试验修订稿）》和各学科教学大纲（试验修订稿），并使用与此配套的新教材。基础教育课程改革全面深化，形成以区县为主、基地为示范、学科为本的改革运行机制，建立了发展性评价制度。努力改革应试教育，加强毕业班工作，总结出"以素质教育思想统揽毕业班工作，着力探索'3+X'高考五项策略研究，继续发挥毕业班工作的七项优势"的经验；继续加强高中阶段招生考试内容与方式的改革，在考核学科基础知识和基本技能的同时，加强对学生运用知识解决社会和生活实际问题的能力考核。2002年7月，广州市政府印发了《广州市建设示范性普通高中的工作意见》，全面启动广州市示范性普通高中的建设。各学校进一步形成明晰的办学目标，构建反映办学理念的办学模式，推进课程管理、评价改革、校本教研、师资建设、课程资源开发等工作。其中，执信中学构建和实施"主动发展"的教育模式；广州市第四十七中学以"重视基础、发挥特长、强化素质、分层育才"为办学特色，形成"自我管理、自我学习、自我发展、自我服务"的学生发展模式；广雅中学的"和谐教育"；广州市第一〇九中"以美育人"等一批素质教育学校模式得到国家和教育同行的肯定。

在中等职业教育方面，《广州市职业技术教育发展总体规划（2006—2020年）》《关于贯彻落实〈中共广东省委、广东省人民政府关于大力发展职业技术教育的决定〉的实施意见》《关于进一步深化中等职业教育课程改革的意见》《广州市中等职业学校教学改革创新行动计划（2011—2015年）》《关于进一步规范全市中等职业学校专业管理的意见》《关于在全市中等职业学校全面推进工学结合课程改革实验的意见》等文件正式印发实施；市属普通中等专业学校全面实行并轨招生，即统一招生计划形式、统一录取批次和录取程序、统一录取分数线、统一收费标准；实行中等职业学校提前录取与考试录取相结合的办法，其中，中等职业学校招生总人数的30%通过提前录取的办法录取，被提前录取的初中毕业生可以免参加升入高中阶段学校的考试；继续调整中等职业教育布局结构；加强重点学校、重点专业、重点实训中心建设；坚持以服务为宗旨、以就业为导向，深化办学模式和人才培养模式改革，注重加强实践性教学环节，培养学生的职业意识、职业道德和职业技能。

4. 高等教育

在调整教学结构的基础上不断提高教育质量，同时按照国家的要求，逐步扩大招生规模；广州师范学院、华南建设学院（西院）、原广州大学、广州高等师范专科学校、广州教育学院、广州市城建职工大学、广州建筑总公司职工大学、广州市联合职工大学的电信学院和纺织学院9所院校合并组建成新的广州大学，广州业余大学转制为广州城市职业学院；推进广州大学城综合管理。

5. 其他

2001年1月，《广州市教育经费投入与管理条例》正式施行，这是全国城市中第一个关于教育经费投入与管理的地方性法规，使广州市教育经费的投入有了法制保障；2002年8月，广州市公办中小学校全面实施"一费制"；等等。

五、教育改革全面深化与教育事业质量全面提高期（2012—2018年）

2012年11月，党的十八大召开。党的十八大报告提出，深化教育领域综合改革，是对教育改革提出的新要求，重点在深化，关键在综合。2017年10月召开的党的十九大提出："建设教育强国是中华民族伟大复兴的基础工程，必须把教育事业放在优先位置，加快教育现代化，办好人民满意的教育。"可以说，党的十八大以来，我国教育改革进入深化阶段，教育发展则进入注重全面提高质量的新时期。党的十八大以来，广州的经济发展呈现了新的样态，向新经济转型的趋势明显。如以汽车制造业、装备制造业、船舶修造为代表的先进制造业呈现上扬的态势，初步建成全国重要的高端装备制造业创新基地、国家智能制造和智能服务紧密结合的示范引领区、成为"一带一路"倡议重要支点和开放高地；"广州服务"成为经济增长新的亮点，2016年服务业增加值突破万亿元，服务业增加值和占GDP的比重双双居全省第一位，引领作用日趋明显；2016年广州的国家级优秀孵化器数量居全国城市首位，新型研发机构数量全省第一；2016年广州新增挂牌数及挂牌总数均位列全国省会城市第一，新增挂牌企业净资产均值在"北上广深"排第一。广州经济的高速与高质量发展，进一步激发了广州人民对教育的多样化与高质量的需求，迫切需要推动广州教育步入深入的改革期与全面提升质量的发展期。2016年印发的《广州市教育事业发展第十三个五年规划

（2016—2020年）》提出"到2020年，全面实现教育现代化，率先建成学习型社会和人力资源强市，打造世界前列、全国一流、广州特色、示范引领的现代化教育"的发展目标。与此同时，广州各区的教育改革也呈现出了区域特色，如越秀区推进省教育综合改革实验区建设，荔湾区深化体教、艺教、科教"三结合"，海珠区推进教育集团化，天河区进行经典文化教育，白云区开展生态课堂教学，番禺区实施"研学后教"课堂教学等。聚焦于各学段，截至目前主要取得了如下进展与成就：

1. 学前教育

以推进基本公共服务均等化为契机，继续完善学前教育管理体制；加快推进农村幼儿教育发展，基本消除学前班；"镇村一体化"管理模式的试点工作顺利推进；出台《2012年广州市学前教育普惠性民办幼儿园资助专项经费竞争性分配工作方案》《广州市学前教育资助制度实施办法》等；下发《关于调整我市公办幼儿园收费标准的通知》《广州市发展学前教育第二期三年行动计划（2014—2016年）》《广州市发展学前教育第三期行动计划（2017—2020年）》等文件，提出扩大资源、调整结构、健全机制、提升质量等举措。

2. 义务教育

贯彻上级文件精神，全面实施免费义务教育；印发《关于调整完善广州市城乡免费义务教育政策的通知》，统一城乡免费义务教育公用经费补助标准；落实对义务教育阶段困难家庭学生补助制度；下发《关于进一步做好来穗人员随迁子女接受义务教育工作的指导意见》；出台《关于进一步推进区域内义务教育学校校长教师交流轮岗工作的意见》，实行教师"区管校聘"；对照教育部《中小学教育质量综合评价体系综合评价指标框架（试行）》，以及广州市近10年开展中小学生学业质量评价探索的经验，2014年正式推进中小学教育质量阳光评价改革实验；2014年广州市在全省率先实行中小学责任督学挂牌督导工作，挂牌覆盖率为100%；截至2016年，全市11个区全部成为"全国义务教育发展基本均衡区""广东省推进教育现代化先进区"，全市公办义务教育标准化学校覆盖率达100%；为进一步推动义务教育优质均衡发展，建立和完善义务教育标准化学校督导评估机制，2017年完成41所义务教育标准化学校市级复核工作，通过加强监督防止滑坡和反弹，巩固提高各区"全国义务教育发展基本均衡区"的创建水平，同时，加强对义务教育优质均衡发展的指导和监测，推动各区创建"义务教育发展优质均衡区"，并出台《广州市人民政府办公厅关于进一步推动全市义务教育均衡优质发展的实施意见（2016—2018年）》等。

3. 高中阶段教育

启动广州市普通高中特色课程建设；取消普通高中招收择校生；成立异地中考公众咨询委员会，出台《关于做好来穗人员随迁子女参加高中阶段学校招生考试工作的实施方案（试行）》；启动中心城区优质教育资源向外围城区辐射，出台《关于推进优质教育资源均衡发展，做大做强两个新城区三个副中心基础教育的实施意见》《广州市教育局推进市属优质教育资源集团化办学的实施方案》《广州市教育局推进区域学区化办学实施方案》等文件；复办广州外国语学校。

在中等职业教育方面，以品牌专业和精品课程建设为重点，坚持中等职业学校内涵发展，促进中职教育办学模式、教学模式、培养模式和评价模式的改革创新，不断提升教学质量和办学水平；开展高职院校对口招收中职毕业生和中高职联合培养试点工作；组建广州首个职业教育集团，以深化旅游商务类职业院校与行业、企业和科研机构的产学研合作，拓展职业教育办学资源，探索职业教育办学多元化发展的路径。

4. 高等教育

加快高水平大学建设工作，2016年印发《中共广州市委 广州市人民政府关于建设高水平大学的实施意见》，设立广州市高水平大学建设领导小组，制定印发《广州大学高水平大学建设方案（2016—2020年）》和《广州医科大学高水平大学建设方案（2016—2020年）》；深化创新创业教育改革，2017年印发《广州市教育局 广州市科技创新委 广州市人力资源和社会保障局关于深化广州市高等学校创新创业教育改革的实施意见》；深入推进高等教育国际交流与合作，截至目前，市属高校先后与世界30个国家或地区的200多所大学和科研院所建立了教育与科研合作关系；提升职业教育服务经济社会发展的能力，印发《广州市人民政府关于加快发展现代职业教育的实施意见》；加快中高职衔接人才培养模式的改革探索；广州大学、广州医科大学试点培养广州精益汽车空调有限公司等20个市属高校研究生培养创新基地；创新高职院校体制机制，市属高职院校已牵头成立3个职业教育集团，分别是广州铁路职业技术学院牵头建立广州工业交通职业教育集团、广州科技贸易职业学院牵头建立广州物流职业教育集团、广州城市职业学院牵头建立广州城市建设职业教育集团。

截至2018年，改革开放40年来，广州市各市属高校已站在一个全新的发展平台。如广州医科大学和广州大学相继实现全部专业纳入全省一本招生，两校共有5个学科群获准立项建设广东省高水平大学重点学科建设项目；广州番禺职业技术学院建成国家示范性高职院校、省示范性高职院校；广州铁路职业技术学院建成国家骨干高职院校；广州番禺职业技术学院、广州铁路职业技术学院正在建设省一流高职院校；广州城市职业学院和广州体育职业技术学院成为省示范性高职院校建设单位；广州工程技术职业学院入选教育部第一批教育信息化试点单位；广州科技贸易职业学院协同创新体制机制改革工作获广东省立项支持；广州市广播电视大学获批国家开放大学广州分部，并成功入选教育部、财政部"中小学教师国家级培训计划"远程培训机构，成为全国唯一获此殊荣的省级电大。

第二节 广州教育改革发展的特色与成绩[①]

一、德育：育人，育德为先为重

（一）构建学校、家庭、社会"三位一体"的德育工作网络

为更有效地做好中学生的思想工作，广州市青少年教育办公室、广州市学生联合会、共青团广州市教育局委员会于 1987 年 6 月联合创办了广州市中学生"心声"热线电话，解答来自全国各地中学生涉及交友、校园生活、家庭伦理、择业投考、青春期卫生等方面的问题。2004 年，广州市教育局团委联合广东电台《城市之声》节目组，在每周日晚 7—8 时开通《心声热线》青少年心理健康教育直播节目，与广州青年报社联合建立"心声在线"青少年心理健康教育网站。到该年年底，广东电台已制作公开直播节目 53 期，邀请了 40 多名教育和心理学专家、社会人士围绕青少年心理健康、公民道德、青春期教育、民族精神教育、文化艺术教育及家庭教育等专题进行了探讨，并为青少年解惑排忧。其中，"心声在线"网站的青少年注册用户有 4511 人，初步构建了全新的网上心理倾诉辅导模式。与此同时，还整合资源推进家校合力育人。仅在 2012—2017 年间，就取得了如下成绩：评选优秀家长学校 200 所、示范家长学校 90 所，培训家长学校骨干教师 5300 余人；加强家庭教育理论研究，实施《广州市中小学家长学校教学大纲》，出版 10 册《广州市中小学家长学校教材》；受广东省精神文明建设指导委员会办公室委托，研发《教子有方——广东省家庭教育指导用书》；组织家庭教育专项调研，启动制定《广州市学校家庭教育指导意见》；建立 26 个家庭教育实践基地，发挥其区域性示范、引领和辐射作用；在全市部分中小学校、少年宫和名班主任工作室开展了面向家长的广州市"家教学堂"免费讲座百余场次，参与家长近 10 万人次；推进家长委员会建设，提升家庭教育指导队伍专业能力。截至目前，广州市建立了健全的市中小学德育研究与指导中心、市中小学心理健康教育指导（培训）中心、市未成年人心理咨询与援助中心等机构，推动广州教育学会中学德育专业委员会、中（小）学班主任工作专业委员会等群众性团体建设，形成行政主管、专家指导、学校及群众参与相结合共同推进学校德育工作的机制和管理架构。

[①] 本节材料的内容参考：（1）广州市教育局各处室、广州市教育局各局属单位、广州市市属高校、广州市各区教育局提交的工作材料；（2）《广州年鉴（1983—2016）》，见广州市情网（http：//www.gzsdfz.org.cn/zjgz/gzgk/）。

（二）注重通过整体设计系统化地开展"大德育"

1986年9月，广州市教委着手制定了《广州市学校德育系统设计方案》。该方案旨在改革和加强学校德育工作，逐步做到系统化、制度化、科学化和现代化，提高学校德育的整体功能和效应，提高学生思想政治道德素质。该方案包括序言、绪论、幼儿园德育系统设计方案、小学德育系统设计方案、中学德育系统设计方案、市属高等院校德育系统设计方案六个部分。幼儿园、小学、中学和高校的德育系统设计方案分别包括对象分析、目标体系、内容序列、实施途径、领导和管理以及评估等内容。各个部分互相联系，形成一个有机的整体。该方案从1988年下半年起在广州地区部分学校试点实施。1991年，在实施国家教委颁布的《中学德育大纲》的同时，继续试行《广州市中学德育系统设计方案》。与此同时，还充分利用广州市历史名城的有利条件，对中学生进行中国近、现代史和国情教育；加强德育在各学科教学的渗透、校园文化建设等方面的研讨、试验；召开广州市优秀中学生表彰大会和促进后进生进步的经验交流会；发动学生参加募捐赈灾活动。1992年，在继续开展现代史、近代史和国情教育的同时，结合法制教育，抓好《中华人民共和国未成年人保护法》的宣传，并在学生中广泛开展向雷锋、赖宁、邱艳玲等英雄人物学习和读好书等活动。为深化小学德育整体改革，还组织开展了"在市场经济条件下广州市小学生思想品德现状与对策"等专题研究。1993年，广州市完成了24所中学开展《广州市中学德育系统设计方案》试验的总结。对学生着重进行了人生价值、人生理想教育，以及法制教育和文明行为教育，同时还开展了心理健康教育。随着教学改革的不断深化，教学质量得到稳步提高。2010年，共青团广州市教育局委员会和广州市邮政局联合举办书信节，以邮政明信片、邮笺为载体，以传统书信文化为积淀，通过书信写作，促进家庭伦理亲情和社会道德文明的价值回归。2017年，为提升学生媒介素养、深化新媒体德育创新平台建设，广州市建立"羊城时政学堂"校园记者站并开展宣传骨干培训。该项活动被教育部评为"全国中小学德育工作优秀案例"。可以说，广州市在德育工作的开展方面，有整体设计的思维，从课堂内走向课堂外，由学科课程转向生活课程，由传统德育课程、德育模式向体现时代特点的德育内容与德育渗透形式层层扩展与推进，形成了德育的"道德体验模式""生态德育""团体辅导模式""阳光德育模式"等模式，实现以爱国主义为核心，涵盖民族精神教育、社会主义荣辱观教育、公民道德教育、法治教育、禁毒教育、心理健康教育、性健康教育、网络道德教育、感恩教育、环境教育、行为养成教育等内容的"大德育"体系。①

（三）德育方法多样化、德育评价人文化②

40年来，随着时代变迁，特别是德育主体、德育环境的变化，广州市实现了德育方法从单一走向综合、从被动走向自主、从封闭走向开放等变化。当前采用的德育方法主要有环境熏陶法、情感体验法、社会实践法、活动育德法、心理辅导法等。其中，活动育德法是指通过组织各种校园活动，为学生搭建展示自我、张扬个性的平台，为学生开拓发现自我、完善自我的渠道，在活动中培养学生良好的个性品质，提升学生的精神境界。目前，广州已经形成了科技节、读书节、体育节、艺术节、法制节、书信节"校园六节"及"书香校园"等品牌校园活动。德育评价人文化，主要指德育评价更多地关注评价对象自身发展的特点，关注"人"的"在场"。目前，广州主要形成了学生素质评价手册、学生成长记录册、"五星"等德育评价方法。其中，"五星"是对传统"三好"（即德、智、体表现优秀）内涵的一种扩展与超越，"五星"包括阳光之星、学习之星、健康之星、艺术之星、科技之星，更加关注学生的全面发展。

（四）重视德育研究工作

为加强德育研究，更好地提高学校的德育实效，广州市构建了包含机构、刊物、会议平台、学会组织等在内的较为完善的德育科研工作载体。其中，2007年成立了广州市中小学德育研究与指导中心，该中心的主要职能是：①组织开展中小学德育科研与实验研究；②组织实施中小学德育骨干队伍培训，提高德育队伍专业化水平；③指导开展区域性德育课程研究和中小学校德育校本课程开发；④参与指导中小学校开展家庭教育和社区教育；⑤建立广州市中小学德育研究与指导中心信息资源网络平台。2008年创办了德育刊物——《中小学德育研究》。2009年召开了广州市第一届德育论坛。随后，相继成立了广州市教育学会中学德育专业委员会、中学班主任工作专业委员会、小学班主任工作专业委员会、广州市学校心理教育研究专业委员会，这些委员会都定期召开年会和编写出版研究论文集，以此促进德育研究工作的开展。

二、基础教育：多举措推动优质均衡发展

近年来，广州市高起点、多模式地快速推动区域、城乡和校际优质教育资源

---

① 参见华同旭、熊少严等《区域教育现代化的历程与使命：广州市教育改革实践探索》，广东高等教育出版社2013年版。

② 参见华同旭、熊少严等《区域教育现代化的历程与使命：广州市教育改革实践探索》，广东高等教育出版社2013年版。

共建共享新格局,并取得重大进展。市级层面,主要在如下方面发力:

首先,加强优质教育资源共建共享的顶层设计与规划。如制定《广州市教育局关于进一步推进中心城区优质教育资源向外围城区辐射延伸工作方案》,在方案中提出直接建校、委托管理、品牌输出、合作帮扶、专业指导、设立优质民办学校六种辐射路径和策略,明确分三步推动中心城区优质教育资源向外围城区辐射延伸。第一步是加强区内辐射,指导各区进一步以优质学校为骨干,重点开展学区化、集团化等办学模式,探索高中阶段走班制、导师制等教育模式,形成区域内优质资源共建共享机制;第二步是加大市属教育资源辐射力度,通过建设新校区、委托管理、教育集团等方式,推动市属中小学校和市教研院资源进一步向外围城区辐射延伸;第三步是推动中心城区各类教育资源辐射延伸,随着教师编制、经费渠道、招生考试政策等体制机制逐步完善,努力打破区域间发展与合作壁垒,推动省属和区属优质中小学校、教育科研机构和高等院校等中心城区优质资源向外围城区辐射延伸。

其次,在实践层面,呈现"撸起袖子加油干"的精神面貌与工作作风。如近两年来,市层面在既有基础上,加快推动广州市第二中学、广州大学附属中学到南沙区委托管理学校,已落实学校选址并签订合作协议;推动广雅中学到花都区新建校区,已落实学校选址,正在开展项目用地征收及编制项目建议书;推动执信中学到天河新建校区,已完成初步设计方案,征地拆迁工作已全面启动并有序推进;推动广州市铁一中学到白云区新建校区,已落实学校选址并签订合作意向书;推动广州市第六中学到从化区新建校区,已初步落实学校选址;向黄埔区输出广东实验中学校名品牌,向天河区输出广州中学、广州奥林匹克中学校名品牌;广东广雅、执信中学、广州二中、广州实验首批4个市属教育集团已正式成立。

最后,注重运用信息化手段,扩大优质教育资源的覆盖面。如建立了广州市教育科研网和广州"数字教育城"公共服务平台,其中,市教育科研骨干网络光纤总长度超过35000公里,出口带宽达40G,连接到城乡的每一所中小学,为优质数字教育资源的共享创造了良好的条件。

具体到各区,也呈现多样的模式与态势。如黄埔区在引进市属学校办学及整合区内优质教育资源的基础上,注重借力国际优质教育资源;南沙区注重培育本土品牌;越秀区注重将现有优秀学校办成九年一贯制学校,还启动立体学区试点工作;花都区注重建立义务教育学校委托管理机制,推动名校办分校;从化区则注重利用高校与企业资源,新建优质教育资源;白云区注重以教育集团、教育联盟的方式,加大优质教育资源的辐射范围;荔湾区通过先进办学理念辐射、骨干教师柔性流动、教育教学资源共享、设施设备场地共用、学校办学文化生成等策略,激发集团内学校主动发展的积极性、创造性,增强薄弱学校"改进"与

"重建"的能力,逐步形成各自的办学优势和办学特色等。

三、教育教学:研究与工作互相促进

广州市注重通过持续、系统、分层、广泛地发动教师参与教育教学研究来推进教育教学改革工作。

1987年,由广州市教育局倡导,广州市教育局教研室(2014年与原广州市教育科学研究所合并为广州市教育研究院)主持并实施指导的学科教学整体改革启动。整体改革的目标是减轻负担、生动活泼、全面发展。内容是:对教学计划、课程设置、学生活动总量做整体设计;优化基础工具课教学和课堂教学;改革德育的目标、内容和方法,加强美育、劳动教育;课外活动、校外教育系列化;改革作业结构及考试方法;加强教学管理和评估。整体改革分三步实现:第一步是1987学年度,组织学习,制定规划,部分基础好的学校开始试点;第二步至1990年,逐步扩大改革面,并向纵深发展,有一批学校能较全面地总结整体改革的经验;第三步至1995年,带动大多数学校改革,使教学质量有较大提高。在整体布置上,先小学,后中学;先城市,后农村。

为加强教育教学研究的组织与管理,1988年,广州市教育局成立了小学整体改革领导小组,对全市小学整体改革进行部署、决策、协调、指导;为了加强中学教学管理研究,于1991年成立了广州市中学教学管理研究会。

继1987年开始的以"减轻负担、生动活泼、全面全展"为目标的小学整体改革,1991年开始的高中两项改革(即课程改革和会考制度改革)和1993年开始的"缩小差距、减少分化、减轻负担、打好基础、生动活泼、全面发展、学有所长、办出特色"的初中整体改革之后,1996年又制订了"学会学习、学会生活、学会发展"的导向性要求,运用系统工程的方法推进学校素质教育。在此基础上制订了提高学生整体素质的规划,确立了反映社会发展需要和人的自身发展需要的中小学素质培养目标体系,并构建有广州特色的、体现素质培养目标的课程体系,进行教学设计、德育设计和质量监控系统设计等,建立了培养适应素质教育要求的教师培训体系。

1998年,启动广州市中小学、中等职业学校第二阶段教学设计与实施活动。为期三年的第二阶段活动着重探索学科课型和教学模式的构建,以实现教学过程各要素、各环节相互联系和作用的最优化为目标,是一项广泛而深刻的教学改革实践。活动实施以来,全市中小学和中等职业学校的广大干部和教师积极参与这项教学改革实践活动,形成了一大批具有理论意义和实践价值的研究成果。

卡片 1：广州市教育教学改革（研究）突出成绩

1990 年，广州市完成了国家教委委托的研究项目"优秀重点中学鉴定方案"。一批教改成果获国家、省、市奖励，其中《中学化学课程能力序列设计和实施研究》获全国教育科研二等奖，《广州市乡土地理》获全国优秀乡土教材评比二等奖。

1993 年，受国家教委委托，广州市于 11 月 15—18 日主办了第四届全国小学愉快教育研讨会。来自各省、市 100 多名小学教育专家、教育行政领导参加了会议，就愉快教育的原则和模式等问题进行了交流和研讨。国家教委对广州市开展小学愉快教育试验成果给予了较高的评价。

1994 年，原东山区文德路小学、荔湾区沙面小学、越秀区朝天路小学和海珠区实验小学被全国中小学整体改革专业委员会批准成为全国性的开展素质教育和小学整体改革的实验基地。

1995 年，广州市中小学整体改革以素质教育为主线的做法受到国家教委基础教育司、督导团办、人事司的充分肯定。

1996 年，广州市承办了全国中小学整体改革第四次实验基地会议。会议期间，原东山区文德路小学、越秀区朝天小学、海珠区实验小学、荔湾区沙面小学四所实验基地小学向会议展示了广州市小学近年来实施区域性整体改革，全面推进素质教育的阶段性成果，受到国家教委领导和各地专家的好评。

2002 年，广州市教育局教研室与广州市加拿大少儿英文学校合作编写了《小学英语口语》，该教材已获广东省教育厅批准在全省范围的小学一、二年级使用。是年秋季，广州市小学一年级已大部分使用该教材。按照国家"英语课程标准"的要求，广州市教育局教研室又与英国利兹城市大学合作编写全新的小学英语教材（Success with English for Primary Schools），于是年秋季在广州市小学三年级全面使用。该年 3 月，广州市教育局教研室与牛津大学出版社合作编写的广州初中英语教材（Success with English）通过了全国中小学教材审定委员会的审查，成为全国为数不多的初中英语教材之一，也于是年秋季在广州市中学全面使用。广州市中小学英语教材的改革走在全国的前列。

2003 年，由广州市教育局教研室教研员戴立德主编的九年义务教育小学美术教材和初中美术教材以及由广州市教育局教研室和英国利兹城市大学语言中心合作编写的九年义务教育六年制小学（3～5 年级）英语教材先后通过全国中小学教材审定委员会审定，被列入教育部颁布的全国教学用书目录。

2005 年，广州市开展教育科研"十五"规划重点课题"中小学、中职学校发展性教学评价研究"，该项研究覆盖全市 1700 多所中小学和中等职业学校的数万名教育工作者，研究成果经区（县级市）一级初评产生1万多项。专家、学者评审鉴定后，认为该项研究切中新课程改革实验的需要，显示了广州教育的发展水平，在国内同级同类研究中处于领先水平，通过成果的转化、运用，推动了教学评价改革的发展和深化，凸显了鲜明的区域性、全员性和实效性，推进了素质教育，对全国具有示范意义。

四、民办教育：敢为人先

广州民办教育改革发展最大的特色是"敢为人先"，创造了我国民办教育领域多个"第一"，举例如下：

（1）率先启用统一的非学历教育结业证书、学业证书、培训证书。

（2）成立全国第一个统筹管理民办教育的政府专门机构广州市社会力量办学管理办公室和民办教育社团组织广州市社会力量办学协会。

（3）颁布全国第一部民办教育地方性法规——《广州市社会力量办学管理条例》。

（4）建立全国第一个民办教育机构基层党组织——中共白云培训学院支部。

（5）成立全国首家以民间资本注入、以"私立"冠名的民办高校——广州私立华联学院。

（6）成立全国首家民办性质的广播电视大学分校——广州电大侨光分校。

（7）1981年，广州市南华西街居民温宝珠利用自己的居室开办了宝宝托儿所，这是全国第一个民办托儿所。

（8）成立了全国首所以收取"教育储备金"为办学运作模式的全寄宿制民办学校——广州英豪学校。

（9）成立全国唯一一所由归国留学生群体创办并直接管理的，集幼儿园、小学、中学、中加国际高中及出国留学预科于一体的全日制中英文寄宿学校——广州市华美英语实验学校。

（10）广州珠江管理培训学院与暨南大学合作，率先在全国自学考试领域开考物业管理专业，填补了我国高等教育物业管理专业的空白。

（11）成立全国民进最早由市一级地方组织直接举办的学校——民进培才职业高中。

（12）成立全国第一所民办性质的全日制国家级重点技工学校、高级技工学校和技师学院——广州白云工商高级技工学校。

（13）成立国内首家教育股权众筹公司——广东当代首嘉教育投资管理股份有限公司（由27位民办学校办学人代表广东省内160多所民办学校共同出资

1000万元，采取股权众筹的合作形式组建的首家以教育为服务对象的股份公司）等。

五、音体美教育：深入人心与品牌化

（一）率先改革

1983年，广州市学校合唱节成立，这在全国是首创。1999年，广州市在全省率先进行中等学校招生体育考试改革，采取项目编组、随机抽样的办法确定考试项目，考试场地安排在有塑胶跑道的中学进行，取得良好效果。2006年1月1日，修订后的《广州市学校体育设施向社会开放办法》正式实施。同年7月，广州市成为全国首批试点向社会开放体育设施的七个城市之一。2012年成立的广州学生交响乐团开创了国内多个第一：我国首个在职业乐团培养和指导下成立的学生交响乐团（2012年5月成立）；我国首个每年定期为中小学生举办普及音乐会的乐团（2013年3月至今）；我国首个面向小学生招生的学生交响乐团（2014年12月在青年交响乐团基础上增设了少年交响乐团，招收小学三年级及以上学员）；我国首个拥有独立音乐季的学生交响乐团。2015年，广州市获批为五个全国足球试点城市之一，在全国率先出台市级中小学校园足球计划，海珠区被评为全国校园足球试点区，39所学校被评为全国校园足球特色学校。

（二）注重品牌打造，并发挥示范效应

广州市学校合唱节从1983年开始，截至2016年共举办了12届，参赛的学校数已超1000所，以校际合唱团比赛、少年宫合唱团交流示范演出和户外合唱表演三种方式进行。通过合唱指挥师资培训、系列合唱交流演出，促进了学校艺术教育水平和师生艺术素养的提升。这一全国首创的学校艺术活动形式已经成为"文化广州"的一张靓丽名片，为广州市成为"合唱之都"做出了积极贡献。2013年，广州市按照声乐、器乐、舞蹈、语言艺术、美术、书法、摄影、非物质文化遗产项目等类别，在大学、中学（中专中职）、小学、幼儿园各个学段范围内，筛选出一批理念先进、特色鲜明、学生参与面广、艺术素养高、学校设施配置完备、优势突出、社会反响好的艺术标杆学校，推进全市学校艺术教育水平提高。同年，下达《广州市教育局关于印发广州市艺术重点基地学校（幼儿园）建设指导意见的通知》，认定63所各类型学校（幼儿园）为广州市首批艺术重点基地学校（幼儿园）。广州市花都区将跳绳运动打造成为该区品牌活动，其中，七星小学仅在阿联酋迪拜举行的首届世界学生跳绳锦标赛中就摘得28块金牌中的27块，并获得迪拜挑战赛团体第一名的傲人成绩。

（三）重视利用社会力量开展音体美教育

为提高广州市青少年的艺术素养，推进学校艺术教育普及工作和促进学校乐队建设，并打造一支能代表广州市学生最高水平的交响乐团，在原有的广州交响乐团附属青少年乐团基础上，广州市教育局和广州交响乐团合作共建了广州学生交响乐团。双方在2012年5月6日共同签署了五年合作协议书。五年来的共建工作成绩斐然，其模式成为跨越省市之间教育部门与优秀文艺院团合作的成功范例，并已在国内形成示范效应。

六、教育信息化：为教育插上腾飞的"翅膀"

（一）教育领域使用计算机开展教学的时间较早，推广速度较快

1983年，广州市、区教育部门就从国外引进普及型教学用的电子计算机150部，17所中学和5个区的少年宫开设了电脑课；1984年，广州市有46所中小学以及东山区、荔湾区、海珠区少年之家建立了电脑室，拥有APPLE.Ⅱ、DJS.83、LASER.310和COMX.35等型号电脑628台，其中中学518台，小学及区少年之家110台，高中普遍开设了计算机选修课，初中、小学开展计算机活动课，微电脑逐步进入部分小学课堂。到2001年，广州市较早将信息技术教育纳入中小学的必修课程，并从该年起，全市小学从四年级开始设信息技术课。为加速推进教育信息化工作，广州市政府于2002年5月印发《关于加快推进我市教育信息化工作的意见》，广州市教育局会同广州市发展计划委员会联合印发《广州教育信息化发展规划（2002—2005）》，市、区（县级市）还分别成立了教育信息化工作领导机构。2004年启动"广州市农村中小学现代远程教育工程"，重点支持农村地区教育信息化基础设施建设。同年还启动"教育E时代"工程，并开通广州名师辅导网、广州市教育科研网数字图书馆，为中小学生提供健康的教育网络资源，开辟思想道德教育的新渠道。到2005年，全市已有851所中小学建成校园网，1621所中小学实现"校校通"，"校校通"比例超过90%；学生专用电脑达到127645台，"生机比"为11.75∶1，"师机比"为2.5∶1；全市中学100%按新教学大纲开设信息技术课，小学84%开设信息技术课程。2009年，完成全部农村地区教育信息中心及493所农村学校接入市教育科研网工作，并制定《广州市教育资源下乡行动计划（2010—2015年）》，推进优质教育教学资源下乡。2010年，率先在全省实行教师继续教育网上报名、网上选课、网上学习、网上登记学分并出具学分证明，95%的中小学教师继续教育课程通过网络开展。2012年，广州市又制定《广州市中小学智慧校园示范工程项目专项规划》《广州市农村中小学教育技术装备均衡化工程项目专项规划》及相关配套建设方案。可以

说，广州市采取递推式且有序地推动教育信息化工作，并在全国较早实现教育信息化的普及。

（二）教育信息化建设较早转向应用与整合，并实现体系化运行

2003年，广州市教育科研试验网一期工程完成网络中心与数据中心的建设，白云、海珠等区教育局及局属学校已接入该中心。全市作为一个整体接入中国教育与科研计算机网，并以该网为全市教科网的唯一出口。同年，广州市教育局制定《广州市教育信息化应用示范方案》和《教育基础数据库（一期）建设方案》，并通过了由教育部科技发展中心组织的评审专家组的评审。这两个方案为建设广州市教育信息化应用体系打下了基础。

为更好地贯彻执行《中共中央 国务院关于进一步加强和改进未成年人思想道德建设的若干意见》，整合广州市教育信息化的各工程项目，2004年10月22日，广州市启动"教育E时代"工程。该工程拟分2～3期进行。第一期工程包括广州市教育科研网、广州名师辅导网、"心灵导航"心理辅导频道和广州市教育科研网数字图书馆、教学资源库、学生专用电子邮箱、学生频道、青少年科普谷、学生游戏天地、E时代英语交互广场等项目；第二期及以后的项目在第一期建设后期分步设计后推出。实施该工程的目的在于通过提供健康的教育网络资源，为学生开辟学习、交流、合作和游戏天地，有效地统合全市教育信息技术力量和资源，吸引社会各界共同参与未成年人教育工作，从而引导青少年科学利用网络资源，全面提高青少年的思想道德素质和科学文化素质。2005年整合已建设的有关资源，协调市教育科研网中心和广州远程教育中心，构建广州教育E时代应用中心。

2013年5月，广州"数字教育城"公共服务平台正式上线发布。该平台融合各级各类教育及社区教育服务，标志着广州市"一网一平台两库四中心"的数字教育公共服务体系初步建成，实现基础设施、数据环境、用户群体、业务流程、应用系统、用户权限的整合。广州"数字教育城"公共服务云平台包括本地教学资源库、教学工具库、教学案例库、精品课程库、精品课例库以及各类虚拟实验（实训）室、仿真虚拟应用系统等。2017年，大力推进广州"数字教育城"公共服务平台的建设与规模化应用，并与国家及省教育资源公共服务平台对接，形成了体系比较完整、内容比较丰富、覆盖面比较广的区域数字教育公共服务体系，建立了开放共享、合作共赢的优质数字教育资源共建共享和应用服务机制，让城乡每一所学校、每一位师生公平地享有优质数字教育资源。截至2018年，教育信息化基本实现"网络全覆盖、资源全覆盖、服务全覆盖"，建设成由一网（广州市教育科研网）、一平台（广州"数字教育城公共服务平台"）、两库（教育管理基础数据库、教育教学应用知识库）、四中心（教师学习发展中心、

学生学习发展中心、教育电子政务中心、社区学习交流中心）组成的教育信息化应用的综合支撑体系。广州市教育科研网骨干网络出口带宽达到40G，实现了宽带网络"校校通"、优质资源"班班通"、学习空间"人人通"。

（三）较早重视通过开展教育信息技术的理论与实践研究，促进教学发展

2001年，全市有14所中小学校申报全国教育科学"十五"规划重点课题——"信息技术教育环境下的学与教的研究"的子课题，占全省该课题成员数的29.1%。同年，全市有7所中小学校被批准成为"多学科'四结合'教改试验研究"课题的子课题学校，连同原有的11所由教育部挂牌的"全国1000所现代教育技术实验学校"和教育部基础教育司批准的13所"语文'四结合'教改试验研究"子课题学校，全市参与全国性教育信息研究课题的学校共有45所。据不完全统计，2011—2017年，全市各类学校承担的各级教育技术相关课题和实验项目达4000多项，获国家级教学成果奖5项、省级教学成果奖4项、市级教学成果奖26项。这些研究成果的推广应用，引领着信息时代的教学改革实践，涌现出"'生态课堂'教学模式""双主互动网络教学模式""基于APP的移动教学模式""基于智能语音系统的英语自适应学习模式""基于DMS的生态数学课堂模式""基于物联网的创客教学模式"等一批新型教学模式和典型教学示范案例，推动了教学系统的结构性变革。特别是，2012年，全市启动中小学"智慧校园"建设模式研究，在智能化校园环境构建模式、智慧型教学系统构建模式、智慧型校园管理模式、智慧型校园服务构建模式、智慧型教师队伍培养模式等方面展开研究，形成中小学"智慧校园"建设模式的标准框架；2015年，为继续深化教师信息化应用竞赛活动的开展，并将其与"三通工程"的深层次应用研究与实践紧密结合在一起，与"一师一优课、一课一名师"活动有机结合，深入探索专递课堂、"微课"与"翻转课堂""一对一"数字化学习、差异化教学、基于项目的学习、移动教学等教育教学改革创新，培育和树立一批教育信息化创新应用的示范典型，推动教育观念的更新、教学模式的优化、教学效益的提升。与此同时，全市教师的信息化教学应用能力持续在全国保持领先地位，在全省名列前茅，打造出一系列信息化应用品牌，如"数字教育城"云桌面平台、智能语音教学平台、中高职虚拟商务系统、特教IEP等各类教学系统，网络互动教学教研系统、教师在线备课系统、广佛教育搜索引擎等多种资源工具。

七、特殊教育：优先保障与体系完备

(一) 率先作为，加大投入

广州市一直很重视特殊教育，市领导称其为"兜底"工程，将其作为衡量广州市社会文明发展程度的重要标志。2013年，广州市率先出台《广州市人民政府办公厅关于加强我市特殊教育工作的实施意见（2012—2016年)》，并被广东省教育厅转发到全省各市学习。广州市充分发挥政府在特殊教育工作中的主导作用，如2013年市、区两级财政投入3067万元以普通学生5～10倍的标准用于特殊教育生均公用经费，投入123.7万元以普通学生1.5倍标准用于特殊教育学生书本费。

(二) 构建全覆盖的特教体系与完善的支撑机构

广州市适龄残疾儿童有四种入学途径，即特殊教育学校、普通学校随班就读、普通学校附设特教班、送教上门。适龄残疾儿童可在每学年招生时，按"属地管理"的原则，到各区特殊教育学校申请入学，或入读普通学校后申请随班就读、特教班、送教上门；如属听力言语障碍、视力障碍、自闭症、脑瘫等，还可分别申请入读市属启聪学校、启明学校、康纳学校、康复实验学校。现有1800多名特殊学生在普通学校参与融合教育，占义务教育阶段特殊教育学生的52%。为提升对随班就读和特教班的保障水平，广州市近两年在有条件的随班就读学校设立了近50间随班就读资源室，并在广州市启聪学校、广州市启明学校、广州市康纳学校和越秀区启智学校成立了全市随班就读指导中心。1993年，广州市成立了特殊教育专业委员会；2014年，在广州市教育研究院专门设立了特殊教育指导中心，对全市特殊教育工作进行业务指导。

(三) 开展特殊教育种子教师和名师培育工程

广州市积极开展全体教师特殊教育通识培训与特殊教育骨干教师培训，每所学校至少保证一名种子教师受训；邀请美国及台湾地区特殊教育专家对全市特殊教育骨干教师进行教学技能提升培训。2014年12月，广州市政府聘任陈云英博士为广州市教育名家工作室主持人及广州市特殊教育研究中心名誉主任。同时，还将特殊教育学校校长、教师纳入全市"名校长""名教师"培养范畴。

(四) 推进特殊教育由九年义务教育向两头延伸到十五年

广州市正加强和社会公益机构合作，在各区挑选有条件的公办幼儿园开展学前教育阶段融合教育试点，加强对特殊儿童的早期干预。同时，在特殊教育学校和中职学校开设了中职特教班,为完成九年义务教育的特殊青少年提供回归主流社会的基本技能教育。

(五) 推进标准化特殊教育学校建设

为紧跟国际特殊教育发展趋势,拟通过科学规划,按照符合国家标准、国内一流水平、国际知名要求,选择广州市启聪学校、广州市启明学校、广州康复实验学校、广州市康纳学校、广州市越秀区启智学校、广州市番禺区培智学校首批6所学校,高质量创建国际先进水平特殊教育学校,在推进广州市特殊教育均衡化发展过程中发挥引领和示范作用。

(六) 积极主动借力港台优质特教资源

1995年,与香港英国文化协会联合举办了国际弱智人士教育研讨会,进行了弱智人士教育学术交流;邀请了香港明爱弱智服务中心专家来广州市培训弱智教育师资;1997年,与香港弱智服务工作人员协会举办"第二届穗港弱智服务交流会";2000年,广东省儿童福利会、广东省残疾人联合会、广州市教委、广州市残疾人联合会在东莞联合举办残疾儿童庆"六一"联欢活动,首次邀请香港、澳门的残疾儿童及其家长参加,效果良好;定期举行穗台校长特殊教育论坛;常年邀请港台特教专家来穗举行讲座,提升教师的专业知识、技能与视野等。

(七) 充分发挥家庭与社会力量参与特教事业

让家长参与制订学生个别化教育计划、组织开展亲子活动等。如广州市扬爱家长俱乐部是广州市特殊教育学生家长自发成立的民办非企业公益组织,广州市与该俱乐部合作,开展"融爱行"试点项目,以"家长聘请、机构管理、学校培训"的形式让特殊教育助理员陪着特殊孩子进入校园进行"一对一"辅导,取得了良好的效果。

卡片2:特殊教育突出成绩或开创性工作例举

1989年,广州市聋人学校何静贤校长被评为全国劳动模范。

1993年,广州市聋人学校聋儿康复处被评为全国"三康"先进单位;荔湾区被评为全国特殊教育先进区;广州市聋人学校何静贤校长获全国"五一劳动奖章",简栋梁老师被评为全国"三康"先进工作者。

区域教育改革发展编

> 1995年,继荔湾区后,东山区、越秀区、海珠区、黄埔区、芳村区和增城市被评为全国特殊教育先进区(市),受到通报表彰。
> 1996年,越秀区、东山区被评为"全国特殊教育先进区"。
> 2001年,番禺区被教育部、民政部、中国残联授予"全国特殊教育先进区"称号;广州市盲人学校罗观怀校长被授予"全国特殊教育先进工作者"称号。
> 2003年,海珠区成为全国随班就读工作支持保障体系实验区。
> 2007年10月17日,广州大学市政技术学院首届聋人大专班正式开学,标志着广东省首批44名聋人学生正式进入高校接受专门为听力残疾人开设的高等专业教育。该班是华南地区第一个聋人全日制大专班,学制三年。

八、教育扶贫:体现责任担当

党的十八大以来,党中央高度重视扶贫攻坚事业,习近平总书记为此提出"精准扶贫"的战略思想,并将"发展教育脱贫一批"作为五大精准扶贫脱贫的重要途径之一。2015年,《中共中央 国务院关于打赢脱贫攻坚战的决定》出台,文件中提出要着力加强、加快实施教育扶贫工程,发挥教育扶贫功能实效,阻断贫困代际遗传。在党的十九大会议上,习近平总书记强调扶贫要同扶志、扶智相结合,提出要确保在2020年实现贫困人口全部脱贫的目标,让贫困人口和贫困地区同全国人民共同迈入全面小康。由此观之,教育扶贫已成为国家扶贫工作的重要阵地,是实现脱贫攻坚任务的重要途径之一。

自"教育扶贫""精准扶贫"战略提出后,各级地方政府积极探索扶贫脱贫模式,进行多方面的实践,积累各具特色的地方经验。广州地处改革开放的前沿地区,经济的发展促进了广州教育的快速发展。广州教育的发展水平相对省内其他大部分地区与我国西部地区也有较大的优势。为体现经济与教育发展先行地区带领发展薄弱地区共同发展的责任担当,广州市自20世纪末就开始了针对经济社会发展薄弱地区的教育扶贫工作。20多年来,广州市在教育扶贫工作上积极落实上级政府的要求,积极探索与实践,成效显著,并形成独具特色的广州教育扶贫经验,具体如下:

(一)开展时间较早、持续时间较长

早在1996年,广州市就启动了对省内外贫困地区、少数民族地区的教育扶贫工作。至今,广州市的教育扶贫工作已经持续了20余年,未曾间断。

（二）高度重视与统筹开展

早在1997年，广州市就成立了由中共广州市委组织部、广州市教委、广州市人事局和广州市直等10个工委有关领导组成的领导小组，统筹部署支援基层教育工作。广州市历届教育局局长均高度重视教育扶贫工作，将教育扶贫工作纳入重要的议程，并积极参与相关的活动。广州市教育局通过定期举办工作会议、发送教育扶贫工作简报等形式及时反映教育扶贫工作的进展，总结工作经验，指出实践中存在的问题，并研讨提出解决策略。此外，广州市教育局还定期举办表彰等活动，激励扶贫工作者积极开展工作，如2016年，广州市教育局领导就对第二轮扶贫开发"双到"工作先进单位、先进个人以及优秀驻村干部等颁发了荣誉证书。

（三）扶贫力度与深度逐年扩大

1. 扶贫的地区

在1996年，广州市教育扶贫辐射地区主要包括广东阳山县、连南瑶族自治县、清新县（现为清新区）三县以及新疆的乌鲁木齐市、乌什县等。到2017年，其辐射的地区主要包括广东省内的梅州市、清远市、新疆、西藏、广西、贵州四省（自治区）的部分地区。由此观之，广州市教育扶贫工作的辐射范围是呈扩大趋势的。

2. 扶贫的学段（机构）

早期，广州市教育扶贫涉及的学段以义务教育和高中教育为主。1996—1997年主要辐射义务教育；1999年开始涉及普通高中教育与中等职业教育，如1999年4—6月、10—12月，广州市教委在广州为广西百色地区举办了两期教师培训班，共为百色地区培训中小学校、职业学校校长和教师150名；2007年，广州市继续开展对梅州职业教育扶贫工作，安排四所中等职业学校开设相应专业，合计招收梅州市贫困家庭学生435名，每生每学年减免学杂费、住宿费及实验实习费4200元，合计投入182.7万元。近年来，广州市教育扶贫学段逐步延伸至高等职业教育，如广州市属国家示范性高职院校对口帮扶被扶贫地区高职院校的发展。发展职业教育是实现精准脱贫、阻断代际贫困的有效方式，广州市不仅致力于促进优质职教资源向贫困地区、贫困家庭倾斜，还加快培养符合贫困地区产业需求的技术技能型人才，增强贫困群众致富本领。近两年来，扶贫则扩展至特殊教育学校、当地教育行政机构与教育科研机构（如地方教育科学研究院）等。

3. 扶贫的对象范围

广州教育扶贫的对象范围现已覆盖被扶贫地区的教育行政人员、学校校长、教学管理人员、教师和学生等多个群体。其中，针对学生主要采取资助的形式。

对于广大贫困家庭学生而言，由于家庭经济收入有限，就学带来的家庭经济负担相对较重，因学制贫的现象在贫困地区相对普遍，加大扶贫资助力度，减轻贫困家庭的经济压力，有助于贫困学子接受良好的教育。

4. 扶贫的金额与业务指导工作量

仅以 2009 年春季学期至 2011 年秋季学期时间段为例，广州市分别派出 215 人次、接收 142 人次开展挂职和任教工作，开展教学业务指导（包括上示范课、听评课、专题报告、共同教研等）6.03 万人次，课数（含专题报告）5831 次；开展团队帮扶活动 157 次，参与学生近 54559 人次；向受援学校捐物捐款折合人民币 515 万元，使受援学校在办学条件上得到改善，在教学水平上得到显著提升。

（四）注重办学硬件资源与软件资源的同步扶贫

从扶贫前期开始，广州市就注重从办学硬件资源与软件资源两方面对教育开展同步扶贫。如 1996 年向广东阳山、连南、清新三县拨付经费以及发动捐助经费，资助三县兴建三所初级中学，并从当年起，协议为三县代培 60 名中学教师。1997 年投出 160 万元支援三峡库区巫山县巫山中学迁校，拨出 75 万元帮助广西桂林民族师范学校兴建教师培训中心，拨出 75 万元分别援助广西百色地区靖西县建设巴蒙初中、大道初中、龙三小学的教学楼，向西藏林芝地区捐赠价值 106.6 万元的电脑设备，并为其开展有关的业务培训，等等。

与此同时，在软件资源扶贫领域，广州市注重对学校专业建设以及校长与教师的工作能力等方面进行支援与培训，为教育欠发达地区培养生长性资源。如广州市启聪学校和广州市协和小学分别与四川甘孜藏族自治州特殊教育学校、炉霍县新都小学结对；广州市美术中学与新疆疏附县及疏附县第二中学签约"结对帮扶"；广州市旅游商务职业学校派出酒管、烹饪专业教师参与西藏林芝职业技术学校的合作共建工作；广州番禺职业技术学院对口支援贵州毕节职业技术学院，在专业建设、师资队伍建设、联合培养学生等方面全方位开展对口支援工作；广州大学教师培训学院开展了对口帮扶新疆喀什地区疏附县中小学书记、校长和新教师培训，共培训中小学书记、校长 80 名，中小学新教师 220 名；等等。在教育扶贫工作中，广州市充分发挥地方高校的服务功能，引领高校参与精准扶贫、精准脱贫，充分发挥高校人才资源优势和智力支撑功能，支持贫困地区政府加强与地方高校的战略合作，在人才培养、干部锻炼、教师培训等方面开展深度合作，鼓励知名高校开展定点扶贫，开展人员培训，努力提高广州高校对贫困地区经济社会发展的贡献率。

（五）积极探索与创新

由于教育扶贫工作的开展时间较早、覆盖对象范围较广、对象间的差异性较大等原因，广州市教育扶贫工作的开展并没有可供其借鉴的经验及模式。为此，广州市在扶贫工作实践中积极探索，特别是在培训领域开拓创新，针对不同对象采取了不同的培训模式。如1999年针对百色地区的教师、校长培训，将送培校长和教师安排到省市一级中小学校及条件较好的中专、职中，由学校指定专人进行指导培养，并让他们参与学校的管理和教学工作，当时的广州市教委还为他们组织了现代教育技术等专题培训和考察，该培训方案收到了良好的效果；2016年针对新疆喀什地区疏附县中小学书记、校长和新教师的培训则采用"请进来"和"走出去"的方式，开展了"双语教师""德育干部"等培训项目，受到了地方校长、老师的良好评价；等等。

20多年来广州市的教育扶贫工作得到国家与地方的广泛认可。在1996年，广州市教育对口支援工作受到了国家教委和广东省教育部门的肯定。此后，广州市在教育扶贫工作上继续发力，结合理论与实践，多策并举，精准施策，积极应对扶贫攻坚问题。广州市教育局在广东省2013—2015年第二轮扶贫开发"双到"工作考核中，以满分的成绩被评为先进单位，荣获多项荣誉称号，教育扶贫工作成效显著。

第三节 广州教育改革发展面临的挑战与应对

一、广州教育改革发展面临的挑战

（1）教育改革权限与教育改革发展需求之间的矛盾。2017年9月，中共中央办公厅、国务院办公厅印发《关于深化教育体制机制改革的意见》，广东省关于深化教育体制机制改革的实施意见也即将出台。在此背景下，深化广州市教育体制机制改革，破除制约广州教育发展的体制机制性障碍，成为广州教育上水平、走前列，打造世界前列、全国一流、广州特色、示范引领的现代化教育的关键抓手。广州市教育体制机制改革不仅受到国家、广东省相关政策的影响，同时还受到自身经济社会发展水平、文化传统、人口等因素的影响。在此情况下，广州市市级层面的教育体制机制改革将会面临改革权限与需求之间的矛盾。

（2）教育体制机制改革的相关理念认识有待进一步提升，包括正确认识与处理政府与社会、市场、学校，社会与学校，学校与家庭及受教育者等诸方面之间的关系，体制机制仍不够完善，学校办学活力仍显不足。

(3) 实现"两个基本、一个进入"的战略目标,完成扩大普及、推进公平、提升质量三大任务需要巨大的教育成本。当前教育投入依然较为不足,教育优先发展的战略地位尚未完全落实,广州各级各类教育的经费投入水平与北京、上海等城市差距仍较为明显。

(4) 人民群众对教育资源的需求已从"有学上"转向"上好学",优质教育资源需求旺盛,尤其是中产阶级、知识阶层家庭对于优质、特色、个性化、小班化的精品型教育的需求和期望日益强烈,更加重视教育的个性化和多样性,更加需要合适的、高质量的教育。

(5) 教师、学生、家长依旧面临着过度的升学竞争,导致教与学的负担偏重,素质教育推进困难,教育改革仍需更加关注学生的心灵和幸福,仍需更加人本的教育。①

二、应对举措

(1) 正确处理好教育改革的权限与教育体制机制活力、促进教育发展之间的关系。研究制约广州教育体制机制改革与教育发展的制度性障碍,针对可以突破的改革权限,寻找相应的解决策略。

(2) 继续加强各级政府和全社会对教育战略地位的认识,进一步加大政府对教育的投入。各级政府应进一步充分认识到教育事业的优先地位与战略性地位,还应通过深化教育体制机制改革,调动政府和社会、计划和市场、企业和广大人民群众多方面的积极性,千方百计加大全社会的教育投入力度,壮大教育现代化的物质基础与保障力量。

(3) 正确处理教育发展与教育改革的关系。教育改革未必带来教育发展,只有为了教育发展、促进教育发展的教育改革才是必要的、正确的教育改革,只有通过深化教育改革,才能克服、解决和预防教育发展中的失衡问题、不公平问题与不科学问题,才能实现教育的均衡发展、公平发展与科学发展。因此,以发展引领教育改革,以改革促进教育公平和科学发展,才能实现改革和发展的互助互促。处理好改革和发展的关系,就是为了走出"作为政治改革的教育改革"和"作为经济改革的教育改革",走向"作为社会改革的教育改革",以教育的公平与科学发展奠定和谐社会的基石。②

(4) 科学推动教育改革。加强对教育问题的调查与跟踪研究,对解决方案

---

① 参见杜占元《面向2030的教育改革与发展》,载《教育研究》2016年第11期,第4～7页。
② 参见程天君《教育改革的转型与教育政策的调整——基于新中国教育年来的基本经验》,载《北京大学教育评论》2012年第4期,第33～49页。

采取科学论证，从整体性视角探讨审视当前教育改革与发展中的问题①；以试点的方式进行稳步推进，以"系统管控"的方式保证教育改革的方向性，通过相关领域的"协同改革"促进教育改革的协调性，以"规则主导"推动教育改革的制度化。②

（5）推动教育管办评分离、放管服改革，依法明晰政府、学校、社会的权责关系，构建系统完备、科学规范、运行有效的决策机制和制度体系，逐步形成政府依法管理、学校依法自主办学、社会各界依法参与和监督的教育公共治理新格局。

（6）切实树立以培养人才为根本目标的教育理念，真正建立起科学的教育评价制度，彻底扭转以升学率考核学校、以分数评价学生的现象，使素质教育能够真正全面落实。

（7）以贯彻《中华人民共和国民办教育促进法》（2017年9月1日起施行）为契机，破解制约广州民办教育发展的体制机制障碍，保障与促进各级各类民办教育健康发展。

---

① 参见杨兆山、张海波《整体性视角下的教育改革与发展》，载《东北师大学报（哲学社会科学版）》，2010年第1期，第139～146页。

② 参见姚荣《我国教育改革的经验与行动策略：公共政策过程的视角》，载《教育科学研究》2014年第2期，第25～28页。

第十六章 深圳教育

深圳位于珠江口东岸,与香港仅一水之隔,是中国南部海滨城市,是中国改革开放和现代化建设先行先试的地区。改革开放 40 年来,深圳从一个仅有 3 万多人口、两三条小街的边陲小镇,发展成为一座拥有上千万人口、经济繁荣、创新时尚、社会和谐、功能完备、环境优美的现代化都市,创造了世界工业化、城市化、现代化史上的奇迹。作为改革开放的窗口城市,深圳始终坚持推进教育改革,各级各类教育伴随着特区成长取得了跨越式的发展。

第一节 深圳教育改革发展的基本历程与主要特征

一、深圳教育改革发展历程

深圳教育改革可分为四个阶段:一是从深圳建市到 1992 年,深圳在原宝安县教育基础上,适应市场经济和外向型经济特区发展,逐步建立现代教育体系;二是 1993—2004 年,深圳全面实施"科教兴市"战略,积极创建教育强市,全面推进教育城市化发展;三是 2005—2012 年,深圳在科学发展观指引下,加快实施"人才强市"战略,大力建设人力资源强市,迈进教育科学发展阶段[①];四是 2013—2018 年,深圳在习近平新时代中国特色社会主义思想的指导下,全面深化教育综合改革,率先探索全面建成小康社会教育发展新路径。

(一)探索适应特区经济、社会发展,努力构建城市教育体系

深圳建市和创办特区后,党中央要求深圳建设成为外向型经济特区,大力发展市场经济。深圳城市基础设施建设全面展开,人流像潮水般涌进来。

伴随着城市人口的急剧增长,摆在深圳面前的困难首先是学位供给的严重不

---

① 参见深圳市教育局《教育的追求与跨越》,海天出版社 2010 年版。

足。"入学难"成为这一时期教育发展的大问题。为此,深圳改革校舍基建制度,实行规划、选址、征地、搬迁、设计、施工"六统一",统一由市基础教育组承担,以此加快学校建设速度,创造了6个月建12所中小学的"深圳速度"。与此同时,深圳创新办学体制,支持和鼓励企事业单位和个人投资办学,甚至引进外资办学。深圳依靠全社会的力量,依靠体制创新,到1984年,"入学难"问题基本得到缓解,当年中小学在校学生有2.48万人,入学率达99.9%,巩固率达到99.8%。

这一阶段,深圳在解决"入学难"问题的同时,也面临着教育的计划体制与市场经济体制之间的矛盾。为适应特区经济、社会发展需要,这一时期,深圳大力发展职业教育。1980年,深圳市卫生学校成立;1981年,深圳市中等专业学校成立;1982年,深圳市建筑工程学校成立;1984年,先后成立了深圳工业学校、司法学校、警察学校;1985年,建立了宝安中专学校。与此同时,深圳下定决心发展高等教育。1980年9月,广东省广播电视大学深圳市分校成立,这是深圳第一所高等教育层次的学校;1983年5月,深圳大学创建,深圳人终于有了属于自己的大学;1984年5月,深圳师范专科学校成立,深圳又有了全日制高等师范学校。①

从特区创办到1992年,短短10年来,深圳教育在原宝安县典型的农村教育基础上形成了从幼儿教育到高等教育,包括普通教育和职业教育、全日制教育和非全日制教育并存的现代教育体系,1986年普及了小学教育,1989年普及了九年义务教育,初步实现了从农村教育向城市教育、从传统教育向现代教育的转型。

(二)创建教育强市,全面实现教育城市化发展

进入20世纪90年代,深圳教育发展面临的形势和环境发生了深刻变化,深圳教育面临三大主要矛盾:一是教育规模与城市人口急剧增长的矛盾;二是教育的计划体制与日益发展的市场经济体制的矛盾;三是教育质量水平与深圳建设国际化城市和高新技术快速发展的矛盾。为解决这三大主要矛盾,这一时期,深圳着重从以下三个方面推进教育现代化:

一是继续扩大教育规模,努力满足城市人口持续增长对教育学位的急迫需求。1992—2004年,深圳各级各类学校在校生从24.3万人增加到94.95万人,这是深圳教育规模快速增长的重要时期。

二是继续完善城市教育体系,全面实现教育城市化发展。深圳建市和创办特区后,教育的发展一直存在特区内外的不同结构,特区内已进入城市教育,而特

---

① 参见熊贤君《深圳教育史》,社会科学文献出版社2010年版。

区外的宝安和龙岗一直是农村教育。2004年，出台《深圳市教育局关于加快推进宝安、龙岗两区教育城市化的暂行意见》，宝安和龙岗两区全面实现教育城市化。至此，深圳全面实现了从农村教育向城市教育转型。另外，这一时期，深圳幼儿教育、中小学教育、职业教育进行了结构调整，层次、类型和布局结构进一步优化，进一步增强了对深圳人口、经济和社会发展的适应性。特别值得关注的是，这一时期，在高等教育领域，深圳不但兴建了深圳大学城，加快发展研究生教育，而且深圳大学取得了硕士和博士学位授予权，使高等教育层级结构更加完善，深圳城市教育体系也进一步完善。

三是大力提升教育质量，努力争创教育强市。1993年2月13日，中共中央、国务院制定了《中国教育改革和发展纲要》。1994年，广东省委、省政府颁布《关于教育改革和发展的决定》，提出建设教育强省的奋斗目标。为争创教育强市，从1996年开始，深圳每四年召开一次全市教育工作会议，不断加大教育投入，推进依法治教，深化办学体制改革，深化课程改革，深化教育管理体制改革，努力保障教育优先发展。2000年，深圳召开全市教育工作会议，印发了《关于加快实施科教兴市战略推进教育现代化的决定》，决定在全省率先建设成教育强市，努力推进教育现代化。

2004年9月10日，广东省"教育强市"授牌仪式暨深圳市庆祝第20个教师节表彰大会在深圳市体育馆隆重举行。① 深圳从1994年省政府提出创建教育强市的奋斗目标，到2004年通过省政府"教育强市"的评估验收，为创建教育强市付出了长达10年的努力。2004年的深圳教育，以广东省第一个教育强市的形象载入史册。

（三）建设人力资源强市，迈向教育科学发展之路

进入21世纪之后，深圳教育在成为广东省第一个教育强市并全面实现城市化基础上继续运行在快速发展轨道上。这一时期，深圳长期快速发展积累的各种矛盾逐步显现出来，特别是"四个难以为继"的矛盾更加尖锐。在教育目标和手段之间、教育规模和品质之间、教育重心和价值平衡之间等存在的问题日益显现。这一时期，在"人才强国"战略和科学发展观指引下，深圳确立了"人才强市"战略，努力建设人力资源强市。这一阶段，深圳在继续扩大办学规模、保障学位供给、不断优化国民教育体系、建设学习型城市的同时，紧紧抓住教育公平、均衡发展、特色发展、教育国际化、创新教育等重大时代主题，着力推进教育科学发展。

一是着力推进教育公平发展。改革开放以来，深圳市场经济发展革除了平等

---

① 参见符信、洪奕宜《深圳：南粤首个教育强市》，载《南方日报》2004年9月9日。

主义和"铁饭碗"的体制弊端,极大地解放了经济活力,提高了经济效益,但也极大地加剧了社会结构分化,凸显出社会公平问题,特别是教育公平问题。进入21世纪,教育公平问题一度成为社会关注的焦点问题之一。2005年5月,教育部颁发了《关于进一步推进义务教育均衡发展的若干意见》,要求"办好每一所学校","关注每一个学生健康成长"。党的十七大提出"要把促进教育公平作为国家基本教育政策"。深圳全面贯彻落实国务院关于外来务工子女义务教育"两个为主"的规定,标准化配置学校教育教学设施,加快特区外96所原村办小学改造,加大力度推进免费义务教育,下大力气解决外来务工人员子女义务教育问题,不断完善贫困学生资助制度,努力保障教育公平发展。

二是着力推进教育优质特色发展。进入21世纪,市场经济在带来教育发展活力的同时,也导致教育的过度功利化发展,教育内在品质日益流失甚至变异。幼儿园为了争生源日益走向小学化;中小学优质资源相对不足导致入学竞争加剧;教师职业倦怠日益普遍;中小学生课业负担过重……所有这些,与广大市民日益增长的优质教育需求形成尖锐矛盾。这一阶段,深圳以课程改革为总抓手总突破,规范落实国家课程,大力开发地方课程,鼓励开发校本课程,积极推进校本研修,全力推进示范性高中建设和寄宿制高中建设,全面启动特色学校建设工程,努力推进中小学优质特色发展。

三是推进教育国际化发展。适应21世纪"深港一体化"发展需要,深圳不断深化与香港教育交流与合作。基础教育领域,大力推进中小学姊妹学校建设,组织开展深港校长论坛和教师论坛,多渠道解决在深港人子弟入学问题。高等教育领域,不断扩大联合培养人才规模和范围,加强科研合作,推进专业和实验室共建。职业教育领域,不断推进职业资格证书的考试与培训业务合作,加快推进高层次职业技能人才联合培养。这一阶段,深港教育合作逐步由学校与学校项目合作为主转向政府与政府、学校与学校、民间与民间等多层次、多形式的全方位合作。与此同时,深圳进一步加快国际化学校建设,不断推进中外合作办学,推进普通高中举办"出国班",积极开展国际理解教育,努力扩大教育国际交流与合作,不断提升深圳教育国际品质,主动适应全球化发展需要。

四是着力推进创新教育。传统的深圳教育体系适合更多地培养适应工业化大生产的知识型劳动者,在培养学生创新精神和动手能力方面,还存在多方面不适应。进入21世纪,深圳努力争创国家教育综合改革示范区,继续深化课程改革,创新办学模式、人才培养模式,加快推进现代大学制度建设,不断优化高校专业设置,大力推进官产学研联盟,努力探索创新人才培养的新路径、新方法,努力创造有利于创新人才成长的教育环境。

（四）全面深化教育综合改革，率先探索全面建成小康社会教育发展新路径

这一阶段，深圳的教育战略地位更加突出，教育体系更加完善协调，教育综合改革全面深化，在高等教育创新发展、教育基本公共服务均等化、学前教育公益普惠发展、现代学校制度建设、责任督学挂牌督导等方面探索了新路，取得了重要成就，获"全国教育改革创新特别奖""全国地方教育制度创新优秀奖"等一系列重要奖项。2013年，深圳市率先成为广东省推进教育现代化先进市，并成为首批国家中小学教育质量综合评价改革试验区。2014年，深圳市教育率先达到国家义务教育发展基本均衡标准。2015年，刘延东副总理批示肯定"深圳市坚持教育优先，推进改革创新，各级各类教育取得长足发展"①。

尤其值得一提的是，2015年11月，国家教育体制改革领导小组办公室批复同意《深圳市深化教育领域综合改革方案（2015—2020年）》备案。实施该方案是深圳市落实教育优先发展、促进城市创新发展、增进民生幸福的内在要求，有利于推动建立结构合理、公平优质、保障有力、充满活力的创新型开放式城市教育体系，为全市教育改革发展提供新平台，为城市创新发展提供新动力，为全国、全省全面建成小康社会的教育发展探索新路径。该方案是推进深圳教育领域综合改革的指导性文件，在其指导下，深圳教育综合改革持续推进，教育活力持续增强。

一是教育均衡发展成果斐然，教育公平取得重要进展。全市六个行政区率先通过国家义务教育发展基本均衡县（市、区）验收。学前教育公益普惠发展，走出了"深圳路径"，至2016年年底，规范化幼儿园覆盖率为95%，普惠性幼儿园覆盖率为55%；在全国率先实施义务教育积分入学制度，统一公办中小学校生均拨款标准、设施设备配置标准、学校建设标准；全面实施"百校扶百校"工程和素质教育特色学校建设工程，义务教育规范化学校覆盖率为100%；民办教育发展水平显著提升，建立财政资助民办学校的长效机制。

二是教育"深圳质量"成效显著，教育水平显著提升。高等教育发展水平显著提升，2所高校纳入广东省高水平大学建设计划，与100多所国外大学签订合作协议，高等教育国际化水平不断提升。职业教育质量居全国前列，职业院校引进国际通用职业资格证书近70种，在全国职业技能大赛中屡获佳绩。基础教育进入全国先进行列，中小学聚焦"八大素养"，全面实施"四轮驱动"，开创了立德树人、素质教育的新局面。全市评定中小学正高级教师和特级教师人数在

---

① 《2015年深圳教育改革和发展思路》，见深圳教育局网站（www.szeb.edu.cn/xxgk/flzy/ghjh/gzjjhjzj/201503/t20150309_2824181.htm）。

全省名列前茅。高考成绩持续保持全省领先水平,体育与艺术教育特色鲜明。

三是教育信息化优势进一步增强。启动"深圳教育云"项目建设,截至2016年年底,开发共享网络优质课例视频21000余节,全市130所中小学已被评定为省级以上现代教育技术实验学校。

二、深圳教育改革发展特点

回顾深圳教育40年的改革发展历程,深圳教育改革的特点可以归纳为以下五个方面:

(一)领导重视

深圳教育改革经验说明,发展教育事业是各级党委和政府的重要职责,也是全社会的共同责任。教育改革是一个系统工程,更是一把手工程。有了党和政府的重视,有了领导尤其是"一把手"的重视,教育改革才有有力的组织保障,才有广泛的社会基础。

从特区初创时期教育与经济"同步发展"到20世纪90年代初"教育适度超前经济发展",从"科教兴市"战略到"人才强市"战略,从"当掉裤子也要办教育"到教育发展的"六个优先"(教育发展优先规划、教育投入优先安排、学校用地优先保障、教育人才优先引进、教师待遇优先落实、教育问题优先解决),这一切充分说明深圳市委、市政府对教育改革的政策支持和保障措施到位得力,充分说明各级党委和政府"一把手"对教育的重视和支持。

回顾深圳的教育改革历程,我们认识到,领导重视教育改革,根本在坚持党的教育方针;基础在认真贯彻落实党中央、国务院关于教育改革的重大政策;重点在立足城市发展实际,合理科学规划教育改革;关键在解决教育发展实际问题,为教育发展提供人、财、物,以及制度和信息等各方面的条件保障。

(二)规划引领

深圳教育发展经验说明,现代教育不但教育自身已经成为巨大的复杂系统,而且教育所处的社会环境也日趋复杂,教育变革和社会变革的节奏也越来越快,结构的复杂性和变化的快速性已成为现代教育区别于传统教育的重要方面。因此,促进教育改革与发展,就必须高度重视教育规划。教育改革发展需要以先进的教育理念为指导,需要深入了解教育改革的现有基础,需要直面教育发展的实际问题,需要科学把握教育发展的主要趋势,需要合理选择教育改革目标,需要认真谋划教育改革的重大举措。教育改革与发展规划,能够凝聚人心、统一思想、协调行动、指引发展。

深圳十分重视教育改革发展规划。1980年,经济特区刚建,就完成了《深圳市城市建设总体规划》，1982年提出《深圳经济特区社会经济发展大纲》，1986年提出《深圳经济特区总体规划（1986—2000年）》，1990年提出《深圳市教育发展战略研究报告（1990—2000年）》，2001年提出《深圳市教育发展十年规划（2001—2010年）》，2006年提出《深圳市教育发展"十一五"规划暨2020年远景目标》，2012年提出《深圳市教育发展"十二五"规划》，2017年提出《深圳市教育发展"十三五"规划》。此外，在高等教育、职业教育、教育信息化等方面也提出了专项规划，针对幼儿教育、特殊教育、中等职业教育、科技教育、教育国际化、中小学体育教育、艺术教育提等方面提出了具体的行动计划。

以规划引领教育改革发展，重要基础就是要做好教育改革规划。为此，第一，领导要重视规划。从市政府到各部门到各区到各级各类学校，都要由主要领导直接负责规划工作。第二，要系统深入开展规划研究工作。深圳每一次教育规划，都要动员全市教育研究力量，分成若干专题开展深入系统的研究，在研究的基础上确定目标任务，提出措施和建议。第三，要广泛征求意见。深圳编制教育规划，不但要广泛征求政府各部门、各区、各学校意见，广泛征求人大代表、政协委员意见，深圳还在国内首创将教育发展规划直接同市民见面，在主要媒体上公开征求广大市民意见。第四，要重视规划的配套和衔接。教育规划不是孤立的，与城市经济、社会发展规划，与全国和广东省教育规划，以及与各区教育规划都要配套衔接。

回顾深圳的教育改革历程，我们认识到，要提高规划的执行力，避免规划和工作"两张皮"。提高规划执行力，首先，要合理构建规划的责任机制和考核机制。在教育规划确定后，市教育局通常会将相关任务分解到各单位各部门，并据此考核部门规划执行情况。其次，市区教育部门依据规划编制年度工作计划，将规划要求与年度工作结合起来，将规划任务落实到年度工作之中。最后，重视规划的中期评估与考核。通常在规划实施的第三年，市教育局组织相关部门对规划实施进展情况进行全面考核评估，形成专门评估报告，并报告相关部门和领导，也依此对规划进行适当调整。当规划到期后，市教育局通常会组织对全面规划实施情况进行专门评估，以此作为制定下一阶段教育发展规划的基础。

（三）开放取长

深圳毗邻港澳，与港澳及海外保持着特殊的联系。从某种意义上说，深圳在近代后成了中外文化教育交流的门户。深圳建市后，进一步加大了开放的力度，国际教育交流与合作日益频繁。不仅与香港、澳门教育交流领域日益广泛，交流程度日益加深，而且与美国、加拿大、英国、法国、德国、意大利、荷兰、日本、新加坡、澳大利亚、新西兰等国家的相关教育机构先后建立了交流合作关系。

除了向港澳和世界其他地区开放外，深圳也向国内开放。作为教育后发达地区，要实现教育的发展，必须从国（境）内外教育发达地区"引进"起步，在引进基础上逐步走向自主发展。深圳教育发展得益于广泛的持续引进。高等教育方面，改革开放之初，深圳引进北京大学、清华大学、中国人民大学的管理团队和师资团队，创办深圳大学；进入21世纪，深圳同样引进北京大学、清华大学、哈尔滨工业大学创办深圳大学城，引进国内外名校创建特色学院，从而推动深圳高等教育实现跨越式发展。基础教育方面，深圳中小学很多校长是引进的，很多教师是引进的，现在支持深圳中小学运行着的各种各样的理念、制度和文化很多也是引进的。在职业教育方面，深圳职业技术学院很多专业直接是引进国外先进经验创办起来的，很多培养模式也是从国外引进的。

回顾深圳教育改革发展，我们认识到，作为教育后发达地区，教育引进必须具有战略眼光，立足长远，从大局出发，必须适应本地区教育发展阶段的需要，必须不断创新引进的途径和方式。改革开放之初，深圳为解决"有学上"的问题，大量引进校长和教师；进入20世纪90年代，深圳立足解决"上好学"的问题，逐步提高引进的层次和要求，着重引进国内优秀的知名校长和教师，着重引进知名高校毕业生；进入21世纪，深圳为了全面推进教育优质化发展，更加重视引进各种领军人才，更加重视引进各种知名教育品牌。深圳教育引进，从引进层次看，走过从低到高的发展历程；从引进内容看，从引进思想观念、校长和教师开始，进而引进课程、教材、专业、人才培养模式等，引进内容和范围不断扩大；从引进方式看，人才引进从单一的入编入户的刚性引进发展到多样化的引进方式，特别重视"不求所有，但求所用"的弹性引进；从引进模式看，人才引进从单个分散引进为主发展到整体性的团体引进；从引进区域看，从引进国内的各类教育资源逐步扩大到引进国外的各类优质教育资源。

深圳教育的开放，使深圳教育改革从港澳和世界其他国家学到教育改革和发展的经验，以人之长，补己之短，不断更新教育理念，不断完善教育制度，为教育的腾飞奠定了扎实的基础。

（四）多元投入

深圳教育发展经验表明，高标准持续的巨大教育投入是教育后发达地区教育改革发展的重要保障。财政性教育经费投入始终是教育投入的主渠道；建立合理的成本分担机制，拓宽教育投入渠道，是保障教育经费高投入必不可少的；集中有限财力用于重点工程建设，是实现教育改革成功的重要经费机制。

40年来，随着深圳特区经济的快速发展，深圳教育投入一直保持着较快的增长速度，特别是教育经费投入绝对量较大。1980—2016年，深圳教育经费投入从0.061亿元增长到527.9亿元，增长8654倍。有些增长快的年份，教育经费总额一年翻一翻。1992—1993年，深圳教育经费从4.34亿元增长到9.08亿元。有很多年份，教育经费一年增长的绝对量近20亿元。[①] 应该说，这既是特区经济高速发展带来的结果，也是深圳市委、市政府和市领导重视教育的重要体现，这也有力地推进了深圳教育改革与发展。

回顾深圳教育发展历程，我们理解到，扩大教育投入，必须进一步拓宽教育投入渠道。适应市场经济发展，深圳依法征收教育费附加，通过勤工俭学、社会捐（集）资等多渠道筹措教育经费，形成了符合社会主义市场经济的教育成本分担机制。

回顾深圳教育发展历程，我们理解到，集中财力，实施教育重点工程，是教育跨越发展的重要经费保证。深圳市教育特别是基础教育的快速发展，得益于市财政集中财力，解决全市教育重大问题。通过利用市财政预留教育经费、教育费附加、财政超收及市"同富裕工程"，集中财力，进行了"三差"学校改造工程、标准化学校建设工程、信息化建设工程、教育强区强镇创建补助、办学效益评估补助、基础教育均衡化优质化工程、课程改革和师资培训工程等，强有力地推进了学校硬件和软件水平的提升。

（五）探索敢为

深圳教育改革发展经验表明，改革创新是教育发展的原动力。深圳十分重视改革创新。改革创新是深圳的精神特质，是深圳的魂和根。可以说深圳城市发展的历史，就是一部探索创新史。深圳教育发展40年，就是教育不断探索实验、不断开拓进取的40年。教育的探索创新来源于实践需要。建立与社会主义市场经济体制相适应的教育体制，建立适应农村城市化进程中的教育体制，探索解决人口急剧增长带来的对教育的旺盛需求，探索适应特区复杂环境下的学校德育工作，实施课程改革探索素质教育的方式方法，所有这些都是深圳教育发展进程中需要认真面对并需要改革创新的问题。

回顾深圳教育改革发展历程，我们理解到，教育探索创新首先是教育理念和特色的创新。没有教育理念和思路的创新，就不可能有学校教育的系统创新。只有创新教育理念，形成改革创新的思路，选择教育创新的切入口，才能形成改革创新特色。教育改革创新最根本的是体制、机制的创新，体制机制往往成为教育改革与发展的瓶颈，因此更需要有创新。

回顾深圳教育改革发展历程，我们理解到，课程改革和教育教学改革是教育创新的重要内容和关键。一方面，要根据国家课程改革发展趋势和要求，优化学校课程结构，同时，要加强校本课程的开发和创新；另一方面，教育改革和创新

---

① 参见深圳市教育局《教育的追求与跨越》，海天出版社2010年版。

应当关注学生需要，创新人才培养模式，使学生从被动学习转向主动创新学习，努力挖掘每一个学生的潜能，同时，要加快实现培养目标和评价方式的创新，创造有利于培养和发展学生个性和创造性的多元评价标准和方式。

回顾深圳教育改革发展历程，我们还理解到，教育改革与创新必须坚持以人才培养为根本，大力培养学生的创新精神和实践能力。一方面要探索教育公共管理的新体制，促进义务教育优质、均衡发展；另一方面，要探索教育支撑产业结构调整的机制与路径，根据城市经济、社会发展需要，改革创新教育发展方式，不断提高教育对经济、社会的贡献率。

第二节　深圳教育改革发展的举措与成效

一、引进中外名校，创新发展高等教育

为补齐高等教育短板，服务深圳现代化国际化创新型城市和国际科技、产业创新中心建设，深圳市坚持"扩规模"与"提质量"并重，大力推进高等教育供给侧结构性改革，着力引进国内外名校来深合作办学，加快构建国际化开放式创新型高等教育体系，努力将深圳市建成南方重要的高等教育中心，取得了阶段性成效。

（一）引进国内名校，建设深圳校区

1. 引进国内名校，兴建深圳大学城，培养全日制研究生

为实现深圳高等教育跨越式发展，提高深圳自主创新的能力和后劲，提高经济质量、人口素质和文化品位，促进深圳率先基本实现现代化，从 2000 年 8 月开始创建深圳大学城。深圳大学城是中国唯一经教育部批准，由地方政府联合著名大学共同创办，以培养全日制研究生为主的研究生院群。目前深圳大学城拥有清华大学深圳研究生院、北京大学深圳研究生院、哈尔滨工业大学（深圳），三院（校）分别是三校本部外唯一的全日制研究生教育机构。历经 10 余年的发展，深圳大学城已经取得了显著成绩，逐步成为深圳市高层次人才培养和聚集、高水平科研、高新科技信息和高层次国际交流四个平台。

2. 引进国内名校，共建深圳校区

近几年来，深圳市与九所国内名校签署合作文件，共建深圳校区。重点引进位居国内综合排名前十、学科排名前五的名校来深合作办学，重点引进名校的优势学科，建设保障民生和产业发展急需的医学类、理工类学科，通过体制机制创新，探索共建世界一流大学的新路径。

为支持深圳校区发展，深圳市根据办学需要，保障办学用地及办学用房，负责相关基建及实验室建设投入，土地、物业资产属于深圳市，在合作办学期间采用"1元租"形式交深圳校区使用。同时，采取"一校一议"方式洽谈经费支持办法，综合统筹对深圳校区给予生均经费补贴，在人才引进、科研平台建设等方面与市属高校同等竞争。为保障办学质量，深圳校区的招生和学位授予由校本部统一管理，采取与校本部统一标准，毕业生授予校本部毕业证书、学位证书。学科专业建设紧密结合深圳支柱产业、新兴产业、未来产业，重点引进合作院校优势和特色学科。深入探索管理体制创新，市校双方成立理事会，审议事关校区发展重大事项；成立党委，归口深圳市委教育工委管理，党委书记由深圳方提名，征求院校意见后由深圳方任命，校长由校本部提名，经理事会审议通过后按程序任命；深圳校区不定行政级别、不定人员编制，社会化用人。各深圳校区的具体情况如下：

（1）哈尔滨工业大学（深圳）。由深圳市政府与哈尔滨工业大学合作，以哈尔滨工业大学深圳研究生院为基础建设。2016年4月，国家工信部函报教育部，同意哈尔滨工业大学（深圳）开展本科教育。2017年2月，经广东省高校设置专家委员会评议通过，广东省政府报请教育部审批设置哈尔滨工业大学（深圳）。

（2）中山大学深圳校区（中山大学·深圳）。由深圳市政府与中山大学合作共建，2015年9月23日，市校双方签署合作办学备忘录，2015年11月3日签署战略合作协议。2015年12月，教育部批复同意中山大学在深圳市建设新校区。2016年9月招收首批300名医学本科生，委托广州校区培养。中山大学深圳校区校园规划已设计完成，计划于2018年年底投入使用。

（3）北京大学深圳校区。由深圳市政府与北京大学合作，以北京大学深圳研究生院为基础建设。2016年8月29日，深圳市政府与北京大学签署合作办学备忘录。

（4）清华大学深圳国际校区。由深圳市政府与清华大学以清华大学深圳研究生院、清华-伯克利深圳学院为基础建设，是清华大学在国内唯一直属异地办学机构，以全日制研究生教育、留学生教育为主。2016年11月4日，深圳市政府和清华大学签署合作办学协议。目前，双方正加快推进国际校区启动项目——清华伯克利深圳学院建设。

（5）中国科学院大学深圳校区。由深圳市政府与中国科学院合作，以中国科学院深圳先进技术研究院为基础建设，以研究生教育为主，同时开展本科教育。2016年11月19日，深圳市政府和中国科学院签署合作办学备忘录。目前市校双方正就合作办学协议做进一步协商，已基本达成共识，争取近期签署。

（6）北京中医药大学深圳校区。由深圳市政府与北京中医药大学合作共建。2016年9月27日，市校双方签署合作办学备忘录。目前，市校双方正就合作办学协议进一步洽谈。

（二）与国（境）外高校共建特色学院（合作办学机构）

为集聚国内外优质资源，实现高等教育跨越式发展，"十二五"以来，深圳市按照"教育＋科技＋产业"模式和"小而精"的原则，重点在10个战略性新兴产业和重点领域建设合作办学院校，注重与业内龙头企业深度合作。

办学场地充分利用现有基础设施资源，或通过城市更新，将旧厂房、旧校舍等改造。"十三五"期间，深圳市政府每年安排不少于10亿元资助经费，主要用于支持重点领域的特色学院建设发展，以及特色学院正式招生后五年内收支不能平衡时必要的专项补贴。各合作办学院校的具体情况如下：

（1）香港中文大学（深圳）。由深圳大学与香港中文大学合作兴办，是具有独立法人资格的高等教育机构，以建成一流研究型大学为目标。2014年，获教育部批准设立并正式招生，现有在校生约2000人，所招新生高考成绩基本上位于所在省市前1%，已到岗150多位国际一流教授和学者，包括2位诺贝尔奖获得者、7位国内国外院士。

（2）深圳北理莫斯科大学。由深圳市人民政府与莫斯科大学、北京理工大学合作举办，是具有独立法人资格的非营利性高等教育机构，以建成世界一流的独具特色的综合性大学为目标。2016年10月27日，获教育部批准正式设立。深圳市政府投资20亿元建设永久校区，占地33.37公顷，建筑面积28万平方米，计划2018年年底建成投入使用。过渡校区设在市体育运动学校，已正式启用。2017年9月招收本科生130名、研究生65名。

（3）清华－伯克利深圳学院。由深圳市政府与清华大学、加州伯克利大学合作举办，作为清华大学深圳国际校区启动项目。2016年12月21日，市校三方签署合作办学协议。目前已向教育部提交筹设申请，并按照教育部反馈意见修改完善，于2017年获得教育部批准正式设立。现已招收95名研究生（其中博士研究生68名），2018年拟招收110名研究生。

（4）深圳墨尔本生命健康工程学院。由深圳市政府与广州中医药大学、皇家墨尔本理工大学合作举办。2015年12月21日，三方签署合作办学协议，现已向教育部提交筹设申请。

（5）天津大学佐治亚理工深圳学院。由深圳市政府与天津大学、佐治亚理工学院合作举办。2014年，天津大学与佐治亚理工学院在深圳合作举办电子与计算机工程硕士学位项目，现有在校生21人。2016年12月，三方签署合作办学协议。目前正在筹备成立学院筹备办。

（6）湖南大学罗切斯特设计学院（深圳）。由深圳市政府与湖南大学、罗切斯特理工学院合作举办。2015年5月14日，签署三方合作办学协议，2015年12

月向教育部正式提交筹设申请。目前，正根据教育部国际司反馈意见调整办学层次，修改申请材料。

（7）哈尔滨工业大学（深圳）国际设计学院。由深圳市政府与哈尔滨工业大学、苏黎世艺术大学、加泰罗尼亚高等建筑研究院合作举办。2015年7月28日，市校四方签署合作办学协议，现已成立联合工作小组，推动办学筹备工作。

（8）深圳国际太空科技学院。由深圳市政府与哈尔滨工业大学、中国航天员科研训练中心合作举办。2014年4月28日，市校三方签署合作办学协议。2016年10月，哈尔滨工业大学与荷兰代尔夫特理工大学签订合作意向书。目前，我市正积极推动与哈尔滨工业大学、荷兰代尔夫特理工大学签署三方合作办学协议（备忘录），推进校园规划建设。

另外，深圳市还与吉林大学、昆士兰大学洽谈合作举办深圳吉大昆士兰大学。

二、创新基础教育人才培养模式

（一）以全面提升学生综合素养为基础，鼓励学生在优势领域成长

针对教育教学中存在的重分数轻素质、重知识轻能力、重书本轻实践等违背创新型人才培养规律的现象，2014年深圳出台《关于进一步提升中小学生综合素养的指导意见》，完成了中小学生培养模式的顶层设计，在国内率先提出进一步提升中小学生品德、身心、学习、创新、国际、审美、信息、生活八大素养，在全面提升学生综合素养的基础上，鼓励学生在优势领域成长。围绕学生综合素养培养，深圳市先后出台了《深圳市中小学艺术教育发展行动计划（2015—2017年）》《深圳市中小学体育发展三年行动计划（2015—2017年）》《深圳市中小学科技创新教育三年行动计划（2015—2017年）》，开展了校园"四点半"活动试点、创客实践室建设、"四个一"（百部名著、百部电影、百首名曲和百幅名画）进校园等活动，以艺术、体育、科技创新、阅读等为抓手，全面提升中小学综合素养。2015年，深圳市教育局启动了全市149个综合素养试点项目，推动中小学综合素养培养更加深入、持久地开展。

（二）以课程为载体，为学生提供可选择的多样化优质课程

深圳"好课程建设"项目围绕国家课程校本化实施，密切联系学生的学校生活、社区生活及所在的城市生活进行开发，支持学生根据自己的兴趣、天赋和发展需要来选择课程。"好课程"遵循"儿童立场、生活眼光、故事表达"的理念，体现"六动六有"的原则：一是让学生动心，有兴趣；二是让学生动脑，有问题；三是让学生动眼，有观察；四是让学生动手，有操作；五是让学生动

口，有讨论；六是让学生动笔，有过程。近几年来，通过强化标准指引、落实经费保障、加强专家诊断、积极推广应用等举措，共遴选、委托开发了981门"好课程"。

2017年，着力打造一批精品课程，开发一批系列化特色课程，同时支持学校在优化课程形态基础上构建与学校培养目标相适应的独具特色的学校课程体系。从学段分布看，全市适用于小学阶段的"好课程"数量最多，占全部"好课程"数量的一半左右，适用于初中、高中的"好课程"数量基本持平。从学科分布看，全市中小学"好课程"呈现出以下几个特点：一是学科拓展类占主体，其中语文、美术、体育、信息技术及科创类的课程居多，立意和内容选题均比较好；二是地理、物理、化学、道德与法制等方面的课程数量虽相对少，但特色鲜明，内容丰富，呈现出较多的创新点；三是实践探究类、社会活动类和跨学科课程越来越受到关注，数量呈现上升趋势。从课程自身看，80%以上的课程体现了"好课程"建设理念，具有较强的趣味性、创新性和实用性，基本实现了由"校本教材"向"校本课程"的转变，并开始从"校本特色教材"向"学校品牌课程"发展；20%左右的课程已成为学校的课程品牌，正逐步自主从"小范围实施"走向"大范围试行"；5%左右的课程已成为精品课程。①

深圳市在改革学科课程的基础上，强化实践课程和综合课程，支持小学、初中、高中课程在知识、能力、技能等各方面都要很好地衔接起来，力图为学生提供丰富的课程，引导学生根据自己的兴趣特长选择课程，以不同的课程支持学生不同天赋的发展，把学生培养成为不同类型的人才。

（三）以转变教与学方式为重点，促进学生在持续深入的研究过程中成长

深圳市鼓励学校和教师构建多样化课堂教学模式，课堂教学逐步从以教为主转向以学为主，学习从记忆性学习为主转向探究性学习为主，尊重学生的兴趣，以问题为导向，强调高阶思维品质的培养。2015年10月，中小学生小课题研究项目正式启动。该项目实施三年来共评审立项中小学生小课题1897项，每年立项600项左右。该项目引导学生以现实生活情境中的具体问题和小问题作为切入点，学会质疑、发现问题，并通过调查研究、观察分析、动手实践等科学研究方式解决问题。目前，探究性小课题的研究选题主要涉及科技创新发明、创意设计制作、社会公共问题、生命健康与成长、自然科学实验、动植物生活习性观测、文化历史、学科拓展应用八大类。学生小课题立项后，深圳市教科院组织了学生科研能力培训和指导教师专项科研培训工作，并组织省内外专家到学校进行小课

---

① 参见贾建国《用创新撬动深圳市中小学课程改革》，载《当代教育家》2016年第11期，第24页。

题研究指导。从近几年的实践情况看,小课题研究极大地激发了学生的研究意识,推动了探究性学习的深入发展,促进了学习方式的转型发展,也涌现了一批具有一定科研水平的成果。2015 年,小课题成果申报国家专利 60 项。2016 年年底,由全国少工委、中国青少年发展服务中心、中国少年科学院联合举办的"第十二届中国少年科学院小院士课题研究成果全国展示交流活动"上,深圳有 2 位学生入选"十佳小院士",占全国的 1/5,有 56 位学生入选"小院士",占比接近全国的 1/5。[①]

(四)以政府为主导,联动企业和社会资源,共同培养创新人才

深圳市充分发挥政府的主导作用,鼓励学校开放办学,通过项目带动,将本市各类企业资源、社区资源、公共文化资源转向化为课程资源,为创新人才成长营造良好的社会氛围和环境。

(五)构建多元评价体系,适应学生多样化成长需要

努力为不同的学生建立不同的评价标准,重视过程性评价,发挥评价对学生发展的促进作用。改变评价标准,建立适合学生多样化发展、个性化发展的多元评价标准改变评价方法;改变经验性模糊化的评价办法,探索基于过程性的大数据评价办法;改变评价目标,由重选拔转向重发展,大力推进发展性评价。

三、着力培养高素质的现代技能人才

深圳职业院校主动适应经济社会发展要求,主动服务特区经济发展方式转变,着力于人的多样性发展机会的创造,经过 40 年的发展,深圳职业教育具备了大规模培养高素质劳动者和技能型人才的能力,一个学历教育和职业培训并举、中等职业教育和高等职业教育衔接的职业教育体系框架已基本形成。

(一)加大投入,职业院校办学水平不断提升

2012—2016 年共投入财政经费 186 亿元。高职院校生均经费标准(1.9 万元)位于全国前列,中职学校生均经费标准(1.7 万元)也位于全国前列。深圳职业技术学院是国家首批示范性高职院校,深圳信息职业技术学院为国家高职骨干院校。国家职业教育研究院分院于 2015 年落户深圳,有 3 个国家高等职业教育教学资源库建设立项,共有国家示范校建设专业 10 个、骨干校重点建设专业 4 个、国家级精品课程 32 门、国家级教学改革试点专业 4 个,共获得"国家教学

---

① 参见叶文梓《学生成为研究者》,海天出版社 2017 年版。

成果奖"全国一等奖3项、全国二等奖9项。① 高起点、高标准规划建设深圳技术大学，该校是广东省第一所筹建的公办应用型本科高校，努力解决职业教育"断头路"的问题。高标准筹建深圳工匠学院（深圳市人力资源保障局），努力将其建成国内领先的技工院校。

（二）加快职业教育国际化步伐

在师资队伍建设方面，把招聘海归博士做专任教师和输送专任教师到海外接受培训相结合。同时，通过开展中外联合培养、引进境内外专业和课程、引进境内外教材和教学标准、推荐学生在外资企业定岗实习等方式培养国际化人才。2016年、2017年推进职业院校与德国、瑞士等先进国家合作，并将其列为市政府重点工作。2017年3月，成立以时任中共深圳市委书记、市长许勤为主任的"深圳市与巴伐利亚州职业教育合作委员会"。2017年4月，联合国教科文组织职业教育计划亚非研究与培训中心落户深圳。

（三）创新技能人才培养模式

大力借鉴德国"双元制"教育模式。深圳职业技术学院着力推行"政校行企四方联动，产学研用立体推进"的办学模式。深圳信息职业技术学院与德国合作成立中德学院。深圳市第一职业技术学校作为广东省唯一的中职学校入选全国首批现代学徒制试点学校。宝安职业技术学校人才培养模式（"宝安模式"）入选教育部教学改革典型案例。

（四）促进产教融合

在全国率先实行"政府出资补贴、企业出场地、校企共建校外公共实训基地"的新模式，连续三年将其列入市政府民生实事，累计投入财政经费2.5亿元；建设158个实训基地，提供实习岗位8000个。由学校牵头与行业企业等联合成立8个职教集团。②

（五）加强"双师型"教师队伍建设

深圳高职院校共有专任教师1949人，"双师型"教师比例达80%，"珠江学者""鹏城学者"共10人。中职学校有专任教师3470人，"双师型"教师比例为70%。选派职业院校教师赴德国、英国培训。③

---

① 参见深圳市教育局《深圳市职业教育发展蓝皮书（2016）》，商务印书馆2017年版。
② 参见深圳市教育局《深圳市职业教育发展蓝皮书（2016）》，商务印书馆2017年版。
③ 参见深圳市教育局《深圳市职业教育发展蓝皮书（2016）》，商务印书馆2017年版。

四、构建适应城市发展的教育管理体制

40 年来,深圳不断推进教育管办评分离。构建政府、学校、社会新型关系,以转变政府职能、激发学校活力为突破口,形成政府宏观管理、学校自主办学、社会广泛参与的多元化治理格局。

(一)转变政府职能,推行清单管理方式

转变教育管理方式,全面梳理教育权责清单,加大简政放权力度,加强事中和事后监管。2015 年,深圳市教育局进一步梳理权责清单,市教育行政部门行政职权事项从 74 项减至 29 项,减幅达 61%。

(二)全面建设现代学校制度

建立依法治校长效机制,加强学校章程建设,全面实现"一校一章程"。完善学校内部治理机构。建立健全各种办学程序、内部机构组织规则、议事规则等,形成健全、规范、统一的制度体系。完善学校法律顾问工作指引,健全师生法律救济和纠纷解决机制,探索校园伤害事故专业调解、社会理赔协同处置机制,维护学校和师生正当权益。推进"依法治校示范校"建设。以卓越绩效标准体系推动学校实施全面质量管理。引进国际先进经验,建立符合学校实际的教育卓越绩效管理体系,出台学校绩效考核指导意见,制定学校质量管理标准,促进学校持续改进办学管理与教育教学行为,提高办学质量和自主内涵发展能力。

(三)推行教师职称改革和校长职级制改革,全面提升学校治理能力

深圳全面实施教师聘任制度,并推进校长职级制,探索学校管委会制度等,全面提升学校治理能力。

其中,教师职称改革和校长职级制最惹人关注。深圳已取消了政府评审教师职称的"评聘分离"办法,改由学校对中小学教师职称、岗位进行评聘,逐步实现"评聘合一"。一个学校需要多少名高级教师,由学校在行政部门的指导下确定比例。教师被聘到这个岗位,职称就对应这个岗位的职称,一旦离开这个岗位,职称也随之取消。这样就使得教师的职称评聘能进能退,鼓励优秀教师向普通学校、薄弱学校流动,从而推动优质师资的均衡化。

深圳全面推行的校长职级制也提升了校长的职业地位和专业化程度。此前,任职正副校长都要和所在学校的行政岗位级别相对照。实施校长职级制后,一个区属中学的副校长任职满三年后,符合条件就能直接竞聘市属中学正校长,不再受学校行政级别"天花板"约束。这也将推动校长从"做官"向"干事"转变,

成为专家型校长,并有效促进校长交流,让优秀校长的办学思想带出更多优秀学校。

(四) 完善教育多元评价机制,提高教育督导实效

强化督政、督学和教育监测三结合的督导功能。建立了督导报告公告制度,强化教育督导结果在教育资源配置、评先评优和干部任用等方面的运用。完善学校发展性评估机制。完善督学责任区挂牌督导制度,建立管理网格化、监督过程化、反馈信息化、责任明细化的工作机制,加强对学校办学的经常性、常态性、随机性督查,创建"全国中小学校责任督学挂牌督导创新县(区)"。促进督学专业发展,推行新聘督学"先培训后上岗"和持督学证、培训证上岗制度,建立了一支高素质的督学队伍。委托第三方定期开展教育满意度调查。

(五) 释放多元办学的体制活力

40年来,深圳不断突破瓶颈,推进办学体制改革,通过引导、鼓励、支持社会力量办学,简政放权,推进教育领域综合改革,加强现代学校制度建设,创新模式,积极探索委托管理、名校孵化、集团办学、混合所有制办学、基金办学等多样化、特色化办学体系,构建创建新型开放式城市教育体系。这些模式在深圳的公办、民办学校中都有丰富的落地实践。

1. 创新型公立学校,实行校长负责制

获批"深圳市基础教育办学体制改革试验区"的龙岗区,在全国率先实行创新型公立学校(政府资助学校)试点改革,由政府提供教育用地,引入社会资本建设,建好后学校产权归政府,按照公办学校标准资助教育经费,引入品牌和名校长、名机构办学。

2. 创新管理方式,增加学校办学自主权

明德实验学校由福田区政府、腾讯公益慈善基金会共同组成的深圳明德实验教育基金会、明德校董会管理,实行董事会领导下的校长负责制。学校的经费供给来自公共财政,同时又有腾讯公益基金支持,教师的选聘机制、工资待遇也和公办学校不完全相同。明德实验学校的优势,就是在一定程度上实现了办学自主、经费自主、用钱自主、用人自主。另外,校长有课程领导权,才能真正实行职权改革、课程结构的变化和改革。此外,龙岗区也有学校在尝试这种新的管理方式。

3. 开创路径,带公共财政进民办学校

深圳对民办教育办学体制的探索,主要聚焦在"公共财政怎样进入民办学校"上,先建立了向民办学校购买学位制度,来补充公办学位的不足。接着建立民办学校教师长期从教津贴制度,以300元/月起步,每多留一年就每月增加100

元。这种直接的经济保障,让很多民办学校的教师流动率由原来的30%多降到现在的20%,教师队伍基本上稳定了。此外,深圳还建立了民办学校办学绩效奖励制度、民办中小学教师免费培训制度。除了支持软件建设,深圳还大力支持民办中小学的硬件建设。2015年,深圳按照每个班补助10万元的标准,对深圳各民办学校发放了9亿多元的设施设备补助经费,帮助改善民办学校办学条件。①

第三节　深圳教育改革发展的机遇与展望

一、深圳教育改革发展的机遇

当前,我国进入全面建成小康社会的决胜阶段,是深圳市勇当"四个全面"排头兵,率先落实"创新、协调、绿色、开放、共享"五大发展理念,努力建成现代化国际化创新型城市和国际科技、产业创新中心的关键时期,也是深圳市教育改革发展的重大战略机遇期。

(一)城市目标定位对教育发展提出了新任务

深圳正按照中央和广东省要求,努力建成现代化国际化创新型城市和国际科技、产业创新中心。如何用好后发优势和资源聚合优势,深化教育供给侧改革,扩大教育开放,优化教育治理,是深圳教育面临的新挑战和新机遇。在进一步完善具有深圳特色的高等教育体系,建设开放式国际化现代职业教育体系,健全义务教育公平长效机制和优质均衡保障机制,创新人才培养模式,实现教育规模与城市经济、人口协调发展,增强教育服务能力等方面还需进一步探索和实践。

(二)人口规模的持续增长对公共教育服务提出了新挑战

随着国家"二孩政策"的全面实施,深圳市新出生人口预计将持续增加,学龄人口规模将大幅增长,并逐步从学前、小学向后传递。公办学位供需矛盾将进一步凸显,教育发展与人口发展的动态调控机制亟待优化。

(三)市民"上好学"的迫切需求对教育质量提出了新期待

随着人民群众生活水平和素质的普遍提高,市民不仅期盼"有学上",更期盼"上好学"。深圳教育面临着扩大高等教育规模,建设高水平大学,扩大优质

---

① 参见姚卓文《深圳斥资9亿元扶持民办学校,每班补助10万》,载《深圳特区报》2015年9月30日。

中小学学位，全面提升教育质量，扩大学前教育普惠园规模，充分保障学前教育的公益性，完善终身教育体系，努力满足广大市民多样化、个性化教育需求的发展重任。

（四）率先实现教育现代化对教育资源保障提出了新要求

深圳市教育现代化标准与国际先进城市的差距还比较明显，教师队伍建设规模和水平、教育事业发展和人才培养与教育发展需求还不相适应。教育资源投入总量仍需扩大，教育结构仍需优化，效益仍需提高，教育用地、人员、经费等方面亟须创新机制，增强保障力度。

二、深圳教育改革发展的展望

改革开放40年来，深圳教育经历了"四个转变"：从农村教育向城市教育转变，从城市教育向现代化教育转变，从追求规模速度向提升内涵品质转变，从以学生成绩、升学为重心的"应试教育"向以学生综合素养、个性发展为重心的"素质教育"转变。深圳市委、市政府始终坚持"教育成就民生幸福、教育决定深圳未来"理念，按照"保公平、提质量、增活力"的要求，以国际先进城市为标杆，坚持质量第一，着力推进教育改革创新、开放发展，建立了体系健全、结构合理、特色鲜明、充满活力的教育体系。展望未来，深圳将继续全面深化教育领域综合改革。

（一）提升学生综合素养

围绕立德树人目标，加强社会主义核心价值观教育，提升学生综合素养。全面深化课程改革，深度转变教与学方式，推进发展性评价，深化创新人才培养试验，着力培养各类创新人才。

（二）坚持办学体制改革

学习借鉴国际先进经验，拓宽社会力量办学渠道，深化社会力量办学体制改革，积极探索办学新方式，推动办学主体多元化，充分发挥市场机制对教育资源配置的积极作用，进一步释放办学体制活力。

（三）转变政府教育治理方式

提升学校教育治理能力，加强教育督导，形成职能明确、分工合力、多元共治、管办评分离的教育治理新格局。

（四）深化招生考试制度改革

重点推进高考、中考招生制度改革，形成分类考试、综合评价、多元录取招生考试制度，为深入实施素质教育和改革人才培养模式创造良好环境。

（五）构建"互联网+"时代的新型教育教学模式

加强教育云和学校信息化平台建设，探索移动互联网、大数据、云计算、物联网等新技术环境下教育管理、课堂教学、教育评价、教育服务的新理念、新模式和新方法。

（六）推进教育人才队伍管理制度改革

加强高层次人才引进和培养，创新校长和教师培训模式，优化教师资源配置方式，努力建设一支有理想信念、有道德情操、有扎实学识、有仁爱之心的教师队伍。

（七）坚持开放发展理念

推进深港澳台教育合作高端化发展，积极发展中外合作办学［含内地（大陆）与港澳台地区合作办学］，引进境外优质教育资源，主动融入教育国际潮流，努力扩大深圳教育国际影响力。

第十七章　梅州教育

梅州市地处广东省东北部，北邻赣南，东连闽西，是广东唯一全境列入原中央苏区范围的地级市。虽然经济上属于欠发达地区，但却是国家历史文化名城，也是开国元勋之一叶剑英元帅的故乡，素有"文化之乡、华侨之乡、足球之乡"的美誉。现辖梅江区、兴宁市、梅县区、平远县、蕉岭县、大埔县、丰顺县、五华县8个县（市、区），总人口521万。

经过改革开放40年的发展，梅州在教育领域取得了巨大进步。经过长期不懈努力，教育规模迅速扩大，教师队伍素质不断提高，教育质量逐年提升，为区域经济社会发展提供了强大的动力。2013年9月，梅州市率先成功创建粤东西北地区首个广东省教育强市，被省政府授予"广东省教育强市"称号；2015年1月，全市8个县（市、区）和112个镇（街）全部通过教育强县和教育强镇验收，两项覆盖率达100%，成为粤东西北地区首个实现强县、强镇全覆盖的地级市。目前，全市有各级各类学校1327所。其中，小学447所，在校生312546人，学龄儿童入学率100%，毛入学率102.79%，升学率100%；初级中学167所，在校生139563人，学龄儿童入学率100%，毛入学率103.58%，升学率100%；普通高中（含完全中学）62所，在校生106609人，升学率95.27%；中职学校28所，在校生40439人，高中阶段毛入学率94.30%；幼儿园617所，在园（班）幼儿人数145804人；特殊教育学校6所，在校生570人。全市有国家级示范性普通高中10所，国家级重点中职（技工）学校5所。全市共有中小学教职工57540人，专任教师50539人。

第一节　梅州教育改革发展的基本历程与主要特征

一、梅州教育改革发展的基本历程

（一）恢复调整的十年（1978—1987年）

党的十一届三中全会后，教育战线的拨乱反正工作逐步开展，作为"文化之乡"的梅州市，加大力度开展平反冤假错案的工作，旗帜鲜明地全面落实党的知识分子政策，激发了梅州广大教师的教育热情，重塑梅州崇文重教的良好氛围，也为梅州基础教育的复兴奠定了扎实的基础，使当地教育事业的发展渐上正轨。同时，梅州市继承和发扬崇文重教的优良传统，坚持把教育摆在优先发展的战略地位，全面推动教育改革创新。

1. 基础教育焕发生机

改革开放初期，由于梅州的幼儿教育比较薄弱。因此，1979年年底，梅县地区成立由教育、卫生、民政、财政、工会、妇联等十多个部门组成的幼教领导小组，由一位副专员任组长，办公室挂靠在妇联。与此相对应，各县（市、区）均设有相应的机构。

为适应国家和广东省关于教育体制改革的需要，1979年后，梅州把初级中学的学制一律改为三年制，1982年全面撤销小学附设初中班，从1984年7月起，小学一律改为六年制；对师资做相应调整，为"普九"创造条件。1984年全市各县（市、区）全部基本达到普及小学教育合格验收要求。1986年《义务教育法》实施后，梅州市各级党政认真贯彻落实，全市掀起了"普九"攻坚热潮。与此同时，全市取消重点初中。

改革开放后，全市开始压缩高中，把完全中学从153所减至80所。普通高中的教育质量得到有效提升，其中，1978年梅县东山中学被教育部确定为部办重点中学。1981年5月，广东省教育厅、梅县地区再次确定东山中学为省市（地区）重点中学，梅县高级中学、梅州中学、兴宁一中、五华水寨中学、大埔虎山中学、丰顺汤坑中学、蕉岭中学、平远中学为市县重点中学。1983年，梅州市高考成绩居全省各市第一。

2. 师范教育调整改办

1979年前，梅州市七个县都有师范学校。1979年后，梅州按省委、省政府的部署，结合实际，调整布局，将全市中等师范学校调整为梅州师范学校、兴宁师范学校、五华师范学校三所。1979—1987年，三所师范学校共培养近5000名毕业生。1987年，省确定梅州师范学校由省市共管，以市为主；其余为市、县共管，以县为主。另外，全市各县以改办新办的形式，先后办起梅县（现梅县区）、兴宁县（现兴宁市）、五华县、蕉岭县、平远县、大埔县、丰顺县和梅江区教师进修学校，负责培训小学校长和在职教师，八所进修学校对近8000名在职教师完成了学历培训。

3. 卫生教育培养实用技术人才

梅州市卫生教育有近百年历史，其中广东省梅县卫生学校是卫生部确定的重点卫生学校。该校由创办初期的医士、护士两个专业，发展到1990年医士、中医士、妇幼医士、护士、药剂士、成人在职医士等多个专业，学生960人。1979—1987年为梅州市卫生系统培养了一大批医疗卫生、防疫等方面的实用技术人才。1979年前，梅州各县（市、区）都办了卫生学校，1990年后只保留梅县卫生学校、兴宁市卫生学校两间，其余先后停办。

4. 尊师重教氛围初步形成

1985年9月10日，是中国第一个教师节。梅州市从1985年9月10日以来，每年都举行一次教师节活动，表彰在教书育人方面成绩卓著的先进教师和先进教育工作者。同时，组织"教书育人，先进事迹报告团"到各地巡回报告，在社会上营造了尊师重教的良好风气，而且注意吸收教师中的先进分子入党，提高教师的政治地位。1987年，梅州市根据上级人事和教育主管部门关于职称改革工作的部署，开始进行教师职称评定工作。

5. 办学条件日趋改善

改革开放之初，梅州基础教育学校的硬件设施建设较薄弱。自20世纪80年代中期以来，梅州相继开展了规模较大的以"一无两有"为主题的校舍建设行动。积极执行中央和省的部署，通过多种途径，如利用原有校舍、集资建校，以及港澳同胞、海外侨胞捐资办学等方式改善了基础教育的校舍建设。经过近10年加大教育投入和社会热心人士的捐资，基本上消除了"一无两有"，有些县（市、区）的学校建筑成为当地最漂亮的建筑。

6. 高等教育实现零的突破

1977年9月，教育部在北京召开全国高等学校招生工作会议，决定恢复已经停止了10年的全国高等院校招生考试，以统一考试、择优录取的方式选拔人才上大学。为满足广东改革开放对人才提出的新要求，1980年春，梅县地区师范学校开始招收大专班，梅州市于1980年10月创办嘉应教育学院（原梅县地区教师进修学院），以培养在职中学教师和教育行政干部为主。后来也从应届高中毕业生中招收部分学生，充实教师队伍。1982年，嘉应师范专科学校成立。1983年7月，梅州市广播电视大学创办，先后开设党政干部基础专修科、土木建筑、电气工程、外贸英语等专业，以培养适应当地社会建设需要的应用型人才。1986

年，梅州市创办嘉应大学（现为嘉应学院）。

（二）稳步提升的十年（1988—1997 年）

1. 学前教育渐上轨道

从 1989 年 1 月 1 日起，全市幼教工作由妇女联合会移交教育局管理，市、县、镇三级都配备专兼职干部，幼教工作逐渐走上正轨。学前教育归口教育部门管理后，为了实施正规专业化管理，梅州市先后颁布了各种规章制度。1990 年，梅州市教育局制定《梅州市示范幼儿园检查标准》，并对市、县两级示范幼儿园进行交叉检查。1991 年又颁布《梅州市幼儿园、学前班教职工职业道德规范》。1994 年 6 月，梅州市教育局召开幼儿教育工作会议，强调大单位要单独办园或按系统办园，小单位可与部门、街道联合办园。同年，梅州市教育局、梅州市卫生局、梅州市物价局联合制定《梅州市幼儿园等级评定标准（试行）》。1996 年，梅州市教育局发出《关于加强城市小学附设学前班管理意见》。各县（区）相应制定一系列规章制度，使管理逐步规范。这些对推动梅州幼儿教育健康发展起到了非常重要的作用。1994—1998 年先后对全市幼儿园进行等级评估，评出一级幼儿园 6 间。其中，梅江区实验幼儿园还于 1996 年 1 月被评为省一级幼儿园。

2. "普九"工程成效显著

1988 年以后，梅州市基础教育实行分级办学、分级管理的新体制，梅州市教育局主要掌握全市普教发展规划，加强对各级各类学校的宏观指导。

1993 年年初，梅州市委、市政府明确提出，苦战五年，打一场"普九"达标攻坚战。到 1994 年如期完成省扫除青壮年文盲、半文盲验收，文盲率下降到 0.4% 以下。1996 年秋，梅江区六易方案取消升中统考，实行初中就近上学，为整个梅州树立了榜样。1996 年，以国家重点扶贫县五华、丰顺、大埔高标准通过"普九"验收为标志，梅州宣告"普九"工程提前告捷。此后，梅州的"普九"巩固提高工作不断推进，成效显著。1993 年 9 月，曾宪梓中学列入市重点中学，以东山中学为龙头的 10 所重点中学成了梅州市高中教育的骨干力量。1997 年后，又将 10 所重点完全中学改为纯高中，实行义务教育阶段学生就近上学，取消小学升初中统考，为"普九"铺平道路。1997 年开始，大学逐年扩招，给发展高中带来机遇。全市有 5 所城区重点中学于 1997 年、1998 年两年不再招初中新生，以扩大高中招生规模，同时发动华侨"三胞"、企业家等捐资办学，如大埔田家炳中学、进光中学，且批准新办兴隆中学、东升中学等一批民办高中，使高中招生规模上了一个新台阶。

3. 职业教育上新台阶

1990 年，梅州市确定梅江区城西职业中学、大埔田家炳职业中学、兴宁高级职业中学等 13 所职中为重点职中。1996 年，《中华人民共和国职业教育法》

颁布，1997年12月，全市职业中学教育研究会在大埔召开，提出"长短结合""职成结合""产教结合""双证结合"的办学思路，逐步扭转职业教育被动局面，使全市职业教育上一个台阶。这一时期，梅州职业高中每万人口在校生虽然低于全省，但其质量却令人欣喜。如梅州市城西职业中学于1980年由普通完中改制为职业高中，1991年被国家教委认定为首批省级重点职业高中，1996年被国家教委评定为国家级重点职业高中，2000年再次被教育部评为国家级重点中等职业学校。在当时全省职业高中招生呈下滑趋势的背景下，报考城西职业中学的学生一直火爆。其根本原因是该校办学适应了市场经济发展对人才的需求，毕业生质量高，就业率近几年均未低于98%。1999年以来，梅州全市的职业高中招生数不断上升。

4. 高等教育实现新发展

1988年，嘉应大学与嘉应师范专科学校合并，培养师范类人才和适应地方经济建设的应用型人才。两校合并后，至1990年年底，设有数学、中文、物理、化学、政治、经济金融、电子技术等11个系23个专业或专业方向，成为一所综合性地方大学。招生范围扩大，有些专业（金融）向全国招生。1997年4月，学校进行主要党政领导调整，提出"上本科、创特色，把嘉应大学办成本科层次的质量高、实力强、有鲜明的侨乡特色和客家文化特色的地方性华侨大学"的跨世纪发展目标。

5. 师资队伍建设得到提高

到2000年，全市共有普通初中专任教师13225人，学历合格率为87.21%；小学专任教师24926人，学历合格率为98.5%，比1978年的学历合格率（20.5%）足足提高了78%。从1991年起，梅州共举办34期中小学校长培训班（省、市、县分级培训），对3000多名完全中学、初中和小学校长进行了至少一次的培训，校长持证上岗率达100%。从1997年年底起，又实施广东省普教系统跨世纪人才的"百千万工程"，规划从1998年至2010年培养造就在市内乃至省内外知名的教育专家7名、名校长92名、名教师719名，为全市培养教育科研的学科带头人以及学校管理的行家。

（三）成绩凸显的十年（1998—2007年）

1. 基础教育快速发展

1999年，梅州全市小学学龄儿童入学率为99.64%，巩固率为99.04%；初中学龄人口入学率为97.17%，巩固率为98.24%；每万人口在校生，小学为1256人，初中为551人，普通高中为104人，其中初中和普通高中在校生明显高于全国和全省平均数。这从一个侧面反映了梅州教育的普及程度。

"事紧先为教育办，钱少先为教育花。"这是梅州市各级党政领导发展教育的朴实话语。例如，1999年，梅州市国内生产总值为161.54亿元，不到全省的2%，但当年教育经费总投入达11.26亿元，其中财政性教育支出达7.33亿元，占总投入的65%，梅州各级党政重视教育的程度由此可见一斑。20世纪90年代启动了"改薄建规"工程，老区、山区破烂学校改造工程，中小学布局调整工程。截至2000年10月，全市累计完成校舍改造794所，投资达3.7亿多元。"改薄"工程的顺利推进，为梅州基础教育的平衡发展奠定了坚实基础。

2002年年底，梅州市委、市政府提出了"四个梅州"发展战略。以"两园一基地"建设为重点，抓好文教兴市。其中"两园"指的是叶剑英纪念园、客家公园，"一基地"就是兴建一个集文化、教育、旅游于一体的东山综合教育基地，总投资4.5亿元，主要涵盖东山书院、东山中学、梅州市职业技术学校、客家院士公园、亲水公园、客家艺术中心、广东汉剧院、市山歌剧团等。东山教育基地于2006年9月底前建成并投入使用，当时新增优质学位10200个。实施"四个梅州"发展战略以来，梅州市教育得到大跨越、大跃升，各项水平指标进一步趋近先进，办学条件得以根本性改变，学校面貌焕然一新，教育体系进一步完善，为梅州实现"绿色崛起"奠定了坚实基础。

2007年完成的C、D级危房校舍改造等，使学校办学条件得到极大的改善。2007年普通中学生均建筑面积由1988年的6.03平方米增至2007年的9.11平方米；小学生均建筑面积由1988年的4.06平方米增至2007年的8.16平方米。教学现代化设备和手段进入课堂，2007年全市中小学计算机拥有量达到3.79万台，生机比为20∶1；全市中小学有独立科学馆188幢、语言实验室280间、藏书量达1362万册。2004年建立起了功能较齐全的梅州教育城域网。

2. 高等教育实现跨越发展

2000年3月，经教育部批准，原嘉应大学与原嘉应教育学院合并，组建成嘉应学院，正式成为普通本科院校。与此同时，由于高等师范教育的发展和对教师素质要求的提高，兴宁师范学校、五华师范学校两间师范学校停止招生，梅州师范学校并入嘉应学院。2000年后，梅州市卫生学校并入嘉应学院成为二级医学院，全称为嘉应学院医学院，培养更高层次的医药卫生人才。2000年，嘉应学院校园占地面积78.4公顷，建筑面积31.3万平方米；教职工955人，专任教师586人，其中教授30人，副高职称156人，具有博士、硕士学位的教师94人；在校学生有15423人，其中全日制学生8268人。学院设16个系33个专业或专业方向。2006年，嘉应学院以良好成绩通过了教育部本科教学工作水平评估验收。2006年，该校全日制在校生达1.4万人。

3. 师资建设成果显著

1999年，梅州市教育局根据市委、市政府的部署，适时启动了"百千万人才工程"，这是梅州市中小学师资队伍建设的核心工程。经过三年的系统培训，首期市级学员的整体素质得到了很大的提高,他们在各自的工作岗位上均取得了显著的成绩。在首期结业的 83 位学员中,获国家、省、市、县劳模或先进教师称号的有 112 人次。

(四)再启征程的十年(2008—2018 年)

2008 年 7 月召开的梅州市创建广东省教育强市工作会议响亮提出了投入 58 亿元,用五年时间实现教育强市的创建任务,标志着梅州教育进入一个全新的发展阶段。

1. 学前教育实现大发展

2011 年 11 月,梅州市制定出台了《梅州市学前教育五年行动计划(2011—2015 年)》,积极筹措资金,新建、改建、扩建了一大批幼儿园。目前,全市有市一级以上幼儿园 83 所。全市的 112 个乡镇中,已建有中心幼儿园的有 103 个,占 91.96%;建成 1 所以上规范化公办幼儿园的乡镇有 97 个,占 86.6%。

2. 基础教育实现"创强"目标

2010 年,广东省提出"创建教育强省,推进教育现代化,打造南方教育高地"(即"创强争先建高地")目标。2013 年 2 月,广东省政府出台《广东省人民政府关于推进我省教育"创强争先建高地"的意见》,梅州市委、市政府积极贯彻省委、省政府的决定,在全市掀起了"创强"高潮。2014 年年底,梅江区、梅县区、平远县、蕉岭县 4 个县(区)顺利通过了"全国义务教育发展基本均衡县"国家认定,梅州成为同期粤东西北 12 市中通过"均衡县"最多的地级市。2015 年 11 月,余下的大埔县等 4 个县(市)也顺利通过了"均衡县"的国家认定。至此,全市 8 个县(市、区)全部顺利通过了"全国义务教育发展基本均衡县"国家认定,实现"均衡县"全覆盖。

3. 职业教育服务地方经济社会发展

自 2008 年以来,梅州市整合优化资源,重点抓好市职校、市农校等龙头中职学校建设,积极服务本地经济社会发展。全市中职学校基础能力建设有明显提升,大埔县入围"国家级农村教育和成人教育示范县"创建单位,梅州农校被确定为全省第一批"职业农民指定培训学校"。

4. 高等教育呈现多元化

近年来,嘉应学院通过内涵式发展,正在向"初步建成国内知名特色大学"的目标迈进。目前,梅州市正积极实施《关于进一步推进职业技术教育改革发展的决定》,梅州职业技术学院筹建工作顺利推进,并在第四届世界客商大会期间作为一项重点项目举行了签约仪式。2017 年 5 月,梅州广播电视大学更名为梅州开放大学,为梅州构建终身教育体系提供了有力支撑。同时,梅州市正积极推进南方紫琳职业学院的筹建,2016 年 12 月底,学院的筹设申请已顺利通过省高等学校设置评议委员会的筹设表决。未来在梅州的大地上，高等教育必然呈现多元化的发展趋势。

二、梅州教育改革发展的主要特征

改革开放40年，是梅州教育在党的正确教育方针指导下开创新的历史的40年，也是梅州教育改革与发展取得显著成绩的40年。40年来，梅州教育改革和发展的主要特征可以归结为以下几个方面：

（一）强化保障，落实教育优先发展战略地位

一是各个时期的党政重视，强力推进。改革开放40年来，在"崇文重教"客家文化的影响下，梅州各级党政领导对教育的发展都给予了高度重视，并从人力、物力、财力等方面都予以全方位支持，从而使得各级各类教育都得到了较好发展。

二是政策保障，措施有力。近年来，梅州市先后出台了《梅州教育事业发展"十二五"规划》《梅州市学前教育五年行动计划（2011—2015年）》等重要文件，为落实教育优先战略提供了强有力的政策保障。

三是经费落实，多方投入。梅州市各级党委、政府在财力困难的情况下，仍然坚持做到了教育经费的"三个增长"，建立了免费义务教育经费保障机制，市、县按比例分担，在预算中做出安排，确保资金落实到位。同时，积极发动华侨和社会各界捐资兴学。梅州市作为著名的侨乡，旅居港澳台同胞及海外侨胞遍布世界70多个国家和地区，人口300多万。梅州市委、市政府积极实施"侨牌"发展战略，通过落实侨务政策顺应侨心、弘扬客家文化凝聚侨心、热诚接待侨胞温暖侨心、管好用好侨资赢得侨心等多种措施，联络侨情，努力争取侨胞资助乡梓教育事业。特别是香港同胞，许多都有系列工程，如曾宪梓先生的中小学系列工程、田家炳先生的中小学系列工程、刘宇新先生的中小学系列工程等，都遍布梅州全市。他们的关心和支持，为办学奠定了坚实的物质基础，改善了办学条件，为梅州教育的发展提供了强有力的支持。

（二）力促均衡，积极统筹城乡教育资源配置

一是科学布局，办学条件进一步优化。近年来，全市撤并803所中小学，采取延长公交线路、补助生活费、落实"两免一补"政策等方法，有效解决了农村学生"上学难"问题；积极推动义务教育阶段学校标准均衡优质发展，全市公办义务教育标准化学校覆盖率达100%；主动适应新型城镇化发展，在各县（市、区）县城规划建设优质实验中小学、幼儿园。

二是扩容促优，高中阶段教育发展水平得到巩固提升。先后扩建、改建、新

建了一批普通高中，全市10所重点高中率先在全省山区市完成广东省国家级示范性普通高中创建任务，积极共建全省山区职业教育基地和劳动力转移培训基地，整合优化资源，重点抓好市职校、市农校等龙头中职学校建设，积极服务本地经济社会发展。

（三）强师兴教，不断加强师资队伍建设

一是优遇安师。梅州市始终对教师实施优遇政策，包括政治待遇的提高，生活福利的改善，教师子女就读、就业的优先照顾，教师住房的解决等多个方面。例如，为实施"教者有其居"工程，梅州先后出台23项优惠政策，坚持统一规划、统筹安排、相对集中、连片建设的方针，调动各方面的力量，利用多种形式，加快建设步伐。1994年，首先在梅州城区的江南、江北动工兴建，并将其定为当时梅州市十大重点工程，同时拨出补助专款以推动各县（市、区）的教师村建设。1995—1999年，全市共投入建设资金7亿元，建成套房16000多套，建筑面积近150万平方米，使教师住房成套率达70%，带着教师人均居住面积由1990年的3.64平方米增加到2000年的9平方米。近年来，梅州市全面落实省教育民生实事之一的"山区和农村边远地区义务教育学校教师岗位津贴"，受惠教职工达29968人，农村教师吸引力逐步提高，实现全市中小学教师工资福利待遇"两相当"。

二是精神立师。围绕"立高尚师德，树教育新风"这个主题，广泛开展教师职业道德建设活动。举办"优秀教师事迹巡回报告"和"为山区教育添光彩巡回演讲"系列活动；大力表彰、奖励优秀教师，每年都评选表彰优秀校长、扎根山区的优秀教师、教坛新秀、优秀班主任、优秀德育工作者等类型的先进教师；广泛开展"嘉应名师""最美乡村教师""叶剑英基金优秀教师"评比活动，在全社会掀起新一轮尊师重教的热潮。例如，五华县虽是国家重点扶贫县，但仅用于表彰奖励教书育人优秀教师的教育基金就达400多万元。积极推行人事制度的改革，逐步打破教师职务、职称终身制，建立教师岗位责任制和择优聘任的竞争上岗制。通过多重激励机制，广大教师普遍受到职业理想、职业责任、职业道德和职业纪律的教育，树立起扎根山区、乐于奉献的精神。

三是培训强师。梅州教育行政部门意识到，解决梅州师资的难于"引进"难题，根本出路在于自我培训。其一，多层次、多途径、多方式的学历培训，使小学、初中教师学历达标率分别从1980年的21.4%、17.7%提高到1999年的98.5%、87.21%。其二，多类型的岗位培训，包括校长培训、各学段起始班级教师培训、新教师培训、毕业班教师培训。

（四）多措并举，大力推进教育公平

一是公平入学实现常态化。积极实施"三零"工程，成为全省唯一实现义务教育零择校、零借读、零赞助的地级市。义务教育阶段学校严格执行分区划片就近入学或电脑派位入学，并实行常态编班。从2015年起，全市公办普通高中全面取消择校生，公平入学问题得到有效破解。

二是有效解决外来务工人员随迁子女就读升学问题。目前，全市义务教育阶段进城务工人员随迁子女入读公办学校比例达92.6%。

三是大力推进优质普通高中指标到校工作。全市10所国家级示范性高中安排40%的招生指标分配到全市223所公、民办初中学校，让更多优质学位向农村倾斜。

四是切实保障残疾儿童少年接受教育的权利。大力推进标准化特殊教育学校建设，投入2276万元新建、扩建了6所特殊教育学校。制定出台《梅州市特殊教育提升计划（2014—2016年）》，促进残疾儿童少年入学规范化和制度化。

第二节　梅州教育改革发展的重大事件

"百年大计，教育为本。"梅州教育改革40年来，中共梅州市委、市政府高屋建瓴、审时度势、积极进取，不断做出促进教育改革与发展的重大决策，扎实推进了教育改革与发展的步伐。其间，标志性或具有里程碑意义的事件主要有三个：一是率先成功创建粤东西北地区首个广东省教育强市；二是争创推进教育现代化先进市，建设南方教育高地；三是服务地方社会发展的区域高等教育优势特色成效显著。

一、率先成功创建粤东西北地区首个广东省教育强市

"十二五"以来，梅州教育以党的十八大精神为指导，全面贯彻落实科学发展观，紧紧围绕省委、省政府"创强争先建高地"的战略部署和"全力加快绿色经济崛起、建设富庶美丽幸福梅州"的核心任务，认真落实《梅州市教育事业发展"十二五"规划》各项要求，以创建"教育强市"为契机，大力弘扬崇文重教传统，坚持把教育放在优先发展的位置，巩固提升基础教育，着力改善办学条件，切实加强教师队伍建设，努力提高教育教学质量，大力促进教育公平，推动农村中小学布局调整，教育事业改革与发展取得明显成效，实现了欠发达地区教育发展的历史性跨越。

作为经济欠发达地区的山区大市，梅州的教育发展是广东推进教育强省进程

中一个重要组成部分。2008年以来，全市共投入37.34亿元用于教育"创强"，城乡、区域、学校之间的差距有效缩小，教育发展后劲显著增强。2013年9月，梅州市率先成功创建粤东西北地区首个广东省教育强市，被省政府授予"广东省教育强市"称号。2015年1月，全市8个县（市、区）和112个镇（街）全部通过教育强县和强镇验收，两项覆盖率均达100%，成为粤东西北地区首个实现强县、强镇全覆盖的地级市。

通过创建教育强市，梅州市各级各类教育更加均衡优质发展，教师队伍素质得到大幅提升，教育科研扎实开展，素质教育结出繁花硕果。在此进程中，梅州市全力以赴、众志成城，社会各界广泛参与，克服种种难以想象的困难，走出了一条经济欠发达地区创建教育强市的成功之路，尤其可圈可点的是"创强"过程中创造了许多颇有价值的成功经验。

（一）优先保障，落实教育优先发展战略地位

梅州市各级党委、政府把发展教育事业作为事关人民群众根本利益，事关梅州绿色崛起、振兴发展大计的基础性工程来抓，做到规划优先、政策优先、投入优先，形成了"党以重教为先、政以兴教为责、师以从教为荣、民以支教为乐"的良好氛围。

1. 党政合力，扎实开展

梅州市委、市政府每年均多次召开市委常委（扩大）会议、市政府常务会议、市长办公会议和部门联席会议研究部署教育发展各项工作；成立了以市委、市政府主要领导为正副组长的创建广东省教育强市领导小组，开创了广东"创强"工作的先河。与各县（市、区）签订了工作责任书，并把教育发展成绩列入贯彻落实科学发展观考核指标体系，严格落实县、镇党政"一把手"的领导责任，协调联动各级职能部门积极性，形成了全市上下"创强"的强大合力。各级党政领导把教育改革发展当作履职重点工作，出席每年的教育工作会议、教师节表彰大会、"创强"表彰大会等，指导开展各项教育工作，并经常深入学校调研、了解教育现状，及时研究、解决教育"创强"中的困难和问题。

2. 政策先行，有力推进

近年来，先后出台了《中共梅州市委 梅州市人民政府关于创建广东省教育强市工作的决定》《梅州市创建广东省教育强市工作实施方案》《梅州市创建广东省教育强市表彰奖励方案》《关于减免在创建广东省教育强市期间学校建设各种规费的通知》《中共梅州市委 梅州市人民政府关于进一步加快教育改革和发展的决定》《梅州教育事业发展"十二五"规划》《梅州市学前教育五年行动计划（2011—2015年）》等系列重要文件，为落实教育优先战略提供了强有力的政策保障。并且，明确提出要把教育放在优先发展的战略位置，与各县（市、区）

签订工作责任书,提高了党政领导优先发展教育的自觉性,强化了党政领导依法履行教育职责的意识,围绕学前教育、义务教育、普通高中教育和中职教育四大重点,扎实推进教育"创强"工作。

3. **经费增长,捐资兴学**

梅州市各级党委、政府在财力困难的情况下,仍然坚持做到了教育经费的"三个增长",即生均预算内公用经费逐年增长、生均预算内教育经费逐年增长、教育财政拨款的增长高于财政经常性收入的增长,建立了免费义务教育经费保障机制,市、县按比例分担,在预算中做出安排,确保资金落实到位。同时,充分发挥梅州"华侨之乡"和外出乡贤众多的优势,积极发动华侨和社会各界捐资兴学,改善学校的办学条件。据不完全统计,2008年以来,梅州市共收到"创强"捐资15.04亿元,这为教育的发展提供了强有力的支持。

(二) 均衡战略,积极统筹城乡教育资源配置

1. **强化措施,创建"全国义务教育发展基本均衡县"工作有序推进**

近年来,梅州市先后建立健全义务教育均衡发展责任、监督和问责机制,协调各职能部门,严格调控均衡发展的八项指标差异系数,使之符合国家要求,稳步提高县域内教育均衡水平。2014年年底,梅江区、梅县区、平远县、蕉岭县四个县(区)顺利通过了"全国义务教育发展基本均衡县"国家认定,梅州成为同期粤东西北12市中通过"均衡县"最多的地级市。2015年7月,兴宁市、大埔县、丰顺县和五华县也顺利通过了"均衡县"的省级督导验收,2015年年底通过国家认定。

2. **合理布局,优化办学条件**

科学调整农村义务教育布局,这是一项巨大的工程。对此,梅州坚持"三集中"的方针,即高中阶段学校向城区集中,初中、中心小学向乡镇所在地集中,新增教育资源向城区学校和乡镇所在地学校集中。在布局调整中,切实解决城镇学校大班额、农村学校小规模的问题。根据实际情况,撤并规模小、办学条件差的学校,科学整合资源,将主要精力和资金集中到建设规范化学校和创建优质学校中去。为保证布局调整后不出现新的辍学和"上学难"现象,梅州市努力在"好上学"和"上好学"中找到最佳平衡点。近年来,全市撤并803所中小学,采取延长公交线路、开通"两定乡村公交"、补助生活费、建设乡镇廉租房、落实"两免一补"政策等方法,解决农村学生上学问题。重点抓好项目实施和问题整改落实,推动义务教育阶段学校标准化、均衡化和优质化。目前,全市公办义务教育标准化学校覆盖率达100%,民办义务教育标准化学校覆盖率达75%。

（三）强师兴教，不断加强师资队伍建设

1. 全面稳妥解决代课教师问题

根据省的统一部署，梅州市严格按照政策规定，投入7000多万元，通过"代转公"考试、转岗录用和辞退补偿等方式提前圆满解决了代课教师问题。梅州解决代课教师问题的做法得到时任中共广东省委书记汪洋同志的批示表扬。

2. 优化城乡教师配置

不断完善县域内城乡学校对口帮扶、校长轮岗、教师支教等机制，引导城区教师以支教、挂职等形式到偏远山区任教，加大美术、音乐等农村紧缺教师招聘力度，进一步优化城乡教师配置，逐步提升农村师资质量。

3. 内培外引提升师资水平

近年来，梅州市始终把师资建设当作教育发展的一项基础工程来抓，积极实施高素质人才引进工程，先后到西南大学、陕西师范大学等院校招聘了120多名硕士研究生和一大批应届本科毕业生来梅任教，师资结构得到进一步优化；先后组织中小学校长和骨干教师到北京师范大学、河北衡水中学、山东杜郎口中学、广州市执信中学等校培训或跟岗学习，累计培训教师4万多名；全市先后举办了教育法律法规政策培训班、北京师范大学－梅州市高考改革学科研修班、人民教育出版社高考学科（梅州）专题培训班等20多类培训班，培训9900多人次，极大地提高了师资水平。

4. 提高教师待遇

梅州大力实施待遇留人工程，财政每年拨出专款发放教师岗位补贴，率先基本实现"两相当"。同时，省教育民生实事之一的"山区和农村边远地区义务教育学校教师岗位津贴"工作得到落实，每年投入8000万元，发放山区教师岗位补贴，实现了"教师待遇与当地公务员待遇相当、农村教师待遇与城镇教师待遇相当"，受惠教职工达29968人，农村教师吸引力逐步提高。

5. 大力实施"名师工程"

积极实施"名师工程"，每年由市财政拨出300万元，奖励"嘉应名校长""嘉应名教师"。定期评选表彰一大批"教育专家""十佳校长""十佳教师"等优秀校长、教师。涌现出一大批名教师，并在全社会掀起新一轮尊师重教的热潮。近年来，梅州市还积极探索普通中小学学科带头人的选拔、培养、使用和管理机制，在学习兄弟市先进经验、深入调研的基础上，几经易稿，形成了《梅州市普通中小学学科带头人评选和管理办法》。据统计，从2012年开始，梅州财政专门拨出300万元，评选表彰了287名"嘉应名校长"和"嘉应名教师"，着力打造"嘉应名师"品牌，既要待遇留人，更要事业留人、感情留人、环境留人。

（四）立德树人，积极提升教育教学质量

1. 全面深入实施素质教育

积极培育和践行社会主义核心价值观，大力弘扬中华民族优秀传统文化、客家优秀传统文化。制定出台《梅州市中小学校素质教育工作实施方案》，全面深入实施素质教育。编写和免费发放《客都梅州》乡土教材，积极编写《客家家训》，加强中小学生的乡土乡情教育。高度重视艺术、体育教育，广泛开展"足球进校园""阳光体育""书法进校园"等活动，促进学生全面健康成长。特别是 2017 年以来，积极引导各地统筹兼顾、建章立制、全程实施、打通小学到高中的素质教育通道，以图音体、国学、校园足球、客家山歌、版画、工艺美术、汉剧等为抓手，素质教育在各地迅速全面深入开展，取得了一定成效：东山中学增设了汉剧鉴赏课程，并从 2017 年起开设了音体特长班，起到了先行示范作用；梅江区在创建"素质教育示范区"工作中行动迅速、措施得力，成效初见；2017 年 7 月成功举办了梅州市第十一届中小学生文艺会演，系统展示了梅州市中小学开展素质教育的成果；在广东省第十四届运动会中，梅州市学校体育组健儿获得佳绩，积分在粤东西北地区中排名第三；东山中学、梅县区高级中学等 18 所学校被教育部认定为"全国校园足球特色学校"，数量居全省前列。

2. 积极构建全市教育工作一盘棋格局

深入推进中考招生制度改革，进一步理顺了内部竞争机制和激励机制，从 2015 年起，将东山中学、曾宪梓中学列为第一批招生学校，同时将招生总数缩减至合理的区间，为各县（市、区）示范性高中留下一批优质生源，有利于发挥县属重点中学优秀师资和管理模式的作用。同时，通过制定出台科学合理的评价激励机制，引导各地各校更加重视义务教育，花更多精力走特色教育之路，全市教育工作一盘棋的良好格局基本形成。

3. 努力促进教育教学质量整体提升

近年来，梅州市各级教育行政部门和中小学校积极实施"科研促教、科研兴校"战略，加强了教研队伍建设，层层建立教研实践基地，依托东山中学、曾宪梓中学等学校组建起高效的联合教研组，集思广益抓好教研活动和高考备考工作，为全市教育教学质量实现整体提升奠定了坚实基础。自 2010 年始，梅州市重本上线率和本科上线率均逐年攀升，继 2014 年高考实现历史性突破之后，2015 年高考再创佳绩，全市第一批本科线入围人数为 2453 人，比 2014 年增加 240 人，增幅达 10.85%，社会满意度进一步提升。

二、争创推进教育现代化先进市，建设南方教育高地

2013 年，梅州率先成功创建粤东西北地区首个广东省教育强市。2015 年，

全市8个县（市、区）和112个镇（街）全部通过教育强县和强镇验收，成为粤东西北地区首个实现强县、强镇全覆盖的地级市。2015年9月，梅州市乘势而上，在全省山区市中率先召开争创"广东省推进教育现代化先进市"工作会议，这标志着在"创强"成功的基础上，这座城市已率先启动"争先"工作，制定了《梅州市争创"广东省推进教育现代化先进市"工作实施方案》，力争在2018年创建成为"广东省推进教育现代化先进市"，到2020年，全市8个县（市、区）全部争创为"广东省推进教育现代化先进县（市、区）"。

"国运兴衰，系于教育；教育振兴，全民有责。""创强"是走向教育现代化的必然选择，"创强"的目标就是要为实现教育现代化提供基础支撑。不断提升教育现代化水平，办让人民满意的教育，才能更好地为经济社会发展提供人才支撑和智力保障。梅州市按照"立足实际、以创促建、彰显特色"的思路，加大投入，强化管理，提升内涵，促进了教育高位、均衡、科学、健康发展，初步形成了具有教育现代化建设之路。梅州市争先推进教育现代化的探索与实践，具有鲜明的现实意义与借鉴意义。

（一）坚持优先发展，扎实推进教育现代化创建工作

1. 观念先行，政策保障

梅州市委、市政府充分借鉴与运用欠发达地区发展教育事业的经验，确立教育在梅州经济社会发展中的重要战略地位，始终坚持教育第一、教育优先发展战略，把教育视为"先于经济的经济"，把教育作为经济社会发展与强区战略的奠基工程，始终着眼于经济社会发展和现代化建设大局，大力实施"四个梅州"发展战略，推进教育改革与创新，以教育现代化先进县创建为契机，全力推进教育现代化。创建启动以来，先后出台了《梅州市争创"广东省推进教育现代化先进市"工作实施方案》《梅州市人民政府关于深化教育领域综合改革的实施意见》等重要文件，制定了一系列有力的政策。

2. 结合地方实际，制订科学方案

经过反复调研，各单位按照《梅州市争创"广东省推进教育现代化先进市"工作实施方案》，倒排工作时序，实行挂图作战，有效推进创建工作。先后邀请省教育部门领导视察、指导创建工作，聘请省教育专家担任创建工作顾问，组织人员赴深圳等地考察学习，大力增强了创建工作针对性。

3. 建立创建机构，健全工作机制

梅州市委、市政府成立党政主要领导牵头的教育现代化领导小组，全面加强教育现代化的组织与领导工作，实施目标管理责任制与问责制。多次召开常委专题工作会议，重点解决教育现代化建设急需的经费投入、队伍建设、学校设置和人员保障等问题。

4. 扩大宣传，提高认识，增强创建合力

通过悬挂过街横幅、设立固定标语牌等形式，强力宣传创建教育现代化先进市的目的、重大意义、目标任务、措施策略。电视、报纸、网站等媒体均开辟创建专栏，宣传教育现代化创建工作情况，通报创建工作成效，营造现代化创建的舆论氛围。

（二）坚持高位发展，切实增强教育现代化建设质效

1. 不断加大教育投入，改善办学条件，完善教育设施，夯实创建基础

校舍建设、硬件添置、信息化水平是教育现代化建设的基础任务，是教育现代化达标的硬条件，因此，梅州市大力推进校舍建设，不断优化教育装备，全面提升信息水平。

2. 狠抓队伍建设，提升教师素质，提供人才支撑

加强师德建设，完善培训体系，加大培训力度。实施"名校长""名教师"培养工程，造就名师队伍，组织中小学校长参加高研班培训。鼓励有潜力、积极进取的教师参加进修，全面提升教师学历。强化骨干建设，搭建发展平台，促进教师专业成长。借助名校的师资提升教师的业务素质，组织骨干教师到市内外名校跟岗学习，蹲点观摩，开拓教师视野。

3. 打造特色品牌，推进内涵式发展

为了全面落实立德树人的根本任务，梅州教育行政部门充分挖掘全市全境苏区县的红色资源优势，结合市情、校情和青少年学生实际，通过抓阵地、抓载体、抓活动等各种措施，将中华民族优秀传统文化、客家优秀传统文化进校园活动推向纵深，把培育和践行社会主义核心价值观融入学校教育的全过程。坚持特色办学理念，按照"一校一品牌、一校一特色"目标，以理念、制度、教学等为要素，贯穿特色文化建设于学校管理之中，形成了"客家文化""国学文化"等校园主题文化。不断丰富学生课外活动，全面提升学生整体素质，形成艺术节、读书节、科技节"三节"活动机制。

（三）坚持优质发展，大力提升教育现代化建设品位

按照优质均衡的发展思路，不断提升教育内涵品位，着力构建优质教育体系。

1. 夯实基础，促进教育均衡化、优质化

不断完善学前教育发展、管理和服务体系，出台了《关于进一步加强学前教育工作的意见》等文件，坚持高标准、高起点办园，完善健全学前教育优质发展体系。以创建"标准化学校"为先导，促进义务教育均衡化、现代化建设，以创建星级高中为引领，全面提升各类学校发展水平。

2. 抓关键，努力提升教育教学质量

"抓基础"，落实基础知识，提高课堂效率。"抓改革"，深化课程改革，创新方式方法。在不增加学生学业负担的前提下，积极鼓励各校大胆探索减负增效的新途径，创新课堂教学模式，打造高效课堂。

（四）落实"四大工程"，全面加强师资队伍建设

1. 教师职业化培养工程

将职业化教育作为强化教师队伍的基本工作来抓，开展"践行师德创先争优"活动。

2. 教师源头活水引进工程

建立每年招聘新教师的长效机制。不断优化师资队伍的知识结构、学科结构，缓解农村学校教师老龄化问题。

3. 教师终身教育工程

梅州市教育局专门成立教师培训科，专职负责教师培训，重点实施中小学教师全员培训、教师素养提升培训和中小学校长培训。

4. 教师激励考核保障工程

将绩效工资与工作业绩紧密联系，拉开档次，突出重点，向一线骨干教师倾斜，建立有利于激发人才活力和维护教师合法权益的收入分配机制。

（五）坚持和谐发展，有效提高教育现代化保障水平

加大济困助学、规范办学行为、保障校园安全的工作力度，有力促进全县教育和谐发展。

1. 拓宽资助渠道，保障困难群体教育权利

完善家庭经济困难学生资助政策体系，基本保障了"不让一个学生因家庭经济困难而失学"。广辟教育资助渠道，通过开展"爱心一日捐"活动、政企合作等方式资助贫困学生的学业。严格管理制度，使救助资金发挥最佳效益。

2. 规范办学行为，推进教育科学规范发展

梅州市先后下发了《关于规范中小学办学行为深入实施素质教育的意见》《关于加强青少年体育增强青少年体质的实施意见》等文件，按照"五严"规定，科学制订课程计划，切实减轻学生课业负担，坚决执行"收支两条线"规定，做到各项收支透明化，制度化，民办学校合法合规办学已成为现实。致力于建立教育思想先进、管理水平较高、办学质量优良的教育体系，进一步完善管理制度，提高教育教学管理水平，着力打造在管理上具有鲜明特色的学校，充分发挥模范带动和示范引领作用。牢固确立"安全第一、育人为本、德育为先、注重实效"的工作理念，创造性地出台了一系列涉及校园安全的政策文件，力求做到

"安全意识强化、安全知识普及、安全措施到位、安全设施完备"的工作要求,为师生营造安全、稳定的学习环境,为教育现代化建设提供有力保障。

三、服务地方社会发展的区域高等教育优势特色成效显著

梅州市于1980年10月创办嘉应教育学院。1982年,嘉应师范专科学校成立。1983年7月,梅州市广播电视大学创办。1986年,梅州市创办嘉应大学。2000年3月,经教育部批准,嘉应大学与嘉应教育学院合并,组建成嘉应学院,正式升格为普通本科院校。这标志着梅州市高等教育发展取得重大突破,是具有里程碑意义的一件大事。2006年,嘉应学院以良好成绩通过了教育部本科教学工作水平评估验收。该校现有普通全日制学生25443人、成教学生14847人,来自18个省(自治区、直辖市)。现有20个二级学院、1个公共教学部、57个本科专业,学科专业涵盖文学、理学、工学、法学、医学等11个学科门类。学校坚持"立足梅州、面向基层、服务广东、辐射全国、延伸海外"的办学宗旨,确立"育人为本、服务为荣、特色为魂"的办学理念,形成以本科教育为主体,兼有大专教育、留学生教育、成人教育等多层次、多类型的现代办学体系,培养适应地方经济社会发展需要、具有创新精神和实践能力的应用型人才。

嘉应学院秉承"勤俭诚信、立己树人"的校训,主动借力梅州"华侨之乡"的优势,争取海内外乡贤资金和资源的支持,夯实办学基础,拓展办学空间;借力"足球之乡"的美誉,着力打造足球运动训练专业,培养拔尖人才,擦亮客乡足球品牌;借力"文化之乡"的传统,深挖教育资源,开展教育和国内外的文化交流。同时,全面对接地方经济社会发展重大需求,加强重点学科建设和平台建设,着重打造特色优势学科,调整优化专业布局结构,全面提升师资队伍层次和水平,提升人才培养质量和科技创新能力,为梅州地方经济社会实现跨越式发展提供人才支撑和智力支持,服务地方产业转型升级和创新驱动发展战略,努力实现创新发展、特色发展、错位发展。

嘉应学院具有"植根侨乡,服务地方,弘扬客家文化"的鲜明办学特色。作为侨乡梅州唯一的高等学府,学校充分发挥"乡贤热爱家乡、崇文重教""华侨资源丰富"等办学优势,深入挖掘侨乡资源,改善办学条件。一方面,不断完善海内外侨胞捐资助学的相关规定,坚定海内外乡贤支持学校发展的信心;另一方面,抓住重要机会,积极宣传学校的办学成绩和规划蓝图。学校领导多次前往新加坡、马来西亚、泰国等东南亚国家和港澳台等地区拜会当地客属社团和乡亲,利用每届世界客属恳亲大会、山歌节、客家文化节、山区洽谈会、客商大会等重大活动,介绍家乡大学办学情况,寻求多方支持。自办学以来,得到曾宪梓、田家炳等海内外乡贤、校友捐资2亿多元,用以改善办学软硬件设施,捐建项目涉及教学楼、办公楼、科技楼、艺术楼、图书馆、体育场所、师生宿舍、会

堂、食堂等。目前，除财政资金外，客家乡贤的捐赠和扶持已成为学校建设发展的重要资金来源，特别是以曾宪梓先生、田家炳先生为代表的一大批海内外乡贤侨胞，为学校建设发展做出了突出的贡献。学校成立的客家研究院被列为广东省普通高校人文社会科学重点研究基地和广东省客家学研究基地，此外，还成立了大陆首家客家学院，把优秀客家文化传统教育贯穿于人才培养的全过程。

目前，嘉应学院遵循"应用服务型"办学定位，以教育部本科教学工作审核评估、推进广东省教育厅和梅州市政府共建嘉应学院、加快嘉应学院转型试点工作等重要机遇为抓手，积极实施"十三五"发展规划，努力办好应用服务型优秀本科教育，争取尽快取得硕士学位授权资格，初步建成国内知名特色大学。

服务社会是高等教育的四大职能之一。嘉应学院始终审时度势，认真思考自己的优势与特点所在，思考能力边界与价值追求边界，思考如何通过创新强化自己的优势与特色，提升服务地方的能力。

（一）发挥教师教育特色优势，提升服务基础教育能力

嘉应学院结合自身教师教育办学特色，依托"一项计划、两个中心、一个基地"（省级卓越教师培养计划，省级教师专业发展中心、广东客家地区基础教育师资培养培训协同育人中心，广东省中小学教师省级培训基地），对师范类专业人才培养模式进行深化改革，整合教育课程体系，加强与基础教育的互动与融合，探索职前教育与职后教育相衔接的教师专业发展道路，为广东地区特别是梅州基础教育提供优秀的师资及管理人才，有效增强了教育服务潜质、提升教育服务能力。通过服务地方基础教育发展、拓展教育研究与决策等有效途径，不断提升学校教育服务水平与服务能力，积极推进地方教师教育创新发展。近年来，主动向梅州市教育局提出服务梅州基础教育改革与发展的决策、建议，为具体的教育服务活动提供宏观指导。嘉应学院与梅州八个县（市、区）建立了教育全面合作关系，并以此为基础辐射梅州周边的粤东西北地区，与深圳等多个市、区也建立了全面的教育合作关系，通过协同合作，以优质教育资源服务地方基础教育发展。

（二）做好师范生培养，引领地方教育发展

嘉应学院通过不断调整招生计划，重点培养地方需要的师资力量。在现有的57个本科专业中，师范教育专业覆盖了中小学教育的所有学科。在人才培养过程中，学校重视学生优秀道德品质的培养和专业技能的训练。一方面，加强师范生的客家优良传统文化教育，为山区的基础教育培养"下得去、用得上、留得住"的教师；另一方面，师范生的教师基本技能训练坚持"四年不断线"，形成了由基础实践、专业实践、综合实践组成的"三位一体"的实践教学体系。

嘉应学院在梅州的基础教育师资培养和中小学教师培训方面占有不可替代的地位。据统计，在梅州市 328 所中学中，全日制及成人教育的毕业生已占其骨干教师总数的 80% 以上。在汕头、潮州、揭阳、汕尾、河源等周边城市，有 1 万多名毕业生从事基础教育工作。越来越多的嘉应学院毕业生正在成为地方基础教育领域的精英人才仅在梅州就有 137 人获得省级以上的优秀教师称号，436 人担任校级领导，274 人担任教导主任。

（三）实施"卓越教师培养计划"，培养高层次优秀教师

2012 年，嘉应学院启动"卓越教师培养计划"，依据教师专业化理念，每年从二年级师范本科生中选拔 70 名左右的优秀学生，按照"精英化"和"个性化"模式培养师德高尚、理念先进、业务精湛、锐意创新的高素质专业化中小学教师，目前已培养七期共 460 名学生。2015 年，在前期成功实施卓越培养计划的基础上，又启动卓越小学全科教师计划，旨在培养一批知识广博、理念先进、能力全面、专业精深且能胜任多门学科教学的卓越小学教师。卓越教师培养班的开设，有利于凸显学校的教师教育特色，为学校贯彻落实国家战略部署、提升人才培养质量提供了重要保障。

（四）拓展教育服务领域，承担教师培训任务

嘉应学院推进教师教育的发展与创新，主动服务国家和地方的教育发展战略，以培养省内优秀校长和教师为目的，积极参与梅州市普教系统名师、名校长培养工程，不断整合省内外理论与实践资源，着力打造广东特色的教师教育发展共同体，建立服务于梅州教育人才发展的整合与支持系统。嘉应学院主动参与地方基础教育师资队伍建设提高工作，先后成立广东省中小学教师省级培训基地、广东省校长培训基地、广东省中小学教师发展中心、广东客家地区基础教育师资培养培训协同育人中心。通过整合优势资源、开设培训课程、搭建远程培训平台等措施，积极开展梅州市中小学教师素质提升与拓展工作，不断为区域教育的内涵式发展注入力量。先后成功举办广东省完全中学校长提高培训班、省初级中学校长高级研修培训班、省农村中心小学校长提高培训班、省小学校长任职资格培训班、省乡村小学校长培训班、省中小学骨干教师培训班、省幼儿骨干教师培训班、省高中教师职务培训班、省农村中小学教师置换培训班、梅州市普教系统"百千万人才工程"高级研修班、市初级中学校长任职资格培训班、市初级中学校长提高培训班、市中学新任教师培训班、市中学教师现代化教育技术能力培训、市中小学各学科骨干教师培训班、市中小学教师职务培训班、广东客家区域中小学教师培训导师卓越发展高级研修班等，开展与地方基础教育对接等活动，不断强化引领地方基础教育的作用。目前已培训 203 期共 46856 人，其中，中小

学校长 999 人，中小学教师 45857 人。学校正努力打造定位准确、层次分明、特色明显、资源共享、可持续发展的重要培训平台，使之成为粤东北地区中小学教师专业发展的培训中心、资源中心、研究与指导中心、教研和学术交流中心，助力地方教育的发展。

（五）擦亮足球品牌，服务足球之乡

嘉应学院应用型足球人才培养卓有成效，社会声誉显著提升，毕业生普遍受到社会欢迎。2013 届毕业生陈权君在读期间加盟梅县客家足球俱乐部，2014 届毕业生蓝春禧和陈家盛进入富力切尔西足球学校任教，其后，谭茹殷、钟秀东、李足玲入选女足国家队，叶楚贵入选男足国奥队。其中，谭茹殷、钟秀东于 2014 年代表中国参加国际足联 U20 女足世界杯并作为首发队员出场，在中国队 5∶5 战平德国队的比赛中，谭茹殷获得国际足联颁发的全场最佳球员奖。谭茹殷代表中国参加 2015 年第七届女足世界杯和 2016 年里约奥运会。2014 级学生温木莲、2015 届毕业生邓文辉、2018 届毕业生陈婷婷先后被中国足球协会授予"国家级足球裁判员"称号，陈燕琳等 50 人被中国足球协会授予"一级足球裁判员"称号。2017 年 6 月，全国女足联赛 U18 决赛 28 位裁判中，来自广东的四位裁判均为体育学院学生，占全国总名额的 1/7。8 月，2014 级学生温浩军和 2015 级学生陈泽鹏入选 U22 国家男子足球队。

（六）响应国家战略，服务西部教育发展

嘉应学院以服务国家战略发展为导向，积极支持西部教育发展，通过教育支援等有效途径，为国家西部教育发展贡献自身力量，为西部教育持续发展注入活力。为贯彻落实习近平总书记关于西藏工作和对口支援工作的系列重要指示精神及时任中共广东省委书记胡春华在广东·西藏对口支援工作座谈会上的讲话精神，2017 年，嘉应学院根据《广东省教育厅关于我省高校与西藏地市共建大学生思想政治教育实践基地的通知》文件的要求，以及《嘉应学院与西藏林芝市米林县人民政府共建大学生教育实践基地框架协议书》，通过层层选拔，最终遴选 10 名政治素质好、工作能力强、作风过硬、自我要求严、身体适应高原环境的优秀大学生赴西藏林芝市米林县开展为期 6 个月的支教实习工作，为西部发展贡献青春力量。

（七）开展校地合作，服务地方发展

2010 年以来，嘉应学院与地方科技合作项目快速增长，先后与近 400 家单位开展了政产学研合作，向地方企业选派科技特派员 46 人。近五年来，该校先后为 265 家企事业单位提供科技服务，横向科研项目到账经费达到 2286.747 万元，

横向科技服务经费同比增长631%。2016—2017学年度，嘉应学院与地方企事业单位签订科技合作项目26项，合作金额达374.2万元。同时，嘉应学院还与梅州市有关部门围绕服务"双转移"，聚焦"一区两带六组团"建设，选定科研课题，开展联合攻关，并协助地方政府编制各种发展规划。嘉应学院结合地方经济社会发展需要，成立了3个校级研究（院）所和40多个院级研究所，与梅州市有关部门确定并正在实施的合作项目达100多项，包括承办了市政府主办的一系列地方经济与社会发展学术论坛。作为梅州地区唯一的高等学府，嘉应学院一直担负着为梅州地方培养人才的重任。该校明确自身定位和所承担的责任，除了致力于为基础教育培养人才外，还致力于培养梅州经济社会发展急需的应用型人才。嘉应学院以培养"认同感强、忠诚度高、专业理论知识扎实、职业技能过硬"的企业战略后备人才为培养目标，先后与相关企业共建企业人才培训班，按照企业的需要联合培养企业所需要的相关人才。为了培养企业所需要的高素质人才，2004年以来，嘉应学院按照订单式人才培养模式的特点先后与香港盛家商业机构、中国移动梅州城区分公司等16家企事业单位合作开设"校企合作人才培训班"62期，共计培训了2700多人。学员毕业后在企业中快速成长，有的成为企业分公司老总，有的成为部门负责人，更多的已成为公司的业务骨干。

目前，嘉应学院在履行服务社会职能方面呈现了四个新特点或新发展趋势：一是学校自身拥有的优质资源，在服务社会功能上得到深度契合；二是学校教师教育发展视野开阔，紧跟广东社会经济发展的需求；三是各专业学院服务社会积极性与自我发展意识不断增强；四是随着国家对高校要求的提高，学校在社会服务等方面也越来越重视与社会发展对接。

"不忘初心，方得始终。"展望未来，嘉应学院将积极主动融入梅州构建"一区两带六组团"发展新格局，服务改造升级传统支柱产业、培育发展新兴产业、进一步擦亮"世界客都"文化教育艺术品牌等，为广东省、梅州地区社会经济的发展做出应有贡献。嘉应学院将继续坚守树立服务社会的责任感和使命感，放眼社会和未来，在社会发展的坐标系中，找到自己的合理定位；充分发挥学院专长，利用学校的优势，以学校特有的知识和智力优势服务于地方经济社会发展；积极探索学校与地方政府、各级企业的有效合作模式，实现学校与社会的共享共赢。

第三节　梅州教育改革发展的启示与展望

一、梅州教育改革发展的启示

（一）崇文重教的文化传统为梅州教育改革发展营造了良好的环境

客家民系是汉民族的一支重要的民系，历史上为避战乱，从中原辗转迁徙而来。客家人的聚集地为赣南、闽西、粤东三角区。其中，以粤东北的梅州最为集中，因此，梅州被誉为"世界客都"。客家人有特殊的客家文化和习俗，为了生存和发展，客家人在长期艰苦环境中，秉承中原文化精髓，形成了"崇文重教、勤俭诚信"的客家文化精华。客家文化以其民俗民风的古朴被誉为中国"传统文化活化石"，备受海内外学者的高度关注。千百年来，梅州先民为避战乱之苦，颠沛流离，辗转南迁，定居于梅岭蛮荒之地，处于艰难恶劣的生存和发展环境中，他们深刻体会到文化教育对改变自身前途命运的极端重要性。梅州长久以来延续着"耕读传家"的传统，学风鼎盛，民众崇尚教化，致力于培育英才，具有崇文重教的优良传统。《乾隆嘉应州志》亦有记载："士喜读书，多舌耕，虽穷困至老，不肯辍业。"因此，广东客家人崇文重教的良好传统在很大程度上影响了人们的观念，使得通过读书接受教育成为人们的共识。

近年来，随着国家对教育的日益重视，客家人对教育的重视程度也越来越高，尊师重教的风气越来越浓，老百姓对子女的教育投入也越来越大，甚至不惜一切代价。

（二）海外乡贤的鼎力支持是梅州教育改革发展的强大助推器

数百年来，漂洋海外谋生的梅州华侨遍布世界五大洲 63 个国家和地区，有 380 多万人，成立了 100 多个会馆或宗亲会等民间社团组织。他们身在海外，心恋故土，继承了崇文重教的优良传统，时刻关注着家乡的建设和发展，千方百计支持家乡教育事业发展。

梅州市华侨热心捐资兴学，由来已久。党的十一届三中全会以后，梅州市广大华侨、港澳台同胞在家乡捐资办学的热忱空前高涨，捐资人数、捐资金额和受惠学校之多，为梅州历史前所未有。据不完全统计，1978—1993 年，全市华侨、港澳台同胞捐资教育者为 10477 人次，捐资金额折合人民币 4.1388 亿元，占梅州市教育投入的 20.1%，受资助学校 1490 所，占全市学校总数的 57%。1981—1993 年 12 年间，全市新建校舍 3023090 平方米，其中华侨、港澳台同胞捐资兴建的面积有935080平方米，占30%。据《梅州教育志》记载："1988年全市华侨港澳同胞捐资建校金额，比政府拨给的基建投资多6.5倍。"最热心祖国教育事业和慈善事业的事业成功客家人士要数曾宪梓和田家炳两位了。根据有关资料，曾宪梓对教育事业和慈善事业的捐资达到人民币6亿多元，而田家炳的捐资在前几年的资料中记载为1亿多元。

近年来，梅州海外乡贤捐资助学的热情进一步高涨，仅在2008—2013年的五年间，共收到"创强"捐资15.04亿元，极大改善了各级各类学校的办学条件。其中，在2012年开展的"广东扶贫济困日暨教育资金募捐活动"中，就募到1.62亿元。单以梅州唯一的一所本科院校嘉应学院为例，自该校办学以来，海内外乡贤为该校捐款捐物达2亿多元。

由于集全社会之力，梅州教育资金的来源更加顺畅和多样。这些庞大的资金用于教育的各个领域，既扩建和增建了条件优越的校舍，购买了大量的优质仪器设备，又引进了大量重点大学毕业的优秀师资。充足的资金使得梅州教育的发展有了强大的经费保障，从而发展更加迅速和高效。

（三）经济发展的压力为梅州教育改革发展提供了内生动力

改革开放以来，虽然梅州经过多年的发展，经济取得了较大的发展，但整体落后的面貌仍然没有得到根本改变，经济发展水平仍处在全省的下游。2013年7月，广东省委、省政府出台《关于进一步促进粤东西北地区振兴发展的决定》，发出了"振兴粤东西北"的动员令。时任中共广东省委书记胡春华强调，广东的发展，归根结底靠人才，人才培养的基础在教育。根据中共广东省第十一次代表大会做出的教育"创强争先建高地"的战略部署，粤东西北地区以教育"创强争先"为抓手，实现人才创优、科技创新，助力产业园区建设和中心城区扩容提质，实现区域振兴发展。

在全省经济快速发展的背景下，梅州面临的形势日益严峻，在经济排位上，再不加快发展，将面临"后无追兵"的残酷局面。在强大的经济压力下，也借着全省建设"南方教育高地"的东风，近年来，梅州市委、市政府的领导越来越认识到教育的重要性，认为要改变当前梅州经济发展欠发达的现状，必须吸引更多更好的优秀人才。人才既要靠引进，更要靠自己培养，而人才的培养必须依靠优质的教育来实现。经济发展的强大压力，再加上客家人"崇文重教"文化传统的影响，使得梅州的各级政府都更加认识到了教育的重要性，更重视教育的发展，从而在经费、师资、设备等各方面都给予全方位支持，使得教育的发展走上了快车道，并取得了良好的效果。

（四）狠抓高素质的师资队伍是梅州教育改革发展的强大保障

在客家人浓厚的"崇文重教"传统文化影响下，梅州大力倡导"教书育人最幸福、为人师表最高尚"的理念，始终把师资建设当作教育发展的一项基础工程来抓。早在改革开放后一段时间，梅州市就旗帜鲜明地落实党的知识分子政策，给"文革"前及"文革"期间因政治经历、社会关系、出身等受冤假错案迫害的中小学教师平反改正，让他们重返教坛或办理退休。后来，又依托嘉应学院、嘉应教师进修学院和各县区师范学校、教师进修学校开展学历培训和中小学校长培训，同时实施拔尖人才"百千万工程"。与此同时，还大力实施中小学教师继续教育工程，鼓励教师通过函授、自学考试、脱产学习等形式获得相应学历，教师队伍不断发展壮大，素质进一步提升，学历水平明显提高，职称结构渐趋合理。

近年来，为了进一步吸引优秀人才加入教师队伍，梅州市又积极实施高素质人才引进工程，组织到陕西师范大学、东北师范大学等教育部直属重点师范院校招聘优秀毕业生。近年来，共招聘120多名硕士和一大批"211工程"大学优秀本科毕业生到梅州山区任教。与此同时，梅州大力实施待遇留人工程，财政每年拨出专款发放教师岗位补贴，率先基本实现"两相当"，即教师待遇与当地公务员待遇相当、农村教师待遇与城镇教师待遇相当。

近年来，梅州市积极实施名师工程，广泛开展"嘉应名师""寻找梅州最美教师""叶剑英基金优秀教师"等评选表彰活动，在立标杆、树典型方面取得明显成效。通过"代转公"考试、转岗录用和辞退补偿等方式全面解决了代课教师问题。通过多管齐下的方式，梅州市的教师队伍素质得到进一步提高，有效地适应了教育的快速发展，对培养一批又一批高素质人才起到了较大的作用。

二、梅州教育改革发展的展望

（一）继续重视教育的战略性地位，优先发展教育

"百年大计，教育为本。"当今世界，知识成为提高综合国力和国际竞争力的决定性因素，人力资源成为推动经济社会发展的战略性资源，人才培养与储备成为各国甚至各个地区在竞争与合作中占据制高点的重要手段。因此，地方政府应该有这种意识和眼光，除了搞好招商引资工作外，更要高度重视教育的发展，把教育放在经济社会发展的最重要位置。党的十九大报告明确提出，要把教育放在优先发展位置。对区域位置不佳的梅州市来说，更应高度重视教育的发展，以高素质的人才来支撑经济发展，以弥补区域位置的劣势。今后，梅州市各级党委和政府要把推动教育事业优先发展作为维护人民利益和促进地区发展的重大战略

任务,健全领导体制和决策机制,及时研究解决教育改革发展的重大问题和群众关心的热点难点问题。落实政府发展教育的主体责任,完善地方党政领导落实教育优先发展的考核评价机制,强化考核督导结果的运用。各部门要切实履行职责,积极主动支持教育改革和发展。

(二) 进一步改革创新,确保如期实现教育现代化的目标

坚持以创建广东省推进教育现代化先进市为总抓手,更新教育理念,优化体制环境,加强制度建设,强化全域统筹,加大经费投入,进一步巩固提升教育强市和全国义务教育发展基本均衡县的创建成果,全面推进教育现代化先进市建设工程。以《广东省推进教育现代化先进市督导验收方案》和《梅州市争创"广东省推进教育现代化先进市"工作实施方案》为依据,加强组织领导,落实责任,分解任务,建立健全创建工作责任目标的倒逼机制,坚持问题导向,重点抓好师资队伍素质提升工程、学前教育和义务教育提质工程、高中阶段教育优化工程、教育信息化水平建设工程、教育质量水平提升工程和教育内涵特色建设六大工程的落实,努力办好高水平的现代化教育。力争到2018年年底,全市80%的县(市、区)成为"广东省推进教育现代化先进县(市、区)",成功创建"广东省推进教育现代化先进市";到2020年,实现广东省推进教育现代化先进县(市、区)全覆盖。

(三) 坚持立德树人,促进学生全面发展

1. 全面加强和改进德育工作

落实立德树人的根本任务,充分挖掘全市苏区县的红色资源优势,结合市情、校情和青少年学生实际,通过抓阵地、抓载体、抓活动等各种措施,将中华民族优秀传统文化、客家优秀传统文化进校园活动推向纵深,把培育和践行社会主义核心价值观融入学校教育的全过程。以创建全国文明城市为契机,更加注重以文化人、以文育人,广泛开展"文明校园"创建以及形式多样、健康向上、格调高雅的校园文化活动。统筹推进青少年校外活动场所师资、课程、设施等建设,改善活动场所育人条件。着力实施网络德育能力建设行动计划,构建多样化德育网络共同体,加快实现学校德育治理体系现代化。

2. 坚持走素质教育和特色内涵发展之路

在扩大中小学校数量的同时,要全面推进素质教育,各地各校要把实施素质教育、推动特色发展作为当前深化教育改革的重要抓手,科学谋划、统筹兼顾、建章立制,打通小学到高中的素质教育通道,把素质教育和特色发展真正落到实处,形成各地各校多彩的办学特色,促进学生个性化多样化发展,培养出更多德慧术智、明体达用的学生,全面提高人才培养质量,让客家文化得到更好的传承

发展，提升"文化之乡"美誉度。深入实施《梅州市中小学素质教育工作实施方案》，坚持以音体美、国学、校园足球、客家山歌、广东汉剧、版画、工艺美术等为抓手，全面实施素质教育，既有共性、又有特色，做到"一校一品牌、校校有特色"。加大音体美专任教师的引进培训力度，不断提高其业务素养。

3. 坚持以提升质量为目标，建立优质均衡的梅州教育体系

构建政府主导、社会参与、公办民办并举的公益普惠性的优质均衡学前教育服务体系。统筹城乡义务教育一体化发展。制定出台《梅州市关于统筹推进城乡义务教育一体化发展的实施意见》，统筹城乡义务教育发展，建立健全"以县为主"的义务教育发展责任制，落实义务教育经费保障机制，促进义务教育整体水平的提升。贯彻落实《广东省义务教育现代化学校建设指引（试行）》要求，加快推进义务教育现代化学校建设，巩固义务教育基本均衡县建设成果，全面改善义务教育薄弱学校办学条件。推进义务教育课堂教学和课程改革，提高义务教育学校办学质量和水平。义务教育严格实行免试就近入学，严禁小学升初中考试。充分发挥优质教育资源的辐射带动作用，促进优质教育资源的共享，进一步提高义务教育办学质量。关注学生发展，建立学习困难学生的帮扶机制，做好异地务工人员随迁子女接受义务教育工作，进一步完善保障其子女的就学权利。

4. 完善高中阶段教育招生工作机制和高中阶段教育普及水平监测机制

优化学校布局结构，保持普通高中和中职教育规模大体相当，高中阶段教育毛入学率稳定在95%以上。实施普通高中特色发展计划，鼓励引导高中学校结合自身校情实际，开展特色发展实践，建设具有本土特色的普通高中课程结构、课程内容、课程实施和质量评价体系，大力推广学校的办学特色和阶段成果，带动全市高中学校探索创建符合本校实际的办学特色，实现优质多样特色发展。

5. 加快发展特殊教育

积极落实广东省特殊教育提升计划及后续行动。积极发展残疾儿童学前教育，大力发展以职业教育为主的残疾人高中阶段教育，加快发展残疾人高等教育。适时调整义务教育阶段残疾学生生均公用经费标准、高中阶段残疾学生免费补助标准和残疾学生资助水平。加强特殊教育基础能力建设，大力推进标准化特殊教育学校建设、残疾人中高等职业教育基地建设，加快学前特殊教育机构建设，完善残疾学生随班就读服务体系。认真实施国家特殊教育课程改革方案和课程标准，探索开展特殊教育课程改革；积极开展特殊教育教学模式、教学策略和方法改革，加强个别化教育，增强教育的针对性和有效性，提高特殊教育教学质量。

6. 办好高质量的高等教育

作为梅州唯一一所本科高校，地方政府应高度重视嘉应学院对地方经济社会发展的重要作用，想方设法全力支持嘉应学院的各方面发展，使其成为本地经济

发展的强大推动器。嘉应学院也应及时抓住时机，理清思路，注重内涵发展，为当地培养高素质的应用型人才。充分利用省市共建契机，进一步完善政府、学校和社会共建机制，为高校发展提供强大的外部支持。要充分发挥高校主动性，做好远景规划，进一步推动内涵建设，为地方培养高素质应用型人才。积极推进人事、教学、科研、资产、财务与后勤制度改革，有效兑现政策红利。要突出办学特色和优势，整合校内资源，优化学科设置，对接地方产业转型发展需求，提升学校服务地方创新驱动发展的能力。

第十八章　南海教育

佛山市南海区①地处广东省中部，珠江三角洲腹地，毗连广州，邻近香港、澳门。南海区面积1073平方公里，常住人口262万，其中户籍人口122万人，海外侨胞约40万人。南海历史悠久，名人荟萃，秦朝（公元前214年）设郡，隋朝（公元590年）置县，曾涌现出邹伯奇、陈启沅、康有为、黄飞鸿、詹天佑、何香凝、陈香梅等一大批杰出人物。其区域综合实力连续多年位居全国市辖区百强榜第二名。

南海现有幼儿园（含托儿所）374所，各级各类学校210所，全区中小学幼儿园在岗教职工2.4万余人，其中在编教师1.4万余人，在校（园）学生约44.8万人。全区7个镇（街道）100%是广东省教育强镇（街道），义务教育阶段学校100%为标准化学校，16所高中有10所为国家级示范性高中，5所中职学校100%为省重点中职学校，其中1所为国家级示范性中职学校。南海是广东省第一个教育强市（区），首批"广东省推进教育现代化先进区"，广东省首个教育综合改革示范区创建试点，也是全省唯一的"推进基础教育高水平均衡发展"国家教育体制改革试点单位，是全国"两基"工作先进单位、"全国中小学心理健康教育示范区"、"全国社区教育示范区"和广东省首批"全国义务教育发展基本均衡区"。

南海历届区委、区政府始终坚持把教育放在优先发展的战略地位，坚持"为学生的终身幸福奠基"的核心理念，以办好人民满意的教育为目标，以立德树人为根本任务，以促进教育公平、提高教育质量为核心，以"品质教育，学在南海"为战略方针，提升品质，培育品牌，全面推进教育综合改革，各级各类教育协调发展，构建了以"优质化、均衡化、个性化、信息化、国际化、法治化"为特征的教育大格局。

---

① 现佛山市南海区，曾为南海县、南海市等，为方便叙述，本书将其统一简称为"南海"。

区域教育改革发展编

第一节　南海教育改革发展的基本历程与主要特征

一、实行三级办学，普及九年义务教育（1978—1988年）

1978年，十一届三中全会召开，改革开放如春潮涌动，具有敢为人先、有为精神的南海人，高举教育改革创新的大旗，勇立潮头，争当先锋。

1983年，南海在全省率先实行分级办学，调动县、区（镇）、乡（村）三级办学的积极性，加快了对校舍建设和办学条件的改善工作。同时实行了多渠道筹资办学的方针，采取"国家投资一点、镇村自筹一点、群众负担一点、工矿企业支持一点、师生勤工俭学解决一点、华侨港澳同胞捐助一点"的方法筹措教育经费。

1985年，南海取消重点初中，实行高、初中脱钩，办独立高中，此举领先全国统一实施至少十年。

1986年，中共南海县委、县政府提出《贯彻〈中共中央关于教育体制改革的决定〉的意见》，进一步明确县、区（镇）、乡（村）三级办学的范围和责任。教育局提出改革学校管理体制，实行校长负责制和教师岗位责任制。除3所小学经过批准外，其余小学不再附设初中班。

1988年，南海在54所中小学试行校长负责制。县委、县政府对办学条件提出了校舍、师资、设备、场地"四合格"的要求，初中教育全面普及。

这一阶段，迎着改革开放的春风，南海锐意创新、敢为人先，启动教育改革，成效显著，九年义务教育全面普及，基础教育水平全面提升，教育事业发展迈向新征程。

二、大力"改薄"合并，基本普及高中阶段教育（1989—1998年）

1989年，取消高考预选，所有考生直接参加全国统一考试。1994年，镇（街道）高中改办为集普通高中和职业高中于一体的综合高中。1997年，广东省教育厅批准南海为全省首批"构建督导评估机制、推动实施素质教育"实验市（县、区），南海扩大了区直高中学生规模，设立了镇办高中全区招生班，推进了普通高中与职业高中分离，实行了区直高中与镇办高中"捆绑"办学，推进了国家级示范性普通高中的创建。1998年，南海区基本普及高中阶段教育。

1994年，在原有办学条件"四合格"的基础上制定学校管理"四达标"评估方案（德育工作、教学工作、体卫工作、校长管理）。但第二年开始，不再单独进行"四合格"和"四达标"的评估验收，而是把办学条件和管理水平的评估纳入等级学校的评估中。

到 1995 年，南海共有高中 19 所，职业学校 4 所，中等师范 1 所，初中 50 所，小学 286 所，幼儿园 279 所，在校中小学生 208783 人，成人大中专学生 7329 人，教师 13937 人，校舍建筑面积 144.41 万平方米，教育总投入 6.6 亿元，教育规模比 1980 年扩大了近 4 倍。

20 世纪 90 年代，南海通过开展普高与职高分离、"改薄"合并、调整学校布局、改革办学体制、全面发展各类教育、构建现代化大教育格局等多项改革，基本形成了基础教育、职业教育、成人教育配套、协调发展的教育体系，开始迈上教育优质均衡发展的大道。

三、以信息化促进现代化，成为首批广东省推进教育现代化先进区（1999—2008 年）

1999 年年底，南海启动了教育城域网建设工程，是全国率先建设教育城域网的地区之一。2001 年，在全国率先建成了教育城域网。2000 年，南海被确定为首批国家信息化试点城市和全国中小学信息技术教育实验区。南海教育的教学手段很大程度上已由粉笔转向了鼠标，由黑板转向了显示屏。同发达国家相比，南海教育的信息化程度也毫不逊色。

从 2001 年 1 月起，南海市财政投入"改薄"工程资金 1.4 亿多元，多种措施促使 500 人以下规模的学校撤并，同时，深化办学体制改革，创建了以提供优质学位为主的实验型民办学校 7 所，吸纳社会资金 4 亿多元；在区直高中进行扩容改革，通过学校后勤社会化等方式，吸纳了民间资金 1.2 亿元，5 所区直高中办学规模均扩充了 50%；2002 年，区政府与华南师范大学联办华南师范大学南海学院，占地面积逾千亩，总投资 6.3 亿元（含南海科技园），学生规模 5000 多人。2002 年，南海被广东省政府授予全省首批"教育强县（区）"称号。

2003 年，南海制定了《面向未来的南海教育创新行动纲要（2003—2007）》，推出了改革创新的七个重大举措：①观念引领教育，用新的思想指导新的实践；②体制激活教育，建设南海现代教育体系和学习型社会；③科研提升教育，培养现代南海人；④技术改造教育，以信息化带动南海教育现代化；⑤队伍稳固教育，确保南海教育规模和质量的协调发展；⑥投入支撑教育，实现南海教育需求和供给的良性循环；⑦法治保障教育，建立南海教育发展的新秩序。南海教育创新行动，铸造了南海教育现代化进程中一系列的特色品牌。

2004 年，南海制定了《南海区知识产权教育工作方案》。同年 9 月开始实施普通高中新课程实验。2005 年，全区所有镇（街道）都成为广东省教育强镇。此后，南海相继出台了《佛山市南海区教育事业发展"十一五"规划》《南海区委、区政府关于加快推进教育现代化的决定》和《南海区教育发展与创新行动计划（2008—2012 年）》等纲领性文件，发挥南海经济实力强、城镇化水平高、教育信息化领先的区域优势，"高一层，先一步"，建立符合现代教育思想、国内领先、面向未来的教育体系。

2007 年，全面实施"名师工程"。2008 年，启动了高中教育管理体制改革，将镇办高中划归区一级统一管理。

教育信息化是促进教育现代化的重要抓手。这一阶段，南海瞄准世界知识经济和信息化发展浪潮，以信息化为突破口，全面推动教育现代化建设，取得了显著成效。南海教育信息化经历了基础建设、基本普及和深入应用等阶段，坚持以应用促建设、以创新促发展、以整合促效益，成为推进教育现代化的强大推动力。一系列教育规划和高中体制改革等举措，奠定了南海教育全面迈向现代化的基础。

四、建设"品质教育"，加快推进教育现代化（2009—2018 年）

2009 年，南海区成为首批"广东省推进教育现代化先进区"。2010 年，南海成为全国首个教育国际化实验区；同年 7 月，成为首个"广东省教育综合改革示范区"创建试点单位；11 月，成为"推进基础教育高水平均衡发展"国家教育体制改革试点单位；当月，南海区政府与华南师范大学举行了合作共建签约仪式，建立了"省教育厅＋华南师范大学＋南海区"的联合工作机制，共同推进了国家教育体制改革试点工作。

2011 年，区政府逐步将区级财政资金竞争性分配引入到公共民生领域，全面创建"特色学校"。将财政资金竞争性分配引进教育领域属于全省首创。

2012 年成为全国"两基"工作先进单位、广东省唯一的"全国中小学心理健康教育示范区"。4 月，颁布了《关于加强教育国际化工作管理的实施意见》，从制度层面上对全区国际教育交流与合作项目进行规范与管理。

2013 年，印发了《南海区改革中小学生学业质量监测，推行教育质量绿色评价的指导意见》，逐步形成了区、镇（街道）、学校联动的监测机制。

2014 年，南海成为广东省首批"全国义务教育发展基本均衡区"、广东省社区教育实验区，并完善了《南海区义务教育阶段学生发展性评价方案》，正式实施了《南海教育发展状态公布制度》。

2015 年 9 月，加入了"中国基础教育质量监测协同创新中心区域监测联盟"。

2016 年 4 月，南海区召开了"品质教育"工作推进会，出台了《关于印发佛山市南海区深化教育综合改革工作方案（2016—2020 年）的通知》（南府办〔2016〕20 号），并与北京师范大学签署了合作协议。同时颁布了"1＋5＋N"深化教育综合改革一揽子工作方案，以"品质教育，学在南海"为品牌，以"提高师生品质，铸造学校品牌，提升区域品位，提升善治品质"为内涵，全面提升教育现代化水平。同年8月，召开了首届"南商教育基金"奖教奖学大会，由南商教育发展促进会募集了近8000万元南商教育基金，用于奖励优秀教育工作者和优秀学生，成为全社会尊师重教、全面贯彻落实创新发展战略的标志性事件。同年，南海被评为"全国社区教育示范区"。

2017年，南海出台了《佛山市南海区教育事业发展"十三五"规划》（南府办函〔2017〕131号）。2018年，出台了《佛山市南海区品牌教育创新行动计划》（南办发〔2018〕9号），提出成就"有为党建""优质学位""教育善治""大城名校""在城良师""大城英才""正心立德""课堂革命""身心健美""智慧教育"十大教育品牌。

这一时期，随着社会经济发展进入新常态，南海教育事业的发展也进入了新常态。新常态下的南海教育以提升教育品质为核心，打造"品质教育、学在南海"品牌，教育发展从推动规模到提升内涵转变，教育改革从单项进行向全面深化转变。教育现代化进程进一步加速，多样、共生、规范、开放的教育生态系统基本形成，南海区域教育呈现出丰富多彩、充满活力的局面。

第二节　南海教育改革发展的重大事件与典型案例

一、激活办学机制：做学校就是做功德

在南海民间流传这么一种观念：做学校做教育就是做功德。因此，南海社会各界热心支持教育事业的做法向来受外界称道，集聚全社会力量办学是南海在办学机制方面的鲜明特点。正是有了这些源头活水，南海教育才得以在短时间内积蓄了腾飞的力量。

（一）分级办学实施早、效果好

1983年年底，南海县委、县政府召开全县教育工作会议，做出了《关于加速我县教育事业发展的决定》，在省内率先实行县、区（镇）、乡（村）三级办学体制。1985年5月，根据《中共中央关于教育体制改革的决定》提出的"基础教育由地方负责，分级管理"指示，中共南海县委、县政府发出《贯彻〈中共中央关于教育体制改革的决定〉的意见》，提出"改革教育管理体制，实行三级办学负责制"等改革决定，进一步明确县、区（镇）、乡（村）三级办学的范围和责任，县负责普通高中、职业高中，区（镇）负责初级中学及其附设职业高中；乡（村）负责小学及九年一贯制学校。学校正常经费、民办教师的福利待遇、教师的招聘和培训、设备购置等，均实行三级负责制。

"分级办学、分级管理"的办学体制，加快了校舍改造和新建、改建学校步伐，为南海县在省内率先普及各阶段教育奠定了坚实的基础。南海县在 1982 年普及小学教育后，在 1988 年和 1998 年分别普及了初中教育、高中教育。各级教育投入大幅增加，南海县 1984 年的教育投入中，县（镇）级政府拨款 215.03 万元，乡（村）拨款 340.96 万元；到 1998 年，镇（街道）财政拨款 6108 万元，村拨款 15179 万元。

（二）民办教育规模大、质量优

社会力量参与办学，是三级办学的补充和发展。南海最初主要是私人开办幼儿园，1985 年，有 19 所私人开办的幼儿园，其后幼儿园的办学一直以民办为主。1993 年 9 月，旅港同胞创办了侨立小学。1994 年，香港办学团体授权智洋教育投资有限公司创办南光中英文学校。1999 年 9 月，南海提出开展"民办公助""公办民助""公民联合"的试验。2002 年，初步形成"以民办为主的学前教育，以公办为主的九年义务教育，以优质教育为主的公办与民办协调发展的高中阶段教育"基础教育模式。当时，民办中小学有 10 所，在民办学校就读的学生有 9000 多人。

2002 年后，南海深入推进办学体制改革，在财政、资源、管理等方面积极扶持民办教育发展，构建了公办学校与民办学校和谐发展的格局。2003 年，《民办教育促进法》颁布实施后，又有一些公司、个人分别投资举办实验类、外语类和工科类的民办学校，进一步形成了"政府办学为主体、社会各界共同办学"的格局。

21 世纪初，南海开始着手推进集团式办学，以公办名校为龙头，组建了石门中学教育集团、南海中学教育集团、桂城中学教育集团和南海区职业教育集团，发展了 7 所民办优质名校、1 所公办优质名校，组建了南海机关幼儿园教育集团等 18 个幼教集团。近年来，南海区积极探索公办和民办学校共建、联办、合作等有效途径，吸引了华南师范大学附属中学、广东实验中学、执信中学等省内名校在区内创办民办优质学校。

（三）高中管理改革设计好、步子稳

2008 年，南海启动了高中教育管理体制改革，将镇办高中统一划归区级管理。区财政每年投入 1.5 亿元，统一公用经费标准和教师待遇；统筹全区招生工作；每年投入 4000 万元专项资金用于原镇办高中硬件改善；将部分普通高中转型或整合为中职学校。普通高中从 21 所减少为 15 所，中职学校由原来的 3 所上升为 10 所，使全区普职在校生比例由原来的 7∶3 调整为 5.8∶4.2，更好地适应了南海社会经济发展对人才结构的需求。

南海还对全区高中教育资源的配置和管理进行整体设计和全面统筹，通过组团融合，推进高中校际均衡：组建"新老高中阶段学校互助共同体"，实行组团管理，建立互助共同体党委，从原区直学校选派中层干部担任新区直学校校长，从原区直高中抽调骨干教师到新区直学校任教，实现先进办学理念、管理经验、教育资源共享。借助行业、商会、企业等社会力量，推动学校与政府、学校与企业、学校与行业、政府与行业等的合作，实行职业教育集团化办学：职教集团的各个成员学校，借助集团内部的资源平台，建立了"前厂（店）后校""校中厂（企）""厂（企）中校"等校企合作的新模式。

【案例1】大沥镇推进"公民办管理一体化"

大沥镇以南海区"推进基础教育高水平均衡发展"试点为契机，先行先试，勇于探索，推进"公民办教育一体化"长效管理机制，创新民办教育管理模式。

一、政策扶持，促进民办教育健康发展

大沥镇扶持民办教育的政策主要有：指引和鼓励外来务工人员子女入读民办学校，为民办学校的招生拓宽空间；落实民办学校与公办学校各方面同等待遇；设立专项资金，对为民办教育事业做出贡献的集体和个人按规定给予表彰和奖励；表彰规范化学校，加快民办学校硬件和软件建设。

二、创新机制，构建民办教育发展共同体

一是制定了《大沥镇民办学校管理方案》，狠抓管理规范。二是成立民办学校工作领导小组，构建"民办教育发展共同体"。三是实施公办、民办一体化教师管理、培养和发展策略，规范民办学校教师的招聘制度以及课程设置、师资配备、教研活动的开展等，加强教师学历、教师资格和教职工队伍建设达标情况的监督。四是组建"民办学校学科中心教研组"，打造具有标杆作用的民办学校。

三、长效管理，实施公民办学校"结对帮扶"工程

落实"公民办教育一体化"长效管理机制，通过公民办学校结对形成帮扶型共同体，提升民办学校的整体办学水平。

理念引领：充分发挥结对公办学校在先进办学理念方面的积极作用，引导民办学校走特色办学的路子，形成民办学校自己的特色品牌。

管理渗透：公办学校对受帮扶学校开展调研分析，帮助其制定合理的发展规划，完善管理制度，健全评价机制，促使其提高管理水平。

教师牵手：优质公办学校派出骨干教师、优秀教师到民办学校支教、送教、走校，开展面对面指导、集体备课、互动评课等，民办学校组织教师到优质公办学校参加公开课、观摩课、学术论坛等教研活动。

学生互动：结对共建学校为学生搭建一个交流学习、增进友谊的平台，通过

双方共同参加的活动引导学生互相了解、互相学习、互相激励、共同成长。

资源共享：鼓励公办学校的优质资源向民办学校全面开放，展示优质公办学校在学校制度建设、校园文化建设等方面的成功经验和做法，通过优质教学资源的分享，全面提升民办学校管理、教育和教学水平。

【案例2】里水镇以新建扩建学校加快城市化进程

近几年来，依托广佛同城的优势，里水镇大量楼盘拔地而起，外来流动人口越来越多，学位需求不断增加。随着"二孩政策""入户政策"的放宽、教育品牌的提升，未来几年里水镇学位需求将更大，对教育品质的要求也会更高。为此，里水镇党委、政府对教育进行了重新定位：一是把教育作为首要民生工程来抓，办人民满意的教育。二是把教育作为产城人文融合的领头羊，通过不断优化学校规划布局，提升区域价值。三是把教育作为优质资源集聚的平台，用教育集聚优秀人才、吸引外商投资、优化城市景观、提高社会效益。根据《教育创新三年行动计划》硬件、软件一起抓的规划，各校纷纷乘硬件提升之机，按照"优质＋特色＋品牌"的发展思路，实现了"扩学位＋扩内涵"的目标。

一、政企合作办学，开启楼盘配建先河

2016年开学的绿欣小学是佛山市第一所由楼盘配建、无偿移交政府办学的公办小学。学校由开发商负责投入6400万元进行基建，政府投入1000万元进行场室装修和教学设备配置。学校从硬件到内涵都按照高起点规划、高标准建设、高水平打造。这种办学模式体现了"土地收入让利、教育资源得利"，能在优质地段直接解决学位紧缺问题，同时优质教育资源反哺城市区域价值的提升，可谓一举多得。2017年开学的展旗学校、同声小学是这一模式的成功复制。

二、盘活闲置资源，成就旧校改造典范

为解决学位紧缺问题，2015年，里水镇盘活了原和顺高中旧校区，政府投入了大约2000万元，把原来和顺高中旧校区改造为现在的金溪小学，有效地扩充了和顺片区公办小学学位。

三、挖掘内在潜力，树立扩容改建标杆

里水镇投入1亿元对里水中学进行全面扩容改建，在建筑形态设计上充分彰显岭南水乡的建筑风格，成为"梦里水乡"一河三岸城市升级的模范项目。里水镇还投入了5000万元分别在里水小学、和顺二中各新建了一栋综合楼，在旗峰中学新建了一栋学生宿舍楼。通过改建扩建，共增加学位3300个，同时也大大提升了学校的颜值，使校园建筑成为城市升级一景。

通过提前储备学位，保证政策性借读、积分制入学学位的供给，给广大随迁子女提供公办学校优质学位，更好地吸引和集聚了更多的优质人才落户里水，为里水的城市发展奠定了坚实的基础。

二、优化师资队伍：来了就是南海人

改革开放40年，南海教育从落后到崛起凭借的是天时、地利、人和等综合因素。"天时"是指抓住了国家改革开放的大好时机，"地利"指的是南海正好处在改革前沿的珠三角地区，"人和"指的就是南海几代教育人不懈的共同奋斗。

（一）建立优秀人才从教机制

在师资队伍建设方面，南海一直传承海纳百川的精神，坚持广纳人才，无论在待遇上还是在培训上，对外地人没有歧视只有照顾，来了就是南海人。目前，南海在编教师中，南海籍贯约占40%，其余约60%的教师来自全国各地。南海早在1996年就开始探索名师培养机制，2004年开始启动"名师工程"，2007年全面实施"名师工程"，确定"内提外引、塔形双峰、持续发展"的思路，对内提升本区教师、校长素质，向外引进高层次优秀人才，以事业发展激发教师的内驱力，以优厚待遇激发教师的外动力。

在构建"塔形双峰"人才成长模式的过程中，南海为优秀教师的成长提供可选择的道路，以拔尖创新人才拉动南海教师队伍尤其是优秀教师队伍的快速成长。同时，通过卓越教师培养项目、名师工作室、名师示范周、送教支教、义务辅导等方式，促进教师在理论水平和区域影响力的跨越式提升，带动教师队伍的整体提升。

目前，南海拥有教育部"万人计划"教学名师1人，享受国务院政府特殊津贴1人，教育部中小学卓越校长领航班工作室主持人1人，省"特支计划"教学名师2人、特级教师16人、正高级教师11人，省新一轮基础教育系统"百千万"人才培养对象15人，省级名校长、名师和名班主任工作室11个，市名班主任工作室7个，区名校长、名师、名班主任工作室20个，市创新领军人才3人，市高技能创新人才3人，区高技能人才3人，区级以上高层次人才29人，市级各类名师169人，区级各类名师783人。

（二）实施研训一体化

多年来，南海一方面坚持广纳人才、实现教师队伍的更新换代，另一方面坚持对教师实施岗后培训，实现教师素养的持续提升。早在20世纪90年代，南海就开始实施研训一体化，市教育局通过引入"目标教学"等研究项目，带领全市教师走进教育科研的殿堂，在研究中开展培训。21世纪初，南海积极探索校本教研的途径和方法，成为全国84个"创建校本教研制度建设基地"之一。

近年来，南海从点、线、面全方位推进教师行动研究，形成了浓厚的教育科研氛围，促进了教师的专业发展。点上的推进，主要是通过名师的研究引领来实现。线上的推进，主要是通过学科课题的教学研究实现引领。区教研员通过主持课题，引领教师开展学科层面的研究，在区级引领下，学校科组也如火如荼地开展着彰显学科特性的研究。面上的推进，主要是通过大力开展小课题研究，从而推动校本教研的蓬勃发展。从2009年开始，南海开展了旨在解决教育教学实际问题的小课题研究，小课题的选择紧密结合教育教学实际，具有"针对性强、切入口小、研究周期短"的特点，有效地解决了来自一线教师的教育教学小难题。

南海一直重视激发教师的专业发展意识，指导教师按个人成长需要和受聘岗位职责任务要求，拟订聘期目标和个人专业发展规划。加强师德师风建设，激发教师发展事业的内驱力，开展表彰先进、优秀教师巡回报告、师德征文、师德教育实践基地建设等形式的师德教育活动。促进教师、校长专业发展，创新教师培训形式，建立区、镇、校三级联动机制，借助"国培""省培"项目和培训基地培养骨干教师，通过开展任职资格、高级研修、论坛沙龙、跟岗学习、校本培训、远程培训、教材教法、研训结合等培训形式，确保全面覆盖，突出特色培训和分层培训。形成"理论—思考—实践"的深度加工、螺旋上升的立体培养模式，建立了"培训后"效果跟踪机制，促进教师专业发展。深入推进校长教师交流轮岗工作，按照"以人为本、相对稳定、刚柔兼顾、公开规范"的原则，促进区域教师资源均衡配置。

（三）提升教育管理队伍水平

2010年，为适应大部制改革，南海设置镇（街道）教育局，提升教育管理队伍的执行力和服务力。建立起符合教育特点的中小学校长选拔任用机制和监督管理机制，实施校长队伍的激励、退出、竞争上岗和交流机制，全面优化校长和教育管理人才队伍。2016年完成了中小学校长换届工作，通过公开选拔、竞争上岗产生了400多名正副校长，校长提拔、交流比例达到40%。以学校后勤社会化和专业化提升教辅后勤队伍的服务水平。发展壮大教育公益队伍，形成了家长、义工和社会各界人士自发参与、支持教育发展的良好教育生态。

三、完善成才模式：为学生的终身幸福奠基

培养具有社会责任感、创新精神和实践能力的现代南海人，是南海人才培养的目标。尊重学生的个性发展，探索"轻负高效"的人才培养模式，为学生的终身幸福奠基，是历代南海教育人孜孜不倦地追求的目标。

（一）牢固树立"立德树人"理念

长期以来，南海牢固树立"立德树人"理念，始终把"提高学生思想道德素质"放在首位。基本确立富有区域特色的"生活德育、生态德育、智慧德育、终身德育"工作理念；不断推进德育常规制度化、德育活动系列化、班主任工作专业化、德育难题科研化、德育载体创新化，围绕教师和学生主体，打造共同育人的"五化"德育工作新格局。培养"有底气、接地气、有名气、成大气"的中小学德育队伍，承办了"全国中学班主任主题班会现场展示和评选活动"和"第五届广东省班主任能力大赛"，囊括了历届省班主任能力大赛的综合成绩最高奖项 17 人次和 45 项单项第一名，涌现了百余名全国、省市"名班主任"；实施现代德育创新改革项目，打造了众多德育项目品牌，先后获得全国百篇优秀德育活动案例、广东省德育成果创新一等奖、首个"全国规范性家长学校实验区"。《人民教育》采访组先后三次走入南海，以长篇通讯形式报道南海德育工作。

2005 年 7 月，南海区委、区政府召开了全区加强和改进未成年人思想道德建设工作会议，把加强和改进未成年人思想道德建设工作纳入党委、政府工作的总体布局。2005 年 12 月，南海成立了全国首个区级"中小学班主任工作指导中心"，在全国率先全面启动中小学班主任培训工程，建立行政驱动的班主任培训长效机制。2007 年 11 月，全国青少年廉洁教育工作交流会在南海举行；2016 年 4 月，广东省学校家庭教育工作推进会在南海召开。

（二）持续开展课程教学改革

南海一直坚持有理论支撑的课程教学实践形态变革，坚持理论与实践交互生成，坚持以促进师生在学校的生存方式变革为深层目标，持续推进课程与教学变革。1996—2004 年，南海全面推进目标教学研究，经历了介绍引进、学习借鉴、发展创新、构建体系和彰显成绩等几个主要阶段。2002 年，全国目标教学研究研讨会在南海体育馆举行。

2013 年至今，南海开展"高效课堂创建与评估活动"，先后研制了《高效课堂评价标准》《高效课堂示范学校评价标准》《高效课堂先进学校评价标准》和《中小学高效课堂创建操作评估手册》，逐步形成了南海独具特色的教学改革模式，2018 年，广东高等教育出版社出版了《南海高效课堂十大教学模式》一书，产生了良好影响。

2016 年 9 月，以立德树人为导向，以培养学生关键能力和核心素养为目标，出台《南海区基础教育课程改革实施意见》、打造"南海区课程监测管理平台"和"学生自主选课平台"，合力构建南海校本课程"大超市"。2017 年 11 月，与华东师范大学"生命·实践"教育学研究院合作,推进"新基础教育"实验研究。2017年1月,启动深度教研,以蹲点教研和学科直联为抓手,推进贴地式、浸泡式、常温式"深度教研",深耕课堂、培养学生深度学习力,构建基于新基础教育理念的教研新文化,持续推进课程教学改革深度转型发展。

(三) 重视学生身心健康

南海坚持确保学生每天1小时体育活动时间,形成各具特色的"大课间"体育项目,如"龙狮武术""咏春拳""太极拳"等,开展阳光体育,成果丰硕。大力推进校园足球、篮球特色学校建设,全区有校园足球特色学校43所和校园篮球特色学校5所。南海是首批"广东省学生艺术素质测评实验区",学校健康教育成绩斐然。100%的学校配备了专兼职心理健康教育教师,全区中小学教师已参加广东省中小学心理健康教育C级培训,有2732名教师获得B级证书,528名教师获得A级证书。

多年来,南海形成了行政推动和专家指导的中小学心理健康教育的模式,2009年7月,全国中小学心理健康教育工作现场会在南海召开。2012年,南海成为广东省唯一的全国首批中小学心理健康教育示范区。2013年,南海与华南师范大学心理学院合作,建立广东省大学生学校心理健康教育人才培养基地。截至2016年,共有6所学校被评为广东省中小学心理健康教育特色学校,其中九江中学为"全国中小学心理健康教育特色学校"。2017年,《让健康为学生的终身幸福奠基》被教育部评为"全国中小学德育工作优秀案例"。2017年12月,在第五届中国学生营养改善研讨会上,南海做了"全面深入开展营养健康教育,为学生健康成长奠基"的经验介绍发言。2015年,全区中小学校食堂100%建成"阳光厨房",有广东省示范食堂23所,取得广东省餐饮服务食品安全A级的单位达到47%,全省领先。

(四) 坚持科研引领发展

从20世纪末开始,南海不少学校和教师着手参与课题研究。从"十五"开始,南海配备专人负责科研工作,镇(街)教研室配备教育科研专干,学校教研处增加科研职能,区、镇、校三级通力合作;设立区级教育科研专家库,形成一支覆盖各学科、各领域的强大的科研队伍;制定了《南海区教育科学研究管理办法》及有关一系列的细则,内容涵盖课题的立项、开题、中期检查、结题鉴定、评奖评优等方面。从2003年开始,南海开展了两年一届的教育科学研究成果奖评选活动,每年组织教育科研先进个人评选活动,先进科组、职称评定、名师评选等评比活动均要求有教育科研成果,从外部激励机制上进一步强化教师对教育科研的坚持。2006年,南海创全省先河,首办"教科研周"活动,受到省教研室的高度评价。自此,南海形成了两年举办一届科研周活动的常规机制。

"十五"期间,南海独立承担广东省教育科学规划课题仅9项;"十一五"期间,南海承担了广东省教育科学"十一五"规划研究项目37项、广东省中小学教学研究"十一五"规划立项课题7项、全国教育科学规划课题5项。"十二五"期间,南海中小学共获省级批准立项课题190项,其中,广东省教育科学规划课题共108项,重点项目13项,获省级资助60.5万元;广东省教育教学研究课题共82项,重点项目4项。"十三五"以来,南海已承担广东省教育科学规划课题18项,其中重点项目4项,获省市两级资助51.5万元。2014年,编制并出版了《中小学教育科研的N个问题》。2014年,九江镇中学的科技教育项目和狮城中学的生命教育项目分别获国家基础教育课程教学改革成果奖二等奖。多年来,南海教育逐渐沉淀出务实、严谨、创新的科研文化。

(五)形成家校社教育合力

南海区向来关注家校社协同教育,积极推出多项措施,大力推进"接地气"的家庭教育研究和指导,促进家庭教育的科学化、立体化、信息化、基地化发展。2014年,成立南海家庭教育指导委员会和"好家长互助会",建立有效的家校协同指导通道。区教育局、区社工委、区妇联密切配合,全面推进家长学校建设,在全区范围内的中小学、幼儿园实现了家长学校全覆盖。2016年,全区有16所中小学(幼儿园)被评为"创建全国优秀家长学校实验基地",110所家长学校获得区级以上示范性家长学校。2016年,南海区被评为"国家社区教育示范区"。2014年,南海编撰并出版《家庭教育读本》(教育科学出版社)系列丛书,丛书共有4本,分为幼儿园、小学低年级、小学高年级、初中4个阶段分类指导家庭教育。

"一镇一品"社区教育特色品牌系列活动在南海各镇(街道)相继展开,各镇(街道)文化站、图书馆、镇社区学校、镇文化基地、各社区均参与其中。南海每年举行全民终身学习活动周,活动周系列活动"进村居、进企业、进园区、进行业",群众覆盖面广。2016年,南海荣获"全国社区教育示范区"称号,狮山镇和桂城街道获评"全国社区教育示范街道(乡镇)"。2017年,里水镇和大沥镇被评为"全国社区教育示范街道(乡镇)",南海广播电视大学荣获"全国优秀成人继续教育院校(培训机构)"称号。西樵镇成人文化技术学校编写的《樵山人文》被中国成人教育协会评为"全国优秀乡土课程",西樵镇成人文化技术学校荣获"全国农村成人(社区)教育乡土课程开发先进集体"称号。由里水镇成人文化技术学校申报的里水万顷洋百合花种植示范基地获评"全国农村成人教育(社区教育)特色品牌培训基地"。

【案例3】九江镇初级中学打造科技教育特色品牌

近10年来,九江镇初级中学坚持"科研兴校,特色强校"的办学策略,努力克服各种困难,有效地推动了学校的内涵建设和特色发展。

一、完善机构建设

学校设立了科研处,在校长领导下全面负责学校科学发展的规划方案制订和组织实施,努力提升科学管理品质;学校设立了科技处(由科研处主任兼任),制定并实施《九江镇中学科技教育发展规划》,努力创建科技教育特色学校。

二、健全管理制度

学校建立特色发展的评价和奖励制度,由科研处联合教学处对科技教育实施跟踪、监控、考核和评价。在学期的绩效考核奖励中,规定对学校特色发展有贡献的老师,进行专项奖励,鼓励教师做创新型、科研型和智慧型教师。

三、项目驱动发展

学校特色建设从点到面,从特色项目到精品项目,有序推进,滚动发展。经历了由生物学科技创新,到科技创新校本课程开发、绿色环保和头脑奥林匹克,再到现在的创客和知识产权的发展历程。具体情况如下:

2004—2007年,以生物学科教育改革为试点,进行"开展生物科技活动,提升学生科学素质"课题研究实践,获第六届广东省普通教育教学成果二等奖。

2006—2010年,全面开展科技创新,进行"《科技与创新》校本课程的开发和实施"课题研究实践,获第七届广东省普通教育教学成果一等奖。

2008—2011年,开展特色项目建设,进行"农村初中绿色行为的培养研究"和"中学头脑奥林匹克创新实践"课题研究实践,前一个项目获广东省中小学教育创新成果二等奖,后一个项目获第八届广东省普通教育教学成果二等奖。

2011—2016年,开展科技特色学校建设,进行"农村初中创建科技教育特色学校"课题研究实践,获第九届广东省普通教育教学成果二等奖。

2006年以后,进行知识产权教育和创客教育,学校先后获广东省中小学知识产权教育示范单位、全国中小学知识产权教育试点学校、全国青少年三维创意设计示范学校等称号。

现在学校围绕科技特色的建设开展教科研工作,以项目驱动为发展策略,拧紧项目的负责螺丝,形成的品牌项目有无线电、知识产权、小实验、信息技术、头脑奥林匹克、创意、创客、天文等。

四、创设文化氛围

学校注重科技特色的文化建设,努力创设良好的科技教育氛围。学校先后建成了科技大道、科技广场和科技生态园,出版了《九江镇中学科技报》校报和《科技与创新》校本教材,还利用校园电视台、墙报、广播站、校园网等宣传科技创新，营造浓厚的尊重知识、崇尚创新的校园文化氛围。

五、注重教育科研

学校注重开展课题研究，积极探索科技教育特色建设的新思路、新内容、新方法和新策略。注重校本研究，如举办教学沙龙，研讨科技教育教学问题；开展听课评课、举办讲座、学术讨论等活动，引导教师"探讨教育规律、研究教育方法、交流教育经验"；开展科研比赛，为教师创造锻炼和展示教育才华的舞台。

学校科研成果丰硕。近10年研发和出版的科技校本教材、专著和读本主要有：清华大学出版社出版的《青少年科技创新实践》、教育科学出版社出版的《科技与创新》。学校教育教学质量、特色发展受到社会各界的充分肯定和一致好评。近10年获省级以上荣誉超过10项，主要有全国教育系统先进集体、全国知识产权教育试点学校。学校科技教育成果在《中国教育报》《人民教育》等媒体报道，在中央电视台等电视台播出。学校荣获教育部首届基础教育教学成果二等奖、广东省普通教育教学成果一等奖和二等奖。学校科技作品获得国家专利72项，1项获日内瓦国际发明展金奖，1项获德国纽伦堡国际发明展金奖。学校5次参加世界头脑奥林匹克竞赛，4次获冠军，1次获亚军，并获得2个最佳创造力奖。

【案例4】石门中学建立基于小组合作学习的导师制育人模式

2011年，石门中学在"关注每一位学生，不让一位学生掉队"的工作目标指引下，率先在普通高中推行"基于小组合作学习的导师制"，简称"导师制"。"导师制"的实行，创新了学生自我管理途径，提高了教育教学工作效率，促进了师生的共同发展。

一、学习小组的建立

"学习小组"，即每个教学班根据实际情况按一定的规则将学生分为6~8个学习小组，每个学习小组6~8名同学。每个学习小组配一名导师。各班以师生双向选择的方式，确认导师承担的小组。各学习小组以基准成绩为起跑点，在各自导师的指导下开展小组学习竞赛活动。导师可以利用课余时间对自己负责的小组进行全方位的指导，不仅要关注学生的学业发展，还要进行生涯指导和心理指导。学校也鼓励导师开展形式多样的创造性的教育教学活动，如召开小组成绩分析会、举行小组家长会、开展小组竞赛活动和小组合作学习活动等。

二、基于学习小组的导师制运作

学习小组以促进小组总体成绩为主题，也涉及纪律、生活、体育、活动等内容，小组内成员相互约束、互相鼓励，才能比其他小组取得更优异的成绩。这种自我教育正是现代素质教育所追求的目标。

以学习小组为评价单位，促进了小组内部"比学赶帮超"学习氛围的形成，小组之间既相互学习又相互竞争。在小组内部，成员之间互相支持，共同提高，是协作；小组与小组之间，要互相比较谁的进步大，是竞争；最终的结果是全体学生整体学业水平的提升。

导师制明确了教师的责任及目标，也拉近了师生关系。由于小组人数较少，老师能更深入地了解学生，更充分地与学生互动、沟通，及时了解学生的性格、兴趣、动机、情感等非智力因素，针对每个小组成员的问题，制定个性化的培养策略，具体指导学生全面发展。

三、导师制的成效

高中教师如果非班主任，一般在德育管理方面比较薄弱，导师制实际上是让全体教师成为小组班主任，成为班级的德育管理者，不但在一定程度上减轻了班主任教师的压力和负担，而且拉近了科任教师与班级的距离，让全体教师真正回归既教书又育人的职业角色。"导师制"中导师在学识与师德等全方位的指导与激励，的确给学生以很强的前进动力。

七年来，石门中学不断对"导师制"工作进行创新和精细化，形成了"让每一位学生都有可倾诉的教师，让每一位教师都有要牵挂的学生"的和谐氛围。办学业绩也取得了显著提升，高考重点率逐年上升，从2011年的60%上升到2017年的93%，增幅达33个百分点。

四、推进教育信息化：抢占教育改革制高点

20世纪90年代，南海提出"以教育信息化抢占教育改革制高点"，自此，教育信息化成为南海教育改革与发展的突破口和推进教育现代化的强大推动力。改变了南海人传统的教学模式、教学方法，还悄然无声地改变着南海人的教育观念、教育思想。教育信息化成为南海教育改革的一张金灿灿的"名片"。

南海教育信息化一直走在全国前列。2000年，南海被确定为"全国中小学信息技术教育实验区"。2005年，南海区教育局荣获"全国教育信息化建设先进单位"。2009年，南海区获得"全国教育电子政务先进单位"。2010年，南海区成为全国首批"动漫教育实验基地"。2012年，成为全省首批"以教育信息化促进义务教育均衡实验区"，同年，南海教育信息网获得"全国教育门户网站县（区）五十佳"荣誉。2015年，南海荣获"全国首届区域教育信息化创新应用典范区域特别实践奖"，同年，教育部在南海召开"全国教育信息化工作现场会"，高度肯定了南海教育信息化的工作。

南海教育信息化有力地促进了南海教育现代化的发展，推动了教育体系的深层变革，探索出独具特色的教育信息化建设的道路。

（一）持续投入，不断提升区域教育信息化基础设施

1999年年底，南海启动了教育城域网建设工程，成为全国率先建设教育城域网的地区之一。开发了两个教育门户网站"南海教育信息"和"朝阳在线"，构建了一个全区师生共享的教育教学资源库群；依托城域网实现了全区教育教学的网络化；2002年，与电信部门紧密合作，实施了教育资源"家家通"工程，使南海每个接入城域网的家庭用户均可以免费使用优质教育资源，实现了区域教育资源的高度共享。

"十二五"期间，南海基本实现"三通两平台"建设目标。2012年，建设了南海教育云平台，进一步提升了信息化支撑能力。2015年，教育城域网宽带出口速率由2G提升到4G，中小学校100%实现城域网100M以上带宽接入，全区课室电教平台（终端）普及率近100%；推进无线网络全覆盖工程，建设首批100间基于WiFi未来课室，支持移动互联学习。

（二）多管齐下，构建区域优质均衡的数字教学资源供给体系

2000年，南海通过引进、购买、自建等方式初步建立了区域教育资源库。启动"南海图书馆、文化教育、医疗卫生系统资源共享工程"，形成南海区信息资源共享局面。

2005年，南海成为"国家基础教育（软件）资源库"县（区）级教育资源中心实验区，建成了分布式存储的南海教育资源服务体系，与省市数据库实现无缝对接，建立了符合新课程标准、具有南海特色的资源库群，总存量达18.6T，自主研发的资源达2.4万多件，教师日均访问区级资源库达1200多人次，资源课程化率达到70%；开发了南海中小学新课程资源库，形成了覆盖小学一年级至高中三年级所有学科教学模块的资源平台。

2013年，南海区教育局与中国电信南海区分公司合作，创建"南海教育朝阳视频网"。利用新媒体技术，构建了基于新媒体技术的微课程资源体系，为学生营造个性化学习环境，提供多样化的学习选择；构建开放教育体系，实现名师在线共享。

（三）服务驱动，建立数字化的教育综合治理与公共服务体系

2002年起，南海率先推进教育电子政务建设，163项常规管理业务全部网上运行，通过管理流程优化与再造，做到了统一数据标准和教育状态数据实时在线，实现了教育管理的规范化、高效化。陆续开发了多个信息化系统，如教育基础数据库、教育教学资源库、基于城域网的网上阅卷与成绩分析系统、教师继续教育管理系统等，这些系统积累了大量教育教学管理数据，构建了南海数字化教

育综合治理的体系。

南海初步形成了教育信息化公共服务体系，包括：建成教育信息服务门户，提供一站式教育信息服务；建设具有权威性、时效性、可获取性的教育数据环境；建设数据统一、功能全面、高效共享的教育信息公共服务平台。为教育管理者、老师、学生和家长提供全方位的教育信息服务。

（四）项目引领，促进信息技术与教育教学深度融合

21 世纪以来，南海实施多轮"教师全员信息技能培训计划"，信息技术能力考试成为南海教师继续教育的必考科目，教师信息素养不断提升。全面实施"中小学信息技术课程"，早在 2000 年就从小学三年级至高中二年级全面开设信息技术课程，并把信息技术学科纳入区统一考查科目。南海先后编写了两套具有区域特色和课改特色的信息技术教材，经广东省教材委员会审定，成为南海和广东部分市县的教材。

实施"南教云"项目。通过一个中心（即云计算中心）、三个平台（云基础平台、资源平台和管理服务平台）的建设，打造云计算环境下的区域教育教学云平台。

2013 年起，实施"教育大数据"工程，优化了包括教育资源、行政管理、教师发展、学生发展、幼教、职教在内的六大数据中心，有效支撑南海区信息技术与教育教学融合发展。2014 年，基于大数据的学生综合素质在线评价走进了学校、家庭。12 所试点小学向家长累计发送学生综合素质发展电子报告书达 10 多万份。2017 年，"南海教育云录播教学评价系统"和"南海区教师专业发展支撑平台"上线，标志着以大数据为支持的南海新教研体系的建立。

【案例 5】打造基于区域教育应用的南海教育云服务平台

根据"政府引导、统筹规划、多方参与、社会化运营、示范推进"的思路，南海区教育局与中国电信南海分公司于 2011 年 10 月签订合作协议，采用云计算技术，构建"统一、便捷、高效、安全"的教育云服务平台，促进资源配置与服务向集约化发展。其核心内容包括云基础平台、资源平台和管理服务平台。

一、建设南海教育云计算中心

南海教育信息中心大量引入云计算技术，通过教育云计算中心的建设，大量减少区内学校服务器硬件、软件的投入。中心面向各级学校提供服务器托管、应用托管、海量存储等服务，同时提供高速、安全、可控的互联网出口服务。

二、创建学习资源云服务平台

在南海现有教育教学资源系统的基础上，以发掘本地名校资源、名师资源和

服务于南海教师教学、学生自主学习为目标，打造全新的教育教学资源服务云平台，实现资源的区校互通、校校共享、人人共享，并与名师管理、继续教育、各类评比、教师评聘等平台实现数据共享。该平台对于南海区内数字教育资源的校校均衡、镇街间共享具有重要意义。

三、搭建教育管理服务云平台

经过10多年的发展，南海区已经形成了具有南海特色的一系列教育管理信息系统，服务于教育管理的各个领域。每个业务科室都有自己的业务平台，本项目通过系统和数据向教育云计算平台的迁移，实现现存系统的数据底层接口标准化、业务流程规范化、教育数据共享、统一用户认证登录。

五、坚持评价导向：高举素质教育的旗帜

有什么样的评价，就有什么样的教育。多年来，南海教育始终坚持素质教育的正确方向，建立完善各项评价机制，有力地引领全区教育科学、健康、可持续发展。

（一）建立督导评估制度

1981年，南海县教育局开展了全县学校"一无两有"（校校无危房、班班有教室、人人有课桌椅）检查和验收工作，开启了南海教育督导工作的始端。

1. 南海是全省等级学校评估的试验田

1988年，南海县委、县政府对学校进行了长达6年的校舍、师资、设备、场地"四合格"的学校办学条件评估验收工作。1995年，在"四合格"的基础上，增设德育、教学、体卫、教育理念等"四达标"的评估指标。1993年4月，广东省教育厅在南海召开了全省等级学校评估现场会，南海有6所学校成为首批广东省一级学校；至2008年，全区有省一级学校78所（占42%）、市一级学校52所（占28%）、区一级学校36所（占19%），等级学校总数166所（占89%），全区175所义务教育阶段学校（含民办）全部通过了规范化学校验收。到2017年年底，各类等级幼儿园占比达到83.05%，优质幼儿园占比达到30.75%。目前，全区100%的学校达到广东省标准化学校标准，97.13%的幼儿园成为广东省规范化幼儿园。全区16所普通高中，有10所成为国家级示范性高中。

2. 南海是区域教育优质均衡的先行者

一是开先河，建设广东省教育强市（镇）。1997年4月，广东省教育督导工作暨县（市、区）普通教育综合水平督导评估试点工作会议在南海市召开，会议把南海市和深圳市南山区作为评估教育强市（县、区）的试点。2002年，广东省政府授予南海市"广东省教育强市"称号，南海成为广东省首批"广东省

教育强市（区）"。2002 年，大沥镇率先成为广东省首批教育强镇。2005 年，全区 8 个镇（街道）全部通过验收，成为广东省教育强镇。二是争先进，创建"广东省推进教育现代化先进区"。教育督导工作促进了南海教育的发展，1988 年通过了全国基本实现九年义务教育验收；1998 年基本实现了普及高中阶段教育，2000 年通过了佛山市政府的普及高中阶段教育评估验收；2009 年广东省教育厅授予南海区"广东省推进教育现代化先进区"称号。三是促均衡，打造全国义务教育发展基本均衡区。一直以来，南海都把义务教育的均衡发展作为全区教育发展的重中之重，紧紧围绕"城乡一体高水平发展义务教育""为学生终身幸福奠基"的工作目标，以办好每一所学校作为政府的责任。2014 年，南海区成为广东省首批"全国义务教育发展基本均衡区"。四是强保障，争创全国中小学校责任督学挂牌督导创新区。2015 年，南海顺利通过"全国（省）中小学校责任督学挂牌督导创新区"广东省的督导验收。2017 年 12 月，顺利通过教育部教育督导局对南海全国中小学校责任督学挂牌督导创新区的验收。

（二）加强教育教学质量监测

1. 完善教学质量监测体系

2006 年，南海区开始建立全区教学质量监测体系，全面推进重在过程的学生发展性评价。建立了质量抽样监测制度，逐步建立了义务教育阶段和高中阶段各年级不同类型学校的学科质量监控数据常模。

2. 设立教育质量监测科

2012 年，在南海区教育发展研究中心设立教育质量监测科，与健康管理科等一起对学生学业成绩、作业量、在校时间、睡眠时间、身心健康、营养状况等方面进行动态监测，建立学生由小学至高中的数据常模，并选取部分数据向社会公告。

3. 探索义务教育阶段考试评价新方式

2013 年，以学校数量最多、学生规模最大的大沥镇为试点，全面取消统一测试，充分发挥学校的自主权，分片分层自定考试评价方案，尝试学业成绩等级制，引导学校、家长、社会树立新的教学质量观。

4. 推行学校教育质量绿色评价制度

2013 年 6 月，印发了《南海区改革中小学生学业质量监测，推行教育质量绿色评价的指导意见》，逐步构建区、镇（街道）、学校联动的监测机制，在全省首推"绿色评价"机制。将学生的学业成绩由原来单一的数据分析扩大到影响学生学业发展的学习环境、学习兴趣、学习态度、学习习惯等诸多因素，丰富学生综合素质评价的内涵，促进学生素质全面发展。

（三）实行教育发展状态公布制度

1. 出台制度，分步探索

2009年3月，出台了《南海教育发展状态公布制度》，分步实施，稳步推进，尝试构建实施机制、监测指标和评价办法。从学生发展、教师发展、学校发展、教育投入四个维度对各镇（街道）的教育发展状况进行动态评价，每年定期公布，优化教育发展导向，正确引导社会舆论，并为建立学生成长的跟踪机制奠定良好的基础。

2. 全面实施，加强合作

2013—2014年，全面实施教育发展状态公布制度，召开了全区教育发展状态公布会议，发布了全区和7个镇（街道）的教育发展状态报告，从学生发展、教师发展、学校发展、镇（街道）自主发展、教育投入五个维度进行动态评价，发现问题，出台改进措施。2015年，与中国基础教育质量监测协同创新中心合作，加入联盟并召开了"中国基础教育质量监测协同创新中心区域监测联盟南海论坛"，实施"基础教育质量监测与提升服务"项目。2014—2017年间，每年发布一系列教育发展状态报告，共计有区总报告4份、区专项报告4份、镇（街道）报告21份、项目实验学校报告33份，并生成了学生个人报告10380份。同时，征集了"教育质量提升案例"，设立了"教育质量监测与提升实验项目"。在大数据分析的基础上，逐步解决教育中存在的问题，实现决策能力科学化、执行能力高效化、调控能力统筹化、服务能力可视化，切实提升教育治理能力。

3. 完善机制，成效显著

南海区教育发展状态公布制度，提炼了"目标是提升、方式是合作、关键是落实"的工作理念，完善了"研训用评"一体化机制，形成了较完备的工作流程，建立了涵盖区、镇、校三级的教育质量监测队伍，可以承担监测工具的编制、报告的撰写和解读、数据分析和应用等工作。教育发展状态公布制度的实施，为区委区政府的教育决策提供了可靠依据，为镇（街道）和学校的可持续发展提供了科学指导，为教育发展的舆论环境提供了正确引导，成效显著。

【案例6】2017年大沥镇教育发展状态报告（简版）

2017年11月，南海区发布的教育发展状态数据共计三大类24个指标，其中有22个指标是与去年相同的。在相同的22个指标中，大沥镇得分较去年有明显上升的有11项，分别是测试科目、持续发展、学习状态、心理健康、学生考试压力、财务违规、学生满意度、家长满意度、教育装备配置水平、教育信息化应用水平、特色学校建设；得分较去年有明显下降的有3项，分别是健康素养、营养不良及近视眼新发病率、竞赛成绩。

一、大沥的亮点

1. 学业成绩名列前茅

从南海区教育局2016—2017学年度组织进行的五年级音乐，六年级科学、数学，七年级英语和八年级生物、美术监测得到的数据看，大沥表现优异。公民办学校得分位列全区首位，且都大幅超过南海区平均值。就测试科目在全区的水平看，六年级科学、七年级英语、八年级生物成绩均居于首位。

2. 学生可持续发展态势良好

南海区教育局依据当年初中生源学生在今年高考的一本输送率、二本输送率等计算得出综合评价数据，大沥表现优异。公民办学校得分为满分，以较大优势领先于其他镇街，公办学校得分位居第二；对比去年，公民办学校、公办学校均有可喜进步，尤其是公办学校，由低于南海区平均值到大幅超出南海区平均值。

3. 学生考试压力全区最轻

通过对大沥镇六、七、八年级的问卷调查得知，大沥镇学生感受到的考试压力在七个镇街中是最小的，而且对比去年，大沥镇的学生考试压力感在进一步减轻。

4. 学生体质健康标准测试数据优

从学生体质健康标准测试数据来看，大沥表现很不错，这意味着学校加强了对测试项目的练习，各项数据的合格率、优秀率均达标，同时说明大沥镇这些年来坚持大课间活动、坚决执行学生每天阳光体育1小时等措施收到了明显效果。

5. 特色学校创建南海领先

大沥镇有8个区特色学校创建项目、1个省竞争项目，试点项目数量多、质量优；在广东省特色学校创建方案评比中有6项获奖；近几年在省级刊物发表相关文章4篇，形成了一定的影响力；2017年6月，参加南海区第三届特色课程评选，全镇合计获奖40项。大沥镇近几年来持续推进学校课程体系建设和特色化发展，取得了显著成效，已初步形成一校一品的格局。

二、重要结论

综合以上五点，大沥镇的学校教学，不以增加学生课业负担、考试压力为手段，却可以取得学业成绩在南海名列前茅的结果，这充分说明，大沥镇所采取的一系列教学措施是科学合理的、行之有效的。这些措施包括：

（1）在管理层面，坚持规范办学，坚持学片横向融合、共同体纵向衔接的双线管理模式，强化了对全镇中小学（含民办学校）的统筹管理。

（2）在教师层面，实施中小学各年级各学科的精细化集体备课制度，建立学校打造高效课堂实施过程监控的行政听评课反馈制度，优化和完善以"导师制"为核心内容的教师辅导学生工作制度。

（3）在学生层面，全镇深入开展以激发学生内驱力为核心内容的学习兴趣的激发与保持的研究，深入开展基于教育共同体中小学衔接的良好学习习惯培养的研究，全面探索推进基于思维导图学习技术的学法指导研究，在一定程度上激发了学生的学习兴趣，培养了良好的学习习惯。

三、存在问题及改进措施

（一）学生身心健康方面

1. 存在问题

学生健康知识知晓率、行为形成率与国家要求的85%和80%有较大差距，这说明大沥镇学生在健康素养方面还有较大提升空间；学生近视眼新发病率比区平均水平高11.92%，且与去年相比退步幅度较大；心理健康达标方面，虽然学生的心理健康量化数据表现很好，但大沥没有省和国家心理特色学校，心理达标学校数也较少。

2. 改进措施

一是加强学生健康素养方面的培养，利用讲座、课堂和平时三者结合的方式，长期坚持不懈地普及学生健康素养知识；二是做好筹划，配齐专职心理教师。

（二）家庭教育、家校共育方面

1. 存在问题

大沥地处乡村，且是经济发展热点地区，故有大量外来务工家庭，家庭环境与城区有明显差异，致使家庭教育、家校共育等方面存在问题较多。

2. 改进措施

一是利用双休日对家长开展关于家庭教育方面的指导活动，其形式可以是亲子活动、专家讲座和主题班会等；二是平时有针对性地加强对处于青春叛逆期的学生如何与家长沟通等方面的教育，协助家长扫除因思想不够重视、经验缺失而造成的与子女沟通的障碍；三是引导学校重视家访工作，做好家校协同工作。

六、创建特色学校：办家门口的好学校

南海的中小学校发展经历了从少到多（三级办学）、从多到优（依法依章治校、示范优质）、从优到品（创建特色品牌）的发展历程。

（一）依法依章治校

历年来，南海教育系统认真贯彻落实教育部《全面推进依法治校实施纲要》精神，高度重视依法治校工作，基本实现了学校办学的规范化、制度化、法制化、科学化。

1. 依法依章，规范办学助力南海教育发展

自1978年起，南海就率先开展依法依章治校工作，贯彻执行了国家教育委员会《中（小）学管理规程》、广东省教育厅《全日制中小学管理暂行办法》、佛山市教育委员会《关于开展中小学校章程研制工作的通知》，同时，出台南海市政府《关于进一步落实行政执法责任制工作的通知》、南海市教育局编印的《南海教育系统管理规章制度汇编》和《南海市教育局依法治教方案》等一系列法律法规文件。依法依章治校，为南海各学校规范办学和推进南海教育初期发展奠定了坚实的基础。

2. 依法治校，按章办学推进学校制度建设

南海高度重视学校章程建设，将章程建设作为依法治教、依法治校的重要组成部分。2003年，南海启动了学校章程建设工作；2015年，全面推进"学校章程"工作，成立了"南海区依法治校工作领导小组"，南海区教育局成立了"学校章程核准委员会"，各学校成立了"学校章程建设小组"，当年，南海区全面完成了各级各类学校章程的收集、审订、核准、公示、发文等工作。

3. 创建示范，构建现代教育法制治理体系

2015年，南海区有8所学校顺利通过"佛山市依法治校示范校"评估验收。其中，桂江小学等4所学校被评为"广东省依法治校示范校"。到2017年年底，全区通过广东省依法治校基本达标学校认定的学校达到124所，占全区学校数的59.1%，其中南海星辉学校等3所学校被认定为广东省依法治校达标学校。

（二）特色品牌强校

1. 特色学校创建的历程

一是试点探索期（2011年以前）。进入21世纪之后，南海有少数学校开展特色项目和学校特色的探索，如九江镇初级中学的科技特色、西樵镇民乐小学的武术特色。2009年开始，南海以科研课题的方式率先在高中推进特色化建设工作，南海艺术高中、狮山石门高级中学、南海信息技术学校承担了全国教育科学规划办的课题研究任务，成为全国特色高中培育学校。二是全面推进期（2011—2015年）。在全省首创将财政资金竞争性分配引进教育领域、促进学校走内涵式发展之路。2011年、2015年连续两次启动了特色学校创建工作，共投入财政资金3200万元，以竞争分配的方式，扶持高中8所、初中14所、小学14所、幼儿园5所开展了特色学校创建工作，形成了一批在省内外具有影响力的特色学校。三是内涵深化期（2016年以后）。出台《南海区特色学校创建指导意见》《南海区特色学校评价标准》等一系列文件，指导各校持续深入地开展创建工作；推出"特色学校创建"专项重点课题78项，侧重在特色学校创建的办学理念凝练、校本特色课程体系开发、校园文化建设等方面开展实践研究；2018年，开展第三轮"特色品牌学校创建"财政资金竞争分配项目,再次投入3000万元,扶持高中6所、初中8所、小学12所培育特色品牌学校。

2. 特色学校创建的举措

南海围绕理念、课程、队伍、管理、文化、科研、设施等众多要素进行一场由浅入深的有序变革,要素之间相互作用、共同发展,实行"四动"模式,即科研带动、竞争推动、上下联动、人事互动。"科研带动"指的是用科研课题的方式引领特色学校创建;"竞争推动"指的是引入财政资金开展竞争性分配,调动学校的积极性;"上下联动"指的是把区级教育部门的"顶层设计"和学校的"基层创新"结合起来;"人事互动"指的是将"成事之能"与"成人之美"结合起来。

3. 特色学校创建的成果

普通高中已经形成特色化发展格局:第一类为学术型高中,如石门中学、南海中学、桂城中学等为综合性尖子生提供良好的发展机会。第二类是科技类高中,如狮山石门高级中学和罗村高级中学通过科技教育带动学校整体发展。第三类是艺术体育类高中,如南海艺术高中已成为全省艺术类高中的龙头老大,南海第一中学、南海执信中学以传媒见长,狮山高级中学的体育特色享誉全国,在2018年世界中学生运动会中,李贺同学荣获女子100米、200米双料冠军。第四类是以国际课程为特色的高中,如华南师范大学附属中学南海实验高级中学。第五类是以综合类见长的高中,如西樵高级中学。六类是以独特的教育理念发展的高中,如九江中学的"点亮教育"。

通过努力,南海学校的特色品牌初步彰显:2016年12月,南海承办了首届"广东省中小学特色学校创建经验交流暨优秀建设方案颁奖会",南海特色学校创建方案共获奖37项,面向全省介绍了南海的创建经验,并有9所学校做了现场汇报。2017年12月,在广东省首届校本特色课程评审中,南海区校本课程设计建设方案获奖项目20个、特色教材31个、特色读物7个,南海区教育局荣获广东省优秀组织奖。2017年1月—2018年6月,广东教育杂志社开辟专栏《提升品质打造品牌——南海特色学校建设系列报道》,连续发表文章20篇,推介南海区中小学校18所,极大地提升了南海教育品牌的影响力。

【案例7】 改革让教育重现生机——广东佛山市南海区高中多样化办学采访纪行[①]

一、一加一减，疏通了影响教育发展的瓶颈

四年前，南海高中阶段教育的状况是：高中21所，中职3所，高中学校数是中职学校的7倍。区属名高中人满为患，镇办高中门庭冷落，中职生源吃紧。这样的教育结构，孩子们除了考高中，几乎没有其他选择的余地。9所名高中的压力大，老百姓的怨气多。

南海区教育局从区域教育整体发展的全局考虑，从初中生出口入手，改变单一的教育结构，以高中多样化、中职优质化发展为导向，引导基础教育高水平均衡发展。撤并6所高中，压缩高中规模，使有限的财力发挥出最大效益，并将镇办高中划归区直管。区财政每年投入1.5亿元，高标准统一公用经费标准和教师待遇。每年投入4000万元专项资金，重点扶持薄弱高中基础设施建设。从优质学校选派干部担任薄弱高中校长。组建7个"高中学校互助共同体"，组团管理，组团发展，共享先进办学理念、管理经验和教育资源。招生全区统筹，不再各镇画线。同时，扩张中职规模，使其迅速壮大起来。将中职学校从3所扩张到10所，并且加大投入，使职业教育成为改变区域教育结构的重要力量。

二、改革中考，调节了制约教育均衡的阀门

中考是区域教育发展的"牛鼻子"，牵制着初中和高中阶段教育的走向。过去，南海的中考是按照这样的套路进行的：2万名中考生考一套试卷，成绩决定命运，考分最高的上示范性高中，中等的上一般高中，成绩最低的上中职。因为名高中少，家长们动用各种关系游说名校。

南海的中考改革是围绕发展壮大后的中职和高中多样化需求来进行的。

中考改革职教先行，春季招生一改过去职教兜底的做法，先期吸引20%以上的优秀学子进入中职，然后走职教技能升学或就业的通道；其后是特长类中考，引导15%左右有艺术、体育、外语、科技等特长的学生进入自己喜欢的特色高中就读；最后的中考，留给剩下的考生。

有了职教的先期招录，职教生源数量和质量大为改变。2010年，中职春季招生1200人，2012年上升到4400人，其中不乏初中尖子生。

上中职只是人生选择的第一步，如何让学生成才，才是此番改革设计的重要内容。南海为中职生设计的成长路径是：中职与高职院校"3+2"贯通，学生在中职学校完成学业后，直接升入高职院校相应专业继续深造。后又推出"普职融通"政策，给那些在公办高中和中职学校入读一年的学生提供"二次选择"

[①] 李耀明：《改革让教育重现生机——广东佛山市南海区高中多样化办学采访纪行》，载《中国教育报》2013年6月13日。

的机会。

三、高中分类，改善了区域教育发展的生态

过去，南海的高中之间几乎没有什么差别，一样的教材，一样的考试，所不同的是升学率的高低。那些有特长、有偏好的学生只能硬着头皮学习自己不喜欢的内容，参加同一类型的考试。

千篇一律的高中要发展特色课程，显然不是一件容易的事。他们借助外力，请大学参与共建特色课程。同时，区里拿出 1000 万元，鼓励各级学校发展特色专业。当年拨给高中的总额是 300 万元，这笔资金可不是平均分配的，而是要通过竞争才能获取。2011 年 10 月，经过角逐，3 所高中切分了"蛋糕"：九江中学"点亮教育"项目获取 120 万元，狮山石门高级中学"科技教育"项目获 100 万元，石门中学"人才创新培养"项目获 80 万元。今年，区里又拿出 700 万元，专门扶持职业学校的特色建设。

经过三年的积蓄，南海高中特色学校和富有个性化的课程越来越多，学生学有特长，教师教有特点，学校办有特色，因材施教从理念逐渐变成了行动。

在推进区域教育均衡发展的过程中，南海下出三步妙棋：一是从调整布局入手，调整高中和中职的结构，集中力量补齐"短板"，提升精简后的高中，做强急需的中职，可谓一箭双雕。二是对高中进行分类，满足了学生的多元需求。南海鼓励每所高中发展自己的特色，并且通过中考制度改革，给学生发展特长和选择学校的机会，因材施教从理念变成了行动。三是中考改革分步进行，化解了教育的难题。这样的改革打破了僵局，满盘皆活。

【案例8】南海师范附属幼儿园"快乐小镇"微社会实践新模式

"快乐小镇"微社会实践新模式（以下简称"快乐小镇"）是南海师范附属幼儿园首创的"微社会"生活体验场，以人和、境和、合和的"和"文化为理念，以"生活即教育"为指导思想，以幼儿主动学习能力为中心，兼顾中西文化，以主题小店为载体，在 27 个富有教育创意及育人智慧的场馆中，创设与真实社会密切相关的教育场景，根据幼儿五大领域学习与发展核心经验关键内容，生成大区域自主游戏内容，在大区域下又创设小教育场景。

"快乐小镇"包括以下内容：

（1）一个中心。以指向幼儿主动学习能力的生活教育为中心。

（2）"1+N"两种学习形式。"1"代表满足个性的个别化学习形式，"N"代表满足共性的小组和集体学习形式。

（3）三种教育路径。班级主题小店实践（每天一次）、楼层混龄实践（每周一次）及全园混龄实践（每半个月一次）三种教育实践路径。

（4）两种参与方式。家长通过家长义工、家庭日常教育参与教育。

（5）五步操作流程。"体验前交流—职业人岗前培训—体验活动—整理收纳—活动后分享评价"五步流程。

（6）两大联动策略。一边实施教育，一边检验教育，形成幼儿、教师及家长联动螺旋上升教育形态。

"快乐小镇"在实践过程中，以多方共赢为发展目的，通过发展幼儿、教师、家长三大主线，生成三大项目内容，形成幼儿、教师、家长、同行及嘉宾等多方协同联动保障机制，具体包括：

（1）"快乐小镇"社会实践活动。在27个场馆中，小公民（幼儿）是小镇体验的主体，有职业人（参与工作实践）、享乐人（消费享乐体验）及自由人（什么事情都不做）三种社会角色，三种角色代表真实社会中不同公民的生活状态。通过该活动让每一个小公民、店员在微型社会中接触生活、感受生活和表现生活，积累、学习最基本的社会生存及交往的经验及能力。

（2）教师专业能力提升项目。定期开展店长沙龙、品读会、品雅日等园本教研活动，每学期开展优秀店长评选，充分发挥行政"镇长"管理，教师"馆长"观察、指导及评价职能，让每个教师在引导幼儿、支持家长与合作共研的实际工作中，享有发挥主体性与创造性的机会，成为高素质教师。

（3）家长义工运作项目。积极培育家长义工文化，利用家长优质资源补齐教师专业不足，招募组建家长义工队，建立信息资源库，制订简约易懂的工作流程及运行模式。家园资源重组和运用让每个家长在履行教养责任、支持教师教学中，成为熟悉幼儿教育相关理论、掌握科学育儿方法及家教策略、具有促进家园合作共育自觉意识的专业型家长。

南海师范附属幼儿园的"快乐小镇"微社会实践模式，以真实社会中最需要、最常见的场景为依据，营建全园范围微社会区域活动环境，在关注硬件环境的同时，也关注同伴、师幼、家园关系心理环境的打造。它传承中国"和谐""合作"文化，将常态"墙壁文化"落地且融入教学实践，用教育行动践行理念传承。

七、探索教育国际化：面向世界的中国梦

2009年以来，南海区委、区政府积极稳妥探索基础教育国际化。2010年4月，全国教育国际化工作会议在南海召开，南海区被教育部批准为全国首个"区域教育国际化试验区"，全区有13所"基础教育国际化研究项目实验校"。

（一）夯实教育国际化基础

1. 构建良好的制度基础

2011年，南海出台了《南海区推进教育综合改革十大行动计划》，其中，"全面提升区域教育国际化水平行动计划"为南海教育国际化提供了政策保障和顶层设计。2013年，颁布了《南海区教育国际化工作管理办法》，规范了南海教育国际化相关工作的管理，包括中外合作办学项目、科研合作、考察互访、学术与文化交流、公派出国（境）研训以及学生冬/夏令营等国际教育活动管理办法。

2. 打造优质的师资队伍

一是积极推进本土教师国际化。2003年开始，南海一线教师有组织、分批次参与了海外交流学习；积极承办各类国际教育论坛与研讨会，2011年11月，举办了"基础教育改革与教师教育国际论坛"，同年在南海召开的教育国际化研究项目组工作会议，极大地开阔了南海校长们的视野与办学思路。二是积极推进外籍教师本土化。首先，严格规范外籍教师准入、聘任及管理；其次，南海外籍教师入职前接受中国文化、法律法规、师德师风、南海本土文化、课堂大班教学等专题培训；再次，出台外籍教师管理办法、外籍教师教学管理考核细则，定期对外籍教师的教学、言行进行评价与规范；最后，南海定期开展外籍教师教学研讨、中西节庆联谊会等活动，为外籍教师搭建了一个集生活融洽、知识交流与技能提升为一体的平台。

（二）加强国际课程建设

2012年8月，南海自主开发了高中、初中、小学三个学段的《国际理解教育读本》，以13所教育国际化项目实验学校为重点，以地方课程的形式开展国际理解教育。

南海大力建设国际课程试点学校，打造国际学历衔接通道。在吸收建立以英、美发达国家课程为主的多元化顶尖国际课程体系的基础上，促进国际优质课程资源在南海的合理吸收和转化，形成地方特色课程，成为本土课程的优质补充，为学生提供多元化的选择。

（三）深化国际教育交流

2007年开始，南海先后与英国威尔特郡、美国旧金山教育局、加拿大卑斯省教育厅建立了长期区域教育合作关系；在职业教育领域，南海与德国、日本等国家的企业开展了校企合作办学项目；有50多所中小学校与英国、美国、加拿大等国的学校缔结了姊妹学校。

南海开展了形式多样的国际教育交流与合作；开展了教师同课异构、交流生、海外留学、学生课题研究、主题式夏（冬）令营、中英校际"梦想与团队"等活动；开展了"视像中国"埠际交流，与英、美、加等国友好学校开展网络即时课堂及埠际教师教研共同体项目；实施了汉语助教、在友好学校开设"孔子课堂"等项目。通过这一系列活动的开展，引导学生关注、尊重、理解多元文化，也迈出了南海教育走向世界的第一步。

【案例9】华南师范大学附属中学南海实验高级中学的"中法班"教育项目

华南师范大学附属中学南海实验高级中学"中法班"创办于2003年，办学中获法国驻广州总领事馆文化教育处、法国里昂圣马克中学及法国文化协会广州分会等教育机构的大力支持，是广东省开办时间最长、培养赴法留学生最多的高中涉外教育项目之一。

中法班一方面让学生学习国内基本课程并参加高考，另一方面开设法国语言及文化课程，由教学经验丰富的外籍教师和中国法语老师共同任课，兼顾了国内高考与留学海外的课程。学生毕业后凭国内高考成绩、法国学术与语言水平考试成绩等既可报读中国大学，也可报读法国或加拿大的大学，实现升学选择上的双轨制。自2006年首届学生毕业至今，已累计超过700人成功毕业，毕业生被法国大学录取率达90%以上，其中约40%的同学被法国精英教育的五年制本硕连读工程师学院或高等商学院录取。

华南师范大学附属中学南海实验高级中学积极开展学生赴外交流活动，如AFS交流、赴英留学、赴法研学等。该校是最早加入AFS国际教育交流项目的学校之一，并于2015年获得了"AFS项目金牌学校"荣誉称号（全国仅6所中学获此殊荣）。华南师范大学附属中学南海实验高级中学与法国圣马克中学、圣约瑟中学、拉马丁中学结为了姊妹学校，每年利用寒假时间组织中法班学生轮流到这三所学校学习交流，期间生活在法国学生家中。同时，三所姊妹学校也定期组织师生来华南师范大学附属中学南海实验高级中学交流，与中法班学生同堂学习，寄宿在中法班学生家中。

华南师范大学附属中学南海实验高级中学中法班推动了教育国际化交流，是南海教育国际化的一个缩影。

【案例10】南海－威尔特郡区域教育交流与合作

2007年10月，经过英国驻广州总领事馆文化教育处的牵线搭桥，南海区教育局与英国威尔特郡签订了区域合作备忘录，双方就教育管理、学校评估、课程管理和共建、教师专业发展、学生培养等建立起长期、稳定、富有实效的区域教育和文化交流关系，并且鼓励英国学校与南海学校建立起长久的校际联系，为两国师生的友好交流创造更多的机会。

在该框架的指引下,双方教育与文化交流活动稳步推进。区域和校长层面每年开展互访交流,双方缔结姐妹学校总数达50所(包括25所威尔特郡学校以及25所南海学校),彼此建立了稳定的校际合作关系,定期开展校长、教师和学生的互访以及各项文化交流活动。

在各方的共同努力下,自2007年以来,双方还成功举办了三届"汉语桥——英国中学生夏令营(南海)",该项目旨在向英国14~18岁的学生推广汉语学习,文化搭桥,播撒友谊。活动中,中英学生零距离交流,体验本土生活,如模拟婚嫁、中秋、新年、端午、包饺子等中华民俗活动,还有富有岭南特色的文化体验活动,如制陶、剪纸、南狮表演、中国舞蹈、中国民歌、佛山秋色(扎狮子头或灯笼)、南派功夫、龙舟争霸、岭南水乡夜景风情游等,两国学生在朝夕相处中打破隔阂,收获深厚的跨国友谊。活动受到省市各大媒体的密切关注,各媒体对此进行了详细的报道,在社会上引起了积极的反响。

南海-威尔特郡区域交流项目为两国教育和文化交流创造了更多的机会,扩大了南海教育的影响,进一步加快了南海教育国际化步伐。

第三节 南海教育改革发展的启示与展望

一、南海教育改革发展的启示

(一)观念引领教育

变革始于观念。南海人具有"海纳百川的包容精神,敢为人先的有为精神,团结拼搏的龙狮精神",这是南海教育观念变革的基础。纵观南海教育改革40年的历史,南海教育变革的主要观念包括以下四个方面:

1. 创新的观念

作为改革创新的前沿,南海一直担任全省乃至全国教育改革创新的先锋队,始终坚持改革创新理念,大力推动各个方面的系统创新,包括政策创新、机制创新、规划创新、体系创新、评价创新等。

2. 务实的观念

南海人一方面坚持创新推动,一方面坚持实事求是、务实进取,从教育发展的实际情况出发,采取符合区情的政策体系和机制,包括办学务实、管理务实、追求实效等多个方面,教育管理与改革工作符合实际,不浮夸,不空想,脚踏实地往前推进。

3. 多元的观念

南海不封闭、不狭隘，始终坚持多元包容的理念推动教育发展，包括人员多元、体制多元、评价多元等多个方面。人员多元方面，南海对外地人一视同仁，实行能者上、庸者下的激励机制，外地来的教师和校长都有同等的发展空间；体制多元方面，形成了公民办齐头并进的良好态势；评价多元方面，不仅评价主体多元，而且评价方式、评价机制等方面都实行多元化。

4. 开放的观念

南海在经济和社会发展方面是改革开放的先行者，在教育领域也坚持开放的理念和格局，包括教育系统对外开放、资源开放、管理开放、国际化等方面，无论是对国外，还是国内，南海始终坚持开放的心态进行协同合作、开拓创新，充分利用一切优质资源推动教育发展。

（二）体制激活教育

教育改革是一项系统工程，而体制改革是关键。以体制改革促进教育的突破和创新是南海教育发展的宝贵经验。

办学体制方面，包括多元办学体制的建立，多元办学经费的筹措体制等，特别是对民办教育的大力扶持与激励，是南海教育高速发展的重要动力。

管理体制方面，南海大力探索区与镇（街道）教育权力配置改革，明确地方办教育的责任，不断激励镇（街道）办教育的积极性，挖掘镇（街道）教育发展潜力，大大推动了教育规模和中小学校的快速发展。

招生体制方面，特别是中考招生制度改革，为高中输入了高素质的生源，通过"普职融通"为学生搭建成才立交桥。

人才培养体制方面，南海一直在探索课程改革、德育改革、评价改革、学生指导改革等多方面的创新，这是促进教育内涵提升、保持教育质量领先的重要保障。

（三）科研提升教育

坚持科研引领，是南海教育内涵提升的重要发展之路。南海教育之所以能够取得今天这样的成绩，跟科研管理体制以及教科研协作体系有着密切的关系。在科研管理体制改革中，不断整合力量，构建现代大教研体系。从科研组织体系来看，先是教研辅导站，然后是教研室，再到教育发展中心这样一个整合的科研指导中心。

实施科研兴校战略，构建了项目竞争式的教研经费分配制度体系。坚持教科研指导带动学校教学水平的整体提升，编写《学科教学指南》，加强对教材、教法、学法的研究，整合区内优秀教育教学经验。科研促进了课堂革命，促进了教师专业成长，促进了教学模式和内涵的整体变革。

（四）技术改造教育

教育与技术是一对孪生姐妹，教育培养技术人才，技术推动教育变革。以教育信息化带动教育现代化，是南海教育发展的一条重要经验。南海教育信息化的经验主要有"五个注重"：注重发展战略制定、注重整合社会资源参与教育信息化建设、注重信息化基础设施建设、注重信息技术与课堂的深度融合、注重教师和学生信息素养的培养。

从电化教育站到现代教育信息技术中心，体现了南海教育信息化的发展战略实施进程。南海注重教育技术基础设施建设和内涵发展，不断深化"三通两平台"建设。不断引入社会资源，形成互联互通的数字教育资源云公共服务体系，搭建集课程资源制作、评审与应用于一体的管理平台。不断推进教育信息化深度发展，加强"人人通"工程，构建学生在线学习的新途径和新渠道，实现学习空间立体化和全程化，融合网络学习空间，创新教学模式、学习模式、教研模式和教育资源的共建共享模式。

（五）队伍稳固教育

高素质的教师队伍，为南海教育长期高水平发展提供了稳固的队伍保障。南海教育改革的重心是打造素质高、师德优、教学强的现代师资队伍。南海构建了阶梯形的教师成长机制，形成了青年教师、骨干教师、名师专业成长的持续发展路径。不断引进新教师充实教师队伍，为教师发展注入新的活力。南海向来重视骨干教师培养，加强名校长、名班主任、名学科教师的体系化培养工作。南海区一直致力于"名师工程"，注重打造"教师成长共同体"，通过"内提外引、塔形双峰、持续发展"形成了提升教师队伍整体素质的长效机制。重视教师"教研训用"的统一，建立实效导向的教师研训制度，构建"实践—评价—研究—培训—实践"的专业成长模式。创新形式开展教育行政管理队伍、名师、新教师等的多层次培训，以卓越教师培养项目、名师打造教学风格系列活动、名师工作室、名师示范周、送教支教等多种方式带动教师队伍的整体提升。

（六）投入支撑教育

南海区委、区政府一直高度重视教育，一直把教育放在优先发展的战略地位，这是南海教育高速发展的基石。南海一直高度重视教育投入，不断加大教育投入力度，按照财政资金优先保障教育投入、公共资源优先满足教育和人力资源开发需要的要求，建立健全教育投入稳定增长机制；建立健全教育投入体制和机制，不断提高教育财政经费使用效益，特别是引入竞争性财政教育经费分配机制，以项目带动教育整体发展，大大促进了区域教育整体水平的提升和特色学校发展。同时，加强专项教育投入改造教育薄弱环节，特别是对薄弱学校的改造、幼儿园的改造、农村地区学校的改造、民办学校的扶持等，促进了学校整体水平的提升。

（七）法治保障教育

改革开放的40年，南海教育的发展靠的就是法治化治理的保障体系。南海始终坚持依法治教，坚持政策创新和规划引领，加强制度保障教育变革，加强制度贯彻落实与实效性。在区域治理体系构建方面，不断推进法治化、现代化的现代区域治理体系建设。在学校治理方面，不断推进现代学校制度建设，建立健全学校法人治理机构，不断提高学校依法治校的能力和水平，为学校规范化管理提供组织保障和制度保障。法治化促进规范化，规范化促进可持续性，南海教育法治化之路已经形成，这是南海教育进一步腾飞的重要保障。

二、南海教育改革发展的展望

（一）问题与挑战

（1）优质教育资源仍然难以满足人民群众日益增长的多样化教育需求。
（2）教育发展出现新的不均衡，镇（街道）之间、学校之间出现较为明显的差异。
（3）教育治理机制障碍仍然有待进一步突破。

（二）发展目标

以习近平新时代中国特色社会主义思想为指导，始终坚持把教育事业放在优先位置，全面贯彻党的教育方针，全面深化教育体制机制改革，全面落实立德树人根本任务，全面发展素质教育。以办好人民满意的教育为目标，加快教育现代化，传承"品质教育、学在南海"的内涵，造就以"公平、优质、多元、创新、开放"为特征的品牌教育。

到2020年，争当全省教育体制机制改革先行区，争当全省加快教育现代化示范区，争当建设南方教育高地的排头兵。

（三）主要举措

推进十大行动，初步形成具有南海特色的十大教育品牌：
1. 成就"有为党建"品牌
筑牢中小学校党组织作为学校全部工作战斗力基础的地位，深入推进"有为党建"品牌建设,形成学校党组织建设"一校一品牌"新格局。

2. 成就"优质学位"品牌

2018—2020年增加义务教育优质学位6万个,创建国家义务教育优质均衡发展区,区级公益普惠性幼儿园覆盖率达80%以上。

3. 成就"教育善治"品牌

强化区级管理统筹,完善教育发展状态公布制度,建成有全省影响力的教师发展中心,形成"学研教评"一体化教师成长机制。

4. 成就"大城名校"品牌

创建一批特色品牌学校,打造普通高中品牌学校集群。打造4～6个中职教育标杆性专业,初步建成"产学研结合"的环高校科技创新圈。

5. 成就"大城良师"品牌

培养一批具有全省、全国影响力的名师,推广一批优秀教育教学成果,培育敬业、专业、务实、创新的大城良师团队。

6. 成就"大城英才"品牌

建成生涯教育体系,形成学生综合素质评价与发展体系,完善学生特长发展机制,培养面向现代化、面向世界、面向未来的大城英才。

7. 成就"正心立德"品牌

建立中小幼一体化德育课程,建成学生校外综合素养提升基地,形成中小学研学实践活动机制,形成学校、家庭、政府、社会的育人合力。

8. 成就"课堂革命"品牌

争创国家课程改革实验区,打造一批精品课程和卓越课程。深度推进"新基础教育"研究,培育6所新型现代化标杆学校。

9. 成就"身心健美"品牌

学生过重的学业负担得到切实减轻,学生膳食营养得到切实加强,学生体育锻炼和美育实践活动时间得到切实保障。

10. 成就"教育信息化"品牌

教学应用覆盖全体教师,学习应用覆盖全体适龄学生,数字校园建设覆盖全体学校,信息化应用水平和师生信息素养普遍提高,建成"互联网+教育"大平台。

后　记

寒来暑往，春华秋实，历时一年多的写作总算告一段落。一年多来，我们翻阅了大量文献。在一幅幅波澜壮阔的改革发展的历史画卷面前，我们更加深切地感受到改革开放 40 年来中国发生的伟大巨变，这一伟大巨变彰显在国家的方方面面和每一个区域，它使中国"比历史上任何时期都更接近中华民族伟大复兴的目标，比历史上任何时期都更有信心、有能力实现这个目标"[①]。而作为广东教育人，我们深切感受到地处改革开放前沿的广东在教育改革发展方面所取得的卓著成就。以改革开放"排头兵""先行地""实验区"标示的广东，40 年来在教育领域有太多可圈可点的改革发展内容、改革发展方法、改革发展成绩、改革发展经验以及典型事件和典型案例可以书写，也值得书写。本书在撰写过程中尽可能全面而深刻地反映广东 40 年教育改革发展所走过的探索历程，概括总结教育改革发展的特征和经验，并试图通过一些鲜活的案例来反映之，同时对未来教育改革发展的方向和趋势提出一些前瞻性的展望。

本书的框架结构分为总论编、各级各类教育改革发展编、教育改革发展专题编、区域教育改革发展编四大板块。这四大板块既相互联系，又相对独立；既有总体性的教育改革发展论述，又呈现出改革开放以来广东教育改革发展的总貌；既有时间维度上历时性的回顾，又有空间维度上共时性的阐述；既有最先进地区的代表，也有欠发达地区的代表，还有在中国最有代表性的区县级代表。总论编中关于教育改革发展的概述和关于广东教育改革发展 40 年的概述，在全书中起着结构性的基础作用、统领作用。各级各类教育改革发展编涵盖了从学前教育到终身教育各阶段，从普通教育、职业教育、特殊教育到民办教育各类别，呈现出各级各类教育改革发展的系统性。40 年来，广东教育改革发展是全方位的，涉及教育的方方面面，本书仅选取了在广东教育改革发展中表现突出而又极具代表性的德育改革、课程与教学改革、教育信息化、教育国际化四个专题，还有诸多

---

① 参见《习近平：我们比历史上任何时期都更接近中华民族伟大复兴的目标》，见人民网（http://politics.people.com.cn/n1/2016/1111/c1001-28853750.html）。

重要议题如教师改革、机构改革、运行机制改革等没有列入专题研究，而是将其融入各级各类教育改革发展编及区域教育改革发展编等有关章节里，这既有本书篇幅所限的缘故，也有增强其针对性的考量。广东教育改革是全局性的，许多教育改革政策都是以省委、省政府或者省职能部门、省级教育行政部门牵头制定并颁发的。由于全省各地发展的不平衡性，各项改革政策在各地贯彻执行的情况不尽相同，在教育改革样态上也呈现出较大的差异性。为此，本书专门设计了区域教育改革发展编。该编选取了作为省会城市的广州、作为改革开放最前沿的深圳两个教育大市为代表，选取了创建粤东西北地区首个教育强市的梅州作为欠发达地区教育改革发展的代表，选取了区域教育优质均衡发展的典型代表南海区作为区县教育改革发展的代表。这些区域的教育改革发展举措、经验和成就，无疑对全国教育改革发展和广东教育未来改革发展之路具有启示意义。

本书是集体创作的成果，是所有参与者的智慧结晶。编写组全体同仁为本书倾注了大量心血。本书各章的撰稿人分别如下。

第一章　教育改革发展概述：卢晓中。

第二章　广东教育改革发展40年概述：喻春兰。

第三章　学前教育：李思娴、冯鲸丹、邹孟换、陈昕翘、谭颖晖、尹花。

第四章　义务教育：黄志红。

第五章　高中教育：王世伟。

第六章　职业教育：刘志文。

第七章　高等教育：陈先哲、胡彩、沈瑶。

第八章　特殊教育：谌小猛。

第九章　终身教育：汤晓蒙。

第十章　民办教育：蔡灿新。

第十一章　德育：李季、汪永智、陈岸涛。

第十二章　课程与教学：喻春兰。

第十三章　教育信息化：陈斌、郭软霞。

第十四章　教育国际化：李盛兵。

第十五章　广州教育：查吉德、张海水、郭海清、马榕婕。

第十六章　深圳教育：叶文梓、彭红玉。

第十七章　梅州教育：彭旭、任永泽、张登山。

第十八章　南海教育：禹飚、董磊、梁惠燕。

特别是喻春兰编审协助我具体负责本书编写的组织协调及修改统稿工作，我的挚友华南理工大学出版社卢家明社长和华南师范大学于小艳副编审对本书的完善贡献良多。另外，胡彩、沈瑶两位研究生在会务、联络、整理稿件等方面也做了大量工作。在此一并表达我对大家的深深谢意！在撰写过程中我们参阅了大量

后　记

学者的成果和有关政策文本，在引注中都尽可能标示出来，在此一并表达我们诚挚的感谢！

在本书的编写过程中，我们得到了中共广东省委宣传部的精心指导和大力支持。特别要感谢的是省委宣传部理论处丁晋清处长，他给予了我们许多非常专业的方向性指导，对完善本书起到了至关重要的作用。感谢广东省教育厅思想政治工作与宣传处副处长倪熙对本书的大力支持。同时，对中山大学出版社嵇春霞副总编和廖丽玲编辑为本书出版的辛勤付出表示诚挚的谢意。

全面梳理和总结40年广东教育改革发展所走过的历程、取得的成就和经验，揭示其中的规律并昭示未来，无疑是一项浩大的工程，并不是一件轻而易举的事。尽管我们付出了巨大努力，力求完成好这一任务，但由于水平和时间所限，难免有缺点错误，敬请各位方家批评指正。

卢晓中

2018年11月